논란의 종식
대한민국 영토사

논란의 종식

대한민국 영토사

조현관 지음

보고사
BOGOSA

고조선 영토는 학계 주장보다 훨씬 광대했다.
명도전은 연나라 화폐가 아니라 고조선 화폐다.
기자는 한반도에 오지 않았다.
삼한은 한반도 중남부가 아니라 만주까지 있었다.
말갈은 마한이다.
낙랑군과 고구려 평양은 북한이 아니라 요동에 있었다.
일제가 발굴한 낙랑 유물은 조작이다.
고대 압록강은 혼하이고 지금 압록강의 옛 이름은 칠중하다.
패수와 살수는 대동강과 청천강이 아니라 요동에 있었다.
부여는 송화강이 아니라 요동에서 건국했다.
고구려 졸본은 오녀산성이 아니라 요양 일대에 있었다.
고구려 국내성과 환도성은 가짜다.
고구려 안시성은 영성자 산성이 아니라 안산시 철가산에 있었다.
고구려 삼경 중 하나인 한성(漢城)은 북한 평양이다.
동옥저는 함경도가 아니라 만주에 있었다.

백제는 요동반도에서 건국했고 요서 백제도 실존했다.
임나일본부는 왜의 통치기구가 아니라 왜의 사신이 머물던 곳이다.
신라 초기 영토는 학계 주장보다 훨씬 넓었다.
온달 장군이 전사한 아차성은 요동에 있었다.
고구려 천리장성은 난하 동쪽의 영원에서 부여성까지 연결되었다.
통일신라의 북계가 대동강에서 원산만까지라는 것은 조작이다.
통일신라의 행정구역은 9주 5소경이 아니라 9주 6소경 2도이다.
발해는 진한(辰韓)의 일족이 세운 나라다.
발해 남계와 5경 위치는 모두 엉터리다.
고려 북계는 서쪽으로 요하에서 북쪽으로 길림까지였다.
고려와 거란의 접경지인 보주 내원성은 요하 하구에 있었다.
고려 강동 6주와 천리장성은 한반도에 없었다.
윤관의 동북 9성은 두만강 동북쪽에 있었다.
4군 6진은 압록강과 두만강 밖에 있었다.
조선 초의 북계는 서쪽으로 천산산맥에서 동쪽으로
두만강 이북의 선춘령이다.
압록강 북쪽 땅은 지키기 힘들어 조선이 스스로 영토를 축소했고
두만강 이북 땅은 간도 협약으로 잃었다.

목차

서문 ··· 15

제1장. 한국(韓國)의 기원 ··· 19

제2장. 고조선 위치와 영토 ··· 24
   Ⅰ. 고죽국(孤竹國) ··· 55
   Ⅱ. 기자(箕子) 조선 ··· 58

제3장. 삼한의 위치와 강역 ··· 62

제4장. 한사군 위치 ··· 75
   Ⅰ. 고고학적 근거 ·· 81
      1. 대방 태수 장무이 묘 ·· 81
      2. 점제현 신사비 ·· 82
      3. 평양 토성 유물 ·· 84
      4. 정백리 왕광 무덤 ·· 90
      5. 효문 묘 동종 ··· 90
      6. 평양 석암리 9호분 ·· 91
      7. 평양 정백동 낙랑 목간 ··· 93
      8. 관구검 기공비 ·· 94
   Ⅱ. 문헌적 근거 ·· 99
      1. 낙랑군과 평양의 위치에 대한 직접적인 근거 ························· 99
         1) 《요사》〈지리지〉 ·· 99

2) 《무경총요》 ··· 100
　　3) 《원사》〈지리지〉 ·· 101
　　4) 개마대산의 위치에 대한 주석 ······································· 101
　　5) 《후한서》〈지리지 유주 낙랑군〉 ································· 102
　　6) 낙랑군 속현 위치 ··· 102
　　7) 천남생과 천남산 묘지명 ··· 103
　　8) 《신당서》〈동이열전 고구려〉 ······································ 104
　　9) 《요동지》〈고적조 평양〉 ··· 104
　　10) 《통전》〈주군(州郡) 안동대도호부〉 ·························· 104
　　11) 《속문헌통고》〈권229 지고(地考) 요양부〉 ················ 104
2. 거리 기록을 통한 한사군과 평양의 위치 ······························· 105
　　1) 《군국지》 거리 기록 ·· 105
　　2) 《가탐도리기》의 거리 기록 ··· 108
　　3) 《신당서》 거리 기록 ·· 115
　　4) 《후한서》〈동이열전〉과 《삼국지》〈위서 동이전〉 거리 기록 ······· 118
　　5) 《한원》〈번이부〉 거리 기록 ··· 119
3. 마자수와 압록수 및 살수의 위치 고찰을 통한 한사군 위치 ····· 125
4. 《가탐도리기》를 통해 알 수 있는 지명 위치 ························· 135
5. 전쟁 기록으로 본 평양 위치 ·· 145
　　1) 《삼국사기》〈백제 본기〉 ··· 145
　　2) 《후한서》〈광무 본기〉 ·· 145
　　3) 《삼국사기》〈고구려 본기〉 태조대왕 ·························· 147
　　4) 《삼국지》〈위서〉 ··· 148
　　5) 《삼국사기》〈고구려 본기〉 동천왕 ····························· 149
　　6) 《삼국사기》〈고구려 본기〉 봉상왕 ····························· 150
　　7) 《삼국사기》〈신라 본기〉 기림이사금 ·························· 151
　　8) 《삼국사기》〈백제 본기〉 동성왕 ································· 152
　　9) 《삼국사기》〈고구려 본기〉 영양왕 ····························· 152

  10) 《삼국사기》〈고구려 본기〉 보장왕 20년 ································ 160
  11) 《삼국사기》〈신라 본기〉 문무왕 8년 ······································ 162
  12) 《삼국사기》〈신라 본기〉 문무왕 10년 ···································· 165
  13) 《삼국사기》〈신라 본기〉 문무왕 12년 ···································· 166

6. 패수 위치 고찰을 통한 평양 위치 ·· 167
  1) 《사기》〈조선열전〉 ·· 167
  2) 《한서(漢書)》〈조선열전〉 ··· 167
  3) 《삼국사기》〈백제 본기〉 온조왕 원년 ·································· 173
  4) 《삼국사기》〈백제 본기〉 온조왕 13년 ·································· 174
  5) 《한서》〈지리지 요동군〉 ·· 174
  6) 《천남산 묘지명》 ·· 175
  7) 《가탐도리기》〈등주해행입고려발해도(登州海行入高麗渤海道)〉 ······· 175
  8) 《신당서》〈북적열전 발해〉 ·· 176
  9) 《요사》〈지리지〉 동경요양부 ·· 176
  10) 《해동역사》〈예문지 13〉 ··· 177
  11) 기타 《삼국사기》의 패수 기록 ·· 177

7. 우리 역사서가 수정되거나 조작된 증거 ·· 181
  1) 통일신라의 행정구역과 북계 기록 ·· 181
  2) 《삼국사기》〈지리지〉의 9주 기록 ·· 181
  3) 국내성 위치 ·· 182
  4) 비류수 위치 ·· 184
  5) 황룡국, 안시성 위치 ·· 184
  6) 초도, 개마, 미추홀의 위치 ·· 185
  7) 칠중성과 장새의 위치 ·· 186

8. 요동군 위치 고찰을 통한 한사군 위치 ·· 206
9. 낙랑군 속현 위치 고찰을 통한 낙랑군 위치 ·································· 221
10. 요서 낙랑군의 위치 ·· 227
11. 대방군 위치 ·· 230

  12. 현도군과 임둔군 위치 ·· 234
  13. 진번군 위치 ··· 244

제5장. 열국시대   ··· 248

 Ⅰ. 예맥과 옥저 위치 ··· 248
  1. 예맥의 위치 ··· 248
  2. 옥저 위치 ·· 255
 Ⅱ. 고구려 건국지 ·· 259
 Ⅲ. 부여 건국지 ··· 271
 Ⅳ. 백제 건국지 ··· 283
 Ⅴ. 신라 건국지 ··· 307
 Ⅵ. 가야 건국지 ··· 315
 Ⅶ. 임나일본부 ··· 316
 Ⅷ. 열국의 시기별 영토사 ·· 322
  1. 건국 초기(서기전 1세기 중엽에서 서기 1세기 중엽) ············ 322
  2. 1세기 중엽에서 2세기 말 ·· 336
  3. 3세기 초에서 4세기 중엽 ·· 345
  4. 4세기 중엽에서 5세기 중엽 ··· 356
  5. 5세기 중엽에서 6세기 초 ·· 371
  6. 6세기 초에서 7세기 중엽 ·· 384
  7. 7세기 중엽에서 백제 멸망 시기 ······································· 394
  8. 백제 멸망(660)~고구려 멸망 시기(668) ···························· 400
  9. 나당 전쟁 기간 ·· 407
 Ⅸ. 통일신라 영토 ·· 413
  1. 《가탐도리기》〈등주해행입고려발해도(登州海行入高麗渤海道)〉····· 413
  2. 《주해도편(籌海圖編)》에 나오는 신라채 ····························· 414
  3. 《삼국사기》〈신라 본기〉 ··· 414

4. 《요사》〈지리지 동경도 요주〉 ································ 415
5. 《신당서》〈북적열전 발해〉 ···································· 415
6. 《고려사》〈홍유열전〉 ·· 416
7. 《만주원류고》〈부족 신라〉 ···································· 417
8. 통일신라의 행정구역 ·· 418
9. 《고려사》〈세가〉 ··· 419
10. 허항종의
    《선화 을사봉사 금국행정록(宣和乙巳奉使金國行程錄)》 ········ 420
11. 고려 초기 영토 기록 ·· 420

제6장. 발해 영토사(696~926) ··· 425

Ⅰ. 발해 5경 위치 ··· 427
Ⅱ. 시기별 영토 변화 ·· 441
   1. 발해 건국(698)~발해 선왕(9세기 초) ················ 441
   2. 발해 선왕(9세기 초)~발해왕 대인선(918년 전후) ··· 443
   3. 발해왕 대인선(918)~대인선 말기(926) ············· 444
   4. 정안국(938~10세기 말) ···································· 447
   5. 흥요국(1029~1031) ·· 447

제7장. 후삼국시대 영토사 ··· 449

제8장. 고려 영토사 ··· 452

Ⅰ. 고려 국경의 기록 ·· 458
   1. 《고려사》〈홍유열전〉 ·· 458
   2. 《고려사》〈세가〉 성종 10년 ································ 462
   3. 《고려사》〈세가〉 성종 13년 ································ 466
   4. 《고려사절요》 성종 12년 ···································· 467

  5. 《고려사》〈세가〉 선종 5년 ··· 468
  6. 문종 2년 박인량 진정표 ·· 470
  7. 《거란국지(契丹國志)》 ··· 471
  8. 《고려사》〈세가〉 숙종 2년 ··· 473
  9. 《고려사》〈세가〉 현종 17년 ··· 475
  10. 《고려사》〈세가〉 예종 12년 ··· 475
  11. 서긍의 《선화봉사 고려도경》 ·· 475
  12. 허항종의
    《선화을사봉사 금국행정록(宣和乙巳奉使金國行程錄)》 ············ 477
  13. 《고려사》〈세가〉 인종 4년 ··· 478
  14. 《요사》〈지리지 동경도〉 신주 ··· 478
  15. 《금사》〈외국열전〉 ··· 478
  16. 보주(保州)와 내원성(來遠城)의 위치 ································· 482
  17. 《금사》〈지리지 동경로 요양부〉 ····································· 489
  18. 《추리도》의 내원성 위치 ··· 491

Ⅱ. 강동 6주 위치 ·· 493
  1. 흥화진(興化鎭), 곽주(郭州) ··· 496
  2. 통주(通州) ··· 503
  3. 귀주(龜州) ··· 504
  4. 철주(鐵州), 안의진(安義鎭), 맹주(孟州), 용주(龍州) ············ 505

Ⅲ. 고려 천리장성 위치 ·· 510

Ⅳ. 동북 9성 위치 ·· 521

Ⅴ. 서경과 동녕부 및 쌍성총관부 위치 ··· 531
  1. 서경과 동녕부 ·· 531
  2. 쌍성총관부 ·· 536

Ⅵ. 시기별 영토 변화 ·· 542
  1. 고려 태조 원년(918)~고려 광종(미상) ································ 542

2. 광종(미상)~성종 13년(994) ·· 543
   3. 성종 13년(994)~현종 1년(1010) ································· 543
   4. 현종 1년(1010)~현종 6년(1015) ································· 544
   5. 현종 6년(1015)~예종 2년(1107) ································· 545
   6. 예종 2년(1107)~예종 3년(1109) ································· 546
   7. 예종 3년(1108)~고종 17년(1230) ······························ 547
   8. 고종 17년(1230)~고종 45년(1258) ···························· 548
   9. 고종 45년(1258)~충렬왕 16년(1290) ························ 549
  10. 충렬왕 16년(1290)~공민왕 5년(1356) ······················ 550
  11. 공민왕 5년(1356)~조선 건국(1392) ··························· 551

제9장. 조선 영토사 ··· 552
  Ⅰ. 4군 위치 ·· 552
  Ⅱ. 6진 위치 ·· 557
  Ⅲ. 시기별 영토 변화 ·· 564
    1. 조선 초기(조선 건국~성종, 15세기 말) ······················· 564
    2. 성종(15세기 말)~숙종(18세기 초) ······························· 564
    3. 숙종(18세기 초)~간도 협약(1909) ······························ 564
    4. 간도협약 이후 ··· 565

제10장. 일제강점기(1910년 8월 29일~1945년 8월 15일) ··· 566

제11장. 남북 분단 시기(1945년 8월 15일~현재) ··· 567
  독도 ·· 568

맺음말 ··· 571
참고문헌 ··· 573

서문

    오래전 《삼국사기》를 읽으면서 이해할 수 없는 기록에 고개를 갸웃거린 적이 있었다. 수나라가 고구려를 공격할 때 현 요령성의 요하를 건넌 후에 요동성에서 막히자 수나라 별동대 30만이 평양을 향해 진격하는데 수나라 군사가 너무도 쉽게 압록강을 건너는 것이다. 지리를 보면 요하 다음에 혼하가 있고, 혼하를 건너면 천연 장벽인 천산산맥이 있다. 당시 고구려는 이런 천연 요새를 이용해 군사를 배치했을 텐데 수나라 군사는 요하에서 수백 킬로미터를 진군하면서 별 어려움 없이 압록강을 건너 평양까지 도착한다. 청나라로 가는 조선 연행사 기록에 압록강의 거센 물길에 대한 묘사가 나온다. 지금은 수풍댐의 설치로 인해 유속이 느려졌지만 옛날에는 쉽게 건널 수 없는 강이었다. 수나라 대군이 압록강을 건너기 위해서는 필히 부교를 설치해야 하는데 그런 기록도, 고구려 군사가 압록강에서 막아 싸웠다는 기록도 없다. 당시 고구려는 최소한 30만 이상이나 되는 군사를 보유한 강국이었는데 그런 요충지에서 수나라 군사를 막지 않았던 것이다. 이런 의문은 훗날 삼국유사를 읽으면서 해소된다. 《삼국유사》〈흥법 순도조려〉에 "고구려 때의 도읍은 안시성, 일명 안정홀로서 요수의 북쪽에 위치해 있었고, 일명 압록으로 지금의 안민강이다."라고 명확하게 기록했다. 이는 고대 압록이 현재의 압록강이 아니었음을 알 수 있게 하는데 중국 사서인 《무경총요》와 《대명일통지》 등의 기록에서도 교차 검증된다. 《삼국유사》에서 기록한 요수는 소요수로 요하가 아니라 혼하인데 수나라 별동대는 현 압록강이 아니라 혼하를 건너 요동에 있던 평양을 향해 간 것이었다. 또한 통일신라와 고려 서북계는 요령성 요하와 혼하 일대에서 형성되었음에도 일제와 한국 역사학계는 현 압록강 이남으로 한정했다. 이게 엉터리임은 보주 내원성 위치만 봐도 알 수 있다. 당시 고려와 거란은 보주 내원성을 두고 대치하고 있었는데 중국 사서의 기록은 보주 내원성이 현 압록강이 아니라 요양 서남쪽에 있었다고 말한다. 이런 명백한 기록에도 불구하고 현재 우리가 알고 있는 역사가 사실이 아니라고 하면 주류 사학계는 진실을 말하는 이들을 사이비니 국수주의자니 하면서 매도하고 있다. 고구려가 망하고 또한 고려 영토가 거란과 몽골에게 빼앗기면서 요동에 있던 고대 지명이 한반도로 이동한다. 이후 조선의 식자들이 원래의 위치는 고려하지 않고 옮겨진 지명 위에 새로운 기록을 만들어 한국사를 왜곡했다. 조선에 이런 학자들만 있는 것만 아니었는데 조선 성종 때 최부는 《표해록》의 〈5월 28일〉자 기록에서 요동이 옛날 우리 고구려의 도읍이라고 기록해 조선 초까지만 해도 평양이 요동에 있었음을 알고 있었던 이들이 적지 않았던 것이다. 그리고 《열하일기》의 저자 박지원은 나라의 영토를 싸우지 않고도 뺏겼다는 한탄을 했다. 박지원과 뜻을 같이하는 학자들도 많았기에 이후 제대로 된 관점에서 새로이 연구했다면 거짓 역사를 바로잡을 기회는 있었을 것이다. 그러나 대한제국이 국권을 잃고 일제 관변학자들이 한국 역사를 장악하면서 그 기회는 사라졌다. 일제는 조선사편수회를 만들어 우리나라의 역사를 철저히 왜곡했다.

정부 예산으로 운영하고 있는 《한국사 데이터베이스》를 보면 오랫동안 식민사관에 머물러 있었다. 그러나 최근 이런 경향이 변화하고 있는 것을 알 수 있는데 《한서》〈조선전〉의 주석에 민족 사학자인 윤내현의 논문을 인용하고 있지만 아직 갈 길이 멀다. 해방 후 식민 청산을 제대로 하지 않았으니 친일파가 우리 역사학계를 주도했고, 다시 그 친일 역사학자로부터 배운 수많은 이들이 역사학계와 유관 기관을 장악해 왜곡된 역사를 퍼뜨리고 있다. 현재 소수의 민족 역사학자들이 거짓 역사를 바꾸기 위해 노력하고 있지만 다수의 주류 사학계가 학계를 장악한 상황에서 이를 바꾸기가 쉽지 않다. 그리고 한국의 주류 사학계가 이러한 왜곡된 역사관을 주도하는 것은 맞지만 그렇다고 해서 모두를 비판 대상으로 삼는 것은 아니다. 한국사의 분야가 다양해 영토사와 관련된 분야를 연구하지 않는 역사학자들도 적지 않기 때문이다. 따라서 비판의 대상은 일제의 식민사관을 추종해 역사를 바로잡는 노력을 막는 학자들로 국한되어야 하는 것이다. 그런데 얼마부터인지 정확히 알 수 없지만 우리 역사 영토를 지나치게 과장하는 국수주의적 역사관을 지닌 사람들이 많아지면서 또 다른 가짜 역사를 만들고 있다.

일제 관변학자들은 실증사학을 주창했지만 실제로는 문헌 사료보다는 고고학적 성과를 중시했다. 국수주의적 역사관 또한 문헌 사료는 부차적이고 지명의 동일함으로 위치를 규명하거나 혹은 천문 기록 등을 거론하면서 삼국과 고려의 영토가 북경이나 중국 동남부에 있었다고 주장하고 있다. 《후한서》 〈동이열전〉과 《삼국지》 〈위서 동이전〉에 마한, 진한, 변한 세 종족이 있고 이들의 동쪽과 서쪽이 바다이며 남쪽이 왜와 접하고 있다는 기록을 보면 동서가 바다이고 남쪽에 왜가 있는 곳은 한반도 외에는 없다. 삼국이 삼한 땅에서 건국했으니 삼국 또한 한반도와 만주에 있었고 그 뒤를 이은 고려 또한 한반도와 만주에 있었다. 삼국 초기의 전쟁 기록과 당 태종이 고구려를 정벌하기 위해 경유했던 정주(定州), 유주, 북평, 임유관, 영주, 요택의 지명을 보면 고구려가 북경에 있을 수가 없다. 그리고 송나라 사신 서긍의 《고려도경》에 송나라 사신들이 중국에서 배를 타고 고려로 왔고 그가 기록한 산천은 모두 한반도와 요동에 존재하는 것이다. 이외에도 고려와 거란이 전투를 벌였던 수많은 기록과 장소, 윤관이 개척했던 동북 9성, 몽골이 고려를 공격하고 합포에서 출발해 일본 정벌을 나섰던 기록들을 보아도 우리나라가 한반도와 요동이 아닌 중국 대륙에 있을 수는 없다. 물론 삼국과 고려가 요서와 만주에 영토를 가진 사실은 명백하고 중국 동남부에도 백제 영토가 있었다고 추정할 만한 기록이 있어 이에 대해서는 추가 연구가 따라야 한다.

지금은 우리 역사학계에 있어서 최대 위기라고 할 만한 시기로 우리 영토사의 진실을 규명하는 것이 더 어렵게 되어가고 있다. 역사의 진실은 특정인의 이익을 위해서 존재하는 것이 아니고 국수주의자들의 환상을 충족시키기 위한 수단도 아니다. 고대에 왜가 한반도 남부를 지배했다든지 혹은 만리장성이 북한까지 연결되었다는 이웃나라의 역사 왜곡을 보면서 대다수의 우리 국민들은 이런 시각에 분노한다. 그러면서 우리나라의 일부 대중들 또한 일본과 중국의 잘못된 역사관을 그대로 따라하고 있고 이들 뒤에는 이상한 논리로 꾸며내는 사람들이 적지 않게 존재한다. 일반 대중들은 역사를 전문적으로 연구할 기회가 없기 때문에 다른 사람의 주장을 검증하지 않고 쉽게 흔들리거나 몰입한다. 역사는 기록의 학문이다. 기록에 근거하지 않은 주장은 신뢰할 수 없다.

이 책은 일제 식민사관과 국수주의 사관의 추종자에게는 마땅치 않을 것이다. 무엇보다도 이 책은 사료 중심으로 역사의 진실을 규명하려는 것이고 기록이 맞으면 채택할 뿐 특정 집단의 바람에 호응하여 역사를 왜곡하는 행위는 하지 않을 것이다. 물론 부족한 능력과 사료 검증의 한계로 인해 오류가 있을 수도 있다. 이에 대해서는 향후 여타 연구자들의 보완을 기대한다.

제1장
한국(韓國)의 기원

　한(韓)은 칸, 간(干), 가(加), 가한(可汗), 선우(單于)와 같고 하늘이란 뜻이다. (국명에 칸을 사용하는 가자흐스틴은 간의 뜻을 하늘이라고 한다.) 마한, 번한, 진한의 삼한 또한 이와 동일한 것이고, 신라 또한 왕을 마립간, 거서간이라 했고 가야도 수로왕 이전에 9간이 있다고 했다.

　일본에 아직 존재하고 있는 어원을 보면 한국(韓國)을 간코쿠 혹은 가라(구니)라 한 것에서 한(韓)의 상고시대 발음이 한(칸) 혹은 가(카)임을 짐작할 수 있다. 이는 부여와 고구려도 마찬가지이다. 부여도 마가, 우가, 구가, 저가가 있었고 고구려도《삼국지》〈위서 동이전〉에 소노부(연노부), 계루부, 절노부, 관노부, 순노부의 5부가 있다고 했다.《삼국사기》〈고구려 본기〉에는 소노부 대신에 소노가라 한 것으로 보아 본래 고구려에는 5부가 아니라 5가(加)가 있었음을 알 수 있다. 북방 민족인 돌궐도 그 왕을 가한(可汗)으로, 선비족과 흉노는 선우(單于)라 했는데, 글자를 보면 선우가 아니라 본래 단우(單于)로 읽어야 한다. 글자 우(于)는 간(干)이라는 글자를 잘못 옮긴 것일 테고 단(單)이라는 글자를 선이라 읽은 것은 와전되었을 것이다. 즉, 선우는 본래 단칸(單干)으로 발음했을 텐데 삼국유사에 나오는 단군이라는 이름은 실상은 단칸과 그 어원이 같은 것이라고 추정할 수 있다. 흉노의 후손인 몽골도 테무친을 칭기즈칸이라 했고, 칭기즈칸 사후의 네 개의 한국(韓國)도 네 개의 칸국이니, 선비, 흉노, 몽골도 나라 이름이 한(韓)이었던 것이다. 오(吳)나라 왕 손권이 동천왕에게 보내는 국서에 왕호 대신 선우(單于)라고 했는데, 이는 오나라가 고구려와 흉노의 근원을 같은 곳에서 나왔다고 본 것이다. 한편 흉노(凶奴)라는 국명을 살펴보면, 흉노가 자신의 국명을 그렇게 사용할 리는 없고 흉노와 사이가 좋지 않았던 한(漢)나라가 불길한 이름을 지어 변조시켰을 것이다. 그리고 유럽은 흉노를 훈족이라 했는데 훈족의 지도자였던 아틸라 또한 스스로 하늘의 자손이라는 의식을 갖고 있었다는 기록이 있다. 또한 현대에 들어서 훈족이 흉노와 스키타이의 혼혈 유전자를 갖고 있는 것으로 밝혀져 흉노와 훈(Hun) 및 한(韓)이 동일한 것임은 분명하며, 당연하지만 흉노와 훈은 한국, 혹은 칸국으로 불러야 한다. 이렇듯 광의의 의미로 본다면 한(韓)을 국명으로 삼은 나라는 삼한은 물론이고 여진, 선비, 흉노, 몽골, 카자흐스탄, 그리고 아틸라의 거처였던 동유럽에 이르기까지 광범위하게 퍼져 있었다고 볼 수 있다.

   한(韓)을 국명으로 삼은 나라는 고대 동이족의 분포와 대부분 일치한다. 한(韓)이 천손(天孫)이라는 인식에서 비롯된 것이라면, 동이(東夷)라는 글자에 방향을 뜻하는 동(東)이 있다. 후한의 허신이 편찬한 《설문해자》를 보면 "동이는 큰 것을 좇는 대인이다. 동이의 풍속은 어질다."라고 했다. 중국에서 가장 오래된 책으로 인정받는 《산해경》의 〈해외 동경〉 편에서 "군자국이 그 북에 있는데 옷, 모자를 차려입고, 검을 차며, 짐승을 먹고, 두 마리 큰 호랑이를 옆에 두고 양보하기를 좋아하며 다투길 싫어한다. 훈화초가 있는데 아침에 피고 저녁에 진다."라고 한 것을 보아 당시의 기록에서 동이는 방향의 의미 외에 외형적, 문화적인 의미까지도 담고 있다. 그런데 동이는 중국의 동북방에만 존재한 것은 아니었다. 중국이 자신들의 조상이라고 하는 삼황오제(三皇五帝)를 보면, 삼황의 첫째인 태호복희씨의 근거지는 중국 북서 지역인 섬서성인 것으로 알려져 있고, 삼황의 두 번째인 염제신농씨의 경우는 섬서성에서 태어나 산동으로 옮겨 살았다고 기록되어 있다. 《사기》에는 태호복희씨와 염제신농씨에 대해 기록을 하지 않고 황제부터 기록하는데 둘 다 동이족임을 역으로 추론하면 알 수 있다.

   중국 역사학자 부사년 또한 태호복희씨가 동이족이 분명하다고 했고 중국 산동성은 동이 박물관을 세워 태호복희와 소호금천을 동이 영웅으로 묘사하고 있다. 《회남자》에는 태호가 다스리던 곳이 동방 갈석산의 해 뜨는 곳에서 시작해 1만 2천 리라고 했으니 그 영토가 중국의 중북부 일대에 걸쳐 넓게 퍼져 있음을 알 수 있다.

《사기》〈오제본기〉의 기록을 따르면 신농씨가 쇠퇴할 때 황제의 시대가 왔으며, 황제는 신농씨와의 전쟁에서 이기고 다시 치우의 반란을 제압한다. 동쪽으로 바다에 이르러 환산(丸山)과 대종(岱宗은 태산)에 올랐고 서쪽으로 공동(空桐), 남쪽으로 강(長江)에 도달했으며, 탁록의 언덕에 도읍했다. 도읍인 탁록은 현 하북성의 상곡이다. 황제 당시의 영토는 서쪽으로 섬서성과 산서성 일대, 동쪽으로 산동까지이며 남쪽으로는 양자강에 이르렀음을 알 수 있다. 이후 황제는 첫째 아들 청양(소호금천)을 강수(江水)의 제후로 봉했는데 동이족의 수장인 소호금천의 나라가 산동의 곡부에 있다 했으니 강수는 산동에 있었던 강의 이름이었을 것이다. 황제 사후 둘째 아들인 창의의 아들, 즉 황제의 손자인 고양전욱이 왕위를 이어받는데 그 거주지에 대한 기록이 있다. 《진서(晉書)》〈모용황재기〉에 고양전욱의 옛 땅이 대극성(大棘城)이라고 했는데 이는 모용 선비가 자신들의 선조가 고양전욱이라는 것을 밝히기 위해 의도적인 설정으로 볼 수도 있다. 《여씨춘추》〈고악〉편에서는 제 전욱이 공상에서 황제가 되었다고 기록했는데 공상은 산동 곡부이니, 고양전욱의 도읍은 산동에 있었던 것이다. 또한 고양전욱은 황제의 손자이자 소호금천의 조카이니 당연히 황제와 함께 동이족일 수밖에 없다. 고양전욱의 뒤를 이은 요(堯) 임금은 제곡고신의 아들이자 소호금천의 손자가 되니 요 임금 또한 동이족이다. 요 임금의 사위인 순(舜) 임금 또한 《맹자》〈이루 하(離婁 下)〉에서 동이족이라고 했고, 순 임금의 뒤를 이어 하(夏)나라를 세운 우(禹) 임금 또한 고양전욱의 손자이니 이 또한 동이족인 것은 당연하다.

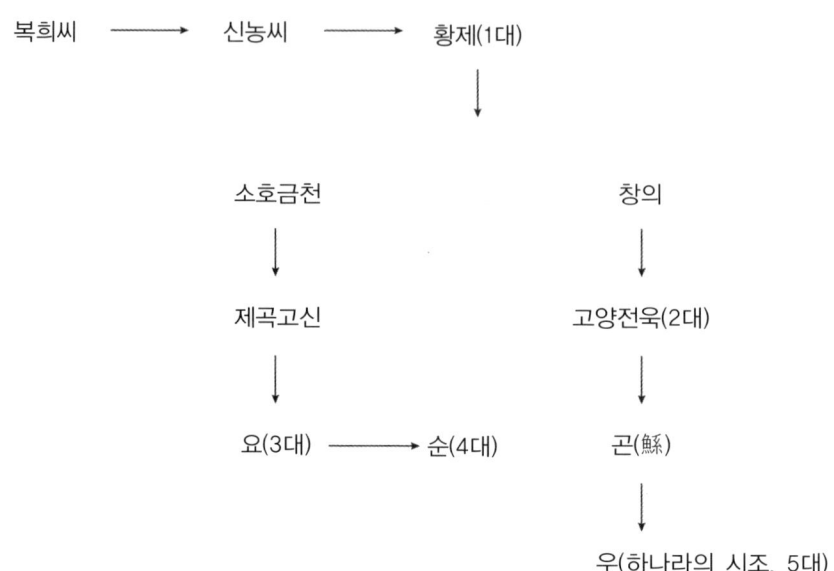

삼황오제 계보도

　그런데 《사기집해》에서 응소가 주석하길, 황제가 동이족의 천자가 아니라 치우(蚩尤)가 옛 천자라고 기록했다. 《사기》〈여동이국(黎東夷國)〉에 황제 헌원씨는 제후 소전의 아들로 나오고, 《사기》〈오제본기〉에는 황제의 직책이 운사(雲師)이며, 치우는 구려(九黎)족의 수장으로 신농씨의 후예라 했다. 이는 구려족의 제후였던 황제가 반란을 일으켜 신농씨의 수장인 치우와 싸워 탁록에서 승리한 것으로 볼 수 있고 동이족의 권력이 신농씨에서 황제의 종족인 유웅씨로 바뀐 것을 의미한다. 《사기》〈하본기〉에는 우임금이 나라를 건국하고(서기전 2070년경), 17대 걸왕(桀王, 서기전 1598)에 망한 것으로 기록했다. 황제의 손자가 고양전욱이고, 또 고양전욱의 손자가 우 임금이므로 이를 대략 계산하면 황제가 존재했던 시기는 서기전 2250년에서 2200년 사이일 것이다. 《삼국유사》〈기이〉에서 "《위서(魏書)》에서 말하길, 지금으로부터 2천여 년 전에 단군왕검이 있어 아사달에 도읍을 정했다고 했다. 고기에 이르길, 옛날 환인(桓因)의 서자 환웅(桓雄)이 …… 당고(唐高는 요 임금) 즉위 50년 경인(庚寅)에 평양성에 도읍하고 조선이라 했다."는 기록이 있다. 고기(古記)의 기록을 근거로 하면 요 임금 즉위 50년에 건국했으므로 고조선 건국은 서기전 2200년에서 2150년 사이다. 당시 일연이 본 고기는《삼한고기(三韓古記)》인데 조선 인조 때 학자이자 대신을 지냈던 남구만이 그의 저서《약천집》에서 이를《삼한고기》라고 밝혔기 때문에 알 수 있다. 이는《연려실기술》,《필원잡기》 등에서도《삼한고기》라고 나오는데 이《삼한고기》는 조선 말까지 존재하다가 이후 사라져 현재는 볼 수 없다. 고조선의 건국 기록에 대한《삼한고기》의 기록은 중국 사서에서도 교차 검증해 준다. 조선의 다른 이름인 숙신, 식신, 직신이라는 이름이 중국 기록에 엄연히 존재하기 때문이다.

제2장
고조선 위치와 영토

고조선에 대한 문헌 사료를 보면,《죽서기년(竹書紀年)》에 "순 임금 유우씨 25년에 식신(息愼)이 조정에 와서 활과 화살을 바쳤다."라는 기록이 있다.《사기》〈오제본기〉 우순(虞舜)조에는 "(순임금의 천하가) 사방 5천 리이다. …… 북쪽으로 산융, 발(發), 식신을, 동쪽으로는 장(長), 조이(鳥夷)를 위무했다.《사기집해》에서 정현이 식신은 숙신이고 동북의 이(夷)이라고 했다."고 기록했다.《죽서기년》은 전국시대 위(魏)나라에서 편찬했고 정현은 2세기 말의 후한 때 학자이다. 이 기록은 식신이 이미 순임금 때 존재했음을 보여 주는데, 식신은 숙신(肅愼) 또는 조선과 같은 말이니 고조선이 요 임금 때 건국했다는《삼한고기》의 기록은 대략 들어맞는다. 식신이 조선이라는 근거를 보면《사기집해》에서 식신이 숙신이라 했고,《후한서》〈동이열전〉 서(序)에도 "(주나라의) 무왕이 (은나라의) 주(紂)왕을 멸망시키자 숙신(肅愼)이 와서 돌화살과 화살촉을 바쳤다."고 기록해 식신 대신 숙신이라고 했다.《일주서(逸周書)》〈왕회해〉에는 "주공 단(周公 丹)이 동방을 주관했다. …… 직신(稷愼)은 대진(大塵)을 바쳤다. 공조가 주석하길, 직신은 숙신이다. 진(塵)은 사슴과 비슷하다. 예(穢)는 전아(前兒)를 바쳤다. 전아는 원숭이와 같고 서서 다녔고 소리가 아이와 같았다. 공조가 주석하길, 예는 한예(韓穢)로 동이의 별종이다. 발(發)은 녹록(鹿鹿)을 바쳤는데 사슴처럼 빨리 달렸다."고 했으니 상기 기록을 종합하면 식신, 직신, 숙신, 한(韓)이 같은 말임을 알 수 있다. 춘추전국시대 제나라 관중이 편찬한《관자(管子)》〈규도 78〉조에 "발(發), 조선(朝鮮)의 문피(文皮)를 이용하는 것이 한 방책입니다."라는 기록이 있다. 《사기》〈오제본기 우순〉조의 발, 식신이 관자에는 발, 조선으로 바뀌어 나오니 발, 식신이 발, 조선이라는 것을 알 수 있다. 발(發)이 식신과 조선 앞에 자주 붙어 나오기 때문에 혹자는 발식신이 한 개의 나라라고 말하는 경우도 있지만 공조가 직신과 발을 별도로 분류하기에 다른 기록이 없는 한 별개의 나라라고 봐야 할 것이다.

청나라 사서인 《만주원류고》〈부족 숙신〉조에도 여진은 본래 주신, 주리진인데 숙신, 식신, 직신과 같은 말이라고 했다. 《만주원류고》가 언급한 숙신의 위치는 만주 지역을 말하는데 위의 《죽서기년》과 《사기》〈오제본기〉에서 기록한 숙신 위치와는 다르다. 이는 고조선(숙신)이 멸망한 이후에 만주에 남아 있던 고조선의 일부 유민이 그 옛 이름을 변함없이 사용한 때문으로 볼 수 있다. 그리고 《설문해자(說文解字)》는 조(朝)의 발음이 주(舟)라고 하니 본래 조선을 주선 또는 주신이라 불렀고 여진 또한 조선을 달리 칭하는 말임을 알 수 있다.

당시 고조선 영토는 고조선만이 가지고 있었던 대표적인 세 가지 유물로 알 수 있는데, 그것들은 고인돌, 비파형동검 및 명도전이다. 이 중 명도전(明刀錢)은 고조선의 유물이 아니라 중국의 것으로 인정되어 왔고 우리 역사학계도 그렇게 주장하고 있다. 하지만 명도전에 새겨진 문양을 보면 명(明)이라는 글자와 유사하게 보이지만 자세히 보면 동이 문명의 유적지에서 발견되는 아사달 문양을 다르게 표현한 것으로 볼 수 있다. 명(明)의 글자를 보면 조선(朝鮮)의 조(朝)에서 해와 달을 형상화한 것임을 알 수 있다. 본래의 아사달 문양은 산과 그 위에 떠 있는 태양을 형상화한 것인데 이런 문양은 동이가 분포했던 곳곳에 등장한다. 산동 일대에 형성된 대문구문화 유적지를 보면 팽이형 토기에 아사달 문양이 나오는데 이 팽이형 토기는 한반도의 청천강에서 한강 이북까지 많이 발견되어 우리 민족과 밀접한 관련이 있었음을 보여준다. 조(朝)는 아침, 선(鮮)은 산 혹은 땅이란 뜻인데 아사달에서 아사는 아침이고 달은 양달, 응달의 글자에서 알 수 있듯이 땅을 말하니 조선과 아사달은 동일한 의미이다. 고대 동이족들은 아침의 땅이라는 아사달 문양을 유물에다 그려놓았고 이를 글자로 표현하면 조선(朝鮮)이 되며 이래서 아사달 문양 대신 조선 문양이라고 해도 되는 것이다. 명도전 또한 아침이라는 뜻의 문양을 새겨 넣은 것으로 고조선의 화폐임을 알 수 있다. 앞서 나왔던 《삼국유사》〈기이〉에서 "《위서(魏書)》에서 말하길, 지금으로부터 2천여 년 전에 단군왕검이 있어 아사달에 도읍을 정했다고 했다. 고기에 이르길, 옛날 환인(桓因)의 서자 환웅(桓雄)이 …… 당고(唐高는 요 임금) 즉위 50년 경인(庚寅)에 평양성에 도읍하고 조선이라 했다."는 기록을 보자. 대문구문화에서 발견된 아사달 문양의 토기를 서기전 4300년에서 서기전 2400년의 유물로 보고 있으니 이를 따르면 조선은 최소한 서기전 2400년에 실체가 있었고 실제로는 고조선이 건국한 연도는 훨씬 더 빠를 수도 있는 것이다. 이 아사달 문양은 몽골, 카자흐스탄, 티베트에서도 발견되어 이들 또한 동이족과 밀접한 관련이 있음을 보여준다.

　　명도전보다 먼저 나온 첨수도의 출토지를 보면 주로 만리장성 안팎에서 발견되어 흉노도라고 부르기도 하는데, 만리장성 일대는 진(秦)나라가 중국을 통일하기 전까지는 고조선의 영토였으므로 당연히 고조선의 화폐여야 한다. 중국의 화폐였다면 만리장성 이남의 중국 내륙에도 발견되어야 하는데 전혀 발견된 적이 없기 때문이다. 명도전은 첨수도의 뒤를 이었고 또한 그 분포지를 보면 과거 고조선의 영역 안에 존재하기 때문에 고조선의 화폐로 보는 것이 당연한 것이다.

　　고인돌과 비파형 동검은 한반도 전역은 물론이고 요령성에서 남쪽으로 하북성과 산동성 전역에 걸쳐서 나온다. 그리고 명도전은 주로 요서 지역의 조양 인근과 요하와 대련 일대를 비롯해 한반도 북부와 압록강 유역 및 현 북경 인근에서도 대량 출토되었다. 이는 박선미 연구원의 《기원전 3~2세기 고조선의 문화와 명도전 유적》 논문에서 〈고조선 명도전 유적지 표시도〉에 자세히 나온다. 여기에서 명도전의 숫자를 구체적으로 기록했는데 하북성이 59,245개로 제일 많고, 그 다음이 압록강 유역에서 21,730개, 북경 4,553개, 요하 2,601개, 기타 한반도 북부와 산동성 등지에 소량 발견되었다. 그런데 주로 고조선의 옛 영토에서 대량으로 발견되는 것을 보면 명도전이 중국에 통용되

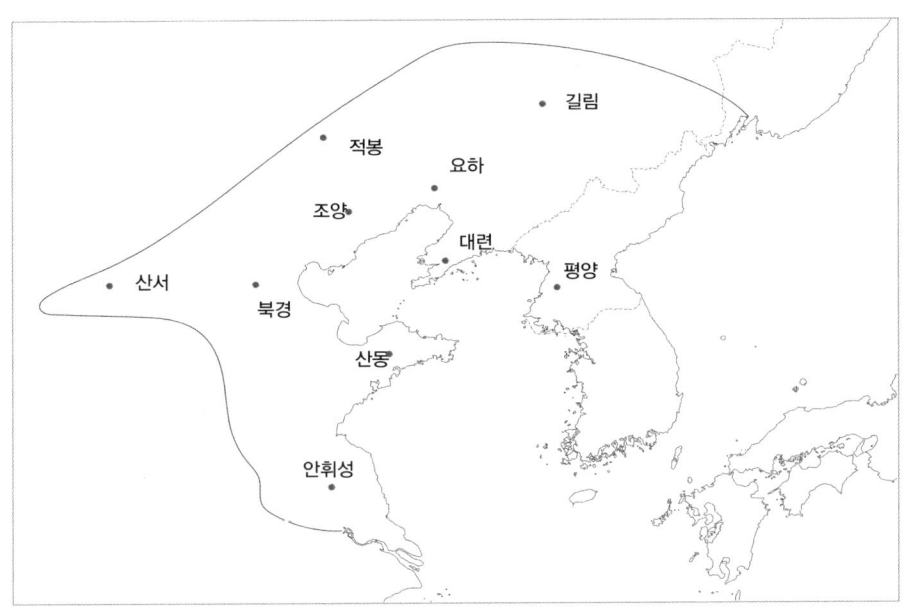

〈지도 1〉 명도전, 비파형 동검이 출토된 지역

는 화폐가 아니라 고조선의 화폐라는 것은 어렵지 않게 판단할 수 있는 사실이다. 만약 명도전이 한반도에서 발견된 이유가 교역의 산물이라면 하북성 서쪽과 남쪽에도 발견되어야 하지만 이곳에서 명도전이 발견되지 않았다는 사실에서도 명도전이 연나라 화폐일 수가 없다. 그리고 그 연도는 서기전 4세기에서 서기전 3세기경으로 추정하고 있는데 연(燕)나라 장수 진개가 고조선을 공격해 2천 리의 강역을 빼앗았던 때는 연 소왕 33년(서기전 281)으로 3세기 초반이다. 이때에 와서야 연나라가 북경 지역을 차지하는데 서기전 4~3세기의 명도전이 연나라 화폐가 될 수 없는 것이다.

북한 역사학계는 명도전이 고조선 화폐임을 이미 밝혔고 중국의 역사학자 장박천도 원절식 명도전이 중국 화폐가 아니라 고조선의 화폐라고 했다. 《한서》〈지리지〉에 낙랑 조선에 범금 8조(犯禁八條)가 있다 했고 그중의 하나가 물건을 훔치면 금전(金錢)으로 죄를 대신할 수 있으며 1인당 50만 전(錢)을 낸다는 기록이 있다. 즉, 당시 고조선에 화폐가 있음을 밝히고 있는데 전(錢)의 글자를 보면 금(金)은 철이며, 과(戈)는 창으로 창처럼 날카롭다는 의미이다.

제2장 _ 고조선 위치와 영토 27

즉, 모양이 창처럼 날카롭게 생긴 금속 화폐인데 첨수도의 모양이 창처럼 생겨서 그랬을 것이다. 고조선이 이런 철전을 사용했기 때문에 전(錢)이라는 글자가 화폐의 의미가 되었음을 알 수 있다. 고조선 강역에서 대량으로 발견된 화폐는 첨수도와 명도전이며 다른 화폐가 대량으로 발굴된 적이 없다. 《한서》 〈지리지〉에 언급된 고조선의 화폐가 명도전이기 때문에 다른 화폐가 발굴되지 않는 것이다. 진(秦)나라부터 한(漢)나라까지 사용되었다고 알려진 중국 화폐 반량전(半兩錢)은 중국 본토뿐만 아니라 한반도 일부 지역, 특히 한반도 남단의 영산강 등지에서도 발견된다. 한반도에서 발굴된 반량전은 원형의 금속 화폐이므로 날카로운 모양을 가진 본래의 전(錢)이 아니다. 고조선도 화폐를 사용했지만 《후한서》 〈동이열전 한(韓)〉조에서 진한(辰韓)에 철이 생산되고 모든 무역에 철을 화폐로 사용한다고 했다. 《삼국지》 〈위서 동이전 한(韓)〉조에서는 변진(弁辰)에서 철이 생산되고 시장에서의 거래를 철로 한다는 기록도 있다. 실제로 가야 고분에서 철전이 발굴되어 고조선의 일부였던 변한에서도 철전을 사용하고 있었음이 증명되고 있는 것이다. 북경을 포함한 하북성 일대는 고조선 초기 강역의 일부였고 후일 연나라 장수 진개에 의해 영토를 뺏긴 다음에야 중국의 영토가 되었다. 고조선 문화의 지표인 비파형 동검과 고인돌이 북경은 물론이고 그 남쪽인 산동성에 이르기까지 발견되었음에도 그 북쪽에 있는 북경이 고조선의 영토가 아닐 수가 없다.

비파형 동검은 요하 서쪽의 요령성에서 많이 발견되어 요령성 동검이라고 하기도 한다. 현재까지 발굴한 비파형 동검의 연도는 서기전 14세기까지로 올라가는데 출토지를 보면 북경을 포함한 하북성, 조양, 요동, 산동과 한반도 전역이다. 고인돌의 발굴 위치 또한 비파형 동검의 발굴 위치와 약간의 차이는 있지만 거의 유사하다. 우리 학계는 비파형 동검 출토지에서 산동을 제외하고 있지만 《윤순봉의 서재》에서 중국 학자 왕청(王靑)이 2007년에 발표한 〈산동발현적기파동북계 청동단검 및 상관 문제〉의 논문을 인용하면서 비파형 동검이 산동성에서도 발견되었던 사실을 소개했다. 산동성 또한 고조선의 영토였기에 이곳에서 비파형 동검이 발견되는 것은 어쩌면 당연한 일이다.

고인돌은 홍산문화가 있는 산동을 포함해서 북경, 하남성, 강소성, 절강성, 호남성 등지에도 그 유적지가 발굴되었는데 이의 분포 또한 명도전과 비파형 동검의 분포와 유사하다.

또한 《우공추지(禹貢錐志)》〈4권〉에 "요 임금 때, 우이(嵎夷)가 현재 산동성인 등주(登州), 청주(靑州)에 있었는데 조선의 땅이었다. 요가 희중에게 명해 우이에 거주토록 했는데 바로 양곡(暘谷)이다."라고 했다. 《우공추지》는 청나라 때 학자인 호위의 지리서다. 한국 역사학계는 산동이 고조선의 옛 땅이 아니라고 하는데 오히려 청나라 학자가 산동성이 고조선의 옛 땅이라고 한다.

2000년에 발간된 중학교 사회과부도에는 고조선 강역이 산동과 회수 지역을 포함하고 있었지만 현재 국사 교과서에는 요서와 만주 및 한반도만 차지했던 것으로 나온다. 한국 주류 사학계는 우리 고대 영토를 제대로 밝히지 않고 오히려 축소시키고 있는 것이다. 물론 동이족 모두가 우리 민족의 원류가 되는 것은 아니다. 이들은 긴 세월 동안 갈래가 나눠지고 또 다른 민족과 교류하면서 다른 길을 걸어갔을 것이다. 동아시아에서 발견되는 고인돌의 분포는 동이의 세력권과 대략 일치하는데 한반도 지역에서 발견된 고인돌이 절반을 차지한다. 이는 동이족이 초기에는 중국 대륙에 폭 넓게 진출했다가 다른 민족과 융화하거나 밀려나면서 본래의 고인돌 문화를 상실했던 것이고, 산동과 북경 지역의 고인돌이 요하 지역과 한반도에 비해 수량이 적긴 하지만 중국의 다른 지역보다 많은 것은 고조선이 방파제가 되어 그 문화를 오랫동안 유지하게끔 만들었기 때문일 것이다. 이후 고조선이 제나라와 연나라 등에게 밀려 산동과 하북성 지역을 잃었고 뒤이어 한 무제 때 요동을 잃으면서 중국 북동부 지역의 고인돌 문화는 한반도보다 일찍 사라졌던 것이다. 압록강 이남의 한반도는 외부 세력이 쉽게 들어오지 못해 장기간 동안 고인돌 문화를 유지했었고 이런 이유로 고인돌이 한반도에 대규모로 남을 수 있었다.

이렇게 동이는 처음에 동아시아 제국의 건국을 주도했고 그 발전을 이끈 근원이었다. 이후 다른 민족과 섞이면서 동아시아 대부분의 지역에서 그 원형을 잃었지만 고조선만큼은 오래 남아 동이의 근원과 문화를 천 년 이상 지켜

냈던 것이다. 이에 대해《후한서》〈동이열전〉은 동이에 대해 의미심장한 기록을 남겼다.《후한서》〈동이열전〉"왕제에 이르길, 동방을 이(夷)라고 한다고 했다. 이(夷)란 근본이다. 이는 어질어서 생명을 좋아하는데 만물이 땅에 뿌리를 두고 산출되는 것과 같다. 고로 천성이 유순해 도로써 제어하기 쉽고 군자국이 있고 불사국(不死國)이 있는 것이다." 이와 같이 후한서가 이(夷)를 근본이며 만물의 뿌리라고 한 것은 동이가 그 근원임을 잘 알고 있었던 까닭이었으리라. 하나라의 다음 왕조인 은(殷)나라 또한 동이족이라 했고, 은나라를 멸한 주(周)나라 무왕은 큰 공을 세운 강태공을 제나라 왕으로 봉했는데, 강태공은 신농씨의 후손으로 산동에 거처하던 동이족이었다. 산동에 동이족의 수장인 소호금천의 나라가 이미 존재했고, 동이의 또 다른 일족인 부유, 내이, 우이가 있었으며, 그 남쪽인 회대 지방에는 회이가 있었다는 기록이 있다. 당시에 동이는 중국의 중부, 북부 및 동해 연안을 포함한 광범위한 지역에 분포했던 것이다.

   은나라의 뒤를 이은 주(周)나라에 대한《사기》의 기록을 보면,《사기》〈은본기(史記 殷本紀)〉에 "은나라 설(契)의 어머니는 간적이다. 유웅(有熊)씨의 딸로서 제곡의 둘째 비가 되었다. 세 명이 목욕하러 길을 나섰는데 검은 새가 알을 떨어뜨리는 것을 보고 간적이 그 알을 삼켰다. 이로 인해 간적이 설을 임신했는데 설이 장성해서 우(禹)의 치수에 공이 있어서 순임금이 이에 설에게 명하길, 백성이 서로 화친하지 않고 오품(五品)이 교훈을 주지 못하고 있다."라고 나온다. 유웅씨는 황제의 종족이고 제곡고신은 동이족인 소호금천의 손자이니 설 또한 동이족일 수밖에 없다. 후에 설은 은나라를 건국한 시조가 되었던 인물이다.《사기》〈주본기(周本紀)〉에는 "주나라 후직의 이름은 기(棄)다. 어머니는 유태(有台)씨의 딸로서 이름은 강원이다. 강원은 제곡고신의 첫째 비가 되었다."고 했다. 후직은 주나라의 시조인데 아버지 제곡고신은 동이족이니 후직도 당연히 동이족인 것이다. 그리고 은나라 이전의 나라들이 동이족이며 우리 민족과 밀접한 관련이 있음을 알 수 있는 강력한 증거가 있다. 갑골문에서도 발견되었고 아직도 사용되고 있는 천간(天干)과 지지(地支)

의 글자 중 干과 支를 보자. 간(干)은 칸, 한(韓)과 같은 것으로 하늘 또는 군주의 뜻이고, 지(支)는 삼한의 신지(臣智), 고구려의 막리지(幕離支), 백제의 건길지(鞬吉支), 신라의 김알지(金閼智) 등의 호칭에서 알 수 있듯이 왕 혹은 대군장을 의미한다. 삼한의 대군장을 뜻하는 신지의 지(智)와 김알지의 지는 글자가 다르긴 하지만 음차해서 그런 것이고, 막리지는 연개소문의 경우를 보면 알 수 있지만 왕과 다름없는 막강한 권한을 가졌다. 백제는 백성들이 왕의 호칭 대신에 건길지로 불렀다고 했으니 지(支)라는 글자는 극존칭으로 干과 비슷한 의미였던 것이다. 간(干)과 지(支)를 사용했던 은나라 이전의 국가 또한 동이족임을 여기서도 보여준다.

근대 중국의 역사학자 하광악은 《동이원류사》에서 동이족이 신석기시대의 홍산문화, 대문구문화, 청련강문화를 이룩했고 서쪽의 강족(羌族)과 융합해 화하 민족의 형성과 발전을 촉진했다고 했다. 이어 동이족이 세운 국가가 조선, 부여, 발해, 고구려, 백제, 금, 청, 진(秦)과 당(唐), 신(新)나라, 양(梁), 남제, 조(趙), 제(齊), 남월, 대월지, 송(宋), 베트남 등이라 주장했다. 이는 하광악

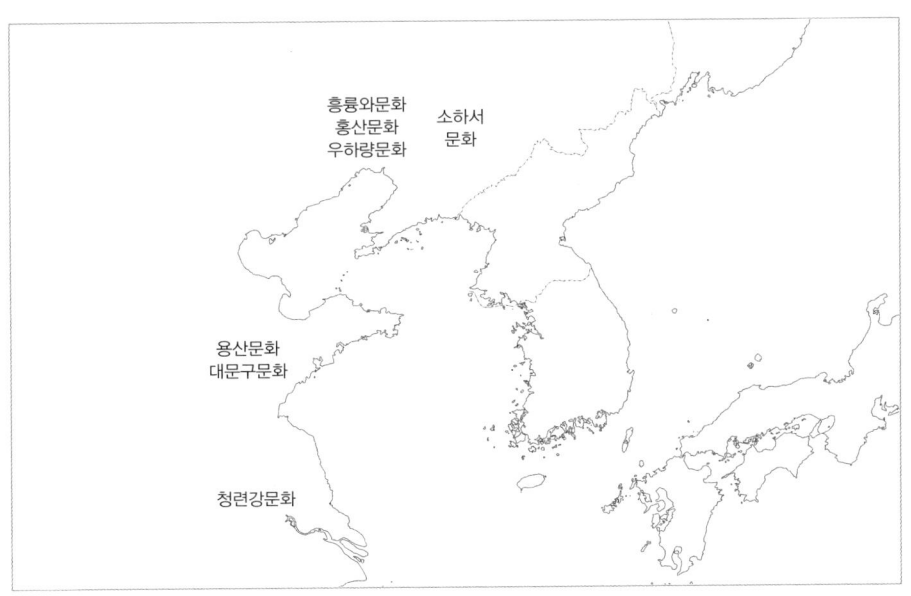

〈지도 2〉 동이(東夷) 문화 분포지

이 중국의 원류가 동이라는 것은 인정했지만, 한편으로는 동이의 역사를 중국의 역사로 편입하려는 근거가 될 수도 있다. 하지만 중국인들 스스로 그들은 동이족이 아니라 화하족이라고 주장했으니 그들의 조상들이 세운 논리를 먼저 허물어야 가능한 일일 것이다.

고대의 한국과 중국 북부 및 동부 지역은 그 원류가 동이족임은 분명하니 동일한 혈연관계를 형성한 것은 사실이다. 현대의 유전자 검사에서도 한국과 중국 동북부의 친연 관계가 있는 것으로 밝혀진 것도 이를 뒷받침한다. 하지만 그 외 지역은 친연 관계가 밝혀지지 않았으니 동이족이 이들 국가의 발전에 영향을 끼친 것은 사실이더라도 베트남 등 중국 남부까지 동이의 나라라고 하기에는 무리가 있다.

동이가 북쪽에서 시작해 수많은 갈래로 나뉘어져 많은 나라를 형성했지만 후대인들에게는 역사의 기록을 남긴 자들만이 주역으로 남았다. 현재까지의 고고학적 연구에서 최초의 동북아 문화는 서기전 7천 년 전의 소하서 문화에서 출발했다. 우실하 교수는 EBS의 한 강의에서 소하서 문화는 요하와 내몽골 지역에서 형성되어 최초의 빗살무늬 토기가 출토되었고 동북아 최초의 적석총도 나왔다고 했다. 그리고 그 인근의 흥륭하 문화는 서기전 6200년에서 서기전 5200년의 문화이며, 소하서 서쪽에는 부하문화(서기전 5200~서기전 5000년 문화), 요령성 서부에는 홍산문화(서기전 4500~서기전 3000), 산동과 그 남부에는 대문구문화(서기전 4300~2400) 등이 대표적인 동이족 문화라고 했다. 이를 보면 최소한 7천 년 이전부터 이 지역에서 동이족이 터전으로 삼고 살아왔음을 알 수 있다. 이후 동이족들의 갈래가 남쪽 혹은 동쪽으로 확산되어 먼 후대에 이르러 삼황오제와 고조선의 기반이 되었을 것이다. 그런데 동이의 나라들이 소하서 문화나 홍산문화를 이룩한 선조의 이름 대신 한결같이 후대의 삼황오제를 그 시조로 삼은 것은 그 이전에 마땅한 기록이 없었던 이유로 짐작된다.

《사기》 등의 중국 사서에서 삼황오제의 역사를 기록하면서 그 이름이 후대까지 전해졌고 동이의 나라들 또한 자신들의 시조로 삼황오제를 꼽았던 것이다. 그래서 동이의 나라들 중 그 시조에 대해서 신라, 가야 및 흉노가 소호금천이라 했고, 또한 흉노는 하나라 우임금의 후손이라고도 했는데 둘 다 동이족이니 같은 의미다. 몽골은 흉노의 후손이니 몽골도 같고, 고구려는 제곡고신과 고양전욱이 시조라고 했다. 백제는 고구려에서 나왔으니 고구려와 같고, 선비족은 《진서(晉書)》〈모용황재기〉에서 황제가 시조라 기록했는데 거란 또한 선비족이니 거란도 마찬가지이다. 여진족 또한 신농씨를 시조로 삼았던 것은 이런 측면이 있었던 것이다. 신농씨의 후손이 황제이고, 소호금천, 제곡고신, 고양전욱 등도 황제의 후손이니, 이들 동이족은 동일한 조상 중에 한 명을 선택한 것일 뿐, 그 시조는 동이족의 군장이라는 점에서는 동일하다. 이들은 그들의 선조가 동이에서 나왔으며 그들 또한 동이의 일족이라는 것을 알고 기록으로 남긴 것이다.

고조선 강역에 대한 여러 기록을 고찰해 보면, 먼저 《사기》〈은본기〉에 "탕왕이 말하길, 과거의 우(禹)와 고요(皋陶)는 밖에서 오랫동안 일하며, 백성에게 공을 세워 백성들이 편하게 살게 했다. 동쪽은 장강, 북쪽은 제수, 서쪽은 황하, 남쪽은 회수를 치수했다."라고 나온다.

고요는 순임금 때 관리이고 제수는 산동성 제남시의 북쪽을 흐르는 강이다. 은나라가 장강, 제수, 황하, 회수까지는 이르렀으니 은나라의 영토를 대강 짐작할 수 있다. 당시 동이와 고조선의 영토는 은나라의 영토 밖이 될 것이다. 은나라 또한 동이족에서 출발했지만 고조선이 은나라에게는 없던 비파형 동검, 고인돌, 명도전 등의 고유문화를 가졌다는 것은 시간이 지나면서 고조선과 은나라는 별개의 문화권을 형성했으며 이에 따라 같은 동이족이란 동족의식도 차츰 사라졌을 것이다. 주나라는 은나라를 멸한 후에 그 영토가 점점 넓어졌는데 《춘추좌전》 소공 9년에 "주 무왕(周 武王)이 은나라를 이긴 후, 숙신, 연(燕), 박(亳)이 주나라 땅이 되었다."고 나온다. 연나라 위치는 추후 구체적인 설명이 있겠지만 산서성과 하북성 서남부 일대에 걸쳐 있었다. 주나라가 은나라를 멸하면서 연나라 영토를 비롯해 숙신의 일부 영토도 빼앗은 것을 알 수 있다. 여기서 박은 어딘지 알 수 없다. 그런데 숙신 위치는 익히 알고 있는 만주가 아니라 주나라와 아주 가까움을 여러 기록에서 알 수 있다. 《사기》〈사마상여(서기전 179~117) 열전〉에 "제나라 동쪽은 대해가 접하고 …… 옆으로 숙신국과 이웃했고 오른쪽으로 탕곡과 경계를 하고 있다."고 한 기록에서 숙신은 제나라 왼쪽에 있었다. 당시 제나라는 산동 반도 북부에 있었는데 숙신이 산동과 멀지 않은 곳, 즉 하북성 동남 및 하남성까지 걸쳐 있었음을 알 수 있다. 이는 하북성 보정시 일대로 연나라 진개에게 영토를 빼앗기기 전의 고조선 초기 영토와 유사하고 숙신이 고조선의 다른 이름이라는 것을 여기서도 알 수 있다. 주나라가 은나라를 멸한 후 숙신이 와서 공물을 바쳤고, 《사기》〈공자세가〉에 공자가 진(陳)나라에 머물고 있을 때 진나라의 궁궐에 돌화살을 맞은 매가 떨어져 죽었는데 공자는 그때 숙신의 화살이라고 한 기록이 있다. 진(陳)나라는 중국 개봉시에 있었고 화살을 맞은 매가 멀리 날 수 없기 때문에 숙신은 또한 진나라와 멀리 있지 않은 곳에 있었던 것이다. 개봉시는 현 중국 하남성의 낙양 동쪽에 있었으니 《사기》〈사마상여 열전〉에서 나온 바와 같이 숙신이 이곳에 있었음을 알 수 있다. 또한 기자조선의 위치를 통해서도 고조선 영토를 알 수 있다. 《상서대전(尙書大傳)》〈주서(周書) 홍범오행전(洪範五行傳)〉에 "(주)무왕은 기자를 감옥에서 석방했고 기자는 조선으로 갔다. 무왕이 이를 듣고 그를 조선에 봉했다."고 했다. 《사기》〈송미자 세가〉의 주석에 "두예가 말하길, 양나라 몽현에 기자의 무덤이 있다."는 기록이 나온다. 두예(224~284)는 진(晉)나라의 재상인데 양나라 몽현은 현재 하남성 동부의 상구(商丘)시로 개봉 동쪽이며 북동쪽으로는 산동과 가깝다. 그런데 남송의 나필이 지은 《노사(路史)》〈권27 기(箕)〉조에는 "기국은 기자의 선조인 기백이 다스린 소국이다. 춘추시대에 기승의 나라이다. 성찬이 말하길 기국의 위치는 상(商)의 기내이고, 오늘날 태원이다."라고 했다. 이럴 경우 기자가 간 조선은 태원일 수도 있다.

①《사기》〈제태공세가(齊太公世家)〉에는 "태공망 여상은 동해안 사람이다. 《집해》는 주석하길, 《여씨춘추》를 인용해, 동이의 땅이라 했다. …… (주나라) 무왕이 상(商)나라를 평정한 뒤, 천하의 왕이 되었다. 사상부(강태공)를 제나라

영구(營丘)에 봉했다. 《正義》는 《괄지지》의 기록을 인용했는데 영구는 청주(靑州) 임치에서 북쪽으로 백 보 떨어진 외성에 있다고 했다. 내후(萊侯)가 침입해서 영구에서 싸웠다. 영구는 내이(萊夷)와 붙어 있다. …… 주나라 성왕(서기전 11세기 인물)이 어렸을 때, 관숙과 채숙이 반란하자 ②회이(淮夷)가 주나라를 배신했다. 《정의》의 주석에서 공안국이 말하길, 회수 지역의 이(夷)와 ③서주(徐州)의 융(戎)이 있다고 했다." 《사기》 〈노주공세가(魯周公世家)〉에는 주공 단(서기전 11세기 인물)이 회이를 평정한 기록이 나온다. "관숙, 채숙과 무강 등이 회이(淮夷)를 이끌고 반란을 일으켰다. …… ④회이의 동쪽 땅을 평안하게 해 2년 만에 평정을 끝냈다."라고 나오고, 《후한서》 〈동이열전〉에도 동이에 대한 기록이 나온다. "이(夷)는 아홉 종족이 있는데 견이, 우이, 방이, 황이, 백이, 적이, 현이, 풍이, 양이를 말하며 공자가 구이에서 살고 싶다고 한 곳이 여기다. 옛날 요 임금이 희중을 ⑤우이(嵎夷)에 살도록 명하고 양곡(暘谷)이라 했는데 그곳은 대체로 해가 돋는 곳이다. …… (하나라의) 걸왕이 포학해져 ⑥제이(諸夷)가 내지에 침입하니, 은(殷)나라의 탕왕이 혁명을 일으킨 후 이들을 평정했다. …… (은나라가) 쇠약해지자 동이가 점차 강성해져 드디어 ⑦회수(淮水)와 대산(垈山)으로 나뉘어 이동해 중토(中土)까지 와서 살았다. …… ⑧서이(徐夷)가 참람되게 왕을 칭하면서 구이(九夷)를 거느리고 주나라의 종실을 쳐서 서쪽으로 황하의 상류까지 다다랐다. ⑨목왕(재위기간: 서기전 976~922)은 서이의 세력이 강해지자 이를 두려워해 동방 제후를 나눠 서(徐)나라의 언왕(偃王)에게 다스리게 했다. …… 초나라의 ⑩문왕(재위기간: 서기전 690~675)이 대병을 일으켜 서국(徐國)을 멸망시켰다. ⑪언왕(偃王)이 어질고 권력을 싫어해 그 백성으로 싸우지 못해서 패했다. 북쪽으로 팽성 무원현 동산 아래로 도주했는데 따라간 백성이 만 명이나 되었다. 이로써 그 산의 이름을 서산이라 했다. 여왕(厲王, 재위기간: 서기전 871~841)이 무도하자 ⑫회이(淮夷)가 공격해 들어왔다. …… ⑬진(秦)나라가 6국을 합병한 후, 회수(淮水)와 사수(泗水)의 이(夷)를 모두 나눠 민호로 삼았다. 진섭이 군사를 일으켜 진나라의 천하가 무너지자 연나라 사람 위만이 조선으로 피난해 그 나라의 왕이 되었다. 백 년이 지난 다음에 한(漢)

무제가 멸망시켜 동이가 처음으로 상경(上京)에 통했다."고 했다. ①에서 서기
전 239년 여불위가 지은 《여씨춘추》〈효행람〉에서 강태공이 동이의 선비라
했고, 《집해》에서도 강태공이 살던 곳이 동이의 땅이라 했으니 동이족이 확실
하다. 내이(萊夷) 또한 동이족이니 강태공의 동이족과 내이의 동이족이 서로
싸운 셈이다. 내이는 청주 동쪽 산동반도 일대를 차지하고 있었는데 백제와
관련이 있다. 6세기 초 양(梁)나라에서 기록한《양직공도(梁職貢圖)》에 백제가
옛날 내이 마한에 속한다고 했다. 내이가 백제와 서해를 사이에 두고 있었기
때문에 내이가 망한 후에 그 유민의 일부가 백제 땅으로 이동했기 때문일 것
이다. 그리고 이 기록에서 내이가 은나라 당시에도 존재했음을 알 수 있다.
②의 회이는 주나라 초기의 기록에 등장하는데, ⑦에서 은나라가 쇠약할 때
동이가 회수와 대산에 나뉘 들어왔으니 회이 또한 은나라 때에 이미 존재했던
것이다. ③의 서융은 서이(徐夷)의 다른 표현이고 ⑥에서 은나라 때 동이제국
이 대거 출현했으니 서이도 이때 남하했을 것이다. ④에서 주공 단이 회이를
평정했다는 기록은 회이를 완전히 멸망시켰다는 뜻이 아니다. ⑫의 기록에서
보듯이 주나라의 여왕 재위 동안 회이가 주나라를 공격했으니 이 당시에도
여전히 회이는 존재했던 것이다. 회이가 완전히 사라지는 시기는 아래의 ⑬에
서 진나라가 6국을 병합한 후에야 회이를 차지해 민호로 만들었음을 알 수
있다. ⑬의 사수(泗水)는 산동성 남쪽 서이(徐夷)의 위치에 있다. 이때 서이가
회이와 함께 진나라에 의해 망했음을 알 수 있다. 이들 지역을 지도에 위치시
키면 내이가 산동에 위치했고 그 남쪽에 서이가 있고 또 그 남쪽에 회이가
있었음을 알 수 있다. 《한서》〈지리지 기주〉조에 나오는 서주의 위치를 보면
"바다와 대(岱, 태산) 및 회수 사이가 서주(徐州)다. 안사고는 동쪽으로 황해까
지, 북쪽으로 대산까지 남쪽으로 회수까지라고 했다."라고 기록되어 있는데
당시 서주의 영토가 북쪽으로 태산, 남쪽으로는 회수, 동쪽으로 바다까지 다
다랐음을 알 수 있다. ⑤의 우이는 해 뜨는 곳이라 했으므로 내이의 동쪽에
위치한다. 순임금이 희중을 우이에 살도록 명했다는 것은 중국 사서 특유의
춘추필법일 뿐, 우이에 희중의 나라가 있었다는 의미다. ⑥에서 동이제국(東夷

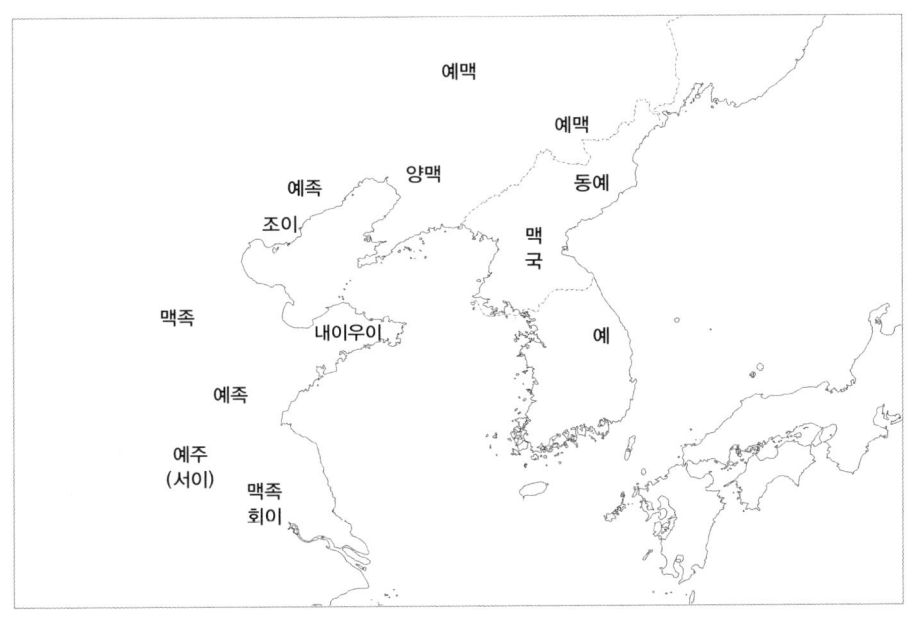

〈지도 3〉 동이와 고조선 영토

諸國)이 하나라의 걸왕 때에 대거 남하했고 ⑧과 ⑨는 서이가 동이의 맹주가 되어 주나라와 영토를 양분했음을 알 수 있다. 여기서도 서이가 다스리게 했다는 표현은 실상은 서이에게 동쪽 영토를 뺏겼음을 의미한다. ⑩은 서이가 약 300년 후에 초나라 문왕에게 패해 팽성까지 물러났음을 보여준다. 팽성은 옛 서주(徐州)이자 현 강소성 서북에 위치해 있다. ⑪의 초나라 문왕 때의 언왕(偃王)이 ⑨의 주나라 목왕 때도 그대로 언왕인 것으로 보아 언왕이라는 호칭이 특정 왕에 대한 호칭이 아니라 서나라의 왕은 모두 언왕으로 불렀음을 알 수 있다.

어떤 이는 서이가 동이족과 아무런 관계가 없다고 하는데 기록은 달리 말한다. 《후한서》에 우이, 서이, 내이, 회이를 〈동이열전〉에 넣은 이유는 당시 한나라 사람들은 이들이 동이족임을 알고 있었기에 그렇게 기록했던 것이다. 그리고 서진(西晉)의 장화(232~300)가 지은 《박물지(博物志)》〈이문(異聞)〉조의 서언왕(徐偃王)에 대한 기록을 보자. "서나라《왕지(王志)》에서 말하길, 서나라의 궁녀가 임신해 알을 낳았는데 왕은 상서롭지 않다고 여겨 물가에다 버렸다. 홀로 외롭게 살던 여인에게 곡창이라고 하는 이름의 개가 있었는데, 물가에서 사냥하다가 그 알을 얻어 입에 물고 동쪽으로 돌아갔다. 그 여인이 기이함이 있어서 그 알을 따뜻하게 해서 드디어 아이가 태어났다. …… 서나라의 임금으로 삼았다."고 했는데, 이 내용은 알에서 시조가 나오는 우리 민족의 난생 설화와 동일하다. 부여, 고구려, 신라, 가야는 모두 왕들이 알에서 태어났고 서언왕도 마찬가지다. 중국은 하북성 보정시와 요령성 대릉하 등지에서 언왕(匽王)의 명문을 발견하곤 언이 연나라라고 주장하나 중국 사서 어디에도 연(燕)나라를 언나라로 부른 기록이 없다. 특히 보정시와 대릉하 지역은 옛 고조선 영토였으니 이는 사실이 아닌 것이다. 서나라의 언왕(偃王)과 명문에서 나온 언왕(匽王)의 글자를 보면 한자 사전에 언(偃)과 언(匽)이 동일한 글자로 나와 있다. 즉, 둘은 똑같은 글자로 언(匽)은 평소 잘 사용하는 글자가 아니다. 이렇게 언왕이라는 명문이 옛 고조선의 영토에서 발견되고, 우리 민족이 가지고 있는 난생 설화까지 가진 존재이니 고조선과 관련이 없다고 할 수 없다. 《사기》〈효무제 본기〉에 "효무광 원년(서기전 156)에 예주(豫州)를 경략했다. 집해에서 여순이 말하길, 예주는 동이이다. 색은은 예주는 옛 예맥국이다."라고 했는데, 예주는 황하 중류 이남과 회수 이북 사이로 현재 안휘성과 하남성 일대에 해당되는데 서주의 위치와 동일하다. 《사기》〈진(秦)본기〉에는 서언왕이 언씨 성을 가진 서나라 왕이라고 했지만 《후한서》〈동이열전〉에는 서주가 동이족이라고 했다. 서언왕의 건국 설화가 우리 민족의 건국 설화와 동일하고 언왕 명문이 고조선 옛 영토인 보정시와 대릉하에도 나타나며 서주가 있었던 예주가 옛 예맥족이라고 했으니 서언왕이 고조선의 일족이 아닐 수가 없다. 《해동역사》〈세기 맥(貊)〉조에서는 "모시에 '노 희공이 서택까지 차지해 바닷가까지 이르렀도다. 회(淮)의 오랑캐와 만맥(蠻貊)의 족속까지 모두 따르도다.'"라는 내용도 있다. 노희공은 노나라의 군주로 서기전 7세기 인물이다. 노나라는 산동에 위치했고 회(淮)는 회수이므로 노나라가 남쪽의 회이를 압박했고 맥이 근처에 있었음을 알 수 있다. 또한 앞에서 예주를 예맥국이라 했으니 이렇게 보면 한, 예, 맥은 동이의 옛 땅과 거의 동일한 곳에 위치해 있다.

고조선은 여기뿐만 아니라 산동성 북부에도 그 흔적을 나타낸다. 이곳은 동이의 일족인 부유, 내이 등이 있었던 곳이다. 《수경주》와 《한서》〈지리지〉의 기록을 보자. 《수경주》〈권10 탁장수 청장수(濁漳水 清漳水)〉에 "청장수는 장무현(章武縣) 고성 서쪽을 지나면 옛날 예읍(濊邑)이다. 지류가 있는데 예수(濊水)라 한다." 이 기록은 장무현에 우리 민족의 주 구성원인 예족이 있고 예수가 있었음을 나타낸다. 장무현은 《한서》〈지리지〉에 그 위치가 나온다. 《한서》〈지리지 기주 발해군〉조에 "발해군은 고제(한고조 유방)가 설치했다. 낙양에서 북쪽으로 1천 6백 리 떨어져 있다. …… 남피현, 고성현, 중합현, 부양현, 동광현, 장무현(章武縣), 양신현, 수현이 있다."고 했다. 옛 중국 지도를 보면 발해군 장무현의 위치가 황하 남쪽의 산동으로 창주시 바로 북쪽이자 천진시 남쪽에 있다. 또한 이 지역에서도 명도전이 발굴되었다고 하니 더 이상 놀랄 일이 아니다. 예인이 고조선의 형성 주체인데 고조선의 화폐인 명도전이 이곳에서 발견되는 것은 당연할 것이다.

상기 기록들을 통해 중국 동남부, 즉 서이, 회이, 산동 지역에 존재했던 고조선 혹은 동이의 위치에 대한 대략적인 위치 파악은 가능하다. 여기서 무엇보다도 중요한 것은 하북성 지역에 있었던 고조선 위치다. 주 무왕이 은나라를 멸망시킨 후 그의 동생인 소공석(召公奭, 재위기간: 서기전 1046~999)을 연나라에 봉하면서 연나라 역사가 시작되었다. 당시 연나라 위치에 대해서는 대략적인 기록만 존재해 정확하게 규명하기 쉽지 않다. 다만 연나라의 위치와 영토는 연나라 소양왕(재위기간: 서기전 313~279) 때에 큰 변화가 있는데 이는 소양왕 33년(서기전 281)에 연나라 장수 진개가 고조선 땅 천 리를 빼앗고 상곡, 어양, 우북평, 요서, 요동군 등 5군을 설치했다는 기록에서 알 수 있다. 그래서 연나라의 위치를 알기 위해서는 그 기록이 서기전 281년 이전의 기록인지 아닌지를 우선 파악해야 한다. 먼저 서기전 281년 이전의 연과 고조선의 영토를 알아볼 수 있는 기록을 고찰해 보면 연나라 영토에 대해 가장 구체적으로 진술한 것이 《사기》〈소진 열전〉의 내용이다. 《춘추좌전》에 서기전 7세

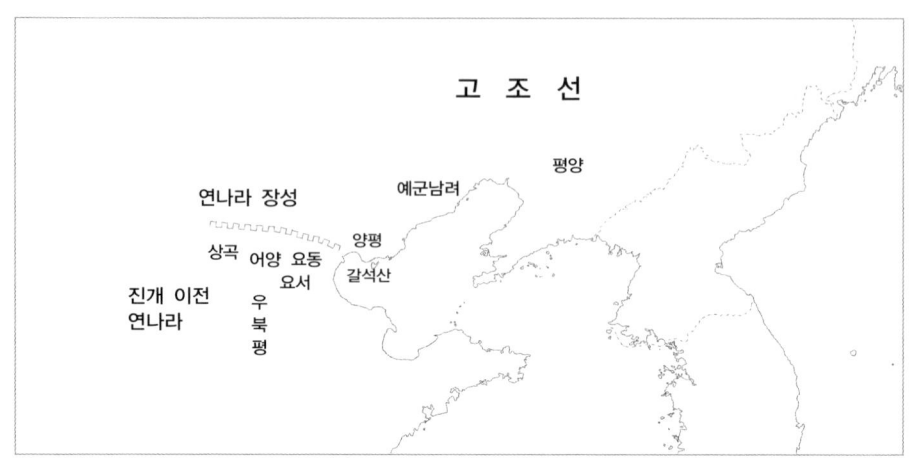

〈지도 4〉 고조선과 연나라 위치

기 초, 연나라 환후 때 연나라가 이동했다는 기록이 있다. 《사기》〈소진 열전〉은 그 이후 기록이니 당시 연나라 위치는 〈소진 열전〉에 나오는 위치와 동일하다. "연나라 문후(서기전 361~333)에게 유세하여 말하길, 연의 동쪽에는 조선과 요동이 있고, 북쪽에는 ①임호와 ②누번(색은 주석, 지리지에 누번이 안문군(雁門郡)에 속한다고 한다.), 서쪽에는 ③운중과 ④구원(정의 주석, 두 개의 군은 모두 등주(滕州)에 있다. 운중군의 치소는 유림현 동북쪽 40리에 있다. 구원군 치소는 유림현 서쪽 경계에 있다.), 남쪽에는 ⑤호타(嘑沱)와 ⑥역수(易水)(집해 주석, 주례(周禮)에서 말하길 정북쪽에 병주(并州)가 있는데 그 강이 호타이다. 정현은 호타는 노성에서 발원한다고 했다. 색은에서는 호타는 물 이름이다. 병주의 강이다. 지리지에 의하면 노성은 현명(縣名)이며 대군(代郡)에 속한다. 정의의 주석은, 호타는 대주 번치현에서 발원해 동남으로 흘러 오대산 북쪽을 거쳐, 동남쪽으로 흘러 정주(定州)를 지나 바다로 들어간다. 역수는 역주(易州) 역현(易縣)에서 발원해, 동쪽으로 흘러 유주(幽州) 귀의현을 지나 동쪽으로 호타하와 만난다.) 땅은 방 2천 리 …… 남쪽에는 ⑦갈석(색은 주석. 전국책에 갈석산이 상산군 구문현에 있다.)과 ⑧안문(정의 주석, 안문산이 대(代)에 있고 연(燕)나라의 서문(西門)에 해당한다.)의 풍요로움이 있고, 북쪽에는 대추와 밤의 이로움이 있다."고 했다. ①의 임호와 ②의 누번은 모두 현 산서성 북부의 흔주시에 해당하고 그 동북에 안문이 있다. ③의 운중군과 ④의 구원군은 산서성 서북부의 현 내몽골 자치주에 속한다. ⑤의 호타는 병주를 흐르는 강인데, 병주는 그 범위가 북쪽의 안문, 태원군과 서쪽은 서하군, 동쪽은 낙평군, 남쪽은 상당군을 포함하고 있다. 다만 호타하가 대군(代郡)에서 발원해 동남으로 흘러 정주(定州)로 흘러간다고 했으므로 대군은 옛 대(代)나라에서 따온 명칭인데 현 산서성 동북 지역인 태원시에 위치해 있다. ⑥의 정주는 현 하북성의 보정시 남쪽으로 호타하는 현 산서성 동북에서 하북성 중남부를 동남으로 흘러 통과하는 강임을 알 수 있다. 또한 역수는 역현에서 발원한다고 했는데 역현은 현 하북성 보정시에 있다. ⑦의 갈석산에서 상산군은 하북성 석가장시에 있다. ⑧의 안문은 누번이 북쪽에 있고 안문에 속한다고 했으므로 북쪽에 있던 안문이 남쪽으로 잘못 전해진 것으로 보인다.

이상의 기록들로 당시 연나라의 영토를 추정해 보면 산서성의 중북부 일대와 그 동쪽으로 하북성 석가장시, 보정시 근처는 연나라의 영토가 확실하다. 하지만 동쪽에는 조선과 요동이 있다고 했을 뿐, 석가장시와 보정시를 포함하고 있는지에 대해서는 정확히 알 수 없다. 이에 대해서는 《사기》〈흉노열전〉에 그 실마리가 있다. "연나라에 진개라는 현명한 장수가 있어, 호(胡)에 볼모가 되었는데 호가 그를 매우 믿었다. (진개는) 귀국해서 동호(東胡)를 기습해 격파했는데 동호는 이때 천 리를 물러났다. …… 연나라는 또한 장성을 조양(造陽)에서(집해 주석에 위소가 말하길, 상곡군에 있다고 했다.) 양평(襄平)까지(색은 주석에 위소가 말하길, 지금의 요동이 다스리는 곳이라 했다.) 쌓았고, 상곡, 어양, 우북평, 요서, 요동군을 설치해 호(胡)를 막았다. …… 이후 진나라가 6국을 멸망시키고 …… 험준한 산악을 변경으로 하고, 계곡을 참호로 삼고 수리해서 임조에서 요동까지 만여 리에 이르렀다."라고 했다. 위의 기록은 이미 언급한 바와 같이 서기전 281년 연나라 소양왕 33년에 연나라 장수 진개가 고조선의 일부인 동호를 공격할 당시를 말한다. 《사기》〈소진 열전〉에 연나라 동쪽에 조선과 요동이 있다고 했으므로 연나라가 설치한 5군의 위치를 고려하면 동호는 고조선일 수밖에 없다. 그리고 《삼국지》〈위서 오환선비동이전〉에서는 진개가 조선을 공격했는데 2천 리 물러났다는 기록이 있으니 《사기》〈흉노열전〉의 동호는 조선이 명백하다.

연나라가 새로 설치한 5군의 지명을 고찰해 보면, 먼저 상곡군은 현 북경 서북쪽에 위치한 장가구시이고 어양군은 현재의 북경 일대이다. 남송(南宋) 섭융례의《거란국지(契丹國志)》〈거란지리지도〉에 나오는 북평군 위치를 보면 고대 북경인 연경 남서쪽이자 정주(定州) 북쪽에 있다. 정주 위치는《대청광여도》에도 보정시 남서쪽에 있으므로 북평은 보정시에 있는 것이다. 이에 대해 블로그《지구인의 고대사 공부방》은〈새로 밝혀지는 우북평군(右北平郡) 무종현(無終縣)의 절대 위치〉에서 다음과 같이 설명하고 있다.《삼국지》〈위지 전주(田疇)열전〉에서 '전주는 우북평군 무종현 출신인데, 우북평군은 연나라 장수 진개가 동호를 공격한 후에 설치한 5군 중의 하나이다. 전한과 후한에서 이어받았고 위진(魏晉) 시기에 북평군으로 개칭했다고 했고, 명나라 홍치 갑인년(1494)에《보정군지(保定郡志)》에서 역대 인물을 소개하는데 여기서 전주가 우북평군 완현의 인물로 나온다.《보정군지》의 기록이《삼국지》〈전주열전〉에 나온 것과 동일하다. 그리고《보정군지》에는 전주 외에 무종에 도읍한 요동 왕 한광과 우북평 태수 이광도 소개하고 있고《보정군지》와 더불어 1934년에 간행된《완현신지(完縣新志)》에도 전주가 그곳 인물로 소개하고 있으며,《수경주》에도 우북평군의 서무산이 완현에 있었다고 한다. 또한《대청일통지》〈권11 보정부 북평고성〉조에도 보정에 북평 고성이 있다고 했다. 즉 전주, 요동 왕 한광, 우북평 태수 이광도 등 세 사람 모두 우북평 출신이었고 이들 모두 하북성 보정시에서 살았으니 우북평은 북경 동쪽이 아니라 현 하북성 보정시에 있었던 것이다.《사기》의〈소진 열전〉과〈흉노 열전〉두 개의 기록을 검토하면, 진개 이전의 연나라 영토와, 이후의 영토가 명백히 드러난다. 상곡, 어양, 우북평군의 영역이 현 북경시 서북과 보정시 일대이므로 진개 이전의 고조선 영토는 북경과 보정시를 포함하고 있었음이 확실하다.

고조선이 이곳에 영토가 있었던 사실은 다른 기록에서도 교차 확인할 수 있다. 후한 때의 학자 왕부가 편찬한《잠부론(潛夫論)》의 기록을 보자.《잠부론》〈권9 지씨성(志氏姓)〉에 "옛날 주나라 선왕(宣王) 때(재위기간: 서기전 828~

782), 한후(韓侯)가 있었는데 그 나라는 연과 가까웠다. 이런 이유로 시경에서 말하길, 저 넓은 한성(韓城)은 연의 장수가 완성한 것이다. 그 후에 한(韓)의 서쪽에도 성이 한씨였는데 위만이 그곳을 정벌해서 바다로 옮겼다."라고 나온다. 《수경주》〈권12 성수(聖水)〉조에는 "성수가 또한 동남으로 한성(韓城) 동쪽을 지난다. 《시경》〈한혁장(韓奕章)〉에서 말하길 저 넓은 한성은 연나라 장수가 완성했는데 왕이 한후에게 퇴와 맥, 엄족의 북쪽 나라를 주어 제후가 되었다. 왕숙이 말하길, 지금 탁군 방성현에 한후성(韓侯城)이 있는데 세간에서는 한호성(寒號城)이라고도 한다."라고 나온다. 주나라 왕이 한후에게 주었다는 표현은 역시 춘추필법으로 고조선이 그 지역을 다스리고 있다는 의미다. 고조선에 속한 종족이 맥족 외에 퇴와 엄족도 있었음을 알 수 있다. 앞서 언급한 《잠부론》에서도 위만이 한(韓)을 정벌하자 바다 건너로 옮겼다고 했으니 상기의 한(韓)이 위만조선 이전의 고조선을 말하는 것임을 분명히 하고 있다. 《삼국지》〈위서 동이전 한(韓)〉조에도 "《위략》에서 말하길, 준왕의 아들과 친척 중, 조선에 남아 있던 사람들도 그대로 한씨 성을 따랐다."라고 나온다. 이는 고조선의 왕성(王姓)이 한씨이며, 한(韓)이 고조선과 동일한 말임을 알 수 있다. 여기서 역도원이 언급한 왕숙은 삼국시대 위나라의 학자이다. 당시 왕숙은 탁군 방성현에 존재했던 한성의 자취를 보고 언급했던 것인데 방성현의 위치에 대해서는 《후한서》〈지리지 유주 탁군〉조를 보면 알 수 있다. "탁군은 고제(高帝)가 설치했다. 낙양에서 동북쪽으로 1,800리에 있다. 일곱 성(城)이 있다. …… 방성현은 옛 광양국(廣陽國)에 속했는데 임향이 있고 독정이 있다."고 했다. 고제(高帝)는 한고조 유방을 말하고 광양국은 현 북경 남서쪽이자 하북성 보정시다. 이는 당시 고조선의 영토가 하북성 보정시에 있었음을 명백히 한다. 또한 한치윤은 《해동역사》〈세기 삼한〉조에서 《모시》를 인용했다. "모시(毛詩)에 '커다란 저 한성(韓城)은 연의 백성들이 쌓은 것이다. 왕께서 한후(韓侯)에게 퇴(追)와 맥(貊)을 다스리게 했다.' …… '왕응린이 말하길, 지금의 탁군 방성현에 한후성(韓侯城)이 있다.'고 했다. …… 군현지에 '방성의 옛 성이 탁주 고안현 남쪽 17리 되는 곳에 있는데 본디 연의 옛 도읍이다.'라고 했다."

이와 같이 《잠부론》, 《시경》 및 《모시》는 모두 동일한 곳인 하북성 보정시를 말하고 있다. 초기 고조선 영토는 한반도 물론이고 요령성, 북경, 보정, 산동, 서주와 회수 북쪽까지 있었던 것이다.

그러면 여기서 연나라가 설치한 요서 및 요동군의 위치를 고찰해 보자. 요서와 요동은 중국이 그 영토를 넓혀가면서 그 위치도 변하는데 당시 요동의 위치는 현재 우리가 알고 있는 요동반도가 아니다. 이는 연나라가 동호를 정벌하고 난 이후 쌓은 연장성(燕長城)의 위치와도 밀접한 관련이 있다. 연장성이 끝나는 곳이 연나라가 설치한 요동군의 북단일 것이기 때문이다. 연나라는 조양(造陽)에서 양평까지 장성을 쌓았는데 이 양평의 위치를 찾는 것이 중요하다. 우선 양평에 대한 기록을 보면, 제일 먼저 나오는 것이 조금 전 나온 연나라 장성이 끝나는 곳이고, 두 번째가 《한서》〈지리지〉에 나오는 요동군 양평이다. 세 번째가 《군국지》에 나오는 요동군 양평이며 그 다음이 후한 때의 공손강이 아버지 공손도가 요동 태수가 된 이후 자신을 무시했던 양평 현령 공손소를 저잣거리에서 때려죽인 곳이다. 마지막이 공손강의 아들 공손연이 사마의의 군사에 대항해서 농성전을 펼쳤던 곳이자 당나라 안동도호부가 있었던 양평이다. 둘째와 마지막의 요동군 양평은 전한 당시의 요동군 치소(治所)인데 《한서》〈지리지〉의 기록을 보면 현 요양 북쪽에 위치한 양평현이 틀림없다. 세 번째의 《군국지》에 나오는 양평은 《군국지》의 거리 기록에서 낙양에서 요서군까지의 거리가 3,300리, 요동군까지의 거리가 3,600리로 요서군과 요동군과의 거리가 겨우 300리에 불과해 둘은 근접했음을 알 수 있다. 요서군의 치소인 양락현이 현 난하 근처에 있었으므로 당시 요동군의 치소는 난하 유역의 노룡현일 수밖에 없다. 네 번째는 《후한서》〈원소유표열전〉에서 공손강은 요동 양평인이고 부친은 공손도라는 기록이 있는데 여기에 당 고종의 아들인 장회태자 이현이 주석을 달기를 양평은 요동 속현으로 지금 평주 노룡현 서남에 있다고 했다. 노룡현 위치는 《수경주(水經注)》〈권14〉에 나오는데 유수(濡水, 현 난하)가 동남쪽으로 흘러 옛 노룡성의 동쪽을 지난다고 했으니 노룡현은 현 난하 유역에 있었음을 알 수 있다. 당시 장회태자가 노룡현에 위치했던 양평 고성을 보고 말했을 테니 그곳에도 양평 고성이 있었던 것이다.

후한 당시에 요동군의 치소인 양평이 요양 북쪽의 요동성이 아닌 근거를 알아보자. 《후한서》〈지리지〉를 보면 전한의 요동군과 현도군의 속현이 후한 때에 대대적으로 바뀌는데, 요동군은 전한의 18현에서 후한 때는 11개로 줄어든다. 그중 요동군의 요양, 고현, 후성 3개 현이 현도군으로 소속이 바뀌어 전한 때의 3개 현, 즉 고구려, 서개마 및 상은태현과 합해 현도군이 6개 현이 된다. 당시 고구려, 서개마, 상은태현 등 현도군의 3개 현이 고구려에게 거의 함몰되어 후한 때 현도군의 인구가 오히려 줄어든다. 전한 때의 현도군 3개 현 호 수는 45,006이고, 인구는 221,815명인데 후한 때는 현도군 6개 현의 호구 수가 1,594이고 인구는 43,163명에 불과하다. 여기서 호구 수가 1,594에 불과한 것은 기록하는 과정에서의 오류로 보인다. 이 기록에서 살펴야 할 것은 요양이 현도군에 들어갔는데 요양 북쪽에 위치한 양평은 여전히 요동군에 들어가 있다는 점이다. 현도군의 경계를 그리면 중간에 양평을 빼고 요양을 넣어야 한다. 이렇게 된 이유는 요양 북쪽의 양평이 이미 노룡현 쪽으로 이동했기 때문일 것이다. 고구려 건국지인 졸본은 요양 일대에, 송양의 비류국은 졸본 북쪽에 있었는데 졸본 위치에 대해서는 고구려 영토사에서 상세히 고찰할 것이다. 《삼국사기》를 보면 고구려는 그곳의 한나라 군사를 전혀 개의치 않는 활동을 벌인다. 이는 이미 한나라가 양평을 옮겨 더 이상 그곳에는 한나라 군사가 존재하지 않은 것으로 짐작할 수 있다. 이렇게 양평은 시대에 따라 이동했는데 연나라 장성의 끝인 양평은 어디를 말하는 것일까? 현재 중국은 양평의 위치를 요령성의 양평으로 비정하고 연장성을 상곡군 조양에서 현 요하를 건너 양평까지 연결시켰는데 한국 주류 사학계는 이를 그대로 인정하고 있다. 심지어 어떤 역사학자는 연나라의 물질문화가 요동반도 동쪽에 있는 천산산맥까지 나타나기 때문에 그쪽까지 연나라가 점령했다고 한다. 당시 그곳은 고조선의 영토였고 한나라가 위만조선을 멸망시킨 다음에야 한나라의 영토가 되는데 그전에 연나라가 어떻게 천산산맥까지 들어왔다는 것인지 이해할 수 없는 주장이다. 요동에서 발견된 연나라의 물질문화라는 것도 당초 연나라 사람들은 물론이고 중국 각지에서 난리를 피해 고조선으로 많이 망명해 들어왔다는 기록이 《사기》〈조선열전〉에 명확하게 기록하고 있는 것을 고려하면 그들이 망명하면서 가지고 들어온 물품들로 추정할 수 있는 것이다. 그 유물이 어디에서 어떻게 들어왔는지, 혹은 현지 생산인지 교역으로 들어온 것인지 모르는데 그 발견된 유물로만 판단한다는 것은 한계가 명백하다. 만약 가야의 철전 혹은 가야식 토기가 일본에서 출토된다고 해서 일본이 가야의 땅이 되지 않을 것이고 신라방이나 신라소가 중국 동부 해안에 있었다고 해서 신라 영토가 그곳까지 있었다고 주장할 수는 없는 것이다. 물론 이들은 고조선의 영토가 현 북한 평양에 있었고 한사군도 그곳에 설치되었기 때문에 연나라가 그 전에 천산산맥까지 왔을 것이라는 판단을 했을 수도 있다. 하지만 추후 밝히겠지만 한사군은 어떤 경우에도 북한 평양까지 온 적이 없으므로 그런 가정은 성립할 수가 없다. 현재 주류 사학계는 낙랑군이 북한 평양에 있다는 강력한 증거로 고고학적 성과를 들고 있다. 하지만 대부분의 1차 사료는 한사군이 북한 평양에 없었음을 보여주고 있고, 앞으로의 고찰을 통해 우리 역사가 얼마나 왜곡되었는지 확인할 수 있을 것이다.

먼저 《염철론》〈험고〉 편을 보자. 염철론은 서기전 1세기경에 기록한 것이니 진개가 고조선의 땅을 빼앗은 이후의 상황이 분명하다. 《염철론》〈험고〉 "연나라는 갈석을 새(塞)로 삼았고 사곡에서 끊기고 요수에 의해 둘러싸였다."는 기록에서 연나라의 영토가 갈석과 요수가 한계임을 알 수 있다. 이때는 이미 연나라가 고조선 영토를 빼앗고 5개 군을 설치한 이후이기에 석가장에 있는 갈석이 아니다. 그래서 이 갈석은 노룡현의 갈석일 테고 요수는 노룡현 인근의 난하가 분명하다. 전한 유향(서기전 77~06)이 편찬한 《설원(設苑)》에는 제환공이 북쪽의 고죽국을 치기 위해 요수를 건넜다고 기록했다. 고죽죽은 난하 동쪽에 있었으므로 당시 건넜던 요수는 난하를 말하는 것을 알 수 있다. 요동과 요수라는 글자는 멀다는 뜻의 보통명사로 중국의 영토가 변화함에 따라 그 위치도 이동했다. 한(漢)나라 이전의 요수와 요동 위치에 대해서는 수많은 이견이 존재한다. 그래서 연나라 당시의 요수와 요동을 알려면 연나라 당시의 정황을 설명하는 기록을 찾아야 하는 것이 당연하다. 이전의 기록에 산서성에 요산이 있었다는 기록을 보고 한나라 당시의 요동 기준을 산서성으로 규정하면 역사 규명이 엉터리가 된다. 그 반대로 한나라 때의 요수가 현 요령성에 있었다고 해서 연나라의 요수도 요령성에 있었다고 하면 역시 엉터리가 된다. 또한 요동과 요수가 현 요령성에 있게 된 시기가 거란이 요동을 차지하면서 생긴 개념이며 거란 이전까지 요동은 태행산맥 동쪽 혹은 난하라고 주장하는 역사 애호가가 적지 않다. 그러나 이게 사실이 아님은 《한서》〈지리지〉와 《후한서》〈지리지 유주 요동군〉조만 봐도 쉽게 알 수 있다. 요동군에 속한 18개 속현이 모두 현 요하 일대에 있고, 후한 때 사마의가 공손연을 정벌할 당시에 건넜던 요수 또한 현 요하이며, 수나라와 당나라가 고구려를 공격할 때 건넜던 요수와 요택 또한 현 요하임이 분명하기 때문이다. 《회남자》〈시측훈〉에는 "동방의 끝, 갈석산으로부터 조선을 지난다."라는 기록이 나온다. 《회남자》는 회남 왕 유안(서기전 179~122)이 저술한 것으로 연나라 진개 이후의 기록이다. 여기서도 갈석산이 조선과의 경계임을 밝히고 있다. 이때는 연나라가 상곡, 북평, 어양까지 차지하고 있었기에 회남자에서 말한 갈석산이 석가장의 갈석산이 아님은 명백하다. 즉, 《염철론》과 《회남자》의 기록은 조선과 연나라의 경계가 노룡현에 있는 갈석임을 분명히 하고 있고, 그 경계가 갈석인데 요령성의 양평에 연나라가 장성을 쌓을 수는 없는 것이다. 연장성이 끝나는 양평은 노룡현의 양평임이 여러 기록은 증명하고 있다.

　《사기》〈흉노열전〉의 기록으로 다시 돌아가 보면 당초 진개가 고조선의 영토를 빼앗은 후 연나라가 요서와 요동군을 설치했으니 이 요동군이 연나라의 동쪽 경계가 될 것이다. 서기전 108년 한무제가 고조선을 멸망시키기 이전의 한나라 요동군의 위치 기록을 보자. 이 요동군은 특별한 기록이 없는 한 연나라가 설치한 요동군과 동일하다. 왜냐하면 연나라가 요동군을 설치한 이후 한무제가 고조선을 멸망시킬 때까지 고조선과는 특별한 전쟁 기록이 없기 때문이다. 《사기》〈유림열전 동중서〉조와 《한서》〈오행지〉에 요동의 고묘(高廟, 한고조의 사당)에서 화재가 났는데 이때는 건원 6년(서기전 135)의 일이다.

《한서》〈지리지 요서군〉조에는 차려현에 고묘가 있다고 했는데 한무제가 한사군을 설치하기 전에는 차려현이 요동에 속했었다. 이는 한사군 설치 이전의 요동이 요서로 바뀌고 현 요하 유역이 요동이 되었음을 의미한다. 한고조 유방이 초나라를 멸망시키고 한나라를 건국(서기전 206)한 후에 나오는 《사기》〈고조 본기〉를 보면, "연 왕 한광을 요동 왕으로 옮겼다. 《집해》에서 서광이 말하길, 요동 왕의 도성은 무종(無終)이다. …… 장다를 연 왕으로 삼고 계에 도읍하게 했다."고 했다. 무종은 북경과 보정 일대이고 계는 북경 동쪽이다. 요동 왕 한광과 연 왕 장다의 도성이 무종과 계이므로 당시 북경을 포함한 난하 일대는 한광과 장다가 차지하고 있었음을 알 수 있다. 한나라 이후 우리 역사와 크게 관련이 있는 요수는 두 군데이다. 한 곳은 요양의 북쪽에서 내려와 현 영구시로 빠지는 요령성의 요하와 또 다른 하나는 현 난하이다. 혹자는 태행산맥이 요동과 요서를 구분하는 기준이라고 주장하지만 이는 한나라 영토가 북경은 물론이고 난하의 갈석산까지 왔기 때문에 사실이 아니다. 한나라 초기의 한 고조 때는 요동이 북경에서 난하까지이므로 난하가 요수가 되었고, 한 무제가 고조선을 멸하고 한사군을 설치한 이후부터 수와 당나라 때까지 현 요령성 요하가 요수가 되었던 것이다. 그래서 진(秦)나라는 요수, 즉 지금의 난하를 천연 장벽으로 삼아 고조선과 경계를 했던 것이 분명하고 연나라가 축성한 장성 또한 현재의 요령성 요하가 아니라 난하의 노룡현까지 연결되었으며 고조선과의 국경 또한 그곳이었던 것이다.

현재 만리장성의 지도를 보면 동남쪽으로 두 개의 출발점이 있다. 하나는 산해관이고 또 다른 하나는 북경 남쪽의 보정시까지 내려가 있다. 북쪽의 산해관까지 이어진 장성은 진 장성(秦長城)을 연장해서 명나라 때 축성한 장성이고, 북경 남쪽까지 내려간 장성은 또 다른 진 장성이다. 《대명일통지》〈영평부〉조에 "진 장성은 영평부 북쪽 70리에 있다. 곧 진나라 장수 몽염이 축성한 곳이다."라고 나온다. 영평부는 노룡현에 있었으니 진장성이 이곳에서 출발했던 것이다. 여기서 의문이 드는 것이 진나라는 국경도 아닌 내륙의 상곡에서 북경 남쪽까지 장성을 쌓았던 이유가 있었을까? 고조선이나 다른 나라의

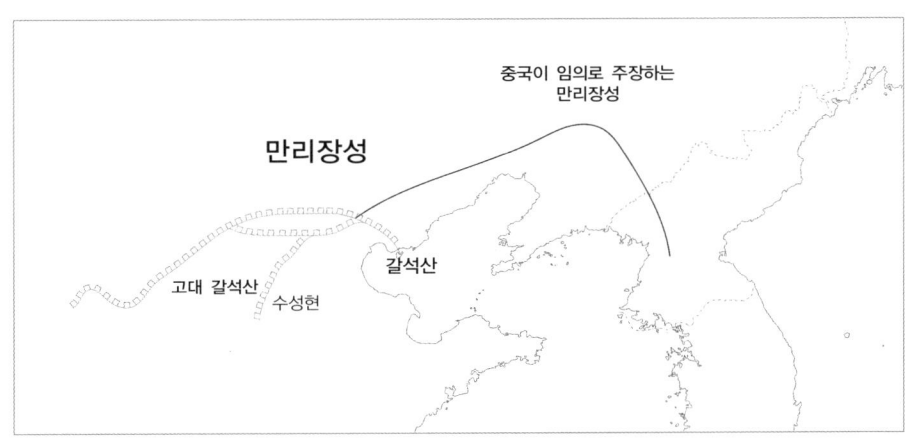

〈지도 5〉 만리장성 위치

공격을 막기 위해서는 굳이 그곳에 장성을 쌓을 이유가 없다. 본래 상곡에서 그 남쪽의 수성현까지는 고조선의 영토였고 그 서쪽에 연나라가 있었다. 연나라는 진개 이전에 고조선의 공격을 막기 위해 상곡에서 북경 남쪽까지 남북으로 옛 장성을 쌓았을 것이다. 이미 나왔던《잠부론》에서 "옛날 주나라 선왕(宣王) 때(재위기간: 서기전 828~782)에 한후(韓侯)가 있었는데 그 나라는 연과 가까웠다. 이런 이유로 시경에서 말하길, 대개 저 한성(韓城)은 연의 장수가 완성한 것이다."라는 기록을 다시 보자. 한성은 북경 남쪽 보정시에 있었고 상곡에서 보정시에 이르는 연나라 진개 이전의 옛 장성은 이때 쌓았을 것이다. 이런 경우가 아니라면 진나라가 내륙에 장성을 쌓을 이유가 없기 때문이다. 이후 연 소왕 때 진개가 고조선 영토를 빼앗은 후에 조양에서 노룡의 양평까지 새로운 장성을 쌓았고, 진나라가 통일한 후에 몽염은 두 곳의 연장성을 별도로 연결해 만리장성을 쌓았던 것이다. 그 이후 고조선이 도읍을 동쪽으로 옮기면서 북경 남쪽에 있던 수성현의 지명도 같이 옮겼거나 혹은 한나라가 고조선을 멸망시키고 낙랑군을 설치하면서 북경 남쪽에 있던 수성현의 지명을 요동으로 옮겼을 것이다. 그래서《한서》〈지리지〉에서 낙랑군 수성현을 장성이 일어난 곳이라고 기록했던 것이다. 1247년 남송의 황상이 제작한 지도인《추리도(墜理圖)》를 보면 장성이 난하의 영주까지 이어져서 끝나는데 이것이 연나라와 진나라가 노룡현까지 쌓은 장성일 것이다.

그리고 현재 산해관까지 이어진 장성은 명나라가 몽골의 침입을 막기 위해 쌓은 것이므로 진시황이 쌓은 장성이 아니다. 그런데 중국 정부는 10여 년 전부터 동북공정의 일환으로 만리장성의 길이를 늘려 압록강 북안까지 그려 놓더니 급기야는 압록강을 지나 청천강까지 장성을 그린 지도까지 내놓았다. 이는 아무런 역사적 근거도 없지만 한나라가 설치한 낙랑군이 북한 평양까지 왔다고 주류 사학계가 주장하고 있으니 이것이 빌미가 되지 않았다고 할 수 없을 것이다.

여기서 《사기》〈조선열전〉의 기록은 어떤지 보자. "연나라의 전성기 이래로 일찍이 진번, 조선을 침략해 복속시키고 관리를 두고 장새를 쌓았다. 진이 연나라를 멸한 후 요동 외요에 속하게 했다. 한나라가 일어서고 그곳이 멀어 지키기 어려우므로 다시 요동 고새를 수리하고 ①패수를 경계로 해서 연(燕)에 복속시켰다. 연 왕 노관이 한나라를 배반하고 흉노로 들어가자 위만도 망명했다. 무리 천여 명을 모아 북상투에 호복을 입고 동쪽으로 도망해 요새를 나와 ①패수를 건너 진(秦)의 옛 공지인 상하장에 살았다."고 했다. 《삼국지》〈위서 오환선비동이열전〉에는, "위략에 이르길, …… 연나라는 장수 진개를 파견해 서쪽 지방을 침략해 2천여 리의 땅을 빼앗고 ②만번한에 이르는 지역을 경계로 삼으니 마침내 조선의 힘이 약화되었다. 진나라가 천하를 통일한 후, 몽염을 시켜 장성을 쌓게 해서 요동까지 이르렀다. 이때 조선 왕 부(否)가 왕이 되었는데 …… 한나라 때에 이르러 노관을 연 왕으로 삼으니 조선과 연은 ①패수를 경계로 했다."고 했는데, 《군국지》 거리 기록을 참고하면 낙양에서 탁군까지의 거리가 1천8백 리다. 탁군은 연나라의 진개에게 빼앗기기 전에 고조선 남쪽 보정시에 있었고 낙양에서 한나라 요서군의 치소였던 양략현까지는 3천3백 리다. 이 양략현은 현 난하 유역에 위치해 있다. 즉, 거리 기록에는 연나라는 현 보정시에서 난하 유역까지 약 1천5백 리 땅을 빼앗은 셈이다. 만약 연나라가 이때 천산산맥까지 갔다면 거리로는 3천 리 이상을 빼앗은 것이나 마찬가지다. 《위략》에서 나온 2천 리를 최대로 치더라도 현재의 천산산맥은 연나라가 갈 수 있는 거리가 아니다. 《한서》〈원봉 2년(서기전 109)〉의 기록에는 "조선 왕이 배반해 요동도위를 살해하니 천하의 사형수를 모아 조선을 공격했다. 조선은 본래 진나라 때 요동에 속했는데 한(漢)나라가 일어나자 그곳이 멀고 지키기 어려워 ③요수를 새로 삼았다."라고 했고, 《사기》〈조선열전〉은 ①에서 고조선과 한나라의 국경을 패수로, ②의《삼국지》〈위서 동이전〉에는 만번한이 경계가 되고, ③의 한서 원봉 2년 기록에는 요수가 국경이라고 기록했다. ②의 만번한은 연나라의 장수 진개가 고조선의 영토를 빼앗은 후의 국경이고, ①의 패수와, ③의 요수는 한나라 초기 고조선과의 국경이다. 주류 사학계는 ②만번한을 요동반도의 천산산맥으로, ①의 패수를 압록강 혹은 청천강으로 보고 있다. 이는 낙랑군이 현 북한 평양에 존재한다는 주장을 고수하려니 다른 곳에 비정할 수가 없을 것이다. 추후에 밝히겠지만 낙랑군이 현 북한 평양에 있지 않았으므로 만번한과 패수의 위치 둘 다 잘못되었다. 한나라 당시의 낙랑군은 요동 평원과 천산산맥 일대에 있었고 고조선의 평양, 즉 왕검성은 현 태자하 북안에 위치했다. 고조선의 왕검성이 태자하 북안에 있었는데 패수가 그 남쪽인 압록강에 있을 리 만무하다. 또 이런 이유로 태자하는 고조선의 경계가 될 수 없다. 태자하가 경계라면 왕검성은 나라 바깥에 위치한 형국이 된다. 나라의 도읍지를 국경 밖에 위치시킬 리는 없으므로 고조선과 연나라와의 경계인 패수는 태자하로부터 서쪽에 위치해야 한다. 그래서 연나라가 경계로 정한 만번한도 천산산맥 일대가 될 수 없다. 연나라가 천산산맥까지 왔다는 말은 고조선의 본거지가 이미 없어진 것이기 때문이다.

만번한과 패수 위치에 대해서는 민족 사학계 간에도 의견이 나뉜다. 이미 언급한 바와 같이 북경 인근의 영정하, 조백하에서부터 난하 혹은 난하의 지류, 백랑수 등 천차만별이고 나름대로의 근거와 이유가 있지만 앞서 언급한 바와 같이 고조선과 연나라의 국경이 난하였고 당시 난하의 이름이 요수였으므로 한무제가 고조선을 멸망시키기 전의 국경 또한 현 난하와 백랑수 사이에서 형성되었고 이 기록에서 나오는 패수 또한 난하일 수밖에 없다. 이에 대해

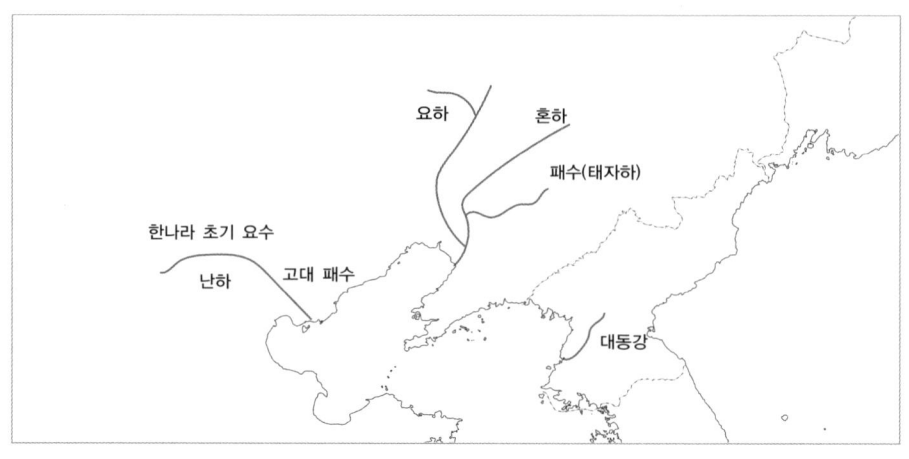

〈지도 6〉 패수 위치 비교

북한 역사학자들은 《고조선 력사개관》에서 춘추전국시대의 제나라 환공이 고죽과 비여를 치러 가던 중에 요수를 건너갔으므로 이때는 난하가 요수였고 패수는 대릉하이며 연나라 장수 진개가 고조선 땅을 빼앗고 설치한 요동군은 난하와 요하 사이라고 했다. 이후 한무제가 고조선을 멸망시킨 이후에 요수가 난하에서 현 요하로 이동했고 패수 또한 마찬가지였던 것이다. 또한 진시황이 쌓은 만리장성이 노룡의 갈석산에서 끝났고 진나라가 망한 후에 등장한 한나라의 영토 또한 《사기》〈고조 본기〉에서 나온 바와 같이 요동 왕 한광과 연 왕 장다의 도성이 무종과 계에 있었으며, 한고조의 사당인 고묘가 난하 유역의 차려현에 설치되었던 기록을 보면 당시 북경을 포함한 난하 일대는 한나라의 영토였기 때문이다. 그리고 난하 동쪽에는 예군 남려의 무리들이 있었다. 《후한서》〈동이열전 예〉조에 서기전 128년에 예군(濊君) 남려가 위만조선의 우거를 배반하고 무리 28만 명으로 한나라에 투항했다는 기록이 있고, 《사기》〈공손홍 열전〉과 〈팽오 열전〉에는 창해군 설치와 관련한 기록이 나온다. 우선 〈공손홍 열전〉에는 "원삭 2년(서기전 126) 공손홍이 동쪽으로 창해군을 두고 북으로 삭방군을 뒀다."고 했고, 〈팽오 열전〉에는 "팽오가 조선을 매수해 창해군을 설치하니 연제지간에 소요가 일어났다."는 내용이 있다. 이때 한나라는 창해군을 설치해 이들을 한나라에 속하게 한 후, 천 리 길을 만들기 위해 많은 힘과 노력을 쏟았다. 결국 연나라와 제나라 사이의 주민들이 소요를 일으키고 막대한 재정부담으로 인해 길을 만드는 것을 중단하고 창해군도 폐지한다.

문제는 창해군의 위치다. 중국은 창해군의 위치를 천산산맥 동쪽 흥경에서부터 강원도 동해안으로 주장하면서 강원도가 옛 한나라의 땅이 되었다고 하는데 이게 어불성설인 것은 지리를 보면 알 수 있다. 예군 남려가 강원도 동해안에 위치했다면 요동에 있었던 고조선의 허락 없이 중국에서 천 리 길을 낸다는 것은 있을 수가 없고 연나라와 제나라에서 강원도까지는 천 리도 아닌 무려 수천 리 길이라 기록에도 맞지 않다. 창해라는 이름은 중국에서는 발해만을 창해라고 불렀고 고구려는 고대에 동해를 동해 혹은 창해라고 부른 기록이 있다. 《삼국사기》〈고구려 본기〉에 "민중왕 4년(47), 동해 사람 고주리가 고래의 눈을 바쳤다."고 했고, "태조대왕 4년(56)에는 "7월 동옥저를 쳐서 성읍을 만들었다. 국경을 개척해 동으로 창해, 남으로 살수에 이르렀다."고 했다. 중국이 발해만을 창해로 부른 기록은 아주 많은데 예를 들면, 《북사》〈내호아 열전〉에 "요동 전쟁에서 내호아를 평양도 행군대총관으로 삼고, 검교동래군 태수를 겸하도록 했다. 누선을 이끌고 창해로 나아가 패수에서부터 진입하여 평양에서 60리 떨어진 곳까지 갔다."고 나온다. 그리고 "동쪽으로 와

〈지도 7〉 창해군 위치 비교

갈석에서 창해를 본다."는 조조의 시(詩)《관창해(觀滄海)》도 마찬가지인데 여기서도 발해만이 창해임을 알 수 있다.《자치통감》〈후한기〉효헌 황제 건안 9년 조에는 "한충이 말하길, 우리 요동은 창해의 동쪽에 있으면서 병사는 백여만을 보유하고 있으며, 또한 부여와 예맥을 부리고 있는데 현재의 세는 강한 자가 숭상을 받으니 조조만이 어찌 홀로 옳다고 합니까."라고 나온다. 이 기록은 조조가 원소 장남인 원담을 공격하던 중 오환 수장이었던 소복연이 원담을 도우려 하자 조조의 부하였던 견초가 이를 막기 위해 소복연을 방문한다. 그런데 이때 공손강의 부하였던 한충 또한 사신으로 소복연에게 왔다가 견초와 한충이 설전을 벌이던 중 한충이 견초에게 말한 내용이다. 당시 공손강은 요동에서 독자 세력을 구축해 양평, 요대, 신창, 건안, 대방 등을 차지하고 있었다. 공손강이 요동에 있었으니 창해는 현 요동반도의 서쪽에 있는 발해만인 것이다. 후한 당시의 요동은 현재의 요하를 중심으로 동서에 걸쳐있었고 창해는 요하의 서쪽인 발해만을 일컬었음을 다양한 기록에서 보여준다. 또한 현 난하 동쪽에 창려라는 지명이 아직 존재하니 창해군 위치는 난하에서 동북으로 조양까지 이르는 일대에 있었을 것이다. 즉, 고조선의 일족인 예군 남려의 무리들이 이곳 지역에 존재하고 있다가 한나라에 투항했던 것으로 볼 수 있고 당시 이곳은 고조선의 땅이었던 것이다. 예군 남려가 한나라에 항복하려면 당연히 고조선의 서남쪽에서 한나라의 동북 경계인 난하 사이에 있지 않으면 안 될 것이고 이런 이유로 한나라는 난하를 사이에 두고 고조선과 경계를 했음을 알 수 있다.

　패수에 대한 당시의 기록을 더 살펴보면 패수는 고조선과 연나라의 국경선이었으므로 고조선 영토 내에 위치한 강은 제외된다. 즉, 대동강부터 북쪽으로 청천강, 압록강, 태자하는 고조선 영토 내에 있었으므로 대상이 될 수 없다. 태자하 서쪽에 혼하가 있고 그 서쪽에는 요하가 있다. 그리고 더 서쪽으로 대릉하, 대릉하 서쪽에 난하가 있다. 북위의 학자 역도원은《수경주(水經注)》〈권14 패수(浿水)〉조에서《수경(水經)》의 패수 물길을 수록했는데 패수가 낙랑군 누방현을 나와서 동남쪽으로 임패현을 지나 바다로 들어간다고 했다. 패수는 동남쪽 혹은 동쪽으로 흐르는 강이라 한반도 내의 강은 절대로 될 수가 없고 요동반도의 태자하, 혼하, 요하 물길도 모두 마찬가지다. 지도를 보면 서쪽에서 동쪽으로 흐르는 강은 요서의 난하와 북경을 관통하는 조백하와 영정하가 있다. 그러나 여기서 나오는 패수는 연나라의 진개가 고조선의 땅을 뺏은 후의 패수를 말하는 것이므로 조백하와 영정하는 될 수 없다. 그런데 역도원이 고구려 사신을 직접 방문해 알아보니 패수가 동쪽에서 서쪽으로 흐르다가 다시 서북으로 흘러 남쪽으로 바다로 들어간다고 하면서 《수경》의 설명이 맞지 않다고 했다. 이는 패수를 연구하는 이들에게 많은 혼란을 주기도 했는데 이들의 설명이 틀린 것이 아니라 각자 다른 강을 보고 설명한 것이기 때문이다. 실제로 낙랑군과 고구려의 패수는 현 태자하로서 역도원의 설명과 부합한다. 주류 사학계가 패수로 여기는 대동강 물길을 보면 북쪽에서 남쪽으로 흐르다 평양 동쪽에서 서남쪽으로 흐르기 때문에 역도원의 설명과 다르다. 곧, 《수경》의 패수 설명이 역도원의 설명과 다른 이유는 옛 패수의 위치, 즉 현재의 난하 혹은 조백하나 영정하가 패수로 되어있는 옛 기록을 그대로 인용한 이유였던 것이다. 고조선이 동쪽으로 이동하면서 패수의 위치도 같이 이동했지만 《수경》이 옛 기록에 따라 그대로 인용해서 생긴 착오임에 분명하다.

Ⅰ. 고죽국(孤竹國)

고죽국은 백이숙제의 나라로 알려져 있고 그 위치에 대한 기록은 많이 있다. 《사기》〈제태공세가〉에 "산융이 연나라를 공격하자 연나라는 급한 사정을 제나라에게 알렸다. 제 환공은 연나라를 구하고 산융을 공격해 고죽에 이른 뒤 돌아왔다."고 했고, 〈효무본기〉에는 "환공 23년(서기전 653), 산융이 연나라를 쳤다. 《집해》에서 말하길 산융, 북적은 선비이다. 연나라가 제나라에 고해 제환공이 연나라를 구하고 산융을 쳤다. 고죽에 이르러 돌아왔다. 환공이 능히 그 덕을 펼쳐 …… 소릉에 이르고 웅산을 바라보고 산융, 이지, 고죽을 쳤다.《집해》에서 말하길, 영지현에 고죽성이 있다고 했다." 여기서 고죽의 위치를 알아보면,《통전》〈주군 평주〉조에 "평주는 지금의 노룡현, 은나라 때는 고죽국, 춘추시대에는 산융과 비자의 두 나라 땅이다. 지금의 노룡현에 옛 고죽성이 있는데 백이숙제의 나라였다." 이와 같이 노룡현에 고죽국이 있다고 했으니 고죽국은 난하 일대에 있었음을 알 수 있다.《사기》〈백이열전〉에는 백이숙제의 고사가 자세히 나와 있다. 백이와 숙제는 고죽국의 왕자들로서 주나라 무왕이 은나라를 멸망시키자 수양산에 올라가 굶어 죽었다. 수양산의 위치에 대해서는 많은 다른 기록이 존재한다. 중국 산서성, 하북성, 하남성, 요령성 등 중국의 여러 곳에서 수양산이 등장한다. 이는 백이숙제의 고향을 자신들의 나라나 마을로 갖고 오기 위한 욕심이 작용한 때문일 것이다. 우리나라 황해도에도 수양산이 있어 그곳에서 백이숙제가 굶어 죽은 곳이라 할 정도이니 과거에 거짓 전설을 만들어내는 행위는 이것에만 국한된 게 아니었다. 장량이 진시황을 암살하기 위해 구한 창해 역사가 강릉에 살았다 하고, 기자가 한반도에 오지도 않았음에도 기자 묘를 평양에 만들거나 주몽이 도읍한 비류수가 한반도에 없었음에도 비류수를 평양 동쪽의 성천에 만들어 비류국의 옛 도읍이고 졸본으로 기록했다.《고려사》는 물론이고《세종실록지리지》와《신증동국여지승람》에 나오는 향촌의 많은 기록들은 처음에는 전설처럼 만들어냈지만 후일에는 진짜가 되는 과정을 거쳤을 것이다. 한사군의 위치도 마찬가지다. 낙랑군이 평양에 존재하지 않았음에도 계속된 조작과 정부와 학계의 광범위한 지원이 이어지면서 이제는 거짓 역사가 완전히 진짜 역사로 둔갑하고 만 것이다. 이런 이유로 고죽국이 위치했던 노룡현의 백이숙제 묘 또한 의심하지 않을 수 없다. 왜냐하면 주 무왕이 은나라를 공격할 때, 백이숙제가 주 무왕을 막아섰다는 기록이 있는데, 만약 백이숙제가 노룡에 있었다면, 주나라의 근거지였던 산서성까지는 수천 리 거리인데 이는 불가능한 일이다. 그 먼 곳에서 주 무왕이 군사를 동원해 은나라를 친다는 계획도 알기 힘들었겠지만 만약 알았더라도 거리를 감안하면 주 무왕의 군대는 이미 은나라를 공격한 이후였을 것이다. 주 무왕을 막기 위해서는 백이숙제는 분명히 주나라

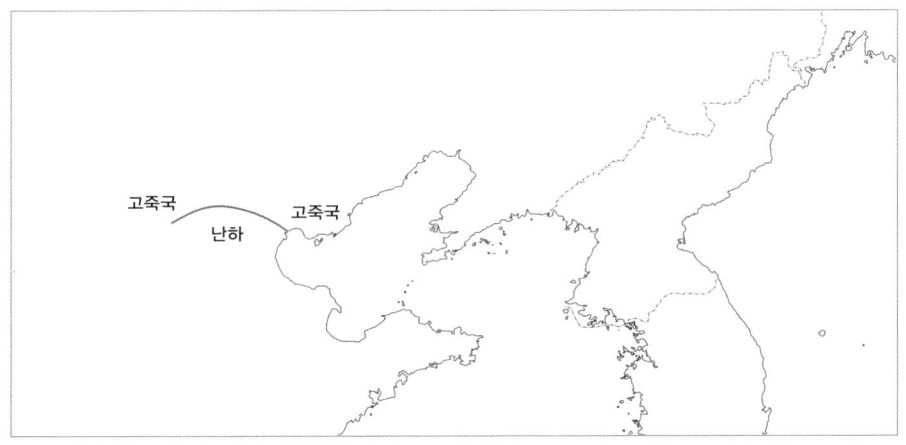
〈지도 8〉 고죽국 위치

근처에 있어야 한다. 청나라 지리지인 《대청광여도》에 백이숙제 묘가 산서성의 황하 상류 부근에 있는 것으로 기록했고 중국 정부 또한 2008년에 백이숙제 묘가 산서성에서 발견되었다고 발표했다. 주나라의 본래 근거지가 산서성에 있었으니 이는 당연한 결과인 것이다.

이와 관련해서 《문화일보》〈신용하의 인류 5대 고조선 문명〉란에서, 1973년 요령성 객좌현에서 상나라보다 연도가 더 오래된 청동제기 12점이 발굴되었는데 그곳에 고죽의 명문이 발견되었다고 한다. 그 명문은 부정고죽아미(父丁孤竹亞微)로 고죽국의 영토가 노룡현 일대뿐만 아니라 요령성의 대릉하까지 걸쳐 있었음을 알 수 있다. 신용하 교수는 고죽이란 이름이 고조선의 최고의 관직인 고추가의 다른 말이며 이래서 고죽국은 고조선의 제후국이라는 것이다. 고죽국이 고조선의 제후국을 말하는 것이면 백이숙제의 고죽국은 고조선의 제후국 중 하나인 또 다른 고죽국이라 볼 수 있다. 즉, 언왕의 명문이 여러 곳에서 발견되는 것처럼, 고죽 또한 여러 곳에 그 이름이 있었고 백이숙제의 고죽국 외에, 노룡과 요령성 객좌현에도 또 다른 고죽국이 존재했을 가능성이 있다. 산서성에 있던 고죽국은 국명이 바뀐 후 다시 역사에 등장했겠지만 사서의 기록에 나타나지 않아 알 수 없었을 것이다.

고죽국의 성격에 대해서는 여러 기록에서 나온다. 단재 신채호는 일찍이 고죽국이 동이족이라고 밝힌 바 있었는데 이는 중국 사서의 기록에서도 증명된다. 청나라의 《만주원류고》에는 "동이는 곧 구이의 땅이다. 현이, 방이, 우이, 황이, 백이, 적이, 현이, 풍이가 이것이다. 후에 조선, 고구려, 여진, 읍루, 신라, 백제, 부여, 동호, 오환, 선비, 해, 옥저, 삼한, 예맥, 일습, 안정, 낙랑, 현도, 진번, 임둔, 대방, 숙신, 말갈, 물길, 고려, 북맥, 거란, 고죽 등의 나라이다. …… 지금 나라를 보존하고 있는 자들은 유일하게 동쪽에 조선이 있고, 동북쪽에 여진 부락이 있으며 서쪽에는 올량합 3위가 있다."라고 했다.

이와 같이 고죽국은 동이족으로 고조선의 제후국이었으며 고조선의 멸망과 함께 역사에서 사라졌을 것이다.

Ⅱ. 기자(箕子) 조선

우리 역사에 오래전부터 기자 동래설, 즉, 주나라에 의해서 은나라가 망한 후, 기자가 고조선으로 와서 왕이 되었다는 설이 있다. 단군조선에서 기자조선으로 그리고 위만조선까지 고조선에 3개의 왕조가 있었다는 것이다. 《상서대전(尙書大傳)》〈주서(周書) 홍범오행전(洪範五行傳)〉에 "(주)무왕은 기자를 감옥에서 석방했고 기자는 조선으로 갔다. 무왕이 이를 듣고 그를 조선에 봉했다. 기자는 이미 주의 책봉을 받은 후 부득이 신하의 예를 올려야 했으므로 12년이 되는 해에 내조했다. 무왕은 기자가 내조하자 홍범을 물었다."라고 나온다. 이 기록은 은나라 폭군 주(紂)왕이 은나라의 왕족인 기자를 감옥에 가두었고 후일 주(周) 무왕이 은나라를 멸하고 기자를 석방했다는 내용이다. 그리고 기자가 조선으로 가자 기자를 조선에 봉했다는 것인데 만약 기자가 조선에서 왕이 되었다면 고조선의 왕족 또한 기씨 성을 가졌을 것이다. 그러나 고조선의 왕성은 기씨가 아니라 한(韓)씨였다. 또한 당시 고조선 영토는 황하 이북과 산동성 이남까지 차지하고 있었다. 이후 연나라의 공격에 의해 요동으로 물러난 고조선의 영토를 보고 당시 기자가 간 조선이 요령성이나 대동강으로 비정한다면 그 전의 역사를 제대로 알지 못했기 때문이다.

　1973년 중국 요령성 객좌현에서 기후방정(箕侯方鼎)의 명문이 새겨진 유물이 발견되었다. 요령성 객좌현은 동이족이 살았던 홍산문화의 중심지이며 고죽국의 청동제기도 발견되었으니 이곳이 고조선의 주요 터전 중 한 곳이었음을 알 수 있다. 요령성 객좌현은 현 요령성 조양시 서쪽이다. 이를 보고 중국은 기자조선이 요령성에 존재한 증거라 했고, 한국의 역사학자들 또한 기자조선이 이곳에 있었다는 증거로 받아들인다. 이들은 고조선이 대동강 유역에 있었다고 주장하면서 정작 기자의 유물은 요령성에서 발견되었으니 그들의 기존 주장과 모순이 발생했음에도 이를 어떻게 설명하는지 알 수 없다.

　《한서(漢書)》〈오행지(五行志)〉에 "무왕 13년에 왕이 기자를 찾아가 자문을 얻었다. 왕이 이에 기자여! 하늘이 백성을 도와 안정시키고 그들의 삶을 조화롭게 해주었도다."라고 했고, 《한서》〈율력지(律歷志)〉에는 "주나라 무왕이 기자를 방문해 이르렀다. 기자는 대법구장(大法九章)을 말했는데 오행의 역법이었다."라고 했다. 상기의 《한서》〈오행지〉와 〈율력지〉의 기록에는 주나라 무왕이 기자를 방문한 것으로 나온다. 기자가 주 무왕의 신하라면 무왕이 직접 그 먼 거리를 갈 것이 아니라 기자를 불러서 물어봤을 것이다. 만약 기자조선이 요동이나 대동강에 있었다면 주나라의 수도인 서안(西安)에서 갈 수 있는 거리가 아니다. 기자가 간 조선은 요동이나 대동강 유역이 아니라 서안에서 멀지 않은 곳에 있었던 것이다. 《사기》〈송미자 세가〉의 주석에 "두예가 말하길, 양나라 몽현에 기자의 무덤이 있다."는 기록이 나온다. 두예(224~284)는 진(晉)나라의 재상인데 양나라 몽현은 현재 하남성 동부의 상구(商丘)시로 북동쪽으로 산동과 가깝다. 남송의 나필이 지은 《노사(路史)》〈권27 기(箕)〉조에는 "기국은 기자의 선조인 기백이 다스린 소국이다. 춘추시대에 기숭의 나라이다. 성찬이 말하길 기국의 위치는 상(商)의 기내이고, 오늘날 태원이다. 진(晉)나라가 기(箕)에서 적(狄)을 물리쳤다. 이에 대해 두예는 태원(太原)의 양읍(陽邑)에 기성(箕城)이 있는데 이곳이다. 양읍은 수나라의 대곡이다. 후에 골타의 도읍이 되었다."고 했다. 태원 양읍은 산서성에 속해있고 태곡 또한 태원이

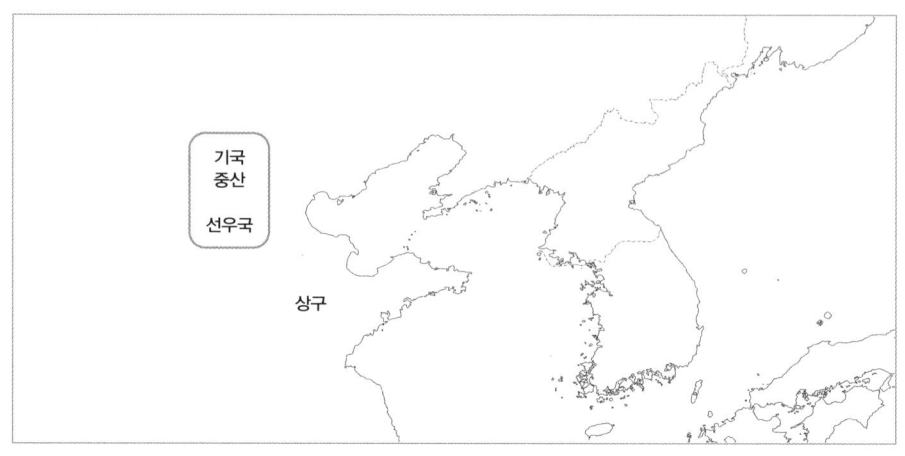

〈지도 9〉 선우국과 중산국, 기자묘 위치

며 옛날 대(代)나라가 있던 곳이다. 《노사》〈권27 선우(鮮于)〉조에는 "선우(鮮虞)는 기자의 아들인 기중의 나라다. 안진경이 이르길 무왕이 그를 봉했는데 선자(鮮子) 기중의 식읍이 우(于)에 있었다고 한다."고 했다. 기자의 아들인 기중의 나라라고 했으므로 기자가 선우국에 있었다는 의미일 것이다. 이후 주나라 중기에 백적의 선우부(鮮虞部)가 이주해 중산국을 세웠는데 중산국은 서기전 414년에서 서기전 296년까지 존속한 국가로 그 위치는 하북성 석가장, 상산군 및 북경 서남쪽 정주 일대에 걸쳐있었다. 그런데 기자 묘는 하남성 몽현에 있다고 하니 무언가 이상하다. 양 기록이 서로 엇갈리기 때문에 기자조선 위치가 산서성 태원이었는지 아니면 하남성 몽현이었는지 확정할 수 없다. 하지만 기자가 간 조선이 요령성이나 한반도가 아닌 것은 분명하다.

그런데 우리 기록에는 기자가 한반도에 들어왔다고 하니 이게 어떻게 된 일일까? 《고려사》〈지리지 예(禮)〉조에 "충숙왕 12년(1325) 10월, 평양부에 명해 기자 사당을 세우고 제사를 지내도록 했다."라는 기록이 있고, 《고려사》〈지리지 북계 서경유수관 평양부〉조에는 "서경유수관 평양부는 본래 3조선의 도읍이다. …… 기자 묘가 있다. 동명왕 묘가 있다."고 기록했다. 《고려사》는 1455년에 발간했고 이후 1908년 일본에서 다시 간행한 것으로 알려져 있다. 《고려사》〈지리지〉에서 평양에 기자 묘가 있다고 한 것은 그 이후에 세워진 기자 묘를 보고 수정한 것으로 보인다. 그러나 이는 실재한 것이 아니라 동명왕 묘와 마찬가지로 후대에서 만들어낸 것이다. 기자 묘가 하남성 양현에 있었는데 기자가 조선에 봉해졌다는 기록을 보고 식자들이 여기에 점점 이야기를 붙여 급기야는 북한 평양에 기자 묘가 있었다는 전설을 지어냈을 것이다. 《조선왕조실록》 태종 8년 5월 9일의 기록에, "평양부윤 윤목이 글을 올리길, 우리 동방의 예악문물(禮樂文物)이 중국과 비견될 수 있는 것은 기자의 풍속이 있기 때문입니다. 이에 구주가 밝아지고 팔조가 행해져 백성들이 그것을 받아 만세에 흠모하는데 그 분묘가 풀숲 가운데에 있습니다." 평양부윤이 기자 묘가 풀숲에 있다는 보고를 태종에게 한다. 이에 대해 세종은 믿지 않는다. 《조선왕조실록》"세종 1년 2월 25일, 판한성부사 권홍이 상소하길, …… '문신에게 명해 비문을 지어서 묘소 아래에 세워 후세에 알리도록 하소서.'라고 하자, 세종이 평양 사람이 전하는 기자의 묘소는 세대가 멀어 믿기 어려우니 참찬 변계량에게 비문을 짓게 하고 비석을 사당에 세우게 했다."는 기록에서 세종은 기자 묘에 대해 믿지 않았지만 이를 허락한다. 이런 과정을 거쳐 평양의 이름 없는 분묘가 기자 묘가 되고 사당과 비석까지 설치된다. 이렇게 해서 대동강에 기자 묘가 있었다는 것이 진실로 둔갑한다. 박지원은 《열하일기》에서 《요사》〈지리지〉의 기록을 인용하며 발해 현덕부는 본시 조선의 땅으로 기자를 봉한 평양성이 있는 자리라고 했으니 고조선의 평양과 발해의 중경현덕부, 기자조선의 위치를 요동으로 보았다. 조선시대의 사대부들 모두 동일한 시각을 가진 것은 아니었고 이런 점에서 박지원은 남다른 점이 있었다. 하지만 기자를 봉한 곳이 요동의 평양이라는 것도 맞지 않는 기록이다. 기자는 산서성 태원 혹은 하남성 양현에 있었기 때문이다.

제3장
삼한의 위치와 강역

앞서 한(韓)의 기원에서 동이족들은 국명에 한(韓)을 사용했음을 언급한 바 있다. 고조선 쇠퇴기에 즈음해 한반도와 요동에 삼한의 기록이 등장한다. 삼한은 마한, 진한, 변한인데 이들은 본래 진(辰)국에서 출발했다.《후한서》〈동이열전 한(韓)〉조에 "한에는 세 종족이 있으니 첫째 마한(馬韓), 둘째 진한(辰韓), 셋째 변진(弁辰)이다. 마한은 서쪽에 있는데 54국이 있으며, 그 북쪽은 낙랑, 남쪽은 왜와 접해 있다. 진한은 동쪽에 있는데 12국이 있고, 그 북쪽은 예맥과 접해 있다. 변진은 진한의 남쪽에 있는데 역시 12국이 있으며 그 남쪽은 왜와 접해 있다. 모두 78개 나라로 백제(伯濟)는 그중의 하나이다. 큰 나라는 만여 호, 작은 나라는 수천 호인데 각각 산과 바다 사이에 있어서 전체 국토의 넓이가 방 4천 리나 된다. 동쪽과 서쪽은 바다를 경계로 하니 모두 옛 진국(辰國)이다."라고 나온다.《삼국지》〈위서 동이전 한(韓)〉조에는 "한(韓)은 대방의 남쪽에 있는데 동쪽과 서쪽은 바다로 한계를 삼고, 남쪽은 왜와 접하니 면적이 사방 4천 리이다. 세 종족이 있으니 첫째 마한, 둘째 진한, 셋째 변한이고, 진한은 옛 진한이다."라고 했다. 먼저《후한서》〈동이열전 한(韓)〉조와《삼국지》〈위서 동이전 한(韓)〉조에서 삼한의 동서 모두 바다가 경계이며 북쪽은 낙랑과 대방, 남쪽에는 왜이며 그중 백제가 있다고 했다. 방 4천 리의 영토에 이런 지형적인 조건을 가진 곳은 한반도와 그 북쪽의 요동 외에는 없다. 혹자는 한국과 중국의 동일한 지명이나 아열대 지방에서 자라는 귤이 한반도 남부에도 있었다는 기록 등을 예로 들면서 삼한과 삼국이 중국 동남부에 있었다고 주장한다. 동일한 지명은 현재 우리나라에도 많이 있고 또한 중국의 영토가 넓다 보니 한국과 동일한 지명이 나타나는 현상은 어쩌면 당연한 것이다. 또한 귤이 남부 지방에도 있었던 것은 고대의 기온이 현재와 달라서 나타난 현상일 뿐 사서의 기록을 외면하고 이런 이유로 역사를 규정할 수는 없다. 사실 한국인들이 즐겨 읽는 《삼국지연의》만 보더라도 삼한이 중국 동남부에 없다는 것을 바로 알 수 있다. 《삼국지연의》가 소설이긴 하지만 주요 지명이 정사 《삼국지》와 동일하기 때문에 《삼국지연의》 또한 강역을 밝힐 수 있는 중요한 사료로 인용할 수 있다. 그리고 삼한의 강역이 방 4천 리라고 했는데 그렇게 큰 나라가 중국 동남부에 있었다면 어디에 위치시킬 수 있을까? 삼한이 그곳에 있었다면 중국 사서에서도 위, 촉, 오 삼국이 아니라 사국(四國)으로 기록했을 것이고, 또한 삼한이 한반도와 만주는 물론이고 중국 동부지역까지 차지할 정도로 강대국이었다면 사기, 한서, 후한서, 삼국지 등의 기록에 중국 남부에서 한나라 혹은 촉이나 오나라가 삼한과 숱하게 전쟁했거나 사절을 보낸 내용이 있어야 하지만 전혀 나오지 않으며, 또한 이들 지리지에도 중국 본토의 삼한 지명에 대한 기록 또한 일절 찾아볼 수가 없다. 더구나 강력한 통일국가였던 진(秦)나라와 한(漢)나라가 중국 본토에 위치한 삼한이나 삼국을 그대로 둘 리도 만무한 것이다. 고조선이 주나라와 춘추전국시대를 거치면서 산동과 그 남쪽 영토를 잃었고, 연나라 장수 진개에 의해 북경 일대를 상실했으며, 한무제 때에는 고조선이 망하면서 요동까지 잃었던 것이 역사적 사실이다.

또한 《한서》〈지리지〉와 《후한서》〈지리지〉에서 요수가 서남쪽으로 흐르고, 패수(浿水)는 서쪽으로 흘러 들어간다고 했으므로 서남쪽이나 서쪽으로 흐르는 물길은 요령성이나 한반도의 강에서만 찾을 수 있다. 요동군이 요수에, 낙랑군이 패수에, 현도군이 요수와 마자수에 있었고 고구려 또한 이 일대에 있었기 때문에 고구려는 건국 초기부터 요동에서 한나라의 요동군, 낙랑군 및 현도군과, 남쪽으로는 백제 및 신라와 숱하게 싸웠던 것이다. 우리 역사 영토가 넓고 강대했던 국가였기를 바라는 생각이야 대부분 같을 것이나 그런 생각이 정설이 되려면 무엇보다도 기록에 바탕을 두어야 한다. 삼한이 요동과 한반도에 있었다는 수많은 기록은 외면하고 단순한 동일 지명이나 혹은 그렇게 되었으면 하는 바람으로 역사를 자의적으로 해석하면 우리 역사를 바로잡는 것이 더욱 어렵게 될 수밖에 없다.

 당시 왜의 위치를 보면,《후한서》〈동이전 왜〉조에 "왜는 한(韓)의 동남쪽 대해 안에 있어 산과 섬에 의지해서 산다. 무릇 백여 국으로 한무제가 조선을 멸한 이후로 한(漢)나라에 사신을 보내 통한 곳이 삼십 개 나라로 모두 왕을 칭해 세세로 전해져 이어왔다. 그 대왜왕(大倭王)은 야마대국에 거주하는데 낙랑 외곽에서 그 나라까지 만 2천여 리이고 그 서북 경계인 구야한국까지 7천여 리다. 그 땅은 크게 비유하면 회계, 동야의 동쪽이고, 주애, 담이와 서로 가까운 까닭에 풍속이 동일하다."고 나온다. 《후한서》는 왜의 위치가 한(韓)의 동남쪽 큰 바다 안에 있고 낙랑에서 만 2천여 리라고 했으니 지금의 한국과 일본 위치를 그대로 표현하고 있다. 위에서 회계는 춘추전국시대 월나라의 영토로 월나라는 중국 양자강 하류의 동남부 해안에 있었고 회계 또한 마찬가지로 해안에 있었다. 주애와 담이는《후한서》〈담이〉조에서 바닷가의 섬 이라고 했다. 회계가 중국 동남부 해안에 있었는데 왜가 그 동쪽이므로 왜는 현재 일본이고 삼한의 위치가 한반도임을 알 수 있다.《삼국지》〈위서 동이전 왜인〉조에는 "왜인은 대방 동남 대해 안에 있고 산과 섬에 의지해서 국읍을 삼고, 옛날에는 백여 국이 있었다. 한나라 때 사신을 보내 조알하는 나라가 있었는데 지금 사신을 보내 통하는 나라는 30국이다. 대방군에서 왜에 이르기까지는 해안의 물길을 따라 돌아 한국(韓國)을 거쳐 남쪽으로 가다 동쪽으로 가면 그 북쪽 해안의 구야한국에 도착하기까지 7천 리다. 비로소 바다를 건너 천여 리에 대마국(對馬國)에 이른다. 대마국은 …… (대마국)에서 남쪽으로 한해(瀚海)라고 부르는 바다를 건너면 큰 나라에 도착한다."라고 나온다.《삼국지》는 왜가 대방군에서 남쪽으로 물길을 따라가다 동남쪽으로 7천 리를 가면 구야한국이라고 했다. 구야한국은 지금 경상남도 도서 지역에 있었을 것이고 그곳에서 바다를 건너면 대마국이다. 대방은 요동반도에 있었고 대마국은 지금의 대마도이므로 삼국지의 기록 또한 왜가 지금의 일본이며 삼한이 왜의 북쪽에 있음을 보여준다.

이와 같이 중국 사서의 기록은 삼한과 왜의 위치에 대해서 명확하게 설명하고 있고, 우리 기록인《삼국사기》와《삼국유사》에도 삼한과 삼국이 한반도와 요동에 있었음을 분명히 하고 있다. 현재 한국의 주류 사학계는 마한은 경기도를 포함한 그 남쪽, 진한은 경상북도, 변한은 경상남도로 위치시키고 있다. 그러나 위의 기록에서 삼한의 전체 국토 넓이가 방 4천 리라고 했으니 주류 사학계의 주장과 많이 다르다. 방 4천 리는 한 변의 길이가 4천 리인 것을 의미하는데 혹자는 방 4천 리가 방 1백 리가 40개 있는 것이라고 주장한다. 추후《군국지》거리 기록에서 나오지만 한나라 시대 10리는 약 2.42킬로미터로 100리는 약 24.2킬로미터이다. 전라남도 해남에서 부산까지 동서로 약 270킬로미터이니 해남에서 북쪽으로 약 100킬로미터 북쪽까지가 방 4천 리이다. 이럴 경우 방 4천 리는 전라남도와 경상남도를 합친 면적에 불과하고 경기도와 강원도까지 포함하면 면적이 최소한 세 배이기 때문에 방 1만 2천 리 이상이 되어야 한다. 또《신당서》〈북적열전 발해〉조에 "땅은 사방 5천 리며 호 수는 십여만, 정병은 수만이다. 부여, 옥저, 변한, 조선 등 바다 북쪽에 있던 여러 나라의 땅을 모두 차지했다."라고 나온다.《무경총요》에는 "발해는 부여의 별종이다. 본래 예맥의 땅이다. 서쪽은 선비와 접하고 땅은 방 3천 리다.(渤海夫餘別種 本濊貊之地 其國西與鮮卑接 地方三千里)"라고 해《신당서》보다 작게 기록했다. 이와 같이 중국 사서는 발해 영토를 방 5천 리 혹은 3천 리라고 기록했는데 그 주장에 따르면 발해 영토를 5천 리로 잡아도 전라도와 경상도를 합친 면적에 불과하다.《위서》〈동이열전 고구려〉조에는 장수왕 때 북위의 사신인 이오가 고구려를 방문한 후에 고구려 영토가 "동쪽으로 책성, 남쪽으로 소해에 닿고 …… 동서 2천여 리, 남북은 1천여 리이다."라고 했다. 방 1백 리가 40개 있는 것이 방 4천 리라면 고구려는 방 1백 리가 2백 개 이상이니 고구려 영토는 방 2만 리가 되어야 한다.《양서(梁書)》〈동이열전 고구려〉조에는 "고구려는 요산이 있고 요수가 그곳에서 흘러나온다. 그 나라의 왕도는 환도산의 꼬리 부분에 있다. 사방 2천 리이다."라고 나오니 방 2천 리의 개념은 한 변의 길이 중에 긴 것을 채택해 후하게 산정했음을 알 수 있다. 곧, 삼한의 방 4천 리는 동서 길이가 아닌 남북의 길이를 채택해서 기록했던 것이다. 우리나라를 삼천리강산이라고 하듯이 우리나라는 국토의 너비가 3천 리이다. 삼한의 면적이 4천 리라고 한 것은 삼한이 한반도 북쪽인 요동까지 도달하는 것을 알 수 있고 실제로 여러 사료에서 삼한은 한반도 중남부에만 국한된 것이 아니라 만주까지 올라가 있었다. 한나라 당시의 10리인 2.42킬로미터로 환산하면 4천 리는 약 968킬로미터이다. 남쪽 통영에서 압록강 남안의 만포시까지 직선거리로 약 730킬로미터, 의주까지는 약 700킬로미터, 심양까지는 약 900킬로미터이다. 삼한(三韓)의 영역은 최소한 압록강 북쪽 심양까지 올라갔던 것이다. 그리고 《후한서》에 한(韓)의 북쪽에 낙랑이 있다고 했고 《삼국지》는 한의 북쪽에 대방이 있다고 했다. 즉 거리 기록은 낙랑과 대방이 주류 사학계가 주장하는 것보다 훨씬 북쪽인 요동에 있었음을 알 수 있다.

흔히 삼한의 혈통에 고구려, 백제, 신라, 부여, 가야를 말하지만 우리 역사에 빈번하게 등장하는 말갈도 삼한의 혈통에서 빼 놓을 수 없다. 여러 중국 사서의 기록에서 언급하길, 말갈은 본래 숙신, 읍루, 물길, 여진과 같지만 시대에 따라 달리 불렀다고 되어 있다. 읍루의 위치에 대해서는 《후한서》〈동이전 읍루〉조에 부여의 동북쪽 천여 리라고 했다. 그러나 여기 읍루 위치는 《삼국사기》에 등장하는 말갈과 다른 존재임이 분명하다. 우리 역사에 말갈은 삼국 초기부터 그 이름이 나오고 발해 때까지도 말갈의 이름이 계속 이어진다. 말갈은 한반도에도 존재했고 부여 동북 천 리에도 존재했으며 거주 지역에 따라서 말갈은 숙신 혹은 읍루로도 불리다가 이후 여진족으로 통합되었을 것이다.

또한 우리 민족을 가리켜 예맥족(濊貊族)이라고도 한다. 《삼국지》〈위서 동이전〉에 부여 왕이 예 왕이며 고구려 또한 본래 졸본부여에서 건국했고, 《후한서》〈동이열전 예〉조에서 예의 노인들이 말하길 고구려와 같은 종족이라 했으니 고구려도 예족이라고 할 수 있다. 《삼국사기》〈고구려 본기〉의 유리왕 31년(서기 12)에 한나라 왕망이 고구려 병력을 징발하자 고구려가 억지로 보냈더니 모두 도적이 되어 요서 태수 전담이 이들을 추격하다 오히려 죽임을 당했는데 이때 한나라가 고구려를 맥인으로 불렀다는 기록이 있다. 이를 보면 고구려는 예족이기도 하고 맥족이며 백제 또한 부여와 고구려에서 나왔으니 백제도 예족이며 맥족인 것이다. 즉 예맥이라는 것은 처음에는 같은 의미였지만 시간이 지나면서 거주지에 따라서 예 혹은 맥이라 불렀던 것으로 보인다. 그런데 말갈이라는 글자를 보면 마한과 발음이 유사한데 마는 지금처럼 말로 발음했을 것이고 한은 칸으로 발음했을 것이다. 즉, 마한은 본래 말칸으로 발음하고, 말칸의 발음은 말갈로도 불리다 후일 지역이나 문화적 특성에 따라 마한, 말갈, 맥으로 불렀을 것이라 짐작할 수 있다. 《거란고전(契丹古傳)》은 10세기경 동단국 시절에 편찬된 사서라고 하는데, 1906년에 심양의 라마교 사원에 주둔 중이던 일본군 장교가 입수해 세상에 드러났다. 그 기록의 진위에 대해 의심하기도 하지만 그 내용을 보면 일제가 자국의 이익을 위해서 변조했다고 짐작할 만한 내용이 거의 없다.

이 중 말갈과 관련된 내용을 인용해 보면, 제6장에 "마간, 말갈, 발해는 같은 소리가 서로 이어져 왔고, 주신, 숙신, 주진은 같은 음이 서로 이어져 왔다. 이렇게 전해 온 것은 자명하다.(瑪玕 靺鞨 渤海 同聲相承 珠申 肅慎 朱眞 同音相襲 傳統自明也矣.)"라고 했다. 《거란고전》은 마한, 말갈, 발해가 같은 말임을 분명히 했다. 위의 마간(瑪玕)에서 간은 한(韓)과 발음이 같으므로 마한의 다른 표현임을 알 수 있다. 이와 같이 말갈은 마한이므로 삼한에 속한 나라에 삼국은 물론이고 부여, 가야, 발해, 여진까지 포함하고 있었던 것이다. 《만주원류고》〈권수(卷首) 범례〉조에는 "무릇 옛날 숙신은 한나라 때는 삼한, 위진(魏晉) 때는 읍루, 북위 때는 물길, 수와 당나라 때는 말갈, 신라, 발해, 백제로 칭했다."라고 기록했다. 숙신은 한나라 때 삼한으로 불리다가 당나라 때 말갈, 신라, 발해, 백제로 불리었다는 것인데 《삼국사기》에 말갈의 이름이 삼국의 건국 초기부터 나오는 것으로 보아 우리 기록과는 약간 차이가 난다. 《삼국유사》〈기이 마한〉조에서 최치원은 '마한은 고구려이며, 고구려에 본래 마읍산이 있었기 때문에 마한이라고 했다'고 나온다. 이때까지 우리는 백제를 마한으로 알고 있었는데 마한이 고구려라는 최치원의 말이 납득이 된다. 또한 《삼국사기》〈고구려 본기〉에 마한이 백제에 의해 멸망한 112년 후인 고구려 태조대왕 69년(121)에 마한, 예맥의 기병 1만여 기와 함께 현도성을 공격한다. 이에 대해 김부식은 이미 멸망한 마한이 다시 기록에 나오자 이해할 수 없다고 했다. 당시 고구려 강역에 대한 기록을 보면 태조대왕 때까지 남쪽 경계는 살수였다. 《대명일통지》〈요동도지휘사사〉에 "살수는 압록강 동쪽이자 평양성 서쪽에 있다. 수나라 장수 신세웅이 전사한 곳이다."라고 나오므로 살수와 평양은 모두 요동에 있었다. 이에 대해서는 추후 상세히 밝힐 것이다. 그러면 백제와 인접했던 마한이 어떻게 해서 훨씬 북쪽에 위치한 고구려까지 갈 수 있었을까? 더구나 살수의 남쪽은 후한의 광무제가 재차 점령한 이래로 한나라가 차지하고 있었는데 마한이 멸망한 다음에 유민들이 한나라의 영토를 지나서 고구려까지 가서 정착했을 것이라 보기는 어렵다. 김부식은 마한이 말갈이라는 사실을 이해하지 못해 이런 오해를 했던 것이다. 앞에서 한(韓)의 영토가 4천 리라는 기록으로 다시 돌아가 보자. 북주(524~581)의 역사를 기록한 《주서(周書)》〈백제 열전〉조에 백제의 남북 거리가 900리라고 했는데 당시 백제의 영토와 비교하면 4천 리 거리는 요동을 넘어서는 거리임을 여기서도 확인할 수 있다. 이와 같이 마한은 한반도 중서부에 위치한 작은 나라가 아니라 요동까지 포함한 것이고 이래서 고구려 태조대왕 때 다시 나올 수 있었던 것이다.

　　《금사》〈사묘아리 열전〉에 요동반도 남단의 소주와 복주에 반란이 일어나자 사묘아리가 진압하는데 주요 전투 장소 중에 마한도(馬韓島)가 나온다. "(사묘아리가) 포리고호십길수와 마한도에서 수십 만 무리를 격파했다."라고 했으니 요동반도 남단이 마한에 속했음을 알 수 있다. 또한 부여융은 백제 의자왕의 아들로서 당나라에 항복해 당나라 의봉 연간(676~678)에 대방군왕이 되어 옛 백제 땅으로 들어가지 못해 요동으로 갔다가 그곳에서도 신라군과 고구려 부흥군에 밀려 결국 당나라로 들어간 후 사망한다. 1919년 중국 하남성에서 발견된 《부여융 묘지명》에 부여융을 백제 진조인(辰朝人)이라 기록했는데 백제인들은 스스로 마한이 아니라 진한 조선인이라 생각했음을 알 수 있다. 그리고 부여융이 고구려 경내에 머물 동안 마한의 남은 세력들이 요해에서 세력을 떨쳤다는 내용이 있다. 요해는 현 요하 하구를 말한다. 마한의 남은 세력이란 당시 고구려 부흥군을 지칭하는 것일 텐데 백제도 고구려를 마한이라 했음을 알 수 있다.

《삼국지》〈위서 동이전 한(韓)〉조에 나오는 마한 54국 중에 백제국과 고리국(古離國)이 나온다. 고리국은 같은 책 〈부여〉조에서는 고리국(高離國)으로 되어 있다. 옛 기록에서 발음이 같고 고(古)와 고(高)의 한자가 다를 뿐이라면 동일한 국가라고 봐야 한다. 주류 사학계는 마한 54국 중 하나인 고리국(古離國)은 한반도 중부로, 〈부여〉조에서 나오는 고리국(高離國)은 송화강 북쪽으로 각각 비정한다. 물론 이 위치 또한 아무런 근거가 없는 오류다. 《요사》〈지리지 동경도〉조에는 동평군에 고리국(槀離國)의 치소가 있었다고 했는데 동평군의 위치는 현 혼하 인근이므로 요동이다. 그리고 고리국은 두 곳이 아니라 동일한 곳, 즉 요동 한 곳에 있었다. 일제와 주류 사학계는 마한의 위치가 한반도에만 있었다고 주장하기 때문에 사료와는 다른 결론을 내릴 수밖에 없는 것이다. 덧붙여 《북사(北史)》〈백제 열전〉의 기록을 보자. "백제국은 대개 마한에 속한다. 색리국에서 나왔다."고 했는데, 백제가 마한에 속한다고 하면서 색리국에서 나왔다고 기록했으니 색리국이 마한의 일족임을 말해준다. 앞서 《삼국지》〈위서 동이전〉에서는 색리국 대신에 고리국이라고 했으므로 색리국과 고리국은 같은 나라인 것을 알 수 있다. 고리국에 대해서는 추후 부여 영토사에서 밝히겠지만 《삼국지》〈위서 동이전 부여〉조에 동명이 고리국(高離國)에서 나와서 부여를 건국했다는 기록이 있다. 동명성왕이 건국한 고구려의 본래 이름은 졸본부여였고 후에 고구려로 바뀌었다. 당초 동명성왕이 부여에서 나와 졸본부여를 건국한 것이므로 《삼국지》〈위서 동이전 부여〉조에 나오는 고리국은 북부여(또는 동부여)이며, 동명성왕이 건국한 부여는 졸본부여를 말하는 것이다. 앞에서 백제는 색리국에서 나왔다고 했는데 동명성왕이 북부여의 다른 이름인 고리국(색리국)에서 나와 고구려를 건국했고 백제를 건국한 온조는 동명성왕을 시조로 삼았으므로 백제 또한 고리국(색리국)에서 나

〈지도 10〉 일제와 한국 주류 사학계 삼한 위치   〈지도 11〉 실제 삼한 위치

왔던 것이다.

　이상과 같이 마한 위치를 비정하면 북으로 혼하 유역의 고리국에서 고구려 및 양맥이 있던 태자하 일대와 남쪽으로 압록강을 지나 한반도의 서남 지역에 주로 분포했다.

　《후한서》〈동이전 한〉조의 다른 기록에 "진한은 노인들이 말하길, 진(秦)나라의 유민들로서 노역을 피해 한국으로 왔는데 마한이 동계를 할양해 그 이름을 따서 나라 이름을 정한 것이라 했다. 변진은 진한과 섞여 살고 …… 변진은 왜국과의 거리가 가깝기 때문에 문신한 사람이 꽤 있다."고 나온다. 여기서 알 수 있는 것은 진국의 유민들이 마한 땅으로 이동하면서 마한이 진국의 유민들을 위해 동쪽 땅을 할양했는데 당시 진국인들은 옛 땅에서 모두 이동한 것은 아니었다. 《삼국지》〈위서 동이전〉의 다른 기록을 보면 "(진한인들은) 낙랑 사람들을 아잔(阿殘)이라 했다. 동쪽 사람들은 우리[我]라는 말을 아(阿)라고 했는데 낙랑인들은 그중에 남아 있는 사람이다."라고 했다. 진한인들의 일부는 아직 낙랑 땅에 남아 있었음을 알 수 있는데 본래 진한인은 낙랑에 있다가 고조선이 망하자 그 일부가 남쪽으로 내려와 한반도 동남부에도 살았던 것이다. 《삼국지》〈위서 동이전 한(韓)〉조의 다른 기록을 보면, "한은 한나라 때에는 낙랑군에 속해 계절마다 조공했다.《위략》에서 일찍이 우거가 아직 깨뜨려지기 전에 조선상 역계경이 우거에게 간언했으나 받아들이지 않자 동쪽으로 진국에 갔는데 이때 따르는 백성이 2천여 호라고 했다. 왕망 지황 연간(20~23)에 진한 우거수 염사착이 낙랑의 토지가 좋고 백성들이 풍요롭다는 말을 듣고 망명해서 항복하려고 그 읍락을 나왔다. 밭 가운데 참새를 쫓는 남자가 있어서 봤더니 언어가 한인(韓人)이 아니었다. 그것을 물으니 남자가 말하길, '우리들은 본래 한(漢)나라 사람들인데 이름은 호래라 합니다. 우리 무리 1천5백 인이 벌목을 하다가 한(韓)인들의 공격을 받고 모두 머리를 깎이고 노비가 된 지 3년입니다.'라고 대답했다. 염사착이 말하길, '나는 한나라 낙랑에 항복하러 가는 길인데 갈려는 마음이 있소?'라고 물었다. 호래가 좋다고 말하자 염사착이 호래와 함께 함자현으로 들어갔다. 함자현에서 낙랑군으로 알리자 낙랑군이 염사착을 통역으로 삼아, ①금중에서 큰 배를 타고 진한에 들어가서 역으로 호래를 취하고 항복한 무리 천여 명을 얻었는데 5백 명은 이미 죽은 뒤였다. 염사착이 진한에게 말하길, '그대들은 5백 명을 돌려보내라. 아니면 낙랑 1만의 군사가 배를 타고 와서 공격할 것이다.'라고 했다. 진한은 '5백 명이 죽었으니 우리가 당연히 보상을 하겠습니다.' 말하고 진한인 만 5천 명과 변한 포 만 5천 필을 내놓았다. …… ②경초 연간(237~239)에 명제가 몰래 대방 태수 유흔과 낙랑 태수 선우사를 보내 바다를 건너가서 대방, 낙랑의 두 군을 평정했다. …… 부종사 오림은 본래 한국(韓國)을 통치했다는 이유로 진한 8국을 나눠 낙랑에 속하게 하려 했다. 그때 통역관이 잘못 설명해 신지와 한인들이 모두 격분해 대방군 기리영을 공격했다. 이때 대방 태수 궁준과 낙랑 태수 유무가 군사를 일으켜 정벌했는데 궁준은 전사했으나 2군은 마침내 한(韓)을 멸했다."고 나온다. ①의 내용을 보면 낙랑과 진한은 인근에 있었음을 알 수 있는데 이는 《삼국지》〈위서 동이전〉에서 진한인이 낙랑 사람이라는 기록과 일치하고 낙랑이 북한 평양이 아님도 알 수 있다. 만약 낙랑이 현 북한 평양이고 진한이 한반도 동남부에 위치했다면 낙랑인들이 먼 거리에 위치한 진한으로 가서 나무를 할 이유도 없고 벌목 후에 운송할 수단도 없었을 것이다. 한반도의 지리를 보면 대동강이나 그 남쪽의 임진강에서 배를 타고 경상도 쪽으로는 올 방법이 없다. 큰 배를 타고 갈 수 있는 물길은 요동의 태자나 그 남쪽에 위치한 청하 정도에 불과하다. ②는 위나라의 사마의가 공손연을 토벌한 후 그 여세를 몰아 낙랑과 대방 2군을 위나라가 차지한 기록이다. 당시 낙랑과 대방 2군에 진한 8국이 있었으며, 위나라가 진한 8국을 낙랑에서 통치하려 했다는 것은 진한 8국이 낙랑에 있었음을 보여준다. 《요사》〈지리지 동경요양부〉조에는 "진주 봉국군(辰州 奉國軍)에 절도를 두었다. 본래 고구려의 개모성이었다. 당 태종과 이세적이 만나 개모성을 공격해 깨뜨린 곳이 여기다. 발해가 개주(蓋州)로 고쳤다가 다시 진주(辰州)로 고쳤는데 진한(辰韓)에서 이름을 딴 것이다."라고 했다. 청나라 때의 《독사방여기요》〈산동 8 요동행도사〉의 기록에도 진한(辰韓) 위치를 요동의 개주(蓋州)위 근처로 비정했다. "개주위는 요양 서남쪽 240리에 있다. …… 진한(秦漢) 때에 요동군 지역이다. 고구려 때 개모성이다. 당나라 때 개주를 두었다. 발해도 따랐다가 진주(辰州)로 바꿨다. 지리지에 길이 진한으로 통한다 했다." 그러나 이는 《요사》〈지리지〉가 요양 북쪽에 있던 개모성을 요양 남쪽으로 이동시켰는데 이를 《독사방여기요》의 저자인 고조우가 모르고 그대로 따라한 오류이다. 실제 개모성 위치는 당나라 재상을 지냈던 가탐이 기록한 《가탐도리기》의 육로행인 〈영주입안동도(營州入安東道)〉와 당나라 군사가 고구려를 공격할 때에도 나온다. 개모성은 한(漢)나라의 요동성이 있던 양평의 북쪽에 있었다.

《요사》〈지리지 중경대정부 고주(高州)〉조에는 "고주에 관찰사를 두었다. 당나라 신주(信州)의 땅이다. …… 삼한현, 진한은 부여가 되고, 변한은 신라가 되고, 마한은 고구려가 되었다."라고 했다. 이 기록은 진한이 고구려 북쪽에 위치한 부여까지 포함하고 있었음을 보여준다. 앞에서는 고리국이자 북부여(또는 동부여)가 마한이었는데 《요사》〈지리지〉는 부여가 진한이라고 기록했다. 뒤에서 조명하겠지만 북부여와 동부여는 졸본이 있었던 요양 일대에서 요양 동북의 신성(新城) 일대에 있었다. 이후 북부여는 졸본부여로 된 후에 다시 고구려로 바뀌고 동부여는 대무신왕에 의해 망한 후에 북쪽으로 옮겨

부여성이 있던 개원 동북 일대로 옮긴다. 마한이 북부여와 동부여를 포함하고 있었다면 진한은 그 북쪽의 부여성을 포함하고 있었던 것이다.《거란고전》에도 진(辰)의 위치가 언급되어 있어 이를 확인해 보면,《거란고전》〈36장〉 "이 때에 진(辰)이 개마대산에 웅거하여 엄록대수를 성으로 삼고 한나라에 저항했다."고 나온다. 여기서 개마대산은 요동성 북쪽에 있는 개모성 근처이다. 엄록대수는 고구려 동명성왕이 부여에서 남쪽으로 내려와 건넜던 엄수 혹은 엄리대수와 같고 개모성이 요동성 북쪽에 있었던 것을 고려하면 현 혼하일 수밖에 없다. 이와 같이 진한은 개모성이 있었던 요동 북쪽에도 존재했으며 주몽이 건넜던 엄리대수가 송화강이 아니라 혼하인 것도 알 수 있다.《후한서》〈동이열전 예(濊)〉조에 "예는 북으로 고구려와 옥저, 남으로 진한에 접하여 서로 낙랑에 이른다. 소제 시원 5년(서기전 82), 임둔군과 진번군을 폐지하여 낙랑군과 현도군에 병합하고 다시 현도군을 고구려로 옮겼다. 단단대령 동쪽의 옥저와 예맥은 모두 낙랑에 속했다."고 했는데, 여기서 예의 위치가 고구려와 옥저의 남쪽, 진한의 북쪽이며 낙랑의 동쪽으로 나온다. 후한 당시 고구려와 낙랑은 살수를 경계로 해서 각각 북쪽과 남쪽에 있었다. 살수와 낙랑은 요동에 있었고 단단대령은 요동의 천산산맥이다. 낙랑과 단단대령의 위치를 잘못 비정하니 예의 위치도 남쪽으로 잘못 비정되고 있는 것이다. 또한 발해의 초기 국명은 진국(震國) 혹은 진단(震旦)인데《설문해자(說文解字)》에 震은 辰이고, 旦은 朝라고 한다. 곧 진은 진조선이고 조선을 달리 말하는 것이니 발해 건국 주체가 진조선인 혹은 진한인이며 말갈 또한 마한이면서 진한인 것을 알 수 있다. 이상과 같이 진한의 위치를 종합하면 진한은 부여성에서 그 남쪽으로 개모성과 요동의 낙랑과 그 동쪽까지 이르렀고 이후 한반도로 내려와 한반도 동남부까지 그 영역을 넓혔던 것이다.

중국 낙양에서 발견된《천남생 묘지명》을 보면, 천남생은 연개소문의 아들로 고당 전쟁 당시 당나라군에 항복해 당나라에서 높은 벼슬을 지내다가 679년에 사망한다. 그 묘지명의 내용 중에 천남생이 요동군 평양성 사람이며 변국공(卞國公)이라 했다. 변국은 변한을 의미하는 것임을 알 수 있는데 주류 사학계의 주장대로라면 고구려는 가야에 위치한 변한 땅을 차지한 적이 없으니 변국공의 작위를 가질 수 없다. 이는 고구려에 옛 변한의 땅이 있었기에 가능했던 것이다. 《삼국사기》〈지리지 신라〉조에는 신, 구당서의 기록을 인용해 변한의 후예들이 낙랑 지방에 있다고 했으니 변한인들은 낙랑의 진한인들과 섞여 살았음을 알 수 있다. 또한 《신당서》〈북적열전 발해〉조에는 만세통천 연간(서기 696)에, 발해가 부여, 옥저, 변한, 조선 등 바다 북쪽의 여러 나라의 땅을 거의 차지했다고 했는데, 발해는 한반도 남부 땅을 차지한 적이 없다. 그런데 변한 땅을 차지했다고 나오니 변한이 한반도 남부가 아니라 발해 영토, 즉 요동에 있었음을 여기서도 알 수 있다.

상기의 기록들을 종합하면 마한은 평양 인근의 마읍산에서 그 이름을 얻었지만 혼하 북안에서 고리국이 되었고 고리국에서 나온 고구려와 백제 또한 마한의 일족이었다. 태자하 일대는 양맥(梁貊), 소수맥(小水貊), 혹은 말갈로 불리던 세력이 존재하다가 북쪽으로 옮겨 물길, 말갈로 되었고 후일 발해와 여진족으로 통합되었다. 진한은 부여성에서 남쪽으로 개모성과 요동의 낙랑 지역과 그 동쪽의 압록강 북쪽, 그리고 한반도 동남 지역에 있었다. 변한은 본래 낙랑군의 평양 일대에서 진한과 섞여 살다가 고조선이 망하면서 남쪽으로 내려와 경남 일대에서 자리 잡았다. 이런 구분은 절대적인 것은 아닌데 고대에는 세력의 변화에 따라 나라가 사라지거나 혹은 빈번한 이동으로 서로 지역이 겹치거나 달라질 수도 있다.

이상과 같이 삼한은 방 4천 리에 달했고 북쪽으로 부여까지 존재했다. 또한 중요한 사실은 삼한 땅 4천 리 북쪽에 낙랑과 대방이 있었다는 것이다. 낙랑과 대방 위치에 대해서는 우리 역사학계의 핵심 논제이므로 해당 논제에서 심층 분석할 예정이다.

제4장
한사군 위치

　역사는 기록의 학문이고 역사를 밝히는 데 있어서 제일 중요한 것은 당대의 기록이다. 이미 앞에서 언급한 바가 있지만 요동과 요수의 위치는 한국 고대 역사를 규명하는 중요한 역할을 하고 있다. 요동과 요수는 중국의 영토 변화에 따라 이동했고 시대에 따라 그 위치가 달라진다. 서기 1세기에 편찬한 《한서》 〈지리지〉를 보면 요수가 현 요령성으로 이동했음을 알 수 있다. 《한서》 〈지리지 유주 요동군〉조에 "요동군은 진(秦)나라에서 설치했고 유주에 속한다. 호 수는 55,972이고 인구는 272,539명이다. 현은 18개이다. …… 요양현(遼陽縣)은 ①대량수가 서남쪽으로 요양현에 이르러 요수로 들어간다. …… 번한현(番汗縣)은 ②패수(沛水)가 새외에서 나와서 서남쪽으로 바다에 들어간다."고 나온다. ①의 대량수는 태자하의 옛 명칭으로 요양현 또한 태자하 유역에 있다. 요양의 지명만 봐도 대량수와 패수가 요령성에 있는 물길임을 알 수 있다. 또한 대량수와 패수 둘 다 서남쪽으로 흘러 바다로 들어가므로 이런 물길은 요령성의 요하, 혼하 및 태자하밖에 없다. 《한서》 〈지리지 유주 낙랑군〉조에도 "③패수(浿水)현은 패수가 서쪽으로 증지현에 이르러 바다로 들어간다."고 했는데 ②의 패수(沛水)와 ③의 패수(浿水)는 같은 강으로 한자만 달리 썼을 뿐이다. 또 《한서》 〈지리지 유주 현도군〉조를 보면 "고구려현은 요산에서 요수가 나오는데 서남으로 요동군 요대현에 이르러 대요수로 들어간다. 또한 남소수가 있는데 서북으로 새 밖을 지나간다."고 했다. 현도군에 요수와 대요수가 있고, 남소수는 심양 동쪽 무순에 있다. 여기서 요동군과 현도군의 요수가 겹치고 요동군과 낙랑군에는 패수가 겹친다. 이는 요동군, 낙랑군 및 현도군이 요수가 있는 요령성에 모두 같이 있음을 알 수 있다.《한서》〈지리지 유주 요서군〉의 속현에 차려현, 해양현, 유성현, 영지현, 양락현, 도하현, 임유현 등이 있는데 이 중 차려현은 한고조 유방의 사당인 고묘가 있던 곳이고, 영지현은 고죽국이 있던 곳으로 현 노룡이자 난하 유역이고, 양락현은 요서군의 치소로 역시 난하 유역이며, 임유현은 유수에 접한 곳, 즉 현 난하와 인접했다. 이렇게 이전에 요동이었던 차려현이《한서》〈지리지〉에는 요서로 바뀌어 나온다.

다음은《한서》〈지리지 유주 요동군〉의 주요 속현을 보면, 양평현, 무려현, 요대현, 요양현, 안시현, 평곽현 등이 나온다. 양평은 현 요하 동쪽의 요동성이 있던 곳이고, 무려현은 현 요하 서쪽의 의무려산이며, 요대현은 사마의가 공손연을 정벌할 때의 기록에도 나오지만 현 요하 동안에 있었다. 요양현은 태자하에 있고, 안시현은 고구려 안시성으로 현 요하 동남쪽이며, 평곽현은 고구려 건안성으로 현 요령성 개주시에 위치해 있었다. 이와 같이《한서》〈지리지〉의 대요수는 현 요하, 요수는 혼하로 요동군이 현 요령성 일대에 있었음을 알 수 있다. 낙랑군이 존속한 기간은 서기전 108년에서 서기 313년까지로 고구려의 계속된 공격에 낙랑에 웅거하던 장통이 서쪽의 모용 선비에게 귀부(歸附)하면서 요동 낙랑군이 사라진다. 한나라가 낙랑군을 설치한 이후, 후한의 혼란기에 공손도가 양평, 평곽 등을 점거하면서 후한과 낙랑군의 통로가 끊겼고 이런 정세를 이용해 공손도의 아들인 공손강이 낙랑군 남쪽의 둔유현을 나눠 대방군을 설치한다. 이후 사마의가 공손강의 아들인 공손연을 정벌해 요동을 차지한 데 이어 군사를 다시 보내 낙랑군과 대방군까지 차지한다. 후한 말기에 공손씨가 현 요하와 비류수 일대를 차지하고 있었으므로 한나라가 설치한 낙랑군이 북경이나 요서에 있을 수가 없음은 당연하다. 어떤 이는《한서》〈지리지〉이 기록이 조작이라고 주장하지만 이는 이치에 맞지 않다. 한중일 삼국은 낙랑군 위치에 대해 북한 평안도로 비정하고 있다. 중국이《한서》〈지리지〉를 조작하려고 했으면 패수 물길을 현 대동강 물길에 맞추어 수정했을 것이기 때문이다. 또한《한서》〈지리지〉뿐만 아니라《후한서》〈지리지〉,

《가탐도리기》, 《황화사달기》, 《무경총요》, 《요사》〈지리지〉 등 수많은 기록에서도 낙랑군이 요령성에 있었음을 말하고, 천남산과 천남생 비문에서도 평양이 요동에 있었다고 하니 《한서》〈지리지〉의 이 기록이 조작일 수가 없다.

《후한서》와 《삼국지》〈동이열전〉에는 삼한이 낙랑군과 대방군의 남쪽에 있다고 했다. 만약 낙랑군이 북경이나 요서에 있었다면 삼한의 위치 또한 북경 남쪽인 중국 동남부에 있어야 하니 여타 사서 기록과 전혀 맞지 않는다. 《삼국지》를 보면 공손찬은 요서 영지현 사람이라고 했는데 영지현은 고죽국이 있었던 곳으로 난하 동쪽이다. 이 기록만 봐도 낙랑군이 요서에 위치할 수 없음을 알 수 있다. 공손찬은 하북에서 거병한 후에 유주는 물론이고 산동반도의 청주까지 차지한 후에 옛 친구인 유비가 의탁해 오자 청주의 별무사마를 맡긴다. 유비의 고향은 탁현인데 현재 북경 서남쪽이니 북경에 낙랑군이 있을 수가 없다. 유비는 공손찬의 영지인 청주에 있다가 조조에게 패해 산동 남쪽의 서주(徐州)로 옮기지만 이후 여포에게 서주를 빼앗긴다. 이때 유비의 활동 무대가 중국 동부였는데 삼한이 중국 동부 어디에 있었을까? 《삼국지》

〈지도 12〉 서기 196년의 국제 정세

〈태사자열전〉에 태사자가 동래(東萊) 출신이라고 나온다. 동래는 내주(萊州) 동쪽으로 산동반도 동단에 있었다. 《한서》〈지리지 청주 동래군〉조에는 한고조 유방이 동래군을 설치했고 이곳에 성산(成山)이 있다고 나온다. 성산은 당나라 소정방이 백제 정벌할 때 출발한 장소이기도 하다. 태사자는 한나라 영토인 산동 동단의 동래군에서 태어나 후일 오나라 장수가 되었던 것이다. 북쪽에 있던 원소는 공손찬에게 이긴 후에 북경을 포함한 유주, 병주, 기주, 청주 등 하북 지역을 차지했고, 조조는 안휘성 박주가 고향인데 여포와 유비에게 이기고 황하 동남부의 서주, 예주, 사주를 차지했으며, 손책은 중국 동남쪽의 양주(揚州)를 차지해 조조와 대치하고 있었다. 이렇게 공손찬, 태사자, 원소, 유비, 손책, 조조 및 여포가 활동한 지역을 보면 낙랑군이 북경 혹은 요서에, 삼한이나 삼국이 중국 동부에 존재할 수 없는 것이다.

  이후 한나라를 멸망시킨 사마씨가 진(晉)나라를 건국할 즈음에 모용외의 모용 선비가 강성해지면서 모용 선비가 요서는 물론이고 요동의 양평, 신창, 평곽까지 차지한다. 모용 선비가 요서뿐만 아니라 요동군 양평, 신창, 평곽을 차지하고 있었음을 알 수 있는 기록을 보자. 모용외 사후에 모용황이 그 뒤를 잇는데 모용황의 동생 모용인 등이 모용황의 보복을 두려워해 요동에서 거병한다. 당시 모용인 등은 그 본거지를 양평, 신창, 평곽에 두고 있었고 모용황이 이들을 제압하기 위해 요서에서 군사를 이끌고 험독을 지나 평곽을 기습해 반란을 제압한다. 이 기록은 모용 선비가 요서와 요동을 차지하고 있었다는 확실한 증거이고 이때도 낙랑군이 북경이나 요서에 존재할 수 없음을 알 수 있다. 그래서 《한서》〈지리지〉의 요동군이 현 요하 일대에 있었으므로 한무제가 설치한 낙랑군이 있을 곳은 요동군 동쪽의 천산산맥이나 북한 평양 외에는 없다는 것도 알 수 있다. 이렇게 낙랑군은 요동의 천산산맥 혹은 북한 평양 일대에 있어야 하는데 주류 사학계는 이 두 곳 중에 북한 평양에 낙랑군이 존재했다고 주장하는 것이다. 역사를 고찰하는 데 제일 신뢰성 있는 자료는 당대인이 기록한 역사서와 비문 등에서 기록한 금석문 자료이다. 예를 들면 당 고종의 아들인 장회태자 이현이 당시의 상황을 보고 기록한 역사서나 전쟁 당시의 종군 기록, 《광개토호태왕 비문》을 비롯한 각종 비석이나 순수비에 기록된 것은 모두 원 사료로 볼 수 있기 때문에 신뢰도가 높다. 그 다음이 《삼국사기》나 중국의 사서처럼 한 왕조가 끝난 후의 기록물이다. 이 기록물들은 그 전에 기록된 것을 보고 옮겨 적은 것이겠지만 편찬자의 의견이 들어갈 수 있어 원사료에 비해서 신뢰도가 조금 떨어진다. 하지만 편찬자의 의견이 아닌 단순 기록이라면 역시 신뢰할 수 있다. 그리고 고고학 유물도 해석이 정확하게 된다면 신뢰도가 높긴 하지만 현실에서는 공정한 해석을 기대할 수 없으니 이를 전적으로 믿을 수 없다. 일제가 우연히 발견한 점제현 신사비와 관구검 기공비, 효문 묘 동종 등은 모두 가짜 유물임에도 우리 학계는 여전히 이를 신뢰하고 있으니 고고학 해석은 신뢰도가 현저히 낮다. 또 다른 가짜 유물인 동천왕 석비는 평양에서 우연히 발견되었다고 할 뿐, 그 근거를 알 수 없는데 이게 세상에 나온 목적은 뻔하다. 고구려 동천왕이 평양에 도읍을 옮겼다는 것에 착안해 동천왕의 평양이 현 북한 평양이라는 것을 조작하기 위해 가짜로 만들었을 것임은 자명하다. 후술하겠지만 동천왕이 옮긴 평양은 현 북한 평양이 절대로 될 수 없다. 그럼에도 불구하고 이를 조작하려는 일제의 술수가 너무도 치밀한 것이고 우리 역사학계는 여전히 이런 조작물을 평양에 낙랑군이 존재했다는 주요 근거로 삼고 있다.

한사군 위치 중에서 무엇보다도 중요한 것은 낙랑군 위치이며 이 낙랑군의 위치를 밝히는 것을 중점으로 해서 설명할 것이다. 낙랑군 위치에 대해 조선시대에 편찬한 《고려사》, 《신증동국여지승람》, 《아방강역고》, 《동국통감》, 《해동역사》 등에서는 현재의 평양이 고조선과 고구려의 도읍인 평양이라 했고, 일제의 관변학자와 이병도를 비롯한 친일 역사학자들이 이를 확정했으며 현재 우리 국민들도 그렇게 알고 있다. 이들에 따르면 낙랑군은 평안남도 일대, 요동군은 현 요동반도, 현도군은 압록강에서 함경남도 일대, 임둔군은 함경남도에서 강원 북부, 진번군은 황해도와 경기 북부이며 진번군이 폐지된 이후 후한 말기에 공손도가 낙랑군의 둔유현 남쪽에 설치한 대방군이 진번군 자리에 설치한 것으로 보고 있다.

이에 반해 박지원은 고조선이 요동에 있었고, 최부는 고구려 도성이 한반도가 아니라 요동에 있었다고 주장했다. 또한 다산 정약용은 《아방강역고》에서 낙랑군 요동설을 믿는 사람들이 많다고 했는데 이는 수많은 문헌 사료에서 낙랑군이 요동에 있었음을 말하고 있기 때문에 당연한 것이기도 하다. 이와 같이 조선시대에 많은 사람들이 관찬 사서나 일부 학자들의 주장, 즉 평양이 현재의 북한 평양이라는 주장을 신뢰하지 않았던 것이다. 일제강점기 동안 일제의 관변 역사학자들은 한국의 식민지 지배를 원활히 하기 위해 조선사편수회를 만들어 한국의 역사를 본격적으로 재단했다. 한국의 독립 의지를 꺾기 위해 한국 역사의 정체성, 타율성을 주입시키고 한국이 본래 영토도 없이 살아온 뿌리 없는 민족으로 만들기 위해 한사군의 위치를 한반도로 끌어내렸다. 일제의 이런 조작에 적극적으로 참여한 학자 중 한 명이 이병도이고 이런 그가 해방 후에 서울대 국사학과 교수가 되어 후학들을 가르쳤으니 한국 역사학계가 어떤 길을 걸었을지 명약관화한 것이다. 이들은 한사군이 한반도에 존재했다고 하면서 어떤 이는 단군조선을 부정하거나, 혹은 한국의 역사 발전 단계를 늦추기 위해 《삼국사기》의 초기 기록을 불신하며, 또는 한나라가 설치한 한사군에 의해서 한국이 고대국가로 성장했다고 주장하기도 한다. 이는 일제와 친일파가 말하는 일제강점기 동안 한국이 발전했다는 논리와 동일하다. 그러나 앞에서 보았지만 문헌 사료에 동이가 한반도와 중국 동북방의 문명을 이끌었고 한반도와 중국 북동부에서 발견되는 물질문화의 기록 또한 동이문화 일색이었기 때문에 동이가 동아시아를 성장시켰다고 하는 표현이 더 적절한 것이다. 현재 대부분의 학교는 물론이고 국사편찬위원회, 동북아역사재단, 고대사 연구회 및 각종 백과사전 등에서 한사군이 한반도에 있었다는 입장을 반영하고 있고, 이들로부터 교육받은 대다수의 국민들은 낙랑군 북한 평양설을 당연하게 여기고 있다.

주류 사학계가 한사군이 한반도에 존재했다는 주장하는 주요 근거는 평양에서 발견된 낙랑 유적이다. 이 유적은 정확히 말하면 일제가 조작한 낙랑 유적이다. 그리고 문헌 사료의 근거로 정약용의 《아방강역고》를 예로 들고

〈지도 13〉 주류 사학계의 한사군 위치

있다. 정약용은《아방강역고》에서 현 압록강과 평양이 옮겨온 사실을 알지 못해 근거 없는 추정으로 위치를 비정했다. 제대로 된 문헌적 근거도 없이 개인의 추정밖에 없으니 이를 원 사료로 볼 수가 없다. 안정복의《동사강목》도 근거 없는 추정의 연속이었고 그나마 한치윤의《해동역사》는 방대한 자료를 인용하기는 했지만 이 또한 압록강과 평양의 위치를 오판하는 바람에 다른 위치 비정이 오류로 귀결되었다. 조선시대에 편찬된《고려사》,《세종실록지리지》및《신증동국여지승람》또한 압록강과 평양의 위치에 대한 고정관념으로 인식의 한계가 명확했다. 이들이 압록강과 평양이 본래의 위치에서 한반도로 이동해 온 사실을 알았다면 절대로 엉터리로 위치를 비정하지는 않았을 것이다. 그렇다고 해도 이들의 잘못은 명확하다. 분명히《삼국사기》와《삼국유사》는 물론이고 중국 사서에도 현재의 압록강과 평양이 고대의 압록강과 평양이 다르다는 것을 기록했지만 이들은 이런 기록들을 간과했기 때문이다.

Ⅰ. 고고학적 근거

1. 대방 태수 장무이 묘

1911년 일제 관변학자들은 기차를 타고 가던 중 황해도 봉산군에서 대방 태수 장무이 묘를 우연히 발견했고, 일제는 이것들을 황해도에 대방군이 있었던 근거로 활용했다. 2023년 11월 22일,《경향신문》에 게재된〈이기환의 흔적의 역사〉'대방 태수 장무이, 식민사관의 악령을 일깨운 인물'의 기사를 보면 일제 관변학자들은 그곳에서 어양장(漁陽張)이라는 벽돌과 사군 대방 태수 장무이전(使君帶方太守張撫夷塼)이라는 명문이 있는 벽돌과 태세무 어양 장무이전(太歲戊漁陽長撫夷塼)과 태세신 어양 장무이전(太歲申漁陽長撫夷塼)이라는 명문이 있는 벽돌 등을 발견했다. 이들은 태세무의 무(戊)와 태세신의 신(申)을 조합해 무신년을 의미한다고 주장했다. 그러면서 무신년은 288년이기에 장무이 묘는 중국식 무덤이라는 것이다. 그러나 후일 무덤의 조성 시기는 288년이 아니라 348년으로 밝혀졌다. 북한 현지에서 고구려 고분을 실제로 본 정인성 영남대 교수는 장무이 묘의 형태가 중국식이 아니라 대방군 멸망 이후에 보이는 4세기의 전형적인 무덤 양식이라고 주장했다. 무덤에 석회칠이 있고 사각형의 무덤, 무덤의 모양, 매장주체부가 극단적으로 작은 점이 고구려 양식이며, 고구려 태왕릉, 호남리 사신총, 토포리 대총, 강서 삼묘 등에도 발견되는 동일한 양식이니 이 무덤은 348년에 조성된 고구려의 양식으로 봤다.

2. 점제현 신사비

점제현은 한나라가 설치한 낙랑군의 18개 속현 중 하나이다. 일제는 점제현 신사비를 평양 서쪽의 용강군 해안에서 멀지 않은 곳에서 발견했다고 발표했고 이를 근거로 낙랑군이 현 북한 평양에 있었다는 증거로 활용했다. 점제현 신사비는 발견 당시부터 의문이었는데 일제강점기인 1913년 일제 관변학자 이마니시 류가 평양 서쪽의 용강군에서 점제현 신사비를 우연히 발견하곤 낙랑군이 현 북한 평양에 존재했다는 증거로 내민다. 아주 조잡한 수준의 석비라 당시에도 위당 정인보는 가짜라고 주장했지만 해방 후 북한이 조사한 결과, 석비의 하단은 고대에는 존재하지 않았던 시멘트로 고정되어 있고, 석비 하단을 파보니 그 밑에 조선시대의 사기 조각이 나왔으며 석비의 화강암

성분이 근처에는 존재하지 않는 성분이라 북한이 폐기 처분한 바 있다. 더욱 이해할 수 없는 사실은 수천 년 동안 발견되지도 않았던 석비를 이마니시 류는 너무도 쉽게 발견했다는 것이다. 당시 이마니시 류가 면장에게 물어서 찾았다고 하는데 이는 그의 말일 뿐 아무런 근거가 없다. 면장이 그 비석의 존재를 알았다면 이미 그 전에 누군가가 관아에 보고했을 것이다. 그리고 면장이 누구인지 밝히지 않고 영문도 모르는 어린 아이를 배경으로 몰래 사진을 찍은 것은 누가 봐도 수긍이 안 된다. 이마니시 류가 자신이 조작한 것을 속이려 말을 지어냈을 뿐, 미리 짠 각본이 아니라면 이게 가능할 리 없다. 더욱이 그곳은 산악도 아닌 평지이고 지명이 용강군 온천면이라는 사실에서 보듯이 유명한 온천 지역이었고 근처에 평양이라는 대도시가 있었는데 그전에 발견 못 할 수가 없다. 함경도의 황초령비는 고산준령에 위치하고 있음에도 사람들이 발견했는데 평양 서쪽의 평지에 위치한 비석을 그동안 아무도 발견하지 못했다는 것은 납득할 수 없다. 이런 곳에 2천 년 동안 아무도 발견하지 못하고 누구도 기록에 남기지 않았는데 그 석비를 일제 관변학자들이 우연히 발견했다고 하면 바보가 아닌 다음에야 누가 믿으랴. SBS는 2011년 삼일절 특집의 〈역사전쟁, 금지된 장난, 일제 낙랑군 유물조작〉이란 다큐멘터리에서 일제가 올린 첫 번째 탁본은 사라졌고 두 번째 탁본은 사진에서 나오는 점제현 신사비와 형태와 서체가 달라 조작이라는 결론을 내렸다.

일제 관변학자들이 평양의 서쪽에 점제현 신사비를 위치시킨 것은 나름대로의 연구에 의한 조작임은 분명하다. 낙랑군의 속현인 점제현이 평양 서쪽 해안에 있었다는 것을 인식시키기 위해 그곳에 위치시킨 것인데, 일제가 목적을 위해서라면 이런 파렴치한 짓을 버젓이 자행했음을 보여주는 단적인 증거에 불과하다. 앞으로 상세히 고찰하겠지만 평양은 패수의 북쪽에 있었으며 서쪽으로 흐르다가 다시 서북으로 흘러 세 물이 만나는 강은 태자하밖에 없다. 즉, 점제현은 현 태자하 하류에 있어야 하는데 평양에서 발견될 수가 없는 것이다. 그럼에도 불구하고 가짜 점제현 신사비를 대동강 하류에다 위치시킨 일제 관변학자의 행태를 보면 다른 유물도 능히 이처럼 조작했을 것이라 의심하는 게 합리적일 것이다.

3. 평양 토성 유물

일제 관변학자 이마니시 류는 토성리 토성을 답사하던 중 낙랑예관(樂浪禮官)이라 쓰인 와당(기와에 있는 무늬)과 낙랑태수장(樂浪太守長)이라는 봉니를 우연히 발견한다. 2천 년 동안 현지인에게는 전혀 발견되지 않았고 보통 사람에게는 일생에 한 번도 오지 않을 일이 이마니시 류에게는 자주 발생한다. 그는 가짜 와당과 봉니를 만들어 그곳에 뿌린 다음, 마치 우연히 발견한 것처럼 꾸몄을 것이다. 일제는 평양 지역에 대대적인 발굴조사를 실시했다. 1930년대 일제 관변학자 세키노 다다시 주도로 이루어진 이 조사는 처음부터 문제가 많았다. 이곳에서 발견한 대표적인 유물인 봉니에 대해 가짜라는 의견이 많았음에도 세키노 다다시는 이를 진품으로 밀어붙였다. 봉니라는 것은 고대에 공문서를 봉하기 위해 노끈의 이음매에 인장을 눌러 찍은 진흙 덩어리로 사전에 공문서가 누설되는 것을 방지하기 위한 장치이다. 그래서 공문서 수령자가 이를 뜯을 것이기 때문에 봉니는 훼손되어 남아 있을 수가 없다. 이게 남아 있기 위해서는 공문서를 보내려다 어떤 일이 생겨 보내지 못했거나 아니면 수령자가 미처 뜯지 못한 채 분실되었든지 하는 경우로 한정될 것이기 때문에 봉니가 그대로 발견될 경우는 극히 희박하다. 한나라의 도성이었던 장안과 낙양은 공문서를 발행하는 곳임에도 거의 발견되지 않았는데 평양에서만 수백 개가 넘는 봉니가 발견되었다고 하니 이게 얼마나 말이 안 되는지 능히 짐작할 수 있다. 이는 평양이 낙랑군의 치소였다는 것을 조작하거나 돈을 벌 목적으로 누군가 봉니를 무더기로 만들었다는 말밖에 되지 않는다. 일제는 이런 가짜 봉니를 진짜로 둔갑시켰고 이를 낙랑군이 평양에 있었다는 논리에 그대로 이용했다. 일제가 이런 사기를 친 이유가 무엇일까? 그것은 평양에 낙랑군이 존재하지 않았으니 이를 모두 가짜로 만들려고 한 술수임을 삼척동자도 알 수 있는 것이다. 낙랑토성의 위치와 규모를 감안하면 고조선의 왕검성이 될 수가 없는 것이 낙랑토성은 성곽도 높지 않고 둘레가 겨우 1.5킬로미터로 아주 작은 성이다. 작은 언덕에 위치한 평산성이라 여기에 군사나 주민이 들어가 봐야 소수에 불과한데 이런 작고 험하지 않은 성으로 5만이 넘는 한나라 군사가 1년 동안 성을 함락시키지 못했다는 것이 된다. 또한 한서에 본래 고조선의 왕검성은 물길이 험한 곳에 위치했다고 했는데 이와도 맞지 않은 곳이며, 고구려 평양성은 본래 고조선의 낙랑군 조선현이며 패수 북안에 위치했음을 《북사(北史)》, 《수서(隨書)》 등의 중국 사서들은 공통적으로 기록하고 있다. 그런데 낙랑토성은 대동강 남안에 있는 성이니 이와도 맞지 않다. 그리고 평양 토성에는 낙랑부귀(樂浪富貴), 대진원강(大晉元康)의 명문이 있는 와당도 발견되었는데 이는 서진의 혜제가 원강(291~299)이라는 연호를 사용했으니 주류 사학계는 서진이 이때까지 평양에 낙랑군을 유지하고 있었다는 의미로 해석했다. 《삼국사기》 〈고구려 본기〉에 "미천왕 14년(313) 10월에 낙랑군을 공격해 남녀 2천여 명을 사로잡았다. …… 미천왕 15년(314) 9월에 남쪽으로 대방군을 공격했다."고 했고, 《자치통감》 〈진기 효민제〉의 기록에는 "건흥 원년(313) 4월, 요동의 장통이 낙랑, 대방 2군에 있었는데 고구려 왕 을불리(미천왕)와 서로 싸웠는데 해가 지나가도 해결되지 않았다. 낙랑인 왕준이 설득해 그 백성 천여 호를 데리고 모용외에게 귀순했다. 모용외가 그를 위해 낙랑군을 설치하고 장통을 태수로 삼았다."고 했다. 이 기록들을 근거로 주류 사학계는 낙랑군이 313년에, 대방군이 314년에 망한 것으로 보고 있다. 장통이 낙랑, 대방 2군에 있을 당시의 요동 정세를 보면, 진(晉)나라와 요동은 완전히 단절되어 있었다. 당시 서진(西晉)은 사마염이 265년에 조조의 손자 조환으로부터 정권을 찬탈해 정권이 안정되지 않은 상황이었다. 《진서(晉書)》에 태강 3년(282). 진나라 안북장군 엄순이 창려에서 선비족 모용외에게 패배한 기록이 있다. 창려는 요서 지역이므로 당시 요서는 선비족의 차지가 되었음을 알 수 있다. 선비족이 요서 지역을 차지했으므로 서진과 요동과의 연결은 끊어지고 요동의 낙랑과 대방군은 무주공산이 될 수밖에 없다. 이는 전한이 혼란기에 빠졌던 서기 25년 낙랑의 토착민 왕조가 낙랑 태수를 죽이고 스스로 낙랑 태수의 자리에 올랐다는 기록에서 보는 바와 같이, 중국이 혼란에 빠지면 변방의 세력가들은 여지없이 자립해 새로운 나라를 건국했다. 이때의 낙랑과 대방 또한 진나라와 상관없이 독립 상태를 유지했을 것이다.《삼국사기》에서도 이런 정황을 알 수 있다.《삼국사기》〈백제 본기〉"책계왕 원년(서기 286)에 고구려가 대방을 치자 대방이 우리에게 구원을 요청했다. 이에 앞서 왕이 대방왕의 딸 보과를 부인으로 삼았다. 이런 연유로 말하길, 대방과 우리는 장인과 사위의 나라이니 그 요청에 응하지 않을 수 없다고 했다. 마침내 군사를 내어 구원하니 이에 고구려가 원망했다."《삼국사기》와《삼국유사》에는 이 기록 이전까지 대방왕에 대한 기록이 전혀 없다가 이때에 이르러서야 대방왕의 기록이 나온다. 이는 요동의 대방군이 본국으로부터 고립되자 대방군의 자리에 토착민이 자립해 대방국을 세웠음을 의미한다. 그리고 낙랑을 점거하고 있던 장통 또한 313년에 이르러 선비족인 모용외에게 귀순하는데 그때 장통이 인솔해간 인원이 겨우 천여 호에 불과하다는 것은 이미 이때 낙랑은 유명무실한 상태로 남아 있었음을 알 수 있다.《진서》〈지리지〉는 이러한 상황을 기록에 잘 반영하고 있다.《진서》〈지리지 평주〉조에 "낙랑군은 한나라에서 설치했다. 6현을 관할하고 호 수는 3,700이다. 조선현(주나라가 기자를 봉한 곳이다.), 둔유현, 혼미현, 수성현(진나라가 쌓은 장성이 일어나는 곳이다.) 누방현, 사망현이 있다." 당시 낙랑군은 6현에 불과하고 가구 수도 3,700에 불과하다. 전한 당시 낙랑군의 호 수는 25개 현에 68,812이다. 1개 현당 평균 약 2,700호 수로《진서》〈지리지〉의 낙랑군 6개 현 합계와 큰 차이가 없다. 이는 274년 이전에 낙랑군이 실제적으로는 붕괴되었음을 의미한다. 그러면 그 많던 낙랑인들은 어디로 갔을까? 앞서 나온《삼국지》〈위서 동이전〉의 기록에서 낙랑인들이 진한으로 대거 이동했다고 했다. 그리고《삼국사기》〈신라 본기〉"유리이사금 14년(서기 37)에 고구려 왕 무휼이 낙랑을 습격해 멸망시켰다. 그 나라 사람 5천 명이 투항해 오니 6부에 나눠 살게 했다."고 나온다.《삼국유사》〈기이 낙랑국〉조에는 "국사(國史)에 이르길, 혁거세 30년(서기전 28)에 낙랑인들이 항복해 왔다."고 한 기록에서도 낙랑인들이 신라에 대거 망명해 왔음을 알 수 있다. 당시 낙랑과 대방의 한족 관리들은 배를 이용해 서진으로 갔겠지만 대부분은 고구려에 흡수되었거나 백제 또는 신라로 넘어갔을 것이다. 《삼국사기》〈백제 본기〉책계왕 원년(286)에 대방국이 갑자기 나타나고, 그때보다 약간 이후의 기록이기는 하지만 《삼국사기》〈신라 본기〉의 "기림이사금 3년(서기 300)에 낙랑과 대방 양국이 항복해 복속했다."라는 기록에서 보듯이 낙랑과 대방국은 이미 서기 300년에 신라에 항복했다. 백제도 이런 기회를 틈타 낙랑을 공격해 서변을 빼앗는 것이다. 《삼국사기》〈백제 본기〉"분서왕 7년(304) 2월에 몰래 군사를 보내 낙랑의 서현을 습격해 빼앗았다."는 기록에서 이를 알 수 있다. 백제까지 낙랑을 공격한 것은 낙랑이 힘이 없음을 안 것이고 오로지 장통만이 남아 낙랑의 일부 지역에서 웅거하고 있었던 것이다. 즉, 진나라는 최소한 태강 3년(282) 이후부터는 요동의 낙랑, 대방 2군을 통치하는 데 한계가 있었고 이를 틈타 낙랑, 대방의 토착민들이 자립해서 낙랑국과 대방국을 세웠던 것이다. 이런 혼란기에 낙랑과 대방인들이 대거 인접국으로 망명하거나 혹은 포로로 잡혀 거처를 집단적으로 옮겨야 하는 상황에 처해 있었고 설사 평양 토성과 황해도에 한나라의 유물이 나온다 해도 낙랑군 유물로 단정할 수 없는 것이다. 또한 SBS는 2011년 삼일절 특집, 〈역사전쟁, 금지된 장난, 일제 낙랑군 유물조작〉 다큐멘터리에서 장무이 묘와 마찬가지로 토성에서 발굴된 와당이 한사군 당시의 양식이 아닌 것을 밝혀냈다. 일제가 한나라 유물이라고 내민 와당 역시 조작인 것이다.

해방 이후 북한도 발굴 사업을 시작해 그동안 발굴한 고분이 3천여 기가 넘는다. 그런데 북한의 공식 발표는 3천여 기의 고분 중, 한나라 때의 양식은 단 한 건도 없었고 대부분 옛 토착민의 고분이라고 밝혔다. 그중 쟁점이 될 만한 고분을 보면, 1962년 황해도 신천군 남부면 봉황리 건설공사 현장에서 전실묘가 발견되었다. 그곳의 벽돌에서 수장잠장현왕경(守長岑長縣 王卿) 명문이 출토되었는데, 장잠은 낙랑군의 속현으로 이로 인해 낙랑군이 평양에 있었다는 유력한 증거로 활용되고 있다. 명문을 해석하면 '장잠현장 왕군은 휘가 경이고 나이는 73세, 자는 덕언, 동래 황현 출신이다. 정시 9년(248) 3월

20일에 왕덕이 무덤을 지었다'라는 내용이다. 그러나 북한은 무덤의 양식은 한나라의 것이 아니라 고구려식 돌방무덤의 영향을 받은 것으로 나타났다고 밝혔다. 낙랑군 위치는 명백히 요동에 있었기 때문에 왕경(王卿)은 그곳에서 장잠현장을 역임한 후 앞서 설명한 바와 같은 이유로 황해도에 와서 묻혔을 것이다. 그리고 여기의 왕경(王卿)은 앞서 나온 석암리 9호분의 왕경(王景)과는 글자가 다른 동명이인이다. 이어 황해도 안악군 안악읍에서 발굴된 '일민 함자왕군묘(逸民含資王君墓)'에 대해서 일제관변 학자들은 이를 낙랑군의 속현인 함자읍이 이곳에 위치했다는 증거로 주장한다. 그러나 이들이 사료를 제대로 읽었더라면 이런 주장을 하지도 않았을 것이다. 《한서》〈지리지 유주 낙랑군〉의 기록을 보자. "함자현, 대수(帶水)가 서쪽으로 대방현에 이르러 바다에 들어간다."고 했다. 《한서》〈지리지〉의 기록은 함자현이 대수 유역에 있음을 알 수 있게 한다. 그런데 낙랑군 평양설을 믿고 있는 정약용을 비롯한 일부 조선 학자들과 한국의 주류 사학계는 한 목소리로 대수가 임진강이라고 말한다. 그 이유는 평양 남부에서 서쪽으로 흐르는 강, 즉 대수가 될 만한 강이 임진강 외에는 없기 때문이다. 대수가 임진강이라면 함자현은 분명히 파주나 연천에 있어야 하고 함자 왕군 묘도 마땅히 여기에 있어야 한다. 그런데 함자 왕군 묘가 평양 남부의 안악군에서 발견되었으니 왕군은 본래 여기 사람이 아님을 알 수 있다. 왕군 또한 요동의 함자현에 살다가 한반도로 이동했고 이후 안악군에서 정착해 살다가 그곳에서 묻혔던 것이다.

　　장잠현 위치에 대해서는 《요사》〈지리지 동경요양부〉조에 나온다. "숭주 융안군에 자사가 있다. 본래 한나라의 장잠현이다. …… 동경에서 동북쪽으로 150리에 있다."고 했으니 장잠현은 황해도 안악군이 아니라 요동에 있었다. 그리고 수나라가 고구려를 공격할 때, 좌 12군의 진격로에도 있는 것으로 보아 평양으로 가는 길목에 있었음을 알 수 있다. 그리고 거란의 동경요양부는 안시성과 요양을 포함하는 범위였다. 이에 대해서는 고려 영토사에서 구체적으로 나온다. 장잠현은 요양의 약 50킬로미터 동쪽에 있었는데 황해도 신천군이 장잠현이 될 수 없다. 장잠현장 또한 요동에서 한반도로 이동해서 살다가 그곳에서 묻혔던 것이다.

이런 점에서 평양 정백동 1호분도 마찬가지다. 북한은 1958년 이곳에서 '부조예군은인장(夫租薉君銀印章)'을 발굴한다. 부조는 옥저의 다른 말로 알려져 있어 주류 사학계는 동해안에 있던 낙랑의 영동 7현 중 하나였던 옥저가 어떤 이유로 인해 낙랑군의 치소였던 평양까지 왔다고 주장한다. 이는 물론 전혀 근거 없는 주장이다. 영동 7현은 한반도 동해안에 존재하지 않았기 때문이다. 낙랑의 영동 7현 위치에 대해서는 추후 상세히 밝힐 것이다. 부조예군 은인장이 옥저가 있던 곳이 아니라 평양에서 발견된 것은 앞서 설명한 것과 마찬가지로 옥저의 군장이 한반도 남부로 이동한 결과이다. 옥저와 관련된 기록을 보자. 《삼국사기》〈고구려 본기〉에 "동명성왕 10년(서기전 28) 11월에 왕이 부위염에게 명해, 북옥저를 정벌하여 멸망시켰다." 그리고 "태조대왕 4년(서기 56) 7월에 동옥저를 정벌하고 그 땅을 빼앗아 성읍으로 삼았다."고 했고, 《삼국사기》〈백제 본기〉에는 "온조왕 43년(서기 25) 10월에 남옥저 구파해 등 20여 호가 부양으로 와서 귀순하니 왕이 이들을 받아들여 한산 서쪽에 두었다."고 기록했다.

상기의 기록들을 보면 북옥저, 동옥저는 일찍이 고구려에게 망했고 남옥저는 망한 기록이 나오지 않지만 북옥저와 동옥저가 이미 망한 것을 고려하면 온조왕 43년(서기 25) 즈음에 망했을 것이다. 세 개의 옥저가 망한 다음에 그대로 정착한 사람들도 있었겠지만 구파해의 경우처럼 남쪽으로 망명한 사람들이 많았고, 평양에서 부조예군 은인장이 발견된 이유도 당연히 이런 과정을 거쳐서 그곳에서 묻혔을 것이다. 정백동 2호분에도 부조현장 고상현(夫租縣長 高常賢)이라는 피장자와 영시 3년(서기전 14) 명문의 양산이 발견되었는데 주류 사학계는 한나라가 임명한 토착민 호족이라고 주장한다. 옥저가 평양에 있지 않았던 것이 확실하니 고상현은 본래 평양 토착민이 아니다. 고상현 또한 북옥저가 망한 후이거나 혹은 다른 이유로 남하해서 평양에서 살다가 죽었을 것이다.

4. 정백리 왕광 무덤

일제는 평양의 정백리 127호 무덤에서 낙랑 태수연 왕광지인(樂浪太守掾王光之印)이라는 나무도장과 석암리 205호 무덤에서 발굴된 오관연 왕우인(五官掾王旴印)이라는 나무 도장과 칠기 유물 등을 발굴하고는 이것이 평양에 낙랑이 존재했다는 증거로 사용했다. 오관연은 후한의 관직명인데 이는 한(漢)나라의 역사를 제대로 알지도 못한 엉터리 사기 행각으로 밝혀졌다. 한나라의 도장은 그 직위에 따라 옥, 금, 은, 청동으로 만들도록 정해져 있었는데 나무 도장은 존재할 수 없다. 2002년 복기대 교수는 〈임둔 태수장 봉니를 통해본 한사군의 위치〉논문에서 임둔 태수장 봉니의 서체는 전서체인데 다른 곳에서 발견된 서체와 일치한다고 했다. 한나라는 전서체를 사용했는데 정백리의 나무 도장은 예서체라고 하니 이를 통해서도 조작이 확실함을 알 수 있다. 이는 일제가 우리 역사를 조작하기 위해 사료도 검토하지 않고 무차별적으로 감행했음을 알 수 있는 단적인 예가 될 뿐이다.

5. 효문 묘 동종

1923년 일제 관변학자 세키노 다다시가 효문 묘 동종을 평양 중학교에서 우연히 발견하고는 이를 낙랑군 평양설에 활용했다. 효문은 한고조 유방의 넷째 아들인 한문제(서기전 203~157) 유긍인데 효문 묘는 그를 모시는 사당을 말한다. 하지만 효문 묘는 한나라 문제(서기전 179~157)와 관련이 있는 곳에만 설치했으므로 효문 묘 사당이 평양에 있을 수가 없다. 그리고 사서의 기록에 의하면 이때 낙랑은 한나라의 영토도 아니었다.《후한서》〈왕경 열전〉을 보면 한나라 경시제(更始帝)가 패망할 때(서기 25) 낙랑에 살고 있던 토착인 왕조가 낙랑 태수 유현을 살해하고 스스로 낙랑 태수의 자리에 올랐는데, 광무제가 후한을 건국한 후 서기 44년이 되어서야 낙랑을 다시 차지한다. 즉 서기 25년부터 44년까지는 19년간은 낙랑의 토착민 소유였다.《삼국사기》〈고구려 본기〉의 기록은 이를 보여 준다. "대무신왕 27년(서기 44)에 한나라의 광무제가 군사를 보내 바다를 건너 낙랑을 치고, 그 땅을 군현으로 삼으니 살수 남쪽이 한나라에 속했다."고 했다. 효문 묘 동종을 만들었다는 서기 41년의 낙랑은 현지 토착 세력이 차지하고 있었고 그들이 한나라 사람도 아닌데 효문 묘 동종을 만들 이유가 전혀 없다. 그리고 이에 대해서도 SBS는 2011년 삼일절 특집 〈역사전쟁, 금지된 장난, 일제 낙랑군 유물조작〉 다큐멘터리에서 전문가들의 감정 결과, 효문 묘 동종 또한 진품과는 형태와 글자가 다른 인위적인 작품이라는 결론을 내렸다. 그리고 동종에 영광 3년(서기전 41) 6월에 제작했다는 명문이 있다. 그러나 시호는 효문 황제이지만 묘호는 태종이다. 진품이라면 효문 묘 동종이 아니라 태종 묘 동종이 되어야 한다. 이는 일제의 어설픈 사기 행각을 고스란히 드러낸 것인데 일제는 이렇게 온갖 방법을 동원해 한국 역사를 조작하려 했던 것이다.

6. 평양 석암리 9호분

1909년 세키노 다다시가 대동강변의 고분을 발굴했는데 고분의 무덤방에서 두 점의 청동 거울과 각종, 무기, 토기, 오수전이 쏟아져 나왔다고 한다. 이와 관련해서는 《경향신문》 2022년 10월 9일 자, 〈이기환의 히스토리〉 '국보 황금 띠고리의 주인인 낙랑인은 중국인인가 한국인인가'에서 요약 발췌했으니 자세한 내용은 이를 참고하면 된다. 같은 해 11월에 이마니시 류는 당초 그곳의 고분 두 곳을 고구려 것으로 판단했는데 2년 후에 중국의 것으로 정정한다. 그가 발굴한 고분에 석암리 을분의 칠기 유물에서 왕(王) 자가 있는 명문이 있었고 이를 《후한서》 〈왕경전〉에 등장하는 왕경 가문과 연결시켰다. 왕경전에는 왕경의 8세조인 왕중이 낙랑 산중으로 도망친 기록이 있는데 그 후손인 왕경이 석암리 을분의 칠기 유물에 나오는 왕(王) 자 명문의 주인공이라는 것이다. 그리고 석암리 9호분의 목관에는 각종 부장품이 발굴되었는데 그중 대표적인 유물이 순금제 띠고리로 용 문양이 있었다. 또 다른 핵심 유물은 거섭(居攝) 3년이 기록된 칠기 쟁반이었다. 거섭은 전한의 마지막 황제인

유영(서기 5~25)의 연호(서기 6~8년 연호)인데, 명문의 내용은 촉군의 서공에서 제작되었다고 했는데 촉군은 지금의 사천성 성도, 서공은 관영 수공업의 담당 관청이라고 한다. 이마니시 류가 겨우 '왕(王)' 자라는 단어 하나를 보고 이를 왕경 가문과 연결 짓는 논리는 한국 역사를 우롱하는 것이나 마찬가지다. 왕이라는 글자가 왕을 뜻할 수도 있고 설사 왕족이 아니라 성씨라고 해도 당시 왕씨가 왕경 가문만 있었을 리 만무한데 이는 마치 김씨라는 성만 보고 가야 왕족이라 단정 짓는 것과 무엇이 다를까.《후한서》〈왕경 열전〉을 보면, '왕경은 낙랑군 사람으로 왕중의 난을 피해 배를 타고 낙랑 산중으로 도망갔다. 왕경의 부친 왕굉이 군의 삼로(三老)를 지냈고 경시제(更始帝, 서기 23~서기 25)가 패망하자 토착인 왕조가 군수 유헌을 살해하고 스스로 대장군 낙랑 태수로 칭했다. 건무 6년 광무제가 태수 왕준을 보내 군사를 거느리고 공격했는데 왕준의 군사가 요동에 이르렀을 때, 왕굉이 왕조를 죽이고 왕준을 맞이했기 때문에 황제가 이를 기특하게 생각하여 왕굉을 불러들였으나 길에서 병으로 죽었다. 그리고 영평 12년에 황제가 왕경을 불러 황하의 치수를 담당케 했고 공을 인정받아 시어사까지 올라 황제의 동쪽 순수까지 따라갔다.'고 되어 있다. 이 기록을 보면 왕경은 낙랑을 떠나 중국에서 황제를 보필한 것을 알 수 있다. 즉, 왕경의 직책이 높았으니 낙랑으로 다시 돌아갈 이유가 없고 돌아갔다는 기록도 없다. 왕경은 중국 본토에서 사망해 그곳에서 묻혔을 것이고 이마니시 류가 왕경의 무덤이라고 한 것은 사료도 제대로 확인하지 않은 엉터리 주장이다. 또한 낙랑군은 북한 평양에도 있지 않기 때문에 왕경이 여기에 있을 이유도 전혀 없다. 그리고 오수전은 한무제부터 기원후 7세기까지 사용된 화폐이고, 백제 무령왕릉에도 발견되었기 때문에 이것이 발견되었다고 해서 한나라의 낙랑군이 있었다고 주장할 수는 없다. 칠기 쟁반도 이와 다를 바 없다. 칠기 쟁반은 고위 관리나 유력인들이 교역으로 충분히 소지할 수 있는 물건이므로 낙랑군이 평양에 있었다는 근거와 아무런 관련이 없다.

7. 평양 정백동 낙랑 목간

낙랑 목간은 1990년 7월, 평양 정백동 346호 고분인 목곽 무덤의 부장품으로 발견되었다. 이 목간의 발견으로 한국의 주류 사학계는 낙랑군이 평양에 존재한 결정적인 자료로 이용했다. 그런데 그 문서에 현별(縣別)이라는 글자가 있는데 이로 인해 민족사학자들은 일제가 조작한 증거임이 확실하다는 것이다. 일반적으로 속현(屬縣)이라는 말을 쓰지, 현별이라는 말은 일본식 글자로 민족사학계의 주장이 설득력을 갖고 있고 낙랑 목간은 일제가 조작을 위해 묻어두었다가 때를 놓쳐 미처 발굴하지 못한 채 해방이 되어 이후 북한이 발굴했을 가능성이 높다. 만에 하나 이게 진짜라고 해도 이것으로 낙랑군이 평양에 있었다는 증거가 되지 않는다. 마찬가지로 요령성 금서시에서 임둔군 태수장 봉니가 발견되었으므로 요령성 금서시에 임둔군이 존재한 것도 아니다. 낙랑 목간도 그렇고 태수장 봉니도 그렇고 이들은 쉽게 이동할 수 있는 물건이다. 언제 어떤 이유로 그곳까지 왔는지 알 수 없는 상황이라 이를 가지고 위치를 결정할 수 없는 것이다. 《고조선 단군학회》에 수록된 김종서의 논문 〈낙랑군 호구부 진위 고찰〉(2016)에서 본래 제목인 《낙랑군 초원 사년 현별 호구 다소집부(樂浪郡初元四年縣別戶口多少集簿)》가 한나라 때의 한자 어순이 아니라 한국식 어순이고, 단 세 개에 불과한 목간의 가로 세로 길이가 맞지 않고 조잡해 한나라 목간 제작 방법이 아니라고 했다. 또한 한나라 관리의 위계질서와 다른 점과 한나라 역사 지리 기록과 맞지 않는 점 등을 들어 위조라고 판명했다. 여기서 더 중요한 사실은 낙랑군 호구부는 관청의 공문서라는 점이다. 관청에 있어야 할 호구부가 개인 부장품일 수가 없기에 추후에 누군가가 넣은 것이 분명한 것이다. 또한 낙랑군이 요동에 있었던 것이 명백하기 때문에 낙랑군 호구부는 일제의 조작 사례를 하나 더 추가한 것에 불과하다.

일제 식민사학계의 대부인 세키노 다다시가 발견한 유물을 보면 점제현 신사비, 대방 태수 장무이 묘, 효문 묘 동종 등으로 그는 이것들이 모두 우연의 수확이라고 했다. 2016년 문성재 박사가 저술한 《한사군은 중국에 있었다》는 책에 세키노 다다시의 일기장 내용이 수록되어 있다. 그 내용에는 중국 북경의 골동품점인 유리창에서 거금을 들여 한나라 낙랑군의 유물을 적극적으로 사들였다는 것이다. 세키노 다다시가 이를 사들인 이유는 너무도 뻔하다. 이는 낙랑군의 위치를 평양으로 조작하기 위한 것임은 누구라도 알 수 있는 일이다. 이런 내용이 나오면 보통 사람들은 일제의 의도가 무엇인지 의심할 것이다. 그럼에도 한국의 주류 사학계는 전혀 변함이 없다. 일제가 조작한 가짜 유물을 가지고 고고학적 연구의 결과라고 하면서 낙랑군이 평양에 존재했다고 하는 것이 얼마나 웃기는 일인지 이들은 알고 있는 것일까? 유물이 가짜라면 그에 근거한 고고학적인 연구 결과는 아무런 의미가 없다. 전제가 오류인데 도출된 결과도 엉터리가 될 수밖에 없는 것이다.

8. 관구검 기공비

1906년 일제가 길림성 집안에서 석각을 발견하곤 이를 관구검 기공비라고 발표했다. 도화지보다 작은 크기의 석각은 그 내용을 보면 관구검과 전혀 상관없는 가짜임에도 일제는 일방적으로 이것이 관구검 기공비라고 밀어붙였다. 그럼에도 불구하고 가짜 관구검 기공비는 진짜가 되고 관구검이 오른 환도산은 길림성 집안에 위치한 것으로 확실시 된다. 일제는 환도산이 현재의 길림성 집안에 없었음을 알았기 때문에 이런 말도 안 되는 조작을 할 수밖에 없었을 것이다. 당초 관구검 기공비는 환도산에 각석했다고 했는데 그것은 뜯어내서 구할 수가 없는 물건이다. 이렇게 일본인이 쉽게 발견하는 관구검 기공비라면 관구검이 돌아간 후에 고구려인들이 그 바위를 산산조각 냈을 것이고 당시 존재하지도 않았을 물건이다. 그러나 이런 사실에도 한국의 주류 사학계는 의심조차 하지도 않고 환도성이 현 길림성 집안에 있다고 한다. 《삼국사기》〈지리지〉에, "압록수 이북의 항복하지 않은 11성, …… 안시성은 옛날 안촌홀(혹은 환도성이라고도 한다.)이다." 《삼국사기》〈지리지〉에 안시성이 옛 환도성이라고 분명히 기록하고 있다. 《삼국유사》〈흥법 순도조려〉에는 "고구려 때의 도읍은 안시성, 일명 안정홀로서 요수의 북쪽에 위치해 있었고, 일명 압록으로 지금의 안민강이다."라고 했다. 고구려 때 도읍지는 졸본, 국내성, 평양성, 환도성 외에는 없으니 안시성이 환도성일 수밖에 없다. 이와 같이 《삼국유사》는 요수가 일명 압록이라고 명확히 기록했고 일부 민족사학자는 요수가 압록이라는 이 기록을 근거로 요수가 압록이라고 주장하지만 고수, 고당 전쟁 당시 수나라와 당나라 군사가 요수를 건넌 후에 압록을 건너는 기록이 나오기 때문에 압록은 요수의 동쪽에 있는 것이 확실하다. 《삼국사기》 〈지리지 고구려〉조에 압록 이북의 항복하지 않은 성에 요동성, 안시성이 있고, 압록 이북의 항복한 성에는 남소성, 국내주가 나온다. 요동성, 안시성, 남소성, 국내성은 모두 요하 동남쪽이자 혼하 북쪽에 위치한 성이다. 이들은 모두 요하 동남쪽에 위치했으므로 요하가 압록이 될 수가 없다. 남송 때 편찬된 《무경총요》 〈북번지리 요동〉조의 거란 동경에 대한 기록도 이를 확인해 준다. "동경은 요동의 안시성이다. 동경성의 동쪽에는 대요하가 있고 성의 서쪽에는 소요하가 있다. 진(秦)나라 때 요동군이었고 한(漢)나라 때 유주에 속했다. 당 태종이 고구려를 평정할 때, 행산을 주필산으로 삼아 이름을 지었다. 산은 동경의 동북에 있다. 후에 발해국이 되었는데 거란이 요주로 삼았다. 그 땅을 얻어 동경으로 삼았다."라고 했다. 《무경총요》 〈북번지리 요동 동경 사면제주(東京四面諸州)〉조는 심주(瀋州)에 대해 "소덕군이라고도 했다. 거란의 옛 땅이다. 동쪽으로 대요수에 이르고 강의 동쪽은 여진 경계이다. 서남으로 동경이 130리에 있다. 북쪽으로 쌍주 80리다."라고 나온다. 심주는 현 심양(瀋陽)인데 심양의 양(陽)은 물의 북쪽이라는 의미로 본래 강 북안에 있었지만 현재는 남쪽까지 확장해 면적이 넓어진 것이다. 심양을 통과하는 강은 혼하이므로 《무경총요》의 대요수는 혼하임을 알 수 있다. 이렇게 《무경총요》는 요하를 소요하, 혼하를 대요하라고 바꿔 기록했지만 안시성의 서쪽에 요하, 동쪽에 혼하가 있음은 동일하며 고대 압록수는 요하가 아니고 혼하가 명백하다.

《삼국사기》와 《삼국유사》의 양 기록을 비교해 보면, 《삼국사기》 〈고구려 본기〉에 "고국원왕 12년(342) 8월에 환도성으로 거처를 옮겼다."고 했고, 《삼국유사》 〈왕력편〉에는 "임인년(342) 8월에 안시성으로 도읍을 옮겼는데 즉,

환도성이다."라고 나온다. 둘의 기록은 서기 342년 8월로 똑같다.《삼국사기》에는 환도성이라 했고《삼국유사》는 안시성인데 환도성이라 했다. 이보다 더 확실한 기록이 있을까?《신당서》〈동이열전 고구려〉조에도 "총장 2년(669), 고구려 대장 검모잠이 반란을 일으켜 보장왕의 외손 안순을 왕으로 세웠다. 고간을 동주도 행군총관으로, 이근행을 연산도 행군총관으로 삼고 토벌하게 했다. 안순이 검모잠을 죽이고 신라로 달아났다. 고간은 도호부의 치소를 요동주로 옮기고 반란군을 안시에서 격파했다."라고 나온다. 이 기록은 고구려 부흥군이 안시성에 모여 있었는데 고간이 격파했다는 내용이다. 이에 대한 내용이《부여융 묘지명》에도 나오는데 "마한의 남은 무리들의 이리와 올빼미 같은 마음이 고쳐지지 않고 요해 바닷가에서 개미떼처럼 모여 환산(丸山)의 땅에서 뭉쳤다. 이에 황제가 크게 노해 천병(天兵)이 위엄을 떨쳤다."라고 되어 있다. 여기서 마한의 남은 무리는 고구려 부흥군을 말하는 것이고 요해에 있는 환산이라고 했으니 환산은 곧 환도산임을 알 수 있다. 환도산이 길림 집안에 있었다면 요해 바닷가가 될 수가 없고 고구려 부흥군이 길림 집안에서 뭉친 적도 없다. 즉 환도산은 안시성이 명백한 것이다.

이외에도 환도성이 안시성이라는 기록은《전당시(全唐詩)》에 나오는 당 태종의 시에서도 알 수 있다. 당 태종은 요동성을 함락시킨 후에 '요성망월(遼城望月)'이라는 시를 지었다. 여기서 요성은 요동성이고 '요동성에서 달을 바라보며'라는 뜻이다. "현도월초명(玄兎月初明) 징휘조요갈(澄輝照遼碣) …… 주필부환도(駐蹕俯九都) 정간요기멸(停觀妖氣滅)." 이를 해석하면 "현도의 초생달이 밝아 맑은 빛이 요갈을 비춘다. …… 주필산이 환도를 굽어보니 멈추어 요사한 기운이 멸하는 것을 바라본다."이다. 시의 원문에 구도(九都)라고 되어 있지만 환도(丸都)가 맞다. 만약 구도를 환도로 읽지 않으면 문장을 억지로 해석해야 한다.《남사(南史)》의 환도에 대한 주석을 보면 모든 책에 구도로 되어 있지만 환도라고 말한다. 또한《한원》의 기록에도 환도 대신 구도라고 기록했으니 옮겨 적을 때 착오가 있었을 것이다. 요갈은 요동과 갈석을 줄여 쓴 것이고 갈석산이 요동과 먼 거리이긴 하지만 그 크기가 남북 24킬로미터, 동서 20킬로미터로 주위를 압도하는 큰 산이라 먼 거리임에도 달빛이 갈석산을 비추는 것은 보았을 것이다. 독도는 갈석산에 비교하면 그 크기가 아주 작음에도 옛날에 날이 맑으면 울릉도에서 독도가 보였다고 하니 갈석산은 말할 나위가 없을 것이다. 그러나 현재 주류 사학계가 환도성으로 비정하고 있는 환도산은 요동성에서 약 270킬로미터 떨어져 있는 길림성 집안에 있다. 당 태종이 어스름한 달빛에 고산준령이 가로막고 있는 환도산을 물리적으로 볼 수도 없었겠지만 그 많은 산 중에 하나인 평범한 환도산을 분간도 못 했으리라. 당 태종의 시에서도 드러나는 바와 같이 환도산은 요동성과 주필산에서 매우 가까운 거리에 있었음을 보여준다. 이어 《요사》〈지리지 녹주(淥州)압록군〉조에 "환주는 고구려 중도성으로 옛 현은 환도(桓都), 신향(神鄕), 패수(浿水) 등 셋인데 모두 폐지했다. 고구려 왕은 처음으로 여기에 궁궐을 세웠고 나라 사람들이 새로운 나라라 했다." 여기서 신향현 위치는 《금사》〈지리지 동경로 요양부 개주〉조에 나온다. "개주(蓋州)는 봉국군 절도가 있다. 현(縣)이 4개, 진이 2개다. 거란의 철주 건무군 탕지현에 진(鎭)이 하나 있다. 신향현(神鄕縣)에 건안(建安)이 있다."고 했다. 신향현에 건안이 있다고 했는데 요동의 건안은 건안성 외에는 없다. 건안성은 《독사방여기요》〈산동 8 요동행도사〉조에 요동성 남쪽 300리에 있다고 했으므로 혼하 하구에 있었다. 그리고 패수현은 같은 《요사》〈지리지 동경요양부〉조에 요양이라고 했다. 이는 거란이 본래 태자하 북안에 위치했던 요양현을 태자하 남안에 있던 패수현을 합쳐서 그런 것이다. 환도성이 패수현과 신향현을 합쳐 환주가 되었으니 환도성 또한 이 일대에 있었고 환도성이 안시성이라는 《삼국사기》와 《삼국유사》의 기록과도 부합한다.

당나라 재상 가탐이 저술한 《가탐도리기》의 〈등주해행입고려발해도(登州海行入高麗渤海道)〉 곧, 등주에서 고려(고구려)와 발해로 가는 해로행에서, "압록강 입구에서 배를 타고 100여 리를 간 후 작은 배로 갈아타 물길을 거슬러 동북으로 30리를 가면 박작구에 이르는데 발해의 경계에 도착한 것이다. 또 500리를 거슬러 올라가면 환도현성(丸都縣城)에 도착하는데 고려(고구려)의 옛

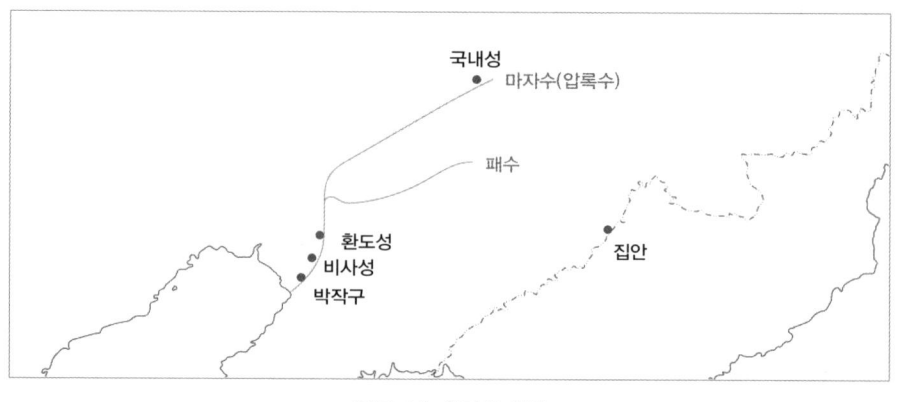

〈지도 14〉 환도성 위치

왕도이다."라고 나온다. 여기서 압록강은 혼하를 말하고 박작구 또한 혼하 하구에 있었다. 혼하 하구에서 배를 타고 올라가면 환도현성에 도착하니 환도성이 현재의 압록강 유역에 위치할 수 없는 것이다. 그런데 박작구에서 500리를 거슬러 올라간다는 기록에서 안시성 위치가 하구에서 500리가 안 되니 환도성은 상류에 있어야 한다고 생각할 수도 있을 것이다. 그러나 고대에는 현재의 요령성 영구시가 바다였기 때문에 하천의 물길이 그곳이 아니었다. 압록강 물길에 대해서는 추후 상세히 고찰할 것이지만 고대 압록강인 현 혼하가 하류에서 사하(沙河) 및 태자하와 합친 후 요양에서 남쪽으로 내려가 해주의 비사성을 거쳐 개주에서 바다로 나갔다. 여기서 비사성은 한중일 삼국이 비정한 대련시 대흑산 산성이 아니라 해주에 있었다. 이에 대해서도 추후 상세히 조명할 것이다. 당나라 때의 10리는 평균 3.34킬로미터였다. 그런데 가는 장소가 산악지대면 이보다 더 짧았는데 하천 또한 곡류가 많아 해로의 10리 길은 육로보다 훨씬 짧았을 것이다. 필자가 안시성으로 비정하는 안산시 철가산에서 개주 서남쪽까지는 약 115킬로미터로 육로의 350리에 해당한다. 고대에 하천의 거리를 어떤 방법으로 측정했는지는 알 수 없지만 선박 안에서는 잴 수가 없으므로 사람이 육로로 물길을 따라서 걸어가는 곡선 거리로 측정했을 것이고 이래서 환도성에서 박작구까지의 거리가 500리나 되었던 것이다. 이는 《삼국사기》와 《삼국유사》, 《부여융 묘지명》, 《요사》〈지리지〉 등의 기록에서 환도성이 안시성이 분명하므로 달리 생각할 수가 없기도 하다.

지금까지의 지명 고찰은 환도성이 길림성 집안에 있는 것이 아니라 안시성임을 말해 준다. 일제가 환도성을 이곳에 두려는 이유는 낙랑군과 현도군을 한반도에 두기 위한 의도이다. 그런데 환도성을 안시성으로 비정하면 국내성의 위치 비정에 의문이 생긴다. 고구려의 두 번째 도읍지인 국내성 위치에 대해서는 추후 자세히 고찰하겠지만 국내성은 현 무순시에서 동북으로 약 100킬로미터 떨어진 청원 만족 자치현 일대로 추정된다. 졸본과 안시성에서 국내성까지는 직선거리로 약 180킬로미터이다. 유리왕이 졸본에서 국내성으로 천도하는 계기는 제사용 돼지가 국내로 도주한 일에서 말미암았는데 돼지를 잡기 위해 180킬로미터나 추격했다는 것은 의문이 들 수밖에 없다. 산상왕 12년(208)에도 제사용 돼지가 국내성에서 환도로 달아나 다시 환도로 도읍을 옮겼다는 기록이 나오는데 그 계기가 모두 제사용 돼지와 관련이 있는 것으로 보아 도읍을 옮기는 것이 하늘의 뜻이라는 것을 보여주기 위해 제사용 돼지를 차용한 것으로 추정된다.

지금까지 일제가 발견한 주요 유물들을 조명했지만 진짜 유물이 아니라 낙랑군 북한 평양설을 만들기 위해 유물을 조작했다는 증거뿐이다. 고조선의 왕검성은 수천 년의 역사를 가지고 있는 도읍지임에도 북한 평양에는 고조선 유물이 거의 나오지 않고 고구려의 유물도 소량에 불과한 사실에서도 북한 평양이 고조선과 고구려의 도읍지가 아님을 알 수 있다.

Ⅱ. 문헌적 근거

1. 낙랑군과 평양의 위치에 대한 직접적인 근거

1) 《요사》〈지리지〉

(1) 《요사》〈지리지 동경도 동경요양부〉

《요사》〈지리지 동경도〉 "동경요양부는 본래 조선의 땅이었다. …… 무제 원봉 3년(서기전 108)에 조선을 평정해 진번, 임둔, 낙랑, 현도 4군을 두었다. …… 원위(북위) 태무제가 평양에 사신을 보냈는데 요나라 동경이 바로 이곳이다. 당나라 고종이 고구려를 평정하고 이곳에 안동도호부를 두었고 후에 발해 대씨의 차지가 되었다."고 나온다. 동경요양부는 현 요령성 요양이다. 《요사(遼史)》는 동경요양부에 낙랑군이 설치되었음을 명확하게 기록했다.

(2) 《요사》〈지리지 동경도 녹주압록군〉

"녹주(淥州) 압록군은 절도를 두었다. 본래 고구려 고국이며 발해는 서경압록부라 했다. 성의 높이는 3장, 너비는 20리이다. 신주(神州), 환주(桓州), 풍주(豊州), 정주(正州) 등 4주를 관할한다."라고 했다. 녹주압록군을 고구려 고국이라고 했으니 녹주압록군에 고구려 졸본이 있다는 의미다. 졸본은 일제와 한국 주류 사학계가 잘못 비정하고 있는 환인현 오녀산성이 아니라 요양 일대에 있었다. 이에 대해서는 추후 상세히 고찰할 것이다. 그런데 녹주 지명이 《독사방여기요》에 나온다. 《독사방여기요》〈산동 9 외국 조선〉"녹주성(淥州城)은 평양 서쪽 경계에 있다."라고 했다. 《독사방여기요》는 고구려 평양을 북한 평양으로 잘못 알고 요동에 있던 녹주 지명을 조선 지명에 넣었다. 하지만 녹주는 우리 역사 기록 어디에도 나오지 않는 지명이니 녹주는 녹주압록군을 말하는 것이 분명하다. 녹주가 요동에 있었기 때문에 평양 또한 요동에 있었던 것이다.

2) 《무경총요》

《무경총요》는 송(宋, 960~1276)나라 때 편찬된 병서이다. 《무경총요》〈북번 지리 요수〉조에 "요수는 전한 낙랑의 거친 땅에 있다. 동서 480리다.(遼水 在漢 樂浪玄荒之地 東西四百八十里)" 여기서 요수는 현 요하를 말하는 것인데 요하가 전한 낙랑의 땅에 있다고 했으니 낙랑 또한 요하 근처에 있었음을 말해준다.

3) 《원사》〈지리지〉

(1) 《원사》〈지리지 요양등처행중서성(遼陽等處行中書省) 동녕로(東寧路)〉

"동녕로는 원래 고구려 평양성인데 장안성이라고도 한다. 한나라가 조선을 멸망시키고 그곳에 낙랑군, 현도군을 두었는데 이곳은 낙랑군 땅이다. 진나라 의회(405~418) 이후 고구려 장수왕이 평양성에 기거하기 시작했고, 당나라가 고구려를 정벌하면서 평양을 함락하자 고구려는 동쪽으로 옮겨갔는데 그곳은 압록수 동남 천여 리에 있다. 이곳은 옛날 평양이 아니다. 고려 왕건 때에 이르러 평양을 서경으로 삼았다."고 했다. 《원사》〈지리지〉의 압록수는 현 압록강이 아니라 혼하를 말한다. 혼하에서 현 북한 평양까지는 대략 천리 길이니 이 또한 평양이 요동에 있었음을 말해 준다.

(2) 《원사》〈지리지 요양등처행중서성(遼陽等處行中書省) 함평부(咸平部)〉

"함평부는 옛 조선 땅이며 기자를 봉한 곳이다. 한(漢)의 낙랑군에 속했고 후에 고구려가 침탈했다."라고 나온다. 《금사》〈지리지 권24 함평로(咸平路) 함평부(咸平府)〉조에서 함평의 위치를 확인하면, "함평부의 동산현은 개원현의 남쪽 30리 지점이다. 요의 동주(銅州) 진안군은 요 태조 때에 동평채를 설치한데서 유래한다. 동평군(東平郡)은 진동(鎭東)으로 부르는데 세종 대정 29년에 동평과 중복되므로 고쳤다. 남쪽에 시하, 북쪽에 청하, 서쪽에 요하가 있다."고 했다. 개원현 남쪽 30리면 철령 일대이다. 함평부가 한의 낙랑군에 속했다는 것은 낙랑군 영동 7현 중 일부 속현이 여기에 있었다는 의미다.

4) 개마대산의 위치에 대한 주석

《후한서》〈동이열전 동옥저〉조에 개마대산의 위치에 대한 주석에 평양의 위치가 있다. "동옥저는 고구려 개마대산의 동쪽에 있다. 개마는 현명이며 현도군에 속한다. 그 산은 지금 평양의 서쪽에 있다. 평양은 곧 왕험성이다."라고 나온다. 주류 사학계는 개마대산을 현재 북한 백두산과 개마고원으로 보고 있다. 그러나 개마대산은 요동의 개모성이 있는 산을 말하는 것이다. 개마(蓋

馬)와 개모(蓋牟)의 두 글자를 비교해 보면 개마는 말이 있고 개모는 소가 있다. 즉, 개마는 말을 덮은 산의 모양이고 개모는 소를 덮은 산의 모양이라는 뜻이니 산의 긴 능선이 평평하게 이어진 모양으로 의미는 똑같다. 혹자는 산의 모양을 보고 개마라고 했을 수 있고 혹자는 개모라고 했을 수도 있다. 현재 학계는 요양시 북쪽 25킬로미터에 있는 탑산산성을 개모성으로 비정하고 있는데 실제 산의 모양을 보면 동물의 등과 같이 평평한 능선이라 위치와 형태로 볼 때 이곳이 맞다.《대명일통지》〈외이(外夷) 조선국〉조에 "개마대산은 평양 서쪽에 있다. 그 동쪽에 옛 동옥저가 있다."고 했고,《대청일통지》〈권38 봉천부〉조에는 "개주(蓋州)는 한나라 때 서개마현이다. …… 고구려 때 개모성이었다."라고 했다. 개마는 개모인데 고구려와 당나라의 전쟁 기록을 보면 개모성은 양평의 동쪽이자 요양 북쪽에 위치했다. 개마가 평양의 서쪽에 있다고 했으므로 평양은 요양 동쪽에 있었음을 보여준다.

5)《후한서》〈지리지 유주 낙랑군〉

"낙랑군 조선현이 있다. 곽박이 산해경에 주석을 달길, 열은 물 이름이고 열수는 요동에 있다고 했다.(樂浪郡朝鮮縣 郭璞注 山海經曰 列水名 列水在遼東)" 상기 기록에서 낙랑군 조선현의 열수가 요동에 있으므로 낙랑군 또한 요동에 있음을 명확히 기록했다.

6) 낙랑군 속현 위치

낙랑군 속현 중에 패수현, 장잠현, 해명현이 있다. 먼저 패수현은《요사》〈지리지 동경도 동경 요양부〉조에 한나라 패수현의 위치를 요양현이라고 했다.(遼陽縣 本渤海金德縣地 漢浿水縣) 이는 거란이 요양을 차지한 후 요양과 요양 남쪽의 패수현을 합친 것인데 패수현이 요양과 가까움을 알 수 있다. 장잠현은《요사》〈지리지 동경도 숭주융안군〉조에 요양의 동북쪽 150리에 있다고 했다.(崇州隆安軍刺史 本漢長岑縣也 渤海置州 …… 在京東北一百五十里)《진서(晉書)》〈지리지〉에는 장잠현이 대방군 속현으로 나온다. 후술하겠지만 대방군은 태자하 남쪽에 있었다. 본래 장잠현은 태자하 남쪽에 있었지만 거란이 이곳을 차지한 후에 태자하 북쪽에 옮겼거나 요양 동쪽을 동북쪽으로 방향을 잘못 기록했을 것이다.《후한서》〈최인 열전〉에도 "장잠현은 낙랑군에 속해 있는데 그 땅은 요동에 있다.(長岑縣屬樂浪郡 其地在遼東)"고 했다. 최인은 서기전 92년에 죽은 인물이다. 낙랑군 속현인 장잠현이 요동에 있었는데 북한 평양에서 발견된 장잠현장의 명문은 요동의 장잠현장이 평양으로 이동한 결과임을 여기서도 확인할 수 있다. 해명현은《요사》〈지리지 동경도 흥주중흥군〉조에 한나라 해명현이 동경에서 서남쪽 3백 리에 있다고 나온다.(興州中興軍節度 本漢海冥縣也 …… 在京西南三百里) 동경은 요양을 말하는데 서남쪽 3백 리는 현 개주(蓋州)에 해당된다. 즉, 낙랑군의 속현인 패수현, 장잠현, 해명현이 모두 요동에 있었으므로 낙랑군 또한 요동에 있어야 한다. 그리고 낙랑군 영동 7현에 불내현과 동이현이 있다. 불내는 국내성으로 혼하 북안에 있었고 추후 구체적으로 고찰하겠지만 동이현은《요사》《지리지 녹주압록군》조에 심양 남쪽에 있었다. 불내현과 동이현 또한 요동에 있었으니 이 기록에서도 낙랑군이 요동에 있었음을 알려 준다.

7) 천남생과 천남산 묘지명

(1) 천남생 묘지명

"공의 성은 천이고 이름은 남생이며 자는 원덕이다. 요동군 평양성 사람이다.(公姓泉 諱男生 元德 遼東郡 平壤城人也.)"라고 묘지명에 나온다. 천남생은 연개소문의 장남으로 본래 연남생이지만 당나라 고조의 이름이 이연(李淵)으로 '연'의 이름을 피하기 위해 천남생으로 고쳤다. 천남생은 당나라에 항복한 뒤 그 묘지가 낙양에서 발견되었다. 그런데 그 묘비의 내용에 남생이 요동군 평양성 사람이라고 명백히 기록했다. 이 묘지명의 존재는 평양성이 요동에 있었다는 확실한 근거이다.

(2) 천남산 묘지명

묘지명에 "군의 이름은 남산이고 요동 조선인이다.(君諱男産 遼東朝鮮人也)"

라고 나온다. 천남산은 연개소문의 아들이자 천남생의 동생으로 당나라에 항복한 뒤 낙양에 묻혔다. 여기서는 요동 조선인이라고 했지만 천남생과 형제이니 평양성 사람일 수밖에 없다.

8) 《신당서》〈동이열전 고구려〉

《신당서》는 "(고구려) 평양은 압록강 동남쪽에 있다."라고 기록했다. 고대 압록강은 현 혼하이다. 평양은 고대 패수 북안이자 혼하 동남쪽에 있었으므로 이 기록은 평양 위치를 그대로 설명하고 있다.

9) 《요동지》〈고적조 평양〉

"평양성은 압록강 동쪽에 있다. 일명 왕험성이다."라고 나온다. 명나라 《요동지》는 명나라 요동의 지명을 설명하는 지리지다. 그런데 요동 지역 고적에 평양을 넣었다. 이는 옛 지리지에 평양이 요동에 있는 기록을 보았기 때문일 것이다. 고대 압록강은 혼하이니 혼하 동쪽이라면 북한 평양을 말하는 게 아니라 요동에 있는 평양이다.

10) 《통전》〈주군(州郡) 안동대도호부〉

"진(秦)과 전한 및 후한의 요동군이며 동쪽으로 낙랑과 통했다. 낙랑은 본래 조선국이다. 한나라 원봉 3년에 조선인이 왕을 죽이고 항복했다. 그 땅을 낙랑과 현도군으로 삼았다. 이후에 또 대방군을 두었는데 요수의 동쪽이다."라고 나온다. 여기서 진나라의 요동군이라고 한 것은 이미 고찰한 바와 같이 오류이다. 그런데 요수 동쪽에 낙랑과 대방이 있다고 기록했다. 일제와 한국 주류 사학계는 대방군을 황해도로 비정하고 있다. 황해도는 동쪽이 아니라 남쪽이니 낙랑과 대방군은 요동에 있었다.

11) 《속문헌통고》〈권229 지고(地考) 요양부〉

"요양부는 본래 조선 땅이며 곧 평양성이다. 한나라 요동군에 속했다."《속문헌통고》는 1586년 명나라 왕기가 저술한 사서로 요령성 요양이 고조선 땅이며 평양성임을 명백히 밝혔다.

2. 거리 기록을 통한 한사군과 평양의 위치

1) 《군국지》 거리 기록

《군국지》는 《후한서》〈지리지〉로 한나라의 도읍인 낙양에서 주요 지명까지의 거리 기록을 남겼다. 그 내용을 보면 낙양을 기점으로 상곡군은 동북으로 3,200리, 요서군은 동북으로 3,300리, 요동군은 동북으로 3,600리, 현도군은 동북으로 4,000리, 낙랑군은 동북으로 5,000리 떨어져 있다고 되어 있다. 먼저 한나라 때 상곡군의 치소는 저양현인데 현 하북성 장가구시로 북경 서북쪽이다. 요서군의 치소는 난하 인근의 양락현(陽樂縣)이고, 요동군 치소는 양평이다. 《수경주》〈권14〉에서 《위토지기(魏土地記)》의 기록을 인용해 영지(令支)에 고죽성이 있고 영지성 남쪽 60리이자 해양성 서남에 양락성이 있다고

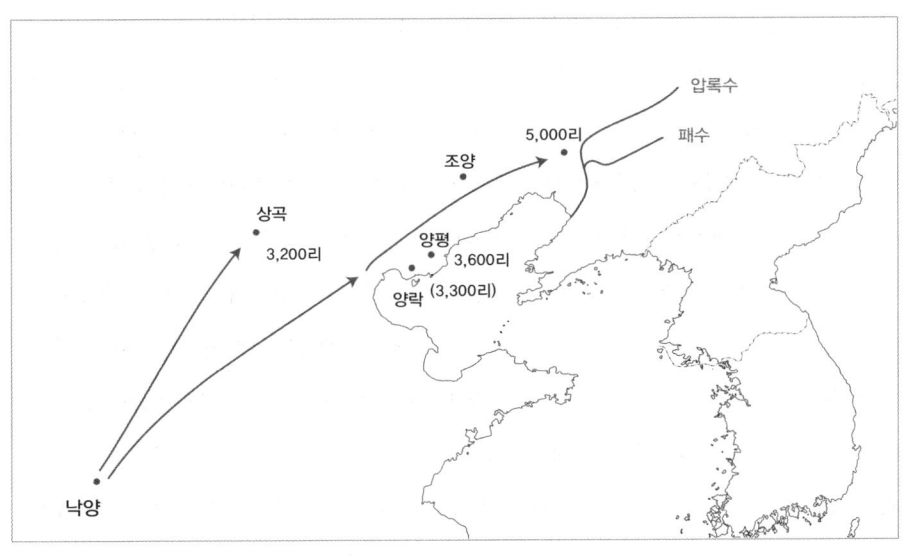

〈지도 15〉 군국지 거리 기록

했다. 해양은 지명에서 알 수 있는 듯이 바닷가에 있었으므로 양락성은 난하 하구에 위치했다. 영지는 당산시 동북의 현 천안시이고 해양은 난하 동쪽 바닷가에 접하므로 양락성은 난하 서쪽의 바닷가에 있었다. 당시 현도군의 치소는 알 수 없고, 낙랑군의 치소는 평양이다. 거리 기록은 어느 정도 오차는 있을 수 있겠지만 대략 그 위치를 파악할 수 있다. 지도에서 직선거리를 측정하면 낙양에서 장가구까지는 약 710킬로인데 이를 환산하면 10리가 2.2킬로미터밖에 되지 않는다. 이는 장가구로 가는 길이 산악이 많기 때문일 것이다. 낙양에서 당산까지는 중간에 바다가 있고, 고대에는 천진까지 바닷물이 들어왔다는 기록도 있지만 최대한 거리를 단축하기 위해 낙양에서 천진 서쪽까지 재고, 이어 천진 서쪽에서 당산 동남쪽까지 거리를 측정한다. 낙양에서 천진까지는 약 650킬로미터, 천진에서 당산까지는 약 150킬로미터로 둘을 합하면 800킬로미터이다. 낙양에서 양락현까지 3,300리라고 했으므로 10리당 2.42킬로미터이고 1킬로미터는 4.125리로 환산할 수 있다. 북경에서 노룡현 서쪽의 난하까지는 약 160킬로미터이므로 낙양에서 난하까지는 약 810킬로미터가 된다. 1킬로미터 당 4.125리로 계산하면 낙양에서 난하까지는 3,340리가 된다. 《군국지》에서 낙양에서 요동군 치소인 양평까지의 거리가 3,600리라고 했으므로 난하에서 260리, 약 63킬로미터를 더 가면 양평이 있다. 오차를 감안하면 당시 요동군 치소는 노룡 일대에 위치했을 것이다. 이는 《군국지》를 편찬할 당시의 요동군 치소가 요양 북쪽의 양평이 아니라 노룡현에 있었음을 알 수 있다. 《후한서》〈원소유표열전〉에 공손강은 요동 양평인이고 부친은 공손도라는 기록이 있다. 여기 주석에 양평은 요동 속현으로 지금 평주 노룡현 서남에 있다고 했다. 양평은 요양 북쪽에도 있었고 노룡현에도 있었는데 낙양에서 3,600리의 양평은 노룡현의 양평임이 분명하다. 그리고 현도군의 거리가 낙양에서 4,000리인데 낙양에서 난하까지가 3,340리이므로 여기서 660리를 동쪽으로 더 가면 현도군이 있다. 660리는 약 160킬로미터로 현재의 조양 서쪽 객좌현 혹은 그 남쪽의 금서시에 해당된다. 요동군의 양평과 마찬가지로 한나라는 당시 고구려의 공격에 밀려 현도군의 치소를 이곳까지 옮겨

왔을 것이라 짐작된다.

　한나라의 요동과 현도군이 그 치소를 옮길 수밖에 없었던 근거를 《삼국사기》〈고구려 본기〉에서 찾아보면, 유리왕 33년(서기 14)에 고구려는 태자하 일대의 양맥을 점령하고 고구려 태조대왕 3년(서기 55)에 요서에 10성을 쌓았고, 태조대왕 53년(서기 105)에 한나라의 요동을 공격해 6현을 약탈한다. 그리고 태조대왕 69년(서기 121)에는 태조대왕의 동생이자 차대왕인 수성이 현도와 요동 두 군을 공격해 성곽을 불태우고 2천여 명을 죽이고 사로잡았다는 기록 등을 고려하면 이때에 한나라는 요동과 현도군의 치소를 더 이상 본래의 지역에서 존치할 수 없었기 때문에 요동군과 현도군의 치소를 옮겼을 것으로 보인다. 이어서 낙양에서 난하까지가 3,340리고 낙양에서 낙랑까지가 5천 리이므로 난하에서 동북쪽으로 1,670리만 더 가면 낙랑군이 있다. 1,670리는 약 404킬로미터이고 난하에서 동북쪽으로 404킬로는 요하와 혼하 사이로 요양 서쪽에 위치시킬 수 있다. 《군국지》에서 5천 리라고 한 것은 대략의 거리 기준이므로 4,900리에 미달할 수도 있고 5,100리가 넘을 수도 있다. 어느 정도 오차를 감안해도 몇 백 리 이상은 나지 않을 것이므로 낙랑군은 현 요령성에 있었음을 거리 기록은 보여준다. 만에 하나 북한 평양에 낙랑군이 있었다고 가정해서 거리를 측정해 보자. 요양 서쪽에서 현 북한 평양까지의 거리는

〈지도 16〉 고구려 초기 영토

약 350킬로미터로 이를 환산하면 약 1,440리가 된다. 낙양에서 북한 평양까지는 무려 6,440리가 되므로 오차를 감안해도 북한 평양에 낙랑군이 있을 수 없음을 《군국지》의 거리 기록은 증명하고 있다.

2) 《가탐도리기》의 거리 기록

당나라의 재상을 지냈고 지리학자이기도 했던 가탐은 지리에 관심이 많아 관직에 있을 동안, 내외 사신들을 직접 방문해서 그 나라의 지리를 기록했던 것으로 알려져 있다. 그 기록을 토대로 여러 권의 지리서를 편찬했는데 그중에 《가탐도리기》와 《황화사달기(皇華四達記)》가 우리 고대사의 중요한 기록물이다. 영주에서 안동도호부로 가는 육로행인 《가탐도리기》〈영주입안동도(營州入安東道)〉조를 보자. "①영주 서북 백 리는 송형령, 그 서쪽은 해, 그 동쪽은 거란과 떨어져 있다. 영주에서 북서 400리에 황수, 영주 동쪽 180리에 연군성이고, 또 여라수착을 지나 요수를 건너 옛 한(漢)나라의 양평성이었던 안동도호부까지 500리이다. ②동남으로 평양성까지 800리, 서남으로 도리해구까지 600리, 서쪽으로 건안성까지 300리인데, 옛 중곽현이다. 남으로 압록강 북쪽 박작성까지 700리인데 옛 안평현이다. ③도호부 동북으로 옛 개모성과 신성을 지나, 또 발해 장령부를 지난다.(營州西北百里曰松陘嶺, 其西奚, 其東契丹距, 營州北西百里至湟水, 營州東百八十里至燕郡城, 右經汝羅守捉, 渡遼水至安東都護府五百里, 府故漢襄平城也, 東南至平壤城八百里, 西南至都里海口六百里, 西至建安城三百里, 故中郭縣也, 南至鴨淥江北泊汋城七百里, 故安平縣也, 自都護府東北經故蓋牟新城, 又經渤海長嶺府 …….)"

①의 영주 위치는 시기에 따라 바뀌는데 《가탐도리기》에서 말한 영주는 현 요령성 조양이다. 이는 《가탐도리기》에 나오는 여타 지명 위치를 비교하면 알 수 있다. 이를 오해해서 영주 위치를 이후에 옮겨진 난하의 노룡현으로 규정한 후에 지명을 비정하면 엉터리가 된다. 이는 영주와 안동도호부까지 680리이고 안동도호부 동북쪽에 개모성과 신성이 있고 영주 동남으로 800리에 평양성이 있다는 기록에서도 확인할 수 있다. 당나라 당시 노룡현에 어떤

지명이 있었는지 확인해 보면《신당서》〈지리지 하북도 평주 북평군〉조에 "평주 북평군의 치소는 본래 임유(臨渝)에 있다가 무덕 원년(618)에 노룡으로 옮겼다. …… 노룡현은 본래 비여현인데 무덕 2년에 이름을 바꿨다. …… 석성현은 본래 임유현인데 무덕 7년에 없앴다. (당 태종) 정관 15년에 다시 설치했다가 만세통천 2년(697)에 이름을 바꿨다. 임유관이 있고 임려관이라고도 한다. 대해관, 갈석산, 온창진이 있다."라고 나온다. 임유는 난하의 옛 이름인 유수(濡水)에 있어서 임유라고 한 것이고, 고수 전쟁 시기에 고구려 강이식 장군이 공격했던 임유관이 위치했던 곳이기도 하다. 노룡현은 난하 일대이고 갈석산 또한 노룡현에 있었다. 그러면 수와 당나라 때 영주의 위치 기록을 보자.《수서》〈지리지 요서군〉조에 "옛날에 영주를 설치했다. 개황 초에 영주 총관부를 두었고 대업 초에 폐지했다. 현은 하나로 호구 수는 751이다. 유성현은 북위 때 영주 화룡성에 설치했다."고 나온다. 당시 영주는 후제 때 고보녕의 난으로 인해 영주 위치가 조양에서 난하 하류로 이동하는데 이때 상황을 기록한 것이다.《신당서》〈지리지 하북도 영주 유성군〉조에는 "영주 유성군 상도독부는 원래 요서군으로 만세통천 원년(696)에 거란에게 함몰되어 성력 2년에 어양에 옮겼다가 개원 5년에 돌아와 유성에 치소를 두었고 천보 원년에 이름을 바꿨다. 평로군이 있는데 개원 초기에 설치했다. …… 서쪽 480리에 유관 수착성이 있고 또한 여라, 회원, 무려(巫閭), 양평의 네 개 수착성이 있다. 유성현이 있고 서북으로 해(奚)와 접하며 북쪽으로 거란과 접한다. 동북의 진(鎭)으로 의무려산사가 있고 동쪽에 갈석산이 있다."고 나온다. 먼저 만세 통천 원년은 거란 이진충이 당나라에게 대항해 거병을 한 시기이다. 영주 서쪽 480리에 유관이 있다고 했는데 유관은 이미 나온 바와 같이 현 난하이다. 영주 서쪽 480리에 난하가 있고 북쪽에 거란이 있다고 했으므로 현 조양 위치와 부합한다. 또한 영주에 무려수착성이 있고 동북에 의무려산이 있으므로 당나라 영주는 현 조양인 것이다. 그런데 영주 동쪽에 갈석산이 있다고 한 것은 오류로 보인다. 성력 2년에 어양에 교치(僑置, 지명 이동)되었을 때에는 갈석산이 영주 동쪽에 위치했으므로 그때의 기록을 보고 수록했을 것이다. 또한 조양시에서 선비계통과 당나라 장수의 무덤이 발견되어 조양이 수와 당나라 때까지 이들 국가의 영토였음을 사료뿐만 아니라 유물에서도 보여준다. 당시 영주는 고구려와 발해와 가까이에 있어 이들 여정의 출발지가 되었던 것이다. 영주는 육로행의 출발 기준이고 ③에서 그 기준이 바뀌므로 ③ 이전까지의 여정은 영주에서의 거리 기준이 된다. 그래서 ②에서 동남으로 평양성까지 800리라고 한 것은 영주에서 평양성까지 800리 거리이다. 그런데 영주에서 연군성까지 180리, 연군성에서 안동도호부까지 500리이므로 영주에서 안동도호부까지의 거리가 680리다. 당나라 당시 안동도호부는 요양 북쪽의 요동성이므로 요동성에서 120리 거리에 고구려 평양이 있음을 알 수 있다. 여기서 당나라 때의 10리는 어떻게 되는지 보자. 《가탐도리기》는 영주에서 안동도호부까지의 거리를 680리라고 했고 《독사방여기요》〈요동행도사〉조에서 양평 요동성이 요양 북쪽 70리에 있다고 했으므로 영주에서 양평까지의 직선거리를 측정하면 약 240킬로미터이다. 240킬로미터가 680리이므로 당나라의 10리는 약 3.34킬로미터가 된다. 한나라 때의 10리가 약 2.42킬로미터였으므로 당나라 때의 10리가 훨씬 더 긴 것을 알 수 있다. 《가탐도리기》의 기록에 근거해서 평양의 위치를 찾아보면 양평에서 120리, 즉 약 40킬로미터를 더 가면 요양 동쪽이자 본계시 서쪽이다. 앞서 후한서 《군국지》 기록에서 평양이 요하와 혼하 사이에 있었던 것과 비교하면 《가탐도리기》의 기록은 조금 다르다. 《군국지》의 기록이 낙양에서 5천 리 거리라고 대략 말한 것이라면 《가탐도리기》의 거리 기록은 아주 구체적이다. 영주에서 안동도호부까지의 거리를 680리로 기록한 것을 보면 영주에서 800리에 평양성이 있다고 한 기록 또한 오차가 거의 나지 않을 것으로 추정된다.

그런데 108쪽의 ②에서 건안성이 서쪽으로 300리에 있다고 했으므로 그 기점이 안동도호부라고 오해할 가능성도 있다. 건안성에 대한 기록을 보면 당나라가 고구려를 공격할 때 요수를 건너서 건안성으로 갔으므로 고구려 건안성은 현 요하 하구에 있었음을 알 수 있다. 《삼국사기》 《고구려 본기》의 고당 전쟁 기록을 보면 당나라의 이세적 또한 안시성이 건안성의 북쪽에 있

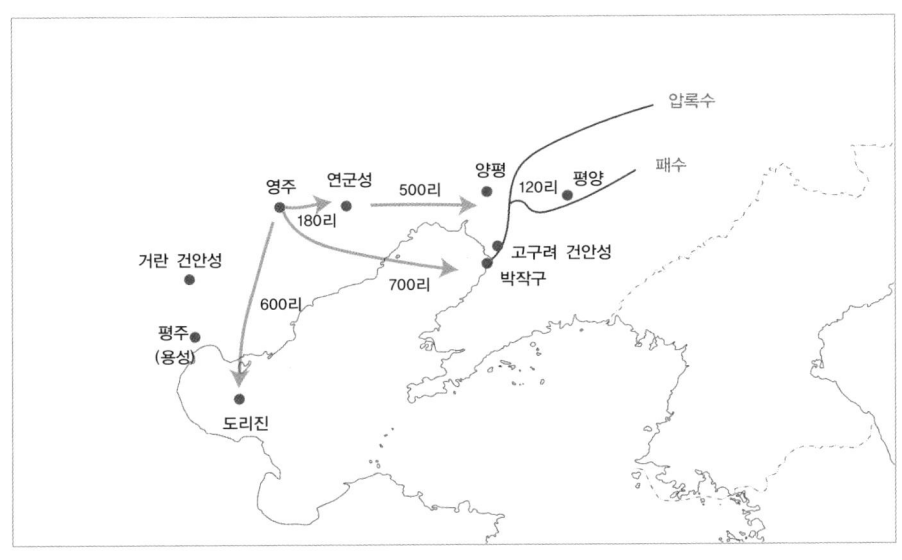

〈지도 17〉《가탐도리기》〈영주입안동도(營州入安東道)〉 기록

다고 했으므로 건안성은 명백하게 요동성, 즉 안동도호부의 남쪽에 있었다. 당나라 때의 건안성은 안동도호부의 남쪽에 있었는데 가탐이 이를 착각해서 서쪽이라고 기록했던 것일까? 만약 가탐이 단순히 건안성의 방향을 착각한 것이라면 그 기점은 안동도호부가 맞고 안동도호부에서 평양까지의 거리는 800리가 되어야 한다.《독사방여기요》〈요동행도사〉조에서 양평에서 요양까지 70리라고 했고,《대명일통지》〈요동도지휘사사〉조에 요양에서 압록강까지 560리라고 했으며, 양평에서 압록강까지 총 630리이므로 170리를 더 남쪽으로 가면 청천강 북안에 해당한다. 당연하지만 이곳이 평양이 될 수 없다. 사실 가탐은 건안성의 방향을 착각한 것이 아니라 거란의 건안성은 요동이 아니라 다른 곳에 있었다. 거란은 중국 북방 영토를 차지한 후 그 지역의 백성들과 함께 지명을 옮기는데 발해의 동경용원부, 현주, 개모성, 서안평 등의 지명이 본래의 위치와 다른 곳에서 나온다. 건안의 위치 또한 남송 때 편찬된《무경총요》에 등장하는데 그곳의 위치는 요서에 있었다.《무경총요》는 거란의 지명을 설명하면서 가탐의 또 다른 기록인《황화사달기(皇華四達記)》의 기록을 인용한다.《무경총요》〈전집 동경〉조에, "《황화사달기》에 이르길, ①안동

부로부터 남쪽으로 평양성 800리에 이르고, 서남으로 도리해구까지 약 600리, ②서북으로 건안성까지 약 500리, ③정남에서 약간 동쪽으로 압록강 북박에 이르는데 약 700리이다. ④지금《거란지형도》를 참고하면 건안성은 그 지형의 원근을 알 수 없다. 동북의 여진 경계까지 500리, 또 880리에 중경이 있고, 서쪽 60리에 학주관(鶴柱館), 또 90리에 요수관, 또 70리에 여산관이 의무려 산중에 있다. 또 90리에 독산관에 이르고, 또 60리에 당엽관이 있고, 또 50리에 건주(乾州), 약간 북쪽으로 양가채에 이르며, 또 50리에 요주(遼州), 북쪽 60리에 의주(宜州), 또 100리에 우심산관(牛心山館) 북쪽 가운데 이르고 또 60리에 패주(覇州)에, 또 70리에 ⑤건안관(建安館), 50리에 부수 회안에 이르며, 중경 삼역하에 각각 70리이다. 남으로 평주에 50리, 평주에서 유주까지 550리이다. 북으로는 심주까지 120리이다."라고 나온다. ①에서 그 기점을 안동도호부라고 한 것은《무경총요》의 저자 증공량의 오해다. ①에서 ③번까지의 기점은 안동도호부가 아니라 영주이고 증공량이《거란지형도》를 참고하면서 기록하기 시작하는 ④번부터 그 기점이 안동도호부이다. 이는 앞서 나왔던《가탐도리기》의 육로행 기록과 동일하다. 우심산(牛心山)은《성경통지》〈권26 금주(錦州)〉조에 금주성 북쪽 20리에 있다고 했으니 의무려산 남쪽으로 추정된다. 그리고 ②에서 영주 서북으로 건안성까지 5백 리라고 했는데《가탐도리기》에는 영주 서쪽 3백 리에 건안성이 있다고 했으므로 어떤 것이 맞는지 알 수 없다. 대신 ⑤의 건안관으로 건안성의 위치를 알 수 있다. 건안관 남쪽으로 평주가 있다고 했으므로 평주 북쪽에 건안성이 있었다.《구당서》〈지리지 하북도 평주〉조에 노룡현이 평주에 속했으므로 역으로 건안성은 노룡 북쪽에 있었다. 청나라《독사방여기요》에도 건안성의 이름이 나온다. "건안성은 개주위(蓋州衛)의 동남쪽에 있다. 한나라의 평곽현인데 고구려가 이곳에 건안성을 두었다. 당나라 정관 19년에 고구려를 쳤는데 장검이 진격해 요수를 건너 건안성으로 달렸다. 또 이세적이 말하길, 건안은 남쪽에 있고 안시는 북에 있는데 안시를 먼저 함락시킨 후에 건안으로 가야 한다고 했다. …… 구당지(舊唐志)에는 요동성에서 서남쪽으로 3백 리에 건안성에 이른다고 했는데 옛 평곽현이다. 거란이 건안현을 설치했는데 옛 이름만 좇았을 뿐 옛 건안성이 아니다."라고 했다. 《독사방여기요》는 그 위치도 알려주는데 "건안성은 옛 을련성 남쪽이자 영지의 북쪽에 있다. …… 요동성에서 서남쪽으로 300리가면 건안성이 있다."고 나온다.

여기서 을련성의 위치는 알 수 없지만 영지는 고죽성이 있는 곳으로 난하 하구의 노룡현 근처이다. 《무경총요》에서 평주 북쪽에 건안관이 있다고 했으므로 영지 북쪽에 건안성이 있다고 한 기록과 일치한다. 이는 영주 서쪽 300리에 건안성이 있다는 《가탐도리기》의 기록과 영주 서북쪽 550리에 건안성이 있다는 《황화사달기》의 기록과는 약간의 차이는 있지만 거란이 중국 북부 지역을 차지하고 있을 동안의 건안성은 안동도호부 남쪽이 아니라 영주 서쪽이자 영지 북쪽에 있었음을 알 수 있다.

②의 기점이 안동도호부가 아니라 영주인 것은 도리해구의 거리 비교를 통해서도 확인할 수 있다. ②의 기점에서 도리해구까지의 거리는 600리다. 도리해구의 위치를 알면 그 기점이 어디인지 알 수 있다. 도리해구의 지명은 없지만 《가탐도리기》의 연안 항로에 도리진이 나온다. 그 항로를 보면 등주를 출발해 대사도, 구흠도, 말도, 오호도의 300리 길을 지나서, 북쪽으로 오호해를 건너 마석산 동쪽의 도리진까지 200리 길이다. 도리진에서 청니포, 도화포, 석인왕과 탁타만, 오골강을 지나는 800리를 더 가야 요하 하구에 도착한다. 명나라 《주해도편(籌海圖編)》〈요동연해산사도(遼東沿海山沙圖)〉에서 도리진의 위치를 보면 산동의 빈주와 래주 사이의 바다 북쪽에 위치한 섬이다. 빈주는 현재 산동성의 서북 경계에 위치해 있고 도리해구는 도리진이라는 섬에 있는 해구일 수밖에 없다.

만약 기점이 안동도호부라면 안동도호부에서 혼하 하구까지는 육로로 약 370리 길이고, 혼하 하구에서 도리진까지는 해로로 800리 길이다. 안동도호부에서 도리진까지는 약 1,200리 길이므로 도리해구까지의 기점이 안동도호부가 될 수 없다. 대신 기점을 안동도호부 서남쪽 680리의 영주로 잡으면 도리진까지의 600리 기록에 대략 들어맞는다. 그리고 《무경총요》의 ③과 108쪽

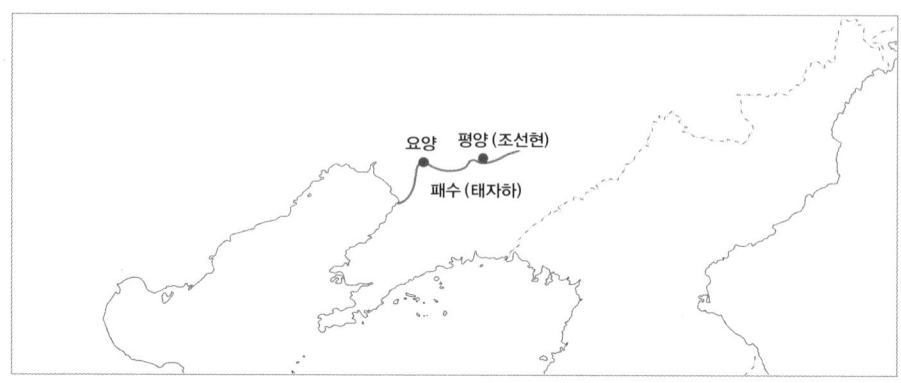
〈지도 18〉 수경주의 패수와 평양성

에 나오는 《가탐도리기》의 ②에서 정남에서 약간 동쪽으로 압록강 북박에 이르는데 약 700리인데 옛 안평현이라는 설명이다. 추후 고찰하겠지만 안평(安平)은 박작구가 있는 곳으로 혼하 하구에 있었다. 한중일 삼국은 안평을 압록강 북쪽의 단동시로 비정하지만 엉터리다. 이곳 외에도 안평 지명이 여러 곳에서 나오기 때문에 지명 연혁과 관련 지명까지 검토한 후 비정해야 오류가 없다. ②의 기점을 영주로 하고 압록강 하구를 개주(蓋州)로 가정하면, 직선거리는 약 205킬로미터로 600리다. 그러나 중간에 바다가 있어 우회했을 것이므로 《황화사달기》의 700리 거리에 근접한다. ②의 기점을 안동도호부로 하면 혼하 하구까지의 직선거리는 약 120킬로미터로 370리에 불과하다. 여기서도 기점이 안동도호부가 아니라 영주임을 알 수 있다. 고대에는 고대 압록강인 혼하 하구가 요령성 영구시에 있지 않았다. 고대에는 영구시로부터 북쪽의 양평에 이르기까지 바다였기 때문에 혼하와 태자하의 물줄기가 사하와 합류한 후 현 요령성 해성시를 지나 개주(蓋州)시에 이르러 바다로 들어갔다. 이에 대해서는 이미 설명한 바가 있다.

또한 앞에서 언급했지만 북위의 역도원은 《수경주》〈권14 패수(浿水)〉조에서 "그 땅은 지금 고구려의 도읍으로 내가 고구려 사신을 방문했는데 그가 말하길, 평양성이 지금 패수의 북쪽에 있으며 물이 서쪽으로 흐르다 한무제가 설치한 옛 낙랑군 치소인 조선현을 지나서 서북으로 흐른다.(其地今高句麗

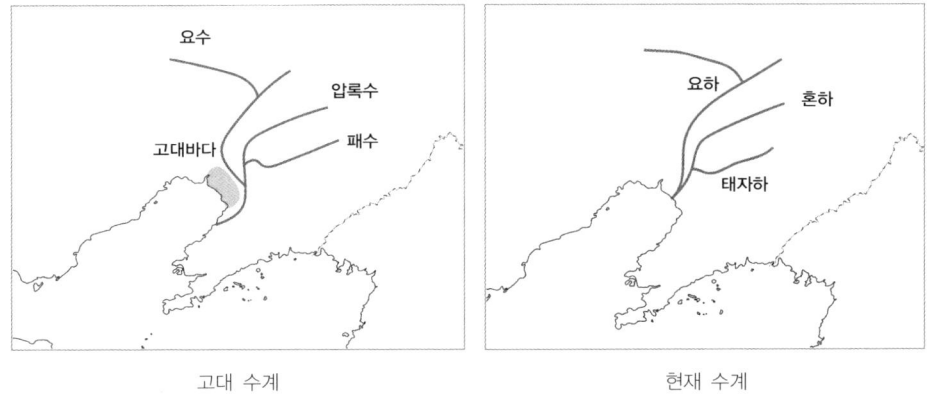

〈지도 19〉 고대와 현재 수계 비교

之國治 余訪番使言 城在浿水之陽 其水西流 逕故樂浪朝鮮縣 卽樂浪郡治 漢武帝置 而西北流"고 했다. 태자하의 물길을 보면 본계시에서 서쪽으로 흘러 요양 동쪽에서 서북으로 올라간 후에 남쪽으로 꺾여 내려간다. 이는 낙랑군 조선현이 요양 동쪽에 있고 평양 또한 조선현 내에 있으므로 평양성은 요양과 본계시 사이에 있었을 것이다. 이는 《가탐도리기》의 양평 동쪽 120리 기록과 《수경주》의 기록과 정확히 일치한다. 또한 평양이 패수 북안에 있으므로 태자하가 곧 패수임을 여기서도 확인할 수 있다. 또한 역도원의 《수경주》는 고구려 사신에게 직접 물어보고 기록한 당대의 기록물로 그 어떤 기록물보다도 신뢰도가 높다. 고조선과 고구려 평양은 요양 동쪽의 태자하 북안에 있었던 것이 명백한 것이다.

3) 《신당서》 거리 기록

교차 검증을 위해 《구당서》와 《신당서》의 거리 기록도 비교해 보자. 《구당서》〈동이열전 고구려〉조에 "고구려는 평양성에 도읍했는데 낙랑군의 옛 땅으로 경사에서 동쪽으로 5,100리 밖에 있다." 하고 《신당서》〈동이열전 고구려〉조에는 "고구려는 …… 경사에서 5,000리 밖에 있다."고 했다. 당나라의 경사는 낙양 서쪽의 장안을 말하는 것이라 《군국지》의 기점과 다르다. 한나라

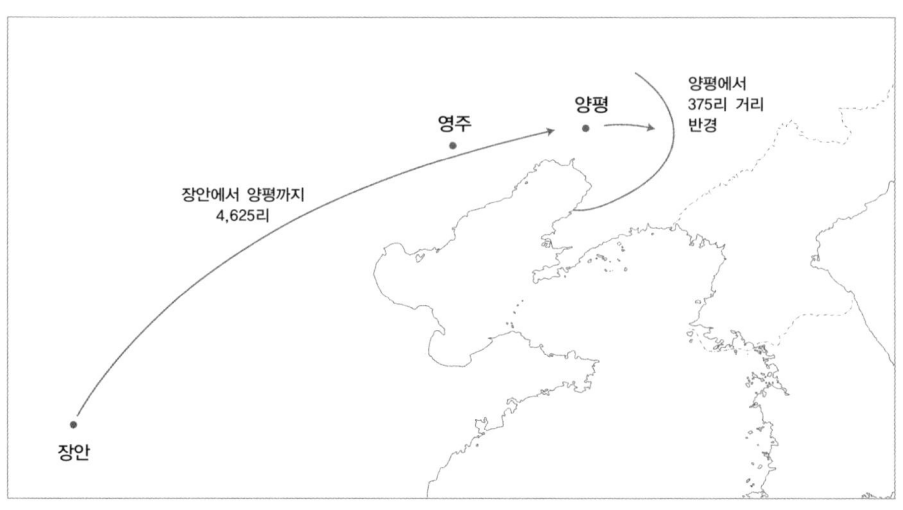
〈지도 20〉 신당서 거리 기록

와 당나라 때의 10리는 다르다고 이미 언급했는데 이는 다음 기록을 통해 알 수 있다. 장안에서 낙양까지의 거리는《구당서》가 약 800리,《군국지》가 950리, 낙양에서 계현까지의 거리가《구당서》에는 1,600리,《군국지》에는 2,000리, 안동도호부인 양평까지의 거리는《구당서》에는 3,820리,《군국지》에는 요동군인 양평까지의 거리는 3,600리이다.《구당서》의 100리가《군국지》에서는 125리 정도 되므로《구당서》의 3,820리를《군국지》의 척도로 환산하면 낙양에서 양평까지의 거리는 4,775리가 되어야 한다.《군국지》는 낙양에서 양평까지 3,600리라고 했으므로《군국지》의 요동군 양평은 요양 북쪽의 양평이 아니라 노룡현의 양평임을 여기서도 알 수 있다. 그런데《구당서》에 경사에서 안동도호부까지의 거리는 4,625리이고, 경사에서 평양까지의 거리가 5,100리이므로 안동도호부에서 평양까지의 거리는 약 475리이다.《가탐도리기》에는 안동도호부에서 평양까지의 거리가 120리였으니《구당서》와 약 355리의 오차가 발생한다. 이에 대해《신당서》는 경사에서 평양까지의 거리를 100리 줄여서 5,000리로 수정했다. 이는 구당서의 거리 기록이 너무 과장되어서 그랬을 것이다. 이러면《가탐도리기》와《신당서》와의 거리 기록은 약 255리의 오차가 나고 안동도호부에서 평양까지의 거리는 약 375리가 된다.

그리고 구당서와 비슷한 시기인 945년에 편찬된 《구오대사(舊五代史)》에도 평양까지의 거리 기록이 나온다. 《구오대사》〈외국열전 고려〉조에 "고려는 부여의 별종이다. 그 나라는 평양성에 도읍했는데, 곧 한나라 낙랑군이 옛 땅이며 경사(장안)에서 동쪽 4천여 리 떨어져 있다. …… 동서는 3천백 리, 남북으로 2천 리이다."라고 했다. 《구오대사》는 경사(장안)에서 평양까지의 거리가 더 짧다. 이는 《구당서》의 거리 기록이 과다한 것임을 재차 확인해준다. 《통전》〈권180 안동부〉조에는 "서경에서 5,310리, 동경에서 4,440리이다."라고 했다. 서경은 장안이고 동경은 낙양이다. 《통전》의 이 기록은 여타 사서의 기록과 차이가 너무 나기에 북한 평양의 거리에 맞춘 후대의 수정이 분명하다.

결론적으로 《군국지》와 《신당서》및 《구오대사》의 거리 기록은 낙랑군이 현 북한 평양에 없었음을 명백하게 보여준다. 거리 기록은 요동반도의 양평 동쪽 어딘가에 위치해 있음을 말한다. 한나라가 설치한 한사군의 위치는 확실히 요령성에 있었던 것이다.

추가로 《한서》〈무제기〉 원봉 3년의 기록에서 진번, 임둔에 대한 주석에서 신찬을 언급하는데 "그 지역을 낙랑, 임둔, 현도, 진번으로 삼았다. 신찬이 말하길, 《무릉서》에 임둔군의 치소는 동이현(東暆縣)이고 장안에서 6,138리 떨어져 있으며 15개 현이 있다. 진번군의 치소는 잡현(霅縣)이고 장안에서 7,640이며 15개 현이 있다."고 했다. 신찬은 서진(西晉)시대(265~316)의 인물이고 《무릉서》는 한나라의 사마상여가 편찬한 것으로 알려져 있는데 한사군이 설치되었던 시기(서기전 108)보다 9년 전에 죽었던 인물이다. 그래서 단재 신채호는 《무릉서》가 위작이라고 비판했는데, 《한서》〈지리지〉와 《요사》〈지리지〉에 동이현에 대한 기록이 나오므로 혹시 사마상여가 죽은 후에 누군가 보완을 하지 않았을까 하는 추정도 가능하다. 그런데 임둔군에 비해서 진번군의 위치가 너무 멀리 떨어져 있어서 너무 비현실적이다. 한나라가 4군을 설치할 때 다른 군현과 터무니없이 먼 곳에 진번군을 설치할 수는 없을 것이다. 진번군 위치에 대해서 중국 사서는 현도군의 자리에 있었다고 말하고 있으니 《무릉서》의 거리 기록은 과장이 너무 많아 이를 그대로 채택하기는 어렵다. 《후한서》〈동이열전 예(濊)〉조에 "예는 북으로 고구려와 옥저, 남으로 진한에 접하여 서로 낙랑에 이른다. 소제 시원 5년(서기전 82), 임둔군과 진번군을 폐지하여 낙랑군과 현도군에 병합하고 다시 현도군을 고구려로 옮겼다. 단단대령 동쪽의 옥저와 예맥은 모두 낙랑에 속했다."고 했다. 위의 기록은 서기전 82년에 임둔군과 진번군을 폐지해 낙랑군과 현도군에 병합한 것으로 나와 있다. 이는 임둔군과 진번군이 낙랑군과 현도군에서 멀지 않음을 보여준다. 그리고 현도군을 고구려로 옮겼다고 했으니 본래의 현도군은 고구려현이 있었던 현 혼하 유역이 아니라 다른 곳인 옥저에 있었다. 이는 추후 설명할 것이다.

4) 《후한서》〈동이열전〉과 《삼국지》〈위서 동이전〉 거리 기록

삼한의 위치와 강역에서 이미 나온 바 있듯이 삼한은 요동까지 올라가 있었고 낙랑과 대방은 삼한의 북쪽인 요동에 있었다. 《후한서》〈동이열전 고구려〉조에는 고구려가 요동의 동쪽 천 리 밖에 있다고 나온다. 《군국지》 거리 기록에서도 알 수 있듯이 당시 요동군 치소는 노룡현에 있었고 후한 당시 고구려의 도읍은 국내성에 있다가 환도성으로 옮겼으니 《후한서》가 기록한 고구려의 위치는 둘 중에 하나였다. 《군국지》는 서기 140년경의 상황을 기록한 것이고 노룡현에서 천 리라면 환도성까지의 거리를 계산한 것으로 보인다. 노룡현에서 국내성까지의 거리는 1,500리가 넘으므로 천 리라고 표현하지는 않았을 것이기 때문이다. 혹자는 요동이 요양 북쪽의 양평이고 고구려의 위치가 북한 평양이라고 생각할 수도 있을 것이다. 그러나 당시 고구려 영토는 태자하 이남까지 내려가지도 못했으니 이런 가정이 성립할 수가 없다. 《양서(梁書)》에도 거리 기록이 나오는데 고구려는 한나라의 현도군으로 요동 동쪽 천 리에 있다고 했다. 양나라는 6세기 때의 국가이므로 당시 고구려의 도읍은 평양이었다. 그럼에도 도읍을 환도라고 했는데 이는 《양서》가 한나라 당시의 고구려 기록을 그대로 반영한 것으로 보인다.

5) 《한원》〈번이부〉 거리 기록

《한원(翰苑)》은 당나라 고종 현경(660) 이전에 장초금이 저술한 것을 송나라 옹공예가 주석을 붙인 것으로 알려져 있다. 그중 〈번이부(蕃夷部)〉 기록만이 일본에서 발견되었는데 그곳에 거리 기록이 존재한다. 《한원》〈번이부 고려〉조에서 위치와 거리 기록만을 일부 발췌하면 다음과 같다. 먼저 남소성에 대한 기록이다. "남소성(南蘇城)은 나라의 서북에 있다. ……《고려기》에서 말하길, 남소성이 잡성(雜城) 북쪽 70리의 산 위에 있다고 했다."《고려기》는 641년 당나라의 진대덕이 고구려에 사신으로 와서 고구려의 산천을 꼼꼼하게 둘러본 후에 기록한 것으로 알려져 있다. 남소성 위치는 고당(高唐) 전쟁 당시의 기록을 보면 신성의 동쪽에 있었다. 당나라 군사가 요수를 건넌 후에 신성을 지나 남소성으로 진군하므로 틀림없는 사실이다. 남소성은 남소라는 이름에서 알 수 있듯이 소수(蘇水)의 남쪽에 위치해 있어서 나온 이름임을 알 수 있는데 소수는 소자하(蘇子河)로 보고 있다. 소자하는 무순 동쪽의 혼하에서 동남쪽으로 흘러내려간다. 《성경통지》〈권100 남소주(南蘇州)〉조에 남소주가 흥경성(興京城) 서쪽에 있다고 나온다. 흥경은 〈성경여지전도(盛京輿地全圖)〉를 보면 현 무순시 동남쪽이면서 소자하(蘇子河) 동안에 있다. 주류 사학계는 혼하

〈지도 21〉 고구려 실제 지명 위치

와 소자하가 만나는 철배산성을 유력하게 보고 있다. 남소성 위치에 대해서는 철배산성 외에도 다양한 의견이 있는데 대체적으로 그 위치는 현 무순시 동쪽이다. 고구려 평양으로 추정하는 본계시 서쪽에서 무순시 동쪽으로 방위를 재면 남소성은 평양성의 동북 방향이고 북한 평양에서 재면 남소성은 북쪽 방향에 있다. 《한원》의 기록대로 남소성이 고구려의 서북 방향이 맞으려면 고구려 평양은 지금보다 훨씬 동쪽에 있어야 한다. 그러나 이곳이 고구려 평양성이라면 다른 기록과 전혀 맞지 않으므로 생각할 수 없는 가정이다. 이래서 남소성이 나라의 서북에 있었다는 《한원》의 기록은 이상하다.

다음은 평곽성의 위치 기록을 보자. "《고려기》에서 말하길, 평곽성은 지금 건안성이고 나라의 서쪽에 있다. 본래 한나라의 평곽성이다."라고 나온다. 평곽성, 즉 건안성이 나라의 서쪽에 있다는 기록은 사실과 어느 정도 부합한다. 건안성 위치는 현 개주(蓋州)로 본계시에서 약간 서남쪽이기는 하지만 틀린 기록으로는 볼 수 없다. 이는 북한 평양에서도 서쪽이라고 할 수 있기에 굳이 수정하지 않았던 것으로 추정된다. 세 번째는 불내성에 대한 거리 기록이다. "왕기가 북쪽으로 추격해 불내지성(不耐之城)이라고 공적을 새겼다.《고려기》에서 말하길, 불내성은 지금 국내성이다. 나라의 동북 670리에 있고 본래 한나라 불이현 땅이다." 왕기는 관구검의 부하 장수로《삼국지》〈위서 동이전〉에 관구검이 환도산에서 고구려를 격파한 다음에 왕기가 동천왕을 추격해 불내성에 이르렀다고 했다. 삼국지에는 추격 방향이 기록되어 있지 않았으나 《한원》에서는 북쪽으로 추격했다고 기록했다.《한원》의 기록은 불내성이 현재의 집안이 아니라 환도산의 북쪽에 있었음을 알려 준다. 그리고 나라의 동북 670리에 불내성이 있다고 했는데 670리면 약 223킬로미터로 본계시 서쪽에서 혼하 유역으로 거리를 재면 요동 동북의 매하구시까지 올라간다. 고구려가 이곳에 도읍을 두었다고 생각하기에는 너무 동떨어진 곳이다.《삼국사기》〈지리지 고구려 국내성〉조를 보면 "압록강 이북에서 이미 항복한 성이 11개로 그중에 국내성이 있다. 평양에서 국내성에 이르기까지 17개 역이 있다."고 했는데 김부식은 국내성이 북조(北朝) 경내이므로 그 위치를 알 수 없다고 했다. 북조는 금나라를 말하는 것이다. 추후 고려 영토사에서 상세히 고찰하겠지만 당시 고려는 금나라와 혼하를 경계로 하고 있었다. 고려 영토가 혼하까지 이르렀는데 국내성이 북조 경내에 있어서 알 수 없다고 한 것은 국내성이 현 길림성 집안이 아님을 보여주는 다른 증거이다. 정약용은 《아방강역고》에서 당나라의 〈백관지〉에서 1역의 거리가 30리이니 17개역은 총 510리라고 했다. 510리는 약 170킬로미터이다. 정약용은 평양의 위치를 북한 평양으로 잘못 알기는 했지만 170킬로미터의 거리를 참고해 본계시 서쪽에서 혼하 유역을 따라가면 청원만족자치현 인근을 국내성으로 비정할 수 있다.

그런데 불내 위치에 대해서 《요사》〈지리지〉는 다른 설명을 한다. 《요사》〈지리지 동경도〉 "녹주(淥州) 압록군은 절도를 두었다. ①본래 고구려 고국이며 발해는 서경압록부라 했다. 성의 높이는 3장, 너비는 20리이다. 신주(神州), 환주(桓州), 풍주(豊州), 정주(正州) 등 4주를 관할한다. …… 4주와 2현을 관할한다. 홍문현, 신향현, 환주가 있다. ②환주는 고구려 중도성으로 옛 현은 환도(桓都), 신향(神鄕), 패수(浿水) 등 셋인데 모두 폐지했다. 고구려 왕은 처음으로 여기에 궁궐을 세웠고 나라 사람들이 새로운 나라라 했다. ③5세손인 쇠(고국원왕)가 진강제 건원 초에 모용황에게 패해 궁실이 불탔다. 호 수는 7백이고 녹주에 예속되어 서남 2백 리에 있다. …… ④동나현은 본래 후한의 동이 불이현으로 녹주에서 서쪽으로 70리 떨어져 있다."고 했다. ①에서 녹주 압록군이 고구려 고국이라고 한 것은 동명왕이 처음 건국한 졸본이 있어서 그런 것이다. 졸본은 일제와 주류 사학계가 엉터리로 비정한 길림성 환인현의 오녀산성이 아니라 요양 일대이다. 또한 발해 왕족이었던 대연림이 반란을 한 장소로 기록되어 있다. 대연림은 거란의 동경에서 사리군 상온이라는 장수로 있다가 동경유수 소효선을 가두고 반란을 일으켰다. 대연림이 동경에 있었고 그 반란 기록이 녹주 압록군에 나온다는 것은 녹주 압록군이 지금의 압록강 북안 근처가 아니라 거란의 동경 일대에 있었음을 확인시켜 준다. 이미 설명했지만 고대의 압록강은 현 압록강이 아니라 혼하였다. 녹주 압록군도 당연히 혼하 인근에 있었다. 녹주 위치에 대해 《해동역사》〈지리고 권9〉에 "《대청일통지》는 녹주

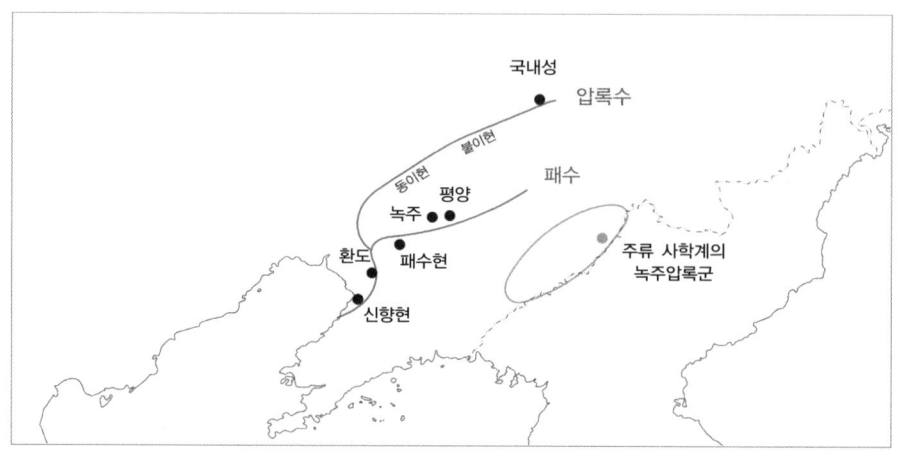

〈지도 22〉 녹주 압록군 지명 위치

성이 평양 서쪽 경계에 있다.《요사》〈지리지〉는 고구려의 고지(故地)라고 했다. 발해 때 서경압록부, 요나라 때 고쳐서 녹주 압록군을 설치했다."라고 나온다. 이 기록에서 평양은 요양 동쪽의 본계시 서쪽이고 녹주성은 요양과 본계시 사이에 위치했을 것이라 추정할 수 있다. 또한 ②에서 환주가 녹주에 예속되어 서남 2백 리에 있다고 했으므로 녹주는 환도성, 즉 안시성에서 약 60여 킬로미터 동북에 위치했다. 여기서《요사》〈지리지〉에 나오는 10리는 당나라 때 척도인 10리보다 작았던 것으로 추정된다. 안시성에서 60킬로미터이면 녹주는 본계시 동쪽에 해당한다. 그런데《대청일통지》는 녹주성이 평양 서쪽 경계에 있다고 했으니《요사》〈지리지〉의 척도는 당나라보다 짧았던 한나라 때의 척도로 보이고 이 경우 녹주는 요양 동쪽에 해당한다. 안시성은 주류 사학계가 현 요령성 해성시 동쪽의 영성자산성을 유력한 것으로 보고 있지만 거리 기록은 물론이고《신당서》에 마자수가 안시를 지나 바다로 들어간다고 했는데 마자수가 그쪽으로는 가지 않았으니 기록과 맞지 않다. 안시성은 요령성 안산시의 철가산이며 그곳에서 동북으로 약 60킬로미터를 가면 본계시 서쪽에 해당된다. 녹주를 이곳으로 잡으면 동나현은 심양시 남쪽에 위치해야 한다. 그런데 동나현은 동이현과 불이현 두 개를 합친 것이므로 그 면적은 크게 넓었을 것이다. 동이현의 치소를 정확히 알 수 없지만 동이현은 대체로 심양 남쪽 일대, 불이현은 그 동쪽에 있었을 것이다. 《삼국사기》〈지리지〉와 《요사》〈지리지〉의 기록은 《한원》의 기록처럼 불이현, 즉 불내성이 평양의 동북 670리에 있지 않음을 보여준다.

 그러면 여기서 몇 가지 가정을 해서 국내성의 위치를 고찰해 보자. 만약 주류 사학계의 주장대로 환도성이 길림성 집안에 있다고 가정해서 《요사》〈지리지〉와 《대청일통지》의 기록을 따르면 집안시 일대에 패수와 비류수가 있어야 하고 녹주와 평양은 중강진 인근에, 동나현은 중강진 서쪽에 있어야 한다. 이 가정은 《요사》〈지리지〉와 《대청일통지》의 기록을 전혀 충족시키지 못한다. 고구려 평양이 북한 평양이라는 다른 가정을 해서 《요사》〈지리지〉와 《대청일통지》의 기록을 따르면, 녹주는 남포시 일대, 환도는 서해 바닷가, 비류수는 청천강, 동나현은 남포 북쪽 정도일 것이다. 이 가정 또한 《요사》〈지리지〉와 《대청일통지》의 기록에 부합하지 않는다. 또 다른 가정을 해보자. 고구려 평양을 북한 평양으로 하고 《한원》의 기록을 적용해서 동북 방향으로 약 220킬로미터를 가면 국내성은 길림성 집안시 서쪽이 된다. 일제 관변학자와 주류 사학계는 고구려 평양을 북한 평양으로, 국내성을 길림성 집안으로 비정하고 있으므로 《한원》의 670리 거리 기록은 일제 관변학자와 주류 사학계의 주장과 일치한다. 그러나 《한원》의 이 기록은 후대의 조작이 있었음을 보여주는 명백한 증거일 뿐 실제 위치가 될 수 없다. 《한서》〈지리지〉에서 국내성은 마자수 상류에 있다고 했는데 그 주석에 "마자수는 서쪽으로 염택으로 들어간다. 《고려기》에 말하길, 마자수를 고구려 사람들은 엄수라고도 한다. 지금은 압록수이다."라고 했다. 환도성 또한 《가탐도리기》의 기록과 《요사》〈지리지〉의 녹주 압록군에서도 혼하 유역에 있었으니 국내성과 환도성이 현 압록강 북안의 집안이 아님이 명백하기에 《한원》의 기록은 거짓으로 꿰맞춰진 것에 불과하다. 이미 앞에 나왔던 남소성의 위치를 보면 남소성은 분명히 평양의 동북쪽에 있었는데 왜 《한원》에서는 평양의 서북에 있다고 한 것일까? 이는 《한원》의 기록을 조작할 당시 남소성의 위치를 잘못 알았기 때문이다. 남소성 위치에 대한 《독사방여기요》〈요동행도사〉조의 기록에 "금주위(金州衛)는 요양 남쪽 6백 리, 남쪽으로 대해가 20리에 있다. …… 남소성은 금주위 치소이고 고구려가 설치했다. …… 신성은 금주위의 서쪽에 있다. 호씨가 말하길, 신성 서남 곁에 산동이 있고 북쪽은 남소와 목저성 등과 접한다고 했다. …… 목저성은 금주위 동쪽에 있다. 호씨가 말하길, 고구려의 남쪽길이라고 했다." 상기의 기록은 남소성이 요동반도 남단의 대련에 금주위에 있다고 하면서 신성과 목저성 또한 요동반도 남단이라고 했다. 이래서 《독사방여기요》의 남소성 위치는 명백히 틀렸다. 《독사방여기요》의 저자 고조우는 압록강과 평양의 위치를 현재의 압록강과 평양으로 오해해 당나라 군사의 진격로를 현재의 압록강과 가까운 요동반도 남단으로 생각했을 것이다. 신성, 남소성, 목저성은 요동반도 남단이 아니라 혼하 북안에 있었고 당나라 군사들은 이곳들을 점령한 후에 혼하를 건너면 바로 요동의 평양으로 직공할 수 있었음을 고조우는 몰랐던 것이다. 이렇게 고조우는 남소성 위치를 요동반도 남단으로 오해했지만 일제 관변학자는 이 기록이 오류인 것을 모르고 이를 따라《한원》의 기록을 조작했던 것이다. 이미 언급한 바와 같이《한원》은 당나라 때의 장초금이 저술한 것이고《독사방여기요》는 청나라 때 저술한 것이다. 당시 남소성 위치는 무순시 동쪽이므로 당연히《고려기》를 인용한 장초금은 남소성 위치를 평양 북쪽 혹은 동북쪽으로 기록했을 것이다. 그런데 일본에서 발견된《한원》의 기록은 남소성이 평양의 서북쪽에 있다고 했다. 이는 당나라 때 편찬된《한원》이 후대에 편찬된《독사방여기요》의 오류를 그대로 따라한 것이므로《한원》의 위치 기록이 진본이 아니라는 판단을 할 수밖에 없는 것이다. 이어《한원》의 오골성에 대한 기록을 추가로 보자. "《고려기》에서 말하길, 오골산(烏骨山)은 나라의 서북에 있다. 동이(東夷)의 말로는 옥산(屋山)이라고 했다. 평양 서북 7백 리에 있다."라고 나온다. 여기서 오골산이라고 한 것은 오골성을 말한다. 오골성은 당나라가 고구려를 공격할 당시 안시성 다음에 있었다. 《삼국사기》〈고구려 본기〉에 "보장왕 4년(645)에 여러 신하들이 (당 태종에게) 말하길, 장량의 군대가 사성(비사성)에 있으니 부르면 이틀 밤에 도착할 것이며, 힘을 합쳐 오골성을 함락하고 압록을 건너면 곧 평양을 빼앗을 수 있을 것입니다."라 했다.《삼국사기》〈신라 본기〉에는 "문무왕 10년(670) 3월, 사찬 설오유가 고구려 태대형 고연무와 함께 각각 정병 1만을 이끌고 압록강을 건너 옥골(屋骨)에 이르렀다."라고 나온다. 추후 신라 영토사에서도 나오지만 여기서 옥골은 오골성이고 압록강은 혼하이다. 신라와 고구려군이 동쪽에서 서쪽 방향으로 혼하를 건너므로 오골성은 혼하 서쪽에 있었던 것이다. 그래서 오골산은 나라의 서쪽 혹은 서남쪽이므로 오골산이 평양의 서북 700리에 있다고 한 기록 또한 명백히 조작이다.

일제 관변학자와 주류 사학계는 고구려 평양은 북한 평양, 오골성은 현 단동시 북쪽의 봉황산성이라고 한다. 북한 평양에서 봉황산성까지는 약 220킬로미터로 10리당 3.34킬로미터로 계산하면 약 670리로 거의 들어맞는다. 이 또한 후대의 누군가가 고구려 평양을 북한 평양으로, 오골성을 봉황산성으로 꿰맞추기 위해《한원》의 기록을 고친 것으로밖에 볼 수 없다. 고구려 평양은 북한 평양이 아니며 오골성 또한 봉황산성이 아니기 때문에《한원》의 이 기록은 성립할 수가 없는 것이다. 고구려 평양은 현 태자하 북안의 요양과 본계시 사이에 있었고 오골성은 안시성 동남쪽이자 혼하 서안에 있었기 때문에 오골성은 평양 서남쪽 약 50킬로미터인 150리 거리에 위치했다. 그래서 일제가 발견한《한원》의 위치와 거리 기록은 수정 혹은 조작된 것으로 이를 인용할 때는 유의해야 한다.

이상과 같이 군국지 거리 기록, 가탐도리기 육로행, 구당서와 신당서, 그리고 오대사의 거리 기록, 그리고 삼한의 위치까지 이들 모두는 낙랑과 대방이 요동반도에 존재했음을 보여 준다.

3. 마자수와 압록수 및 살수의 위치 고찰을 통한 한사군 위치

한(漢) 무제가 고조선을 멸망시킨 후 설치한 한사군은 낙랑, 현도, 임둔, 진번의 네 개인데 그중 현도군의 위치를 알게 하는《한서》〈지리지〉를 보자. "유주 현도군, 무제 원봉 4년에 열었다. 고구려현은 왕망이 하구려로 고쳤으며 유주에 속한다. 호 수는 45,006이고, 인구는 221,815명이다. 3개 현이 있다. ①고구려현은 요산에서 요수가 나오는데 서남으로 요동군 요대현에 이르러 대요수로 들어간다. 또한 남소수가 있는데 서북으로 새 밖을 지나간다.(응소가 말하길, 옛 진번조선, 호의 나라이다.) ②상은태현, 망은, 하은이라 했다.(응소가 말하길, 옛 구려 호이다.) ③서개마현은 마자수가 서북으로 염난수로 들어간다. 서남으로 서안평에 이르러 바다로 들어간다. 2개의 군(郡)을 지나고 1100리를 흐른다. 왕망은 현도정이라 했다."라고 나온다. ③의 마자수에 대한 다른 기록을 보면,《신당서》〈동이열전 고구려〉조에 "고구려에 마자수가 있는데 말갈의 백산에서 나온다. 색이 기러기 머리색이라 압록수라 부른다. 국내성 서쪽을 지나 염난수와 합하고 다시 서남으로 흘러 안시를 지나 바다에 들어간다."고 했고, 당나라 때 두우가 편찬한《통전》에는 "마자수가 옮겼는데 돌이켜보니 일명 압록수라고도 한다. 그 수원이 동북 말갈 백산에서 나오는데 물 색깔이 오리 머리와 비슷해 옛적에 속되게 이르는 말이다. 요동과 거리가 5백 리이며 국내성 남쪽을 지나고 또 서쪽으로 하나의 물과 합치는데 염난수이고, 서남으로 안평성에 이르러 바다로 들어간다. 고(구)려 내에 최고 큰 강이라 나라 사람들이 천참으로 여긴다. 평양성 서북 480리, 요수 동남 480리에 있다."라고 나온다.《한서》〈지리지〉 마자수 주석에는 "마자수는 서쪽으로 염택으로 들어간다.《고려기》에 말하길, 마자수를 고구려 사람들은 엄수라고도 한다. 지금은 압록수이다."라고 했고, 또 660년 당나라의 장초금이 편찬한《한원(翰苑)》〈번이부(蕃夷部) 고려〉조에 "《고려기》에 이르길, 마자수는 고구려에서는 엄수(淹水)라고도 하며 지금 이름은 압록수이다."라고 했다. 이와 같이 많은 기록에서 마자수는 엄수이며 압록수임을 알 수 있고 마자수가 흐르는 곳에는 서개마현, 서안평현, 국내성, 안시, 안평이 있으므로 마자수 위치에 따라서 이들 위치와 현도군의 위치도 결정된다. 그런데 ①의 고구려현은 요산에서 요수가 나오는데 서남으로 요동군 요대현에 이르러 대요수로 들어간다고 했다.《대명일통지》〈요동도지휘사사〉에 "요대현은 해주위 서쪽 60리에 있다. 한나라 때 설치했고 공손연이 비장을 보내 이곳에서 사마의를 막았다."라는 기록이 있

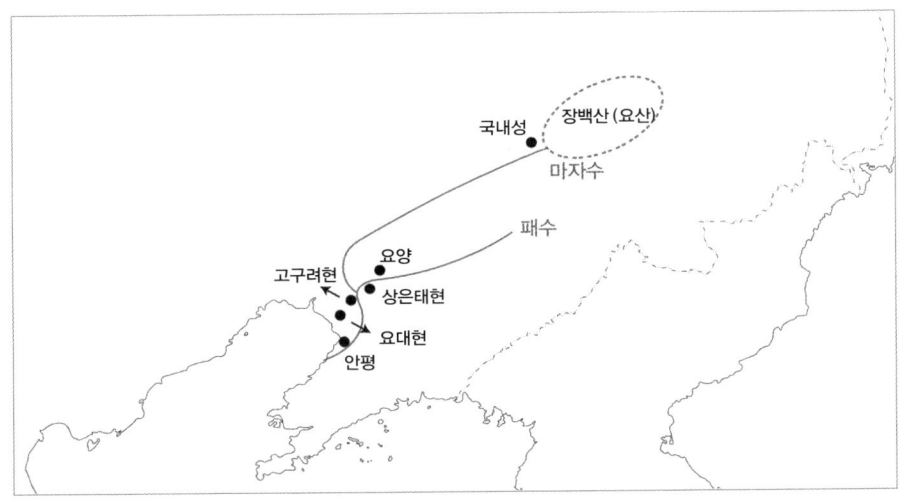

〈지도 23〉 마자수 위치와 지명

다. 해주위는 지금의 요하 하구 동쪽에 있는 해성시를 말한다. 요대현의 실제 위치는 해주위의 서쪽이자 요양의 서남쪽이 되고 현 요하와 혼하 사이에 있었음을 알 수 있다. ①의 요산에 대해 《양서(梁書)》〈동이열전 고구려〉조에는 "고구려는 요산이 있고 요수가 그곳에서 흘러나온다. 그 나라의 왕도는 환도산의 꼬리 부분에 있다. 사방 2천 리이며 나라 가운데 요산이 있고, 어디에 존재했는지 알 수 없다."고 했다. 이에 대해 혹자는 요산이 산서성에 있었다는 기록을 들며 고구려가 산서성에 있었음을 주장하지만 이는 여타의 《삼국사기》와 중국 사서에서 나오는 고구려 관련 기록들과 전혀 맞지 않는다. 요산은 멀리 있는 산이라는 보통명사이기 때문에 어디에서든 존재할 수 있는 명칭이다. 만약 고구려가 산서성에 있었다면 고구려가 요동에서 건국했고 이후 요동에서 벌어진 전쟁 등 셀 수 없이 많은 문헌사료를 설명할 수 없다.

요대현의 위치를 알았으므로 요수가 서남으로 요동군 요대현에 이르러 대요수로 들어간다고 한 기록을 다시 보자. 물줄기를 지도에서 보면 《한서》〈지리지〉에서 말하는 대요수는 요하이고 요수는 그 동남의 혼하를 말하는 것임을 알 수 있다. 이에 대해 《삼국유사》〈흥법 순도조려〉에 "고구려 때의 도읍은 안시성, 일명 안정홀로서 요수의 북쪽에 위치해 있었고, 일명 압록으로 지금의 안민강이다."라는 기록을 다시 떠올려보자. 이 기록에서 소요수는 혼하이고 압록수였음을 이미 고찰한 바가 있다. 그리고 앞에서 마자수는 엄수이며 압록수임을 사서의 기록에서 확인한 바 있으니 소요수, 요수, 혼하, 압록수, 엄수는 모두 같은 강을 달리 부른 것임을 알 수 있다. 또한《대명일통지》〈요동도지휘사사〉에는 "혼하는 요양의 서북에 있고 일명 소요수이다. 서남으로 흘러 심양위에서 사하와 합류하고 다시 서남으로 흘러 요양 서북에 이르러 태자하로 들어간다."고 했고,《해동역사》〈지리고 산수 3, 경계 바깥의 산수조〉에는 "요산, 지금의 혼하가 나오는 장령이다.《한서》〈지리지〉에는 소요수조에 나온다."라고 했다. 즉, 요수는 소요수이자 현 혼하이며 대요수는 현재의 요하인 것이다. 실학자 박지원은《열하일기》에서 '혼하는 소요수라고도 하며 장백산에서 흐르기 시작해 사하와 합한 후에 성경성 동남을 굽이쳐 흘러 태자하와 합한다.'고 했다. 박지원이 말한 장백산은《한서》〈지리지〉 서개마현조에 나오는 백산을 달리 부르는 말이고 실제로 혼하 상류를 따라 가면 장백산이 있다.《금사》〈외국열전 고려〉조에도 백산이 장백산이라 했고 남송의《추리도》를 보면 혼하 동북에 말갈지가 기록되어 있다. 백산과 말갈지가 혼하 상류에 있으니 말갈의 백산은 여기를 말할 테고 요산은 장백산이며 혼하가 소요수임이 확실하다. 또한 혼하 물길이 현재와 같이 내려가지 않고 사하와 합류한 후에 다시 태자하로 들어간다고 했으니 혼하 하류의 옛 물길은 현재 사하의 물길이다.《신당서》〈동이열전 고구려〉조에서 마자수가 말갈의 백산에서 나온다고 했으므로 마자수는 압록수이자 혼하이며 하류에서는 사하와 태자하의 물길인 것이다. 그래서 ①의 고구려현을 지나는 요수와 ③의 서개마현을 지나는 마자수는 동일한 강인 혼하인 것을 알 수 있고, 고구려현과 서개마현이 동일한 현도군에 속하므로 같은 강인 혼하에 있었던 것은 당연하다. 즉 마자수는 혼하이며 고구려현과 서개마현 또한 혼하 유역에 있었던 것이다. 이미 나왔지만《대청일통지》〈권38 봉천부〉조에 "개주(蓋州)는 한나라 때 서개마현이다. …… 고구려 때 개모성이었다."라고 했고, 개모성은 요양 북쪽의 혼하 북안에 있었으므로 지금까지의 서술과 일치한다.

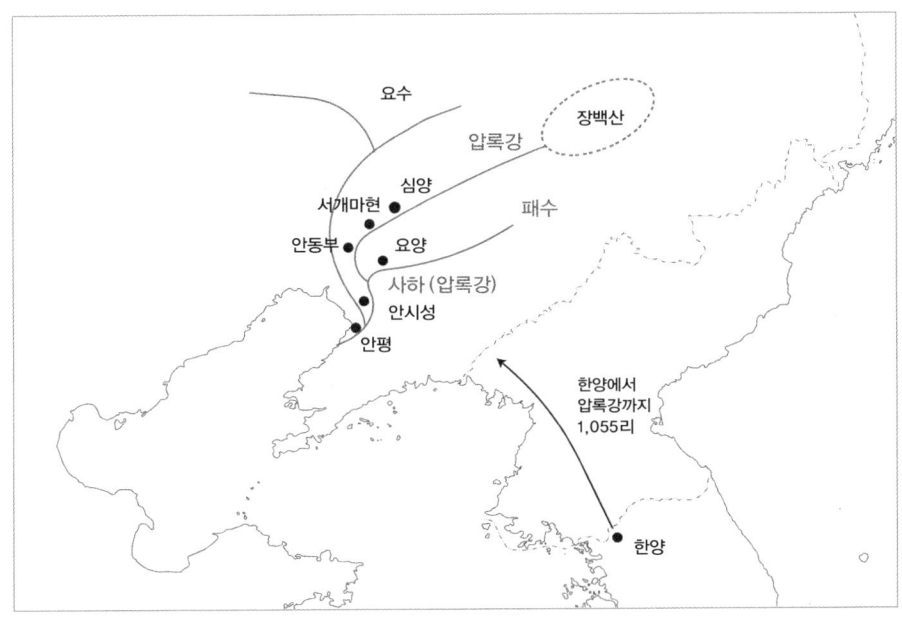

〈지도 24〉 고대 압록강 위치

고대 압록이 현 압록강이 아니라 혼하임을 알았지만 이를 증명하는 다른 기록을 보자. 《무경총요》〈전집 동경〉조에 "《황화사달기》에 이르길 …… (안동부로부터) …… 북으로 심주까지 120리, 동남으로 압록수까지 90리, 서남으로 금주까지 400리, 북으로 황룡부까지 900리이며, 서북으로 현주에 이르는데 300리이다."라고 나온다. 여기서 안동부는 안동도호부로 요양 서북쪽의 요동성을 말한다. 요동성에서 현 심양시인 심주까지 120리라고 했으므로 요동성이 분명하다. 요동성은 고수, 고당 전쟁의 기록에서 수나라와 당나라 군사가 요하를 건너서 만난다. 요동성에서 동남쪽으로 90리에 압록수가 있다고 했으니 요하 동남쪽에 있는 혼하가 압록수임이 분명한 것이다. 그리고 90리는 약 30킬로미터인데 현재 요하와 혼하 물길로 보면 30킬로미터 거리가 안 된다. 이는 고대 압록의 물길이 현재와 같지 않음을 알 수 있다. 《황화사달기》의 이 기록은 블로그 《역사잡동사니》의 〈압록수와 압록강은 같은 강인가?〉에서 참고한 것인데 《중국병서집성 무경총요》〈전집 동경〉조에는 안동도호부에서 압록수까지 900리라고 되어있다. 이미 고찰했지만 안동도호부에서 압록강까지의 거리는 630리에 불과하니 900리는 터무니없다. 여기서의 900리 기록은 후대의 압록강 위치를 보고 90리를 900리로 수정한 것으로 추정되는데, 여타 기록에서 고대 압록강이 태자하 남쪽의 사하 물길로 나오기 때문에 압록강이 안동도호부에서 90리에 있었다는 기록이 사실과 부합하는 것이다.

《요사》의 기록은 어떤지 보자. 《요사》〈본기 태조(야율아보기)〉 "천복 9년 (909) 10월 무신일에 압록강(鴨綠江)에서 낚시를 했다."라고 했다. 909년은 발해가 망하지 않았을 때라 거란은 현 압록강 근처에도 오지 못했다. 그런데 태조 야율아보기가 압록에서 낚시를 한다는 것은 현 압록강이 아니라 다른 압록강이 있음을 보여준다. 그리고 1461년에 명나라에서 편찬한 《대명일통지》는 압록강이 두 개임을 정확히 기록하고 있다. 먼저 《대명일통지》〈요동도지휘사사 산천〉조에는 압록강(鴨淥江)이 요양 지역의 강임을 명확히 하고 있고 또한 〈외이 조선국의 산천조〉에도 또 다른 압록강(鴨綠江)이 있음을 기록했다. 《대명일통지》는 두 개의 압록강을 구분하기 위해 요양의 압록강은 녹(淥) 자를 물 수(水) 변, 조선의 압록강에는 녹(綠) 자를 실 사(絲) 변으로 표시했다. 이들 기록에서 압록강은 확실히 두 개이며 고대의 압록은 혼하, 현 북한 압록 강은 조선시대에 들어와서야 생긴 다른 강인 것이다. 이에 대해 《대명일통지》의 편찬자도 혼란스러운 기록을 남기는데 《대명일통지》〈권89 외이(外夷) 조선국〉조에서 "압록강은 국성(한양)에서 서북쪽으로 1,450리 떨어져 있으며 일명 마자수라고 하며, 물이 말갈의 장백산에서 나온다. 물의 색이 마치 오리머리와 닮아서 이름 지어졌다. 서남으로 흐르다 염난수와 합류해 바다로 통하는 300보에서 남쪽으로 들어간다. 조선은 특히 천참으로 여긴다."고 기록했다. 조선 압록강은 한양에서 약 천 리 거리에 불과하다. 그런데 《대명일통지》〈외이(外夷) 조선국〉의 거리 기록은 조선 압록강이 아닌 요동 압록강이다. 그리고 장백산은 백두산이 아니라 길림합달령이고 그곳에서 나오는 물은 혼하이다. 청나라로 가는 조선 사신의 연행기인 《계산기정》에 한양에서 압록강까지 1,055리, 압록강에서 심양까지는 565리라고 기록했다. 《대명일통지》〈외이(外夷) 조선국〉조에서 언급한 조선의 압록강은 현 혼하임을 알 수 있다. 그러나 당시 혼하는 조선 영토가 아니었다. 그럼에도 이렇게 모순된 기록을 한 이유는 압록강이 옮겨온 사실을 망각한 채 압록강의 옛 기록을 그대로 인용한 때문이었을 것이다. 이와 같이 고대 압록은 현재의 압록강이 아니라 혼하이며 고수 전쟁과 고당 전쟁 과정에서 수나라와 당나라 군사가 평양을 향해 건넜던 압록강이 상류에서는 혼하, 하류에서는 사하인 것이고 당연하지만 평양의 위치도 현 북한 평양이 아닌 것을 알 수 있다.

압록강이 혼하이므로 살수의 위치도 자연스럽게 알 수 있다. 현재 살수 위치에 대한 주류 사학계의 입장은 명확하다. 왜냐하면 압록강에 이어 살수를 건넌 후에 평양 30리 앞에 도착하기 때문에 살수는 청천강이 될 수밖에 없다는 것이다. 그러나 이는 여타 기록과 맞지 않고, 특히 압록강을 건넌 다음에 동쪽으로 가서 살수를 건넌다고 했기 때문에 현재의 청천강은 이에 부합하지 않는다. 압록수가 혼하인 것은 이미 고찰했고 혼하가 고구려와 한나라의 경계도 될 수 없는 것이 이미 이 당시 고구려의 남쪽 경계가 현 태자하까지 내려왔기 때문이기도 하다. 살수에 대한 다른 기록을 검토해 보면, 두 개의 압록강에 대해 《대명일통지》의 기록이 있었고 이어 〈요동도지휘사사 산천조〉에 살수에 대한 기록이 나오는데 조선의 압록강이 아니라 명나라 요양에 속한 압록강의

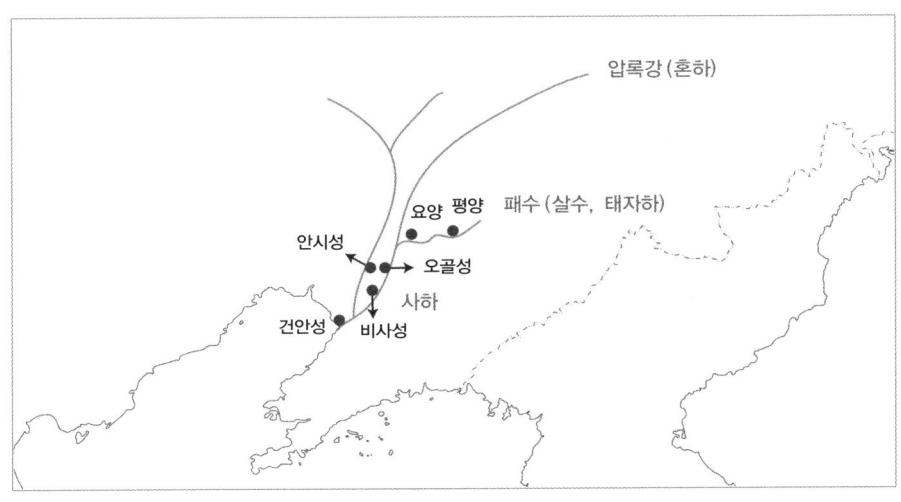

〈지도 25〉 압록강, 살수, 평양

기록에 살수를 언급했다.《대명일통지》는 살수가 조선이 아니라 자신들의 영토인 요동에 있다고 명확히 기록한 것이다. 살수가 요동에 있으니 평양 또한 요동에 있었다. "살수(薩水)는 압록강(鴨淥江) 동쪽, 평양성 서쪽에 있다. 수나라 장군 신세웅이 전사한 곳이다."라고 한 기록에서 살수가 압록강의 동쪽이자 평양성의 서쪽에 있다고 했으니 압록강의 동쪽 강은 태자하일 수밖에 없다. 그리고 평양의 위치에 대해《수서》,《당서》등의 다른 기록에서는 태자하의 북안에 있다고 했는데 여기서는 왜 태자하가 평양의 서쪽에 있다고 했을까? 이는 태자하와 평양의 지도를 보면 이해할 수 있다. 태자하의 물줄기를 보면 동북에서 발원해서 서북으로 흐르다 서쪽으로 방향을 바꾸고 요양에서 다시 서북으로 흐르다 이내 남쪽으로 흘러 바다로 들어간다. 즉 평양은 태자하의 북안이기도 하지만 태자하의 동쪽에 있다고도 말할 수 있다. 혼하가 마자수, 엄리대수, 압록강, 소요수, 비류수 등의 여러 이름을 가지듯이 태자하 또한 양수, 대량수, 패수, 살수 등의 여러 이름을 가졌고, 이는 고대에는 하나의 강을 두고 여러 소국들이 나눠 생활하고 있었던 이유일 것이다.

그러면《삼국사기》에는 어떻게 기록했는지 보자.《삼국사기》〈고구려 본기〉"대무신왕 27년(44) 9월에 한나라의 광무제가 군사를 보내 바다를 건너 낙랑을 치고 그 땅을 빼앗아 군현으로 삼았다. 살수 이남이 한나라에 속하게 되었다."고 했고, 같은 책에 "태조대왕 4년(56) 7월에 동옥저를 정벌하고 그 땅으로 성읍을 삼았다. 영토를 넓혀 동쪽으로 창해에 이르고 남쪽으로 살수에 이르렀다."라고 했다. 또 "영양왕 23년(612) 6월에 …… (수나라 군사가) 마침내 동쪽으로 나아가 살수를 건너 평양성에서 30리 떨어진 곳에 산을 의지해 진영을 쳤다. …… 수나라의 군사가 무너져 장수와 사졸들이 달아나 돌아갔는데 하루 밤낮으로 압록수에 이르렀는데 행군한 것이 450리였다."는 내용이 나온다. 위의 기록에서 대무신왕 27년(44)에 광무제가 살수 이남에 위치한 낙랑군을 점령했고, 12년 후인 태조대왕 4년(56)에 고구려 영토가 살수 이북에 있었음을 알 수 있다. 즉, 당시 살수가 고구려와 한나라의 경계였다는 것인데 살수는 남북으로 영토를 나누고 있기 때문에 동서로 흐르는 강이어야 한다. 수나

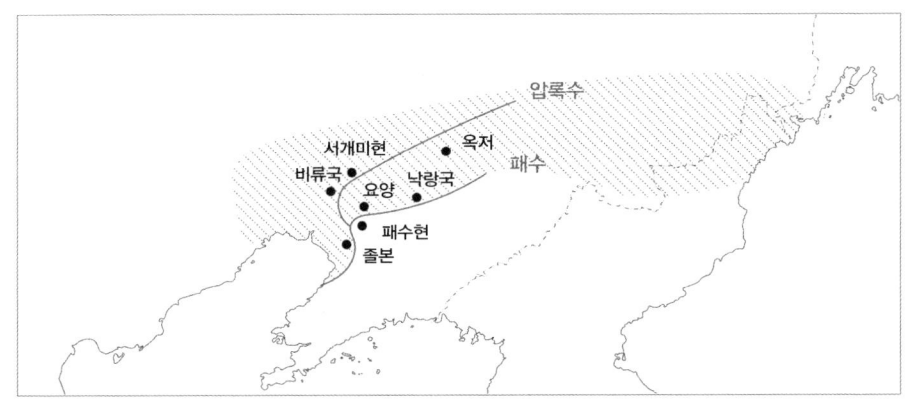

〈지도 26〉 고구려 태조대왕 시기의 영토

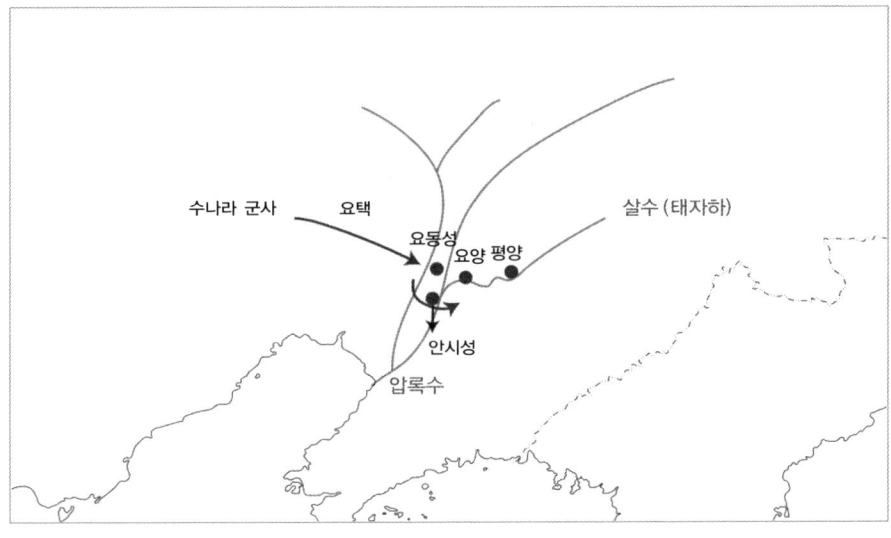

〈지도 27〉 수나라 군사 공격로

라 별동대가 서쪽 요동성에서 동쪽의 평양으로 가기 위해서는 요동성에서 동북으로 개모성을 거쳐 동남으로 평양을 가거나, 혹은 남쪽으로 가서 오골성을 지나 다시 동북으로 진군하다가 동쪽으로 태자하를 건너서 평양성을 공격하는 방법 중 택해야 하는데 우중문의 별동대는 남쪽을 택한 것이고, 후일 당 태종의 군사도 이 길을 이용해서 평양으로 진군한 것이다. 당 고종 때는 남쪽 길 대신에 북쪽 길로 가서 신성을 공격하지만 함락시키지 못했고 연개소문의 아들들이 내분을 일으키자 신성의 고구려군이 항복하면서 겨우 함락하는 데 성공한다. 이상과 같이 수나라 별동대는 고대 압록인 혼하이자 사하를 건넌 후, 바로 옆에 있던 태자하를 동쪽으로 건너서 평양으로 향했던 것이다. 또한 고구려와 한나라가 살수를 경계로 했다는 것은 현 태자하를 국경으로 삼았으며, 태자하 북안의 평양성은 고구려가 차지했고 평양성을 제외한 남쪽의 낙랑군은 한나라가 차지했음을 알 수 있다. 고구려 영토사에서 다시 나오지만 고구려의 정복 전쟁을 보면 살수의 위치를 교차 검증할 수 있다. 고구려 동명성왕의 도읍지인 졸본은 요양 남쪽이자 태자하의 서쪽에 있었으며 동명성왕은 그곳에서 상류의 비류국을 합병한 후 행인국과 북옥저를 복속시켜 북쪽으로 영토를 확장한다. 유리왕 11년(서기전 9)에 선비를 복속시키고 혼하 상류에 위치한 국내성으로 천도한 다음에 33년(서기 14)에는 양맥을 점령하고 현도군의 치소인 고구려현을 빼앗아 한나라의 현도군을 서남쪽으로 쫓아냈다. 대무신왕 9년(서기 26)에는 개마국을 정복해 요양 북쪽의 개모성까지 확보한 후 인근의 구다국의 항복을 받고, 대무신왕 15년(서기 32)과 20년(서기 37)의 두 차례에 걸쳐 최리의 낙랑국을 멸망시킨다. 낙랑국은 요동에 있었는데 이에 대해서는 후술할 것이다.

태조대왕 3년(55)에는 요서에 10성을 쌓아 요서의 일부 지역을 확보했고 태조대왕 4년(56)에 동옥저를 점령해 그 땅을 성읍으로 삼았다. 이리하여 동쪽으로 창해에서 남쪽으로 살수까지 도달했으며, 이후 남해까지 순수한 기록도 있는 것이다. 《삼국사기》의 기록에서 고구려 남쪽으로는 대무신왕 15년에 낙랑국을 점령한 것이 마지막이었고, 이후 고구려와 한나라의 경계는 패수, 즉 현 태자하였던 것이다. 그래서 고구려 동명성왕부터 태조대왕까지 정복전쟁으로 얻은 지역은 요양과 패수현을 비롯한 태자하 일대와 요양 북쪽의 개마 지역, 국내성, 북옥저, 요서 10성, 동옥저, 평양 및 낙랑국 등이다.

그러면 태조대왕이 순수한 남해는 어디일까? 요동반도 남쪽의 바다는 고구려가 정복을 한 기록이 전혀 없고, 후에 밝히겠지만 이곳은 다른 나라가 존재했기 때문에 태조대왕이 타국의 땅을 순수를 할 수는 없다. 요양과 해성시 서쪽이 옛날에는 바닷가였으므로 태조대왕이 방문한 남해는 이곳이었을 것이다.

4. 《가탐도리기》를 통해 알 수 있는 지명 위치

당나라 재상이었던 가탐이 편찬한 《가탐도리기》와 《황화사달기(皇華四達記)》에서 압록수의 위치가 혼하임을 알 수 있지만 이외에 다른 지명도 알 수 있다. 《황화사달기》는 송나라 때에 편찬된 《무경총요》에서 인용한 기록으로 이미 앞에서 나온 바가 있다.

《무경총요》〈전집 동경〉 "《황화사달기》에 이르길, ①안동부로부터 남쪽으로 평양성 800리에 이르고, 서남으로 도리해구까지 약 600리, ②서북으로 건안성까지 약 500리, ③정남에서 약간 동쪽으로 압록강 북박에 이르는데 약 700리이다. ④지금 《거란지형도》를 참고하면 건안성은 그 지형의 원근을 알 수 없다. 동북의 여진 경계까지 500리, 또 880리에 중경이 있고, ⑤서쪽 60리에 학주관, 또 90리에 요수관, 또 70리에 여산관이 의무려 산중에 있다. 또 90리에 독산관에 이르고, 또 60리에 당엽관이 있고, 또 50리에 건주, 약간 북쪽으로 양가채에 이르며, 또 50리에 요주, 북쪽 60리에 의주, 또 백 리에 우심산관 북쪽 가운데 이르고, 또 60리에 패주에, 또 70리에 건안관, 50리에 부수 회안에 이르며, 중경 삼역하에 각각 70리이다. 남으로 평주에 50리, 평주에서 유주까지 550리이다. ⑥북으로는 심주까지 120리, ⑦동남으로 압록수까지 90리, 서남으로 금주까지 400리, 북으로 황룡부까지 900리이며, 서북으로 현주에 이르는데 300리이다."라고 했다.

앞서 나왔지만 《무경총요》의 이 기록 전체가 《황화사달기》의 기록이 아니다. 전체 기록에서 《황화사달기》의 기록은 ①에서 ③번까지이다. ④번부터는 《무경총요》의 저자인 증공량이 《거란지형도》를 보면서 설명하는 것이다. 그리고 ①의 기점은 안동도호부라고 되어 있다. 그러나 이는 증공량이 가탐의 기록을 잘못 이해한 것인데 기점은 안동도호부가 아니라 영주이다. 《가탐도리

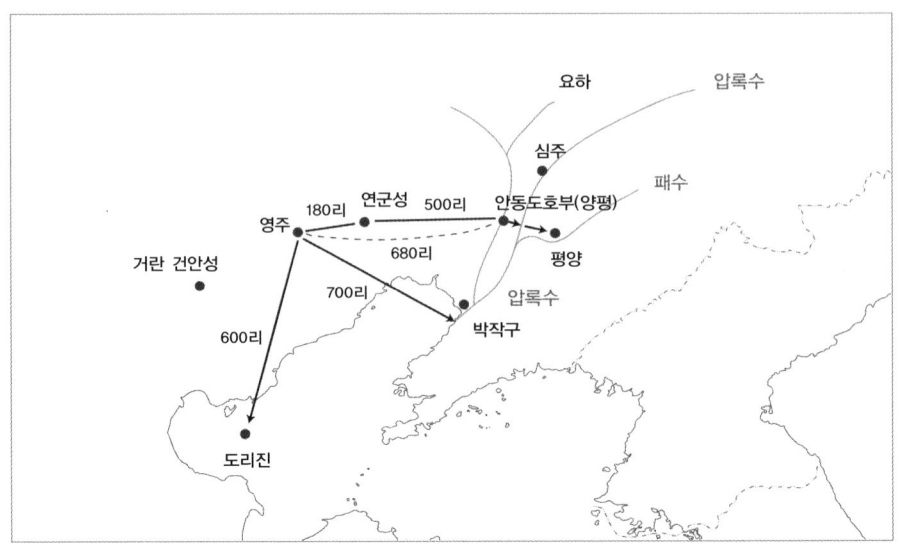

〈지도 28〉 황화사달기의 지명 위치

기》의 기록을 다시 확인해 보자. "㉮영주 서북 백 리는 송험령, 그 서쪽은 해, 그 동쪽은 거란과 떨어져 있다. 영주에서 북서 400리에 황수, 영주 동쪽 180리에 연군성이고, 또 여라수착을 지나 요수를 건너 옛 한(漢)나라의 양평성이었던 안동도호부까지 500리이다. ㉯동남으로 평양성까지 800리, 서남으로 도리해구까지 600리, 서쪽으로 건안성까지 300리인데, 옛 중곽현이다. 남으로 압록강 북쪽 박작성까지 700리인데 옛 안평현이다. ㉰도호부 동북으로 옛 개모성과 신성을 지나, 또 발해 장령부를 지난다."고 나온다. "㉮營州西北百里曰松陘嶺, 其西奚, 其東契丹距, 營州北西百里至湟水, 營州東百八十里至燕郡城, 右經汝羅守捉, 渡遼水至安東都護府五百里, 府故漢襄平城也, ㉯東南至平壤城八百里, 西南至都里海口六百里, 西至建安城三百里, 故中郭縣也, 南至鴨淥江北泊汋城七百里, 故安平縣也, ㉰自都護府東北經故蓋牟新城, 又經渤海長嶺府……."

㉮의 기점은 영주이고 그 기점은 ㉯까지 변함없다. 그러다 ㉰에서 기점이 안동도호부로 바뀐다. ㉰의 自라는 글자는 '~에서, ~로부터'라는 뜻이라 이를 해석하면 '안동도호부에서 동북쪽으로 옛 개모성과 신성을 지나서'가 된다. 이는 ㉰에서부터 기점이 안동도호부였다면 自都護府(자도호부)라는 글귀가 여

기에 나왔어야 했다. 이는 ㉰부터 안동도호부의 기점이 시작되기 때문에 그러했던 것이다. 가탐은 ㉰부터 기점을 안동도호부라고 기록했지만《무경총요》는 이를 오해해 ㉱부터 그 기점이 안동도호부라고 했다. 그래서《황화사달기》①의 안동부는 영주로 바뀌어야 하고, 영주 800리에 평양성, 영주 동남쪽 700리에 압록강 북박이 있어야 한다. ④번부터《거란지형도》를 보면서 기록했으므로 그 기점이 안동도호부가 되는 것이다. 이는 ⑤번 기록에서, 북으로 120리에 심주가 있는 것으로 보아 그 기점이 옛날 한나라의 양평성인 안동도호부가 확실하다. 양평 위치에 대해 일부 사료는 요양과 양평을 동일시하기도 하지만 이는《한서지리지》의 기록과 맞지 않다.《한서지리지》유주 요동군 기록에는 양평이 요양 북쪽에 있음을 알 수 있다. 이를 확실히 하기 위해《독사방여기요》〈요동행도사〉조를 보자. "요동행도사 정요중위는 요동도지휘사사의 동남에 있다. 한나라의 양평과 요양 2개 현이 있다. 요양성은 요동도지휘사사의 치소이다. …… 양평성은 요동도지휘사사의 북쪽 70리에 있다. 한나라 요동군의 치소였다." 즉, 양평은 요양 북쪽에 있는 것이 맞다. 그러면 심주가 어디에 있었는지 확인해 보자.《요사》〈지리지 심주 소덕군〉조에 "본래 읍루국 지역이었다. …… 암주 백암군이 설치되었고 하급으로 자사를 두었다. 본래 발해의 백암성이다. 태종이 심주에 속하게 했다."고 했다. 심주에 백암성이 있는 것으로 보아 여기서 말한 심주는 양평 동북에 있는 심주가 틀림없고 지금의 심양이다. 그런데 ⑥의 양평에서 동남으로 90리를 가면 압록강이 아닌 압록수가 나온다. 압록수 위치는 이미 나왔지만 요양 남쪽에서 해성시를 거쳐서 개주시로 빠져 나가는 사하 물길이다.《거란지형도》에서 말한 압록수는 사하이고 지금의 압록강은 분명히 아니다. 그리고 증공량이《무경총요》를 편찬하면서《거란지형도》를 참고해 기록했기에 그 정확도는 다른 사서와 비교할 수 없을 만큼 클 것이다. 그런데《황화사달기》의 ③에서 동남쪽 700리에 압록강이 있다고 했는데 ⑦에서는 안동도호부 동남으로 압록수까지 90리라고 했다. 이 압록수와 압록강은 다른 강일까? 증공량은 두 개의 물이 다르다고 생각해서 별 다른 설명 없이 압록수와 압록강 두 개 모두 기록했을 것이고, 이 기록을 본 많은 사람들은 두 개의 압록에 혼란스러웠을 것이다. 그러나 이미 언급한 바와 같이 ③의 기점은 안동도호부가 아니라 영주이다. 영주에서 동남쪽 700리에 압록강이 있다는 의미이고 ⑦은 안동도호부 동남쪽 90리에 압록수가 있다는 의미이다. 안동도호부인 양평은 서쪽에는 요하, 동남쪽에는 고대 압록수이자 현 혼하가 위치해 있다. 즉, ③의 압록강은 하구이며 ⑦의 압록수는 하구의 북쪽에 있는 동일한 강임을 알 수 있다. 이런 사실을 생각지도 못한 증공량은 《황화사달기》의 압록강과 《거란지형도》에서 나오는 압록수를 보고는 기록에 나와 있는 대로 《무경총요》에 그대로 옮겨 적었던 것이다.

결론적으로 《가탐도리기》의 해로행에서 압록강이 혼하이자 사하라는 것을 재차 확인했고, 《가탐도리기》의 육로행과 《무경총요》의 기록에서도 압록강은 사하일 수밖에 없었음을 알 수 있다. 고대부터 남송에 이르기까지 중국이 알고 있던 압록은 혼하이자 마자수이며 하류에서는 사하이자 태자하 물길이었던 것이다.

이에 대해 《가탐도리기》 〈등주해행입고려발해도(登州海行入高麗渤海道)〉의 해로행은 더 확실한 증거를 제시해 준다. 여기서 발해로 가는 길은 발해 왕성을 말하는 것이다. 그 내용을 보면, "등주 동북행이다. ①대사도, 구흠도, 말도, 오호도의 300리 길을 지나서, 북쪽으로 오호해를 건너 마석산 동쪽의 도리진까지 200리 길, 그 동쪽 해안에서 청니포, 도화포, 석인왕과 탁타만, 오골강을 지나는 800리 길을 가서 이에 남쪽 해안으로 간다. 오목도, 패강구(浿江口), 초도를 지나 신라 서북의 장구진에 도착한다. ②또한 진왕석교, 마전도, 고사도, 득물도의 1천 리를 지나 압록강 당은포구에 이른다. 이어 동남쪽 육로로 700리를 가면 신라 왕성에 도착한다. 압록강 입구에서 배를 타고 100여 리를 간 후 작은 배로 갈아타 물길을 거슬러 동북으로 30리를 가면 박작구에 이르는데 발해의 경계에 도착한 것이다. 또 500리를 거슬러 올라가면 환도현성에 도착하는데 고려(고구려)의 옛 왕도이다. 또 동북으로 200리를 거슬러 가면 신주에 도착하고, 또 육로로 400리를 가면 현주에 이르는데 천보 연간에 (발해의) 왕도였다. 또 약간 동으로 정북

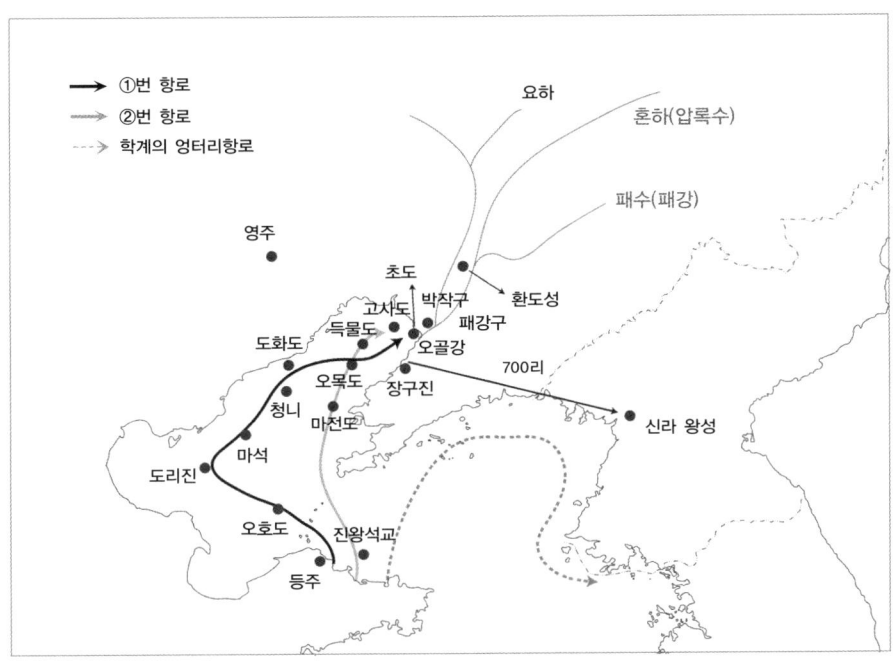

〈지도 29〉《가탐도리기》〈등주해행입고려발해도(登州海行入高麗渤海道)〉의 해로행

600리를 가면 발해 왕성에 이른다."고 했다. 이해를 돕기 위해 상기의 해로 설명에서 임의로 ①, ②의 번호를 붙였다. 그 이유는 두 개가 다른 해로이기 때문이다. 즉 해로 ①번의 마지막인 장구진에서 ②번의 진왕석교로 바로 연결해서 가는 길이 아니라 ②번 길은 등주에서 출발하는 또 다른 길이다. 즉, ①번 길은 등주에서 출발해 발해만 북서쪽의 연안항로를 이용해서 가는 길로써 남쪽 해안까지 총 1천3백 리 길이 되고, ②번 길은 연안항로길이 아니고 등주 앞 바다의 진왕석교를 지나 대해를 거의 직선으로 항해해 요동반도 서쪽의 마전도, 고사도, 득물도를 지나 압록강 당은포구로 가는 항로이기 때문에 ①번 항로보다 짧은 1천 리 길이 되는 것이다. 지도에서 보는 바와 같이 ①과 ②의 항로가 이어질 수는 없다. 마전도, 고사도, 득물도를 거쳐서 다시 출발지인 진왕석교로 돌아가는 항로라면 1천 리 길이 아니라 다시 한번 왕복을 했으니 3천 리 길이 될 것이다. 그리고 ②번의 진왕석교는 진시황 석교라는 뜻으로 진시황과 관련된 고사가 있어서 그런 것인데《한국사 데이터베이스》의《입당

〈지도 30〉《주해도편》〈요동연해산사도(遼東沿海山沙圖)〉

구법순례기》〈개성 4년〉조의 기록에 대한 주석을 보면 북송 때 편찬된《태평환우기》〈권20 문등현〉조에, "진시황이 해가 뜨는 곳을 보고자 석교를 만들었는데 해신이 돌을 끌어와 다리 기둥을 세웠다."고 했다. 지금도 영성시 성산두에 진시황 석교 유적이 남아 있다고 한다. 이를 보면 진시왕 석교는 등주 앞바다에 있었음을 알 수 있다. 중국 연안 지도인《주해도편》〈요동연해산사도(遼東沿海山沙圖)〉를 보면 대사도, 귀흠도, 오호도, 도리진은 산동반도 북쪽과 발해 서쪽 해안에 있고 청니포, 도화도, 탁타만, 오목도, 초도, 마전도, 고사도, 득물도는 발해 북쪽 해안에 있다. 즉, 여기서 언급한 모든 지명들은 한반도와 전혀 관계없는 산동반도 북쪽과 발해만 서쪽 해안의 지명임을 알 수 있다. 《대명일통지》〈요동도지휘사사 산천〉조에 "도화도는 영원위(寧遠衛) 동쪽 15리 바닷가에 있다."고 나온다.《대청광여도》를 보면 영원위가 요령성 금주(錦州) 서남쪽에 있고 영원위 동쪽 해안에 도화도가 있다. 도화도 위치를 통해서도《가탐도리기》해로행이 발해만 북쪽을 경유해서 요하 하구로 가는 항로임을 알 수 있다.

지도를 구체적으로 설명하면 ①번 항로의 종착지인 탁타만, 오골강, 오목도, 패강도, 초도, 장구진이 대동강 인근이 아니라 혼하 동남쪽 해안에 위치해 있고, ②번 항로의 종착지인 마전도, 고사도, 득물도는 혼하 하구에 모두 모여 있다. 그런데 여기서 또 하나 알 수 있는 사실은 압록 입구에서 북쪽 물길을 따라 130리를 더 올라가야 발해의 땅인 박작구에 도착한다는 것이다. 신라의 서북계는 장구진으로 지도와 같이 신라채 부근이다. 지도에는 개주(蓋州) 남쪽에 신라채가 있으니 신라 영토가 최소한 개주까지 다다랐음을 알 수 있다. 이는《요사 지리지》〈동경 요양부 해주 남해군〉기록에서도 검증된다. "암연현 동쪽으로 신라와 경계하고 동북쪽 2백 리에 해주가 있다."《요사》〈지리지〉는 신라 서북계가 암연현이며 그 위치는 해주 서남 200리라고 한다. 이로써 발해의 경내인 박작구가 개주에 있고 압록의 입구는 그 박작구에서 130리 더 남쪽에 있으니 개주 남단에 있어야 이 둘의 기록에 부합한다. 이미 언급한 바와 같이 혼하(압록) 하구는 현 요령성 영구시가 아니라 그 동남쪽 개주에서 바다로 들어갔다.《한서》〈지리지 현도군 서개마현〉조에 마자수가 서안평에서 바다로 들어간다고 기록했다. 서안평은 안평의 옆에 있었을 테고 안평은 박작구의 옛 이름으로 그 위치는《가탐도리기》에서 개주(蓋州)임을 알 수 있다. 여기서 유득공의 저서《고운당 필기》〈갈소관〉조를 보자. "《동국여지지》를 편찬할 때 갈소관이라는 지역이 어디인지 자세히 알 수 없었다. 근래에 중국어로 찾아보니 당나라 때는 박작구라 하고 금나라 때는 파속로라 하고, 원나라 때는 파사부라고 했다. 발음은 서로 비슷하지만 글자가 시대마다 바뀌었고 바로 압록강 나루가 있는 여러 지역이다."라고 했다. 또한《선도문화 제29권(2020년, 185~193쪽)》에 수록된 김영섭의 논문〈동녕부 자비령과 고려 서북 경계〉에 1191년, 금나라 관리인 왕적이 압강 지역을 순시한 일정이《압강행부지(鴨江行部志)》에 기록되어 있는데 그 여정을 보면 혼하 하구에 갈소관이 있다.《위키백과》〈요양부〉조에는 학야진에 갈소관이 있고 요양 서남쪽이라고 나와 있다. 그리고 한치윤의《해동역사》〈속집 제6권 지리고 6 고구려〉조에《금사》〈지리지〉의 기록이 인용된다. "개주봉국군은 본래 고구려 개갈모성이고 거란의 진주(辰州)이다. 명창 4년(1193)에 갈소관을 혁파하고 진주요해군(辰州遼海軍)을 세웠다."라고 나온다. 여기서 거란의 진주는 현 개주(蓋州) 일대이고 요해는 요하 하구를 말한다. 이와 같이 박작구와 갈소관은 현 압록강이 아니라 요하와 혼하 하구 일대에 있었음을 알 수 있다. 유득공은 고대 압록강이 혼하인 사실을 모르고 박작구의 위치를 현 압록강이라고 믿어 갈소관의 위치 또한 현 압록강으로 보았지만 박작구가 혼하에 위치했음을 알 수 있는 사료를 제공한 것이다.

또한 여기서 주류 사학계의 오골성 위치가 단동 북쪽에 있는 봉황성이고, 패강의 위치가 대동강이며, 통일신라 서북의 경계가 대동강이라는 주장은 사료와는 관계없는 엉터리임을 확인할 수 있다. 압록강 당은포구가 혼하 하구 근처인 것으로 보아 《삼국유사》와 중국 사서에서 언급한 요수(소요수)가 압록수이며 혼하라는 것도 재차 확인이 된다. 즉, 마자수가 압록이고 혼하이므로 마자수에 위치한 국내성 또한 현 압록강이 아니라 혼하 유역에 있었던 것이다. 《신당서》에서 마자수가 안시에서 들어간다는 기록도 오류가 아니라 정확한 사실을 기록한 것이며, 더불어 환도성, 오골강, 패강구, 장구진, 박작구, 신주 등은 모두 현재의 혼하 유역에 위치했고, 서개마현의 위치 또한 혼하 유역이니 초기 고구려도 동가강 유역의 오녀산성이 아니라 혼하 유역에 있었다.

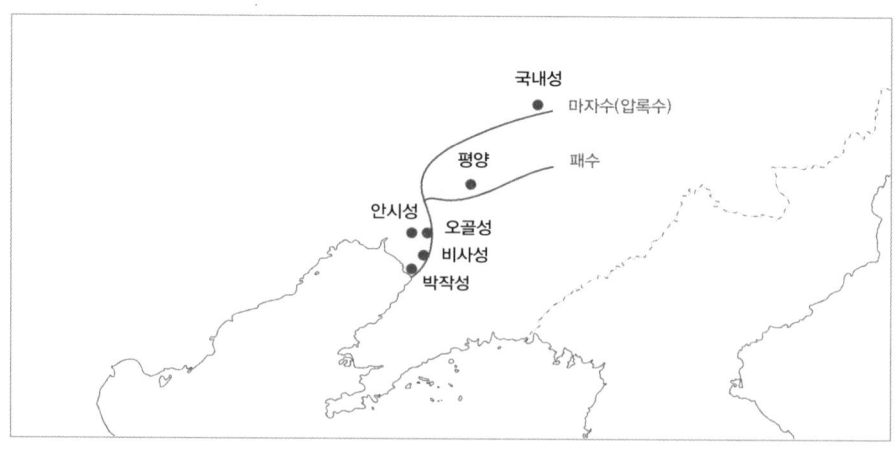

〈지도 31〉 박작구 등의 위치

현재 주류 사학계는 고구려 초기 도읍지인 졸본을 길림성 환인현의 오녀산성으로 비정하고 있고 한국인들 대부분이 그렇게 알고 역사에 관심이 많은 사람들은 이를 진짜로 알고 답사까지 하고 있다. 옛 기록은 졸본의 위치가 그곳과는 전혀 관계없다고 말한다. 중국 역사학계가 오녀산성을 발굴한 결과, 그 유물들이 3세기 이후의 것밖에 없다는 결론을 내렸다. 일제 관변학자와 한국의 주류 사학계가 비정한 졸본 위치 또한 엉터리인 것이다. 졸본의 정확한 위치는 추후 고구려 건국지 고찰에서 상세히 밝힐 것이다.

이상과 같이 압록수와 마자수가 혼하이므로 현도군, 국내성, 환도성, 오골강, 패강구, 장구진, 박작구, 신주 등의 위치 또한 혼하 유역에 있었음이 명백하다. 패강은 패수의 다른 말이고 《수서》와 《당서》 등의 기록에서 평양이 패수 북안에 있었으므로 평양성 또한 요동에 있었음을 알 수 있다. 조선시대 학자 한치윤도 이런 사정을 전혀 모르고 《해동역사》에서 《가탐도리기》의 득물도가 현재의 옹진군에 있는 덕물도가 득물도라 하면서 ②의 항로가 현재의 압록강에서 서해안으로 오는 것이라 오판했다. 패강이 현재의 대동강이고 신라의 서북 국경이 평양 근처이며, 더욱이 초도(椒島)라는 지명이 황해도에도 있으니 그렇게 생각했던 것이다. 황해도의 초도는 오골강 근처에 위치한 초도와 공교롭게도 한자도 똑같다. 그래서 현재의 지명으로만 그 위치를 정하기보다는 그 지명의 연혁을 반드시 찾아봐야 오류를 줄일 수 있는 것이다. 그런데 ②번 항로의 압록강 당은포구에서 동남쪽 육로로 신라 왕성까지 700리 길이라고 나오니 또 다른 의문이 생길 것이다. 신라 왕성은 경주에 있는데 당은포구에서 경주까지는 약 3천 리에 달하는 길이라 경주를 말하는 것은 아니다. 혹은 신라가 문무왕 때 삼국을 통일한 후에 9주 5소경을 만들었는데 5소경 중의 하나일 가능성을 생각할 수 있다. 5소경의 위치를 보면, 5소경 중에 제일 북쪽에 있는 것이 북원경으로 지금의 원주이다. 원주에서 요하 하구까지는 약 2천 리 길이고 만에 하나 현재의 압록강이라 가정해도 1,500리 길이라 원주 또한 전혀 해당 사항이 아니다. 당나라 재상을 지냈던 가탐이 이런 지리 기록을 남긴 것은 발해나 신라를 왕래하는 사신, 혹은 교역을 하는 당나라 사람들을 위한

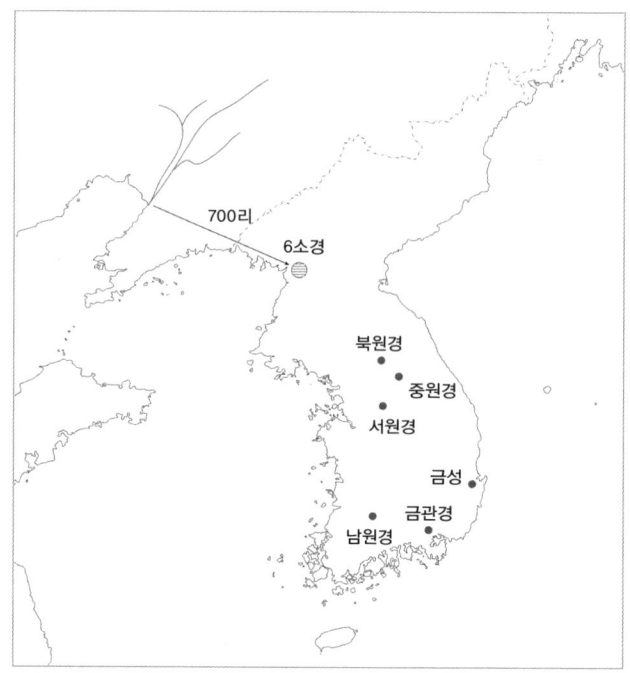

〈지도 32〉 통일신라 6소경 위치

것일 텐데, 없는 사실을 거짓으로 기록하지는 않았을 것이다. 이러한 문제가 생기게 된 이유는 아마도 신라가 말년에 혼란에 빠지면서 그 역사를 제대로 남기지 않았거나 후대에 고의로 변조시켰을 가능성을 배제할 수 없다. 이런 추정을 전제로 압록강 당은포구에서 동남으로 7백 리 거리를 계산해 보자. 《대명일통지》〈외이 조선국〉조에 고대 압록강은 한양에서 서북쪽으로 1,450리 떨어져 있다고 나오고, 조선 연행사의 기록인 《계산기정》에는 한양에서 북한 압록강까지 1,055리라고 기록했다. 이를 보면 고대 압록강에서 현 북한 압록강까지는 약 400리 거리임을 알 수 있다. 고대 압록강에서 신라 왕성까지 700리라고 했으므로 현 북한 압록강에서 남쪽으로 300리를 더 가면 된다. 이러면 현재의 북한 안주와 평양 사이에 신라의 소경이 위치했을 것이다. 이곳은 뒤에 나올 《삼국사기》〈지리지 고구려〉 한산주조에 나오는 고구려 한성(漢城)의 위치와 비슷하다. 통일신라는 이곳에 6소경을 설치한 것으로 추정된다.

《해동역사》〈지리고〉에 이를 뒷받침하는 기록이 있다.《해동역사》는《문헌비고》의 기록을 인용하면서 "태조 때에는 송경과 서경이 있었으니 2경, 신라에는 6소경, 9주 128군이 있었으니 6부, 9절도사, 120군이라는 것은 대개 신라의 옛 제도에서 크게 변하지 않은 것이다." 이 기록을 보면, 신라는 9주 5소경이 아니라 9주 6소경으로 바뀌었음을 알 수 있다.

여기서 또 하나 알 수 있는 사실은《수서》〈동이열전 백제〉조에 주몽이 건넜던 엄리대수를 엄수라고 했다. 앞에서 엄수는 압록수이자 마자수이므로 주몽이 부여를 탈출해 건넌 곳은 주류 사학계가 말하는 송화강이 아니라 혼하를 건너왔음을 알 수 있다. 이에 대해서는 부여와 고구려 영토사에서 상세히 밝힐 것이다.

5. 전쟁 기록으로 본 평양 위치

1) 《삼국사기》〈백제 본기〉

"온조왕 13년(서기전 18) 5월에 왕이 신하들에게 말하길, 나라의 동쪽으로는 낙랑이 있고 북쪽으로는 말갈이 있어서 번갈아 우리 강역을 침략한다. …… 온조왕 4년(서기전 15) 낙랑에 사신을 보내 우호를 닦았다. …… 온조왕 8년(서기전 11) 7월에 마수성을 쌓고 병산책을 세웠다. …… 이로 인해 낙랑과 우호를 잃었다. …… 온조왕 18년(서기전 1) 11월, 왕이 낙랑의 우두산성을 습격하려고 구곡에 이르렀으나 큰 눈을 만나 돌아왔다."라고 했다. 주류 사학계는 백제가 한강 유역에 있었고 낙랑은 평양에 있다고 했으니 나라의 북쪽에 낙랑이 존재해야 한다. 그런데 기록은 백제의 동쪽에 낙랑이 있으니 이게 어찌 된 일일까? 이에 대해서는 백제 영토사에서 상세히 고찰할 것이다.

2) 《후한서》〈광무 본기〉

"건무 6년(30) 초에 낙랑인 왕조가 낙랑군을 점거하고 복종하지 않았다.

낙랑군은 옛 조선 땅이며 요동에 있다.(建武六年初 樂浪人王調 據郡不服 樂浪郡故 朝鮮國也 在遼東) 낙랑 태수 왕준을 보내 습격했다. 군의 관리가 왕조를 죽이고 항복했다."는 기록이 나온다. 광무제가 실제로 군사를 보낸 것은 서기 44년 때의 일이고 고구려 대무신왕이 최리의 낙랑국을 멸망시킨 것은 서기 37년의 일이다. 서기 30년에 낙랑인 왕조가 낙랑군을 점거했다는 말은 당시 낙랑군은 한나라의 관할이 아닌 독립 상태였음을 알 수 있고 여기서도 낙랑군이 요동에 있었음을 명확히 기록하고 있다. 이와 관련해《삼국사기》〈고구려 본기〉의 기록에서 확인해 보자. "대무신왕 15년(32) 4월에 왕자 호동이 옥저에 유람을 했을 때, 낙랑 왕 최리가 출행해서 호동을 보고 말하길, 그대의 얼굴을 보니 보통 사람이 아니오. …… 낙랑 왕 최리가 마침내 딸을 죽이고 항복했다." 이미 나온 바와 같이 대무신왕 당시는 한나라의 정세 불안으로 인해 낙랑에서 토착민이 자립한 상태였고 서기 44년이 되어서야 광무제가 이를 회복한다. 단재 신채호는 낙랑국 위치를 현 북한 평양으로 보았고 북한 학자들 또한 낙랑군은 현 요령성에 있었지만 낙랑국은 평안도와 황해도에 있었다고 주장하고 있다. 그러나 이는 당시 고구려 영토가 요동에 한정되었기 때문에 실현 불가능한 주장이다. 만에 하나 낙랑국이 북한 평양이라면 호동 왕자가 유람한 옥저 또한 북한 평양 일대에 있어야 하니 일제와 주류 사학계가 주장하는 낙

〈지도 33〉 서기 1세기 초 요동 정세

랑군 북한 평양설을 인정하는 셈이 된다. 옥저는 낙랑군 영동 7현 중 하나이기 때문에 낙랑국, 낙랑군, 옥저의 세 지역은 모두 요동에 있어야 한다.

그러면 당시 요동 정세에 관한 기록들을 고찰해 보자. 고구려 유리왕 33년(서기 14)에 고구려가 양맥을 점령하고 현도군 치소인 고구려현을 빼앗아 한나라의 현도군을 붕괴시켰으며, 대무신왕 9년(서기 26)에는 개마국을 정복해 요양 북쪽의 개모성까지 확보했다. 이어 대무신왕 15년(서기 32)과 20년(서기 37)의 두 차례에 걸쳐 최리의 낙랑국을 멸망시켰다. 또한 후한(後漢) 건무 6년인 서기 30년에 후한이 낙랑군 동쪽의 영동 7현을 포기한 것을 보면 당시 낙랑군은 통제 불능 상태였음을 알 수 있다. 이후 나라를 안정시킨 후한의 광무제가 영동 7현을 폐지한 지 14년 후인 서기 44년에야 바다 건너 군사를 보내 낙랑군을 복원했지만 낙랑군 치소였던 평양성은 빼앗지 못한 일부 복원이었다. 왜냐하면 이때 살수 이남이 한나라의 영토가 되었다 했고 대무신왕 다음의 태조대왕 때 고구려 강역이 남쪽으로 살수에 이른다고 했으니 고구려와 한나라는 당시 살수인 태자하를 국경으로 했던 것이다.

3) 《삼국사기》〈고구려 본기〉 태조대왕

"태조대왕 94년(146) 8월에 왕이 장수를 보내 요동군 서안평현을 습격해서 대방 현령을 죽이고 낙랑 태수의 처자를 포로로 잡았다."고 나오는데 이 기록은 낙랑군 치소가 서안평과 가까운 것을 알려준다. 서안평은 《한서》〈지리지 유주 현도군〉조에 "서개마현은 마자수가 서북으로 염난수로 들어간다. 서남으로 서안평에 이르러 바다로 들어간다."고 했으니 혼하의 옛 이름인 마자수이자 고대 압록강 하구에 위치했다. 고구려가 서안평을 습격했는데 대방 현령을 죽이고 낙랑 태수의 처자를 포로로 잡은 것을 보면 서안평, 대방현 및 낙랑군의 치소가 요동에 있었음을 알 수 있다. 만약 대방현과 낙랑군 치소가 현 북한 평양이라면 요동에 있던 서안평현을 습격했는데 대방 현령이 죽고 낙랑 태수의 처자가 포로로 잡힐 일이 없는 것이다. 그리고 대방현은 낙랑군의 속현 중 하나인데 《한서》〈지리지 낙랑군〉의 기록을 보면 "함자현은 대수(帶水)

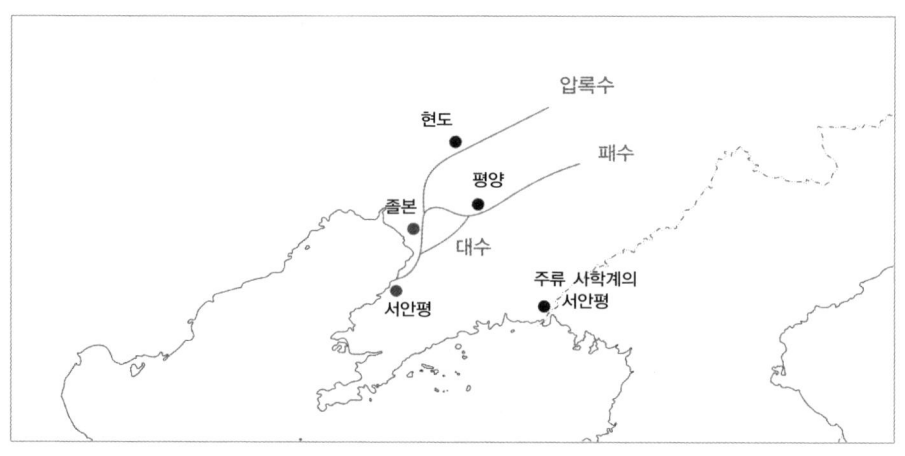

〈지도 34〉 서안평 위치 비교

가 서쪽으로 대방현에 이르러 바다에 들어간다."고 나온다. 낙랑군 대방현은 대수의 이름을 따서 이름 지은 것을 알 수 있다. 주류 사학계는 대수를 임진강으로 비정하지만 《한서》〈지리지〉와 《삼국사기》의 기록을 보면 대수가 요동에 있었던 것이다. 고구려는 태조대왕 94년에 이어 동천왕 16년(242)에도 위(魏)나라가 차지했던 서안평을 습격해 대파했지만 이후 관구검의 침공으로 도읍지인 환도성을 빼앗긴 후 평양으로 도읍을 옮긴다. 미천왕 12년(311)에 이르러서는 서안평을 완전히 함락한 후 서안평에서의 전투 기록은 더 이상 없다. 또한 《삼국사기》를 비롯한 사서의 기록에도 고구려가 평양성을 빼앗은 기록이 전혀 없다. 이는 대무신왕 당시 고구려가 최리의 낙랑국을 멸망시키면서 자연스럽게 평양성을 확보했기 때문이다. 한나라는 평양성을 빼앗긴 후에 그 치소를 서안평이나 대방현으로 옮겼고 이런 이유로 고구려가 그곳에서 낙랑 태수의 처자를 사로잡을 수 있었을 것이다. 《독사방여기요》 〈요동행도사 개주위(蓋州衛)〉조에는 서안평이 현 요령성 개주 동남쪽에 있다고 했다. 서안평이 개주에 있었으니 낙랑군 대방현도 요동에 있었던 것이다.

4) 《삼국지》 〈위서〉

《삼국지》 〈위서 명제기〉에 "청룡 원년(233) 12월, 공손연이 손권의 사신인

장미, 허안을 참수하고 수급을 보내왔다. 공손연을 대사마 낙랑공으로 봉했다."고 나온다. 이 당시에 공손연이 낙랑 일부를 차지했음을 알 수 있다. 그리고《삼국지》〈위서 동이열전〉에 "경초 연간(237~239)에 명제가 몰래 대방 태수 유흔, 낙랑 태수 선우사를 보내 바다를 건너가 두 군을 평정했다. …… 부종사 오림은 낙랑이 본래 한국(韓國)을 통치했다는 이유로 진한 8국을 분할해서 낙랑에 넣으려 했다. …… 신지와 한(韓)이 격분해 대방군 기리영을 공격했다."고 나온다. 이 기록에는 후한 말기에 위나라가 낙랑군과 대방군을 일부 회복했음을 보여준다. 현재 중국은 위(魏)나라가 이때 낙랑군과 대방군을 점령했으니 위나라 영토가 현재의 평안도와 황해도까지 이르렀다고 주장하고 있다. 우리 역사학계가 한사군이 한반도 중북부에 있었다고 주장하고 있으니 중국만을 탓할 수는 없을 것이다.《삼국지》〈위서 동이전 예(濊)〉조의 기록에서 "단단대산령의 서쪽은 낙랑에 소속되었고 영동 7현은 동부도위가 관할하는데 그 백성은 모두 예인이다. 그 뒤 도위를 폐지하고 그들의 거수를 후(侯)로 삼았다. 지금의 불내예는 모두 그 종족이다. 한말에 다시 고구려에 복속했다."고 했는데 이 기록은 단단대령의 위치를 알 수 있는 근거 사료이다. 현재 주류 사학계는 낙랑군이 평양에 있었으니 단단대령이 백두대간이라고 주장한다. 그러나 평양은 요동에 있었기 때문에 단단대령은 요동 평원의 동쪽에 위치한 천산산맥을 말하는 것임을 알 수 있다.

5)《삼국사기》〈고구려 본기〉동천왕

"동천왕 21년(247) 2월에 왕은 환도성이 전란을 겪어 도읍을 삼을 수 없다고 했다. 평양성을 쌓고 백성과 종묘사직을 옮겼다. 평양은 본래 선인 왕검의 땅이다. 다른 기록에는 왕이 왕험에 도읍했다고 했다."는 기록에서, 동천왕 때 옮긴 평양성은 바로 고조선의 도읍지인 왕검성이라고 명확히 밝히고 있다. 동천왕 때까지도 고구려의 남쪽 경계는 살수 이남을 내려가지 못했다. 이래서 동천왕의 평양이 현 북한 평양이 절대로 될 수 없음을 보여준다.

6) 《삼국사기》〈고구려 본기〉 봉상왕

"봉상왕 2년(293) 8월, 모용외가 침략했다. 왕이 신성(新城)으로 가서 적을 피하려 했는데 왕의 행렬이 곡림에 이르렀다. 모용외가 왕이 나간 것을 알고 군사를 이끌고 추격했다. 거의 따라잡히자 왕이 두려워했다. 이때 신성재(新城宰) 북부 소형(小兄) 고노자가 기병 5백 명을 이끌고 왕을 맞이하러 나왔다가 적을 만나 역전하니 모용외의 군사가 패해 물러갔다. …… 봉상왕 5년(296), 왕이 고노자를 신성 태수로 삼았는데 백성을 잘 다스려 위세와 명성이 있어 모용외가 다시는 침범하지 못했다."고 했다. 당시 고구려 도읍은 동천왕이 천도한 이래로 계속해서 평양이었다. 신성은 《가탐도리기》의 육로행에서 나오듯이 개모성의 동쪽이며 요하 남쪽이고 혼하의 북안에 위치했다. 봉상왕이 평양성을 떠나 신성으로 도주한 것은 신성이 평양 인근에 위치한 난공불락의 요새였기 때문이다. 당시 요서에 위치했던 모용외는 요하를 건넌 후 남로를 이용해 평양을 향해 진군했을 것이고 봉상왕은 모용외의 군사를 피해 북쪽의 신성으로 도주해 고노자의 도움으로 화를 면할 수 있었다. 만약 평양이 현재 북한에 있었다면 이게 가능했을까? 만에 하나 당시 평양이 북한 평양이라는 가정을 하면 모용외가 요서에서 평양으로 오기 위해서는 군사를 이끌고 북쪽

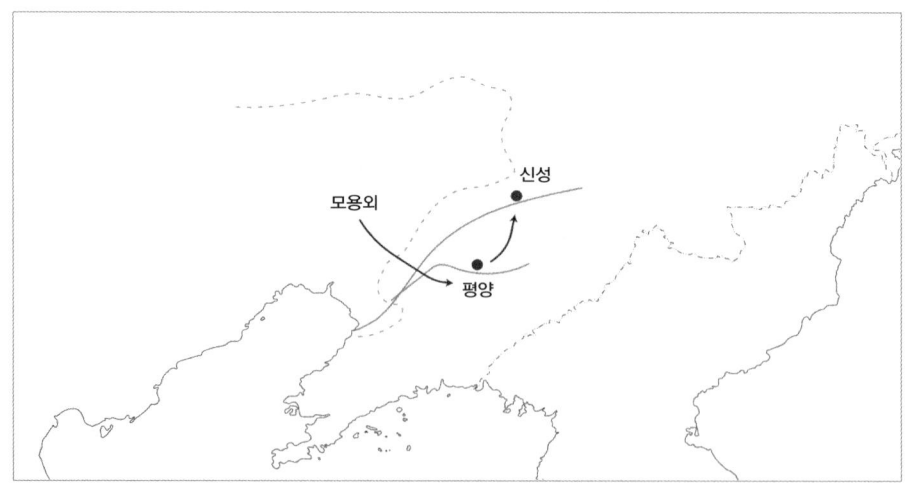

〈지도 35〉 모용외의 침입 경로와 봉상왕 도주로

에서 남쪽으로 와야 한다. 봉상왕이 모용외의 군사를 피해 도주하려면 북쪽인 신성을 향하는 것이 아니라 다른 방향이어야 한다. 북한 평양에서 신성까지의 직선거리는 약 350킬로미터이고 큰 강인 현 압록강을 건너기도 쉽지 않다. 고구려가 모용외의 군사가 오는 방향으로 그렇게 먼 거리를 도주할 만큼 우둔하지는 않았을 것이다.

그리고 동천왕의 평양이 집안의 국내성이라면 어찌 될까? 길림 집안에서 신성으로 도주하기 위해서는 모용외의 군사가 오는 방향으로 향해야 하니 사지로 들어가는 꼴이나 마찬가지다. 그래서 고구려의 평양은 절대로 현 북한 평양도 국내성도 아니며 현 태자하 근처에 있어야만 모든 기록들의 인과관계가 들어맞는다. 참고로 고구려 신성은 동북에 하나 더 있다. 주류 사학계는 봉상왕이 도주한 신성이 동북에 위치한 신성이며 두만강 쪽에 있었다고 한다. 이는 고구려 평양을 북한 평양이라고 전제하니 봉상왕이 혼하 북안에 위치한 신성으로 도주할 수 없다고 생각했기 때문일 것이다. 그러나 모용외의 침략을 막기 위한 신성은 고구려 동북의 신성이 될 수 없다. 모용외가 고구려 서쪽에 있었는데 두만강에 있던 고노자를 두려워해 모용외가 더 이상 침범하지 못했다는 것은 성립할 수 없는 논리다. 고구려 평양이 북한에 있다고 생각하니 신성 위치 또한 엉터리가 될 수밖에 없는 것이다. 여기서 말하는 신성은 평양 북쪽의 신성이 될 수밖에 없다.

7) 《삼국사기》 〈신라 본기〉 기림이사금

이미 나왔던 《삼국사기》 〈신라 본기〉의 "기림이사금 3년(300) 3월에 우두주에 이르러 태백산에 망제를 지냈다. 낙랑과 대방이 귀순해 신라에 복속했다."고 나온다. 이 기록에서도 알 수 있듯이 낙랑과 대방은 313년에 망한 것이 아니라 이때 실질적으로 망했음을 알 수 있다. 이로부터 13년 후에 《자치통감》 〈진기 효민황제〉 건흥 원년(313)조에 요동의 장통이 낙랑과 대방 2군을 점거하여 고구려 미천왕과 서로 싸우다가 드디어 그 백성 1천여 호를 이끌고 모용외에게 귀순했으며, 모용외가 그들을 위해 낙랑군을 설치했다는 기록이 있다. 이 당시 따라간 백성이 1천여 호밖에 안 된다는 것은 장통은 이미 망한 낙랑군의 잔존 세력에 불과하며 이때 모용외가 낙랑군을 다른 곳으로 교치했음을 알 수 있다.

8) 《삼국사기》〈백제 본기〉 동성왕

"동성왕 16년(494) 7월에 고구려와 신라가 살수 벌판에서 싸웠는데 신라가 이기지 못하고 견아성으로 물러나 지키자 고구려가 포위했다. 왕이 군사 3천을 보내 구원하자 포위가 풀어졌다."고 했다. 상기의 기록은 〈신라 본기〉와 〈고구려 본기〉에도 동일하게 나온다. 살수는 패수임을 이미 고찰한 바가 있다. 이때 신라군은 요동 평양을 공격하기 위해 태자하까지 올라갔다가 살수에서 고구려군과 맞붙었던 것이다. 주류 사학계는 여기 살수는 한반도 남부에 있다고 주장한다. 고구려 평양을 북한 평양으로 살수를 청천강으로 비정하고 있는 주류 사학계로서는 신라군이 평양 북쪽에 있는 살수를 공격하는 기록을 인정할 수 없으니 한반도 남부에 또 다른 살수를 만들어낸 것이다. 그러나 살수가 한반도 남부에 존재한 기록은 어디서도 찾아볼 수 없다. 살수는 패수이자 태자하이며 당시 신라는 패수 북안에 있던 고구려 평양을 공격하기 위해 북진했다가 살수에서 고구려에게 패해 견아성으로 후퇴했던 것이다.

9) 《삼국사기》〈고구려 본기〉 영양왕

고구려 영양왕 23년(612) 음력 2월, 수나라 대군이 요수(현 요하)를 건너 요동성을 공격하지만 요동성을 함락시키지 못하자 별동대 30만을 편성해 압록을 건넌다. 그런데 이상한 것은 요하에서 현 압록강까지 아무런 전투 기록이 보이지 않는다. 이 압록이 현 압록강이 맞으면 요하에서 압록강까지 고구려 군사들은 아무런 저항도 하지 않고 지켜만 본 것일까? 이와 관련해 여러 기록들을 고찰해 보자. 《자치통감》〈양황제〉 "대업 6년(612) 5월, 좌익위 대장군 우문술은 부여도, 우익위 대장군 우중문은 낙랑도, 좌효위 대장군 형원항은 요동도, 우익위 장군 설세웅은 옥저도, 좌둔위 장군 신세웅은 현도도, 우어위

장군 장근은 양평도 …… 모두 압록수의 서쪽에 집결했다."고 나온다. 수나라 대군의 진군로에는 요하 바로 동쪽에 혼하가 있고 혼하에서 현 압록강까지 수백 킬로미터 거리다. 그 사이에는 지금의 주류 사학계가 엉터리로 비정한 오골성도 있고 박작성과 대행성도 있는데 어찌하여 서로 충돌한 기록이 없을까? 수나라 대군 또한 후방에 강력한 적군을 두고 압록을 건너게 되면 고구려군이 그때를 이용해 압록강 양측에서 협공할 것이 당연할 텐데 수나라 대군이 그런 위험한 모험을 할 리는 만무하다. 또 이상한 점은 수나라 군사가 강이 크고 물살이 센 압록강을 어찌 건널 수 있었을지 알 수 없다. 조선시대에 청나라로 가는 연행사의 기록을 보면 압록강의 유속이 너무 세서 배가 당초 목적지보다 하류로 떠내려갈 정도라고 하는데 수나라 대군이 이런 강을 건너는 것이 어찌 가능했을까. 현재의 압록강이라면 30만 대군이 압록강을 건너기 위해 최소한 수백 척의 함선을 동원하더라도 십여 차례 이상 왕복해야 한다. 그런데 함선을 만들었다는 기록도 없고, 실제로 원정길에 병참도 쉽지 않은데 조선 시설도 없는 곳에서 장기간에 걸쳐 만들 수도 없다. 설사 소수의 병력으로 나누어 도강하더라도 분산된 병력으로는 고구려군의 역습을 우려해 그런 위험한 도강을 시도도 하지 않았을 것이다. 《삼국사기》와 중국 사서의 기록을 보면, 고당전쟁 당시 고구려군의 병력은 최소한 30만 이상을 넘겼음을 알 수 있다. 실제로 이런 강력한 고구려군으로 인해 당나라 군사는 평양으로 직공하지 못하고 도처에서 고구려군과 전투를 벌여야 했다. 임진왜란 당시, 왜군이 한강을 건너지 못해 시간을 지체하다 조선군의 실수로 겨우 강을 건너는 방법을 알았다는 기록이 있을 정도로 대군이 선박 없이 큰 강을 건너는 것은 불가능한 일이다. 당시는 여름이라 강물도 얼지 않아 건너는 방법은 부교를 만드는 것 외엔 없다. 하지만 고구려가 압록책이라 하여 압록을 요새로 만들고 진을 치고 있던 상황에서, 물살이 거센 큰 강에서 대형 부교를 만드는 자체도 쉽지 않았을 것이다. 이런 이유로 수나라 군대가 건넜던 압록수가 지금의 압록강이라는 것은 일고의 가치도 없다고 봐야 한다. 물론 고구려 평양은 현 북한 평양이 아니라 요동에 있었던 것이 확실하기 때문에 평양을 가기 위해

현 압록강을 건널 이유도 없다.

　그리고 영양왕 25년(614)에는 내호아가 이끄는 수나라 군사가 해로를 통해 비사성으로 들어와 고구려 군사를 격파했다. 이후 평양을 향해 진군하려 하자 고구려가 사신을 보내 항복을 청하고 이에 내호아가 돌아갔다. 여기서 비사성은 한중일 삼국이 비정한 대련시 대흑산 산성이 아니라 지금의 해성시로 혼하이자 고대 압록수 하류에 있었다. 비사성의 기록을 확인해 보자. 비사성(卑沙城)은 신당서에는 사성(沙城)으로 나온다.《요사》〈지리지〉동경요양부 "사하(沙河)는 동남산에서 서북으로 흘러서 개주(蓋州)를 지나 바다로 들어간다." 사하는 개주를 지난다고 했는데 개주가 해주의 남쪽에 위치한 것을 감안하면 사성은 사하에서 이름 땄을 것이다.《명대요동변장도》를 보면 사하(沙河)가 해성시를 지나가기에 이를 보아도 비사성은 해주에 있었음이 틀림없다.《요사》〈지리지〉동경요양부 해주남해군 기록에는 "해주 남해군이 설치되었고 절도를 두었다. 본래 옥저국이고, 고구려 때 비사성으로 당나라 이세적이 공격했던 곳이다."라고 했다. 해주에 비사성이 위치했음은《요사》〈지리지〉뿐만 아니라 다른 중국 사서에서도 마찬가지이다.《자치통감》〈당기 태종〉조의 정관 19년(645)의 기록에는 "비사성은 사면이 절벽이라 오직 서문으로 오를 수 있었는데 정명진이 밤에 군사를 이끌고 갔다. 왕대도가 먼저 올라가 5월 기사(己巳)에 함락시켰다. 남녀 8천을 포로로 잡았고 총관 구효충에게 별도로 군사를 주어 압록수의 불을 환하게 밝히도록 했다."라고 나온다. 대련에서 현 압록강까지는 약 300킬로미터이다. 비사성이 대련에 있었다면 당나라 군사는 대련에서 300킬로미터를 가서 압록강에 불을 밝힌 것이다. 고구려 영토를 전투 없이 300킬로미터나 갈 수도 없겠지만 그곳에 불을 밝힐 어떤 이유가 있었을까? 당나라 군사가 압록수에 불을 밝힌 이유는 고구려군의 야습을 차단하려 한 것일 테니 비사성과 압록수는 바로 지척에 있었고 현 사하 위치와 일치한다. 비사성 위치에 대해서《독사방여기요》〈요동행도사〉조에 "해주위는 요동행도사 서남쪽 120리에 있다. 사비성은 해주위의 치소로 비사성이라고도 한다." 요동행도사는 요양을 말한다. 120리면 약 40킬로미터로 요양에서 서남

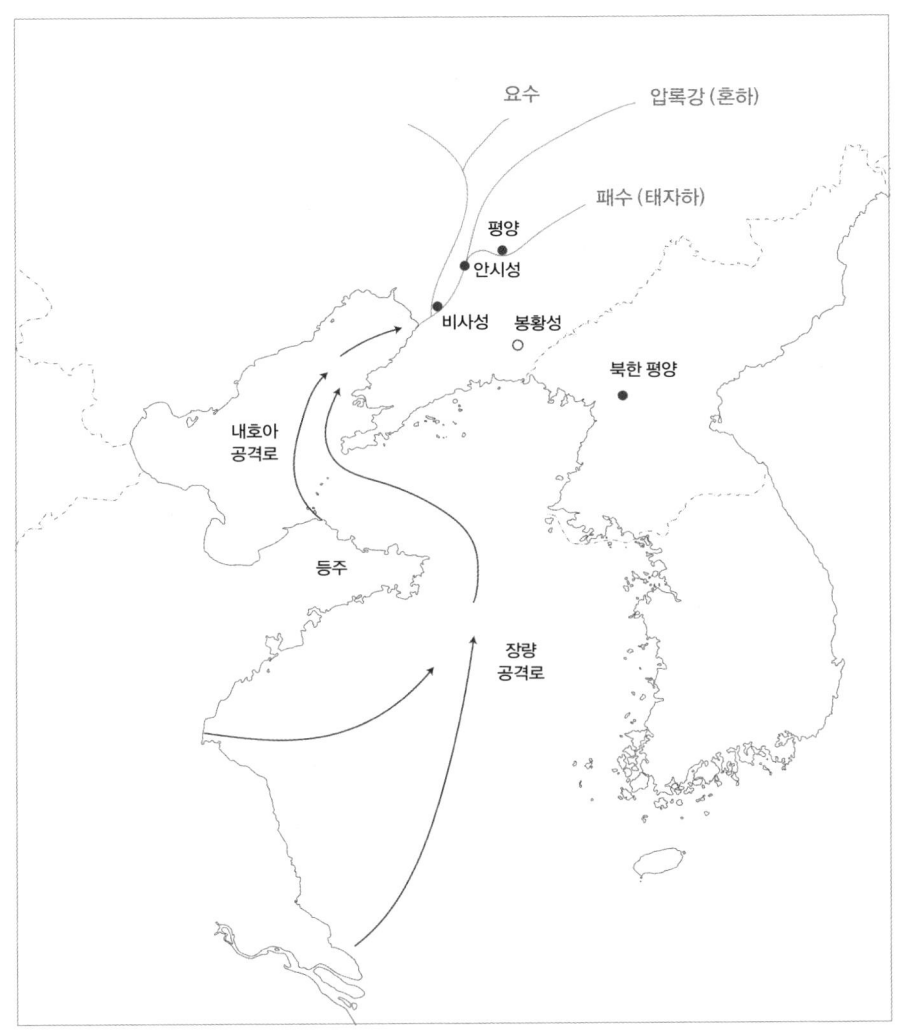

〈지도 36〉 수와 당나라의 수군(水軍) 공격로

쪽 40킬로미터를 따라가면 현 안산시 서남쪽 일대이다. 당나라 장수 정명진은 이곳을 점령한 후에 혼하 하구를 불로 밝힌 다음에 대기하고 있었던 것이다.

내호아는 수나라의 수군 제독으로 비사성 전투에서 이긴 후 평양으로 육박했다. 여기서 너무도 당연한 생각이 드는 것이 비사성과 평양은 가까운 곳에 있다는 점이다. 수군을 가지고 있음에도 평양과 거리가 먼 비사성에서 전투를 벌여서 시간과 병력을 소진한 다음에 다시 북한 평양으로 배를 타고 가는 엉터리 계책이 나올 수 없다. 이와 관련해서 당나라 수군 제독인 장량의 종군 기록은 어떤지 비교해 보자. 《신당서》〈동이열전 고구려〉조에 "태종은 낙양에 거동해 장량을 평양도 해운 대총관으로, 상하, 좌난영을 부총관으로, 염인덕, 유영행, 장문간, 방효태, 정명진을 총관으로 삼아서 강, 오, 경, 낙에서 모은 군사 4만과 오의 전선 5백 척을 이끌고 바다를 건너 평양으로 향하게 했다. …… (하략)" 이 기록에서 당 태종은 장량의 수군에게 평양으로 향하게 했으니 다음 기록에는 바닷길을 통해 분명히 현 대동강이나 평양에서 전투가 있어야 정상이다. 황제의 명령을 받은 장수가 다른 곳으로 간다는 것은 있을 수 없는 일이다. 그런데 당 태종이 육로로 가서 안시성 전투에서 고전하고 있을 동안, 뜻밖에 장량은 비사성을 함락한 다음 그곳에서 대기하고 있었다. 《신당서》〈동이열전 고구려〉조에 "여러 신하들은 장량의 군대가 사성(비사성)에 있으니 부르면 이틀 밤에 도착할 것이며, 만약 오골성을 탈취한다면 압록을 건너 그들의 심장부를 칠 수 있으므로 좋은 계책이라고 하였다."라고 했다. 군대가 하루에 갈 수 있는 거리를 '일사(一舍)'라고 하는데 30리라고 한다. 대군이 움직이면 많은 물자도 함께 따라야 하고 식사와 휴식 시간을 고려할 때 평균 그 정도였던 것 같다. 물론 속보로 행군하면 더 빨리 갈 수도 있으나 하룻밤에 갈 수 있는 거리는 최대 30리가 안 되었을 것이다. 청나라로 가는 조선 연행사 기록에 하루에 60리 이상을 도보로 이동한 기록이 있기는 하다. 그러나 군사들은 무거운 갑옷과 무기를 들고 이동해야 하니 사신의 이동 속도와 단순 비교할 수는 없다. 또한 옛날에는 도로 사정이 지금과 같이 좋을 수 없기 때문에 하루 30리 행군은 무리였던 것이다. 《손자병법》〈7편 군쟁〉에서 "이런 이유로 갑옷을 벗고 달려 주야로 쉬지 않고 길을 갑절로 해서 행군해 1백 리를 나아가 싸우면 세 장군이 포로가 되고, 지나간 자는 앞서지만 뒤처진 자로 인해 군사의 10분의 1밖에 운용 못 하고, 50리를 행군해서 싸우면 상장군은 죽고 군사의 2분의 1밖에 운용 못 하고, 30리를 행군해 싸우면 군사의 3분의 2밖에 운용 못 한다."는 내용에서 대군이 갈 수 있는 일일 최대 거리는 30리 안팎임을 알 수 있다. 주류 사학계는 오골성이 단동 근처에 있는 봉황성이라고 말하는데 비사성이 있는 해성시에서 봉황성까지의 직선거리는 약 200킬로미터로 약 500리가 넘는다. 대군이 500리의 거리를 행군하려면 최소한 10일 이상은 걸릴 것인데 하루나 이틀의 이동으로 불가능하다. 만약 대련이 비사성이라면 어떻게 될까? 대련과 압록강의 거리인 300킬로미터면 서울에서 울산까지다. 이것은 더 불가능한 거리이다.

그리고 평양 직공 명령을 받은 장량이 비사성에서 대기하고 있다는 것은 고구려 평양은 비사성에서 멀지 않았으며, 압록수 또한 비사성 근처에 있다는 것을 명백하게 한다. 《독사방여기요》의 비사성 설명을 보자. "사비성은 곧 해주위의 성이다. 또한 비사성이라고도 한다. 고구려가 돌로 층층이 성을 쌓았는데 폭이 9리다. …… 등주와 내주로부터 달려 고구려 평양으로 가기 위해서는 반드시 먼저 이곳에서 출발해야 한다." 이 기록은 평양으로 가기 위해서는 등주에서 먼저 비사성으로 가야 한다는 것이다. 고구려 평양이 현재의 북한 평양에 있었다면 평양으로 가기 위해서는 등주에서 남포로 가는 게 맞다. 《독사방여기요》의 이 기록은 고구려 평양이 요동에 있었음을 명백히 보여준다. 《삼국사기》〈고구려 본기〉에 "보장왕 7년(648) 9월에 태종이 장군 설만철을 보내 침입해 들어왔다. 바다를 건너 압록으로 들어와 박작성 남쪽 40리에 들어와 진영을 만들었다. 박작성주 소보손이 보병과 기병 1만여 명을 거느리고 막았다. 만철이 우위장군 배행방을 보내 여러 군대로써 이기니, 우리 병사가 패했다. 배행방 등이 군사로써 성을 포위했으나 박작성은 험준한 산에 의지하고 압록으로 굳게 막혔으므로 공격했지만 빼앗지 못했다."라고 했다. 이 기록은 신당서에도 나온다. 《신당서》〈설만철 열전〉 "정관 22년(648), 청구도행군 총관으로서 3만의 병력을 지휘하여 고구려를 정벌했다. 압록수에서 대행성을 기습 공격해, 고구려 보병 및 기병 1만 병력과 싸워 고구려 장군 소부선을 참수했다. 고구려 군사들이 모두 두려워했는데 드디어 박작성에 다다랐다. 고구려군 3만이 지원을 와서 격퇴하고 그 성을 함락했다."고 했다. 이 전투는 동일한 사건을 각자 자국의 입장에서 기록한 것이다. 《삼국사기》에는 설만철이 박작성을 함락하지 못했다고 하는데 《신당서》〈설만철 열전〉에는 함락했

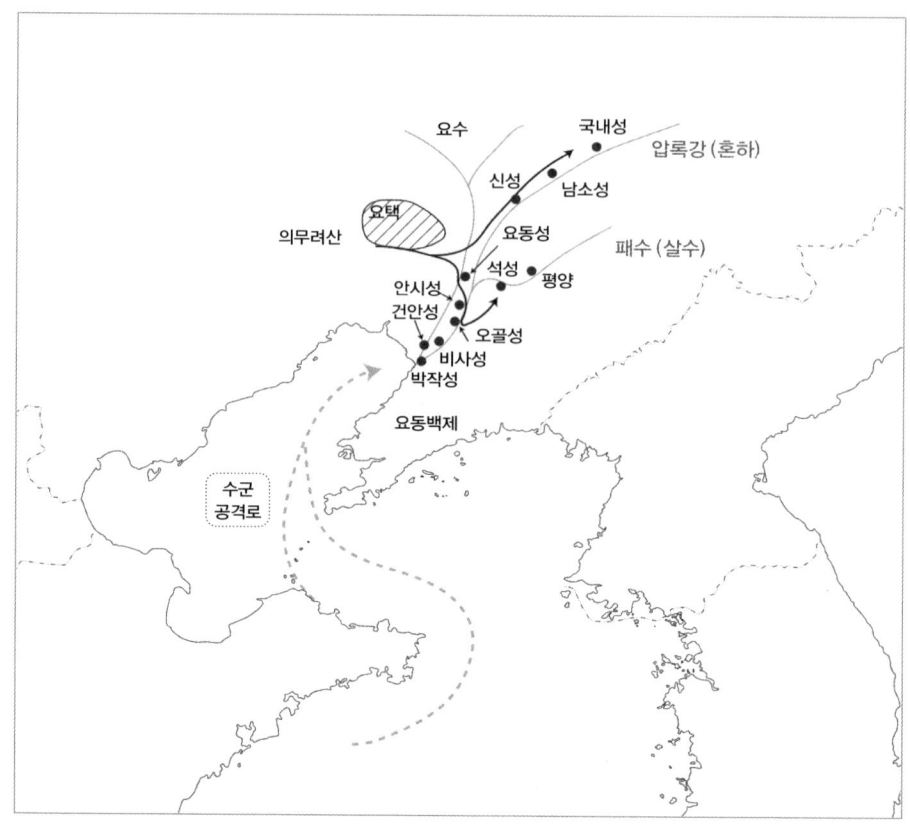

〈지도 37〉 고당 전쟁 시기 당군 공격로

다고 나온다. 《신당서》〈동이열전〉을 확인해 보니 성을 포위하고 고구려 원병을 물리쳤다고만 되어 있어 〈설만철 열전〉의 박작성 함락은 거짓일 것이다. 기록에서 보듯이 설만철은 고구려를 치기 위해 바다를 건너 박작성으로 왔다. 《가탐도리기》의 해로행에서 박작성은 고대 압록인 혼하 하구에 있었다. 주류 사학계는 박작성의 위치에 대해 현 압록강 북쪽의 단동시로 비정하고 대행성은 압록강 북쪽에 있었을 것으로 추정하지만 엉터리다. 비사성과 마찬가지로 박작성 또한 혼하를 건너 평양으로 진군하는 관문이기 때문에 당나라 군사가 여기에 왔던 것이다. 비사성, 오골성, 박작성 이 세 개의 성은 고구려 입장에서는 고대 압록수 하구와 평양을 방어하는 전초 기지이고, 당나라 입장에서는 평양을 공격하기 전에 반드시 얻어야 하는 교두보였던 것이다. 그런데 여기서 한 가지 의문이 생길 수 있다. 당나라 군사가 요동성을 함락한 후 동쪽으로 요양을 지나면 평양성이 가까운데 왜 동쪽 길을 택하지 않고 요동성의 남동쪽에 위치한 안시성과 오골성을 경유해서 평양으로 가는지 말이다. 이것은 평양성이 패수 북안에 있는 것이 아니라 동남쪽에 위치한 근거라고 생각할 수도 있다. 그 이유는 고대의 양평과 요양 사이는 요하, 혼하, 태자하의 세 개의 강물이 지나는 곳으로 물이 질펀한 습지였을 것이다. 수나라와 당나라 군사가 요하를 건널 때 요택의 습지에서 큰 고생을 하는 기록이 나온다. 고대에는 바닷물이 요양까지 올라왔으므로 양평에서 동쪽으로 바로 가는 길보다 남쪽으로 내려온 후 다시 동북으로 가는 길이 더 편리했을 것으로 짐작된다. 실제로 청나라로 가는 조선 연행사의 기록을 보면 요양에서 바로 서쪽으로 가서 혼하와 요하를 건너는 것이 아니라 더 북쪽의 심양까지 올라가서 서쪽으로 혼하와 요하를 건너간다. 이는 수와 당나라 군사가 요하를 건넌 다음에 직선거리로 평양으로 가는 길이 어려웠기 때문에 북쪽의 심양을 거쳐 남쪽으로 내려가든지 아니면 안시성이 있는 남쪽 길로 가서 다시 동북쪽으로 가는 길밖에 없어서 그랬던 것이다. 그리고 또 다른 이유는 양평에서 평양으로 직공하는 길이 막혀 있었기 때문이다.《삼국사기》〈고구려 본기〉"영류왕 14년 2월에 왕이 많은 사람을 동원해 장성을 쌓았는데 동북쪽으로 부여성부터 동남쪽으로 바다에 이르기까지 약 천 리였다. 모두 16년 만에 공사를 끝냈다."라고 나온다. 당시 고구려의 서쪽 경계는 갈석이었고 그곳에서 동북으로 올라가면 의무려산을 지나 부여성까지 이르렀다. 부여성 위치에 대해서는 몇 가지 다른 기록이 있다. 현 개원, 혹은 사평시에서 장춘 사이 및 장춘 농안현 일대의 다양한 기록이 존재한다.《대명일통지》〈요동도지휘사사〉에서는 봉천부 개원현이 부여국이라고 했고, 정겸이 주석을 달길, 부여부 땅은 길림의 서쪽이고 장춘부의 쌍성, 오상, 빈주라고 했다.《독사방여기요》〈요동행도사〉조에는 신주(信州)가 삼만위 동북쪽 300리 혹은 400리에 있고 삼만위는 요양의 북쪽 330리, 혹은 철령 북쪽 90리라고 부연 설명했다.《성경통지》〈권100 개원부(開原府)〉조에 "일통지(一統志)에 따르면 옛 개원성이 삼만위 서문 밖에 있다."고 했으니 삼만위는 개원에 있었고, 신주는 개원에서 약 100킬로미터에서 130킬로미터 사이다. 개원에서 동북으로 가면 75킬로미터 지점에 사평시가 있다.《요사》〈지리지〉에는 통주에 부여의 도읍인 부여성이 있다고 기록했는데 통주는 추리도에 신주(信州) 아래에 있다. 부여성은 현 개원시 동북과 사평시 사이로 특정할 수 있다. 그런데 허항종의《금국행정록》의 기록에는 중국에서 현 하얼빈시인 상경으로 가는 길에 신주가 나오는데 그곳에서 130리를 가면 황룡부가 나온다고 했다. 신주에서 130리 더 가면 장춘인데 이는 본래 부여성이 개원과 사평 사이에 있었지만 거란이 부여성의 동북쪽인 황룡부로 옮겨서 그런 것이다. 이에 대한 기록이《요사》〈지리지 동경도〉에 나온다. "용주 황룡부는 본래 발해의 부여부이다. …… 보녕 7년(975)에 장군 연파가 반란해 부를 폐지했다. 개태 9년(1020)에 성을 동북쪽으로 옮겼다." 상기 기록에서 1020년에 황룡부를 동북쪽인 장춘 일대로 옮긴 것을 알 수 있다. 그리고《삼국사기》〈고구려 본기〉보장왕 때의 기록을 보면 고구려가 압록책에서 당나라군을 막았다는 기록이 있다. 당시 고구려는 천리장성 외에도 부여성에서 옛 압록인 혼하를 따라 서남 방향으로 성을 쌓아 연결했던 것이다. 당나라 군사는 천리장성과 압록책을 통과하지 못하고 우회로를 찾을 수밖에 없었던 것이다.

10)《삼국사기》〈고구려 본기〉보장왕 20년

"보장왕 20년(661) 가을 8월에 소정방이 우리 군을 패강에서 격파하고 마읍산을 빼앗은 후에 평양성을 포위했다."는 기록에서《가탐도리기》의 해로행을 다시 한번 상기해 보자. 그 기록에서 패강은 혼하(압록수) 하류의 탁타만과 신라 장구진에 있었다. 비사성, 오골성, 박작성과 압록수는 모두 인근에 존재했고 패강도 마찬가지다. 수나라와 마찬가지로 당나라의 전쟁 기록을 보면 혼하는 단 한 번도 등장하지 않고 대신 압록, 압록책이라는 기록이 자주 등장한다. 당나라 군대가 요수를 넘으면 자연히 혼하를 만나게 되는데 혼하에 대한 기록은 전무하다. 또 다른 기록을 보자.《자치통감》〈당기〉 "정관 21년(647)

에 우진달, 이해안이 고구려 경내로 들어가 무릇 100여 차례 싸워 모두 이기고 석성을 쳐서 빼앗고 진격해 적리성에 이르렀다."고 나온다.《성경통지》〈권100 석성 고현(石城故縣)〉조에 석성의 옛 현이 요양 동쪽에,《요동지》〈권1 산천〉조에는 석성산이 요양성 동쪽 52리에 있다고 했다.《독사방여기요》〈산동 9 외국 조선〉조에 적리성은 평양 서쪽 경계에 있다고 했다.《삼국사기》〈지리지〉에는 압록강 이북의 도망한 7성 가운데 적리성이 나온다. 적리성이 압록강 이북에 있었는데《독사방여기요》에는 적리성이 평양 인근에 있었다고 한다. 이러면 자연히 평양은 압록강 이북에 있음을 확인시켜 준다. 그리고《한국민족문화 대백과사전》에도 적리성은 요령성에 있었다고 하니 평양이 북한 평양일 수는 없다. 그런데 고대 압록은 혼하이기에 적리성 또한 혼하 북안에 있어야 한다.《독사방여기요》에 적리성이 평양 서쪽 경계에 있다고 한 것은 평양이 태자하 북안에서 혼하까지 이어진 광역 행정구역인 것인지 알 수 없지만 이에 대해서는 의문이다. 그러면《자치통감》에서 기록한 석성의 위치는 어디일까?《성경통지》〈권25 산천 1〉조에 석성산은 개평성 동북 57리에 있다고 나온다. 석성은 본래《요동지》에서 요양 동쪽 52리에 있다고 했으니 개평성의 석성은 거란 때 옮긴 지명일 것이다. 담기양의《중국역사지도집》을 보면 백석산은 요양 동쪽에 위치해 있다. 즉, 석성은 요양 동쪽에 위치해 있었고 적리성도 근처에 있었으며 평양은 그 동쪽에 있었던 것이다. 1982년 편찬된《중국역사지도집》은 진(秦)나라의 영토가 북한 평양까지 있었던 것으로 기록하는 등 동북공정의 결정판이라 할 수 있다. 당시 고조선이 요서와 요동을 차지하고 있었는데 북한까지 왔을 가능성이 없다. 그럼에도 사료를 왜곡하면서 이렇게 하는 의도는 중국이 북한에 대한 역사 영토 주권을 가지려는 것이다. 우리 주류 사학계 또한 낙랑군이 북한 평양에 있었다고 엉터리로 주장하고 있으니 이에 항의할 수도 없게 되었다.《중국역사지도집》의 영토 관련은 오류이지만 일부 지명 기록은 맞으므로 여기서 인용했다. 덧붙여《요사》〈지리지〉의 기록도 보면《요사》〈지리지 동경도 개주진국군(開州鎮國軍)〉 "개주진국군에 절도가 있다. …… 돌을 쌓아 성을 만들었는데 주위가 20리다. 당나라 설인귀가 고구려를 정벌할 때 웅산에서 싸웠는데 석성에서 활 잘 쏘는 자를 잡은 곳이다. 태조가 발해를 평정하고 그 백성을 큰 부락으로 이주시키면서 성은 폐허가 되었다. 성종이 고려를 정벌하고 돌아올 때, 성터를 둘러보고 다시 수리했다."고 나온다. 이처럼 거란의 동경도가 요동에 있으니 개주 진국군 또한 요동에 있었다. 그 개주 진국군에 온사문의 석성이 나오니 온사문의 석성과 그 근처의 적리성 또한 명백히 요동에 있었던 것이다.

11) 《삼국사기》 〈신라 본기〉 문무왕 8년

《삼국사기》 〈신라 본기〉에 "문무왕 8년(668) 6월 22일에 고구려의 대곡과 한성(漢城) 등 2군 12성이 귀순해 항복했다."는 기록이 나온다. 《주서》 〈이역열전 고구려〉조에 평양 외의 별도 도읍지로 국내성과 한성이 있다고 했고, 《수서》 〈동이열전 고구려〉조에도 국내성과 한성이 있는데 모두 도회지로 평양과 함께 삼경이라고 기록했다. 고구려 한성에 대한 기록은 《주서(周書)》에 처음 나오는 것으로 보아 광개토태왕이 현 압록강 이남의 백제 땅을 차지한 이후에 설치했을 것이다. 당시의 상황을 보면 2년 전인 666년에 연개소문이 죽은 후 연남생이 뒤를 이었으나 동생 연남산, 연남건이 내분을 일으키고 이에 연남생이 국내성으로 도피해 당나라에 구원을 요청한다. 이후 668년 9월에 신라와 당나라 연합군이 평양성을 포위하자 연남산이 항복한다. 고구려 대곡과 한성 2군이 항복한 시기는 당나라가 평양성을 압박하고 있었을 동안이었음을 알 수 있다. 그런데 이상한 것은 이때 고구려가 한성을 차지하고 있었다는 점이다. 백제 한성은 진흥왕 이후부터 신라의 차지가 되었고 이후 백제가 한성을 수복하기 위해 신라를 계속 공격하지만 끝내 수복하지 못하고 666년에 망하고 만다. 고구려 또한 수나라와 당나라의 계속된 공격으로 인해 영토를 계속 잃다가 신라가 백제 부흥군에게 고전할 시기인 660년 11월에 칠중성을 함락하고 압록강 이남까지 영토를 수복한다. 1년 전인 문무왕 7년(667)에 당나라 군사가 압록수(혼하)에서 고구려군에 의해 막히자 당 고종이 신라군을 평양에 모이게 한다. 그래서 문무왕이 667년 8월에 왕이 김유신 등과 함께 경주를 출발하고 9월에 한성정에 이르러 이세적을 기다린다. 한성정

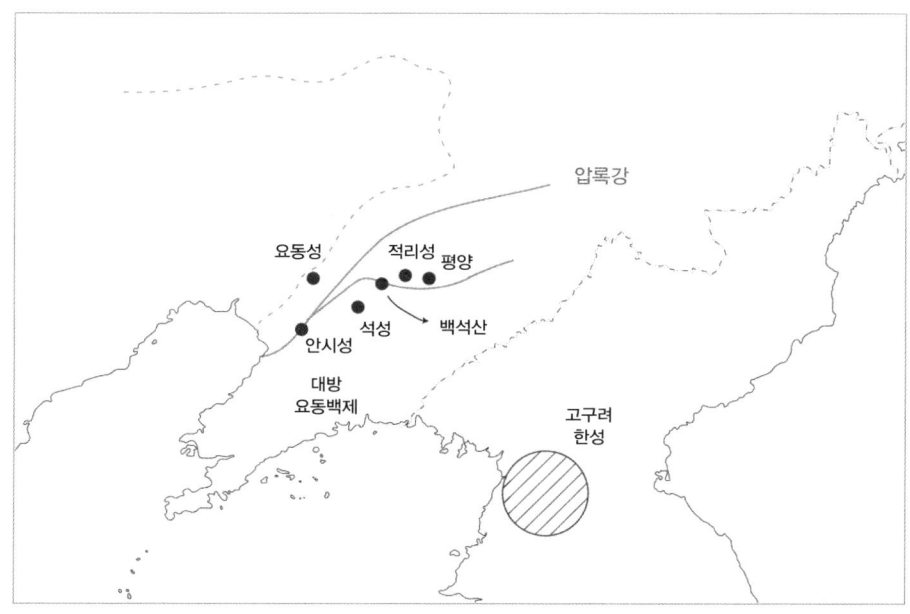

〈지도 38〉 고구려 한성, 석성, 적리성 위치

은 한산에 주둔한 군사 조직으로 이때까지도 한산 일대는 신라의 차지였고 이후로도 변함이 없었다. 그래서 이때 항복한 한성은 백제 한성이 아니라 고구려 한성임을 알 수 있다.

먼저 대곡은 《고려사》〈지리지 북계 서해도 평주〉조에 나오므로 현재의 황해도 중부 평산으로 비정되고 대곡군과 한성군이 같이 항복한다는 것은 둘의 위치가 인접한 것을 알 수 있다. 그런데 주류 사학계는 고구려 한성의 위치로 황해도 재령으로 비정하고 있다. 정말로 그러한지 기록을 보면, 《삼국사기》〈지리지 고구려 한산주〉조에 '한성군(漢城郡)은 한홀(漢忽)이라고 한다. 식성(息城) 혹은 내홀(乃忽)이라고도 한다'라고 나오고, 《삼국사기》〈지리지 신라 중반군〉조에는 '중반군(重盤郡)은 본래 고구려 식성군(息城郡)이었는데 경덕왕이 이름을 고쳤다. 지금은 안주(安州)다.'라고 기록했다. 두 개의 기록을 종합하면 한성군은 중반군이고 식성군이기도 하며 안주임을 알 수 있다. 그러면 안주에 대한 고려사의 기록을 보자. 《고려사》〈지리지〉에 "안주(安州)는 본래 고구려 식성군이다. 한성군이라고도 하고 한홀, 혹은 내홀이라고도 한다. 신라 경덕왕 때에 중반군으로 고쳤고 고려 초에 지금 이름으로 바꿨다. 성종 14년(995)에 방어사를 설치했다. 현종 초에 방어사를 폐지하고 해주에 속하게 했다. 예종 원년(1106)에 감무를 두었다. 고종 4년(1217)에 거란군을 방어한 공으로 재령 현령관으로 승격했다. 별호는 안릉인데 성종 때 정했다. 또 안풍으로 부른다."라고 나온다. 이 기록을 보면 한성군은 안주인데 거란의 침입 동안 재령 현령관으로 승격했다는 것이다. 안주는 고려 때도 그렇지만 현재 평안북도 북서쪽의 청천강 남안에 붙어 있다. 재령은 황해도 중부에 있는데 주류 사학계는 안주라는 기록은 무시하고 재령 현령관이라는 기록만 선택해 고구려 한성을 재령으로 비정하고 있다. 그런데 자세히 살펴보면 한성군은 고구려의 지명임을 알 수 있다. 고구려의 한성군이 안주라고 하는 기록만이 고구려의 한성군에 해당하는 설명이고 《고려사》〈지리지〉에서 거란을 방어한 공으로 안주를 재령 현령관으로 승격했다는 것은 이후 고려의 전쟁 과정에 의한 것이다. 거란이 공격해 오자 안주의 백성들이 재령으로 후퇴해 재령을 지켰기 때문에 받은 별칭일 수도 있기 때문에 한성군을 재령으로 연결하는 것은 기록을 제대로 이해하지 못한 것이다. 이는 마치 평양이 요동에서 한반도로 옮겨온 사실을 모르고 한사군과 고구려 평양이 북한 평양에 있었다는 것과 유사하다. 한성군은 중반군 혹은 식성군이며 고려의 안주라는 이 기록만이 고구려 한성군을 설명하는 사실일 뿐 그 이후의 기록은 고구려 한성군과는 관계없는 것이다. 여기서 고구려 한성이 북한 평양까지 포함하고 있다는 증거를 보자. 1913년 북한 평양성에 고구려 성벽의 석각이 여러 개 발견되었는데, 그중 '병술 12월, 한성(漢城) 하후부(下後部)의 소형(小兄) 문달이 여기서부터 맡아 서북행으로 걷는다.(丙戌 十二月中, 漢城下後卩 小兄 文達節 自此西北行步之)'는 기록이 있다. 여기서 하후부는 한성을 나눈 행정구역일 테고 소형은 고구려 관직명이다. 당시 성을 쌓기 위해 고구려 한성 사람이 동원된 것을 알 수 있는데, 대개 성을 쌓을 경우 주위에 사는 백성을 동원하지 먼 곳에 사는 백성들을 동원하지 않는다. 문헌 기록도 그렇지만 유물 또한 북한 평양이 고구려 한성임을 보여준다. 주류 사학계가 고구려 한성을 재령으로 주장하는 이유는 명백하다. 만약 고구려 한성군이 안주와 북한 평양이라고 하면 그들이 반드시 지켜야 하는 한사군의 평양과 고구려 평양이 북한 평양이라는 대전제가 깨지기 때문이다. 이때는 고구려가 당나라와 전쟁 중이었는데 고구려 대곡군은 황해도 평산이고 한성군이 안주라면 고구려 평양성은 그 가운데 있으므로 평양성을 북한 평양에 둘 수 없는 것이다. 또 다른 이유는 통일신라 9주 중의 하나인 한산주 한성군이 청천강까지 올라가 있으니 그들이 주장하고 있는 통일신라의 영토가 대동강에서 원산만이라는 주장 또한 거짓말이 되니 고구려 한성군이 안주라는 사실을 절대로 인정할 수 없을 것이다. 당시 고구려는 인구에 비해 영토가 넓어 한 개 군의 면적이 넓었을 것이고 더욱이 삼경 중의 하나이므로 다른 군에 비해서 더욱 넓었을 것이다. 그래서 고구려 한성군은 북쪽으로 평안남도 안주에서 남쪽으로 평양을 포함하는 광역지명이었을 것으로 추정할 수 있다. 한사군의 평양과 고구려 평양이 요동에 있었음은 이미 밝혔으므로 북한 평양은 고구려 평양이 아님이 확실하다. 또한 고구려 한성이 북한 평양과 안주를 포함한 일대인 것은 다른 기록에도 전혀 모순되지도 않는다. 이 기록을 통해서도 고구려 평양이 북한 평양이 아님을 말해준다.

12) 《삼국사기》〈신라 본기〉문무왕 10년

"문무왕 10년(670) 3월, 사찬 설오유가 고구려 태대형 고연무와 함께 각각 정병 1만을 이끌고 압록강을 건너 ①옥골(屋骨)에 이르렀다. 말갈병이 먼저 와서 개돈양에서 기다리고 있었다. 당군과 싸워 대승을 거두었지만 당나라 군사가 연이어 도착하자 후퇴해 백성(白城)을 지켰다."라고 나온다. 상기 기록을 보면 669년에 검모잠이 고구려 부흥군을 일으켰고 이에 신라와 고구려군이 연합해 670년 3월에 압록강을 건넜음을 알 수 있다. 이어 신라와 고구려의 연합군이 말갈을 격파하지만 4월에 고간과 이근행의 당나라 군사가 오자 후퇴해서 백성(白城)으로 들어가 지켰다. 여기서 압록강은 혼하이다. ①옥골(屋骨)의 위치에 대해 《한국사 데이터베이스》의 〈신라 본기〉문무왕 10년 조를 일부 인용하면 "《삼국사기》〈지리지 백제〉조에 압록수 이북의 항복하지 않은 성 중에 옥성주(屋城州)가 나온다. 옥성은 옥골은 둘 다 압록수 이북에 있고 옥의 글자가 같으니 동일한 지명일 것이다. 그리고 한원이 인용한 고려기에는 언골성(焉骨城)이 나온다."라고 했다. 언골성의 글자와 옥골의 발음으로 보아 오골성(烏骨城)임을 알 수 있다. 오골을 빠르게 말하면 옥골로 발음된다. 오골성 위치에 대해서는 당 태종의 진격로와 《가탐도리기》의 해로행에서 이미 고찰했지만 혼하 하구의 비사성과 가까운 곳에 있었다. 신라와 고구려 연합군은 동쪽에서 서쪽으로 고대 압록수인 혼하를 건너 오골성에서 당나라 군사와 싸웠던 것이다. 당나라가 설치한 안동도호부는 676년까지 평양에 있었다. 신라는 압록강으로 가기 전에 평양의 안동도호부를 함락하면 나당 전쟁의 주도권을 잡을 수 있다. 그럼에도 불구하고 신라군이 가까운 평양을 내버려 두고 압록강을 건넌다는 것은 고구려 평양이 북한 평양이 아니라는 것을 이 기록에서도 알려준다.

13) 《삼국사기》〈신라 본기〉 문무왕 12년

"문무왕 12년(672) 가을 7월에 당나라 장수 고간이 군사 1만 명을, 이근행이 군사 3만 명을 각각 이끌고 일시에 평양에 이르러 여덟 곳의 진영을 만들어 주둔했다. 8월에 한시성, 마읍성을 공격해 이기고 백수성 5백 보 거리쯤에 진영을 만들었다. 우리 군사가 고구려 군사와 합해 당나라 군사와 싸워 수천 명의 목을 베었다. 고간 등이 물러나자 석문(石門)에 이르러 싸웠는데 우리 군사가 패했다."고 했는데,《삼국사기》〈김유신 열전〉에도 동일한 기록이 나온다. "처음에 법민왕(문무왕)이 고구려의 반중을 받아들이고 또 백제의 옛 땅을 점령해 가지니 당 고종이 크게 노해 군사를 보내 토벌케 하였다. 당군은 말갈과 더불어 석문의 들에 영을 만들었고 왕은 장군 의복, 춘장 등을 보내어 막게 하여 대방의 들에 진영을 만들었다. 이때 장창당은 홀로 영을 하였다가 당의 군사 3천을 만나 잡아서 영으로 보냈다."고 했다. 19세기 말 일본이 편찬한 지도인 《명대요동변장도》를 보면 석문 위치가 나온다. 지도에서 그 위치는 요양 동쪽이며 기록에서 보듯이 한시성, 마읍성, 백수성 근처에서 석문 전투가 발생했다. 백수성은 물이 흰색이라 해서 이름 지어진 것이고,《요사》〈지리지 동경요양부〉에 백석산(일명 횡산)이 있었는데 백수성이란 이름은 아마도 여기에서 나왔을 것이다. 이미 언급했지만《요동지》〈권1 산천〉조에 석성산이 요양성 동쪽 52리에 있었다. 그리고 한시성, 마읍성은《삼국사기》의 기록에서 보듯이 당나라 군사가 평양에 진영을 만든 후 한시성, 마읍성을 공격하고, 백수성, 석문 및 대방에서 신라, 고구려 연합군과 싸웠다는 것을 보아 이들 지명은 모두 평양성 인근에 존재했다. 조선 정조 때는 청으로 가는 서장관 홍영호가 압록강 이북 300리에 석문령에 대한 기록을 남겼는데 석문 전투의 장소는 홍영호가 보았던 장소와 동일하다. 즉 석문은 압록강 이북 300리의 요동에 있었고 대방은 바로 그 남쪽을 말하는 것이다.

지금까지의 모든 기록은 마자수는 압록수이자 혼하이며 평양은 요동에 있었음을 말해주고 있다. 이 의미는 현도군 서개마현의 위치도 혼하 유역에 있었고, 국내성과 서안평도 혼하 유역에 있었음을 명확하게 말해 준다. 이에 더해 낙랑군의 위치도 현 북한의 평양이 아님을 알려주는 것이다.

6. 패수 위치 고찰을 통한 평양 위치

여기서는 패수의 위치를 고찰하면서 평양의 위치를 교차 검증해 보자.

1)《사기》〈조선열전〉

"《집해》가 주를 달길, 장안이 말하는데 조선에 습수, 열수(洌水), 산수가 있다. 삼수가 합해 열수가 된다."고 했다. 현재의 대동강은 세 물이 만나는 곳이 아니니 고조선의 도읍이 대동강에 있지 않았음이 명백하다. 그리고 열수는 아래 기록에서 태자하임을 알 수 있다.

2)《한서(漢書)》〈조선열전〉

"원봉 3년 …… 누선장군도 좌군을 통솔해 열구(洌口)에 이르렀다. 지리지에서 말하길, 탄열현(呑列縣) 분려(分黎)산은 열수가 나오는 곳이다.(또는 탄열현은 려산을 나누고) 서쪽으로 흘러 점제에 이르러 바다에 들어간다. 그러니 열구는 점제현에 있는 것이다."는 기록에서 탄열현은 열수를 삼킨다는 뜻이니 열수가 이곳을 광범위하게 걸쳐서 흐를 것이고, 분려산에 나눈다는 뜻의 분(分)이 들어가는 것은 열수가 려산 사이를 가른다는 뜻으로 보인다.《한국민족문화 대백과사전》을 보면 변우산성에 대해 이렇게 설명하고 있다. '변우산성은 중국 요령성 본계시 계호구 왜두산진 변우촌에 있는 삼국시대 고구려 성곽으로 산성이며 이칭으로는 동산산성, 려산성(黎山城)이라고도 한다.'고 했다. 설명에서 보는 바와 같이 이 산성은 요동 평원과 동쪽 산간지대의 경계에 있고 본계는 요양의 동쪽이며 현 태자하 상류에 있다. 즉, 열수는 패수의 다른 이름이자 태자하이며 탄열현은 태자하 상류에 있고 점제현은 태자하의 하류에 위치해 있음을 알 수 있다. 현대 지도를 보면 태자하 상류에 본계시가 위치해 있다. 지리지의 설명과 지도의 위치가 그대로 일치한다. 안정복은《동사강목》〈패수고〉에서 대동강이 패수이고, 위만의 평양은 한양이며 이어〈열수고〉에서는 열수가 한강이고, 대수가 임진강이라 주장했다. 이는 열수가 세 물이 만나는 곳이라 서해에 한강, 임진강의 두 물과 북한의 개풍에서 북에서 남으로 내려오는 예성강 물길이 있으니 이곳을 나름 적합한 곳이라 판단했을 것이다. 이에 대해 한치윤도《해동역사》〈지리고〉에서 열수는 한수라고 동일하게 주장했다. 그도 한반도 내에서 열수가 될 만한 곳은 한강밖에 없다고 생각한 것이다. 이렇듯 이들은 압록강과 평양의 현재의 위치만 보고서 판단했으니 그 한계가 명확했지만 열수는 대동강도 한강도 아니다. 대동강은 세 물이 만나는 곳이 아니며 또한 한강에 열수가 있었다면 낙랑군 또한 한강 일대에 있었으니 다른 기록과 전혀 맞지 않다.

　조선시대에는 한사군과 패수의 위치에 대한 다양한 설이 존재했다. 하북성의 난하로부터 시작해서 대릉하, 요하, 압록강, 대동강 등, 그 주장이 백가쟁명이나 마찬가지였다. 패수의 위치에 대해《삼국사기》〈지리지 고구려〉조의 설명을 보자. "평양성은 지금 서경과 같고 패수는 곧 대동강이다. 이를 어찌 알 수 있는가? 《당서(唐書)》에 이르길, '평양성은 한의 낙랑군으로 산골짜기를 따라 외성을 둘렀고 남쪽으로 패수가 있다.'라고 했으며, 또한 지리지에 이르길, '등주에서 동북으로 바닷길을 지나 남쪽으로 연해에 패강 입구의 초도를 지나서 신라의 서북에 닿을 수 있다.'라고 했다. …… 지금의 대동강이 패수임은 명확하다." 위의 지리지는 《가탐도리기》의 해로행을 말하는 것이다. 《가탐도리기》 해로행에서 이미 고찰한 바와 같이 패강, 초도, 신라 서북은 모두 북한 평양이 아니라 요동에 있었다. 《삼국사기》〈지리지〉는 《가탐도리기》를 잘못 해석해 대동강이 패수라고 결론 내렸다. 그런데 이런 장황한 설명은 다른 지명과 비교하면 특이하다. 다른 지명을 언급할 때 이런 식으로 언급한 적이 없기 때문이다. 《삼국사기》에서 패수가 대동강이라고 장황하게 설명했음에도 조선 학자들은 그것과는 관계없이 자신들만의 판단에서 물러서지 않았다. 또 이상한 것은 왜 이들 학자들은 《삼국사기》에서 언급한 패수 대동강설을 언급하지 않았던 것일까. 자신들의 주장을 관철하려면 당연히 《삼국사기》의 의견을 언급할 만도 한데 말이다. 사실 《삼국사기》〈본기〉의 기록을 보면 패수가 대동강이라는 생각을 전혀 할 수가 없다. 《삼국사기》에 졸본이 요동에 있으며 대부분의 역사 기록이 현재의 요동에서 발생한 것이 분명함에도 패수가 대동강이라는 결론이 어떻게 나올 수 있었는지 의아하기만 한 것이다. 이후 고려 영토사에도 나오지만 당시 고려인들은 주몽이 동부여에서 탈출할 때 건넌 엄사수의 위치를 정확히 알고 있었다. 그럼에도 김부식이 패수의 위치를 대동강으로 비정한다는 것은 상식에 맞지 않다. 이는 후대의 가필 혹은 위조가 있었을 것으로 추정된다. 그리고 《삼국사기》〈지리지 신라〉조에 '영풍군은 고구려의 대곡군이며 경덕왕 때 평주로 고쳤다.'는 기록이 있다. 《고려사》〈지리지 평주〉조에는 '본래 고구려의 대곡군이고 신라 경덕왕 때 영풍군으로 고쳤으며 평주에 저천이 있는데 혹은 패강(浿江)이다.'라고 되어 있다. 평주는 현재 황해북도 평산인데 이 기록을 근거로 해서 주류 사학계는 《삼국사기》〈백제 본기〉에 온조 때의 영토가 북쪽으로 패하까지 이르렀다는 기록에서 나오는 패하가 예성강이라고 한다.

온조 당시의 패하가 예성강이 될 수 없는 근거를 보자.《삼국사기》〈백제본기〉"온조왕 37년(서기 19) 4월에 가뭄이 들었는데 6월에서야 비가 왔다. 한수의 동북쪽 부락에 흉년이 들어 고구려로 도망간 자들이 1천여 호나 되니 패수(浿水)와 대수(帶水)가 텅 비어 사는 사람이 없었다."고 했다. 이 기록은 《삼국사기》〈고구려 본기〉 대무신왕조에도 나오는데 패수는 태자하임을 이미 고찰했고 비류와 온조가 북쪽에서 패수를 지나 대수를 건너므로 대수는 패수 남쪽에의 동서를 흐르는 산수하(散水河)가 유력하다.《대명일통지》〈요동도지 휘사사 산천〉조에 "산수하는 새외(塞外)에서 나와 서쪽으로 흘러 해주위 북쪽에서 태자하로 들어간다."고 했으니 비류는 바다가 있는 해주로 갔고 온조는 동쪽의 천산산맥으로 갔던 것이다. 주류 사학계의 주장대로 온조 당시 패하가 예성강이고 대수가 임진강이면 백제 사람이 고구려로 도주하는 것이 가능했을까? 온조왕 당시의 고구려는 대무신왕 때로 그 영토의 남쪽 경계가 태자하 북쪽까지였다. 주류 사학계의 주장대로 평안남도에 낙랑군이, 황해도에 대방

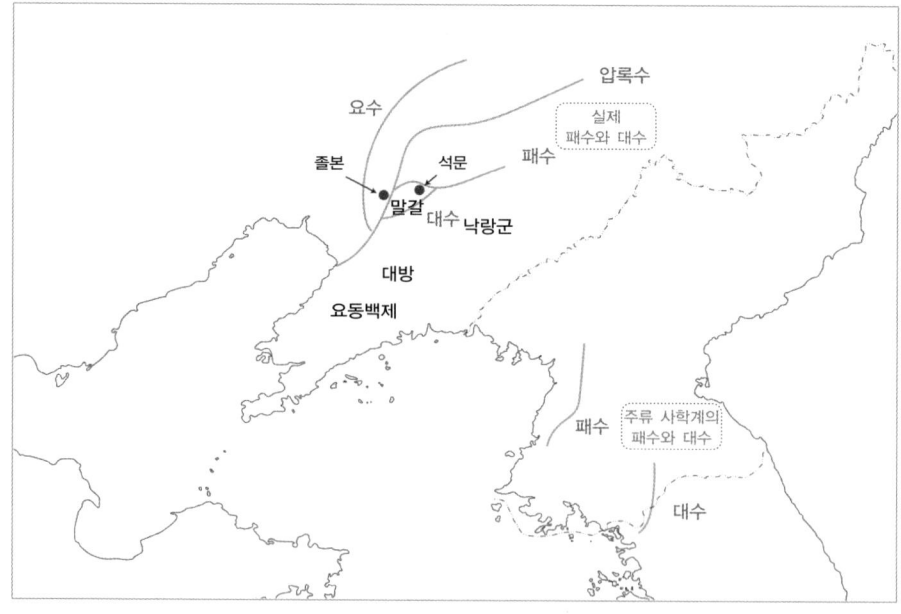

〈지도 39〉 패수와 대수 위치

군이 있었다면 백제인이 고구려로 가려면 북쪽으로 먼저 대방을 거치고 그 다음에 낙랑을 거친 다음에 다시 청천강과 압록강을 건넌 후에, 요동의 천산 산맥을 넘고 산수하를 건너고 다시 태자하를 건너야 하는 먼 거리다. 서울시청에서 요양까지의 직선거리는 약 540킬로미터로 도보로 걸어간다면 최소한 한 달은 걸릴 거리이며, 이럴 경우 가뭄으로 굶주리던 백제인들은 고구려에 다다르기도 전에 굶어죽을 것이다. 지도를 보면 요동의 산수하와 태자하는 그리 큰 강이 아니라 어렵지 않게 건널 수 있는 강이다. 그러나 대동강은 물론이고 압록강은 배가 없으면 건널 수 없는 큰 강이다. 청나라로 가는 조선 사신들이 압록강을 건너기 위해 의주에서 배를 기다리는 기록이 여지없이 등장한다. 즉, 패수가 대동강이고 대수가 임진강이라면 백제인들이 고구려로 도주한다는 것은 불가능한 이야기다. 즉, 패수와 대수는 태자하와 산수하이며, 지도에서 산수하의 동북부에서 거리를 측정하면 요양까지 약 30킬로미터이다. 이 정도 거리는 백제인들이 도보로 며칠 만에 갈 수 있는 거리니 충분히 가능할 것이다.

여기서 새로운 사실을 알 수 있는데 한수(漢水) 동북부가 패수와 대수 사이라는 것이다. 지금까지 한수가 한강이라고 알고 있었는데 본래의 한수는 요동에 있었음을 알 수 있다. 한수(漢水)의 글자에서도 그 연혁을 충분히 짐작할 수 있지만, 본래 한나라가 대방 지역을 차지한 후 한국(韓國)인들은 한나라가 차지했던 그 강을 한수(漢水)라고 불렀고, 백제 또한 그곳을 한수로, 한수에 있던 산을 한산(漢山)이라 했을 것이다. 현재의 한강과 북한산은 백제가 망한 후이거나 혹은 백제가 도읍을 한반도로 옮기면서 한수와 한산 및 미추홀의 지명도 같이 옮겼기 때문에 남아 있는 것이다. 한(漢)나라가 현재의 서울까지 온 적이 없기 때문에 이런 이유가 아니면 한강과 북한산의 이름이 나올 수가 없기도 하다. 평양이나 압록강 등 고대의 지명이 옮겨온 예는 수없이 많고, 그래서 요동과 한반도에 동일한 지명이 무수히 나타난다. 이래서 《삼국사기》〈지리지〉, 《고려사》〈지리지〉, 《세종실록지리지》와 《신증동국여지승람》의 위치 기록은 신중하게 고찰해야 하는 것이다. 그런데 주류 사학계는 패수가 대동강이라고 하면서 왜 다른 한편으로는 온조 당시의 패하는 예성강이라고 하는 것일까? 온조 당시의 패하를 대동강이라고 하면 낙랑과 대방군이 평안도와 황해도에 존재했다는 그들의 주장과 모순이 되기 때문이다. 그래서 《고려사》〈지리지〉에 나오는 패강의 기록을 보고 이를 보완하기 위해서 예성강을 패강으로 비정했지만 이곳이 패하가 될 수 없음은 이미 설명했다.

그러면 《삼국사기》〈지리지〉에서 추정한 패수가 대동강이 맞는지 이미 언급한 역도원의 패수 기록으로 확인해 보자. 역도원은 '패수의 물길이 서쪽으로 흐르다 낙랑군 조선현을 지나 서북으로 흐른다.'고 했으니 현 태자하 물길과 그대로 일치하고 대동강에 대한 설명이 아니다. 앞서 나왔던 지도를 보면 대동강 물줄기는 동쪽의 산지에서 발원해서 계속해서 남쪽으로 흐른다. 이어 서남 방향으로 평양을 지난 후 대동강 하류에 이르러 남쪽으로 방향을 바꾸고 대동강 하구에 와서야 서북으로 물길이 바뀐다. 역도원이 기록한 패수는 낙랑군 조선현을 지나서 서북으로 흐른다고 했는데 대동강의 물줄기는 평양에서 서남으로 흘러 내려가기 때문에 역도원이 기록한 패수는 태자하가 확실한 것이다. 그리고 패수의 북안, 즉 태자하 북안에 평양이 위치해 있었음을 알 수 있는 기록들을 확인해 보자. 《주서(周書)》〈이역열전 고려〉조에 "동으로 신라, 서로는 요수를 지나, 동서 2천 리, 남쪽은 백제와 접하고, 북은 말갈과 이웃해 남북 천여 리이다. 국도는 평양성으로 그 성은 동서가 6리, 남쪽으로는 패수에 닿아 있다."고 했는데, 《주서》는 북주(北周)의 역사서로 524년에서 581년간의 기록이다. 고구려는 문자명왕 3년(494)에 부여를 합병해서 그 북쪽 경계가 부여성이 있던 곳까지 올라간 상황이었다. 신라는 전성기인 진흥왕이 영토를 크게 넓힌 직후의 진지왕 때였고. 고구려는 평원왕(559~590), 백제는 위덕왕(554~598) 때였다. 여기서 또 하나 알 수 있는 사실은 말갈의 위치다. 말갈은 본래 졸본 근처에 있었지만 이때에 들어서면서 북쪽으로 이동했음을 알 수 있다. 《수서》〈동이열전 고려〉조에 "동서 2천 리, 남북 1천여 리, 도읍은 평양성인데 혹은 장안성이라고 부른다. 동서 6리이고 산의 굴곡에 의지하며 남쪽은 패수에 임했다."라고 나온다. 《신당서》〈동이열전 고려〉조에는 "동으로 바다를 건너 신라에 이르고, 남으로 바다를 건너 백제에 이른다. 서북으로 요수를 건너 영주와 접하고, 북은 말갈과 접한다. 그 나라의 임금이 살고 있는 곳은 평양성으로 장안성이라고도 하며, 한나라 때 낙랑군으로 장안에서 5천 리이다. 산의 굴곡을 따라 외성을 쌓았으며 남쪽은 패수에 임했다."고 했으니 평양은 패수 북안에 있었음이 확실하다.

3) 《삼국사기》〈백제 본기〉 온조왕 원년

"온조 원년에 (비류가) 드디어 동생(온조)과 함께 무리를 이끌고 패수와 대수 두 개의 강을 건너 미추홀에 거주했다. 북사와 수서에서 말하길, 동명의 후예 구태가 있어 덕과 신뢰가 두터워 초기에 대방고지(帶方故地)에 나라를 세웠고 한나라의 요동 태수 공손도의 딸을 처로 삼아 드디어 동이의 강국이 되었다고 했다. 어떤 것이 옳은지 알 수 없다."고 나온다. 졸본은 본래 요양 남쪽의 안시에 있었고 소서노와 혼인한 후 상류의 비류국을 병합한다. 졸본의 위치에 대해서는 추후 상세히 고찰할 것이다. 후일 비류와 온조는 패수를 건너고 그 남쪽의 대수의 두 강을 건너 백제를 건국했던 것이다.

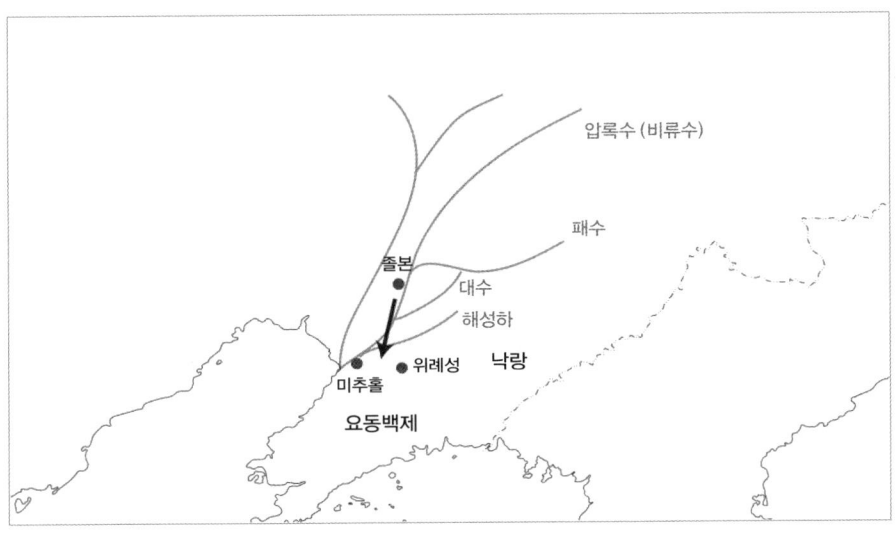

〈지도 40〉 비류와 온조의 이동 경로

4) 《삼국사기》〈백제 본기〉 온조왕 13년

"온조왕 13년 5월, 왕이 신하들에게 말하길, '우리나라의 동쪽에는 낙랑이 있고, 북쪽에는 말갈이 있어 번갈아 우리 강역을 침범해 평안한 날이 적다. 하물며 요즘 요사한 징조를 보니 국모가 나라를 버리고 형세가 불안하니 반드시 장차 천도를 해야겠다. 내가 어제 순행을 나가 한수의 남쪽을 보니, 땅이 기름지므로 마땅히 그곳에 도읍을 정해 오래도록 편안한 계책을 도모해야겠다.'라고 했다. 13년(서기전 6) 7월에 한산 아래로 나아가 목책을 세우고 위례성의 민호를 옮겼다. 13년 8월에 마한에 사신을 보내 천도한다는 것을 알리고 마침내 강역을 정했다. 북쪽으로는 패하에 이르고 남쪽은 웅천을 경계로 삼으며, 서쪽으로는 큰 바다에 닿고, 동쪽으로는 주양에 이르렀다."고 했다. 이 기록에는 북쪽에 말갈이 있다고 했는데 당시 말갈의 위치에 대한 다른 기록을 보자. 《삼국유사》〈기이 말갈과 발해〉 "동명기에 이르길, 졸본성은 땅이 말갈에 붙어 있다. 신라 제6대 지마왕 14년(125)에 말갈 군사가 북쪽 국경에 몰려와서 대령책을 습격하고 니하(泥河)를 건넜다."는 기록에서 말갈이 졸본성과 인접했으므로 말갈 또한 요동에 있었음을 알 수 있다. 여기서 말갈은 양맥(梁貊) 혹은 소수맥임을 이미 고찰한 바가 있다. 양맥은 대량하 즉, 현 태자하에 있었기 때문에 부른 이름이다. 《삼국유사》〈기이 마한조〉에도 "삼국사에 이르길, 춘주는 옛날 우수주로 옛날의 맥국이다. 또 혹은 이르길, 삭주가 맥국이고, 혹은 평양성이 맥국이라고 했다." 삭주의 맥국은 춘천이고 평양성은 태자하 북안에 있었으니 말갈이자 양맥이 태자하 유역에 있었던 것이 명백하다. 이때 백제는 요동반도 남단에 있었고 동쪽에는 낙랑, 북쪽에는 말갈이 있었다는 기록에 부합한다. 백제의 북쪽 경계인 패하는 태자하가 분명한 것이다.

5) 《한서》〈지리지 요동군〉

"요동군 번한현은 패수(沛水)가 경계 밖에서 나와 서남으로 바다로 들어간다."고 했다. 여기서 패수의 한자가 다르다. 그러나 둘 다 같은 패수(浿水)인데 기록만 그렇게 했을 것이다. 왜냐하면 요동군과 낙랑군은 인접했고 요동군의 기록에서는 패수(沛水)로 낙랑군의 기록에서는 패수(浿水)로 되어 있어 《한서》 〈지리지〉에서 이를 그대로 기록한 때문이다. 《한서》 〈지리지〉에도 패수와 낙랑군은 요동에 있었다.

6) 《천남산 묘지명》

"군의 휘는 남산이고 요동 조선인이다. 옛적에 동명이 기를 느껴 물을 건넜고 주몽이 해를 잉태해 패수에 임해 도읍을 열었다."는 기록은 이미 나온 바가 있다. 천남산은 연개소문의 셋째 아들이다. 고구려 첫 도읍인 졸본은 요양 남쪽에 있었다. 졸본 북쪽에서 비류수이자 혼하가 흘러 사하와 합친 후 남쪽으로 내려와 다시 태자하와 합친 후에 안시성 동쪽을 지난다. 묘지명에 패수에 임해 도읍을 열었다고 했으니 패수는 곧 태자하이며 비류수와 사하가 합친 물길이다.

7) 《가탐도리기》 〈등주해행입고려발해도(登州海行入高麗渤海道)〉

"등주 동북행이다. 대사도, 구흠도, 말도, 오호도의 300리 길을 지나서, 북쪽으로 오호해를 건너 마석산 동쪽의 도리진까지 200리 길, 그 동쪽 해안에서

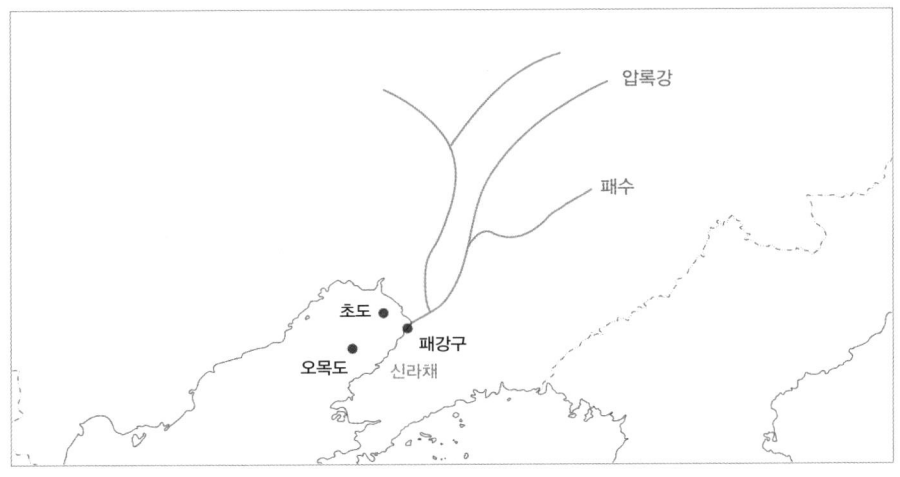

〈지도 41〉 오목도, 패강, 초도, 신라채 위치

청니포, 도화포, 석인왕과 탁타만, 오골강을 지나는 800리 길을 가서 이에 남쪽 해안으로 간다. 오목도, 패강구(浿江口), 초도를 지나 신라 서북의 장구진에 도착한다."고 했다. 이 기록에서 오목도, 패강구, 초도, 장구진은 모두 혼하 하구에 있는 지명이다. 《주해도편》〈요동연해산사도〉에 신라채가 개주(蓋州) 남쪽에 있었고 하류에서 고대 압록수, 패수, 사하의 세 물이 합쳐 개주에서 바다로 나갔으니 압록수 하구는 패강구라고 해도 동일한 것이다. 바로 이 신라채와 장구진의 위치가 동일하니 둘은 같은 것이다. 통일신라의 서북 국경은 요동에 위치한 패강 일대였다. 이에 대해서는 추후 통일신라 영토사에서 구체적으로 조명할 것이다.

8) 《신당서》〈북적열전 발해〉

"발해는 본래 속말말갈로서 고구려에 속했다. 왕성은 대씨이다. 고려가 망한 후 무리를 이끌어 읍루의 동모산을 차지했다. 그곳은 영주 동쪽으로 2천 리이고 남쪽은 신라와 맞닿아 니하(泥河)를 경계로 했다. 동은 바다에 닿고 서로는 거란이다. 성곽을 쌓고 사는데 고구려 유민들이 돌아와 살았다." 이 기록에는 발해와 신라의 경계인 장구진 대신에 니하라고 되어 있다. 《가탐도리기》에서 확인된 바와 같이 신라의 장구진 근처를 흐르는 강이 패강이니 여기의 니하는 패강임을 알 수 있고 이는 《요사》〈지리지〉의 기록에 패수가 니하라는 것과 일치한다. 즉 패강을 《요사》〈지리지〉에서는 패수로 이름 붙였고 발해는 니하라고 했던 것이다.

9) 《요사》〈지리지〉 동경요양부

이 기록은 이미 나온 바 있지만 다시 보면, "요하는 동북쪽 산 어귀로 나가 범하가 되고, 서남으로 흘러 큰 입구가 되어 바다로 들어간다. 동량하는 동쪽 산에서 서쪽으로 흘러 혼하와 합류해 작은 입구가 되어 요하와 만나 바다로 들어가니 태자하라고도 하며 대량수라고도 한다. 혼하는 동량하와 범하 사이다. 사하(沙河)는 동남산에서 서북으로 흘러 개주(蓋州)를 경유해 바다로 들어간다. 또 포하, 청하, 패수(浿水)가 있다. 패수는 니하(泥河) 또는 한우락이라고도 하는데 강에 한우초가 많아서 그런 것이다. …… 요양현은 본래 발해의 금덕현이다. 한나라 때 패수현(浿水懸)이었는데 구려현으로 고쳤다. 발해 때는 상락현이었다."라고 했다. 이 기록에는 패수현이 요양현인데 구려현으로 고쳤다고 했다. 그리고 동경요양부에 패수(니하)가 있다고 했다. 이들 지명 모두 요동에 위치했으니 패수(니하) 또한 요동에 있었고 요양현을 지나는 태자하인 것이다.

10) 《해동역사》〈예문지 13〉

한치윤의 《해동역사》〈예문지 13〉조에 《장구령 칙서》에 대한 기록이 있다. 당나라 현종이 신라 성덕왕에게 내린 칙서에 "장구령이 찬하길, 살펴보건대 《책부원구》를 보면 개원 23년(성덕왕 34년, 735)에 …… 근래 다시 (김)사란의 표문을 보고서 경이 패강(浿江)에 보루를 설치코자 함을 알았다. 그곳은 발해의 요충지이고 녹산(祿山)과도 서로 마주보고 있는 곳이다."라고 나온다. 《가탐도리기》 해로행을 보면 발해의 영토는 박작성을 지나서 북쪽에 있었다. 박작성은 혼하 하구에 있었으니 당시 발해와 신라 국경은 박작성 인근의 장구진이었기 때문에 여기서 패강은 대동강이 될 수가 없다. 그리고 통일신라 영토사에서 고찰하겠지만 통일신라의 북쪽 경계는 대동강보다 훨씬 북쪽에 있었다. 대동강이 발해의 요충지가 될 수 없으므로 패강은 태자하이다.

11) 기타 《삼국사기》의 패수 기록

(1) 《삼국사기》〈고구려 본기〉 광개토태왕 4년

"광개토태왕 4년(395) 가을 8월, 왕이 패수에서 백제와 싸워 크게 패배시키고 8천여 명을 포로로 잡았다."

(2) 《삼국사기》〈백제 본기〉 성왕 원년

"성왕 원년(523) 8월, 고구려 군사가 패수에 이르자 왕이 좌장 지충에게 명해 보병과 기병 1만으로 싸워 물리쳤다."고 했는데, 1)과 2)의 패수는 삼국영토사에서 추후 밝히겠지만 태자하이다.

(3) 《삼국사기》〈고구려 본기〉 영양왕 23년

"영양왕 23년(612) 6월, 좌익위 대장군 내호아가 …… 바다로 나아가 패수로 들어갔다. 평양에서 60리 떨어진 곳에서 아군과 싸웠다."는 기록에서, 평양은 태자하 북안에 있었고 패수로 들어가서 평양 60리 떨어진 곳으로 갔으므로 패수는 태자하이다.

(4) 《삼국사기》〈고구려 본기〉 보장왕 20년

"보장왕 20년(661) 가을 8월에 소정방이 우리 군사를 패강에서 쳐부수어 마읍산을 빼앗고 드디어 평양성을 포위하였다. 9월에 개소문이 그 아들 남생을 보내어 정병 수만 명으로 압록을 지키니 여러 군이 건너오지 못했다."는 기록에서, 고대의 압록은 혼하이니 여기서의 패강, 마읍산, 평양성은 모두 요동에 있을 수밖에 없다.

(5) 《삼국사기》〈신라 본기〉 성덕왕 34년

"성덕왕 34년(735), 의충이 돌아올 때, 당나라 현종이 조칙을 내려 패강(浿江) 이남의 땅을 내려줬다."고 했는데 이는 앞의 《해동역사》에서 언급한 기록, 즉 당나라 현종이 신라 성덕왕에게 내린 칙서와 동일한 사건으로 발해의 요충지인 패강을 신라가 원했다는 내용과 동일하다. 당 현종은 신라의 요청을 받고 조칙으로 허락한 것인데, 발해와 신라의 국경은 태자하였으므로 여기서 말하는 패강은 태자하일 수밖에 없다. 즉, 성덕왕 34년인 735년에 신라의 서북계가 태자하임을 당나라가 공식적으로 인정한 것이다.

(6) 《삼국사기》〈신라 본기〉 효공왕 8년

"효공왕 8년(904), 패강도(浿江道)의 10여 주현(州縣)이 궁예에게 항복했다." 여기서 패강도라는 새로운 지명이 나온다. 궁예가 898년에 패서도를 차지했고 904년에 패강도의 10여 주현이 항복한 것으로 보아 패서도와 패강도는 다른 행정구역임을 알 수 있다. 또한 패강도 안에 10여 개의 주현이 항복했다고 했으니 패강도가 관할하는 행정구역이 최소한 10여 개 이상이 있는 넓은 지역임을 알 수 있다. 《고려사》에 패서도와 패강도의 위치를 알게 하는 기록이 있다. 《고려사》〈홍유열전〉 "태조(왕건)의 집에 찾아가 말했다. '삼한이 분열된 이후 도적떼들이 경쟁하듯 일어났고 지금의 왕(궁예)도 분연히 기치를 세워 드디어 초적을 멸하고 삼분되었던 요좌의 절반 이상을 차지했습니다.' …… (하략)" 요좌는 요동의 동쪽을 말한다. 요동은 《한서》〈지리지 요동군〉조의 속현을 보면 서쪽으로 의무려산에서 동쪽으로 요양, 신창까지였다. 요동의 절반 이상을 차지했으니 당시 궁예의 태봉국이 적어도 혼하 일대까지 차지했음을 알 수 있다. 여기서 궁예는 발해를 쳐서 영토를 빼앗은 것이 아니라 신라의 도적과 장수들이 스스로 항복해서 차지한 것이므로 패서도 및 패서 13진은 대동강 이북에 설치한 것이고 패강도는 태자하를 중심으로 그 남쪽 영토를 지칭한 것으로 보인다. 이렇게 해서 발해와 신라 국경에 대한 《신당서》〈북적발해열전〉의 니하와, 《가탐도리기》의 장구진, 《요사》〈지리지〉의 암연현 동쪽과, 《주해도편》에 나온 장구진과 신라채의 위치가 모두 동일한 곳으로 기록한 것이 이해가 된다. 이미 언급했지만 한치윤은 《해동역사》에 《문헌비고》의 기록을 인용하면서 9주 5소경이 아니라 9주 6소경이라고 했다. 조선 말기에 이유원이 편찬한 《임하필기》에도 6소경이라는 기록이 나온다. 《삼국사기》에는 6소경이 설치되었던 것을 누락했지만 《문헌비고》와 《임하필기》의 저자들은 통일신라시대에 6소경이 있었다는 옛 기록을 보았기에 이를 그대로 인용했을 것이다. 《가탐도리기》의 해로행에서도 통일신라에 5소경만 있는 것이 아니라 6소경이 존재했음을 보여주는 기록이 있다. "또한 진왕석교, 마전도, 고사도, 득물도의 1,000리를 지나 압록강 당은포구에 이른다. 이어 동남쪽 육로로 700리를 가면 신라 왕성에 도착한다." 여기서 압록강은 혼하이고 당은포구는 혼하 하구에 있었다. 7백 리는 약 220킬로미터이므로 현 요령성 개주(蓋州)에서 한반도 방향으로 계산하면 압록강을 지나서 있다. 이곳 일대에 소경이 있었기에 가탐은 신라 왕성이 있었다고 했을 것이다. 《삼국사기》에 기록하지 않은 6소경의 위치는 고구려 한성인 현 안주와 평양 일대로 추정된다.

《요사》〈지리지 동경도〉에 "홍료현은 본래 한나라 평곽현 땅인데 발해가 장년현으로 고쳤다. 당나라 연화 때(806~820) 발해왕 대인수가 남쪽으로 신라를 정벌하고 북쪽으로 여러 부족을 공략한 후 군읍을 열고 설치했다. 이때에 이르러 지금 이름으로 정했다. 1천 호가 있다."라는 기록이 있다. 발해왕 대인수가 9세기 초에 신라를 공격해 평곽현을 점령한 것이다. 평곽현은 현 요령성 개주(蓋州)에 있었다. 이 기록은 9세기 초까지 요령성 개주가 신라의 땅임을 말해주고 있다. 신라의 국경이 여기까지 있었는데 신라가 설치한 패강진 또한 이곳에 있어야 하는 것이다. 《조선왕조실록》 태종 2년 6월 8일 기록에 "영사평부사 하윤, 참찬의정부사 권근, 예문관 대제학 이첨 등에게 명해 《삼국사》를 수찬(修撰)했다는 내용이 있다. '수찬'은 고쳐서 기록한다는 의미다. 《삼국사기》의 원본이 있으면 그것으로 목판본을 만들어 인쇄하면 되는 것인데 수찬했으니 이때 상당한 수정이 있었을 것이라 예상할 수 있다. 그리고 《고려사》와 《신증동국여지승람》의 기록 또한 이에 맞춰서 수정했을 것이다. 여기서 《삼국사기》를 수정했다는 말은 일부 주류 사학계가 우리나라 역사 발전 단계를 뒤로 늦추기 위해 초기 기록이 조작되었다든지 혹은 원삼국시대라는 이상한 용어를 만들어 고대국가의 형성이 늦었다는 그런 의미가 아니라 우리나라의 고대 영토를 축소시키려는 목적으로 기록을 수정하고 지명을 조작했다는 의미다. 그럼에도 《삼국사기》의 기록은 큰 가치가 있다. 일부 기록이 수정되고 조작되었더라도 중국 사서의 기록을 교차 검증하면 상당한 수준까지 복원할 수 있기 때문이다.

당시 《삼국사기》를 수정하면서 나름대로의 원칙과 기준이 있었을 것이다. 현재의 압록강과 평양에 맞추어 맞지 않는 기록은 수정하고, 주석도 새로 달아 당시 지명에 맞게 꿰맞추었을 것이다. 그러나 모든 기록을 검토해서 완벽하게 수정할 수는 없으므로 중국 사서와 맞지 않는 기록이 나오고 오류도 발생할 수밖에 없었을 것이다.

이제까지의 기록을 바탕으로 통일신라 국경을 정리해 보면, 본래 통일신라는 9주 5소경 외에도 대동강 서북에서 요동까지 두 개의 행정구역이 더 있었다. 그 두 개는 이미 나온 바와 같이 패서도와 패강도이다. 패강도에 최소한 10여 개의 주현이 있었음을 앞의 기록에서 본 바가 있다. 그리고 신라 북방에 소경이 하나 더 있어 신라는 6소경이 있었다. 이렇게 두 개의 도가 더 있음에도《삼국사기》〈지리지〉에서 이와 관련된 기록을 모두 누락시켜 버린 것이다. 하지만《삼국사기》등 우리 기록은 마음대로 고칠 수 있었지만 중국의 사서나 지도는 고칠 수가 없어서 중국 사서와《삼국사기》등 한국의 사서와의 괴리가 생긴 것이다. 또한《삼국사기》〈본기〉와 〈열전〉은 중국의 기록과 다르면 안 되므로 수정을 최소한으로만 했겠지만 〈지리지〉의 기록은 한국사에만 존재하므로 이들의 의도에 필요한 만큼 고쳤을 것이다. 후대의 수정 혹은 위조가 있었을 것이라는 근거에 대해 대표적인 몇 가지를 더 제시해 보겠다.

7. 우리 역사서가 수정되거나 조작된 증거

1) 통일신라의 행정구역과 북계 기록

앞서 언급한 바와 같이 통일신라의 행정구역은 9주 5소경 외에 패서도, 패강도 및 소경이 하나 더 있었다. 패서도와 패강도의 기록은 통일신라 초기에는 나오지 않다가 궁예 관련 기록에서 몇 번 등장한다.《삼국사기》〈지리지〉에 이에 대한 언급이 전혀 없는 것은 후대에 삭제했을 것으로 추정된다.

2)《삼국사기》〈지리지〉의 9주 기록

《삼국사기》〈지리지〉에는 본래 고구려의 땅으로 한산주, 우수주, 하슬라주를 포함시켰다. 한산주에는 현재의 황해도, 경기도 및 평안도 일대를 포함시켰고 우수주에는 춘천, 비열홀 등 강원 북부 지역, 하슬라주는 하슬라주와 실직군을 포함한 강원도 동부와 안동 등 경상북도 북부 지역까지 포함했다. 그러나 이는《삼국사기》〈본기〉 기록과는 다르다. 한산주에 속하는 북한산군은 본래 백제가 먼저 차지했고 우수주에 속하는 비열홀도 본래 신라의 땅이었다. 실직주는 신라 초기인 파사이사금 때 합병되었으며, 춘천은 본래 맥국의 땅이었다가 기림이사금의 기록에 이미 신라 땅이 되어 있었다. 그리고 안동도 마찬가지였다. 서기 64년인 탈해이사금 때 현 충북으로 비정하는 와산성에서 신라와 백제와 싸웠고, 그 북쪽인 죽령은 서기 158년인 아달라이사금 때 개통을 했으니 그 이남인 경상북도 북부 지역을 고구려가 먼저 차지할 가능성이 전혀 없다. 고구려는 미천왕 때인 313년에 이르러서야 낙랑 땅을 차지하는데 313년 이전에는 압록강 이남을 고구려가 내려오지 못했다. 그래서 이곳들은 본래 고구려의 땅일 수가 없는 것이다. 비열홀에 대한 추가 기록을 보면 〈신라본기〉 문무왕 11년(671)에 문무왕이 당나라에게 보낸 답서에 "비열성(卑列城)은 본래 신라 땅이었는데 고구려가 쳐서 빼앗은 지 3십여 년 만에 신라가 다시 이 성을 되찾아 백성을 옮기고 관리를 옮겨 지켰습니다. 그런데 (당나라)가 이 성을 고구려에게 주었습니다." 이 기록은 본래 비열홀이 신라 땅이었는데 고구려가 일시적으로 차지했지만 신라가 이를 탈환했던 것인데 이를 당나라가 고구려에게 주었다는 것이다. 이는 당나라가 고구려를 멸망시킨 후에 이미 망한 고구려에게 비열홀을 주었으므로 본래 신라 땅인 비열홀을 당나라 땅으로 하려는 의도였던 것이다. 이 기록에서도 비열홀이 본래 신라 땅이었지만 《삼국사기》〈지리지〉에는 본래 고구려 땅이라고 기록했으니 사실과 맞지 않다. 또한 진흥왕 순수비가 있는 황초령과 마운령도 신라의 영토였는데 《삼국사기》〈지리지〉에는 전혀 언급이 없다. 이는 《삼국사기》〈지리지〉를 수정할 당시에 황초령과 마운령의 순수비를 인지하지 못했기 때문에 신라 영토에서 삭제했을 것이다. 《삼국사기》〈지리지〉의 내용이 〈본기〉의 기록과 부합하려면 한산주는 본래 백제의 땅이며 우수주와 하슬라주는 본래 신라의 땅이고 본래 고구려 땅은 요동과 현도라고 해야 맞는 것이다.

3) 국내성 위치

본래 국내성 위치는 마자수 상류, 즉 현 혼하 상류에 있어야 한다. 그런데

《고려사》는 국내성 위치를 현 압록강 하구에 위치시켰다. 국내성 위치에 대한 《고려사》〈지리지〉의 기록을 보자. 《고려사》〈권82, 지(志) 성보〉 "평장사 유소에게 명해 북쪽 국경 지역에 관방을 설치하게 했다. …… 서해 바닷가의 옛 국내성의 경계로서 압록강이 바다로 들어가는 곳에서부터 시작해 동으로 위원진, 흥화 ……." 여기서 압록강은 현재의 압록강을 말한다. 이 기록에서 국내성이 서해 바닷가에 있다고 했다. 이 국내성의 이름은 고려시대에는 천리장성 축조 기록에만 나오고 이후에는 나오지 않는다. 압록강 하구에 있었으면 이후 거란이나 몽골이 압록강을 건너 고려를 공격했을 때에 분명히 언급이 되었을 텐데 그런 기록이 전혀 없어 유명무실한 성으로 전락했다. 그러다 조선시대에 다시 그 이름이 나온다. 《조선왕조실록》〈경종실록 4권〉 "경종 1년 6월 16일에 의주 부윤 이영언이 상소해 말하길, …… 여기(의주)에서 30리쯤 되는 거리에 고성이 하나 있는데 이른바 국내성으로 곧 고구려에서 5백 년간이나 도읍을 하였던 곳입니다. 형세의 편리함이 본주의 주(州)성보다 백배나 나을 뿐 아니라 바로 하나의 하늘이 만든 금성탕지입니다."라고 기록해 국내성이 의주에서 30리 거리에 있다는 것이다. 그러나 《삼국사기》〈지리지 고구려 국내성〉조에는 "압록강 이북에서 이미 항복한 성이 11개로 그중에 국내성이 있다. 평양에서 국내성에 이르기까지 17개 역이 있다."고 기록하고는 국내성이 북조(北朝) 경내이므로 그 위치를 알 수 없다고 했다. 고려 때 인물인 김부식은 국내성이 북조인 금나라의 영토 안에 있다고 했는데 《고려사》와 《조선왕조실록》은 어찌해서 국내성을 현 압록강으로 옮겨왔는지 알 수 없다. 고려 천리장성은 고려 덕종 때인 1033년에 완성되었고 《삼국사기》는 고려 인종 때인 1145년에 완성되었기 때문에 《삼국사기》 편찬 당시 국내성이 현 압록강 유역에 있었다면 김부식은 물론이고 《삼국사기》 편찬에 참여한 편수관들이 모를 수가 없는 것이다. 이는 국내성에 대한 《고려사》의 기록이 후대에 조작된 것임을 말해준다.

4) 비류수 위치

고구려 건국지에서 상세히 고찰하겠지만 주몽이 도읍한 비류수는 요동에 있었다. 그런데《고려사》〈지리지 북계 성주(成州)〉조에는 비류국 왕 송양의 고도가 있다고 했고, 동〈지리지 동계 정변진〉조에는 정변진에 비류수가 있고 봄과 가을에 제사까지 지낸다고 기록했다. 성주는 평양 북쪽의 성천이고 정변진은 원산 인근이다. 두 지역은 중간에 낭림산맥이 있어 같은 물길이 이어지는 곳이 아니기 때문에《고려사》〈지리지〉는 비류수를 평안남도와 함경남도 두 곳에 있다고 한 것이나 마찬가지다.《고려사》〈지리지〉의 편수관은 이 두 곳의 비류수를 보면서 아무런 의문도 품지 않은 것일까? 본래 성주와 정변진이 요동에 있었는데 후대에 평안남도와 함경남도로 나누어서 교치되었고 그래서《고려사》의 편수관이 두 곳에 대한 옛 연혁을 보고서는 그대로 옮겨서 발생한 일일 수도 있다. 당연하지만 비류수는 한반도에 없었고 또한 주몽이 압록강 이남으로 내려온 적도 없었다. 이런 명백한 사실에도 불구하고 비류수의 위치를 한 곳도 아닌 두 곳으로 기록한 것은 이해할 수 없다.

5) 황룡국, 안시성 위치

《신증동국여지승람》에 황룡국의 위치에 대한 기록이 있다. 황룡국은《삼국사기》〈고구려 본기〉유리왕의 기록에 나온다. 유리왕의 태자 해명이 황룡국 왕에게 무례를 범해 자살로 끝나는 기록인데 그 위치에 대해《삼국사기》는 알 수 없다고 했다. 그런데 훗날 조선시대에 그 위치를 어떻게 알았는지 기록에 남겼다. "용강현은 옛날 황룡국이고 고구려가 합병했다. 고려에서는 황룡성이고, 동쪽으로 강서현 경계까지 20리이며, …… 성곽은 안시성이 있다. 당태종이 함락시키지 못했다. 개주(蓋州)에 있는 안시성은 잘못이다."라고 하면서 안시성을 한반도로 끌고 내려왔다. 안시성은 요하와 혼하 사이에 있었음이 명백하고 사서에 약간의 지식만 있더라도 이런 기록을 남기지 않았을 것인데 어찌해서 이런 기록을 했는지 이해할 수 없다. 황룡국 위치도 마찬가지다. 유리왕 당시 고구려는 태자하 이남을 내려오지도 못했다. 유리왕의 태자 해명이 국경을 벗어난 먼 곳까지 가지 않았을 것이라 황룡국은 요동에 있었을 것이다. 이는 평양은 물론이고 고구려의 위치를 한반도 내로 한정시키기 위한 계획의 일환이었을 것이다.

6) 초도, 개마, 미추홀의 위치

초도(椒島)는 《가탐도리기》의 해로행에서 나온다. 초도 위치를 알면 고대의 압록강은 물론이고 평양, 환도성, 국내성 등 많은 지명을 알 수 있기 때문에 아주 중요한 지명이다. 《가탐도리기》를 보면 초도는 분명히 혼하 하구에 있는 섬이고 그래서 고대 압록강인 마자수와 평양, 환도성, 국내성 등의 대략적인 위치도 알 수 있다. 그런데 현대 지도를 보면 초도의 지명이 황해도 서북 해안에도 똑같이 있다. 사람들은 대동강 하구에 있는 초도를 보고 《가탐도리기》의 해로행이 요동을 향하는 것이 아니라 마치 북한 평양으로 가는 길로 오해한다. 《해동역사》를 편찬한 한치윤 또한 《가탐도리기》의 해로행이 요동이 아니라 한반도로 들어오는 길이라고 기록했다. 요동에 존재했었던 초도를 누가 대동강 하류로 옮긴 것인지는 알 수 없다. 고구려가 망한 후에 초도를 이동시킨 것일 수도 있지만 기록을 위조하기 위해 초도라는 지명을 후대에 만들었을 수도 있다. 그리고 개마의 위치다. 본래 개마 혹은 개모의 위치는 요양 북쪽에 있었고 현도군 서개마현도 개마의 서쪽에 위치시켜야 한다. 언제인지 모르지만 개마고원의 지명을 함경북도에 두어 현도군 서개마현의 위치를 요동이 아닌 함경북도 근처로 비정하는 빌미가 되었다. 실제로 일제 관변학자들과 우리 주류 사학계는 현도군 서개마현의 위치를 길림성 집안현 일대로 비정하고 있다. 이미 조명했지만 서개마현의 진짜 위치는 요동의 개모성이었다. 또한 《삼국사기》 〈지리지 고구려〉조에 한산주에 매소홀현이 나오는데 주석에 이를 미추홀이라고 기록했다. 매소홀현에 대해 주류 사학계는 인천으로 비정하고 있다. 미추홀은 백제 건국 당시 비류의 도읍지로 그곳이 대방고지라고 기록했으므로 당연히 요동에 있어야 한다. 그런데 주석에 미추홀로 기록한 것은 백제 한성의 위치를 감안해서 누군가 매소홀을 미추홀이라고 가필했거나 후대에 교치되었을 것이다.

7) 칠중성과 장새의 위치

칠중성은 《삼국사기》에서 삼국의 요충지로 나와 전투가 자주 벌어지는 곳이다. 현재 우리 역사학계는 칠중성의 위치로 파주 적성면에 있는 중성으로 비정하고 있다. 《삼국사기》〈지리지 고구려 한산군〉조에 칠중현이 나오는데 주석에는 난은별로 나온다. 칠중현이 한산군에 속한 현으로 나오니 칠중성은 경기도 일원에 있어야 하는 것은 일리가 있다. 《삼국사기》〈지리지〉의 이 기록은 당연히 후대의 조작으로 보이는데 조선 후기에 발간된 김정호의 《대동지지(大東之志)》에도 적성을 칠중성이라고 한 기록이 있다. 과연 그러한지 이에 대한 다른 기록을 보자. 《삼국사기》〈백제 본기〉 "온조왕 18년(서기전 1) 겨울 10월에 말갈이 갑자기 습격했다. 왕이 군사를 이끌고 칠중하에서 맞서 싸워 추장 소모를 사로잡아 마한으로 보냈다." 이 당시 칠중하는 백제의 영토였음을 알 수 있다. 그리고 〈백제 본기〉의 기록에 말갈이 백제의 북쪽에 있었다고 했는데, 백제가 한강 일대에 있고 낙랑군이 평안도와 황해도에 있었다면 말갈은 북쪽 어디에 있었으며 또 어떻게 낙랑군을 통과해서 임진강으로 공격해 들어왔는지 설명할 수 없다. 추후 백제 건국지 고찰에서 나오지만 백제는 요동에서 건국했고 온조왕 13년에 도읍을 한강 유역으로 옮겼지만 요동에도 여전히 영토를 가지고 있었다. 이 기록에서 나오는 말갈은 태자하 유역의 양맥을 말하고 요동 백제는 말갈 남쪽에 있었던 것이다. 이에 대한 기록은 《삼국사기》〈백제 본기〉에 "온조왕 13년(서기전 6) 5월, 왕이 신하들에게 말하길, '우리나라의 동쪽에는 낙랑이 있고, 북쪽에는 말갈이 있어 번갈아 우리 강역을 침범해 편안할 날이 적다. 하물며 요즘 요사한 징조를 보니 국모가 나라를 버리고 형세가 불안하니 반드시 장차 천도를 해야겠다. 내가 어제 순행을 나가 한수의 남쪽을 보니, 땅이 기름지므로 마땅히 그곳에 도읍을 정해 오래도록 편안한 계책을 도모해야겠다.'라고 했다. 13년 7월에 한산 아래로 나아가 목책을 세우고 위례성의 민호를 옮겼다. 13년 8월에 마한에 사신을 보내 천도

한다는 것을 알리고 마침내 강역을 정했다. 북쪽으로는 패하에 이르고 남쪽은 웅천을 경계로 삼으며, 서쪽으로는 큰 바다에 닿고 동쪽으로는 주양에 이르렀다. …… 14년(서기전 5) 정월에 도읍을 옮겼다."라고 나온다. 태자하 남쪽에 있던 말갈이 요동 백제를 공격한 것이므로 칠중하는 임진강이 아닐 것이라 짐작할 수 있다.

《삼국사기》〈신라 본기〉의 기록을 더 보면 "선덕왕 7년(638) 10월에 고구려가 북쪽 변경의 칠중성을 침범했다. …… 11월에 알천이 고구려 군사와 칠중성에서 싸워 이겼다. 죽이고 사로잡은 군사가 많았다."고 나온다. 신라 진흥왕때에 신라의 영토는 많이 확장되었다. 북한산에서 발견된 진흥왕 순수비의 존재는 당시 신라가 한강 이북을 차지한 명백한 증거가 되고 있다. 칠중성이 신라의 북쪽 변경이라고 했으므로 선덕왕 당시 신라와 고구려는 칠중하를 경계로 하고 있었고 칠중성은 칠중하 인근에 있었을 것이다. 그러면 638년 당시 신라의 서북 국경은 어디였을까? 선덕왕 이전의 관련 기록을 고찰해 보자. 《삼국사기》〈신라 본기〉 진흥왕 12년(551)에 신라 장군 거칠부가 고구려의 10개 군을 빼앗았다는 기록이 있고, 진흥왕 14년(553)에는 백제 동북 변경을 빼앗아 신주(新州)를 설치한다. 이어 16년(555) 10월에 진흥왕이 북한산을 순행한 기록이 있다. 역사학계의 다른 의견도 있지만 이때 진흥왕 순수비가 설치되었다고 보는 것이 합리적일 것이다. 왜냐하면 《삼국사기》〈신라 본기〉에 "진흥왕 26년(565) 2월, 북제 무성황제가 조서를 내려 왕을 사지절 동이교위 낙랑군공(樂浪郡公) 신라 왕으로 삼았다."는 기록이 있다. 신라 진흥왕이 북제로부터 낙랑군공의 작위를 받았다는 것은 신라가 낙랑 땅을 차지하고 있었으니 가능한 것이다. 진흥왕 16년까지는 신라가 북한산까지 영토를 확장했고 진흥왕 26년에는 영토를 더욱 확장해 낙랑까지 신라의 국경이 올라갔던 것이다. 낙랑의 속현은 영동 7현을 포함해서 모두 25개 현으로 그 범위가 서쪽으로 해성시 인근의 대방현과 함자현에서 북쪽은 조선현과 누방현, 동쪽은 영동 7현, 동남쪽은 천산 산맥 일대에 걸쳐 있었다. 만약 낙랑군이 현 북한 평양에 있었다면 신라가 이미 고구려의 도읍인 평양을 차지한 것이 되니 여기서도 북한 평양이 낙랑군과 고구려의 도읍이 아님을 알 수 있다.

고구려의 도읍 평양은 요양 동쪽의 태자하 북안임을 고찰한 바가 있다. 당시 고구려가 중국으로부터 받은 작위를 확인해 보면, 평원왕이 559년에 즉위한 후 평원왕 2년인 560년에 북제로부터 사지절 영동이교위 요동군공 고구려왕의 작위를 받았다. 평원왕 4년인 562년에는 남조의 진(陳) 문제가 평원왕에게 영동장군을 제수했고, 평원왕 19년인 577년에는 북주(北周)의 고조가 평원왕을 개부의동삼사 대장군 요동군 개국공 고구려 왕으로 삼았다. 진흥왕이 북제로부터 낙랑군공의 작위를 받을 때, 고구려가 낙랑과 관련된 작위를 받지 못한 것으로 보아 당시 낙랑은 신라의 차지였음이 명백하다. 백제는 이때 위덕왕 재위 시절인데 위덕왕 17년(570)에 북제로부터 사지절 시중 거기대장군 대방군공(帶方郡公) 백제 왕의 작위를 받았다. 위덕왕이 대방군공의 작위를 받았다는 것은 백제는 이 당시에도 여전히 요동반도 남부 지역에 영토가 있었음을 알 수 있다. 이어 그 다음 해인 위덕왕 18년(571)에는 사지절 도독 동청주제군사 동청주자사로, 위덕왕 28년(581)에는 수나라의 고조가 왕을 상개부의동삼사 대방군공으로 삼았다. 이와 같이 당시 중국으로부터 받은 작위로 볼 때, 고구려는 요동 평양을 포함해 요동 북쪽을 차지했고, 백제는 요동반도 남쪽, 신라는 서북으로 요동의 동남쪽까지 차지한 것으로 짐작할 수 있다. 그리고 여기서 만약 대방이 주류 사학계의 주장대로 황해도라면 백제는 대방군공의 작위를 받을 수 없다. 당시 신라가 한강 이북을 차지해 백제는 황해도에 존재할 수가 없다. 이는 백제가 황해도가 아닌 요동의 대방군을 차지하고 있었기에 대방군공의 작위를 받을 수 있었던 것이다. 당시 신라가 낙랑 땅을 차지하고 있었음을 보여주는 기록을 《주서(周書)》에도 확인할 수 있다. 《주서》는 북주(北周)의 역사서로 551년에서 581년의 기록이다. 고구려의 남북 거리가 천여 리라고 했는데 사서의 기록에 북쪽인 부여에서 현도까지의 거리만 해도 천 리이고 현도에서 요동까지가 2백 리이다. 이어 요동의 치소인 양평에서 압록강까지 630리이므로 북쪽 부여에서 압록강까지의 거리만 해도 1,800리가 넘는다. 《주서》의 이 기록은 고구려 남계가 압록강 이남을 내려가지 못했음을 보여준다. 그러므로 신라의 북변인 칠중성도 압록강 인근에 있어야 하는 것이다. 진흥왕이 낙랑군공의 작위를 받은 후에 신라 국경과 관련한 특이한 기록은 없다. 진흥왕 사후의 진지왕 때도 특별한 전쟁 기록이 없다. 진지왕 사후에 진평왕이 왕위에 오르는데 진평왕 재위 기간 중에도 특별한 기록이 없다. 《삼국사기》〈신라 본기〉에 진평왕 16년(594)에 수나라 황제가 진평왕을 상개부 낙랑군공 신라 왕으로 삼았고, 진평왕 46년(624)에는 당 나라가 왕을 주국 낙랑군공 신라 왕으로 책봉한다. 진평왕 사후 왕위에 오른 선덕왕 4년 (635)에 당나라가 왕을 주국 낙랑군공 신라 왕으로 책봉했고 3년 후인 선덕왕 7년(638)에 고구려가 신라의 북변인 칠중성을 공격한 것이다. 즉, 진흥왕 26년 (565)에 왕이 낙랑군공의 작위를 받은 후에 선덕왕 7년(638)에 이르기까지 신라와 고구려 간에 특별한 전쟁 기록이 없고 낙랑군공의 작위도 변함없이 동일했다. 고구려는 고국원왕 25년(355)에 처음으로 낙랑공에 책봉된 이후 백제 근초고왕이 낙랑 태수의 작위를 받았다. 고구려는 장수왕 원년(413)에 들어서서 다시 낙랑군공으로 책봉되었으며, 문자왕 3년(494)에 남제가 왕을 낙랑공으로 책립했고, 17년(508)에 양나라의 고조가 왕을 낙랑군공에 더해 대장군 개부의동삼사로 삼았다. 문자왕 사후 왕위에 오른 안장왕과 그 뒤를 이은 안원왕은 낙랑군공의 작위를 받지 못했고, 이후 양원왕 4년(548)에 양나라가 안원왕과 양원왕을 낙랑공으로 책봉했다. 그리고 양원왕 사후 평원왕(559~590)이 즉위했지만 평원왕은 낙랑공의 작위를 받지 못하고 대신 신라 진흥왕(565)이 북제로부터 낙랑군공의 작위를 받는다. 565년 이후로 낙랑이 신라의 땅이 되었음을 알 수 있고 칠중성 또한 신라가 낙랑군공의 작위를 받은 이후에야 그 이름이 등장하므로 칠중성 위치가 낙랑 혹은 그 인근에 위치했을 것이라는 추정이 가능하다. 이미 언급한 바 있지만 중국이 삼국에 내린 낙랑공의 작위가 중복되지 않음은 형식적인 것이 아니라 실제 영토를 바탕으로 한 것임을 확인할 수 있다.

   이를 종합하면 낙랑은 고구려 미천왕이 점령한 이후에 고국원왕까지 이어 졌지만 백제의 근초고왕이 낙랑을 빼앗아 낙랑공에 책봉되었다. 이후 광개토

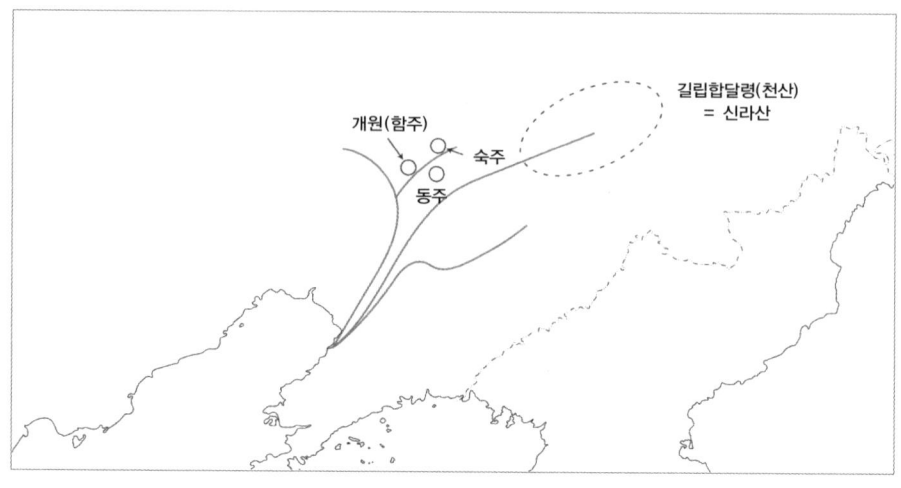
〈지도 42〉 허항종의 지명 위치

태왕이 낙랑을 탈환해 그 아들 장수왕의 즉위년에 낙랑군공에 책봉된 후 그 작위가 양원왕 때까지 이어졌다. 진흥왕 때에 낙랑군공의 작위가 신라로 넘어가 이후까지 계속 이어졌던 것이다. 그리고 이후 신라는 고구려 영토를 추가로 빼앗는다. 다음의 기록을 보자. 《삼국사기》〈고구려 본기〉 "보장왕 3년 (644) 당나라의 현장이 고구려 경내로 들어왔을 때, 연개소문은 군사를 이끌고 신라 두 개 성을 격파했다. 왕이 사람을 보내 연개소문을 소환하자 이내 돌아왔다. 현장이 연개소문에게 신라를 침략하지 말라고 타이르자 연개소문이 말하길, '우리와 신라는 원수가 된 지 오래되었소. 수나라가 공격했을 때, 신라가 틈을 타서 우리 땅 5백 리를 빼앗아 그 성을 모두 차지했소이다."라고 했다. 수나라가 고구려를 공격했던 시기는 서기 598년에서 614년까지다. 연개소문의 말로는 이 기간 중에 신라가 고구려 영토 5백 리를 빼앗은 것이다. 앞서 나온 바와 같이 신라는 수나라가 고구려를 공격하기 전에 낙랑까지 차지하고 있었다. 여기서 더 5백 리를 올라갔는데 신라의 서북인지 아니면 동북 방향인지는 기록에 없다. 서북 방향이면 신라가 이미 낙랑을 차지하고 있었기 때문에 이곳에서의 5백 리면 고구려 도읍인 평양 북쪽을 지나간 것이다. 당시 평양 북쪽에 고구려의 주요 성곽이 있었기에 당시 신라는 서북 방향이 아니라 동북쪽 길림 지역을 차지했을 것이다.《신당서》에 신라의 남북이 3천 리라고 했으니 신라의 북계가 요동까지 올라왔음을 여기서도 알 수 있다. 1125년 송나라 사신 허항종이 금나라 수도 상경(上京)으로 가면서 그 여정을 기록한《선화 을사봉사 금국행정록(宣和乙巳奉使金國行程錄)》을 보면 허항종의 노정에 "함주(咸州)에서 40리를 가면 숙주(肅州)에 이르고, 50리를 가면 동주(同州)에 이른다. 동쪽으로 천산(天山)을 바라보니, 금나라 사람이 말하길, '저기는 신라산(新羅山)인데 산속이 깊고 멀어서 갈 수 있는 길이 없습니다. 저 산속에 인삼과 백부자가 나고 산 깊은 곳에 고려와 국경을 접하고 있습니다.'라고 했다.

함주는 추리도를 보면 동주(同州) 북쪽에 있다. 함주에서 50리 남쪽으로 동주가 있다는 의미다. 동주 북쪽에 위치한 함주는 동요하와 서요하가 만나는 지점의 북안으로 현 개원(開原)시의 위치와 동일하다. 허항종이 함주에서 금나라 상경인 하얼빈으로 가는 여정이므로 동쪽의 천산은 옛 장백산인 길림합달령을 말한다. 길림합달령은 현 개원시에서 동쪽으로 천 리에 걸쳐 있는 산맥으로 신라 영토가 길림합달령까지 이르렀음을 알 수 있게 한다.《성경통지(盛京通志)》〈권28 산천 4〉조에도 신라산에 대한 기록이 동일하게 나온다. "송(宋) 허항종의《봉사행정록》에 함주로부터 북으로 90리를 가서 동주에 이르러 동으로 큰 산이 바라다보였는데 바로 신라산이 깊숙이 처해 있었으며 고려와의 경계였다. 생각건대 요나라 함주는 바로 오늘날의 함평부요, 동주는 금나라의 동산군으로 모두 오늘날의 철령과 개원 일대에 있었다. 동으로 위원보에 이르렀는데 바로 길림의 지경이요. 남으로 봉천에 이르렀는데 바로 당나라 때의 ①고려와의 경계 지점이다. 개원은 바로 한나라 때 부여의 지경이요. ②백제의 구도이다.《통고(通考)》에 이르길, 신라의 서북 경계는 고구려와 백제 사이에 툭 튀어나와 있다고 하는데 바로 이를 가리켜 하는 말이다."에서 ①의 고려는 고구려를 말하고 신라가 길림까지 점령한 후에 이곳에서 고구려와 경계로 삼은 것을 알 수 있다. ②에서 개원이 백제의 옛 도읍이라고 한 것은 백제가 부여에서 나왔으므로 부여가 있었던 개원을 백제의 구도라고 했거나 혹은《자치통감》〈진기 효종목황제〉조의 "영화 2년(346) 초에, 부여는 녹산(鹿

山)에 거주하고 있었는데 백제가 그곳을 침입하여 부락이 쇠하여 흩어지고 서쪽으로 연나라 근처로 이동했다."는 기록을 반영한 것으로 보인다. 그래서 앞서 나왔던 "선덕왕 7년(638) 10월에 고구려가 북쪽 변경의 칠중성을 침범했다. …… 11월에 알천이 고구려 군사와 칠중성에서 싸워 이겼다. 죽이고 사로잡은 군사가 많았다."고 한 기록을 다시 고찰해 보자. 당시 신라 영토가 요동의 천산산맥까지 이르렀고, 칠중성이 신라 북쪽 변경이라고 했으니 칠중성은 분명히 요동반도의 동남쪽에 위치하여 칠중하를 지키는 큰 성이었을 것이다. 그런데 이후 신라 북변의 요지인 칠중성이 신라 태종 무열왕 때에 고구려에 의해 빼앗긴다. 《삼국사기》〈신라 본기〉에 "태종 무열왕 7년(660) 11월에 고구려가 칠중성을 침공해 군주 필부가 죽었다."고 했고, 《삼국사기》〈필부 열전〉에는 "고구려가 (660년 7월) 우리(신라)를 미워해 10월에 군사를 일으켜 칠중성을 포위했다. …… 적이 바람을 타고 불을 지르며 성을 공격해 들이닥쳤다. …… 군주 필부가 적과 싸우다 죽었다."고 했다. 서기 660년은 백제가 나당연합군에게 망한 해이다. 이때 고구려가 신라의 칠중성을 빼앗았고 신라의 서북계 또한 남쪽으로 내려왔을 것이다.

여기서 칠중하와 칠중성의 위치를 추정할 수 있는 《삼국사기》〈김유신 열전〉의 기록을 보자. 신라 문무왕 원년(661)에 당나라 장수 소정방이 고구려 평양을 공격하던 중 군량이 부족해지자 신라에게 도움을 요청한다. 《삼국사기》〈열기 열전〉에는 당나라가 8월에 군량을 요청했다 하고, 《삼국사기》〈신라 본기〉에는 신문왕 원년 10월 29일에 당나라 함자도 총관이 평양으로 군량을 수송토록 요청했다고 한다. 이에 김유신이 자원해서 군량을 평양으로 이송한다. 다음은 그때의 기록이다. 《삼국사기》〈김유신 열전〉 "문무왕 원년 12월 10일, 김유신이 부장군 인문, 진복, 양도 등 아홉 장군과 함께 군사를 이끌고 군량을 실어 ①고구려 경계 내로 들어갔다. 임술(문무왕 2년, 662) ②정월 23일에 칠중하에 이르자 사람들이 모두 두려워 해 감히 먼저 (배에) 오르지 않았다. 김유신이 '제군들이 만약 죽을 각오가 아니었다면 어찌 합심하여 이곳까지 왔는가?'라고 말한 후, 드디어 배에 먼저 올라타서 강을 건너자 모든 장졸들이

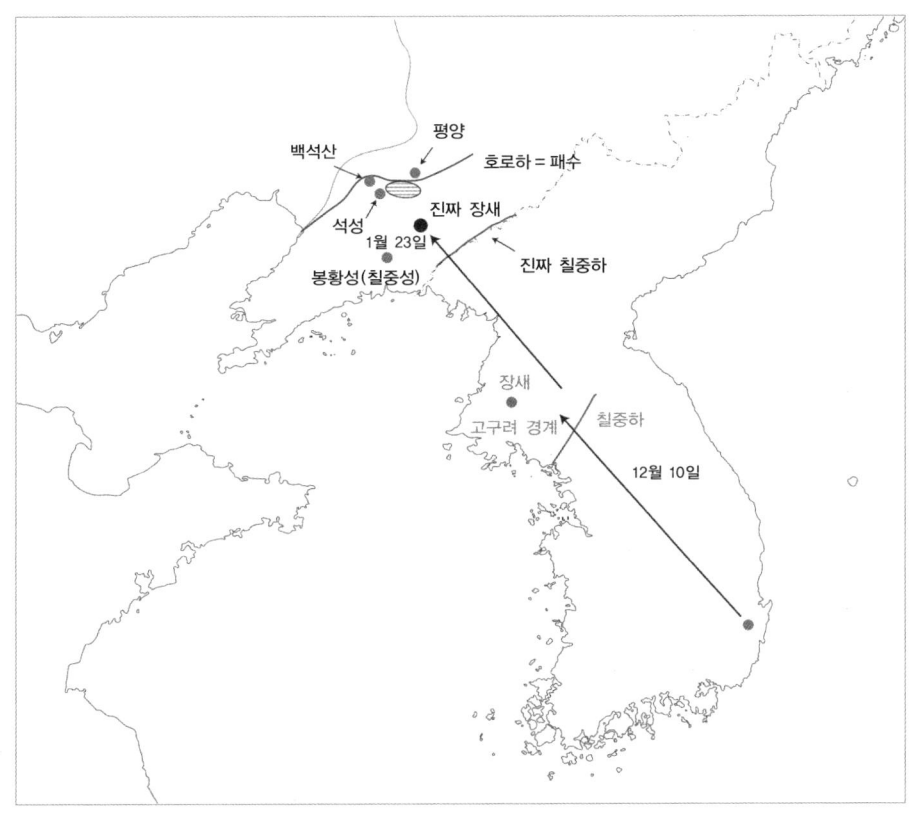

〈지도 43〉 칠중성, 장재, 호로하 위치

같이 강을 건너 고구려 경내로 들어갔다. …… 1월에 북을 치며 평양을 향해 진군했다. 길에서 적병을 만나 역공격해 갑옷과 병사를 얻음이 심히 많았다. 2월 1일 ③장새의 험한 곳에서 매서운 추위를 만나 사람과 말이 피로해 갑자기 죽거나 쓰러졌다. 김유신이 말을 채찍질하면서 앞에서 이끄니 군사들이 이를 보고 분투하여 앞으로 달려 나갔고 땀을 흘리며 감히 춥다는 말을 하지 않았다. 드디어 험한 곳을 지나 평양에서 멀지 않은 곳에 도착했다. …… 드디어 ④2월 1일에 (열기가) 장사 구근 등 15명과 함께 (먼저) 평양에 도착해 소정방을 만났다. …… 한밤중에 몰래 이동해 ⑤표하에 이르러 급히 강을 건너 언덕에서 군사들을 쉬게 했는데 고구려인들이 이를 알고 추격해 들어왔다."고 했다. 《삼국사기》〈신라 본기〉 문무왕의 기록에는 2월 6일에 당나라 군에게 군량을 전했다고 나온다. 2월 1일에 보기감 열기와 구근 일행이 소정방에게 군량 도착 사실을 전하고 2월 6일에 만나 군량을 전달한 것이다. 그리고 문무왕 11년에 당나라에 보낸 답서에는 표하 대신 호로하(瓠瀘河)라고 기록했다.

먼저 위 기록에서 ③의 장새의 위치에 대한 내용이 있다. 《삼국사기》〈지리지 신라〉 "오관군은 본래 고구려 오곡군이었는데 경덕왕이 동주로 이름을 고쳤다. 속현이 하나 있다. 장새현은 본래 고구려의 현이었는데 경덕왕이 그대로 따랐다. 지금은 수안군이다."라고 했는데 《삼국사기》〈지리지〉와 《고려사》〈지리지〉에 장새를 황해도 수안군이라고 했다. 지도에서 황해도 수안에서 임진강까지의 직선거리를 재보니 약 100킬로미터이고 수안에서 북한 평양까지는 약 60킬로미터이다. 청나라로 가는 조선 연행사 기록에서 서울에서 평양까지 약 195킬로미터인데 500리라고 했으므로 서울에서 평양까지 가는 여정에서 10리는 약 3.9킬로미터로 계산하면 된다. 이는 서울에서 평양까지 험한 산이 없고 길이 잘 닦여서 그럴 것이다. 임진강에서 수안까지 100킬로미터면 약 250리이고 수안에서 평양까지 60킬로미터이면 약 150리다. ②에서 신라군이 칠중하에 이른 것이 1월 23일이고, ③에서 장새의 험한 곳에 도착한 날짜가 2월 1일이므로 8일 만에 칠중하에서 장새까지 도착한 것임을 알 수 있다. 앞에서 나왔지만 군대가 하루에 갈 수 있는 거리가 '일사(一舍)'인데 30리라고 했다. 1일 평균 행군 속도를 30리로 잡으면 8일에 240리를 갈 수 있다. 그런데 위에서 임진강에서 황해도 수안까지 250리이므로 《삼국사기》〈지리지〉의 거리 기록은 《삼국사기》〈김유신 열전〉의 기록과 부합한다. 《삼국사기》〈지리지〉의 장새가 황해도 수안군이라면 칠중하가 임진강이고 고구려 평양은 현 북한 평양이 될 수밖에 없는 결정적인 근거가 된다. 이제껏 고찰한 수많은 사료들은 고구려 평양이 요동에 있었음을 보여주는데 《삼국사기》〈지리지〉의 이 기록은 고구려의 평양이 북한 평양으로 둔갑한 것이다. 이게 어찌된 일일까? 이에 대해서 혹자는 한사군의 평양은 요동에 있었지만 고구려 장수왕의 평양은 현 북한 평양이라고 생각할 수도 있을 것이다. 그러나 장수왕 재위 시절 북위의 역도원이 고구려 사신에게 물어서 기록한 패수는 분명히 요동의 태자하였고, 천남생과 천남산의 묘비명,《삼국사기》본기에 나오는 고수, 고당 전쟁에서의 전쟁 기록,《요사》〈지리지〉와《무경총요》, 당나라 장회태자가 주석한 평양의 위치,《군국지》와《구당서》의 경사에서 평양까지의 거리 기록 등 수많은 사료들은 평양의 위치가《삼국사기》〈지리지〉의 기록과 달리 요동에 있었다.《삼국사기》〈지리지〉의 기록이 맞다면 중국 사서의 수많은 기록들이 모두 거짓이고 심지어 천남생과 천남산은 묘지명에도 거짓말을 기록한 것이나 다름없다. 그런데 위의 기록을 자세히 고찰하면 이상한 점이 몇 가지 나온다. ①에서 문무왕 원년 12월 10일에 고구려 경계로 들어갔고 1월 23일에 칠중하에 도달했다고 했으니 고구려 국경에 들어온 후에 칠중하까지 무려 43일이나 걸린 것이다. 이를 원문으로 확인해 보자.《삼국사기》〈김유신 열전〉 "12월 10일, 부장군 인문, 진복, 양도 등 9장군과 함께 병사를 통솔해 양곡을 실어 고구려 경계로 들어갔다.(十二月十日, 與副將軍 仁問 眞服 良圖 等 九將軍 率兵 載糧 入高句麗之界.)" 당시 고구려와 신라의 경계가 어디였기에 임진강까지 가는데 43일이나 걸렸을까? 당시 신라와 고구려의 경계에 대한 기록을 보자. 문무왕 원년(661) 이전의 상황을 보면 앞에 나온 바와 같이 태종 무열왕 7년(660) 11월에 칠중성이 고구려에 의해 빼앗긴다. 6개월 후인 태종 무열왕 8년(661) 5월 9일에 고구려와 말갈의 연합군이 신라의 술천성에 이어 북한산성을 공격했지만 이기지 못하고 돌아간다. 이 기록에서 661년경에 신라는 고구려에게 압록강에서 임진강까지 영토를 빼앗겼고 신라가 낙랑공 작위는 여전히 유지하고 있는 것으로 보아 평안도와 황해도 서쪽 지역은 고구려, 동쪽 지역은 신라가 차지해 낙랑까지 연결되었던 것으로 추정된다. 또한 이때 신라가 북한산성을 지키고 있었음을 알 수 있고 그래서 당시 신라와 고구려의 경계를 임진강으로 보고 있다. 술천군(述川郡)은 〈지리지 고구려〉조에 한산주에 속한 군으로 나오는데 경기도에 있었던 것으로 추정된다. 위의 기록에서 신라군이 평양을 향해 갈 때 칠중성은 고구려가 차지하고 있었는데 주류 사학계는 칠중성 위치를 임진강 남쪽 약 2킬로미터 위치의 파주시 적성면 중성산으로 보고 있음을 이미 언급한 바가 있다. 그리고 ⑤의 표하(瓢河)는 호로하와 임진강의 다른 이름이라고 한다. 이렇게 보면 당시 신라와 고구려의 경계는 임진강과 한강 사이로 볼 수 있다. 이와 같이 신라와 고구려의 경계가 한강 북쪽에 있었으므로 그곳으로부터 칠중성이 있는 임진강 남안까지는 하루면 갈 수 있는 거리에 불과하다. 이때의 행군을 재구성하면 신라군은 고구려 경계를 지나 하루면 갈 수 있는 칠중하를 43일이나 걸려서 간 후에 이후에는 정상적으로 행군해서 8일 만에 장새까지 도착해서 당나라 군사에게 군량을 전달한 셈이 되는 것이다. 이런 납득이 안 되는 일정을 보면 장새가 황해도 수안이라는 《삼국사기》〈지리지〉의 기록에 대해 그 진위를 의심하지 않을 수가 없다. 그리고 ②에서 신라군이 배에 오르는 것을 무서워하자 김유신이 먼저 배에 올라 군사들을 안심시킨다. 이미 신라군은 고구려 영토 내로 들어온 상황이었기 때문에 고구려군과의 전투가 두려워서 그런 것이 아니다. 또한 당시 칠중성이 임진강 남쪽에 있었다면 이미 신라군은 칠중하를 건너기 전에 고구려군과 전투를 벌였을 것이지만 신라군은 고구려군과 아무런 전투 없이 칠중하를 건넌다. 신라군이 배를 타기 전에 두려워했다는 것은 칠중하가 평범한 강이 아님을 보여주는데 이는 칠중하가 험해서 그랬을 것이다. 그런데 임진강은 그리 폭이 넓지 않고 유속도 빠른 강이 아니다. 또한 갈수기에는 얕아서 쉽게 강을 건널 수 있다고 한다. 이때는 겨울의 갈수기이므로 군사들이 두려워할 만한 상황이 전혀 아니다. 《삼국사기》〈김유신 열전〉에 대한 《한국사데이터베이스》의 주석에도 이준선(2004: 8~16), 서영일(2017: 202)의 서술을 인용하면서 갈수기에는 수량이 더욱 줄어들어 보다 쉽게 강을 건널 수 있다고 했다. 당시 상황이 이러하므로 신라군이 임진강을 건너는 데 두려워할 이유가 전혀 없는 것이다. 여기서 한 가지 기본 전제가 더 있다. 바로 칠중하라는 이름이다. 칠중하(七重河)는 일곱 겹의 하천이라는 뜻이다. 칠중하 명칭이 일곱 개의 굴곡이 있어서라고 말하지만 당시 백제인이 백제 영토가 아닌 강원도 북부까지 올라가서 숫자를 셀 리가 만무하고 실제로 임진강 굴곡은 일곱 개보다 더 많다. 이는 일곱 개의 굴곡이 있어서가 아니라 일곱 개의 강을 건너야 하기 때문에 칠중하라고 불렀을 것이다. 그런 강이 어디일까? 주류 사학계에서 비정하는 임진강은 군사들이 겁을 낼 만큼 유속이 빠르고 큰 강도 아니며, 일곱 개의 강이 있는 곳도 아니다. 또한 임진강 상류인 연천의 호로고루로 방향으로 이동하면 배가 없어도 건널 수 있을 만큼 수심이 얕다고 하는데 굳이 무거운 군량을 가지고 배를 탈 이유도 없다. 물론 임진강 서북쪽에 위치한 예성강도 아니다. 이 강은 북에서 남으로 흐르기 때문에 북쪽으로 가기 위해서 굳이 건널 필요가 없는 강이다. 대동강은 어떨까? 대동강 또한 유속이 빠르지도 않고 일곱 개의 강이 있는 곳도 아니다. 대동강 북쪽의 청천강은 아주 작은 강으로 전혀 해당 사항이 아니므로 남은 곳은 현 압록강이다. 먼저 압록강에서 고구려 평양까지는 약 400리로 13일 정도 걸리는 거리니 거리 기록에 부합한다. 압록강은 동서의 큰 고도차로 인해 유속이 빨라 청나라로 가는 조선 사신들이 배로도 건너기 힘들었다는 기록을 이미 언급한 바 있으니 이에도 부합한다. 그러면 남은 것은 기본 전제인 일곱 개의 강이 같이 있어야 한다. 압록강 주변에 강이 그렇게 많이 있는지 기록을 통해 확인해 보자. 조선에서 청나라로 가는 연행사의 기록을 보면, 압록강을 북쪽으로 건너 5리에 소서강, 소서강에서 1리에 중강, 중강에서 3리에 삼강으로 압록강을 포함해서 총 네 개의 강이 연달아 있다. 의주 지도를 보면 의주에서 압록강까지 가는데 두 개의 작은 강이 더 있고 압록강 내에도 하중도가 있으니 한 개의 강이 더 있다고 계산할 수 있다. 이렇게 하면 압록강 일대에 총 일곱 개의 강이 있는 셈이다. 물론 고대의 물줄기는 지금과 차이 날 수는 있다. 그렇다 하더라도 의주에서 압록강을 지나 북쪽으로 가는 동안 많은 강을 지나야 하는 것은 다를 바 없었을 것이다. 그래서 칠중하에서 평양까지의 거리 기록과 맞고, 군사들이 두려워할 정도로 유속이 빠르고 큰 강이며, 강 일대에 수많은 지류가 있어서 일곱 번을 건너야 하는 곳을 충족시키는 곳은 압록강이 유일한 곳으로 본다. 즉, 혼하는 고대 압록수이고 현 압록강은 칠중하로 불리어졌던 것이다.

그리고 ⑤의 표하(호로하)에 대해 《신당서》는 호로하 대신에 발로하(發盧河)라고 기록했다. 발로하의 위치 기록이 중국 기록에 나온다. 《대명일통지》〈외이 조선국〉"발로하는 평양성의 서쪽에 있는데 당나라 때 이근행이 이곳에서 신라의 군사를 격파했다." 여기서 평양성은 요동의 평양성이고 평양성의 서쪽 강은 태자하가 제일 유력하다. 만약 북한의 평양이라면 대동강이 칠중하이자 호로하가 되는 것이니 칠중하와 평양은 같은 곳에 있는 셈이다. 이는 《삼국사기》〈김유신 열전〉에 나오는 신라군의 행군 기록과 전혀 맞지 않는다. 《독사방여기요》〈산동 9 조선〉조에는 "발로하는 경주(慶州) 서쪽 경계에 있다. 옛 지리지에서 말하길, 고구려의 남쪽 경계이고 신라의 칠중성 북쪽에 있다. 당나라 함형 4년에 이근행이 호로하의 서쪽에서 고구려를 격파한 곳이다. 함형 5년에는 유인궤가 동쪽으로 신라를 정벌하면서 군사를 거느리고 호로하를 끊고서 신라의 대진인 칠중성을 공격해서 격파했다."라고 나온다. 이 기록들의 공통점은 사서의 편수관들이 고구려 평양을 북한 평양으로 오해해 요동에 있던 지명을 조선의 지명으로 기록한 것이다. 이들은 옛 지리지를 보고 기록한 것이라고 했는데 경주 서쪽에 발로하가 있고 고구려의 남쪽 경계가 되어야 하며 발로하 남쪽에 칠중성이 있어야 한다. 이는 당시 고구려와 신라 경계가 요동에서 형성되었음을 알 수 있다. 그리고 경주 지명은 북한 평양 일대에는 없다. 여기 경주는 다른 곳임이 분명한데 이 경주의 이름이 《성경통지》와 《요사》〈지리지〉 및 〈속문헌통고〉 등에 나온다. 《성경통지》는 경주가 봉황성이라고 했는데 이는 맞지 않다. 《속문헌통고》에 "개주(開州)는 고구려 경주(慶州)이다."라 했고, 《요사》〈지리지 동경도 개주진국군(開州鎮國軍)〉조에는 "개주진국군에 절도가 있다. 본래 예맥 지역으로 고구려 때는 경주였고 발해 때는 동경용원부였다. 궁전이 있으며 경주, 목주, 염주, 하주를 관할했다. …… 돌을 쌓아 성을 만들었는데 주위가 20리다. 당나라 설인귀가 고구려를 정벌할 때 웅산에서 싸웠는데 석성에서 활 잘 쏘는 자를 잡은 곳이다. 태조가 발해를 평정하고 그 백성을 큰 부락으로 이주시키면서 성은 폐허가 되었다. 성종이 고려를 정벌하고 돌아올 때, 성터를 둘러보고 다시 수리했다."라고 되어 있으니 봉황성보다 북쪽에 있었다.

　《요사》〈지리지〉는 교치한 지명이 많아 유의해서 봐야 한다. 본래 동경용원부는 백두산 동북쪽에 있었는데 거란이 발해를 멸망시킨 후에 유민을 이곳으로 옮긴 것이다. 그리고 개주 진국군 내에 경주, 목주, 염주, 하주를 설치했는데 거란의 동경도가 요양 일대에 있었으므로 경주, 목주, 염주, 하주의 네 개 지명도 마찬가지다. 나머지 웅산과 석성의 위치는 이미 나온 바와 같이 요양 동쪽이다. 《구당서》〈설인귀 열전〉에도 당나라가 고구려를 공격할 때, 설인귀가 양건방, 계필하력 등의 장수와 함께 고구려 온사문 장군과 횡산에서 싸웠는데, 고구려군 중에 활 잘 쏘는 자를 석성에서 사로잡았다는 기록이 나온다. 즉, 석성은 요양에서 평양성으로 가는 길목에 있었던 것이다. 석문의 위치가 요양 동쪽에 있고, 그 동쪽에는 평양이 있었기 때문에 당나라의 설인귀가 요양 남쪽에서 평양을 향해 진격하다가 석성에서 온사문과 싸웠음을 알 수 있다. 또한 발로하는 호로하라고 했으므로 호로하의 의미를 보면 박처럼 생긴 강이란 뜻인데 요양의 동쪽이자 본계시 남쪽 일대의 태자하에 칸우 저수지가 있고 그 서쪽에 태자하의 물길이 박처럼 동그랗게 형성되어 있다. 위에서 호로하가 평양성의 서쪽이라고 했으므로 본계시 인근에 있었던 평양성의 위치 기록과도 부합한다. 또한 발로하가 경주의 서쪽에 있다고 했으므로 양 기록을 통해 평양과 경주는 태자하 인근에 있었음을 알 수 있다. 《만주원류고》〈강역 3 경주(慶州)〉조에는 "요사(遼史)에 동경의 개주(開州)는 고구려가 경주를 설치한 곳이다. …… (대청)일통지는 거란 말에 개주가 고려에게 다시 들어갔다고 (했다.)" 추후 고려 영토사에 나오지만 개주(開州)는 본래 고려 영토였지만 거란이 고려로부터 빼앗아 개원군을 설치했고 그 위치는 요양과 접해 있었다. 고려는 거란에게서 개주를 탈환한 기록이 없지만 몽골이 고려를 공격할 때에 고려 개주가 봉황성 위치에 다시 나오자 《대청일통지》가 이를 본래의 개주로 오해한 것이다. 봉황성에 있는 개주는 고려가 거란에게 개주를 빼앗긴 후에 교치한 지명일 것이다. 본래의 개주와 교치한 개주가 모두 요동에 있었기에 호로하 또한 요동에 있었던 것이 분명하다.

현재 주류 사학계가 비정하고 있는 파주 중성산의 칠중성은 해발 147미터의 작은 산에 성의 둘레가 남북 198미터, 동서 168미터, 둘레 603미터에 불과한 작은 성이다. 작은 산에 작은 성이지만 그 주위에 높은 산이 없어서 임진강을 조망할 수 있고 고구려군이 임진강을 넘어오면 봉화를 올려 후방에 위급 상황을 알리거나 적의 진군을 일시적으로 멈추게 하는 전초 부대의 규모가 주둔할 수 있는 크기이다. 다른 성과 비교하면 주류 사학계가 아차산성으로 비정하고 있는 서울 광진구 소재의 성은 둘레가 1킬로미터가 넘고, 충북 보은에 있는 삼년산성의 둘레는 약 1.7킬로미터, 연천의 호로고루성은 둘레 약 400미터, 하남의 이성산성은 둘레 약 1.9킬로미터, 경주 명활산성의 둘레는 약 4.7킬로미터, 충주 장미산성은 둘레 약 2.9킬로미터인데 칠중성의 크기는 중소형 규모에 불과하다. 성내에 우물이 두 개밖에 없다고 하는데 둘레 603미터에 불과한 작은 성에 주둔한 군사의 수도 많지 않았을 것이다. 이런 작은 성을 두고 고구려와, 신라, 당나라가 여러 차례에 걸쳐 싸울 만큼의 가치가 있었는지도 의문이다.

그리고 《신당서》〈유인궤 열전〉에 이런 기록이 나온다. "함형 5년(674)에 유인궤가 계림도 대총관이 되어 동쪽으로 신라를 쳤다. 유인궤가 병력을 이끌고 호로하를 건너서 그 북방의 대진(大鎭)인 칠중성을 깨뜨렸다. 이 군공으로 공(公)의 작위를 받았다." 이 기록에는 대진(大鎭), 즉 큰 성이라고 했다. 칠중성이 요충지의 큰 성이기 때문에 유인궤가 이를 공격해 깨트리고 당나라가 유인궤에게 공의 작위를 주었던 것인데 현재 주류 사학계가 주장하는 칠중성은 그러기에는 크기가 너무 작은 성이다. 앞서 고구려가 칠중성을 공격해 신라 군주 필부가 전사했던 기록을 다시 보자. 고구려군이 660년 10월에 군사를 일으켜 칠중성을 포위했고 신라군은 20여 일을 버티다 군주 필부가 죽으면서 함락당한다. 당시 신라군 주력은 사비성 남쪽에서 백제 부흥군과 전투를 하던 중이었다. 그런데 칠중성이 임진강 남안에 있었다면 인근에서 주둔하고 있던 신라군이 충분히 지원할 수 있는 거리임에도 아무도 지원하지 않고 칠중성이 함락당하는 것을 지켜만 봤던 것이다. 이는 칠중성이 신라군이 지원할 수 없는 먼 거리에 있었기 때문에 그러했을 것이다.

지금까지의 고찰을 바탕으로 주류 사학계가 주장하는 칠중성이 진짜가 아닌 이유를 정리하면, 첫째, 온조왕 18년에 태자하 일대에 있던 말갈이 백제와 칠중하에서 싸우므로 칠중하는 요동과 가깝고, 둘째 선덕왕 당시 낙랑이 신라의 땅이었는데 칠중성이 신라의 북변이라고 했으므로 칠중성은 요동에 있어야 하고, 셋째, 김유신의 신라군이 고구려 경계로 들어간 후에 임진강 남안에 도달하는 데 43일이나 걸릴 리가 없으며, 넷째, 신라군이 배를 타는 것을 두려워할 만큼 임진강이 큰 강이거나 유속이 빠르지도 않으며, 다섯째, 신당서에는 칠중성이 대진이라고 했는데 칠중성은 크기가 작은 성이니 맞지 않고, 여섯째, 일곱 개의 강이 연달아 있는 곳은 임진강이 아니라 압록강에 부합하는 설명이며, 일곱째, 신라군이 평양에 도착해 소정방을 만난 후 철군할 때 표하에서 강을 건넜는데 표하는 요동에 존재했던 강이니 평양은 표하 북쪽에, 칠중하 또한 요동과 가까운 곳에 있었다. 마지막으로 《주서(周書)》에 고구려의 남북 길이가 천여 리에 불과했으니 고구려와 신라의 국경은 압록강 북쪽이며 칠중하는 현 압록강이 될 수밖에 없다. 그래서 《삼국사기》〈지리지〉에서 장새가 황해도 수안군이라고 한 것은 칠중성을 임진강으로, 고구려 평양을 북한의 평양으로 만들기 위한 의도를 가진 조작이거나 혹은 북한의 평양이 고구려의 평양으로 오인한 데서 따른 후대의 수정일 것이다. 하지만 완벽하게 고치지 못해 〈김유신 열전〉에서 진실을 알 수 있는 단서를 남겼던 것이다. 여기서 또한 알 수 있는 사실은 신라군이 칠중하인 현 압록강에서 13일이 걸린 곳이 평양이므로 고구려 평양이자 낙랑군 조선현이 요동에 있었음을 확인시켜 준다. 또한 백제와 말갈이 칠중하에서 맞서 싸웠다는 것은 칠중하가 백제의 영토이며, 이래서 온조왕 당시 백제의 영토는 북쪽의 패하에서 남쪽의 웅천까지, 즉 현 태자하에서 압록강 남쪽으로 내려가 공주까지에 이르렀던 것이다. 칠중하와 칠중성의 기록은 백제 초기 건국지가 요동에 있었음을 보여주는 또 다른 증거이다. 여기서 칠중하가 압록강이라면 칠중성은 어디에 있었을까? 결론을 먼저 말하면 단동 북쪽에 위치한 봉황산성을 칠중성으로 추정한다. 그 이유로는 먼저 봉황산성은 둘레가 약 16킬로미터로 삼국시대 산성 중에서 최대 규모이니 대진이라는 기록에 부합한다. 또한 단동 북쪽의 봉황산성은 고구려가 압록강을 건너기 전에 필히 마주치는 요충지다. 청나라로 가는 연행사의 기록에도 조선 사신들이 이곳을 반드시 거쳐야 할 정도로 압록강을 지나기 위해서는 필수 교통로였다. 즉, 고구려가 신라를 공격하기 위해서는 이곳을 차지해야 하고 신라 입장에서도 이곳을 지켜야 압록강 이남을 지킬 수 있었다. 혹자는 봉황성을 고구려 평양으로 비정하기도 한다. 이는 봉황성의 규모나 강을 끼고 있는 입지 등, 여러 가지를 고려한 결과일 것이지만 평양은 요양 동쪽에 있었기에 맞지 않다.

그러면 김유신이 고구려 평양으로 군량을 운송하는 과정을 《삼국사기》〈본기〉와〈김유신 열전〉을 조합해서 재구성해 보자. 문무왕 원년 10월 29일 당나라가 신라에게 평양으로 군량 수송을 요청하고 이에 태종 무열왕이 적지에 군량을 싣고 갈 사람이 없는 것을 걱정하자 김유신이 자원한다. 그리고 661년 모일에 출정하는 김유신에게 상벌권을 부여한다. 정확한 날짜는 기록에 없지만 당나라가 군량이 부족해 급히 요청을 했으니 준비되는 즉시 출발했을 것이다. 〈김유신 열전〉에는 12월 10일에 고구려 경내로 들어간다고 되어 있다. 경주에서 임진강까지는 약 320킬로미터로 약 천 리의 거리다. 매일 30리를 행군하면 약 33일이 걸린다. 11월 초에 경주에서 출발했다면 12월 10일에는 임진강과 서울 사이에 있는 고구려 국경에 도착할 수 있는 거리다. 이어 1월 18일에 풍수촌에서 묵었는데 길이 얼어 미끄럽고 험해 군량을 소와 말에 싣는다. 풍수촌의 위치는 알 수 없다. 1월 23일에 현 압록강인 칠중하를 건너고 2월 1일에 평양과 가까운 장새에 도착해 2월 6일에 군량을 전달한다. 고구려 경내에 도달한 12월 10일에서 칠중하를 건너는 1월 23일까지는 43일간이다. 43일을 매일 30리의 속도로 가면 1,290리를 갈 수 있는 거리다. 한양에서 압록강까지 천 리가 조금 넘으므로 43일이면 충분히 갈 수 있는 기간이다. 천 리 길을 가는데 43일 걸린 이유는 군량을 운반해야 하니 시간이 지날수록 군사들의 피로도가 심해져서 그랬을 것이다.

칠중성에 대한 《삼국사기》의 처음 기록으로 돌아가면 《삼국사기》〈백제본기〉 "온조왕 18년(서기전 1) 겨울 10월에 말갈이 갑자기 습격했다. 왕이 군사를 이끌고 칠중하에서 맞서 싸워 추장 소모를 사로잡아 마한으로 보냈다."고 했다. 당시 낙랑군이 평안도와 황해도에 있었고 백제가 한강 일대에 있었다면 말갈과 백제가 임진강에서 싸우는 것이 가능했을까? 혹자는 한강 유역이 세 물이 만나는 곳이므로 패수가 한강이라고도 했는데 이 경우에 패수 남쪽의 대수는 어디가 될 수 있을까? 칠중하가 임진강이면 다른 기록을 전혀 충족시키지 못한다.

여기서 왕봉하 위치도 고찰해 보자. 왕봉하는 주류 사학계가 한강으로 비정하고 있다. 왕봉하에 대한 기록을 보면, 《삼국사기》〈신라 본기〉"문무왕 13년(673) 당나라, 말갈, 거란군이 함께 북변을 침입해 아홉 번 싸워 모두 이겼다. 당나라 군사들이 호로하와 왕봉하에 많이 빠져 죽었다." 이 기록을 보면 호로하와 왕봉하가 인근에 있었음을 알 수 있는데 주류 사학계는 호로하를 임진강, 왕봉하를 한강으로 비정하고 있다. 《삼국사기》〈지리지 고구려 한산주〉조에 북한산군 왕봉현이 나오는데 주석에 "개백이라고도 한다. 한씨 미녀가 안장왕을 맞이했던 곳이다."라고 되어 있다. 《삼국사기》〈지리지 한주 한양군〉조에는 "우왕현은 본래 고구려 개백현이었는데 경덕왕이 이름을 고쳤다. 지금의 행주다."라고 해 왕봉하가 한강으로 비정할 만한 충분한 근거가 된다. 신채호의 《조선상고사》〈제9편〉에도 안장왕과 백제인 한씨 미녀의 설화를 기록했다. 《조선상고사》의 이 기록은 조선 후기에 편찬된 《해상잡록》을 인용한 것이다. 그 내용을 보면 안장왕이 한씨 미녀를 구하기 위해 군사를 보내 구했다는 것인데 이는 그 진위가 의심스럽다. 왜냐하면 당시 고구려의 도읍이 요동의 평양에 있었는데 고구려 안장왕이 행주에 살았던 백제인 한씨 미녀를 만난다는 설화는 일어날 수 없는 이야기다. 설화에는 안장왕이 태자로 있을 때 상인 행색으로 백제 땅 개백으로 놀러 가서 그곳에서 한씨 미녀를 만났다는 것인데, 당시 삼국이 치열한 대립을 하고 있던 시기에 태자의 신분으로 요동에서 행주까지 놀러 갔다는 설정을 사실이라고 볼 수 없다. 만약 안장왕이 한씨 미녀를 만났다면 고구려 평양과 가까운 요동 백제 땅이고 왕봉하의 위치도 요동에 위치한 강이었을 것이다. 광개토태왕은 373년에 출생해 409년에 장수왕 거련을 태자로 삼았고 장수왕은 491년에 사망하는데 당시 나이 97세였다. 장수왕의 태자였던 고조다는 장수왕보다 일찍 죽어 손자 문자왕이 장수왕의 뒤를 잇는다. 문자왕은 491년에 즉위해 519년에 죽는데 장수왕의 나이를 감안하면 문자왕이 즉위할 때의 나이는 50대 중반이고 사망할 때의 나이가 80대일 것으로 추정된다. 문자왕 7년인 498년에 안장왕이 태자로 책봉되는데 문자왕의 나이를 감안하면 안장왕이 태자로 책봉될 때의 나이는 최소한 40세는 되었을 것이다. 이후 안장왕은 519년에 즉위하는데 이때 안장왕은 최소한 60세에 가까웠을 것이다. 안장왕이 태자가 될 때가 40세 이상이고, 즉위할 때가 60세를 넘겼는데, 그 내용을 보면 40세가 넘은 태자가 행상 차림으로 백제로 놀러 가고, 60세가 넘어 즉위해서 한씨 미녀를 찾는 셈이다. 한씨 미녀를 구원하기 위해 당시 출동했던 고구려 장군 을밀이 절세미인인 안장왕의 친 여동생과 혼인하고 싶다는 요구를 하는데, 당시 여동생의 나이 또한 문자왕의 나이를 감안하면 50대는 되었을 것인데 이것을 진실로 볼 수는 없는 것이다. 우리 선조들은 작은 단서를 가지고 많은 가짜 전설과 설화를 만들어냈다. 고조선 도읍이 북한 평양이 아님에도 그곳에 단군릉을 만들고, 고구려 시조 동명왕이 요양 동쪽 30리에 묻혔다는 《원사》〈지리지〉와 《요동지》의 기록이 있음에도 평양에 동명왕릉까지 만든다. 그리고 요동에 존재했던 비류수를 평안남도 성천과 함경남도 원산 인근에 만들어 제사를 지냈으며 한반도에 오지도 않았던 기자 묘를 북한 평양에 만들어 내는 등 진짜가 아닌 가짜가 적지 않았음을 알 수 있다. 그래서 한씨 미녀와 왕봉의 전설 또한 누군가 자기 고장을 미화하기 위해 요동에 존재했던 전설을 차용했을 것이다.

그러면 여기서 조선이 어떤 이유로 우리 역사서를 조작했거나 수정했는지 의문이 생길 것이다. 역사서를 개작하는 것은 중대한 일이기 때문에 국가적 차원의 결정이 없다면 이루어질 수가 없다. 지금부터 나오는 서술은 가설일 뿐이니 사실이 아니다. 이에 대해서 추후 여타 연구자의 후속 연구를 기대하며 가설의 하나로만 남기고자 한다. 고려 우왕 때 중국은 원명 교체기로 격동의 시기였다. 명나라가 원나라를 북쪽으로 몰아내면서 요동성을 점령하고 고려에게 철령위 설치를 통보한다. 이때가 우왕 14년(1388) 2월이었고 명나라 군사는 철령위를 설치하기 위해 고려 영토인 압록강 강계까지 진입한다. 이에 반발한 고려는 동년 5월에 명나라와의 전쟁을 결심하고 요동성을 향해 5만 군사가 압록강을 건너지만 이성계의 위화도 회군으로 무산된다. 고려의 요동 정벌은 무산되었지만 명태조 주원장은 이러한 고려의 도발에 고려를 칠 생각도 했을 것이다. 하지만 명나라의 명장인 남옥은 북원을 정벌하고 있었기 때문에 고려에 대한 군사적 실행은 쉽지 않았다. 설령 남옥이 있다고 해도 당시 고려군은 무시 못 할 상대였다. 원나라 말기인 1354년에 장사성의 반란이 일어나자 원나라는 고려에게 지원군을 요청했고 이에 고려군이 중국 동부로 원정을 가게 된다. 이때 고려군은 소수의 병력에도 불구하고 최영의 활약으로 장사성의 대군을 물리치고 고려로 복귀한다. 또한 공민왕 11년(1362)에 20만의 홍건적이 고려를 공격해 개경까지 함락하는데 이성계가 불과 2천 군사로 먼저 성을 넘고 홍건적을 몰아쳐 홍건적이 몰살한다. 《고려사》〈세가〉를 보면 이때 20만 홍건적 중에 10만이 죽고 10만이 달아날 정도로 이성계의 자질과 고려군의 군사적 역량이 뛰어났던 것이다. 최영은 자신은 물론이고 이성계가 있었고 명나라 군사의 허실 또한 잘 알고 있었기 때문에 명나라와의 전쟁을 두려워하지 않았던 것이다. 이래서 명나라는 고려와의 전쟁보다는 외교적 압박을 우선적으로 택했을 것이다. 당시 고려와 명나라는 이것 외에도 중대한 현안이 더 있었다. 이는 양국의 국경 획정과 이성계의 왕위 찬탈 건이었는데 의외로 양국은 더 이상의 분쟁 없이 협상을 잘 마무리한다. 명나라는 고려의 요동 정벌과 이성계의 왕위 찬탈을 더 이상 문제 삼지 않았고 고려 영토 내에 설치하려고 했던 철령위를 요동의 철령에 설치하면서 고려 국경을 서북으로 천산산맥의 연산과 동북으로는 공험진까지임을 공식 인정했던 것이다. 고려 국경에 대해서는 고려 영토사에서 상세히 고찰할 예정이다. 이때 명나라는 협상 중에 고려에게 요구한 조건이 있었을 것이다. 명 태조 주원장은 명나라와 자신의 자손에게 후환이 될 공신을 수만 명이나 죽일 정도로 철두철미했던 인물이었다. 당시 주원장은 후일 고려가 고토를 회복하겠다는 명분으로 원나라와 연합해 명나라를 공격하는 상황을 우려했을 수도 있다. 명나라는 고려가 천산산맥 서쪽 영토를 영원히 포기하는 모종의 조치를 요구했고 이에 고려는 천산산맥 서쪽을 한민족의 역사 영토에서 삭제해 명나라의 우려를 없애려고 했을 것이다. 이런 결정에 따라 압록강, 패수 및 평양을 요동에서 현 압록강과 대동강으로 옮기고, 안시성, 비류수, 국내성, 황룡국, 초도, 개마대산, 미추홀, 장새, 칠중하 등의 지명도 요동에서 남쪽으로 이동했던 것으로 추정된다. 그러나 본기와 열전을 고치면 우리 역사를 알 수 없기 때문에《삼국사기》〈지리지〉와《고려사》〈지리지〉를 중점적으로 고쳐 본기와 열전 및 지리지와의 괴리가 생겼으며 중국 사서와도 맞지 않았던 것이다.

8. 요동군 위치 고찰을 통한 한사군 위치

낙랑군 위치를 알기 위해서는 낙랑군 인근에 위치한 요동군 속현의 위치를 파악하는 것이 중요하다.《한서》〈지리지 유주 요동군〉의 기록에 "요동군은 진(秦)나라에서 설치했고 유주에 속한다. 호 수는 55,972이고 인구는 272,539명이다. 현은 18개이다. ①양평현, 목사관이 있다. ②신창현. ③무려현은 서부도위 치소가 있다.(안사고가 말하길, 이른바 의무려라고 했다.) ④망평현은 대요수가 새외에서 나와 남쪽으로 안시현에 이르러 바다로 들어가는데 1,250리를 흐른다. ⑤방현. ⑥후성현은 중부도위 치소가 있다. ⑦요대현. ⑧요양현은 대량수가 서남쪽으로 요양현에 이르러 요수로 들어간다. ⑨험독현. ⑩거취현의 실위산은 실위수가 나오는 곳인데 북쪽으로 양평현에 이르러 양수로 들어간다. ⑪고현현. ⑫안시현. ⑬무차현은 동부도위 치소가 있다. ⑭평곽현은 철관과 염관이 있다. ⑮서안평현을 왕망은 북안평이라 했다. ⑯문현. ⑰번한현(番汗縣)은 패수(沛水)가 새외에서 나와서 서남쪽으로 바다에 들어간다.(조선 왕 위만의 도읍인데 물의 험한 것에 의지했기에 옛날에 험독이라 했다. 신찬이 말하길, 왕험성은 낙랑군 패수의 동쪽에 있다고 했다.) ⑱답씨현(沓氏縣)은 응소가 말하길, 답수현(沓水縣)이라 했다. 안사고가 말하길, 무릇 씨라는 것은 대개 물로 인해서 이름을 얻은 것이다."라고 나온다.

①의 양평현은 이미 검토한 바와 같이 요양 북쪽에 있었다. 《독사방여기요》에서 한의 양평은 지금의 요양주 북 70리에 있다고 했다. ②신창현의 기록을 보면《후한서》〈동이열전 고구려〉조에 "여름에 다시 고구려가 요동 선비 8천여 명과 함께 요대를 공격했다. 관리를 죽이고 약탈했다. 채풍 등이 신창으로 추격했으나 전몰했다."고 했다.《독사방여기요》〈요동행도사〉조에는 신창현이 해주위 동쪽에 있다고 했고,《금사》〈지리지 동경로 요양 징주(澄州)〉조에 신창현에 석목(析木)이 있다고 했는데 석목은 해성시 동남 약 40리라고 했다. 신창현은 해성시 동남쪽에 있었음을 알 수 있다. 후일 신창현이 난하 일대에도 나타나는데 이는 후대에 교치된 지명이다.《위서》〈지형지 평주〉조의 기록에는 "신창현은 전한 시기에 탁군에 속했고 후한과 진(晉)나라에서는 요동군에 속했다."고 나온다. 탁군 위치는 북경 서남쪽인데 한나라가 한사군을 설치하기 이전에 신창현이 탁군에 위치했다가 한사군 설치 이후에 요동으로 교치되었을 수도 있다. ③무려현은 의무려라 했으니 현 조양 동쪽 의무려산이다. ④망평현은《수경》에 대요수가 망평에서 나와 양평을 거쳐 하류의 요대로 들어간다고 되어 있어 망평은 양평 북쪽에 있다. 그리고 후한 때에 요동군 18현 중 후성현, 요양현, 고현현 3개 현이 현도군으로 소속이 바뀐다. 그런데 망평현과 양평현은 요양 북쪽에 있었음에도 현도군에 속하지 않고 여전히 요동군에 속해 있다. 이리 되면 현도군은 망평과 양평 너머에 있는 요양현을 속현으로 두는 꼴이라 뒤죽박죽이다. 이는 이미 여러 차례 언급한 바와 같이 양평과 망평현이 본래의 위치에 존재할 수 없는 상황이라 다른 곳으로 이동했음이 확실하고《후한서》〈군국지〉거리에서 낙양에서 양평까지의 거리가 3,600리에 불과한 이유이기도 하다. ⑤방현은《수경주》에 대요수가 요동 양평을 지나 동남으로 방현 서쪽을 통과하고 안시현 서쪽을 지나서 바다로 들어간다고 했으므로 대요수는 현 요하이고 방현은 양평과 안시성 사이에 있었음을 알 수 있다. 방현은 후한 안제(106~125) 때에 요동 속국으로 소속이 바뀐다. 요동속국은 치소를 난하의 창료현에 두었고 빈도현, 도하현, 무려현, 험독현, 방현의 6개 현이 있었다. 창료, 빈도, 도하현의 3개 현은 요서군에

속했고 무려, 험독, 방현의 3개 현은 요동군의 서부 도위에 속했다. 고구려 태조대왕 3년(서기 55)에 요서에 10성을 쌓았다는 것에서 짐작해 보면 이 지역에 대한 한나라의 실질적 통제권은 이미 상실했을 것이다. ⑥후성현은 후한 때에 현도군으로 소속이 바뀐 것으로 보아 요동군의 북쪽에 위치했다. ⑦요대현은 이미 고찰한 바와 같이 요양 서남쪽에 위치했다. ⑧요양현은 대량하가 혼하와 합류하는 지역의 태자하 북안에 있었다. 이후 거란이 요동을 차지하면서 요양 남쪽의 낙랑군 패수현과 합치면서 그 범위를 확장했다. 이에 대한 기록은 《요사》〈지리지 동경도〉에 나온다. ⑨험독현은 전한 때, 요동군 중부도위에 속했으나 후한 때 요동 속국으로 소속이 변경되었다. 그런데 주석에 험독현이 창려에 있다고 하는데 창려는 현재 난하 동남쪽에 있다. 이는 아마도 본래의 험독이 창려에 있다가 한나라가 한사군을 설치하면서 요동으로 이동했을 것이다. ⑩거취현은 실위수가 나와 북으로 양평으로 가는 곳에 있으니 요양 근처의 양평 남쪽에 있었다. 《대명일통지》는 요양 서쪽 80리에 있다고 했고 《한서》〈지리지〉에는 거취현의 북쪽에 양평이 있다고 했으니 《대명일통지》와 일치한다. ⑪고현현은 후성현과 마찬가지로 후한 때에 현도군으로 소속이 바뀐 것으로 보아 요동군의 북쪽에 위치했다.

⑫안시현의 위치에 대해 현재 주류 사학계는 현 해성시 동남쪽 8킬로미터 지점의 팔리진(八里鎭)이 있는 영성자산성에 비정하고 있다. 《한국민족문화대백과 사전》에 나오는 영성자산성의 기록을 보면 성벽의 총 길이는 본성이 3킬로미터, 외성까지 합하면 총 4.5킬로미터 정도라고 한다. 둘레가 4.5킬로 정도이면 영성자산성의 직경은 약 1.4킬로미터 정도로 고구려의 대군이 주둔하기에는 안시성이 너무 작은 규모의 성이라 이에 동의하지 않는 학자가 많다. 《대명일통지》와 《요동지》 및 《독사방여기요》는 개주(蓋州)위가 요양 남쪽 240리에 있고, 안시성은 개주위 동북 70리라고 했으므로 안시성을 요양성 남쪽 약 170리 일대에 있는 것으로 보았는데 이는 비사성 50리 남쪽이다. 남송 때 지도인 《추리도》를 보면 거란 동경이자 안시성이 비사성이 위치한 해주시 북쪽에 위치하기 때문에 《대명일통지》, 《요동지》 및 《독사방여기요》의 안

시성 기록이 엉터리임을 알 수 있다. 《요사》〈지리지 동경도 개주진국군(開州鎭國軍)〉조에는 "철주 건무군(鐵州 建武軍)에 자사가 있다. 본래 한나라 안시현이 있다. …… 동경에서 서남쪽으로 60리 떨어져 있다. 관할현은 하나로 탕지현(湯池縣)이 있다."고 나온다. 《요사》〈지리지〉는 안시현이 동경에서 서남쪽으로 60리 떨어져 있다고 했는데 《독사방여기요》는 이 기록과 달리 요양에서 170리 거리로 본 것이다. 거란이 고구려와 동 시기의 인접 국가였고 또한 여타 기록과도 부합하기에 《독사방여기요》의 위치 기록은 맞지 않다. 고당 전쟁 기록으로 이를 확인해 보면, 《자치통감》〈당기 태종〉조에 당 태종은 안시성에서 패배한 후에 철군하는데 그 날짜가 645년 9월 계미일(18일)이다. 이후 9월 을유(20일)에 요동성에 도착하고 9월 병술(21일)에 요수를 건넌다. 이 기록은 안시성에서 요동성까지 가는데 이틀이 걸렸음을 알 수 있다. 《독사방여기요》에서 요동성은 요양의 북쪽 70리이고, 《요사》〈지리지〉에서 안시성은 요양 남쪽 60리에 있다고 했다. 당나라 군사는 하루 평균 65리를 걸었으니 꽤 빠른 속도로 철군했음을 알 수 있다. 만약 안시성이 《독사방여기요》의 기록대로 요양 남쪽 170리에 있었다면 안시성에서 요동성까지는 약 240리다. 이는 당나라 군사가 하루 평균 120리를 걸어야 하므로 불가능하다. 이미 나온 바와 같이 《손자병법》에서 군사가 하루 30리 이상을 행군하는 것은 무리라고 했다. 이때 당나라 군사가 하루 65리를 이동한 것만 해도 대단한 이동 속도인 것이다. 《삼국사기》〈고구려 본기〉에는 당시 당나라 군대는 안시성을 공격하기 위해 주필산에 주둔하고 있었다. "보장왕 4년(645)에 강하왕 도종이 (당 태종에게) 말했다. '고구려가 나라를 기울여 황제의 군대를 막고 있으니 평양의 수비는 필히 약할 것입니다. 신에게 정예병 5천을 주시면 그 근본을 함락해 수십만 군대라도 싸우지 않고 이길 수 있습니다.'"라고 나오는데 이 기록은 고구려 15만 군사가 안시성을 구원하기 위해 안시성 근처로 오자 강하왕 도종이 당 태종에게 건의하는 말이다. 그런데 당 태종은 이를 허락하지 않는다. 이때 당 태종은 어디에 있었는지 보자.

《삼국사기》〈고구려 본기〉에 "보장왕 5년(646) 2월, (당 태종이 도종을) 돌아보며 묻자, 도종이 주필산에 있었을 때 빈틈을 타서 평양을 빼앗아야 한다는 말을 자세히 진술했다."고 나온다. 당시 당 태종은 주필산에 있으면서 안시성을 공격 중이었음을 알 수 있다. 즉 주필산과 안시성은 멀지 않은 거리에 있었음을 재차 확인시켜 주는데 주필산에서 주류 사학계가 안시성으로 비정하고 있는 영성자산성까지의 거리는 직선거리로 약 55킬로미터로 165리에 이른다. 요양에서는 약 180리 거리이고 요동성에서는 약 250리 거리로 당나라 군사가 이곳에서 이틀 만에 250리를 간다는 것 또한 불가능하다. 그리고 당나라 군사가 안시성을 공격하기 위해 55킬로미터 떨어진 주필산에 주둔한다는 것도 상식적으로 이해할 수 없는 먼 거리다. 이는 고구려 평양이 북한 평양에 있었다는 생각으로 인해 안시성의 위치를 가능한 남쪽에 위치시키려 한 이유일 것이다. 또한 고구려 평양은 요양 동쪽의 태자하 북안에 있었다. 당나라 군사가 평양을 공격하기 위해 개주까지 내려갔다가 다시 동북쪽의 평양으로 간다는 것은 생각할 수 없다. 당시 당 태종은 요수를 건넌 후에 요동성을 함락하고 이어 안시성을 공격한다. 안시성을 함락하지 못하자 안시성을 후방에 두고 오골성을 공격해서 평양으로 직공할 계책을 세우다가 장손무기의 반대로 취소하고 계속 안시성을 공격하지만 결국 실패하고 만다. 만약 주류 사학계의 주장처럼 안시성을 해성시 동남쪽으로, 오골성을 봉황성에 비정한다면 평양은 요양 동쪽의 태자하 북안이 아니라 북한 평양이어야 한다. 평양이 태자하 북안에 있는데 당나라 군사가 해성시 동남쪽에 있는 안시성을 공격하고 이어 남쪽인 오골성을 거쳐 갈 이유가 없기 때문이다. 고구려 평양은 북한 평양이 아니기 때문에 안시성과 오골성의 위치 또한 그곳에 있을 수는 없다. 《대청광여도》 또한 주필산 위치를 천산산맥 동쪽이자 현 압록강 북쪽에 엉터리로 그려 넣어 안시성이 마치 천산산맥 동쪽에 있었던 것으로 인식했다. 이는 고구려 평양을 북한 평양으로 만들려는 의도가 숨어 있었을 것이다. 북위 역사서인 《위서》〈지형지〉에도 안시현(安市縣)의 지명이 나온다. 《위서》〈지형지 권106 안주(安州) 안락군〉조에 "안락군 속현은 두 개이다. …… 안시현은 한나라와 진(晉)나라 때 요동군에 속했다."라고 했다. 본래의 안시현은 고구려 영토 내에 있었기에 교치된 지명이 아니라면 북위 영토가 될 수 없다. 안락군 외에 안주에 속한 밀운군, 광양군 위치가 북경 일대이기 때문에 안락군만 별도로 현 요령성에 있을 수 없는 것이다. 이에 대해 고구려 안시성이 북경이고 주필산이 《한서》〈지리지 유주 요서군〉조에 나오는 요서의 마수산이며 고구려가 현 북경 및 하북성에 있었다고 주장하는 이도 있다. 마수산은 《삼국사기》〈백제 본기〉에도 나오기 때문에 마수산은 한 곳이 아니다. 단순한 지명 일치로 위치를 비정하기 전에 당시 상황과 주변 지명을 비교해야 오류가 없다. 고수 전쟁 당시 수나라가 영주와 난하의 임유관을 차지하고 있었고 이후 고구려의 무려라를 빼앗았는데 무려라는 현 요령성 조양시 동쪽의 의무려산에서 나온 지명이다. 고당 전쟁 시기에는 당나라가 고구려를 치기 위해 현 조양인 영주에 군량을 비축했고 요택을 지나 주필산에 주둔한 후에 요동성과 안시성을 공격했다. 또한 전쟁 과정에서 나오는 압록강, 요동성, 비사성, 오골성, 건안성, 박작성, 현도성, 남소성, 국내성, 부여성 등의 지명이 모두 요동에 있었다. 요동군에 속한 18개의 속현 모두 요동에 존재하는 지명이기에 안시성만 북경에 존재할 수 없는 것이다. 영주 위치는 거란의 이진충이 거병해 영주를 함락하자 한때 남쪽의 어양으로 이동하지만 《가탐도리기》와 《신당서》에 나오는 영주는 여전히 조양이었다. 이는 《가탐도리기》에 나오는 주변 지명의 설명에서 알 수 있고 또한 당 태종이 안시성 전투에서 패배한 후의 철군 기록에서도 알 수 있다. 당 태종은 9월 18일에 안시성에서 철군해 9월 21일에 요하에서 요택을 건넌다. 요택 너비가 200리, 약 70킬로미터나 되기 때문에 10월 1일이 되어서야 요하 지류인 발착수를 건넌다. 10월 11일에 현 조양인 영주에 도착하고 10월 21일에 임유관에 도착하자 태자가 마중을 나와 있었다. 임유관은 현 난하에 있던 관문이다. 요택과 영주를 지나 임유관에 도착하므로 일정을 고려하면 이때 영주는 조양이 분명하다. 또한 당나라는 이때 현도, 개모, 요동, 백암, 비사, 신성, 주필, 건안 등에서 이겼다고 기록했다. 현도성은 《독사방여기요》〈요동행도사〉조에서 심양위 동북에 있다고 했으므로 심양 동북 일대에 있었다. 개모성은 요동성 동북쪽에 있었으며 백암성은 요동성과 안시성 사이, 비사성은 해주, 신성은 심양 동쪽, 주필산은 요양에, 건안은 해주 서남쪽 개주에 있었으므로 이 지명들은 모두 현 요령성에 위치했다. 효종 7년(1656)에 인평대군 이요가 청나라에 사은사로 가면서 기록한《연도기행》9월 3일 자 여정에 우장에서 광녕까지 200리 사이가 요택의 수렁이라고 기록했다. 우장은《대청일통지》〈권36 성경통부도(盛京統部圖)〉에 해성시 서쪽에 보이고 광녕은 의무려산에 있다.《연도기행》뿐만 아니라 여타 조선 연행사 기행문에도 요택을 지나면서 지형에 대한 기록을 남겼다.《무경총요》〈북번지리 요동〉조에도 요택에 대한 기록이 나온다.《무경총요》"건주(乾州)는 의무려산 남쪽에 있고 옛 요택의 땅이다."라고 했다. 요택은 요하 서쪽에서 의무려산까지의 넓은 지역이었음을 알 수 있다. 마수산과 요택이라는 지명이 다른 곳에서 발견되더라도 이는 동일 지명일 뿐 당 태종이 건넜던 요택은 이곳일 수밖에 없는 것이다.

그러면 안시성의 정확한 위치가 어디인지 다양한 문헌 사료를 통해 고찰해 보자. 먼저《삼국사기》와《삼국유사》에 환도성이 안시성이었다는 기록이 있었고《가탐도리기》에는 고대 압록인 현 혼하 하구의 박작구에서 환도성까지 물길로 5백 리였다. 이는 안시성이 혼하 하구로부터 상류에 있었음을 알 수 있다. 명 때의《요동지》〈권1 산천〉조에 수산(首山)이 요양성 서남 15리에 있다 했고《독사방여기요》에도 동일하게 기록했다. "수산(首山)은 요동행도사의 서남 15리에 있다. 수산이 해주위 경계와 닿아 있다. …… 당나라 정관 18년에 (당 태종이) 고구려를 칠 때, 요수를 건너 군사가 마수산에 주둔했는데 이 산이다. 혹은 주필산이라고도 한다. 당사(唐史)에는 주필산이 안시성 바깥에 있다고 했다. 지리지에는 일명 수산(手山)이라고도 한다."라고 나온다.《당사(唐史)》에 주필산이 안시성 바깥에 있다고 했고《삼국사기》〈고구려 본기〉에 당나라가 요동성을 함락한 다음에 안시성을 향해 진군하므로 안시성은 요동성과 멀지 않은 거리에 있어야 한다. 당 태종은 요동성을 공격할 때 주필산에 주둔했고 안시성을 공격할 때도 주필산에 있었다. 이 기록에서도 요동성과 안시성은 그리 멀지 않은 거리에 있었음을 알 수 있다. 요양성은 숙종 39년

(1713), 김창업의《연행일기》3월 6일 여정에도 태자하를 통과하자 요양성에서 호인이 말을 타고 나왔다고 하니 당시 요양성은 태자하 북안에 있었다. 또한 사찰 승려가 말하길 주필산은 수산(手山)이며 요동성 서남쪽에서 바라보면 15리 거리라고 했다. 이는《요동지》에서 주필산이 요양성 서남 15리에 있었다는 기록과 일치한다. 여기서 요동성은 고구려 요동성이자 안동도호부가 있던 양평이 아니다.《독사방여기요》에서 안동도호부에서 요양까지 70리라고 했으므로 요동성은 발해가 요양에 서경압록부를 두면서 이동한 것으로 추정된다. 현종 11년(1670), 귀암 이원정의《연행록》17일과 19일 자 여정에는 주필산이 북쪽으로 수산령을 지나 바로 있다고 했으니 주필산은 수산령 북쪽 자락에 있었던 것이다. 또한 덧붙이길 본래 요동성은 태자하 북안이 아니라 태자하 남쪽에 있었는데 후에 태자하 북쪽으로 옮겼다고 기록했다. 효종 7년(1656)《연도기행》8월 29일 자 여정에는 1621년 청태조 누루하치가 명나라 요동성을 함락한 후에 태자하 남쪽 옛 성을 허물고 새로운 성을 태자하 북쪽에 쌓았다고 했으므로 1621년 이전까지 요양성은 태자하 남안에 있었던 것이다. 현대 지도를 보면 요양에 수산진, 수산공원, 수산촌 지명이 보인다. 이곳에서 동북 15리 거리인 약 6킬로미터에 옛 요양성이 있어 태자하 남안까지 닿았을 것이다. 옛 요양성과 신 요양성은 태자하를 사이에 두고 있었던 것으로 추정된다. 그런데《무경총요》에 거란 동경이 안시성이라고 기록했는데《요사》〈지리지〉는 안시성이 동경 서남 60리에 있다고 해 동경과 안시성을 구분했다.《무경총요》에서 동경이 안시성이라고 한 것은 동경요양부가 안시성까지 관할해서 그렇게 기록한 것일 게다.《요사》〈지리지〉와《독사방여기요》는 동경과 안시성을 구분해서 기록했으므로 거리 기록의 기준은 마수산 북쪽 15리의 요양성이다.《추리도》를 보면 동경이 서쪽, 주필산이 동쪽에 있으면서 서로 인접해 있고 남쪽에 해주가 있다. 이는 안시성이 현 해성시 북쪽에 있었음을 알 수 있다.《독사방여기요》에 해주위는 요양 서남쪽 120리에 있고 비사성이 해주위의 성(城)이라고 했다. 해주위의 성이라는 것에서 비사성이 해주위의 치소임을 알 수 있다. 앞에서《독사방여기요》는 안시성이 요양성 남쪽

170리 거리에 있다고 했는데 비사성이 안시성 북쪽 50리에 있어야 하므로 안시성 위치가 잘못인 것을 여기서도 알 수 있다. 당 태종이 고구려를 칠 당시에 안시성에서 비사성에 주둔하고 있던 장량의 군사를 부르면 이틀 밤에 올 수 있다는 기록으로 보아 비사성이 안시성의 북쪽에는 있을 수 없는 것이다. 《신당서》에는 고대 압록강이자 현 혼하인 마자수가 안시를 지나 바다로 들어간다고 했으므로 안시성 근처에 압록수가 지나가야 한다. 《황화사달기》에 압록수가 안동도호부 동남 90리에 있다고 했고 《독사방여기요》에는 안동도호부에서 70리 남쪽에 요양이 있다고 했다. 이러면 압록수가 요양에서 20리 떨어진 남쪽에 있었던 것이다. 또한 《자치통감》 〈당기 태종〉조의 정관 19년(645)의 기록에는 "비사성은 사면이 절벽이라 오직 서문으로 오를 수 있었는데 정명진이 밤에 군사를 이끌고 갔다. 왕대도가 먼저 올라가 5월 기사(己巳)에 함락시켰다. 남녀 8천을 포로로 잡았고 총관 구효충에게 별도로 군사를 주어 압록수의 불을 환하게 밝히도록 했다."라고 나온다. 이는 비사성 근처에 압록수 물길이 지나간다는 의미다. 한중일 삼국은 비사성 위치로 현 요동반도 서남단의 대련시 대흑산 산성으로 비정하지만 이는 엉터리임을 밝힌 바가 있다. 그곳에는 고대 압록수는 물론이고 현재 압록강도 지나가지 않는다. 《요사》 〈지리지 동경요양부〉조에 "사하(沙河)는 동남산에서 서북으로 흘러서 개주(蓋州)를 지나 바다로 들어간다."고 했고 또한 《요사》 〈지리지 해주남해군〉조에는 "해주 남해군이 설치되었고 절도를 두었다. 본래 옥저국이고, 고구려 때 비사성으로 당나라 이세적이 공격했던 곳이다."라고 나온다. 이렇게 해주에 비사성이 위치했음은 《요사》 〈지리지〉뿐만 아니라 다른 중국 사서에서도 마찬가지로 기록했다. 다만 《요동지》는 비사성을 해주와 대련 대흑산 산성 두 곳에 두어 모순된 설명을 한다. 아마도 대흑산 산성이 절벽에 있어 오인했을 것인데 고당 전쟁 당시의 기록을 고찰했다면 이런 오류는 없었을 것이다. 그런데 여기서 《요사》 〈지리지〉는 비사성을 흘러가는 물길이 압록수가 아니라 사하라고 했고 또 사하가 개주를 지나간다고 했다. 《독사방여기요》 또한 요하가 해주 서남쪽으로 흘러 내려간다고 했고 요하, 압록수, 패수는 하류에서 물길이 합치므로 고대 압록강 또한 개주를 지나갔고 압록강의 옛 물길은 《요사》〈지리지〉의 사하와 같은 물길이다. 혼하가 사하와 합치고 다시 태자하와 합치므로 하류에서는 혼하, 사하, 태자하가 모두 같은 물길이며 이로써 고대 압록수인 혼하와 태자하 하류 물길은 현재의 사하인 것이다. 그리고 위에서 압록수가 요양 20리 남쪽에 있었고 또 요양성은 태자하 남안에 있었으므로 태자하 남안에서 남쪽으로 약 20리를 내려가면 남쪽에 사하가 나온다. 《황화사달기》에서 말한 요동성에서 90리의 압록수는 사하의 위치와 동일하고 이는 《대명일통지》와 《열하일기》의 기록에도 부합한다. 또한 사하 물길을 따라 남쪽으로 내려오면 서쪽에 여러 개의 산이 있고 그중 사하와 붙어있는 산은 철가산(鐵架山)과 그 동남쪽에 소고산(小孤山)이 있다. 《요사》〈지리지〉에 안시성이 요양성 남쪽 60리에 있었으므로 수산보 공원에서 남쪽으로 45리 거리, 약 15킬로미터를 내려가면 현 안산시 철가산(鐵架山)에 이른다. 철가산 동쪽에 사하가 있고 동남쪽에 호수가 있으며 인근에 철서구(鐵西區)와 동철 공장도 있다. 철가산은 그곳에 철이 나기 때문에 이름 지은 것으로 보이는데, 《요사》〈지리지 동경도 개주진국군〉조를 다시 보자. "철주 건무군(鐵州 建武軍)에 자사가 있다. 본래 한나라 안시현이 있다. …… 동경에서 서남쪽으로 60리 떨어져 있다. 관할현은 하나로 탕지현(湯池縣)이 있다."고 했으니 안시성은 철주이며 철이 나는 곳임을 알 수 있고 철가산은 여기서 유래했을 것이다. 그리고 안산시(鞍山市)의 안(鞍)은 안시성(安市城)의 안(安)과 글자는 다르지만 안시성에서 안산의 이름이 나왔을 것으로 추정할 수 있다. 또한 탕지현이 있다고 했는데 탕지는 본래 철가산 동남쪽에 위치한 호수일 것이다. 《원사》〈지리지 동녕로 철주〉조에는 '정융(定戎) 1진을 관할한다. 당나라의 안시주이고 거란은 동경도에 속했다.(領定戎一鎭 唐安市州 遼隸東京道)'라고 나온다. 정융은 고려 천리장성에 있는 성곽 중의 하나이다. 《고려사》〈지리 3 북계 안북대도호부 정융진〉조에, "현종 20년(1029)에 유소를 보내 옛 석성을 수리하고 진을 설치했다. 영평성 백성들을 옮겨 채웠다. 정융진은 흥화진의 북쪽에 있다."라고 했다. 고려 영토사에서 밝히겠지만 흥화진은 평안북도가 아니라 현 요령성 안산시

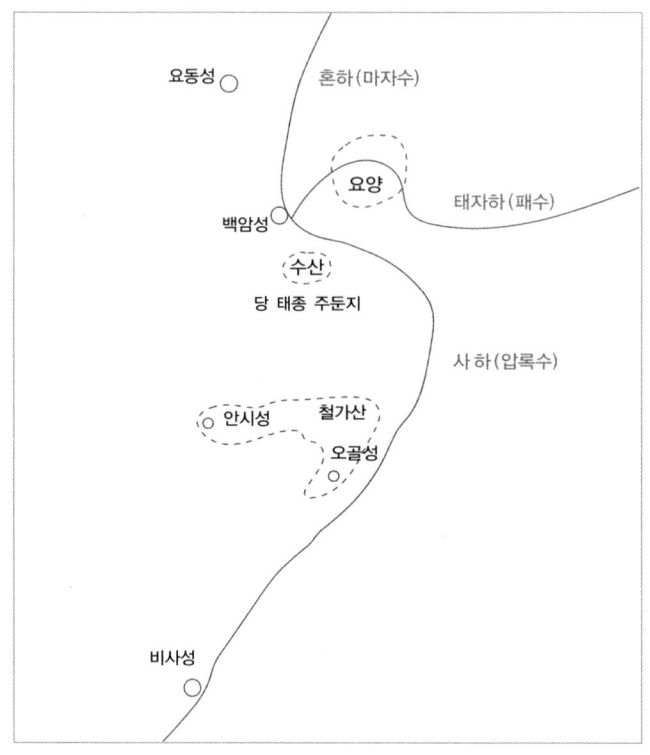

〈지도 44〉 수산, 안시성, 비사성, 오골성 위치

서쪽에 있었다. 《무경총요》〈북번지리 요동〉조에 "내원성(來遠城)은 거란 경술년(요 성종)에 신라국을 토벌해 요해지를 얻어 성을 쌓아 지켰다. 중국 대중상부 3년(1011)이다. 동쪽으로 40리에 신라 흥화진이 있다."고 했다. 여기서 신라는 고려인데 흥화진이 현 안산시 서쪽이고 철주가 있는 정융진은 안산시 서북부이므로 안시성이 남쪽 해주나 개주에 있을 수가 없는 것이다. 《양서(梁書)》〈동이열전 고구려〉조에 "요산이 있고 요수가 그곳에서 흘러나온다. 그 나라의 왕도는 환도산의 꼬리 부분에 있다."고 했다. 이미 고찰했지만 환도는 안시성인데 철가산이 동서로 뻗어 있어 꼬리 부분이라고 할 수 있는 곳은 철가산 서쪽 사면이나 동쪽 사면이다. 《무경총요》〈북번지리 요동〉조에는 "동경성의 동쪽에는 대요하가 있고 성의 서쪽에는 소요하가 있다. 진(秦)나라 때 요동군이었고 한(漢)나라 때 유주에 속했다. 당 태종이 고구려를 평정할 때,

행산을 주필산으로 삼아 이름을 지었다. (주필)산은 동경의 동북에 있다."고 했고 《추리도》에는 동경 동쪽에 주필산이 나온다. 이렇게 안시성 동쪽 또는 동북쪽에 주필산이 있었으니 방향을 고려하면 안시성은 철가산 서쪽 사면에 있었던 것이다. 또한 이미 나왔지만 《삼국사기》〈고구려 본기〉에 "보장왕 4년 (645)에 여러 신하들이 (당 태종에게) 말하길, 장량의 군대가 사성(비사성)에 있으니 부르면 이틀 밤에 도착할 것이며, 힘을 합쳐 오골성을 함락하고 압록을 건너면 곧 평양을 빼앗을 수 있을 것입니다."라 했다. 《삼국사기》〈신라 본기〉에는 "문무왕 10년(670) 3월, 사찬 설오유가 고구려 태대형 고연무와 함께 각각 정병 1만을 이끌고 압록강을 건너 옥골(屋骨)에 이르렀다."라고 나온다. 당나라 군사는 서쪽에서 진군해서 오골성을 함락한 후 고대 압록강을 건널 계획이었고, 신라 군사는 당나라 군사를 공격하기 위해 동쪽에서 압록강을 건너 옥골에 도착했기 때문에 오골성 위치는 현 사하 서쪽의 철가산 동쪽 사면 일대로 추정된다. 철가산은 동서로 길게 뻗어 있어 당나라 군사가 요동성에서 남쪽으로 오면 반드시 만나는 천연 험지이므로 이곳에 분명히 고구려 성곽이 있어야 한다. 위성 지도를 보면 철가산 일대에 많은 개발이 이루어져 옛 성의 자취를 찾기가 어려운 상황이다. 하지만 《요사》〈지리지〉의 요양에서 60리 거리 기록과 맞고 철주에 안시성이 있었으며, 고당 전쟁과 나당 전쟁 기록에도 부합하는 철가산에 안시성과 오골성이 있었던 것은 분명하다. 그리고 현재의 세 물길은 요양과 해주 서쪽의 바닷물이 빠져 육지가 형성되면서 새롭게 생긴 물길이고 고대 압록강인 혼하는 현재처럼 심양에서 남서쪽으로 계속 내려가는 것이 아니라 남쪽인 요양 서쪽에서 사하와 합치고 다시 태자하와 합친 후에 철가산 동쪽을 지나 해주의 비사성과 개주의 박작구를 거쳐 바다로 유입되었던 것이다. 당나라 군사는 주류 사학계의 주장처럼 현 해성시 동쪽의 영성자산성과 중국 단동시 북쪽의 봉황산성을 거쳐 현 압록강을 건너 북한 평양으로 가는 것이 아니라 요동성에서 사하 서쪽의 철가산을 거쳐 고대 압록강인 현 사하를 건너서 태자하 북안의 평양으로 향할 계획이었던 것이다.

⑬무차현은 《진서(晉書)》〈모용황재기〉에 나온다. 모용황의 아우 모용인이

반란을 일으키고 이에 모용황이 평곽에 근거를 두고 있던 모용인을 공격한다. "함화 9년(334), 모용황이 스스로 요동을 정벌하는데 양평에서 이기자 모용인이 임명한 거취령 유정이 성을 들어 항복하고, 신창 사람 장형이 현령을 잡아 항복했다. 모용인을 참한 후, 그곳에 수비를 두고 극성에 요동의 대성들을 나눠 이주시켰다. 화양, 무차, 서락 3현을 설치했다."고 했다. 무차현의 위치는 《독사방여기요》〈요동행도사〉조에 "요동도지휘사사의 북쪽에 무차성이 있다. 한나라 요동군 속현이다. 동부도위 치소였고 후한 때 없앴다."고 했으니 요양 북쪽에 있었다.

⑭평곽현은 이미 언급한 바와 같이 건안성이고 혼하 하구에 위치했다.

⑮서안평은 《한서》〈지리지에〉 '마자수가 서안평에 이르러 바다로 들어간다.'는 기록에서 보이고 이후 고구려가 서안평을 여러 번 공격하면서 《삼국사기》의 기록에도 자주 등장한다. 서안평은 1961년 중국학자가 단동 인근에서 한나라 유물이 있는 성곽을 발견했는데, 그곳의 기와 조각에 '안평락미앙(安平樂未央)'이란 문구가 있어 한중일 삼국은 서안평을 현 단동시로 비정했다. '안평락미앙'의 문구를 해석하길, '안평의 즐거움이 아직 다하지 않았다.'라는 뜻이라 했는데 이런 해석은 마치 안평이라는 지역을 홍보하는 듯한 어색한 느낌이다. 윤내현 교수는 《고조선 연구》에서 '안평락미앙'은 그런 뜻이 아니라 '평안함과 즐거움이 다하지 않았다.' 즉 평안함과 즐거움이 무궁하길 바라는 길상구라고 했다. 다른 곳에 발견되는 명문에서 지역명이 있는 경우가 없으며 만약 그곳이 안평이라고 해도 서안평은 안평의 서쪽에 있을 테니 현 단동시가 서안평이 될 수 없다는 것이다.

이에 대해 혹자는 마자수가 현 압록강이 분명하므로 마자수의 하류에 있는 단동이 서안평일 수밖에 없으니 윤내현 교수의 주장은 틀렸다는 것이다. 이미 고찰한 바와 같이 마자수는 현 압록강이 아니라 고대 압록수인 혼하이므로 서안평이 단동시가 아니라는 윤내현 교수의 주장이 맞을 수밖에 없다. 또한 《독사방여기요》〈요동행도사〉조에도 서안평이 개주위에 속한다고 했으니 서안평이 단동이라는 주장은 근거가 없다. 그리고 《한서》에는 서안평인데

《신당서》에서 안시성으로 바뀐 이유는 《한서》를 편찬할 당시에는 마자수 유역에 서안평이 존재했지만 《신당서》를 편찬할 당시에는 서안평의 지명이 더 이상 존재하지 않았기 때문일 것이다. 《삼국사기》를 보면 고구려 태조대왕 94년(146)에 한나라의 요동군 서안평을 습격해서 대방 현령을 죽이고 낙랑 태수의 처자를 사로잡았으며, 이후 여러 차례의 공방 끝에 미천왕 12년(311)에 요동군 서안평을 점령하는 데 성공한다. 이후 서안평에 대한 기록은 《삼국사기》에 나오지 않는다. 고구려와 수나라, 고구려와 당나라와의 숱한 전쟁 기록에도 서안평은 기록에 없다. 이는 고구려가 서안평을 점령한 후 그 이름이 사라졌기 때문에 《신당서》 편찬자들은 서안평 대신 안시를 쓸 수밖에 없었던 것이다. 그런데 서안평의 이름은 《요사》〈지리지 상경도〉에서 다시 나온다. "상경임황부는 본래 한의 요동군 서안평의 땅이다." 상경임황부는 내몽골에 위치해 있어서 당연히 요동군 서안평이 아니다. 이곳이 요동군 서안평이라면 마자수(압록수)의 위치는 물론이고 한나라의 요서, 요동군의 위치, 수나라와 당나라의 전쟁 기록 등을 도저히 설명할 수 없다. 이곳에 요동군 서안평이 있는 이유는 서안평이 사라진 후 이곳으로 교치했거나 거란이 발해 등 주변국을 공략한 이후에 그 유민들을 여러 곳에 분산 배치하면서 지명도 같이 이동시킨 이유일 수 있다. 《요사》〈지리지〉를 보면 고구려에서 설치한 책성이 동쪽에 있지 않고 요동으로 옮겨 오거나, 숙신, 개모 등의 지명이 요양 북쪽에 있지 않고 요양 남쪽으로 내려온 예들이 많다. 《요사》〈지리지〉의 편찬자가 거짓으로 기록한 것이 아니라 지명 이동으로 인해 혼란이 생긴 것인데 《대명일통지》나 《독사방여기요》 등 후대에 편찬된 중국 사서들은 이를 이해하지 못하고 이동된 지명을 그대로 따른 경우가 많다.

⑯문현은 《독사방여기요》에서 모용황이 장수를 보내 평곽에서 동생 모용인을 공격해 문성의 북쪽에서 패주시켰는데 문성이 문현이며 평곽의 서쪽에 있다고 했다. ⑰번한현은 패수(沛水)가 새외에서 흘러나온 곳인데 조선 왕 위만의 도읍지라고 했다. 위만의 도읍지는 왕검성이자 평양이다. 한나라가 평양을 나눠 요양과 가까운 서쪽은 요동군 번한현으로, 본계시와 가까운 동쪽은

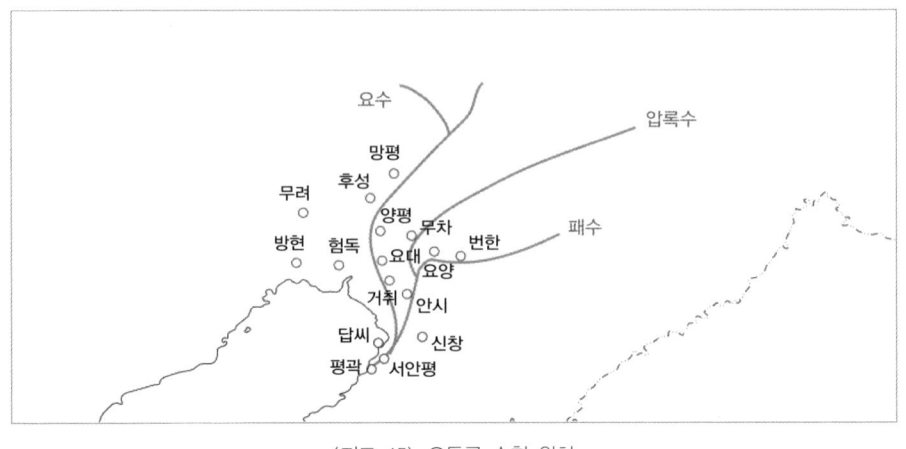

〈지도 45〉 요동군 속현 위치

낙랑군 조선현으로 나눈 것이다. 여기서 번한현의 패수(沛水)는 낙랑군의 패수(浿水)와는 글자가 다르지만 동일한 강이다. ⑱답씨현에 대해 《독사방여기요》는 요동반도 남단의 금주위(金州衛) 동쪽 10리에 있다고 했다. 이어 금주위의 치소는 남소성이라고 했는데 고당 전쟁 기록을 보면 남소성은 요양 동북쪽에 있었기에 명백히 오류다. 《독사방여기요》의 위치 비정 또한 교차 검증이 없으면 그 위치를 잘못 알 수 있으니 유의해야 한다. 그러면서 《독사방여기요》는 옛 지리지에 요하 옆에 답저가 있다고 했으니 답씨현은 요하 하구에 있었던 것이다. 《삼국지》〈위서 공손도사장전〉을 보면 《위략》에 나온 내용, 즉 공손연이 위나라에게 올린 표를 기록했다. 표의 내용은 공손연이 무역을 핑계로 오나라의 물품을 들어오게 했는데, 오나라 무리 1만이 선박으로 물품을 수송해 답진(畓津, 답씨의 나루터)에 정박했다. 공손도는 군사를 보내 이들을 습격해 오나라 사람들을 죽이고 물품을 빼앗은 것을 위나라에 보고한 것이다. 당시 공손연이 있던 곳은 양평이었다. 양평과 무역 거래를 하기 위해서는 요하 하구에 정박하면 훨씬 편하게 거래를 할 수 있는데 요하 하구에서 약 200킬로미터나 멀리 떨어진 금주(金州)에 정박할 이유는 없을 것이다. 금주가 답씨라면 요동군의 다른 현과 답씨현의 사이에 들어갈 수 있는 요동군 소속의 현이 없고 당시 이곳은 요동 백제가 존재했기 때문에 금주가 답씨일 가능성은 없다. 이런 이유들로 인해 답씨현은 옛 지리지에서 말한 위치, 즉 요하 하구 인근이다.

지금까지의 검토 결과를 바탕으로 요동군 18개 현의 위치를 비정하면 요동군 속현은 동쪽으로 천산산맥 서쪽에는 가지도 못했다. 한나라가 천산산맥 일대는 비워둔 채 한반도에 낙랑군을 설치했을까? 낙랑군 속현의 위치를 확인해 보자.

9. 낙랑군 속현 위치 고찰을 통한 낙랑군 위치

《한서》〈지리지 유주 낙랑군〉조에 "낙랑군은 무제 원봉 3년에 열었다. 왕망은 낙선이라 했다. 유주에 속한다. 응소는 옛 조선국이라 했다. 호 수는 68,812이고, 인구는 406,748명이다. 운장이 있다. 현은 25개이다. ①조선현은 응소가 말하길, (주나라) 무왕이 기자를 조선에 봉했다고 했다. ②염감현. ③패수현은 패수가 서쪽으로 증지현에 이르러 바다로 들어간다. 왕망은 낙선정이라 했다. ④함자현은 대수(帶水)가 서쪽으로 대방현에 이르러 바다에 들어간다. ⑤점제현. ⑥수성현. ⑦증지현. ⑧대방현. ⑨사망현. ⑩해명현. ⑪열구현. ⑫장잠현. ⑬둔유현. ⑭소명현, 남부도위 치소이다. ⑮누방현. ⑯제해현. ⑰혼미현. ⑱탄열현은 분려산이 있는데 열수가 이곳에서 나와 서쪽으로 점제현에 이르러 바다로 들어가는데 820리를 흐른다. ⑲동이현. ⑳불이현은 동부도위 치소이다. ㉑잠태현. ㉒화려현. ㉓사두매현. ㉔전막현. ㉕부조현이 있다." ①의 조선현은 낙랑군의 치소로 고조선의 왕검성이자 고구려 평양이다. 이미 고찰했듯이 북위의 역도원은 《수경주》에서 "그 땅은 지금 고구려의 도읍으로 내가 고구려 사신을 방문했는데 그가 말하길, 평양성이 지금 패수의 북쪽에 있으며 물이 서쪽으로 흐르다 한무제가 설치한 옛 낙랑군 치소인 조선현을 지나서 서북으로 흐른다고 했다.(其地今高句麗之國治 余訪番使言 城在浿水之陽 其水西流 逕故樂浪朝鮮縣 卽樂浪郡治 漢武帝置 而西北流)"

태자하의 물길을 보면 본계시에서 서쪽으로 흘러 요양 동쪽에서 서북으로 올라간 후에 남쪽으로 꺾여 내려간다. 이는 낙랑군 조선현이 요양 동쪽에 있고 평양 또한 조선현 내에 있으므로 평양성은 요양과 본계시 사이에 있었던 것이다. 또한《가탐도리기》의 육로행에서는 영주에서 평양까지 800리였고, 영주에서 안동도호부인 양평까지는 680리이므로 양평에서 평양까지의 거리는 120리로 본계시 서쪽에 해당된다. 그리고 이미 나왔지만《후한서》〈동이열전 동옥저〉조의 개마대산에 대한 주석에서 당 고종의 아들 장회태자 이현이 개마는 현도군의 현명으로 그 산은 지금 평양의 서쪽에 있다고 했다. 개마대산 또한 고찰한 바와 같이 개모성이 있었고 개모성은 양평의 동북쪽에 위치했다. 장회태자 이현은 684년 사망했고 고구려 평양이 있을 당시에 존재했던 인물이기에 그 기록의 신뢰도가 높다.《대명일통지》〈외이 조선국〉조에도 "개마대산이 평양 서쪽에 있고 동쪽에 옛 동옥저가 있다고 했다. 북한 평양 서쪽에는 개마대산이 없다. 이는 평양이 요동에 있을 때의 옛 기록을 그대로 인용했기 때문이다. 개마대산은 개모성이 있던 서개마현 위치에 있었다.《수경주》는 패수가 조선현 경계에서 서북으로 올라간다고 했으므로 요양과 번한현 동쪽에 조선현이 있었다. ②의 염감현 위치는 알 수 없다. ③의 패수현은《요사》〈지리지 동경 요양부〉조에 "요양현은 본래 발해의 금덕현이다. 한나라 때 패수현(浿水懸)이었는데 구려현으로 고쳤다. 발해 때는 상락현이었다."의 기록에서 패수현이 요양현과 합해져 그 이름이 없어졌음을 알 수 있다. 요양(遼陽)의 양(陽)은 조선의 한양(漢陽)과 요양, 그리고 요양 북쪽의 심양(瀋陽)과 마찬가지로 하천의 북쪽에 있는 지명에 쓰는 말이다. 즉 고대에는 요양이 태자하의 북쪽에 위치했고 패수현이 요양에 합쳐지면서 지금과 같이 하천의 남쪽까지 커졌던 것이다. 이렇게 해서 패수현은 요양 남쪽에 위치시킬 수 있다. ④의 함자현은 이미 나온 바와 같이 대수(帶水) 유역에 있었고 대방현은 대수의 하구에 있음을 알 수 있다. 그리고 요동에 대방군이 있었음을 여기서도 알 수 있다. ⑤의 점제현은 열구의 하류에 있었고 열구는 태자하, 즉 패수의 다른 이름이었다. 점제현은 패수가 혼하로 합쳐지는 곳에 있었을 것이다. ⑥의 수성현(遂成縣)은《진서(晉書)》〈지리지〉와《태강》〈지리지〉에서 진(秦)나라가 쌓은 장성이 일어나는 갈석산이 있는 곳이라 했다. 《한서》〈지리지〉의 수성(遂成)과 《진서》〈지리지〉의 수성(遂城)은 글자가 다르지만 똑같은 말임에 틀림없다. 《진서》〈지리지〉에 나오는 나머지 속현의 이름이 같기 때문이다. 진장성은 한나라가 낙랑군을 설치하기 전부터 존재했고 이 수성현이라는 이름도 진나라 때 처음 만들어졌을 것이다. 그래서 당연히 수성현은 고대 갈석산이 있던 하북성에 위치해야 한다. 그런데 약 100여 년이 지난 한나라(서기전 108)의 낙랑군 속현에 그 이름을 드러내고 있다. 요동에는 갈석산도 없고 진장성이 온 적이 없으니 수성현이라는 이름은 요동의 낙랑군에 있을 수 없다. 그럼에도 그 이름이 나오는 것은 본래 하북성에 있었던 수성현이 요동으로 이동된 이유밖에 없다.

이미 고조선 초기 영토에 대해서 고찰한 바와 같이 고조선 영토는 북경 남쪽 보정시까지 있었다. 당시 이곳에 고조선에 속한 낙랑군이 있었을 것이고 후일 진(秦)나라가 장성을 설치하면서 그곳에 낙랑군 수성현을 설치했을 것이라 짐작할 수 있다. 이후 한나라가 요동에 한사군을 두면서 북경 인근에 있던 낙랑군 수성현을 이동시켰던 것이다. 낙랑군에 수성현이 있었다는 《진서》〈지리지〉와 《수서》〈지리지〉의 기록을 살펴보자. 《진서》〈지리지 평주 낙랑군〉에 "낙랑군은 한나라에서 설치했다. 6현을 관할하고 호 수는 3,700이다. 조선현(주나라가 기자를 봉한 곳이다.), 둔유현, 혼미현, 수성현(遂城縣)(진나라가 쌓은 장성이 일어나는 곳이다.) 누방현, 사망현이 있다." 진나라 때는 한나라 때의 낙랑군 18현에 비해 속현도 줄고 인구도 많이 줄었다. 이미 언급했지만 기림이사금(서기 300) 때에 신라에 항복했고 장통의 나머지 잔여 세력은 미천왕 때인 서기 313년에 모용외에게 귀속했을 정도로 진나라 때의 낙랑군은 유명무실했다. 《수서》〈지리지 기주〉의 기록을 보면, "상곡군은 개황 원년(581)에 역주를 설치했다. 6현을 관할하고 호 수는 38,700이다 …… 수성현은 옛날에 무수현이라 했다. 후에 북위가 남영주를 설치했다. …… 북평군은 옛날에 평주를 설치했다. 1현을 관할하고 호 수는 2,269이다. …… (만리)장성이 있다 …… 갈석산이 있다. …… 요서군은 옛날에 영주군을 설치했다. …… 대업 초에 요서군을 설치했다. 대방산, 독려산, 계명산, 송산, 유수와 백랑수 등이 있다."
《수서》〈지리지〉는 기주 상곡군에 수성현, 장성, 갈석산이 있다고 기록했다. 즉, 수나라 당시 수성현은 장성이 일어나는 갈석산 인근에 있었음을 확인할 수 있다. 《한서》〈지리지〉와 《진서》〈지리지〉에는 수성현이 요동의 낙랑군에 있었는데 《수서》〈지리지〉에는 상곡군에 수성현이 있다. 이는 요동에 있던 낙랑군과 대방군이 요서로 교치되면서 수성현은 본래의 위치로 돌아가서 상곡군 소속으로 들어갔던 것으로 이해할 수 있다. 그런데 2014년 북경시 대흥구에서 북위(北魏)시대의 인물인 한현도의 무덤이 발견되면서 학계의 비상한 관심을 끌었다. 비문에서 한현도는 낙랑군 조선현 출신으로 539년에 사망했다고 되어 있다. 한현도의 무덤이 북경에서 발견되자 일부 재야 사학자들은 낙랑군이 북경에 있었다는 주장을 하기도 했지만 사실은 그게 아니다. 539년 당시는 북위가 중국 북부지역을 점령하고 있었기 때문에 한사군의 낙랑군과는 성격이 다르다. 설사 낙랑군이 북경에 있었다고 해도 북위의 낙랑군이지 한나라의 낙랑군은 아닌 것이다. 《위서》〈태무제 본기〉를 보면 원화 원년(432) 9월, 을묘에 황제의 행차가 서쪽으로 귀환하면서 영주, 성주, 요동, 낙랑, 대방, 현도의 6군 백성 3만 가를 유주로 이전했다는 기록이 있다. 북위 당시의 낙랑군은 요서에 있었기 때문에 아마도 이때 한현도의 선조도 유주로 이전해 한현도의 무덤이 북경에서 발견되었을 것이다. 만에 하나 낙랑군이 북경에 있었다면 삼한 또한 북경 남쪽에 존재해야 하니 동시대의 위, 촉, 오 삼국 영토와 겹치게 되어 이는 성립할 수 없다. 유비는 현 북경 서남쪽 탁현 사람이고, 공손찬은 요서 영지현 사람으로 하북과 옛 제나라 영토인 청주까지 차지하고 있었기 때문에 정사 《삼국지》만 봐도 낙랑군이 북경에 있을 수가 없었음을 알 수 있다. 이상을 종합하면 본래 수성현은 하북성에 있다가 한사군이 설치되면서 요동의 낙랑군으로 옮겼는데, 《진서》〈지리지〉에서 수성현이 장성이 일어나는 곳이라고 기록한 것은 옛 기록을 정리하는 과정에서 진(秦)나라 때 존재했던 수성현의 기록을 잘못 옮겨 적었을 것이다. 이후 요동의 낙랑군이 요서로 옮기는 과정에서 낙랑군의 속현이었던 수성현은 본래의 위치였

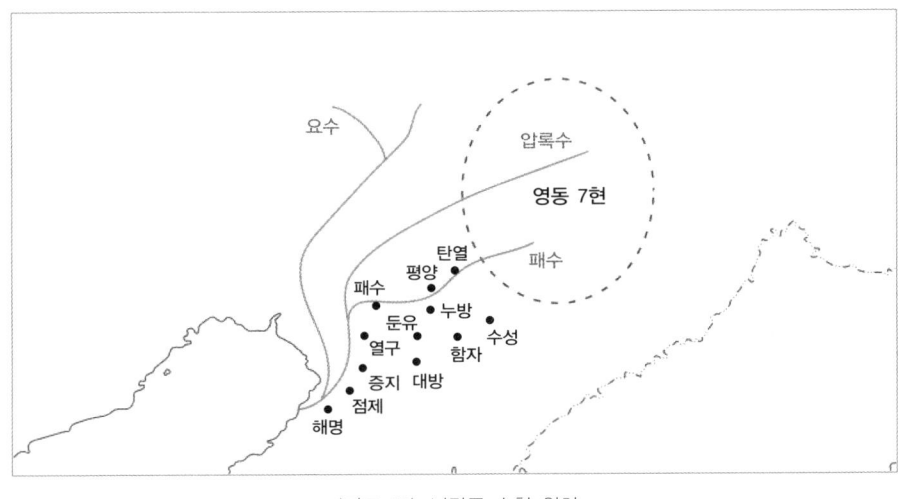

〈지도 46〉 낙랑군 속현 위치

던 북경 인근으로 돌아갔던 것이다. 《수서》〈지리지〉 상곡군에 수성현의 기록이 나오는 것은 이런 연유이고 한나라의 낙랑군은 요동에 있었음이 확실하다. 요서에 존재한 낙랑군이나 상곡군에 존재했던 수성현은 한나라의 낙랑군과는 무관한 것이다. 그 위치에 대해 《독사방여기요》〈산동 9 외국 조선〉조에서 수성 폐현이 평양 남쪽에 있다고 했으므로 태자하 남안에 비정할 수 있다. ⑦의 증지현은 ③의 패수현 기록에서 나왔듯이 패수가 서쪽으로 증지현에 이르러 바다로 들어간다고 했으니 태자하 하구에 있었다. ⑧의 대방현은 이미 나온 바와 같이 《삼국사기》 고구려 본기에 고구려 태조대왕 94년(146)에 한나라의 요동군 서안평현을 습격해서 대방 현령을 죽이고 낙랑 태수의 처자를 사로잡았다는 기록에서 대방현이 서안평 근처에 있었음을 알 수 있다. 《독사방여기요》〈산동 9 외국 조선〉조에는 대방성이 평양 남쪽에 있다고 기록했다. ⑨의 사망현은 관련 기록이 없어 정확한 위치를 알 수 없다. ⑩의 해명현(海冥縣)은 《요사》〈지리지 동경요양부〉조에 그 위치가 나온다. "흥주중흥군이 설치되었으며 절도가 있었다. 본래 한나라 해명현으로 발해가 주를 설치했다. 옛 현은 성길, 산산, 철산 등 셋이었는데 모두 폐지했다. 호구 수는 2백이며 동경에서 서남쪽 3백 리 떨어져 있다." 동경에서 서남쪽 3백 리면 현 개주시다. ⑪의 열구현은 열구가 태자하이므로 태자하의 하류이다. ⑫의 장잠현의 위치에 대해서는 이미 설명했지만 요양 동쪽이며 수나라가 고구려를 공격할 때, 좌 12군의 진격로에도 있는 것으로 보아 평양으로 가는 길목에 있었음을 알 수 있다. 《진서(晉書)》〈지리지 대방군〉조에 대방군에 속한 7현 중에 장잠현이 있다. 본래 대방군은 낙랑군 남쪽에 위치했기에 장잠현은 태자하 북쪽이 아니라 남쪽에 있었다. ⑬의 둔유현은 이미 나온 바와 같이 후한 건안 연간(196~220)에 공손강이 둔유현을 나누고 이남 황무지를 대방군으로 만들었다는 기록이 있다. 둔유현은 낙랑과 대방의 접경에 있음을 알 수 있다. ⑭의 소명현은 남부도위의 치소인 것으로 보아 낙랑군 남쪽에 위치했을 것이다. ⑮의 누방현은 수나라군의 좌 12군 진격로에도 있기 때문에 평양으로 가는 길목에 있었음을 알 수 있다. 《수경주》에서 《십삼주지(十三州志)》 기록을 인용하길, "패수현은 낙랑 동북에 있다. 누방현이 낙랑군의 동쪽에 있다고 한다."라고 했고, 《요사》〈지리지 동경요양부〉조에 자몽현(紫蒙縣)이 본래 한나라 누방현이라 했다. 《독사방여기요》〈요동도지휘사사〉에도 자몽의 옛 성이 지금 요양 동쪽 땅에 있다고 했으니 사서의 기록이 모두 일치한다. 즉, 패수현은 요양 남쪽에 있었고 누방현은 패수현 동쪽에 있었을 것이다. ⑯의 제해현(提奚縣)은 《진서》〈지리지〉에 대방군에 속한 것으로 나오니 제해현은 태자하 남쪽에 있었다. ⑰의 혼미현 위치는 알 수 없다. ⑱의 탄열현은 이미 언급한 바와 같이 태자하의 상류, 현 본계시에 있었다. ⑲의 동이현부터 ㉕부조현까지는 임둔군과 진번군을 폐지한 후에 낙랑군에 새롭게 들어온 현이고 단단대령의 동쪽에 위치한 영동 7현이다. 이 7현은 현도군의 위치에서 상세히 설명할 예정이다. 지금까지의 고찰을 바탕으로 낙랑군 속현 위치를 지도에 표시했다. 지도에서 대방현 남쪽은 낙랑군의 속현이 존재하지 않았을 것이다. 왜냐하면 공손강이 건안 연간(196~220)에 둔유현 이남의 황무지를 대방군으로 만들었다고 했기 때문이다. 요동군과 낙랑군의 속현은 부여, 고구려, 백제, 말갈 등의 토착 세력이 강해지면서 유명무실한 곳도 많았다. 고구려는 요양 일대에서 건국해서 요양, 양평, 개마, 옥저, 불내, 요동 평양 등을 차지했고, 말갈은 태자하 남안의 패수현과 그 일대를, 백제는 태자하 남쪽에서 건국해 요동반도 남쪽을 차지하고 있었기 때문에 당시 한나라 요동군과 낙랑군은 주요 거점만 유지했던 것이다.

10. 요서 낙랑군의 위치

진번군과 임둔군의 위치를 비정하기 전에 요서에 존재했던 낙랑군의 위치에 대해 간략하게 고찰하면, 미천왕(서기 313) 때에 낙랑에 웅거하던 장통이 요서에 거점을 두고 있던 모용외에게 귀부하면서 요서에 낙랑군을 설치한다. 후일 모용외의 아들인 모용황이 전연(前燕)을 건국했는데 전연의 낙랑군에 대한 기록이 《자치통감》에 나온다. 전연은 337년에 건국해 370년에 망한다. 《자치통감》〈진기(晉記) 현종〉조에 "함강 4년(338), 낙랑 태수 국팽은 경내에서 모두 반란이 일어나자 향리의 장사 2백여 인을 뽑아 모두 극성으로 돌아가게 했다. 낙랑은 한나라의 옛 군이 아니다. 모용외가 설치한 곳은 〈88권 민제 건원 원년〉조에 보인다. 《오대사》〈지리지〉가 고찰하길, 낙랑, 기양, 영구군의 조선, 무령 등의 현은 수나라의 요서군 유성현 경계에 있었다."고 했다. 《자치통감》은 낙랑이 본래의 위치가 아닌 요서로 옮겨왔음을 기록했다. 《삼국사기》〈고구려 본기〉고국원왕 25년(355)에도 낙랑의 이름이 나온다. "고국원왕 25년(355) 12월 …… (전연이) 왕을 정동대장군 영주자사로 삼고 낙랑공에 봉했다." 이 기록은 고국원왕 때에 고구려가 요동의 낙랑을 완전히 차지한 것을 의미하는데 같은 시기에 요서와 요동에 두 개의 낙랑이 존재했던 것이다. 그리고 전연(前燕)을 이어 후연(後燕, 384~407)이 등장한다. 《자치통감》〈진기 열종 효무제〉조에 "태원 17년(392)에 낙랑 왕 온을 정동장군으로 삼았다."는 기록에서 후연에도 여전히 낙랑이 존재했고 그 위치는 전연과 마찬가지로 요서에 있었다. 후연의 뒤를 이은 북연(北燕, 407~436)의 낙랑군은 북연을 멸망시킨 북위(北魏, 386~534)가 그대로 이어받는다. 북위의 지리지인 《위서》〈지형지〉를 보면, 《위서(魏書)》〈지형지 남영주〉"남영주는 효창 연간(525~528)에 영주가 함몰되어 영희 2년(533)에 설치했다. 5개 군을 관할한다. …… 창려군 ……
요동군은 영희 연간(532~534)에 설치했다. 2현을 관할한다. …… 건덕군 ……
영구군은 천평 4년(537)에 설치했다. 3개 현을 관할한다. …… 대방현은 동위
(東魏) 원상 연간(538~539)에 설치했다. 낙랑군은 천평 4년에 설치했다." 이와
같이 창려군, 영구군, 대방현은 모두 현 노룡현 인근에 있음을 알 수 있고
대방 또한 낙랑군과 함께 이동한 것이다. 《위서》〈지형지 영주〉조에는 "영주
는 화룡성에 치소가 있다. 태연 2년(436)에 진(鎭)으로 삼았고, 진군 2년(441)에
고쳐 설치했다. 영안(528~530) 말에 함락되어 천평(534~538) 초에 다시 회복했
다. 6개 군, 14개 현을 관할한다. …… ①창려군은 요동을 나눠서 설치했다.
…… 용성현 …… 광흥현 …… 정황현, 건덕군은 진군 8년에 설치했고 백랑성
에서 다스린다. …… 요동군 …… 양평현 …… 신창현 …… ②낙랑군은 전한
무제가 설치했다. 전한, 후한 및 진(晉)나라가 낙랑이라 했고 후에 고쳐 폐지했
다가 정광(520~525) 말에 다시 복구해 치소를 연성(連城)에 두었다. 2현을 관할
하고 호 수는 219이고, 인구는 1,008 명이다. 영락현은 정광 말년에 설치했고
조산(鳥山)이 있다. 대방현은 전한과 후한 및 진나라에서 대방군에 속했고 후
에 폐지했다가 정광 말년에 다시 속하게 했다. 기양군 …… 영구군(營丘郡)이
있다."고 했다. ①의 창려군은 노룡현 근처에 있는데 당시 북위가 요서에 요동
군을 별도로 설치했음을 알 수 있다. 그리고 ②의 낙랑군 치소였던 연성의
위치는 알 수 없지만 영락현은 《수서》〈지리지 요서군〉조에 나온다. "유성현
은 북위에서 영주를 화룡성에 설치해, 건덕군, 기양군, 창려군, 요동군, 낙랑
군, 영구군 등을 관할했다. …… 후제(북제)가 오직 건덕, 기양 2군과 영락, 대
방, 용성, 대흥 등의 4현을 제외하고 나머지는 폐지했다. …… 대방산, 독려산,
계명산, 송산이 있다. 유수와 백랑산이 있다."고 나온다. 용성, 유수와 대방산
이 현 창려와 노룡현 인근에 있는 것으로 보아 대방군이 이곳에 위치했으며,
영락현 또한 난하 일대에 있었고 북위가 설치한 낙랑군도 요서에 있음을 알
수 있다. 북위 말엽, 영주가 함몰된 이후 남영주에 설치한 낙랑군의 위치 또한
전연 이래로 변함이 없었다. 그리고 《위서》〈지형지 평주〉조의 기록에는 "평

주는 진(晉)에서 설치했고 치소는 비여성이다. 2군 5현을 관할한다. …… 요서군 …… 북평군은 진(秦)나라에서 설치했다. 2현을 관할한다. …… 조선현은 전후한(前後漢)과 진(晉)에서는 낙랑에 속했고 후에 폐지했다. 연화 2년(433)에 조선인을 비여로 옮겨 다시 설치했다. 신창현은 전한 시기에 탁군에 속했고 후한과 진(晉)나라에서는 요동군에 속했다. 노룡산이 있다."고 했다. 여기서 조선현 또한 조선인을 비여로 옮겨 설치한 것이라 다른 곳에서 교치되었음을 알 수 있고 요동 신창현도 마찬가지로 교치되었다. 즉, 북위 때의 낙랑군, 대방군, 조선현은 모두 노룡현 부근에 위치한 것이다. 북위에 이어 북제가 들어서고 북제가 망한 후 북주(北周)가 다시 들어선다. 그리고 그 뒤를 이어 수나라(581~618)가 중국을 통일한다. 《수서》〈지리지〉에 낙랑에 대한 기록이 나온다. 수나라 당시에도 낙랑의 위치는 요서에 있었고 수성현은 상곡군에 있었다. 그 기록을 확인해 보자. 《수서》〈지리지 기주〉 "상곡군은 개황 원년(581)에 역주를 설치했다. 6현을 관할하고 호 수는 38,700이다. …… 수성현은 옛날에 무수현이라 했다. 후에 북위가 남영주를 설치했다. …… 북평군은 옛날에 평주를 설치했다. 1현을 관할하고 호 수는 2,269이다. …… (만리)장성이 있다. …… 갈석산이 있다. …… 요서군은 옛날에 영주군을 설치했다. …… 대업 초에 요서군을 설치했다. 대방산, 독려산, 계명산, 송산, 유수와 백랑수 등이 있다." 이와 같이 전연 때 옮긴 낙랑군은 수나라 때까지 그대로 요서에 존재한다. 수나라가 망한 후 당나라에는 요서 지역의 낙랑군에 대한 언급이 없다. 당나라 이후에는 중국 땅에 낙랑군이 더 이상 존재하지 않았기 때문이다. 다만 《대명일통지》등에서 요서 지역에 있었던 낙랑군의 흔적이 있었음을 기록할 뿐이다. 《대명일통지》〈영평부〉조에 "조선성이 영평부 경내에 있다."고 했는데 영평부는 노룡에 있으니 요서에 위치했던 낙랑군의 기록이다. 그러나 명나라의《대명일통지》, 청나라의《대청일통지》및 현대에 발간한《중국역사지도집》은 고대의 평양이 현재의 북한 평양에 옮겨온 연혁을 무시하고 고조선과 낙랑군을 현재의 북한 평양으로 위치시켰다. 이상과 같이 한나라 초기부터 명나라 때까지의 사서와《삼국사기》의 기록을 보면 한무제가 4군을 설치

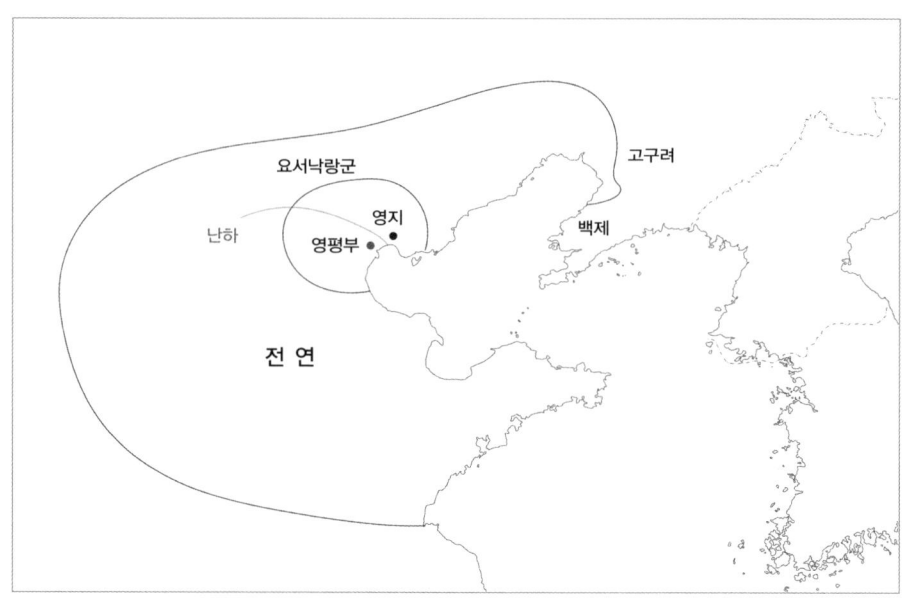
〈지도 47〉 요서 낙랑군 위치

할 당시의 낙랑군이 요동에 위치했음은 명백한 사실이다. 만약 한무제가 설치한 4군이 현 하북성 보정시에 존재했다면 수성현을 제외한 24개 속현의 흔적이 기록에 있어야 하는데 전혀 나타나지 않는다. 또한 중국 사서에서 일관되게 낙랑군이 요동 혹은 요동의 동쪽에 있었음을 기록하고 있고, 《삼국사기》에도 낙랑이 고구려, 백제, 신라와의 접촉이 빈번했던 기록으로 볼 때, 당시 한사군이 하북성 보정시에 위치했다면 나타날 수 없는 것이다. 그리고 한사군의 초기 기록을 보면 현도군의 치소인 옥저와 임둔군의 치소인 동이현이 낙랑 동부도위에 속했었다. 이는 세 개의 군이 모두 동일한 지역에 있었음을 알 수 있기 때문에 한무제가 설치한 한사군은 명백히 현 중국 요령성 일대에 위치했다.

11. 대방군 위치

현재 주류 사학계는 대방군의 위치를 황해도 남부로 비정하고 있다. 이들은 낙랑군이 평양에 있다고 여기니 본래 낙랑군에 속했던 대방의 위치가 그 남쪽인 황해도가 되어야만 하는 것이다. 대방군을 처음으로 설치한 이는 후한 때의 공손강인데 공손강은 당시 요동 일대에서 독자적인 세력을 구축하고 있었다. 《삼국지》〈위서 동이전〉에 "환제와 영제 말에 한(韓), 예(濊)가 강성해 군현이 능히 바로 잡지 못해 많은 백성들이 한국(韓國)으로 들어갔다. 건안(建安, 196~220) 중에 공손강이 둔유현(屯有縣) 이남의 황무지를 개척해 대방군을 설치했다."라고 기록했다. 여기서 둔유현의 지명은 기록에 없다. 다만 낙랑군이 요동에 있었으니 대방군도 당연히 요동에 있어야 하는 것인데 기록을 통해 대방의 위치가 어디였는지 구체적으로 고찰하면 《삼국사기》〈고구려 본기〉에 "태조대왕 94년(146) 8월에 한나라의 요동군 서안평현을 습격해서 대방 현령을 죽이고 낙랑 태수의 처자를 사로잡았다."라는 기록이 나온다. 서안평은 이미 고찰한 바와 같이 현 압록강 북안의 단동시가 아니라 혼하 하구에 있었다. 이는 대방군이 요동에 있었음을 보여주는 것이다. 대무신왕 15년(32)에 고구려가 최리의 낙랑국을 정복한다. 서기 32년은 후한의 광무제가 중국의 내란을 끝내고 안정을 찾아가는 시기였다. 이미 나왔지만 《후한서》〈왕경 열전〉에 한나라 경시제(更始帝)가 패망할 때(서기 25) 낙랑에 살고 있던 토착인 왕조가 낙랑 태수 유현을 살해하고 스스로 낙랑 태수의 자리에 올랐다는 기록이 있다. 즉 이 당시 낙랑에 낙랑 태수가 있었지만 25년에 살해되면서 낙랑의 토착민인 왕조가 태수직에 오르고 최리는 평양에서 낙랑국을 세웠던 것이다. 낙랑국이 요동의 평양일 수밖에 없는 이유는 서기 32년, 대무신왕 때 낙랑국을 점령한 이후로는 남쪽으로의 정복 기록이 전혀 나타나지 않는데 평양은 이후 고구려의 땅이 되어 있다. 대무신왕이 낙랑국을 차지한 12년 후인 서기 44년에 후한 광무제가 낙랑군을 다시 찾을 때 살수 이남이 한나라의 영토가 되었다는 기록과, 고구려 태조대왕 때에는 고구려 남쪽 경계가 살수라는 기록을 상기해 보자. 살수는 이미 고찰했지만 태자하이다. 고구려가 한나라와 태자하를 경계로 했다는 것은 태자하 북안에 있었던 평양은 그 전에 고구려 영토가 되었고 이런 이유로 이후 동천왕이 평양에 도읍할 수 있었던 것이다. 당시 고구려 영토는 살수 이남을 내려가지 못했기 때문에 최리의 낙랑국이 현 북한 평양에 위치할 수 없음을 설명한 바가 있다.《진서(晉書)》〈지리지 대방군〉조에 "대방군은 공손도가 설치했고 7현을 관할한다. 호 수는 4,900이다. 대방현, 열구현, 남신현, 장잠현, 제해현, 함자현, 해명현이 있다."라고 나온다. 이미 나왔지만 대방군은 공손도의 아들인 공손강이 설치했지만《진서》는 공손도가 설치한 것으로 기록했다. 앞서 나왔던《한서》〈지리지 유주 낙랑군〉의 기록을 다시 확인해 보면, "함자현은 대수(帶水)가 서쪽으로 대방현에 이르러 바다에 들어간다."고 했는데 이 기록에서 대방현은 대수의 하류에, 함자현은 그 동쪽인 대수의 중상류에 있었음을 알 수 있다. 열구현은 태자하 하류에, 장잠현은 요양 동쪽, 해명현은 현 개주(蓋州)다.

1562년 명나라 때 편찬된《주해도편》의 〈요양총도〉를 보면 태자하 정남쪽에 산수하(散水河)라는 강이 있다. 이 강의 물길은 동쪽으로 천산산맥에서 서쪽으로 해주위(현 해성시)까지 연결되어 있다. 19세기 말 일본이 편찬한《명대요동변장도》에는 해성시 동쪽에서 그 물길이 끊겨 있는데 그동안 물길이 변한 것인지 아니면 물이 말라 버려 지도에 표시를 안 한 것인지는 알 수 없다. 그리고 현대 지도를 찾아보면 요양 동남쪽의 통하 저수지에서 서쪽으로 흘러 해성시로 빠져 나가는 강이 있다. 세 강의 위치상 이들은 모두 동일한 강이며

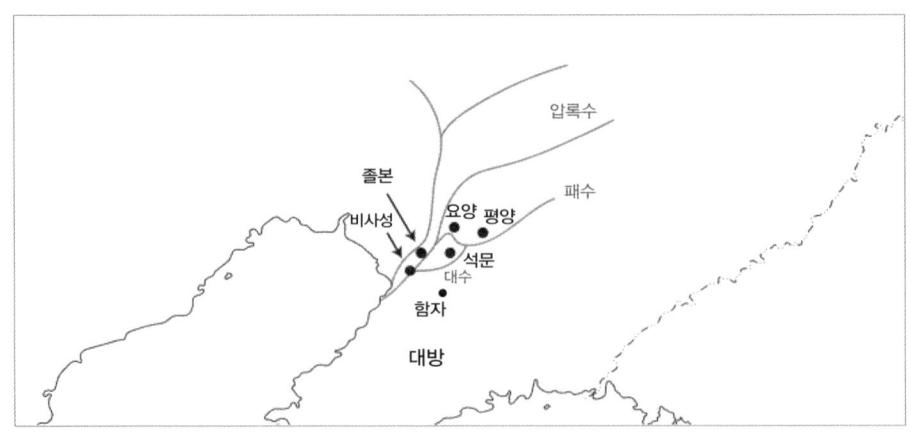

〈지도 48〉 대방 일대 주요 지명

《한서》〈지리지 유주〉 낙랑군조에서 함자현을 지나 대방현에서 바다로 들어가는 강은 대수(帶水)일 수밖에 없다.

다음의 기록들은 이미 언급했지만 다시 확인해 보자. 나당 전쟁 동안 신라, 고구려 연합군과 당나라 간에 벌어진 석문 전투의 위치에 대해《삼국사기》〈신라 본기〉문무왕 12년(672)에 신라와 고구려 연합군이 당나라와 군사와 석문에서 싸웠으며, 같은 책 〈김유신 열전〉에는 당나라 군사가 석문의 들에 진영을 만들고 신라군은 대방의 들에 진영을 만들어 서로 싸웠다는 기록이 있다. 석문과 대방은 근처에 있었다는 말인데 이미 고찰한 바와 같이 19세기 말 일본이 편찬한《명대요동변장도》에 석문의 위치가 요양 동쪽에 분명히 나온다.《요양총도》의 지도와 비교하면 석문 남쪽에 산수하가 있다. 조선 정조 때는 청으로 가는 서장관 홍영호가 압록강 이북 300리에 석문령이 있다고 기록했고 당시 홍영호가 보았던 석문령의 위치는 석문 전투의 장소와 동일하다. 즉 석문은 요양 동쪽이자 산수하 북쪽이며 압록강 이북 300리의 요동에 있었다. 대방의 들이 바로 석문 남쪽에 있었으니 천산산맥에서 나와 서쪽으로 해성으로 들어가는 산수하가 대수이며 그 일대가 대방인 것을 다시 확인할 수 있다. 대방에 석성이 있었다는 기록은《광개토호태왕의 비문》에도 나온다. "영락 14년(405) 갑진에 왜가 불궤하여 대방 경계를 침입해 백잔병과 통하여 석성을 공격했다. 태왕이 군사를 이끌어 토벌했는데 평양까지 추격해서 서로 조우해 태왕의 군사가 요충지를 끊고 모조리 무찔러 죽이니 왜구가 크게 패하여 참살한 자를 셀 수가 없었다."고 했다. 왜가 당시 대방 경계인 석성을 공격했다고 했으니 석성은 대방의 경계에 있었음을 알 수 있다. 석문이 요양 동쪽에 있었으니 이 기록은 석문과 석성이 같은 위치에 있었으며, 대방의 경계, 즉 석문과 석성의 남쪽이 대방이라는 것을 알 수 있다. 그런데 당시 왜가 어떻게 해서 먼 북쪽까지 올라왔을까? 광개토태왕은 374년에 출생했지만 조부인 고국원왕이 371년에 백제 근초고왕의 공격으로 전사한 상황을 전해 들었을 것이다. 그래서 광개토태왕은 즉위년인 392년에 바로 백제를 공격해 백제의 10성을 빼앗는 큰 타격을 입혔고 이 해에 백제 진사왕이 죽는다. 이후 광개토호태왕 비문에서 나오는 바와 같이 396년에 수군을 동원해 백제의 58개 성을 공취했으며, 백제 아신왕이 항복하자 고구려는 아신왕의 동생 등 10명을 붙잡고 돌아가 조부인 고국원왕의 복수에 성공한다. 당시 나라가 망했던 아신왕은 6년(397)에 왜와 우호를 맺은 후 태자 전지를 볼모로 보냈고, 백제는 405년에 이르러 왜의 군사를 동원해 요동반도까지 올라와 고구려 평양성을 공격했던 것이다. 이상의 기록과 같이 대방군은 서쪽으로는 현 요령성 해성시, 동쪽으로는 석문을 경계로 해서 그 남쪽 일대였다.

12. 현도군과 임둔군 위치

현도군의 최초 위치에 대해 일제와 주류 사학계는 함경남도 함흥 일대로 보고 있다. 그 근거 사료를 보면《삼국지》〈위서 동이전 동옥저〉조에 "한무제 원봉 2년(서기전 109)에 조선을 정벌해 위만의 손자 우거를 죽이고 그 지역을 분할해 4군을 설치했는데 ①옥저성으로 현도군을 삼았다. 뒤에 이맥의 침략을 받아 군을 고구려의 서북쪽으로 옮기니 지금의 이른바 ②현도고부(玄菟故府)라는 곳이다. 옥저는 다시 낙랑에 속하게 되었다. 한나라는 그 지역이 넓고 멀리 떨어져 있어 ③단단대령의 동쪽에 있는 지역을 나눠 동부도위를 설치하고 ④불내성에 치소를 두어 별도의 영동 7현을 통치하게 했다. 이때 옥저도 모두 현이 되었다. 후한 건무 6년(서기 30)에 변경의 군을 줄였는데 도위도 이때 폐지되었다."라고 나온다. 이 기록에서 최초 현도군의 치소는 ①의 옥저성인데 학계에서 말하는 소위 1차 현도군이며, ②의 현도고부는 2차 현도군으로《한서》〈지리지 현도군〉조에 속현이 나오는데 서개마현, 고구려현, 상은태현을 말한다. 현도군이 고구려 서북으로 옮겨가자 ③에서와 같이 옥저 등 단단대령 동쪽에 낙랑군 동부도위를 설치하고 ④의 불내성에 동부도위 치소를 둔 것이다. 《한서》〈지리지 낙랑군〉조에 영동 7현의 이름이 나오는데 그 이름은 동이(東暆)현, 불이(不而)현, 잠태현, 화려현, 사두매현, 전막현, 부조(夫租)현이다. 영동 7현 중에 동이현은《요사》〈지리지〉에 그 위치가 나오고 불이현은《삼국사기》〈지리지〉의 기록에서 불내, 혹은 국내와 같고 잠태, 사두매, 전막현의 위치는 알 수 없지만 영동 7현에 속했으므로 당연히 옥저와 불내 인근에 있었을 것이다. 여기서 부조(夫租)는 옥저(沃沮)와 글자가 비슷하고 또 옥저의 이름이 빠졌으므로 부조는 옥저로 추정된다. 일제와 한국 주류 사학계는 낙랑군 위치를 북한 평안도로 생각하기 때문에 낙랑군 동부도위에 속한 영동 7현을 함경남도 함흥 일대로, 단단대령을 백두대간으로 보고 있다. 그리고 현도고부이자 소위 2차 현도군 치소로 신빈 영릉진 고성으로 비정하고 현도군 속현인 고구려현은 현재 일제와 한국 주류 사학계가 가짜 졸본 위치인 환인현 오녀산성에, 서개마현은 압록강의 북쪽 지류인 동가강 일대 혹은 압록강 남쪽 지류인 독로강 일대로 학자에 따라 달리 비정하며, 소위 3차 현도군은 심양 동쪽 무순시로 비정하고 있다. 그러나 이미 고찰한 바와 같이 낙랑군의 위치가 평안도가 아니라 요동에 있었으므로 현도군의 최초 위치가 엉터리인 것은 다른 기록을 보지 않아도 알 수 있다. 낙랑군 18개 속현은 대부분 천산산맥과 그 서쪽에 위치해 있었다. 그러니 낙랑군 영동 7현은 함경남도 함흥 일대가 아니라 천산산맥 동쪽에 있어야 한다. 영동 7현 중 화려, 동이, 불내, 옥저의 위치를 보면 먼저 화려현은 《삼국사기》〈고구려 본기〉 "태조대왕 66년(118) 6월, 왕이 예맥과 함께 한나라의 현도를 습격하고 화려성을 공격했다."라고 나오고, 《삼국사기》〈신라 본기〉에는 "유리이사금 17년(40) 9월, 화려현과 불내현 두 현의 사람들이 같이 모의하고는 기병을 이끌고 북쪽 변경을 침입했다. 맥국의 거수가 군사를 내어 곡하 서쪽에서 기다리고 있다가 물리쳤다."라고 했다. 고구려가 현도를 침범해 화려성을 공격한 것으로 보아 화려성은 현도와 그리 멀지 않은 곳에 있었다. 또한 화려현과 불내현이 공모해서 신라를 공격한 것을 보아, 화려현과 불내현은 서로 붙어 있었을 것이다. 《오사(吳史)》에서 현도군은 요동군에서 200리라고 했고, 《자치통감》도 이를 따라 200리라고 했다. 《오사》를 편찬할 당시는 한나라 말엽이고, 오사는 한나라 때의 치수를 따랐을 것이므로 10리당 2.42킬로미터로 약 50킬로미터이다. 양평에서 직선거리를 재면 심양 동북 일대에 해당된다. 불내와 화려는 심양에서 멀지 않은 곳에 있어야 한다. 그런데 화려, 불내현이 신라를 공격한 것으로 인해 화려, 불내현이 신라 근처, 즉 함경도에 있었던 증거라고 하는 이도 있다. 하지만 이는 신라의 위치를 한반도 동남부에 있었다고 잘못 생각한 이유이다. 신라 영토는 훨씬 북쪽까지 이어져 있었다. 이에 대해서는 신라 영토사에서 고찰할 것이다. 동이현 위치는 《요사》〈지리지〉에 나온다. 《요사》〈지리지 동경도〉 "녹주압록군은 절도를 두었다. …… 환주는 고구려 중도성으로 옛 현은 환도(桓都), 신향(神鄕), 패수(浿水) 등 셋인데 모두 폐지했다. 고구려 왕은 처음으로 여기에 궁궐을 세웠고 나라 사람들이 새로운 나라라 했다. 5세손인 쇠(고국원왕)가 진강제 건원 초에 모용황에게 패해 궁실이 불탔다. 호 수는 7백이고 녹주에 예속되어 서남 2백 리에 있다. …… 동나현은 본래 후한의 동이 불이현으로 녹주에서 서쪽으로 70리 떨어져 있다."고 했다. 환주는 환도성으로 안시성이다. 그곳에서 동북 2백 리에 녹주가 있었고 녹주 위치로 본계시 서쪽에 비정한 바가 있었다. 그 서쪽 70리 지점은 심양 남쪽인데 그곳에 동나현의 치소가 있었던 것이다. 동나현은 동이현과 불이현을 합친 것이므로 동나현 면적은 꽤 넓었을 것으로 추정되는데 다음에 나올 불이현 위치를 감안하면 동이현은 심양 남쪽에 있었을 것이다. 불이현은 《삼국사기》〈지리지〉에 불내 혹은 국내라고 했으므로 국내성 위치를 알면 불이현의 위치를 알 수 있다. 현재 주류 사학계는 국내성 위치를 길림성 집안에, 불내는 함흥 일대로 비정하면서 불내와 국내를 다른 곳으로 만들고 있다. 국내성이 불내라는 기록은 《삼국사기》와 《삼국유사》에도 나오고 《한원》이 인용한 《고려기》에도 나오니 틀림없다. 《삼국유사》〈왕력〉에 "계해년에 도읍을 국내성으로 옮겼는데 혹은 불내성이라 불린다."고 했고, 《삼국사기》〈지리지〉 고구려조에 "주몽이 홀승골성에 도읍을 세운 뒤 40여 년이 지난 유류왕 22년(서기 3)에 도읍을 국내성으로 옮겼다. 혹은 위나암성이라고도 하고 불이성(不而城)이라고도 한다."라고 했다. 그리고 같은 〈지리지〉 고구려 성 목록에 "압록수 이북의 항복한 11개 성은 경암성, 목저성, 수구성, 남소성, 감물성(본래 감무이홀이다.), 능전곡성, 심악성(본래 거시압이다.), 국내주(불내라고도 이르며 위나암성이라고도 한다.), 설부루성(본래 초리

파리홀이다.), 후악성(본래 골시압이다.), 자목성이 있다."고 한 기록에서도 국내는 불내라고 했다. 《삼국유사》는 국내를 불내라고 했고, 《삼국사기》에는 국내, 불내, 불이를 모두 같은 말이라고 했다. 그리고 《삼국사기》에서 기록한 압록강은 현재의 압록강이 아니라 혼하를 말한다. 그러므로 국내성과 불내성은 같은 말이며 둘 다 혼하 북안에 있었던 것이다. 또한 《한원》〈번이부 고려〉조에도 "왕기가 북쪽에 이르러 불내성에 공훈을 새겼다. 《고려기》에 말하길, 불내성의 현재 이름은 국내성이다. 나라의 동북 670리에 있으며 본래 한나라의 불이현이다. 《한서》〈지리지〉에서 불이현은 낙랑군에 속하며 동부도위가 다스리던 곳이고, 후한 때 없어졌다."라고 했다. 앞서 《한원》의 기록 중 위치와 거리 기록은 신뢰할 수 없다고 했지만 《삼국사기》와 《삼국유사》에 국내, 불내, 불이가 같은 말이라고 했으므로 한원의 불내가 국내라는 기록 또한 틀림이 없을 것이다. 또한 이미 언급한 바 있지만 《한원》은 왕기가 북쪽에 이르러 불내성에 공훈을 새겼다고 기록했다. 관구검이 동천왕의 군대를 환도산에서 격파했고, 이어 관구검의 부하 장수인 왕기가 동천왕을 천 리나 추격해 불내성에 공훈을 새겼는데 그 추격 방향이 환도산에서 북쪽이라는 것이다. 《한원》에는 환도성 북쪽에 불내성이 있다고 하는데 주류 사학계는 그 반대 방향인 남쪽에 위치시켰으니 일제 관변학자와 주류 사학계의 위치 비정은 기록과는 전혀 상관없이 이루어짐을 여기서도 알 수 있다. 《요사》〈지리지〉, 《삼국유사》, 《삼국사기》, 《한원》의 기록은 국내성, 불내성, 불이현이 같은 말이고 요동의 혼하 북안에 있었음을 기록했다. 이와 같이 낙랑군의 영동 7현 또한 천산산맥 동쪽에 있어야 마땅한 것이다. 동이현은 심양 남쪽에, 불이현은 심양 동쪽에 있었는데 거란이 이 지역을 차지하면서 둘을 합쳐 동나현을 설치한 것이다. 일제 관변학자와 한국의 주류 사학계는 국내성의 위치로 길림성 집안이라고 했지만 중국은 두 번에 걸친 발굴 조사후 길림성 집안에는 3세기 이전의 고구려 도성과 고고학적 물증이 확인되지 않았고 《삼국사기》에서 묘사한 국내 위나암성의 지형적 특성도 찾을 수 없다고 발표했다. 고구려가 국내성에 도읍을 정한 시기는 유리왕 22년인 서기 3년으로 이후 수백 년 동안

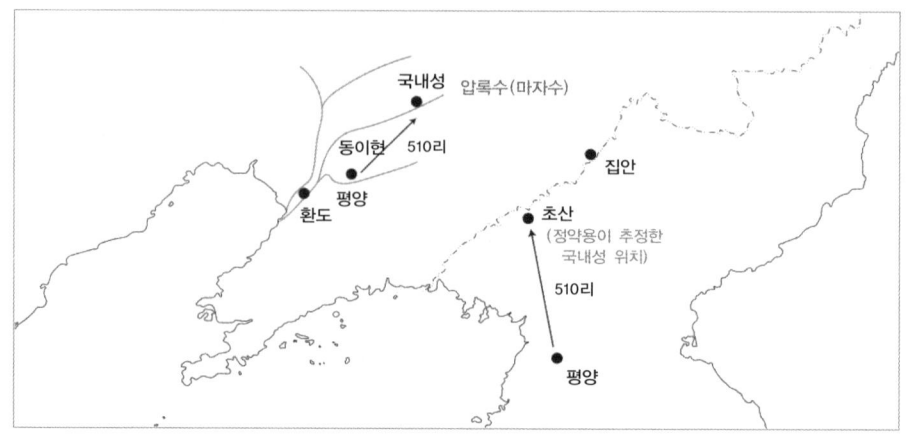

〈지도 49〉 국내성 거리 기록과 주요 지명

고구려의 도읍이었다. 3세기 이전의 유물이 발견되지 않는다는 것은 이곳이 고구려의 국내성이 아니라는 것을 문헌 사료뿐만 아니라 고고학에서도 증명하고 있다. 이에 대해서는《한국 민족문화 대백과사전》에서 국내성을 검색하면 자세히 알 수 있다. 국내성 위치에 대해《삼국사기》에 국내성이 평양에서부터 17개역이 있다고 했으니 1역의 거리를 알면 대략 그 위치를 추정할 수 있다. 정약용은 이 기록을 보고《아방강역고》〈국내고〉에서 국내성의 위치를 추정했는데 "당서(唐書) 백관지에 무릇 30리에 역이 있다. 즉 17역은 510리이다. 평양으로부터 초산 압록강이 5백 리이다. 즉, 국내성이다."라고 했다. 정약용은 고구려 평양을 북한 평양으로 보고 약 5백 리 거리의 초산에 국내성을 위치시켰다. 물론 고구려 평양이 북한 평양이 아니므로 국내성의 위치는 초산에 있지 않았다.

이미 여러 차례 언급했지만 평양성은 요양 동쪽에 있었다. 고조선도 그렇지만 고구려 또한 태자하를 천험으로 삼아 평양성을 지켰을 것으로 보고 있다. 국내성은 마자수인 혼하 북안에 있었으므로 혼하 유역을 따라 510리인 약 170킬로미터 떨어진 곳을 찾아보면 현 무순시에서 동북으로 약 100킬로미터 떨어진 청원 만족 자치현까지 다다른다. 이에 따라 동이현과 불이현의 위치를 비정하면 동이현은 심양을 포함한 심양 남부 일대인데 동이현은 임둔군 치소로 이곳에 임둔군이 있었으며, 불이현은 현 청원 만족 자치현을 포함한 서쪽 일대이니 나머지 영동 5현의 위치도 이 근처에 있었을 것이다. 이미 나온 바와 같이 《원사》〈지리지 요양등처행중서성(遼陽等處行中書省) 함평부(咸平部)〉조에 "옛 조선 땅이며 기자를 봉한 곳이다. 한(漢)의 낙랑군에 속했고 후에 고구려가 침탈했다."고 했으니 이를 교차 확인해준다. 그러면 1차 현도군 치소인 옥저 위치를 찾아보자. 《삼국지》〈위서 동이열전 동옥저〉조에 "동옥저는 고구려 개마대산의 동쪽에 있는데 큰 바닷가에 접해 산다. 그 지형은 동북은 좁고, 서남은 길어서 천 리 정도 된다."고 했고, 《후한서》〈동이열전 동옥저〉조의 주석에는 "서개마현은 현도군에 속한다. 그 산이 평양성 서쪽에 있다. 평양은 곧 왕험성이다."라고 했다. 고구려 개모성의 동쪽에 평양이 있으므로 요양 동쪽에 있는 옛 평양과 방향이 일치한다. 만약 주류 사학계의 주장대로 서개마현이 개마고원의 서쪽이라면 평양은 함경북도의 해안에 있어야 하니 말이 안 된다. 이렇듯 문헌 사료는 서개마현이 혼하와 개모성이 위치한 곳에 있었음을 명확히 기록하고 있다. 《발해고》에서 개주(蓋州)가 서개마현이라고 했고 《대청일통지》에도 이 설명을 추가로 확인해 준다. "개주(蓋州)는 한나라 때 서개마현이다. …… 고구려 때 개모성이었다."라 하면서 또한 "개마산은 조선에 있다. 해주는 그 외읍이다. 또 옥저는 지금의 영고탑 서쪽에 있다."고 했다. 개모성은 요양 북쪽이니 서개마현 또한 현 압록강 지류인 동가강 혹은 독로강이 아니라 이곳인 것이다. 그리고 영고탑의 본래 위치는 청태조 누루하치의 도읍이었던 철령시 남쪽의 흥경에 있었다. 《조선왕조실록》〈영조실록〉 영조 11년(1735) 5월 26일 자에 건주(建州)가 청나라가 개국한 터전이며 흥경이라고 나온다. 청나라는 개국한 터전에 영고탑을 세웠기에 본래 흥경에 있었던 것이다. 이후 두만강 북쪽인 흑룡강성 영안시에도 영고탑이 나오는데 《임하필기》〈32권 순일편 영고탑〉조에 영고탑이 토문강 북쪽 600리의 목단강 북안으로 길림오라와 접한다고 했다. 길림오라는 동모산이 있던 흑룡강성 돈화시이고 영고탑은 그 동쪽에 있었다. 지도에서 보는 바와 같이 신빈영릉진 고성은 흥경 바로 서쪽에 있다. 《대청일통지》에서 말한 영고탑은 흥경이고 옥저는 함흥이 아니라 신빈 영릉진 고성인 것이다. 이곳에 한나라 때의 유물들이 대거 발견되어 한나라의 성곽임이 분명하니 달리 생각하기 어렵기 때문이기도 하다. 신빈 영릉진 고성은 요령성 무순시로부터 동남쪽 약 80킬로미터 지점의 신빈 만족 자치현에 있고 불내성이 위치한 청원 만족 자치현으로부터는 남쪽으로 40킬로미터 떨어져 있다. 둘이 그리 멀지 않은 곳에 위치해 있으니 이곳을 최초 현도군 위치인 옥저로 비정해도 이상하지 않다. 그리고 다음 기록을 보자. 《진서(晉書)》〈동이열전 부여〉조에 "부여국(夫餘國)은 현도의 북쪽 천 리에 있는데 남쪽은 선비와 접하고 북쪽은 약수가 있다. 국토의 면적은 사방 2천 리이고 호 수는 8만이다. …… 태강 6년(서기 285)에 모용외가 습격해 왕 의려는 자살하고 그의 자제들은 옥저로 달아나 목숨을 보전했다. …… 다음 해에 부여후왕(夫餘後王) 의라는 사자를 파견해 남은 무리를 이끌고 돌아가 다시 옛 나라를 회복하고자 도움을 요청했다. …… (진나라의 장수) 매침이 군사를 이끌고 (모용외의) 군대를 격파해 의라는 나라를 회복했다."고 했다. 이 기록은 선비 모용외의 공격으로 부여의 유민들이 옥저로 피난한 기록이다. 당시 부여의 도읍은 요하가 동서로 갈라진 북안에 위치한 개원시와 사평시 사이에 있었는데 개원시에서 함흥까지는 약 420킬로미터이고 신빈 영릉진 고성까지는 약 75킬로미터이다. 옥저가 현 함흥에 있었다면 군대도 아닌 부여의 일반 백성들이 백두산과 개마고원을 통과해 그렇게 먼 곳까지 피난을 하는 것이 가능했을까? 아마 그랬다면 부여 유민들은 목적지로 가는 도중에 대부분 아사했을 것이다. 또한 영동 7현을 관할하는 동부도위의 치소인 불내가 혼하 북안에 위치해 있는데 그 속현인 옥저가 약 300킬로미터나 떨어진 함흥에 있을 수 없는 것이다.

다음은 2차 현도군이자 현도고부 위치를 고찰해 보자. 《한서》〈지리지 유주〉조에 "현도군은 무제 원봉 4년에 열었다. 고구려현은 왕망이 하구려로 고쳤으며 유주에 속한다. 호 수는 45,006이고, 인구는 221,815 명이다. 3개 현이 있다. ①고구려현은 요산에서 요수가 나오는데 서남으로 요동군 요대현에 이르러 대요수로 들어간다. 또한 남소수가 있는데 서북으로 새 밖을 지나간다.

(응소가 말하길, 옛 진번조선, 호의 나라이다.) ②상은태현, 망은 하은이라 했다.(응소가 말하길, 옛 구려 호이다.) ③서개마현은 마자수가 서북으로 염난수로 들어간다. 서남으로 서안평에 이르러 바다로 들어간다. 2개의 군(郡)을 지나고 1100리를 흐른다. 왕망은 현도정이라 했다." ①에서 고구려현은 대요수와 요대현이 있는 곳에 있었다. 이곳에 졸본이 있었기 때문에 한나라가 고구려현을 설치하고 현도군에 속하게 했을 것이다. ②의 상은태현은 응소가 말하길, 옛 구려 호라고 했다. 구려는《후한서》〈동이열전〉에 고구려의 별종으로 나오므로 고구려와는 다르다. 구려 위치는《요사》〈지리지 동경도 동경요양부〉에 구체적으로 나온다. "요양현은 본래 발해의 금덕현이다. 한나라 때 패수현(浿水懸)이었는데 구려현으로 고쳤다. 발해 때는 상락현이었다."라고 했다. 한나라 때의 패수현이 곧 구려가 위치한 곳임을 알 수 있고《한서》〈지리지 유주 현도군〉조를 다시 보면 "상은태현은 왕망 때 하은이라 했다.(응소가 말하길, 옛 구려호(驪麗胡)이다.)"라고 했다. 고구려현은 당연히 고구려 졸본이 위치한 곳이고 상은태현은 구려가 있었던 곳임을 알 수 있다. 곧, 현도군 상은태현은 본래 졸본 동쪽인 패수현 위치에 있다가 북쪽 심양으로 옮겨 갔던 것이다. ③의 서개마현 위치는 마자수와 개마의 위치를 알면 된다. 마자수 위치는 이미 고찰한 바와 같이 고대 압록수이자 혼하였고 서개마현은 개모성이 위치한 곳이다. 이와 같이 현도군 속현인 고구려현은 요양 서남쪽에, 상은태현은 요양 남쪽 패수현에, 서개마현은 요양 북쪽의 개모성에 있었고 2차 현도군 또한 이 일대에 있다가 이동했던 것이다. 그리고 일제와 주류 사학계는 3차 현도군 위치로 심양 동쪽 무순시로 비정하는데, 이미 나온 바와 같이《오사(吳史)》에서 현도군은 요동군에서 200리라고 했고,《자치통감》도 이를 따라 200리라고 했다.《오사》를 편찬할 당시는 한나라 말엽이고, 오사는 한나라 때의 치수를 따랐을 것이므로 10리당 2.42킬로미터로 약 50킬로미터이다. 양평에서 직선거리를 재면 심양 동북 일대에 해당되어 3차 현도군은 심양 일대이다.《독사방여기요》〈요동행도사〉조에서도 심양위 동북에 현도성이 있다고 했으니 현도성은 무순시에 없었던 것이다. 그러나 심양으로 현도군을 옮기기 전에 현도군의

치소를 잠시 요서로 옮긴 적이 있었는데 《군국지》에서 낙양에서 4천 리 거리인 조양 서쪽의 객좌현 혹은 그 남쪽으로 추정된다. 이후 한나라는 요동의 정세가 안정되자 현도군을 심양으로 옮겼을 것이다. 현도군의 위치를 알았으니 임둔군의 위치도 자연스럽게 알 수 있다. 임둔군 위치에 대해 주류 사학계는 함경남도에서 강원 북부로 비정하고 있지만 사료와 무관하다. 임둔군과 진번군은 한나라가 서기전 108년에 설치한 후 불과 26년 만에 폐지하는데 《후한서》〈동이열전 예(濊)〉조에 "예는 북으로 고구려와 옥저, 남으로 진한에 접하여 서쪽으로 낙랑에 이른다. 소제 시원 5년(서기전 82), 임둔군과 진번군을 폐지하여 낙랑군과 현도군에 병합하고. 다시 현도군을 고구려로 옮겼다. 단단대령 동쪽의 옥저와 예맥은 모두 낙랑에 속했다."라고 나온다. 임둔군과 진번군을 폐지한 후에 낙랑과 현도군에 합쳤으니 임둔군과 진번군은 낙랑군과 현도군에 인접했음을 알 수 있다. 앞서 나온 바 있지만 《한서》〈무제기〉 원봉 3년의 기록에 신찬이 임둔군의 치소가 동이현이라고 했다. 동이현은 《요사》〈지리지 동경도 녹주압록군〉조에 심양 남쪽에 있었다. 이 기록을 받아들이면 본래 현도군은 천산산맥 동쪽에 있다가 토착민의 공격으로 영동 7현을 낙랑군에게 넘겨줬고 낙랑군은 이곳을 인수받아 낙랑군 동부도위를 설치한 것이다. 낙랑군이 군현을 설치하는 대신에 도위를 두었다는 것은 직접 통치가 어려워졌다는 의미이다. 이후 낙랑군 동부 도위는 후한 광무제 건무 6년(서기 30)에 폐지하고 낙랑군의 속현도 25개에서 18개로 줄어든다. 서기 30년은 고구려 대무신왕 13년으로 고구려의 대외 팽창 활동이 활발하게 이루어질 때다. 그래서 현도군을 서쪽으로 옮겨 임둔군과 진

〈지도 50〉 주류 사학계의 현도군. 임둔군 위치

번군을 통폐합한 후 그곳에 고구려현, 서개마현, 상은태현의 속현을 두었을 것으로 추정할 수 있다. 이미 언급했지만 1997년 요령성 금서시의 고성터에서 임둔군 태수의 봉니가 발견되어 학계의 비상한 관심을 끈 적이 있었다. 한국 주류 사학계는 임둔군의 위치를 강원도에 위치한 것으로 보고 있는데 이곳에서 발견되었으니 그 파급력은 적지 않았다. 민족 사학계는 임둔군이 이곳에 있었다는 증거라 했고 주류 사학계는 이를 받아들이지 않았다. 이곳에서 임둔군 봉니가 발견된 것이 어떤 이유인지 알 수 없지만 임둔군이 이곳에 교치되었다가 이후 폐지되었을 가능성도 있다. 본래의 임둔군은 낙랑 및 현도군과 가까운 곳에 있어야 하기에 이곳이 본래 위치가 아닌 것은 분명하다.

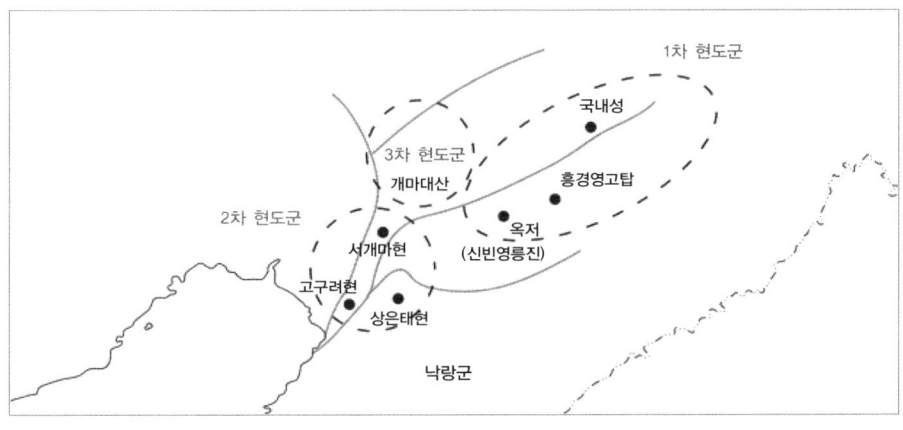

〈지도 51〉 현도군 실제 위치

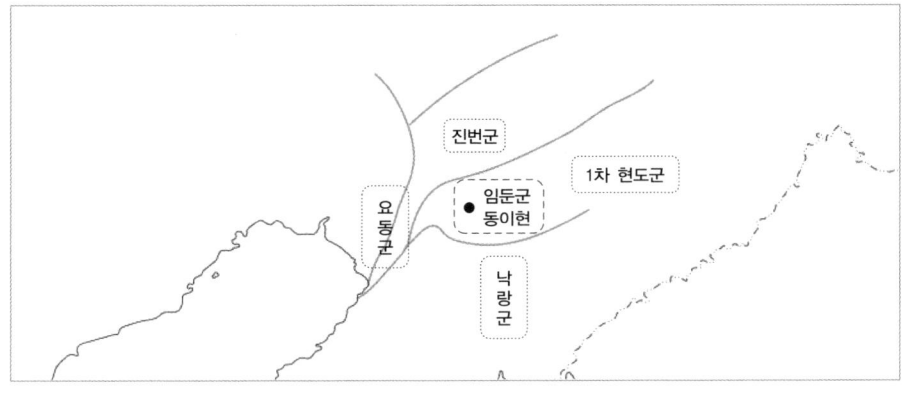

〈지도 52〉 임둔군 실제 위치

13. 진번군 위치

　진번군은 임둔군과 마찬가지로 서기전 108년에 설치되었다가 서기전 82년에 폐지되어 약 26년간 존속했다. 현재 주류 사학계는 낙랑군이 평양을 포함한 인근이고 그 남쪽의 황해도와 경기 북부에 진번군이 있었다고 주장한다. 진번이란 이름은 중국 사서에서 초기 기록부터 나온다. 진번에 대한 여러 기록들을 살펴보기 전에 이미 나왔던 삼한의 위치와 강역에서 언급한 진(辰)의 위치를 다시 고찰해 볼 것이다. 진번의 위치를 파악하는 데 진(辰)의 위치를 고찰하는 것은 이 두 개가 본래 같은 말에서 나왔다고 보기 때문이다. 진(辰)이 광의의 의미라면 진번은 진국 중에서 고조선에 복속한 지역을 이르는 말일 것이다. 그래서 한나라가 설치한 진번군은 진한의 일부 지역인 요동 동북의 현도에서 부여까지 이르렀던 것으로 추정할 수 있다. 이미 나왔던《요사》〈지리지 동경요양부〉의 기록에, "진주 봉국군(辰州 奉國軍)에 절도를 두었다. 본래 고구려의 개모성이었다. 당 태종과 이세적이 만나 개모성을 공격해 깨뜨린 곳이 여기다. 발해가 개주(蓋州)로 고쳤다가 다시 진주(辰州)로 고쳤는데 진한(辰韓)에서 이름을 딴 것이다."라고 했다. 개모성 위치는 현도군 서개마현의 위치를 고찰할 때도 나왔고《가탐도리기》의 육로행과 당나라 군사가 고구려를 공격할 때 나온다. 양 기록에서 개모성은 한(漢)나라의 요동성이 위치했던 양평의 동북에 있었다.《요사》〈지리지 중경대정부 고주(高州)〉조에는 "고주에 관찰사를 두었다. 당나라 신주(信州)의 땅이다. …… 삼한현, 진한은 부여가 되고, 변한은 신라가 되고, 마한은 고구려가 되었다."고 했다. 이 기록에서 당시 진한(辰韓) 위치는 요동의 북쪽인 개모성을 포함해 부여까지 포함하는 영역이었음을 알 수 있다.《거란고전》에서도 진(辰)의 위치가 요동 동북에 있었음을 언급한 바 있다. 진의 위치는 예와 맥의 위치가 다양하게 나타나듯이 이곳에만 있는 것이 아니었다.《사기》〈조선열전〉에는 "조선 왕 만은 옛 연나라 사람이다. 연나라 전성기 때 일찍이 진번과 조선(집해에서 주석하길 요동 번한현이다.)을 침략해 복속시키고 관리를 두어 국경에 성과 장새를 설치했다. …… 연 왕 노관이 배반하고 흉노로 들어가자 위만도 망명했다. 무리 천여 인을 모아 상투에 만이의 복장을 하고 동쪽으로 도주했다. 장새를 나와 패수를 건너 진(秦)의 옛 빈 땅인 상하장에서 살았다. 점차 진번과 조선의 만이 및 옛 연과 제나라의 망명인을 복속시켜 왕이 되어 왕험에 도읍했다. ······ 위만은 군사의 위세와 재물을 얻어 주변의 소읍들을 침략해 항복시키자, 진번과 임둔도 모두 와서 복속해 사방 수천 리가 되었다. ······ 손자 우거 때에 이르러 한나라의 망명자가 크게 많았으며, 천자에게 조회치 않았고 ①진번과 주변의 나라들이 글을 올려 천자에게 알현하는 것을 막고 통하지 못하게 했다." 라고 나온다. 《사기집해》의 저자 배인은 남북조시대의 남송(420~479) 사람이다. 그리고 《한서》〈조선열전〉에는 "회효제와 고후 때(서기전 187~180), 위만은 군사의 위세와 재물을 얻어 주변을 소읍들을 침략해 항복시키자 ······ ②진번과 진국(辰國)이 천자에게 글을 올려 ······ (하략)" 상기의 《사기》와 《한서》의 〈조선열전〉의 기록은 대부분 비슷하나 ①은 진번과 주변국이라 했고 ②는 진번과 진국이라고 했다. 《삼국지》〈위서 동이열전〉에는 "한(韓)은 한나라 때 낙랑군에 소속되어 철마다 알현했다. 《위략》에서 말하길, 일찍이 우거가 격파되기 전에 조선상 역계경이 우거에게 간했으나 받아들여지지 않아 동쪽의 진국(辰國)으로 갔다."고 했는데, 《삼국지》에는 진국에 대한 기록만 나온다. 《사기》와 《한서》 및 《삼국지》의 기록을 보면 진번과 진국이 고조선에 막혀 한나라로 가는 길이 막혔다고 했고, 《삼국지》에는 고조선의 동쪽에 진국이 있다고 했다. 《한서》〈지리지 유주 현도군〉조에 응소는 현도가 진번조선이라고 했다. 응소가 생존할 당시 현도군은 심양에 있었다. 당초 진번군이 낙랑군과 임둔군에 비해 그리 멀리 떨어지지 않았기에 본래 위치는 현도군에서 부여 사이인데 이후 진번군이 폐지되면서 이후 현도군이 진번의 땅으로 이동한 것으로 추정할 수 있다.

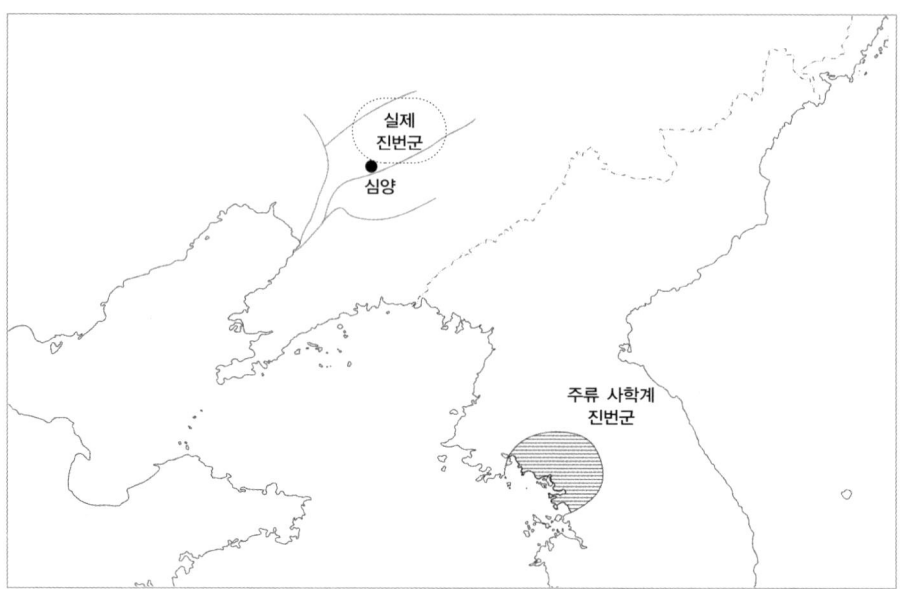

〈지도 53〉 진번군 위치 비교

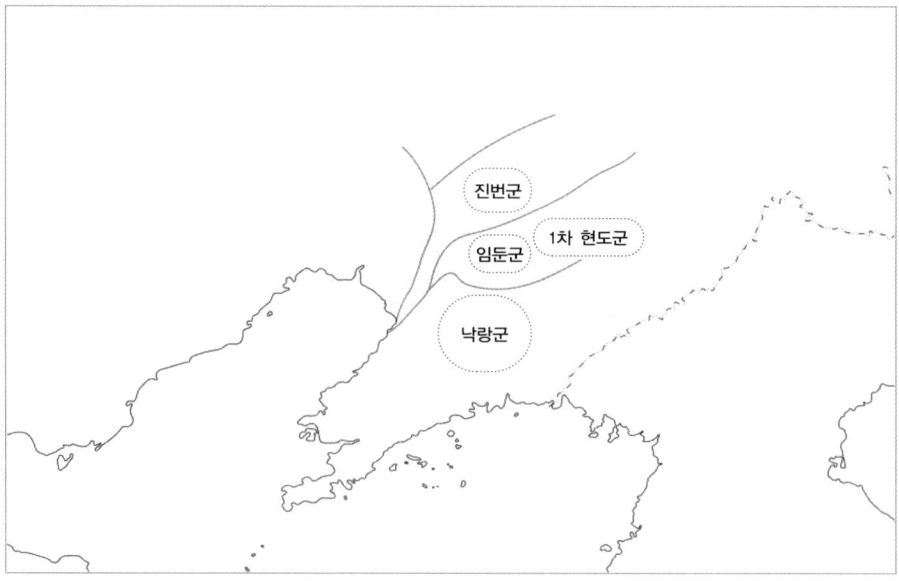

〈지도 54〉 한사군 시기별 변천(서기전 108~서기전 82)

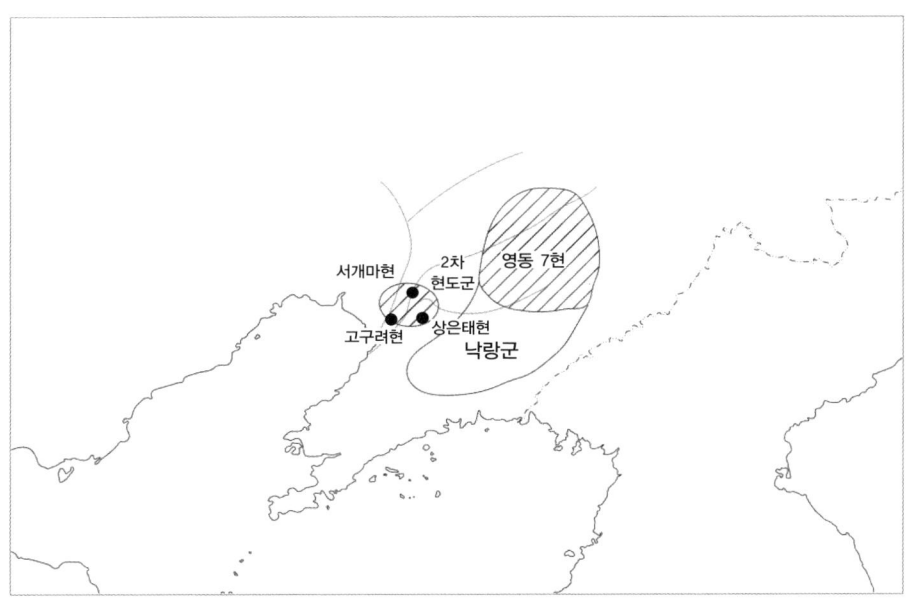

〈지도 55〉 한사군 시기별 변천(서기전 82~2차 현도군)

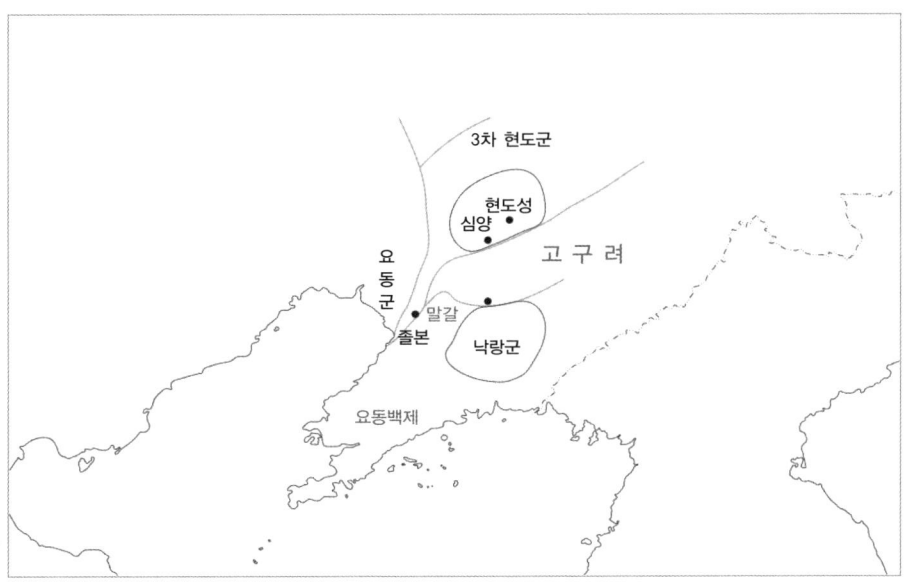

〈지도 56〉 한사군 시기별 변천(3차 현도군~서기 313)

제4장 _ 한사군 위치

제5장
열국시대

Ⅰ. 예맥과 옥저 위치

1. 예맥의 위치

예(濊)와 맥(貊)은 한민족을 구성하는 대표적인 종족으로 중국 사서의 초기부터 등장한다. 예와 맥은 기록에 예, 맥으로 따로 나오기도 하지만, 예맥으로 같이 나오기도 한다. 앞서 삼한의 위치와 강역에서 고구려는 부여의 별종으로 부여와 같은 예족이기도 하고, 또 맥으로도 불리었기 때문에 예와 맥은 사실상 같은 곳에서 출발한 것이다. 이후 종족의 갈래가 많아지면서 이들을 구분하기 위해 예 또는 맥으로 부르기도 했고, 혹은 이들을 통칭해서 예맥으로 부르기도 했었다. 예와 맥을 구분한다는 것은 종족의 구분으로서는 큰 의미가 없지만 처음에는 지역을 구분하는 수단으로 사용되다가 한(韓)이 진한, 마한, 변한으로 분화되었듯이 예맥도 분화되어 별개의 국가로 발전해 나갔을 것이다. 그러면 예와 맥은 언제부터 역사에 등장했는지《일주서》의 기록을 다시 보자.《일주서》는 주나라 초기의 역사를 다룬 사서임을 언급한 바가 있다. 《일주서(逸周書)》〈왕회해〉 "주공 단(周公 丹)이 동방을 주관했다. …… 직신(稷慎)은 대진(大麈)을 바쳤다. 공조가 주석하길, 직신은 숙신이다. 진(麈)은 사슴과 비슷하다. 예(穢)는 전아(前兒)를 바쳤다. 전아는 원숭이와 같고 서서 다녔고 소리가 아이와 같았다. 공조가 주석하길, 예는 한예(韓穢)로 동이의 별종이다."라고 했다.《일주서》기록에는 예가 이미 주나라 초기부터 존재했음을 보

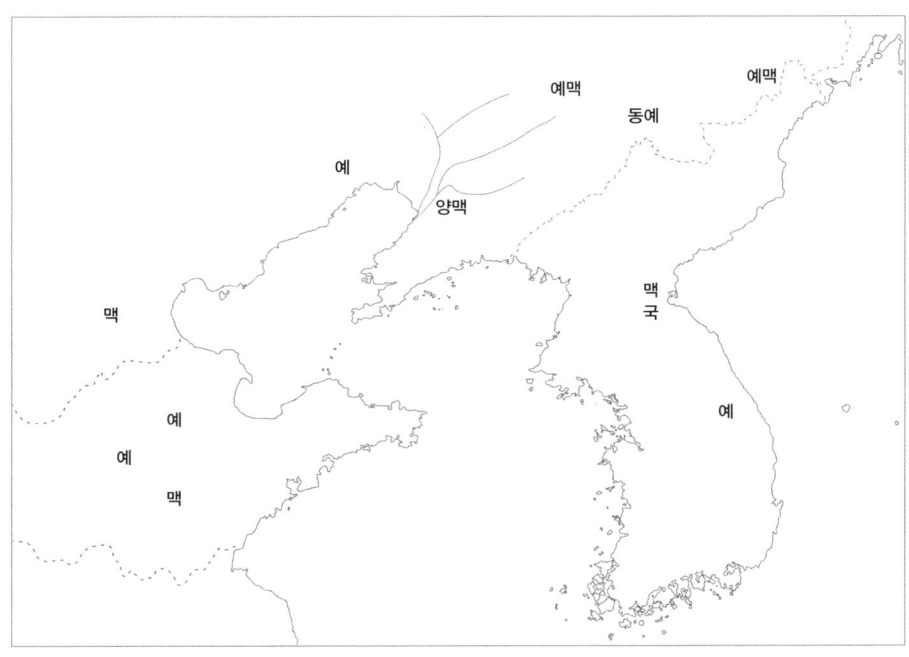

〈지도 57〉 예맥의 위치

여준다.

　이미 앞에서 은나라에서 춘추전국시대까지 존재했던 예맥의 위치를 고찰한 바가 있다. 한나라 이후의 기록을 보면, 먼저 《후한서》〈동이열전 예〉조에 "원삭 원년(서기전 128)에 예군(濊君) 남려 등이 (조선 왕) 우거를 배반해 28만 명을 이끌고 요동에 귀속했으므로 무제는 그 지역을 창해군으로 만들었으나 이내 폐지했다."고 언급했다. 예군 남려는 난하와 요하 사이에 있었고 후일 이곳은 모용선비의 근거지가 된다. 선비족은 역시 고조선의 일족으로 선비라는 이름은 조선의 멸칭일 것이고 예족이 이곳에서도 존재했음을 알 수 있다. 《삼국지》〈위서 동이전 부여〉조에는 "(부여의) 도장에 예왕지인(濊王之印)이라는 글자가 있고 나라 가운데 예성(濊城)이라는 옛 성이 있다. 본래 예맥의 땅이었는데 부여가 그중에 왕이 되었으므로 스스로 망명해 온 사람이라고 말하는 이유가 여기에 있다." 이 기록은 부여 또한 예족이며, 예맥의 땅이라고 했다. 《삼국지》〈오환선비동이전 고구려〉조를 보면 "또 소수맥(小水貊)이 있다. 고구려는 대수(大水)에 나라를 세워 거주했는데 서안평현 북쪽에 소수(小水)가 있고 남으로 흘러 바다로 들어간다. 고구려의 별종이 이 소수 위에서 나라를 세웠으므로 그 이름을 따서 소수맥이라 했다." 추후 고구려 건국지에서 조명하겠지만 대수는 혼하이고 소수는 태자하이다. 소수맥은 태자하 일대에 있던 양맥이며 말갈 또는 구려로 불리기도 했는데 맥의 일족이 태자하 일대에 존재했음을 알 수 있다. 《삼국지》〈위서 동이전 예〉조에는 "예는 남쪽으로 진한, 북쪽으로 고구려 및 옥저와 접했고, 동쪽으로는 대해에 닿았으니 오늘날 조선의 동쪽이 모두 그 지역이다. …… 단단대산령의 서쪽은 낙랑에 속했으며 대령의 동쪽 7현은 도위가 통치하는데 그 백성은 모두 예인이다. 그 뒤 도위를 폐지하고 그들의 거수를 봉해 후로 삼았다. 지금의 불내예는 모두 그 종족이다. …… 정시 6년(245)에 낙랑 태수 유무와 대방 태수 궁준은 영동의 예가 고구려에 복속하자 군대를 일으켜 정벌했는데 불내후 등이 고을을 바쳐 항복했다. 정시 8년(247)에 궐에 와서 조공해 다시 불내예왕으로 봉했다."라고 나온다. 낙랑군 영동 7현에 속한 옥저, 불내 등이 모두 예족임을 알 수 있다. 《삼국지》〈위서 동이열전 고구려〉조에는 동예의 이름과 위치가 나온다. "고구려는 요동 동쪽 천 리 밖에 있다. 남쪽은 조선, 예맥과, 동쪽은 옥저와 북쪽은 부여와 경계를 접하고 있다. 환도의 아래에 도읍했는데 면적은 사방 2천 리, 호 수는 3만이다. …… 사람들은 힘이 세고 전투에 능해 옥저와 동예를 복속시켰다."라고 했다. 동예의 위치에 대해 주류 사학계는 동옥저를 함경남도로, 동예를 그 남쪽의 강원도 동부 해안 일대로 비정하고 있다. 그러나 위에서 나온 〈예〉조의 기록을 비교해 보면 동예는 동옥저의 남쪽에 있는 예가 아니라 영동 7현의 예를 동예라고 했음을 알 수 있다. 그리고 삼한의 위치에서 조명한 바가 있지만 진한은 한반도 동남부가 아니라 만주와 한반도 동부의 넓은 지역에 걸쳐 있었으므로 동예는 동옥저의 영토인 신빈 만족 자치현의 남쪽에서 한반도 중남부까지 있었을 것이다. 《후한서》〈동이열전 동옥저〉조에는 "동옥저는 고구려 개마대산의 동쪽에 있다. 동쪽은 큰 바다에 접했으며 북쪽은 읍루 및 부여, 남쪽은 예맥과 접해 있다. 그 지역이 동서는 좁고 남북이 길고

꺾으면 방 천 리다. 토지는 비옥하고 산을 등지고 바다에 접해 있다. …… 한무제가 조선을 멸하고 옥저 땅으로 현도군을 삼았다. 뒤에 이맥의 침략으로 군을 고구려의 서북으로 옮기고 옥저를 현으로 옮겨 낙랑의 동부도위에 속했다. 후한 광무제 때, 도위의 관직을 없앴다. 이후 모든 거수들을 봉해 옥저후로 삼았다. …… 또 북옥저가 있으니 치구루라고도 하는데 남옥저와는 8백여 리 떨어져 있다. 그 풍속은 모두 남옥저와 같고 읍루의 남쪽 경계와 접해 있다."라고 나오고,《삼국지》〈위서 동이전 읍루〉조에는 읍루와 북옥저의 위치를 알 수 있다. "읍루는 부여에서 동북으로 천여 리 밖에 있는데 큰 바다에 닿아 있으며, 남은 북옥저와 접했고 북쪽은 그 끝이 어딘지 알 수 없다. …… 읍루는 옛 숙신씨의 나라이다."라고 했다. 이 기록에서 예맥이 동옥저의 남쪽에 있음을 알 수 있다. 이미 언급한 바와 같이 동옥저는 만주에 있었고 예맥 또한 압록강 북쪽에서 한반도까지 있었던 것이다.《신당서》〈북적열전 발해〉조에 맥의 옛 땅으로 동경을 삼으니 용원부인데 책성부라고도 했다는 기록이 있다. 동경용원부는 발해의 5경 중 하나로 그 위치가 한중일 사학계가 상경용천부로 비정하고 있는 흑룡강성 영안시에 있다. 발해 5경 위치에 대해서는 발해 영토사에서 상세히 조명할 것이다. 이곳 또한 맥의 땅이었으니 맥 또한 예와 마찬가지로 한반도와 만주 도처에 있었던 것이다.《위서》〈두막루(豆莫婁) 열전〉에는 "두막루국은 물길국 북쪽 천 리에 있다. …… 혹은 말하길, 본래 예맥의 땅이라 한다."라는 기록도 나온다. 물길국 북쪽 천 리라면 하얼빈 북쪽까지 예맥의 땅이었다. 이어 우리 기록에 나오는 맥의 위치를 고찰해 보자.《삼국사기》〈신라 본기〉에 "유리이사금 17년(40) 9월에 화려현과 불내현 두 현의 사람들이 서로 모의하고는 기병을 이끌고 북쪽 경계를 침입했다. 맥국의 거수가 군사로써 곡하 서쪽의 요충지에서 패배시켰다. 왕이 기뻐하여 맥국과 우호를 맺었다. 19년(42) 8월에 맥국의 거수가 사냥 중에 금수를 잡아 바쳤다."고 했고,《삼국사기》〈지리지 신라〉조에 "삭주는 가탐의《고금군국지》에 이르길, '①고구려의 동남쪽과 예의 서쪽에 있는 옛 맥의 땅으로, 대개 신라 북쪽의 삭주다.'라고 했다. 선덕왕 6년, 당나라 정관 11년에 중수주로 삼고 군주를

제5장 _ 열국시대 251

두었다. 경덕왕이 삭주로 고쳤는데 지금의 춘주다."라고 나온다. 이외에 삭주에 속하는 주요 군현으로는 북원경(원주), 가평군, 양구군, 인제현, 방산현, 화천현, 연성군(고려 때 교주), 삭정군(비열홀군, 고려의 등주), ②정천군〔(井泉郡) 고구려 천정군, 고려의 용주(湧州)〕 등이 있다. ①에서 고구려 위치는 요동 평양을 말하는 것이고 예의 위치는 압록강 북쪽에서 함경도까지이므로 맥국은 춘천을 포함한 강원 북부와 함경도 지역에 걸쳐 있었다. ②의 정천군(井泉郡)은 천정군과 같은 이름으로 《세종실록지리지》는 〈함길도 안변도호부 의천군〉조에서 북한 원산이라고 했다. 그런데 《신당서》 〈북적열전 발해〉조에 "고구려가 멸망하자 무리를 이끌고 읍루의 동모산(東牟山)을 차지했다. 그곳은 영주에서 동쪽으로 2천 리며 남쪽은 신라와 맞닿아 있다."라고 나온다. 이를 그대로 해석하면 동모산 남쪽에 신라가 있다는 의미이다. 동모산 위치는 이후 발해 영토사에서 다시 나오지만 길림성 연변자치주 돈화시 서남쪽에 소재한 육정산 고분군 일대다. 발해는 이곳 남쪽에서 신라와 영토를 접하고 있었던 것이다. 《고려사》 〈지리지 동계 안변도호부 등주〉조에 "의주(宜州)는 본래 고구려 천정군(泉井郡)으로 신라 문무왕 21년(681)에 이곳을 차지하고 정천군(井泉郡)으로 고쳤다. …… 별호는 동모(東牟)이다."라고 나온다. 여기서 의주가 정천군이고 동모(東牟)임을 알 수 있다. 《신당서》 〈북적 열전 발해〉조에 나오는 발해 건국지 동모와 정천군의 동모가 우연의 일치라고 하기에는 연관성이 너무 많다. 정천은 신라 삭주에 있었고 발해 동모산 또한 신라 삭주 방향이고 동모산 남쪽에 신라가 있다고 했다. 《고려사》에서 비열홀이 등주이며 또한 의주라고 했지만 《고금군국지》에는 비열홀과 정천군이 별도 행정구역이다. 《고려사》에서 비열홀과 의주를 같이 둔 것은 의주가 이동되었기 때문인데 추후 고찰하겠지만 윤관이 설치한 동북 9성에도 의주가 포함되어 있다. 그런데 예종 4년(1109)에 고려가 여진에게 동북 9성을 돌려준다. 의주를 포함한 동북 9성이 갈라로, 곧 목단강 일대에 있었기 때문에 원산에 의주 지명이 다시 나오는 것은 이후 교치되었던 결과이다. 이와 관련해 인하대 고조선 연구소는 천정군의 다른 이름이 정천(井泉)인데 그 정천의 옛 이름이 두만강 북안의 길림 용정시(龍井

市)라고 밝혔다. 연변 조선족 자치주 용정시에 용두레 우물이 있는데 용정의 기원이 정천이라는 연혁비가 있다는 것이다. 《삼국사기》〈지리지 신라〉조에 정천군이 고려 용주라고 했다. 고려의 용주(湧州)는 용정(龍井)의 용자와 같진 않지만 이후 와전되어 변했을 것이다. 또한 동모산이 있는 육정산 고분군은 길림성 돈화시에 있고, 용정시는 그 동남쪽에 있다. 발해 동모산 남쪽에 신라 국경이 있다는 《신당서》의 기록과 부합하므로 통일신라와 발해 국경이 동모산 남쪽에서 형성된 것은 분명하며 신라 삭주와 맥족 또한 이곳까지 있었던 것이다. 그리고 《삼국사기》〈지리지 신라〉조에 "명주(溟州)는 본래 고구려의 하서량(하슬라라고도 한다.)인데 뒤에 신라에 소속되었다. 가탐의 《고금군국지(古今郡國志)》에 이르길, 신라 북쪽 경계의 ③명주는 대개 예의 옛 나라인데 ④전사(前史)에 부여를 예의 땅이라고 한 것은 대개 잘못된 것이다."라고 했다. ③의 명주에 속하는 주요 군현으로는 정선현, 영덕군, 울진군, 내성군(지금의 영월군), 백오현(평창현), 삼척군(실직국), 고성군 등으로 강원도와 경상북도의 동부 지역에 해당한다. 명주는 현재 강릉 일대로 예의 땅이었다. 예와 맥은 만주뿐만 아니라 한반도 전역에 퍼져 있었기 때문에 명주 혹은 그 남쪽의 경상북도 동해안이나 북쪽의 함경도도 예의 땅이라 해도 무방하다. 다만 이들이 예 혹은 맥의 땅으로 불리는 것은 이들이 고구려, 백제, 신라처럼 그 이름을 대신할 만한 강력한 국가가 생겨나지 않은 이유일 것이다. 그래서 ④의 《삼국사기》 편수관이 부여를 예의 땅이라고 한 옛 기록이 잘못이라고 한 것은 이런 사정을 잘 몰랐기 때문이다. 《삼국유사》〈기이 마한조〉에는 "《삼국사》에 이르길, 춘주는 옛날 우수주로 옛날의 맥국이다. 또 혹은 이르길, 삭주가 맥국이고, 혹은 평양성이 맥국이라고 했다." 삭주의 맥국은 이미 언급했다. 여기서 평양성은 태자하 북안의 평양이고 맥국은 태자하 유역의 양맥을 말하는 것이므로 《삼국유사》의 기록은 다른 기록과 일치한다. 이럴 경우 《삼국사기》의 맥국은 강원도 북부와 요동의 태자하 두 곳에 있었던 것인데 몇 가지 의문은 존재한다. 본래 맥국이 태자하 유역에 있다가 맥국의 일족이 한반도로 이동해서 새로운 맥국을 만든 것인지, 혹은 신라 삭주의 위치가 본래 강원도 북부와 원산 일대에 있었던 것이 아니라 요동에 있다가 후일 옮겨온 것이 아닐지 의심된다. 《삼국사기》〈신라 본기〉를 보면 신라가 맥국을 점령한 적이 없음에도 후일 춘천 일대가 신라의 영토로 되어 있기 때문에 맥국이 강원 북부에 없었을 것이라는 추정도 가능하다. 유리이사금 17년에 신라로 쳐들어온 화려와 불내는 요동에서 한반도로 내려오려다 태자하 인근에 있던 양맥의 군사에게 패한 것이고, 신라 북계는 생각보다 훨씬 북쪽에 있었을 가능성도 있다. 이후 고구려가 주위 나라를 복속시키면서 예와 맥의 이름은 차츰 사라지고 말갈 혹은 물길로 대체되고 그 위치도 변화한다. 이는 이미 나온 바와 같이 유리왕 33년(서기 14)에 고구려군이 병력 2만으로 서쪽으로 양맥을 쳐서 복속시켰고, 백제 초고왕 49년(214) 9월에는 말갈의 석문성을 습격해 빼앗는 등, 양맥과 말갈이 고구려와 백제의 공격에 밀려나면서 요동과 한반도에서의 입지가 크게 줄어들었을 것이다. 《주서》〈이역열전 고구려〉조에 말갈의 위치가 나오는데, "고구려는 동쪽으로 신라에 이르고 서쪽으로는 요수를 건너 동서가 2천 리며, 남쪽은 백제와 인접하고 북쪽은 말갈과 인접해 천여 리이다. 국도는 평양성으로 그 성은 동서 6리이며 남쪽으로 패수에 닿아 있다."라고 했다. 《주서》는 북주의 역사서로 서기 6세기경이다. 맥의 이름은 나오지 않고 대신 말갈이 고구려의 북쪽에서 위치한 것으로 나온다. 이는 마한과 맥의 잔존 세력들이 고구려와 백제를 피해 북상한 결과로 추정된다.

 이와 같이 옛 기록은 예맥족이 중국의 중남부 일대와 요서, 산동, 만주, 한반도 등지에서 무리를 지어 살다가 산동을 포함한 중국 중남부지역의 예맥족은 진(秦)과 한(漢)나라 시기에 중국의 일원이 되었고, 요서 지역의 예맥족은 선비족의 일원으로서 전연, 후연, 북위 및 수와 당나라, 거란의 건국 세력이 되었으며, 요동과 만주의 예맥족은 부여, 고구려 및 발해의 건국 세력이 되었다가 후에 말갈로 분화되어 금나라와 청나라를 건국했다. 예맥의 또 다른 일족인 백제, 신라 및 고구려 유민들은 한반도의 건국 세력이 되었으니 고대의 예맥족은 한반도는 물론이고 요서, 요동, 산동, 서주 및 북만주 지역의 주요 구성원이었던 것이다. 가탐의 《고금군국지》에서 말한 예와 맥의 위치는 수많은 예와 맥 중에서 한 일족만을 말한 것에 불과하고 《삼국사기》 또한 예의 위치가 부여에도 있었음을 모르고 전사(前史)의 기록이 잘못되었다고 여긴 것이다. 즉, 한나라 이후의 기록에서 나타나는 예와 맥의 위치는 흑룡강 북쪽의 하얼빈에서 남쪽으로 요동과 길림, 그리고 그 남쪽의 춘천과 강릉에 이르기까지 광범위한 지역에 걸쳐 있었다.

2. 옥저 위치

옥저는 현도군의 위치에서 이미 조명한 바와 같이 신빈 만족 자치현 일대이고 그 치소인 옥저성은 신빈 영릉진 고성으로 비정한 바가 있다. 또한 앞에서 예맥의 위치를 조명하면서 동옥저에 속한 영동 7현이 예족에 속했었다. 《후한서》〈동이열전 동옥저〉조를 다시 보면, 개마대산은 이미 나온 바와 같이 개모성 인근이고 현도군의 위치에서 조명한 바와 같이 옥저는 요령성 본계시 동쪽의 신빈 만족 자치현 일대이다. 북쪽에 읍루와 부여가 있다고 했으므로 동옥저의 북쪽에 북옥저가 있다는 주류 사학계의 주장과는 다르다. 또한 북옥저가 읍루의 남쪽에 있다고 나오니 동옥저와 북옥저는 동일하게 읍루의 남쪽에 있었다. 동옥저는 읍루 남쪽이면서 신빈 만족 자치현에서 바다까지 이르렀고 북옥저는 동옥저의 서북쪽 일대에서 읍루 남쪽에 있었음을 추정할 수 있다. 고구려 동명성왕이 졸본에서 건국한 후 북옥저를 점령하는데 이는 북옥저가 요동에 가까웠기 때문에 가능했던 것이다. 만약 주류 사학계의 주장대로 북옥저가 연해주 일대에 있었다면 요동의 신생 국가였던 동명성왕이 졸본에서 그곳까지 가서 군사 활동을 벌인다는 것은 불가능하다. 현재 주류 사학계는 졸본을 환인 오녀산성으로 비정하고 있기 때문에 북옥저가 연해주에 있다고 여기지만 졸본은 요양 서남쪽에 있었기에 북옥저 위치 또한 연해주에 있을 수 없는 것이다. 그런데 《후한서》〈동이열전 읍루〉조의 기록에는 "읍루는 옛 숙신의 나라이다. 부여에서 동북으로 천여 리 밖에 있다. 동쪽은 큰 바다에 닿고 남쪽은 북옥저와 접했다."고 해 동옥저와 북옥저의 북쪽에 읍루가 있었다는 기록과는 약간 다르다. 물론 읍루조에서 남쪽이 북옥저와 접했다는 기록이 틀린 것은 아니지만 동일한 《후한서》〈동이열전〉에서 동옥저를 언급하지 않은 것은 기록자의 단순한 누락일 가능성이 높다.

　읍루의 위치를 보면 《요사》〈지리지〉에 심주 소덕군이 본래 읍루국 지역이었다고 나온다. 심주는 지금의 심양이다. 읍루의 남계가 심양 일대이므로 북옥저는 현 심양 일대를 북쪽 경계로 했음을 알 수 있다. 유리왕 21년(서기 2)에 국내성으로 천도하는데 유리왕 이전의 정복 활동을 보면 고구려가 국내성 지역을 차지한 것으로 볼 수 있는 기록은 동명성왕이 북옥저를 정벌하고 얻은 영토 외에는 없다. 그래서 국내성은 본래 북옥저의 영토이면서 낙랑군 영동 7현의 하나인 불내예이고 북옥저 또한 동옥저와 마찬가지로 예족인 것이다. 그리고 북옥저와 남옥저는 800리 거리라고 했으므로 북옥저의 위치를 국내성으로 잡으면 800리 거리인 남옥저의 위치를 추정할 수 있다. 8백 리는 한나라 때의 10리 거리인 2.42킬로미터로 계산하면 약 200킬로미터이다. 국내성으로 비정한 청원 만족 자치현 서쪽에서 남쪽으로 200킬로미터를 지도에서 측정하면, 현 압록강 남안까지 내려간다. 서남쪽으로 방향을 돌리면 현 해성시다. 《요사》〈지리지 동경도〉를 보면 "해주 남해군에 절도를 두었다. 본래 옥저국의 땅이다. 고구려 때 비사성으로 당나라 이세적이 공격한 바 있다. 발해는 남경남해부로 불렀다. 돌을 쌓아 성을 만들었는데 너비가 9리나 된다. 옥주(沃州), 청주(晴州), 초주(椒州) 등 3주를 관할했다. 옛 현은 옥저, 취암, 용산, 빈해, 승평, 영천 등 여섯인데 모두 폐지되었다."라고 되어 있다. 《신당서》〈북적열전 발해〉조에도 동일한 기록이 나온다. "옥저의 옛 땅으로 남경으로 삼으니 남해부라 하고, 옥주, 청주, 초주의 3주를 다스린다." 여기서 초주는 혼하 하구에 초도가 있어서 생긴 이름이니 당나라 때도 옥저는 남경남해부, 즉 현 해성시에 있었다. 이곳에 옥저의 지명이 있는 이유는 남옥저가 여기에 있었음을 알려 주는 명백한 기록이다. 《삼국사기》〈백제 본기〉를 보면 의아한 기록이 나온다. "온조왕 43년(서기 25)에 남옥저 구파해 등의 20여 가구가 부양에 이르러 귀순해 왕이 허락했다. 한산의 서쪽에 안치했다."라고 했다. 혹자는 남옥

〈지도 58〉 옥저 위치

저를 별도의 옥저로 보지 않고 북옥저 남쪽의 동옥저와 동일한 것으로 보고 있다. 이는 옥저의 위치가 함경남도 함흥이고, 백제가 한강 유역에만 있었다고 생각하니 인식의 한계가 있을 수밖에 없다. 백제 건국지 고찰에서 밝히겠지만 백제는 요동반도에서 건국했고 백제의 영토가 요동에도 있었다. 해성시와 백제는 가까운 곳에 있었기 때문에 남옥저의 구파해가 백제로 와서 귀순할 수 있었던 것이다. 《만주원류고》〈부족 신라〉조에도 "후한서, 위지, 통고 등을 고찰하면 동옥저, 남옥저, 북옥저에 문자가 없고 대군장이 읍락을 통치한다."라고 해 세 개의 옥저가 있음을 명확히 했다. 그리고 수양제가 고구려를 공격하면서 좌우 각각 12군씩을 편성하는데 좌 12군 중에 옥저의 길로 나아가서 평양으로 집결하라는 조서를 내린다. 여기서 옥저가 평양으로 가는 길목에 있었음을 알 수 있기 때문에 당시 옥저는 함흥에 있을 수가 없다. 당나라가 고구려를 공격할 때도 옥저도 총관으로 방효태가 나오고 사수(蛇水) 전투에서 연개소문에게 방효태가 죽고 당나라 군사도 전멸한다. 《삼국사기》〈신라 본기〉에서 당나라 군사가 사수에 집결하고 평양성에서 포위당한 남건이 단판승부를 벌였다는 기록에서 사수는 평양 근처에 있음을 알 수 있다. 《독사방여기요》〈산동 9 조선〉조에 "사수(蛇水)는 평양 서쪽 경계에 있다."고 했고, 《요사》〈지리지 요주 시평군〉조에는 본래 당나라 태종이 고구려를 정벌할 때 이세적이 요동성을 함락시켰고 당 고종 때, 당나라군이 고구려군을 신성에서 대파한 곳이라고 했는데 이곳에 사산(蛇山)이 있다고 했다. 사산은 《요동지》〈권1 산천〉조에 요양성 동북 40리라고 했으니 요양과 가까운 곳에 있었던 것이다. 《성경통지》〈권25 산천 1〉조에서는 사산이 요양성 서쪽 101리에 있다고 했는데 이는 단순한 동일지명으로 보인다. 즉, 옥저가 함흥에 있었다면 옥저도 총관 방효태는 요동에서 전투를 할 것이 아니라 함흥에서 전투를 벌였을 것이고 애당초 평양을 공격하기 위해 함흥으로 가는 계책도 있을 수 없다. 이상의 기록은 남옥저의 도읍인 옥저가 현 요령성 해성시에 위치했음을 보여주고 있다. 옥저 영토를 지도에 나타내면 동옥저는 신빈 만족 자치현에서 동쪽으로 바다까지 이르렀고, 북옥저는 서쪽으로 심양에서 동쪽으로 국내성까지, 남옥저는 해성시 일대에 있었던 것이다.

옥저의 이름은 현도군의 치소이자 낙랑군 영동 7현의 기록에도 나온다. 영동 7현 위치는 현도군의 위치에서 조명한 바 있지만 무순시 동남쪽의 신빈 만족 자치현 일대였고 동옥저의 도읍이 있었다. 《삼국지》〈위서 동이열전 동옥저〉조를 다시 보면 "동옥저는 고구려 개마대산의 동쪽에 있는데 큰 바닷가에 접해 산다. 그 지형은 동북은 좁고, 서남은 길어서 천 리 정도 된다. 북쪽은 읍루. 부여와 남쪽은 예맥과 접해 있다."고 했고, 《후한서》〈동이열전 동옥저〉조에는 "동옥저는 고구려 개마대산의 동쪽에 있다. 동쪽으로 대해와 접하고, 북은 읍루와 부여, 남쪽은 예맥과 접한다. 그 땅은 동서가 좁고, 남북이 길다. 꺾으면 가히 방 천 리가 된다."고 했다. 동옥저는 동서가 좁고 남북이 길다고 했는데 이는 《삼국지》의 설명과 조금 다르다. 동옥저가 개모성에서 동해까지 길게 이어져야 하므로 동북이 좁고 서남이 길다는 《삼국지》의 기록이 더 신빙성이 있다. 또한 반을 꺾으면 방 천 리가 된다고 했으니 동북은 5백 리고 서남은 2천 리로 그 반을 접으면 방 천 리가 된다는 의미이다. 지도에서 거리를 측정하면 천산산맥 동쪽에서 정동으로 가면 두만강 동단이고, 그곳까지 약 600킬로미터로 이는 약 2천 리에 해당한다. 즉, 동옥저는 개모성의 동쪽에서 시작해 동쪽으로 동해와 접하고 남쪽으로는 현 압록강 북쪽까지 이르는 영토를 가지고 있었다.

　이상의 기록에서 옥저는 동옥저, 남옥저, 북옥저가 있었고 동옥저는 천산산맥 동쪽에서 해안까지, 남옥저는 현 해성시 일대, 북옥저는 동옥저의 서북쪽에 있으면서 국내성을 포함하는 지역으로 추정된다.

Ⅱ. 고구려 건국지

　고구려 최초 도읍지인 졸본에 대해 일제 관변학자가 그 위치를 요령성 본계시 환인현의 오녀산성으로 비정한 후 한국 주류 사학계와 북한 또한 그대로 추종하고 있다. 일제는 오녀산성이 문헌 기록에도 맞고 고구려 유물이 발견되었다는 이유로 오녀산성을 졸본으로 특정했다. 현도군 위치에서 조명한 바가 있지만 졸본이 이곳에 있어야 1차 현도군을 함흥에 두고, 2차 현도군을 압록강의 북쪽 지류인 동가강과 남쪽 지류인 독로강 일대로 둘 수 있기 때문이다. 그러나 이미 언급한 바와 같이 중국 역사학계가 오녀산성을 발굴 조사한 결과, 오녀산성에는 3세기 이전의 유물이 전혀 발견되지 않았고 문헌 기록에서 말하는 졸본의 묘사와 맞지 않다는 결론을 내렸다. 즉, 환인 오녀산성은 고구려 건국지인 졸본이 될 수 없으며 문헌 사료에 부합한다는 일제의 주장 또한 얼마나 자의적인 것인지 알게 한다. 앞서 한사군의 위치를 조명하면서 졸본이 위치한 고구려현이 서개마현, 상은태현과 함께 요양 일대에 있었음을 알았지만 여기서는 졸본의 구체적인 위치를 고찰해 보자.

　《삼국사기》〈고구려 본기 시조 동명성왕〉조에 서기전 37년, 주몽이 ①엄사수(일명 개사수, 엄리대수, 엄체수, 엄수라고도 한다.)를 건너 졸본천에 이르러 ②비류수에 초막을 짓고 살았고 상류의 비류국 왕 송양의 항복을 받았다. 이때 송양은 스스로 ③바다 깊숙한 곳에 처한다고 말했다. 유리왕 28년에는 부여 왕 대소가 사신을 보내 유리왕을 꾸짖자, 과인이 ④바다 구석에 떨어져 있어 예의를

〈지도 59〉 졸본 위치

갖추지 못했다고 하면서 부여 왕에게 사죄한 기록이 있다. 《삼국사기》〈지리지 고구려〉조에서는 "졸본은 아마 한나라의 ⑤현도군 경계이고 거란 동경의 서쪽이며 ⑥《한서》〈지리지〉에 나오는 현도의 속현인 고구려일 것이다."라고 했다. 《삼국유사》〈기이 고구려〉조에는 "고구려는 곧 졸본부여이다. 혹은 말하길 지금의 화주 또는 성주라고 하나 모두 오류이다. ⑦졸본주는 요동에 있다."라고 기록했다. ①에서 엄사수는 앞에서 나온 바와 같이 마자수이자 압록수이며 현재는 혼하이다. ②의 비류수는 추후 구체적으로 나오지만 혼하이다. 《삼국사기》에서도 주몽이 엄리대수인 혼하를 건너 비류수에 초막을 짓고 살았으므로 비류수가 혼하 인근에 있었음을 확인할 수 있다. 비류수에 대한 기록은 중국 사서에 많이 나온다. 이는 비류수가 고구려의 서쪽 경계에 위치해 주변 국가와의 전쟁 기록이 많기 때문인데 한국의 주류 사학계는 비류수 위치를 오녀산성 근처를 흐르는 동가강으로 보고 있다. 그런데 주류 사학계의 이 주장은 환도성이 길림 집안에 있다고 한 주장과 모순이 된다. 왜냐하면 아래 《자치통감》의 기록에는 비류수가 환도산의 동쪽에 있다고 했는데 주류 사학계의 주장을 따르면 비류수가 환도산 서북쪽에 있기 때문이다. 《삼국지》〈위서 관구검 열전〉에는 "정시 중에(246) 고구려가 수차례 배반해 침구하므로 보기 1만으로 군사를 이끌고 현도에서 여러 길로 나아가 토벌하려 나섰다. 고구려 왕 궁(동천왕)이 보기 2만을 지휘했다. 비류수 위에 진군하여 양구(梁口)에서 싸웠다. 왕이 연이어 패하고 관구검이 말을 묶어 수레에 매달고 환도를 올랐다. 고구려 도읍을 도륙하고 수천인을 참하고 노획했다 …… 정시 6년, 다시 고구려를 정복하자 왕이 드디어 매구로 도주했다. 관구검이 현도 태수 왕기를 보내 추격케 했다. 옥저 천여 리를 지나 숙신의 남계에 도착해 바위를 파서 공을 기록했다. 환도산에 새기길, 불내(不耐)의 성(城)이라 했다."는 기록을 보자. 위에서 양구(梁口)는 대량하(태자하, 패수)이다. 《삼국지》〈위서(魏書)〉에 대량수를 옛날에는 양수라고 한 기록이 있다. 경초 2년(238), 위나라의 사마의가 4만 군사로 공손연을 토벌할 당시 사마의와 공손연의 군사가 요수에서 대치했는데 공손연의 군사가 요대에서 막자 사마의가 기만책을 써서 북쪽의 양평으로 진군한 다음 공손연의 군사를 포위했다. 이때 유성이 양평성 서남에서 동북으로 흐르다 양수에서 떨어졌다고 했으니 이때의 양수는 대량하일 수밖에 없다. 여기서 양구는 태자하가 혼하로 합류하는 입구를 말할 것이고 관구검의 군사가 비류수로 진군해 태자하에서 싸웠으니 비류수는 현 태자하 인근에 있었음을 알 수 있다. 《한서》〈지리지〉에도 동일한 기록이 있다. 《한서》〈지리지 요동군〉 거취현조에 실위산에서 실위수가 북으로 흘러 양평에 이르러 양하(梁河)로 들어간다는 기록이 있으니 양구는 현재의 태자하가 틀림없다. 또한 비류수와 양수가 같은 기록에서 나오는 것으로 보아 주몽이 도읍한 비류수는 태자하 근처에 있었다. 《삼국지》〈오환선비동이전 고구려〉조에는 "또 소수맥(小水貊)이 있다. 고구려는 대수(大水)에 나라를 세워 거주했는데 서안평현 북쪽에 소수(小水)가 있고 남으로 흘러 바다로 들어간다. 고구려의 별종이 이 소수 위에서 나라를 세웠으므로 그 이름을 따서 소수맥이라 했다." 여기서는 건국지가 비류수가 아니라 대수라고 하므로 비류수는 또한 대수임을 알 수 있다. 그리고 서안평 북쪽에 소수가 있고 소수맥이 있다. 일제와 주류 사학계는 서안평 위치를 현 압록강 북쪽의 단동시로 보고 있기 때문에 소수맥의 위치를 현 압록강의 지류로 보고 있다. 그러나 이 또한 엉터리다. 주류 사학계는 요동군을 요하에서 현 압록강 북안까지, 낙랑군 위치를 현 북한 평양으로 비정하고 있기 때문에 이렇게 된 것이다.《한서》〈지리지 유주 현도군〉조에 "서개마현은 마자수가 서북으로 염난수로 들어간다. 서남으로 서안평에 이르러 바다로 들어간다."라고 했다. 마자수는 압록수, 엄수이자 혼하이므로 서안평은 현 압록강이 아니라 혼하 유역에 있었고 소수 또한 혼하 인근에 있었다.

《자치통감》〈위기(魏記) 소릉여공전〉에 이런 기록이 나온다. 정시 7년(246) 2월, 유주 자사 관구검이 고구려가 수차례 침범하므로 토벌했다는 내용의 주석에 "고구려 왕 이이모(산상왕)가 환도산 아래에 신국(新國)을 다시 만들었다. 비류수 서쪽에 있다."라고 했다. 환도산은 고구려의 세 번째 도읍인 환도성이자 당 태종이 고구려군에게 패배한 안시성이 있었다. 안시현 위치에서 조명한 바와 같이 안시현이 있던 철가산 동쪽에 고대 압록강이자 마자수가 있었으므로 비류수는 고대 압록강과 동일하고 마자수이면서 현재는 사하의 물길이다. 《신당서》〈동이열전 고구려〉조에는 "고구려에 마자수가 있는데 말갈의 백산에서 나온다. 색이 기러기 머리색이라 압록수라 부른다. 국내성 서쪽을 지나 염난수와 합하고 다시 서남으로 흘러 안시를 지나 바다에 들어간다."고 했으니 압록수, 즉 마자수가 안시성 근처를 지남을 확인할 수 있고,《무경총요》〈북번지리 요동〉조에는 "동경성의 동쪽에는 대요하가 있고 성의 서쪽에는 소요하가 있다. 진(秦)나라 때 요동군이었고 한(漢)나라 때 유주에 속했다. 당 태종이 고구려를 평정할 때 행산을 주필산으로 삼아 이름을 지었다. (주필)산은 동경의 동북에 있다. 후에 발해국이 되었는데 거란이 요주로 삼았다. 그 땅을 얻어 동경으로 삼았다."라고 했다.《한서》〈지리지〉에는 요하를 대요수, 혼하를 소요수라고 했고《무경총요》는 그 반대로 요하를 소요수, 혼하를 대요수라고 했지만 안시성이 고대 압록강이자 혼하이며 비류수 서쪽에 있었음은 분명하다. 현재의 물길은 요양과 해주 서쪽의 바닷물이 빠져 육지가 형성되면서 새롭게 생긴 물길이고 고대 압록강인 혼하는 현재처럼 심양에서 남서쪽으로 계속 내려가는 것이 아니라《대명일통지》와《열하일기》에서 나온 바와 같이 요양 서쪽에서 사하와 합치고 다시 고대 패수인 태자하와 합친 후에 철가산을 지나 해주의 비사성과 개주의 박작구를 거쳐 바다로 유입되었다. 당초 주몽이 부여에서 남쪽으로 내려올 때 혼하의 다른 이름인 엄리대수를 건너서 하류에서 사하와 태자하와 합친 물길인 비류수에서 나라를 건국했던 것이다. 이렇게 주몽은 혼하를 건넌 후에 사하를 따라 남쪽으로 내려와 사하와 태자하가 합친 비류수에서 초막을 짓고 산 것인데 ③에서 졸본천의 상류에 살고 있던 비류국 왕 송양이 바닷가 깊숙한 곳에 살았다고 했으니 졸본천 또한 혼하 혹은 사하의 지류임을 알 수 있고 ④에서 유리왕 또한 바다 구석에 산다고 했으니 졸본이 바다 근처에 있었음을 알 수 있다. 고대에는 요양 서쪽이 바다였기에 기록에도 부합한다. ⑤에서는 현도군 경계이고 거란 동경의 서쪽이라고 했으니 졸본은 요양 근처임을 여기서도 알 수 있고, ⑥에서 졸본이 현도군의 경계이고 ⑦에서 졸본주는 요동에 있다고 했으므로 졸본은 요동군과 현도군의 경계 지점인 것도 알 수 있다.《후한서》〈지리지 유주 현도군〉조를 보면 속현에 고구려현, 서개조현(서개마현), 상은태현, 고현현, 후성현, 요양현이 있었다. 전한(前漢) 때에는 현도군 속현에 고구려현, 서개마현, 상은태현의 3개 현 밖에 없었는데 후한 때에는 요동군에 속했던 고현현, 후성현, 요양현이 현도군으로 이동했다. 이 기록에서도 졸본이 요양 근처임을 알 수 있다.《후한서》〈동이열전 고구려〉조에 한무제가 조선을 멸망시켜 고구려를 현으로 만들었다는 기록이 나온다. 이를 보고 한나라가 그 이전에 존재했던 고구려를 현으로 만들었다고 오해할 수 있지만 사실은 한사군 설치 후에 주몽이 고조선 땅에 고구려를 건국하자 한나라가 그곳을 고구려현으로 만들어《한서》〈지리지〉에 기록한 것으로 봐야 한다. 그렇지 않으면 고구려 건국의 주체가 주몽이 될 수 없고 그 이전에 존재했던 북부여와 동부여는 물론이고 백제 건국의 기록도 모두 모순이 되기 때문이다.《후한서》〈동이열전 고구려〉조의 다른 기록에 화제 건흥 원년(105)에 고구려 태조대왕이 공물을 바치면서 현도군에 예속되길 청했다는 기록과 건녕 2년(169)에도 고구려 신대왕이 현도군에 속하길 청했다는 기록 등을 보면 고구려가 실질적으로는 독립 국가이면서 현도군에도 속했음을 알 수 있다. 이와 같이 한나라의 요동군, 현도군, 낙랑군 등의 속현에 토착민이 세운 국가가 동시에 병존하고 있었고 고구려와 같이 강력한 힘을 가진 국가는 한나라의 속현에는 들어갔지만 실질적인 통치는 토착 세력이 했고 이름만 있는 유명무실한 속현이 많았으리라 짐작할 수 있다. 또한 《삼국지》〈동이열전 고구려조〉에는 고구려 신대왕이 건녕 2년(169)에 항복하자 요동에 속하게 했다고 하는 기록에서 고구려가 요동군과 현도군의 경계에 있었다는 《삼국사기》의 기록과 부합한다.

　고구려 건국지에 대한 기록은 다른 곳에서 더 구체적으로 나온다. 《광개토호태왕 비문》에 "(추모왕께서) 비류곡 홀본 서쪽 산위에 성을 쌓고 도읍을 했다."고 했고, 《천남산 비문》에는 "군의 휘는 남산이고 요동 조선인이다. 옛적에 동명이 기를 느껴 물을 건넜고 주몽이 해를 잉태해 패수에 임해 도읍을 열었다."라고 나온다. 《광개토호태왕 비문》은 비류곡 홀본 서쪽 산성이라고 했고 《삼국사기》는 비류수 물가라고 했는데 조금 차이가 있다. 아마도 이는 초기에 물가에 초막을 짓고 살았지만 후일 세력이 강해지면서 산성으로 옮긴 상황을 기록한 것으로 보인다. 그리고 《천남산 비문》에는 주몽이 비류곡이 아니라 패수에서 도읍을 했다고 기록했다. 패수는 이미 태자하임을 조명한 바가 있고 패수는 요양에서 고대 압록강인 혼하와 합치므로 하류인 졸본에 이르러서는 비류수 또는 패수라고 해도 동일한 표현인 것이다. 비문의 기록에서도 주류 사학계가 말하는 비류수가 동가강이 될 수 없음은 명백하다. 《신당서》〈북적열전 발해〉조에 "고구려의 고지(故地)로 서경을 삼으니 부명은 압록부이며 신주(神州), 환주(桓州), 풍주(豊州), 정주(正州)의 4주를 관할한다."고 했다. 이는 고구려 고지인 졸본이 발해의 서경이라는 것인데 《거란국지》〈22주현재기(州縣載記) 동경(東京)〉조에는 "동경은 본래 발해 도읍지였다."라고 하므로 발해 도읍지인 거란의 동경은 발해의 서경 외에는 없다. 이 기록에서도 졸본이 요양 일대에 있었음을 알 수 있고, 또한 고구려 왕들은 주위 나라들로부터 관작을 많이 받는데 그 관작 중 하나가 요동군 개국공이다. 이는 요동군에서 개국했다는 의미라 졸본이 다른 곳에 있지 않았음을 나타낸다. 장수왕 23년(435)에 북위가 처음으로 요동군 개국공을 제수한 이래, 문자명왕, 안장왕, 안원왕에게도 이어졌고, 북위의 뒤를 이은 북제 또한 양원왕에게 요동군 개국공을 제수했다는 것은 고구려가 요동에서 건국했음을 보여주는 다른 증거가 된다. 《삼국사기》〈고구려 본기〉 보장왕 조에는 요동성에 주몽의 사당이 있다 했고, 《원사》〈지리지〉와 《요동지》〈능묘(陵墓)〉조에 동명왕릉이 요양 동쪽 30리에 있다고 했으므로 졸본이 요동에 있었기에 나올 수 있는 기록들이다. 《요사》〈지리지 동경도〉에는 "녹주압록군은 절도를 두었다. …… 환주는 고구려 중도성으로 옛 현은 환도(桓都), 신향(神鄉), 패수(浿水) 등 셋인데 모두 폐지했다. 고구려 왕은 처음으로 여기에 궁궐을 세웠고 나라 사람들이 신국(새로운 나라)이라고 했다. 5세손인 쇠(고국원왕)가 진강제 건원 초에 모용황에게 패해 궁실이 불탔다."라고 나온다. 이는 환주에 고구려가 건국했다는 의미 혹은 《삼국지》〈위서 동이전 고구려조〉에 "항복했던 오랑캐도 이이모(산상왕)를 배반하므로 산상왕이 새로 나라를 세웠는데 오늘 날 고구려가 있는 곳이다."라고 나온다. 산상왕이 도읍을 옮긴 이유는 고국천왕 사후 산상왕의 형인 고발기에게 가야 할 왕의 자리를 왕후의 계략으로 산상왕이 차지하자 고발기가 반란을 일으켰고 이를 제압하는 데는 성공하지만 고구려에 복속했던 국내성 세력이 산상왕을 받아들이지 않자 국내성에서 환도성으로 천도한다. 《요사》〈지리지 동경도〉에서 새로운 나라라고 한 것이 이런 의미일 수도 있기에 이 기록만으로 졸본이 환도성이라고 단정할 수는 없다.

《삼국사기》〈고구려 본기〉의 동명성왕 원년의 기록에는 "그 땅이 말갈 부락에 붙어 있어 도적질의 피해를 입을까 우려해서 마침내 그들을 물리치니 말갈이 두려워 굴복하고 감히 침범하지 못했다."라고 했고 《삼국유사》〈기이 말갈과 발해〉조에는 "동명기에 이르길, 졸본성은 땅이 말갈에 붙어 있다."라고 했다. 이때 말갈이 어디에 있었는지 사료를 통해 확인해 보자. 《삼국지》〈오환선비동이전 고구려〉조를 다시 인용하면, "또 소수맥(小水貊)이 있다. 고구려는 대수(大水)에 나라를 세워 거주했는데 서안평현 북쪽에 소수(小水)가 있고 남으로 흘러 바다로 들어간다. 고구려 별종이 이 소수 위에서 나라를 세웠으므로 그 이름을 따서 소수맥이라 했다."여기서 고구려 별종이 소수 위에서 나라를 세웠다고 했는데,《한서》〈지리지 유주 현도군〉조를 다시 보면 "상은태현은 왕망 때 하은이라 했다.(응소가 말하길, 옛 구려호(驅麗胡)이다.)"라고 나온다. 고구려현은 당연히 고구려 졸본이 위치한 곳이고 상은태현은 구려가 있었던 곳이다.《후한서》〈동이열전〉에도 고구려 외에 별도로 구려(句驪)조가 나온다. 고구려는 우리가 알고 있는 고구려를 말하는 것이고 구려에 대해서는 "구려는 일명 맥(貊)이라고도 하는데 별종이 있다. 소수에 거처해서 사는데 이로 인해 소수맥이라고도 한다."라고 했다. 이후 소수맥에 대한 기록은 더 이상 나오지 않다가《삼국사기》〈고구려 본기〉에 양맥(梁貊)의 이름이 나오는데 "유리왕 33년(서기 14) 고구려군이 병력 2만으로 서쪽으로 양맥을 쳐서 멸망시켰다."고 했다. 이때 고구려 도읍은 국내성이다. 그리고 양맥의 양은 양수(梁水), 즉 일명 대량수로 현 태자하이며 또한 앞에서 말갈은 마한이며 맥과 같은 것임을 조명한 바가 있다. 즉, 마한의 일족인 양맥은 구려이면서 소수맥으로도 불렸고 말갈이었던 것이다. 졸본은 고대 압록강인 비류수와 패수가 만난 물길의 서쪽에 있었고 양맥이자 말갈은 강을 사이에 두고 졸본 동쪽에 있었음을 알 수 있다. 이미 앞에서 나온 바와 같이《요사》〈지리지 동경요양부〉조를 보면 "요양현은 본래 발해의 금덕현이다. 한나라 때 패수현(浿水縣)이 었는데 구려현으로 고쳤다. 발해 때는 상락현이었다."라고 했다. 요양은 본래 태자하의 북안에 있었는데 거란이 태자하 남쪽의 패수현을 합쳐 지금처럼 요양이 태자하의 남쪽까지 확대되었다. 그러므로 패수현이자 구려현은 요양 남쪽의 태자하 남안에 있었고, 소수맥 또는 양맥이자 구려로도 불린 말갈은 태자하의 옛 이름인 대량하에서도 알 수 있듯이 패수현에 위치했던 것이다. 말갈이 태자하 남쪽에 위치한 것은《삼국사기》의 다른 기록에서도 확인할 수 있다.《삼국사기》〈백제 본기〉"초고왕 49년(214) 9월에 북부의 진과에게 명해 군사 천 명을 지휘해 말갈의 석문성을 습격해 빼앗도록 했다."라는 기록이 있다. 석문은 《요동변장도》에서 요양의 동쪽이자 태자하 남쪽에 있었다. 말갈이 태자하 남쪽의 석문성을 차지하고 있었으니 양맥, 말갈, 구려가 태자하 일대에 있었다는 다른 기록과 일치한다. 이렇게 말갈은 태자하 일대에 있었고 졸본은 그 서쪽에 있었던 것이다. 이제까지의 서술을 종합하면 졸본은 요양 남쪽에 있고 동쪽에 강이 있어 고대 압록수인 비류수와 패수가 만나는 곳인데, 주몽이 강 서쪽에 산성을 쌓았으니 지도를 보면 현 사하 서쪽에 철가산이 있다. 《삼국유사》〈기이 말갈과 발해〉조에 "동명기에 이르길, 졸본성은 땅이 말갈에 붙어 있다."라고 했고 또한 말갈은 패수현에 있었고 졸본이 말갈과 붙어 있으므로 이들의 위치를 고려하면 졸본은 안시성이 있던 철가산에 위치했던 것이다.

이와 같이 주몽은 본래 한나라의 안시현이 있던 비류수 유역에 나라를 세워 서쪽의 철가산에 산성을 쌓았고 이후 산상왕은 국내성에서의 입지가 약해지자 기존 세력이 있던 졸본에 돌아와 환도성을 쌓았던 것으로 추정할 수 있다. 그러면 주몽이 동부여에서 탈출해 졸본으로 온 이유는 무엇일까? 당시 주몽이 동부여에서 졸본으로 온 것은 우연이 아닌 계획된 행동이었을 것으로 추정할 수 있다. 이는 주몽의 부친인 해모수가 졸본에서 북부여를 건국했으므로 부친의 후광을 바탕으로 새로운 나라를 건국하려는 일환이었을 것이다. 비류국왕 송양이 주몽에게 나라를 쉽게 바친 것이나, 유력자의 딸인 소서노와 결혼할 수 있었던 이유는 주몽이 해모수의 아들이라는 신분을 적절히 활용했던 덕분이었을 것이다. 그런데 고구려의 첫 도읍지인 졸본이 혼하와 패수 유역이 아니라 의무려산 아래에 있었다는 기록도 존재한다. 이는 《삼국사기》와 《삼국유사》에서 의무려산 인근이라고 한 기록이 있으니 쉽게 간과할 수 없는 기록이기는 하다. 그리고 또 다른 주장으로는 《한서》〈지리지〉와 양서(梁書)에 고구려 내에 요산이 있다는 기록이 있는데 그 요산이 산서성에 존재하기 때문에 고구려는 산서성에서 출발했다는 것이다. 이 둘의 다른 의견은 채택하기는 어렵다. 왜냐하면 고구려 초기 도읍지가 그쪽이 되면 마자수는 물론이고 요수, 요동성, 요대현, 안시성 등의 기록을 충족시킬 수 없고 무엇보다도 받아들일 수 없는 것은 《광개토호태왕 비문》과 《천남산 비문》의 기록에서 비류곡과 패수에서 건국했다고 했는데 비류수와 패수는 의무려산에는 없기 때문이다. 앞에서 나왔지만 다시 언급하면 역도원은 《수경주》에서 "그 땅은 지금 고구려의 도읍으로 내가 고구려 사신을 방문했는데 그가 말하길, 평양성이 지금 패수의 북쪽에 있으며 물이 서쪽으로 흐르다 한무제가 설치한 옛 낙랑군 치소인 조선현을 지나서 서북으로 흐른다고 했다."고 기록했다. 역도원이 설명한 패수 물길은 한반도에는 존재하지 않으며 요령성의 태자하 물길을 그대로 설명하고 있다. 이는 졸본과 평양이 태자하 유역에 있었다는 명백한 증거이며 이런 증거에도 불구하고 졸본을 환인 오녀산성에, 고조선과 고구려 평양을 북한 평양이라고 말하는 것은 문헌 사료와 전혀 상관없는 엉터리인 것이다.

《신당서》〈동이열전 고구려〉조에 "고구려는 부여의 별종이다. 국토의 동쪽으로 바다를 건너 ①신라에 이른다. 남쪽으로 바다를 건너 ②백제에 이른다. (평양) 서북으로 ③요수를 건너 ④영주와 접하고, 북쪽으로 말갈에 이른다. …… ⑤대요수가 있고 ⑥소요수가 있다. 대요수는 말갈의 ⑦서남쪽 산에서 나와 남쪽의 ⑧안시성을 거쳐 흐른다. 소요수는 ⑨요산의 서쪽에서 나와 역시 남쪽으로 흐른다. ⑩양수가 새외에서 나와 서쪽으로 흘러 이와 합류한다. ⑪마자수가 있는데 말갈의 백산에서 나온다. 물빛이 오리 머리색이라 압록수라 부른다. 국내성 서쪽을 지나 ⑫염난수와 합하고 다시 서남으로 흘러 ⑬안시에 이르러 바다에 들어간다. ⑭평양은 압록강 동남쪽에 있다."고 했다. 이 기록은 고구려 말기 영토 상황을 보여 준다. 여기서 ①의 신라는 경주, ②의 백제는 충남 부여를 말한다. ③의 요수는 현 요하이고 ④의 영주는 《신당서》〈지리지〉와 《가탐도리기》의 기록으로 이미 설명했지만 당나라 때 영주는 현 조양이다. ⑤의 대요수는 현 혼하, ⑥의 소요수는 현 요하이다. ⑦의 서남쪽 산은 길림합달령이고 ⑧의 안시성을 거쳐 흐르는 강은 고대 압록수이자 현 혼하가 남쪽으로 내려와 사하와 태자하의 세 물길이 만나는 곳이다. 이 물길이 해주 비사성을 지나 개주에서 바다로 들어간다. ⑨의 요산은 역시 길림합달령이며 ⑩의 양수는 대량하로 고대 패수이자 현 태자하이다. ⑪의 마자수는 압록수이자 현 혼하이고 ⑫의 염난수는 현 요하이다. ⑬에서 마자수이자 고대 압록수가 안시를 거쳐 흐르는 기록을 반복하는 이유는 대요수, 마자수, 압록수가 같고, 소요수, 요수, 염난수가 동일하며, 요산과 백산 또한 길림합달령인 것을 모르고 《신당서》에서 중복 기록을 모두 수록했기 때문이다. ⑭의 평양은 태자하 북안이자 혼하 동남쪽이니 당시 지리를 그대로 설명하고 있다. 《신당서》가 기록한 고구려 말기 영토는 서쪽으로 영주, 곧 현 조양이며 서남쪽에 갈석산, 북쪽으로는 말갈, 남쪽에 신라와 백제가 있었다. 이미 나왔지만 《구오대사》〈외국열전 고려〉조에 "고려는 부여의 별종이다. 그 나라는 평양성에 도읍했는데, 곧 한나라 낙랑군의 옛 땅이며 경사(장안)에서 동쪽 4천여 리 떨어져 있다. …… 동서는 3천1백 리, 남북으로 2천 리이다."라고 나온다. 장안에서 4천여 리면 요동에 위치한 고구려를 그대로 설명하고 있다. 또한 갈석산 동쪽 천안시에서 두만강 하류까지 약 1,050킬로미터로 10리당 3.34킬로미터로 계산하면 3,100리다. 방향도 그렇지만 거리기록 또한 고구려 서쪽 경계가 갈석을 넘지 못하고 있었던 것이다. 혹자는 이런 사서의 기록을 무시하고 지명의 유사성이나 기록을 자의적으로 해석해 고구려 평양이 북경이고 압록강 혹은 살수가 황하이며 이래서 고구려 영토가 황하 이북과 산동까지 차지해 있었다고 주장하기도 한다. 그러나 이는 수많은 기록과 완전히 동떨어진 것으로 우리 역사를 제대로 밝히는 것을 더욱 어렵게 할 뿐이다. 고구려가 요동군과 현도군에 속했던 사실에서 알 수 있는 바와 같이 고구려의 주요 영역이 요령성에 있었고, 낙랑과 현도군 또한 요령성에 있었으며 고구려 태조대왕 때 요서를 차지했을 뿐, 이후에는 공손강과 전연이 차치했고 광개토태왕 때에야 요동을 완전히 수복하고 서쪽 영주까지 이르렀던 것이다. 《조선상고사》에 당 태종이 안시성을 공격할 동안 연개소문이 적봉과 열하로 우회해서 상곡과 북경을 공격했다는 기록이 있지만 이 또한 고구려 평양이 북경에 있었다는 증거는 아니다. 《삼국사기》〈고구려본기〉의 모본왕 2년(49) 조에 고구려군이 후한의 북평, 어양, 상곡, 태원 등을 공격했다고 나온다. 당시 고구려군이 공격한 곳은 북경 일대로 고구려 평양이 북경이라면 고구려는 자국 영토를 공격한 것이니 북경에 고구려 영토가 있을 수 없는 것이다.《신당서》〈지리지 하북도 유주 범양군〉조에 유주 범양군 속현에 계현(薊縣) 등 9개 현이 있는데 속현이 모두 북경 일대에 있으므로 북경은 당나라 영토였다.〈평주 북평군〉조에는 노룡현, 석성현, 마성현이 있는데 난하 일대이고,〈계주 어양군조〉에 어양현 등의 3개 현 또한 북경 일대이며,〈영주 유성군〉조의 유성현에 의무려산이 있다고 했으므로 현 조양시다. 이와 같이《삼국사기》〈고구려본기〉와《신당서》〈지리지〉는 하북성 및 영주에 고구려 영토가 없었음을 말해준다. 또한《구당서》와《신당서》〈지리지〉, 혹은《가탐도리기》나 당나라의 고구려 원정 기록,《삼국사기》〈고구려 본기〉와 고구려 서쪽 경계에 있었던 전연 및 후연과 북위의 위치를 봐도 사실이 아님을 쉽게 알 수 있다. 그리고 송나라 때 편찬한《수씨유국도(隋氏有國圖)》와《당십도도(唐十道圖)》의 고지도에 수와 당나라 시기에 고구려를 비롯해 백제, 신라 영토는 어디에도 보이지 않는다. 또한 1982년 조양시 원대자촌에서 발견된 원대자벽화묘(袁臺子壁畫墓)에 4세기의 선비계 유물이 나와 이곳이 전연(前燕) 혹은 후연(後燕)의 옛 영토임을 확인해준다. 2003년에는 당나라 장수였던 손효진(孫孝振) 무덤도 건설 공사 도중에 발견되었는데 묻힌 곳이 묘비에 유성 남쪽 5리라고 했다.《신당서》〈영주 유성군〉조에서 당나라 영주가 유성현이며 현 조양이므로 손효진 묘비 기록과《신당서》기록이 일치한다. 이렇게 많은 기록뿐만 아니라 발굴된 고분 또한 현 조양시가 고구려 영토가 아닌 선비족이 세운 연나라와 당나라 영토임을 말해 준다. 참고로 손효진 무덤 관련 기사는 중국《시나닷컴》2003년 11월 12일 자에 게재되었고 이를 블로그《역사의 숨겨진 이야기》에〈당나라 초기 유성은 현재의 조양시〉부제에서 인용했는데, '묘지명에 손효진은 영주 유성인으로 정관 19년(629)에 당 태종을 따라 고구려를 침략할 때 좌 2군 총관이었고 656년 집에서 사망한 후에 유성 남쪽 5리에 장사를 지냈다.'고 했다. 이외에 이곳에서 손충의 묘도 발견되었는데 손충은 영주 창려인으로 송막도독부 사마(司馬)인데 당나라 명장 정명진을 따라서 고구려를 정벌했다고 나오니 고구려 서쪽 영토는 영주와 그 서남쪽 영원까지가 한계였다.

Ⅲ. 부여 건국지

현재 주류 사학계는 부여 위치로 송화강 유역으로 보고 있다. 이는 부여성이 개원과 사평 사이 또는 동북쪽으로 장춘시 농안현이며, 고구려 건국지인 졸본의 위치가 환인현 오녀산성에 있었다고 생각하기 때문이다. 그러나 부여가 고구려와 선비족에게 밀려 본래의 위치에서 이동한 사실과 졸본의 위치가 환인 오녀산성이 아니라 요동에 있었던 기록을 전혀 반영하지 않아 이 또한 엉터리가 되고 말았다. 이러한 결과는 마치 압록강과 평양이 요동에서 옮겨온 기록을 고찰하지 않고 한사군의 위치를 한반도로 끌고 내려온 것과 동일한 상황이 되고 만 것이다. 옛 기록에는 부여 위치에 대해 어떻게 서술했는지 보자. 《사기》〈화식열전〉에는 부여가 연나라의 북쪽에 위치한 것으로 나오는데 그 위치는 정확히 알 수 없다. 다만 부여 대신 북부여와 동부여의 위치에 대해서는 우리 기록에 많이 나온다. 《삼국유사》〈기이 북부여〉조에, "고기에 이르길, 《전한서》에 '선제 신작 3년(서기전 58) 임술 4월 8일 천제가 오룡거를 타고 흘승골성(졸본)에 내려와 도읍을 정하고 왕으로 국명을 북부여라 하고 이름을 자칭 해모수라 했다. 아들을 낳아 이름을 부루라하고 해(解)로 씨를 삼았다. 왕은 후에 상제(上帝)의 명령에 따라 동부여로 도읍을 옮겼다. 동명제(東明帝)가 북부여를 이어 일어나 졸본주에 도읍을 해 졸본부여가 되었으니 곧 고구려의 시조이다.'라고 했다."는 기록에서, 본래 북부여 위치는 졸본이었는데 동쪽으로 옮겼음을 알 수 있다. 동명성왕이 건국한 곳이 졸본이므로 동명성왕 주몽은 북부여의 땅에서 건국한 것이다. 동명제가 북부여를 이어서 졸본부여라고 했으니 북부여 위치는 고구려의 첫 도읍지와 같이 졸본임을 알 수 있다.

그러면 상제의 명령에 따라 북부여에서 옮긴 동부여의 기록은 어떤지 보자. 《삼국유사》〈기이 동부여〉조에 "부여 왕 해부루의 신하 아란불의 꿈에 천제가 내려와서 말하길, '장차 내 자손으로 하여금 이곳에 나라를 세우려고 하니, 그대는 이곳을 피하라. 동해변에 가섭원이라는 땅이 있어 토지가 비옥해 왕도를 세울 만하다.'라고 했다. 아란불이 왕에게 권해 도읍을 그곳으로 옮기도록 하고 나라 이름을 동부여라고 했다." 여기서 동부여는 북부여조의 기록과 다르다. 북부여 기록에는 해모수가 상제의 명령에 따라 도읍을 옮긴 것으로 되어 있으나 동부여 기록에는 해부루가 상제의 명령에 따라 도읍을 옮겨 동부여라고 했다. 이 기록에서 동해변이라고 해서 무조건 바다라고 생각하면 안 된다. 고대에는 큰 호수도 바다라고 불렀기 때문이다. 예를 들면 《신당서》에서 홀한하(忽汗河)와 홀한해(忽汗海)를 바꿔서 기록한 내용이 있다. 《신당서》〈지리지 영주〉 "1천 5백 리에 발해 왕성이 있는데 성이 홀한해에 임했다."라고 했고, 《신당서》〈북적 열전 발해〉조에는 "말년에 대흠무가 도읍을 상경으로 옮기니, 옛 도읍지에서 3백 리 떨어진 홀한하의 동쪽이다."라고 했다. 이를 모르고 동부여가 동해안에 접해있다고 오해하면 다른 사서의 기록과 맞지 않는다. 왜냐하면 동옥저와 실위가 바닷가에 접했었는데 지리를 보면 동부여가 그 안에 들어갈 곳이 없다. 그리고 다른 기록에서 동부여는 요동에 있었던 것이 명백하므로 동해안이 될 수 없다. 《삼국사기》〈고구려 본기〉의 건국 기록에도 부여에 대한 내용이 나온다. "시조 동명성왕은 성이 고씨이고 이름은 주몽이다. 먼저 부여 왕 해부루가 늙도록 아들이 없자 산천에 제사를 지내 대를 이을 자식을 구했다. 그가 탄 말이 곤연에 이르러 큰 돌을 보더니 마주 대하며 눈물을 흘렸다. 왕이 이를 괴이하게 여겨 사람을 시켜 그 돌을 옮기니 어린 애가 있었는데 금색 개구리 모양이었다. 왕이 기뻐하며 말하길, '이는 하늘이 나에게 후사를 내려 주신 것이다.'라고 하며 이내 거두어 기르고 이름을 금와라 했다. 그가 장성하자 태자로 세웠다. 훗날 재상 아란불이 말하길, '하루는 하늘이 내려와 말하길, 장차 내 자손에게 이곳에 나를 세우게 할 것이다. 너희는 그곳을 피하라. 동해변에 땅이 있으니 이름을 가섭원이라 하는데 토양이 비옥하고 오곡이 자라기 좋으니 도읍할 만하다.'라고 했습니다. 아란불이 마침내 왕에게 권해 그곳으로 도읍을 옮기고 국명을 동부여라 했다. 옛 도읍에는 어떤 사람이 있었는데 어디서 왔는지 알 수 없으나 스스로 천제의 아들 해모수라고 하며 도읍했다. 해부루가 죽자 금와가 왕위를 이었다.

이때 태백산 남쪽 우발수에서 여자를 만났는데 그녀가 말하길, '저는 하백의 딸이고 이름은 유화입니다. …… 해모수라는 자가 나타나 저를 웅심산 아래에서 꾀어 압록변의 방안에서 사통하고 곧 바로 가서는 돌아오지 않았습니다.'"라고 나온다. 이 기록은 주몽의 건국 설화인데 주몽은 유화의 아들로서 후에 금와의 아들 대소에게 핍박을 당하자 졸본으로 와서 건국한다. 여기서는 해부루가 나이 들어 금와를 얻은 후에 상제의 명령에 따라 북부여에서 동부여로 이동했고, 이후 옛 도읍에 천제의 아들 해모수가 도읍을 했다는 것이다. 고려 때 이규보가 지은《동국이상국집》〈권3 고율시〉에도 동명왕에 대한 기록이 나온다. 이규보는 명종 23년(1193)에《구삼국사(舊三國史)》를 얻어《동명왕본기(東明王本紀)》를 남겼는데 이는《삼국사기》가 편찬된 1145년 이전에 다른 삼국사가 있었다는 뜻이다. 이규보가 얻은《구삼국사》에는 '부여 왕 해부루가 늦은 나이에 금와를 얻었는데 재상 아란불이 말하길, 천제가 내려와 장차 내 자손으로 이곳에 나라를 세운다고 하여 해부루가 도읍을 옮겨 동부여라고 했으며, 예전 도읍에 천제의 아들 해모수가 도읍했다는 기록이 있다.'고 했다.《동국이상국집》이 인용한《구삼국사》의 기록은《삼국유사》〈기이 동부여〉조와《삼국사기》〈고구려 본기〉의 기록과 동일하고《삼국유사》〈기이 북부여〉조만 해모수의 아들인 해부루가 도읍을 옮긴 것으로 기록했다.《삼국유사》〈기이 북부여〉조의 기록을 토대로 왕계도를 그리면 다음과 같다.

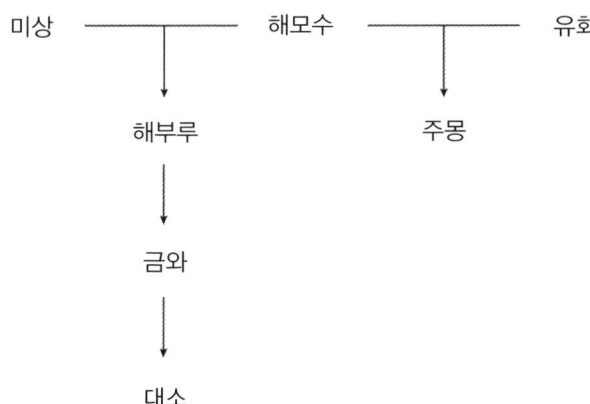

이 기록을 따르면 주몽과 해부루는 해모수의 배다른 형제인데 유화 부인이 주몽을 잉태했을 때 손자뻘인 금와가 동부여의 왕이었으므로 이런 관계는 불가능하다. 이런 이유로《삼국유사》〈북부여〉전에서 해모수의 아들이 해부루라는 기록은 수긍할 수 없다.《삼국유사》〈기이 동부여〉,《삼국사기》〈고구려 본기〉,《동국이상국집》의 기록을 토대로 추정한 왕계도는 다음과 같다.

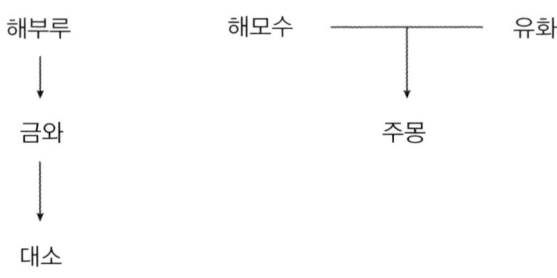

곧, 금와가 왕이 된 후에 유화 부인이 주몽을 잉태했는데 이는 생물학적으로 가능하다. 해모수의 늦둥이 아들을 유화가 잉태했다면 금와가 동부여의 왕이 된 이후에 주몽이 태어나게 되고 이때 주몽은 금와의 아들 대소와 비슷한 나이였을 것이다. 이 기록을 따르면 해모수가 졸본에서 건국한 연도가 서기전 58년이고, 동부여도 비슷한 시기에 도읍을 옮겼을 테니 동부여의 건국 연도도 서기전 58년 근처일 것이다. 주몽이 고구려를 건국한 연도가 서기전 37년이니 당시 주몽의 나이가 스무 살이었으므로 해모수는 북부여에서 나라를 건국한 지 얼마 되지 않아 유화부인을 만나 사통한 셈이 된다.《삼국사기》〈고구려 본기〉에 금와가 태어난 훗날에 해부루가 도읍을 옮겼으니 금와가 태어난 연도는 서기전 58년 이전이고 주몽보다 나이가 많은 것은 분명하다. 그리고 해모수와 해부루가 같은 성씨라는 것은 둘이 혈연관계임을 알 수 있다. 해부루에게 동쪽으로 천도하라고 명한 천제는 해모수와 해부루의 부왕이고 그는 해모수에게 북부여 왕의 자리를 물려주고 해부루에게는 동쪽으로 가서 새로운 나라를 건국토록 했을 것으로 추정할 수 있다. 그게 아니라면 북부여에 정변이 일어나 정변의 주도 세력이 해부루를 동쪽으로 쫓아내고 해모수를

옹립했을 가능성도 있다. 혹은 백제의 건국 기록에서 주몽의 아들인 유리가 동부여에서 탈출해 오자 비류와 온조가 남쪽으로 가서 백제를 건국하듯이 해모수의 출현에 해부루가 동쪽으로 옮겨가서 새로운 나라를 건국했을 가능성 등, 다양한 가설을 세울 수 있다. 그런데 동부여를 이은 금와가 압록변에 살던 유화를 만난 것을 보니 북부여와 동부여가 압록강으로부터 그리 멀리 떨어지지 않았던 것을 알 수 있다. 다시 언급하지만 상기의 압록은 현 압록강이 아니라 혼하이다. 주몽이 동부여에서 도망쳐 올 때, 엄수 혹은 마자수이자 압록수이며 비류수이기도 한 혼하를 건너, 혼하의 중하류 지역에서 고구려를 건국했으므로 북부여와 동부여는 혼하 일대에 있었던 것이다. 주몽의 부친인 해모수에 대한 《삼국유사》의 다른 기록이 있다. 《삼국유사》〈기이 고구려〉조에 "단군기에 이르길, 단군이 서하(西河) 하백의 딸과 상관해 아이를 낳으니 이름을 부루라고 했다. 지금 기록을 보면 해모수가 하백의 딸과 관계해 주몽을 낳았다고 했다."고 했다. 이 기록은 단군의 아들이 해부루라는 것인데 아마도 단군이 위의 기록에서 나오는 천제 혹은 상제일 것이다. 단군이라고 한 것은 고조선의 계승 국가라는 의미가 담겨 있거나 또는 이미 동이족에 대한 설명에서 나온 바와 같이 동이족의 군장을 단군이라고 했기 때문에 부여 또한 이와 같이 따랐을 가능성도 있다. 해부루와 해모수는 둘 다 단군의 아들이며 주몽 또한 단군의 혈통이니 건국의 정통성을 가지고 있는 것이다. 그런데 위의 부루와 주몽의 기록을 보면 부루가 곧 주몽인 것으로 오해할 수 있다. 그러나 해부루는 서하 하백의 딸이 어머니고, 주몽은 서하가 아닌 하백의 딸이 어머니이기 때문에 둘은 같은 인물이 아니다. 이미 다른 기록에서 보듯이 부루와 주몽은 다른 인물이기도 하다. 이는 천제의 아들과 하백의 딸이라는 왕계의 특별한 전승에 따라 유사한 기록을 남겼을 것이라 추정된다.

후대의 기록을 살펴보면 동부여의 이름은 사라지고 어느 시점에 부여로 바뀌어 나온다. 《삼국사기》〈고구려 본기〉 "동명성왕 14년(서기전 24) 8월, 왕의 어머니 유화가 동부여에서 사망하자 그 왕 금와가 태후의 예로 장례를 치르고 신묘를 세웠다. 10월에 사신을 부여에 보내 토산물을 주고 그 덕에 보답

했다."고 했다. 동명성왕 14년 8월에는 동부여라고 나오다가 10월에는 동부여가 아니라 부여로 이름이 바뀌어 나온다. 그 다음 기록도 마찬가지다. 동명왕 19년에도 부여에서 왕자 유리가 그 어머니, 즉 동명성왕의 첫째 부인과 함께 도망해 왔다 하고, 유리왕 즉위 원년(서기전 19)과 유리왕 14년(서기전 6)에 부여 금와왕의 아들인 대소가 고구려를 침공하는 기록 등, 분명히 동부여임에도 계속해서 부여라고 기록한다. 당시 동부여인들은 스스로 부여라고 칭했고 다른 나라 사람들도 그러했을 것이다. 비유를 하면 전연, 후연, 북연 등으로 불린 나라들이 본래 국명은 연(燕)으로 동일했지만 이들을 구별하기 위해 전연, 후연, 북연으로 기록한 것처럼, 동부여 또한 두 개의 부여를 구분하기 위해 동부여와 북부여로 기록한 것인데, 이후 동부여를 부여로 기록한 이유는 북부여가 더 이상 존재하지 않았기 때문일 것이다. 이는 주몽이 북부여 위치인 졸본에서 고구려로 이름을 바꾸면서 북부여의 이름은 사라졌고 그 동부여가 부여로 된 것이다. 앞서 북부여와 동부여의 위치가 혼하 일대에 있었음을 언급했지만 과연 그러한지 다른 기록들을 보면서 확인해 보자. 아래 설명은 고구려 건국 초기의 졸본을 위치를 특정하기 위해서 이미 나온 바가 있다. 여기서는 부여의 위치를 설명하기 위해 동일한 내용을 다시 언급할 것이다. 《후한서》〈동이열전 부여〉조에 "처음에 북이(北夷)의 ①색리국 왕(索離國王)이 출타 중에 그의 시녀가 임신을 했다. 왕이 돌아와 그녀를 죽이려 했으나 시녀가 말하길, '지난 번 하늘에 달걀만 한 기(氣)가 저에게로 내려와 그대로 임신이 되었습니다.' …… 이름을 ②동명이라 했다. 동명이 장성해 활을 잘 쏘아 왕이 그 용맹을 꺼려 다시 죽이려고 했다. 동명이 남쪽으로 도망해 ③엄체수에 이르러 활로 물을 치자 고기와 자라들이 모두 모여 물위로 떠올랐다. 동명은 그걸 밟고 물을 건너서 부여에서 왕이 되었다."라고 나오는데, 여기서 ①의 색리국은 《삼국지》〈위서 동이전〉에서는 고리국(高離國)으로 나온다. ③의 엄체수는 《수서(隋書)》〈동이열전 백제〉조에서는 엄수로 나온다. 즉, 《삼국사기》〈고구려 본기〉에서 주몽이 엄리대수를 건넜다고 했는데 엄수는 비류수의 위치 고찰에서 나온 바와 같이 엄리대수의 이칭이다. ②의 동명은 전체 내용을 보면 주몽의 건국 설화와 똑같다. 그런데 동명이 고구려에서 왕이 된 것이 아니라 부여에서 왕이 되었다는 기록으로 인해 동명이 두 명이라고 생각하는 이도 많다. 부여를 건국한 동명과 고구려를 건국한 동명이 다른 사람이고 고구려 건국 설화는 부여 건국 설화를 모방한 것으로 보는 것이다. 그러나 여기서의 부여는 졸본부여, 즉 고구려이고 고리국 혹은 색리국은 동부여를 말하는 것이다. 앞의 기록에서 동명이 엄체수, 즉 엄리대수를 건너서 내려 온 곳은 위치상 졸본일 수밖에 없고 고구려가 본래 졸본부여라고 했으니 고구려를 건국한 동명의 건국 과정과 동일할 수밖에 없는 것이다.

현재 주류 사학계는 고리국의 위치로 송화강 북쪽 평원으로 보고 있다. 물론 이는 사료에 근거를 둔 것이 아니다. 이는 당초 주류 사학계가 졸본을 환인현 오녀산성으로 비정했기 때문에 주몽이 건넌 엄리대수를 오녀산성의 북쪽 강인 송화강으로 해야만 하는 이유가 있다.《요사》〈지리지 동경도 한주(韓州) 동평군(東平軍)〉조에 "본래 고리국(槀離國)의 옛 치소인 유하현이다. 고구려가 막힐부를 두었다."고 나온다. 동평군 위치에 대해《요사》〈지리지 동경도 요주(遼州) 시평군(始平軍)〉조에 "요주 시평군 아래 절도를 두었다. 본래 불열국의 성으로 발해는 동평부를 두었다. 당 태종이 고구려를 정벌할 때, 이세적이 요동성을 함락했고 당 고종이 조서를 내려 정진과 소정방이 고구려를 정벌할 때, 신성에 이르러 대파한 곳이 모두 이곳이다. (거란의) 태조가 발해를 정벌할 때 먼저 동평부를 깨뜨리고 백성을 옮겨 채웠다. 그러므로 동평부 도독은 이주, 몽주, 타주, 흑주, 비주의 5군을 관할하고 모두 18현을 관할했는데 모두 폐지했다. 태조가 고쳐 동평군(東平軍)이라 했고, 태종이 다시 고쳐 시평군이라 했다. 요하, 양장하, 추자하, 사산, 낭산, 흑산, 건자산 등이 있다."고 했다. 앞에서 동평군을 시평군으로 고쳤다고 했는데 시평군의 위치를 보면 요동성, 신성이 있는 위치라고 했다. 요동성과 신성은 둘 다 혼하 북안에 위치한 고구려 성이다. 그리고 요하는 혼하 서북에 있는 강이다. 이 기록을 보면 동평군은 요하와 혼하 일대이며 요동성과 그 동북의 신성 일대였다. 이와 같이 북부여는 해모수가 서기전 58년에 졸본이 있었던 안시에서 건국했고 동부여는 북쪽으로 자리를 옮겨 서쪽으로는 요하, 동쪽으로는 현 심양시 일대에서 건국했던 것이다. 지도를 보면 요하와 심양 사이에 여러 개의 호수가 있다. 동해변 가섭원이라는 곳은 아마 여러 호수 중 하나일 것이다. 이후 서기전 37년에 동명이 동부여에서 탈출해서 현 혼하인 엄리대수를 건너 부친의 고국인 졸본으로 돌아와 고구려를 건국했던 것이다.

이후 대무신왕 5년(서기 22) 2월에 고구려군이 부여 왕 대소를 죽이고 회군한 후인 4월에 부여 왕 대소의 아우가 갈사수 위에 이르러 나라를 세우고 왕을 칭했다는 기록이 나온다. 그는 대소가 죽자 나라가 망할 것을 알고 무리를 이끌고 압록곡에 이르러 해두국 왕이 사냥을 나왔을 때 그를 죽이고 그곳에 갈사국을 세웠다. 여기 압록곡 또한 당연하지만 혼하이다. 당시 동부여 위치가 혼하 유역에 있었기 때문에 대소의 아우 또한 혼하에서 갈사국을 건국했던 것이다. 또한 대소의 동생이 갈사국을 세울 동안 대소의 사촌 동생은 1만여 명을 데리고 고구려에 항복하는데 대무신왕은 그를 왕으로 봉해 연나부에 두었다. 태조대왕 16년(68)에는 갈사국의 손자 도두가 나라를 들어 고구려에 항복한다. 이때 고구려가 요하와 심양 사이의 영토를 대부분 차지했을 것이다. 그러나 부여는 완전히 망한 게 아니라 태조대왕 25년(서기 77)에 고구려에게 사신을 보내면서 다시 등장한다. 또한《후한서》〈동이열전 부여〉조에서 후한 안제 영초 5년(111)에 부여 왕이 처음으로 보병과 기병 7~8천여 명으로 낙랑을 노략질했으며,《삼국사기》〈고구려 본기〉에는 태조대왕 69년(121)에 태조대왕이 마한과 예맥의 기병 1만여 기를 동원해 현도성을 공격할 때 부여의 위구태가 2만여 군사로 한나라와 힘을 합쳐 고구려 군사를 물리친다.《삼국지》〈위서 동이전 부여〉조에서는 관구검이 고구려를 공격할 때 위구태의 아들 간위거가 관구검에게 군량을 제공한 기록도 나온다.《삼국지》〈위서 동이전 부여〉조에 "그 도장에 예왕지인이라는 글자가 있고 나라 가운데 예성(濊城)이라는 옛 성이 있다. 본래 예맥의 땅이었는데 부여가 그중에 왕이 되었으므로 스스로 망명해 온 사람이라고 말하는 이유가 여기에 있다."고 하므로 부여가 다른 곳에서 옮겨 왔음을 알려준다. 당시 부여가 북쪽으로 옮겨간 곳

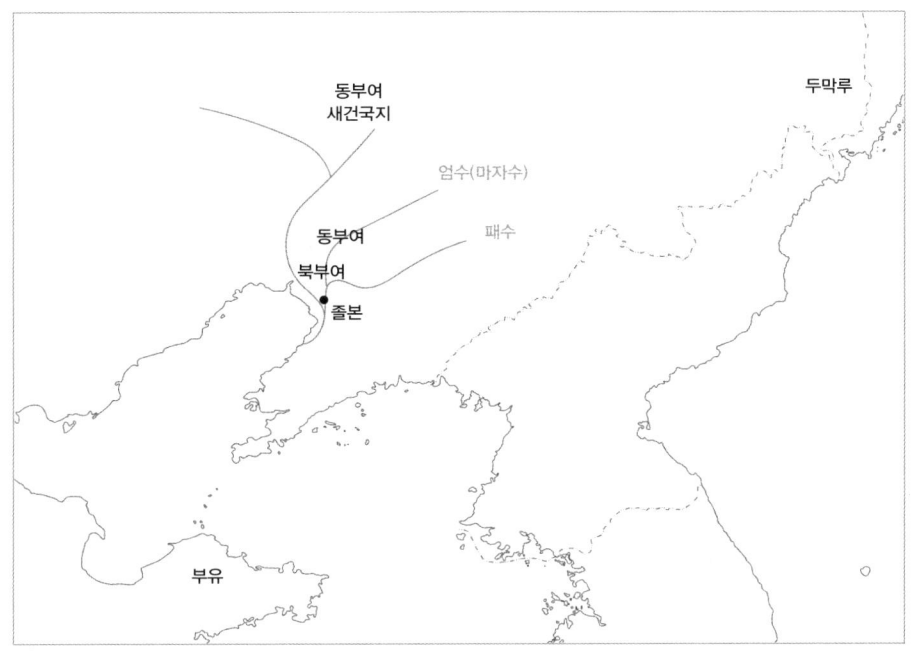

〈지도 60〉 부여 위치

이 기록에 나온다. 《후한서》〈동이열전 부여〉조에 "부여국은 현도의 북쪽 천리에 있다. 남쪽은 고구려, 동쪽은 읍루, 서쪽은 선비와 접해 있고 북쪽은 약수(弱水)가 있다. 국토의 면적은 방 2천 리이며 본래 예(濊)의 땅이다."라고 했다. 그 이전의 기록은 동부여가 분명히 요하와 혼하 사이에 있었는데 이 기록에는 동부여가 훨씬 북쪽에 있다. 《요사》〈지리지 동경도 통주(通州) 안원군〉조에는 "통주 안원군에 절도를 두었다. 본래 부여국의 도읍이었고 발해는 부여성이라 불렀다."고 나온다. 부여성이 있었던 통주는 현 개원시와 사평시 사이로 비정한 바가 있다. 《후한서》〈동이열전 부여〉조의 북쪽 경계인 약수 위치에 대해서는 다양한 설이 있다. 약수의 '약' 발음이 중국어로 '뤄'인데 이것이 송화강의 지류인 눈강과 발음이 유사하므로 약수가 눈강이라는 설, 혹은 송화강이나 아무르강이라는 설, 그리고 중국 감숙성 북쪽을 흐르는 고대의 약수(弱水)라는 설이 있다. 약수의 약(弱)이 약하다는 의미이니 큰 강이 아닐 것이다. 그래서 발음도 유사하고 의미도 부합하는 눈강으로 추정하지만 이를 확정하지는 않는다. 부여의 남쪽 경계가 고구려의 공격에 의해 많이 이동했듯이 북쪽 경계도 변화가 많았을 것이기 때문에 대략 부여의 북쪽 경계는 눈강 혹은 송화강 인근이었을 것으로 추정된다.

이후 진(晉)나라 때 부여 기록이 다시 나온다. 진나라는 서기 265년에 건국해 420년에 망하는데 진나라 때도 후한서와 삼국지에서 기록한 부여 위치와 동일하다.《진서(晉書)》〈동이열전 부여〉"부여국(夫餘國)은 ①현도의 북쪽 천 리에 있는데 남쪽은 선비와 접하고 북쪽은 약수가 있다. 국토의 면적은 사방 2천 리이고 호 수는 8만이다. …… 태강 6년(서기 285)에 모용외가 습격해 왕 의려는 자살하고 그의 자제들은 ②옥저로 달아나 목숨을 보전했다. …… 다음 해에 부여후왕(夫餘後王) 의라는 사자를 파견해 남은 무리를 이끌고 돌아가 다시 옛 나라를 회복하고자 도움을 요청했다. …… ③(진나라의 장수) 매침이 군사를 이끌고 (모용외의) 군대를 격파해 의라는 나라를 회복했다."고 했다. ①에서 부여국이 현도의 북쪽 천 리이고 북쪽이 약수라고 했으니 후한서와 삼국지에서 기록한 위치와 동일하다. ②에서 부여가 망한 후 의라의 자제들이 옥저로 달아났다고 했는데 옥저의 위치에 대해서는 주류 사학계가 비정하는 함경남도 함흥이 아니라 신빈 만족자치현으로 고찰한 바가 있다. ③은 진나라의 도움으로 의라가 나라를 회복했음을 알 수 있다.

부여의 시련은 여기서 끝나지 않는다.《자치통감》〈효종목황제〉"영화 2년(346) 초에, 부여는 녹산(鹿山)에 거주하고 있었는데 백제가 그곳을 침입하여 부락이 쇠하여 흩어지고 서쪽으로 연나라 근처로 이동했다. 연 왕 모용황이 세자 모용준에게 모용군, 모용각, 모여근의 세 장군과 함께 기병 1만 7천 기를 거느리게 했다. 모용준이 중앙에 있으면서 명령을 받아 군사에 관한 일을 모용각에게 일임했다. 드디어 부여를 함락하고, 부여 왕 현과 부락민 5만여 명과 함께 돌아왔다."는 기록이 있다. 서기 346년은 백제 계왕 말년이자 근초고왕 원년이다. 당시 고구려는 전연의 공격으로 힘이 약화된 상황이었는데 백제는 그 기회를 이용해 부여의 녹산까지 공격했고 부여는 백제를 피해 서쪽으로 피신했다가 전연에 의해 나라가 한 번 더 망하고 만다. 부여와 관련된 기록은

《광개토호태왕 비문》과《모두루 묘지명》에도 나온다.《광개토호태왕 비문》에는 시조 추모왕이 북부여에서 나왔다고 기록했는데 이는 위에서 설명한 바와 같이 추모왕이 북부여 왕 해모수의 아들이자 북부여 땅에서 건국해서 그런 것이다. 1935년 길림성 집안에서 모두루 묘지명이 발굴된다. 많은 글자가 훼손되어 판독이 어렵지만 그중에 주요 내용을 언급하면 다음과 같다. "하백의 후손이자 일월의 아들이신 동명성왕은 원래 북부여에서 나오셨다. …… 노객(모두루)의 선조가 북부여에서 동명성왕을 수행하여 왔다. …… 광개토태왕에 이르러 조부와의 인연으로 노객 모두루에게 은혜를 베푸시어 영북부여수사(令北夫餘守事)로 파견하셨다."라고 나온다. 동명성왕은 동부여에서 탈출했지만 본래의 출신은 북부여였음을 두 개의 묘지명에서 밝히고 있다.《삼국사기》〈지리지 고구려, 백제〉조에는 "《통전》에 이르길, '주몽이 한나라 건소 2년에 북부여에서 동남으로 길을 떠나 보술수를 건너 흘승골성에 이르러 살면서 국호를 구려라 하고 고를 씨로 삼았다.'라고 했다."라고 나오니《통전》은 북부여와 동부여가 본래 같은 나라였기 때문에 구분하지 않고 기록한 것으로 보인다. 이는《삼국사기》〈백제 본기 온조왕〉조의 기록도 마찬가지다. "백제 시조는 온조왕이고 부친은 추모이다. 혹은 주몽이라고도 한다. 북부여에서 난을 피해 도주했다."고 했으니, 백제 본기에도 동부여 대신 북부여에서 동명성왕이 피난해 왔다고 기록했다. 이 또한 북부여와 동부여의 출자가 같았기 때문에 구분하지 않고 기록한 것이다. 이상과 같이 부여 영토는 남쪽으로는 심양, 동북쪽으로는 장춘, 서북으로는 서요하와 동요하가 만나는 개원시까지 이르렀음을 알 수 있다.

　서기 346년 전연(前燕)의 모용황에게 망한 부여는 이때도 완전히 망한 것이 아니었다.《삼국지》〈위서 동이전〉에서 부여의 인구가 8만 호라고 했으니 호당 5인으로 계산하면 약 40만 인구다. 모용선비와 고구려에게 항복한 부여인도 많았겠지만 영토가 넓어 나라 안에 남은 유민들의 숫자도 적지 않았을 것이다.《위서(魏書)》〈고종기〉의 태안 3년(457) 10월에 부여 등 50여 국이 사신을 보내 공물을 바쳤다는 기록이 나오고,《삼국사기》〈고구려 본기〉문자명왕

3년(494)에 부여 왕, 왕비, 왕자가 나라를 들어 항복하면서 부여는 이때 다시 한번 망했다. 부여는 이후에 또 다시 기록이 나온다. 《삼국사기》〈고구려 본기〉에 고구려 사신 예실불이 북위에 가서 조공할 때 북위 세종을 만나 말하는데, 황금이 부여에서 나는데 부여가 물길에게 쫓기는 바가 되어 황금을 바치지 못함을 변명한다. 이때 부여는 공식적으로 사라졌지만 다른 이름으로 다시 등장한다. 《위서(魏書, 386~535)》〈두막루 열전〉에 "두막루국은 물길의 북쪽 천 리, 낙양 6천 리에 있으며 옛날의 북부여이다. 실위의 동쪽에 있고 동쪽은 바다에 닿았고 방 2천 리이다. …… 의복은 고려와 유사하다."라고 했다. 《신당서》〈동이열전 달말루〉조에는 개원 10년(723)에 달말루와 달구 등, 두 부락의 수령이 조공했는데 달말루는 북부여의 후예로서 고구려가 그 나라를 멸하자 유민들이 나하를 건너 그곳에서 거처하게 되었다고 기록했다. 달말루는 앞서 《위서》에 나오는 두막루의 이름과 유사하므로 두막루가 분명하다. 이후 두막루가 당나라에 조공을 한 기록이 8세기 초까지 나오기 때문에 두막루는 이때 완전히 사라진 것으로 보고 있다. 부여를 표방한 나라는 두막루가 마지막으로 부여의 이름은 주나라 때 최초로 등장한 이후 거의 2천 년 동안 존재하다가 8세기 초에서야 완전히 사라졌다. 그런데 《삼국사기》와 《삼국유사》의 기록에서 알 수 있지만 부여 건국 기록은 없고 북부여와 동부여의 건국 기록만 나오는 것으로 보아 그 전에 본래의 부여가 있었음을 알려 준다. 《상서대전(尙書大傳)》〈권11 주관(周官) 22〉의 주석에 "해동의 여러 이족(夷族)인 구려, 부여, 한(韓), 맥이 있는데 무왕이 상나라를 이기고 이들 모두와 길을 통했다."고 나온다. 《상서》는 공자가 편찬했는데 주나라 당시에도 부여가 존재했음을 알 수 있다. 《사기》〈화식열전 99〉조에는 "연나라는 발해와 갈석산 사이에 있는 큰 도회지다. 남쪽으로 제와 조나라에 통하고 동북으로 호(胡)가 근처에 있고, 상곡에서 요동까지는 땅이 멀다. …… 북쪽으로 오환, 부여와 인접하고 동쪽으로 예맥, 조선, 진번의 이익을 독점한다."고 했다. 연나라가 망한 해는 서기전 222년이다. 〈화식열전〉의 기록은 연나라가 존재했던 당시의 주변 국가에 대한 것인데 부여의 이름이 나온다. 이 두 개의 기록에서 부여는 최소한

서기전 3세기경에 존재했음을 보여준다. 이때 존재했던 부여가 북부여와 동부여가 건국되기 전의 부여로 추정된다. 상기 기록에서는 연나라의 북쪽에 오환과 더불어 부여가 있다고 했으니 본래 부여는 남쪽에 있었는데 부여의 북쪽인 졸본으로 옮겨가서 북부여라 했고 동부여는 졸본에서 그 동북쪽인 요하와 혼하 사이로 이동한 후 동부여라고 했던 것이다. 이에 대해 중국의 역사학자 하광악은 그의 저서 《동이원류사》에서 부여의 원류가 산동성에 있었다고 주장했다. 《후한서》〈동이열전〉에 구이의 이름에 부유(鳧臾)가 있다. 부유가 산동 일대에 살다가 한 갈래가 동북지방으로 이동해 부여국을 세웠는데 하광악은 이것이 북부여라고 했음을 이미 설명한 바가 있다. 하광악의 주장대로 부유가 본래 부여의 전신이었는지에 대한 진위는 알 수 없다.

Ⅳ. 백제 건국지

현재 주류 사학계는 백제 건국지를 하남 위례성으로, 비류가 도읍한 미추홀은 인천으로 비정하고 있다. 《삼국사기》〈지리지 고구려〉 "한산주(漢山州)의 주군현성(州郡縣城) …… 매소홀현은 미추홀(彌鄒忽)이라고도 한다." 이 기록은 미추홀이 한산주에 속한다고 했는데 주류 사학계는 한산주 위치를 현 경기도 하남시와 광주시라고 하니 미추홀도 그 일대에 존재해야 한다. 미추홀 한자를 보면 미(彌)는 사방에 물이 있다는 의미이고 추(鄒)는 추모(鄒牟)의 추와 한자가 같다. 홀(忽)은 나라 또는 성(城)이라는 의미이기에 미추홀은 물이 사방에 있는 추모의 나라라고 해석할 수도 있다. 그리고 백제에 관미성(關彌城)이 있었는데 물이 사방에 있는 관문의 성이므로 미추홀과 관미성이 동일한 곳임을 추정할 수 있다. 《삼국사기》〈백제 본기〉에 "온조왕 원년(서기전 18), 백제의 시조 온조왕은 그 아버지가 추모인데 혹은 주몽이라고도 한다. 주몽은 북부여에서 난리를 피해 졸본부여에 이르렀다. …… 주몽은 두 아들을 낳았는데 ①맏아들은 비류, 둘째 아들은 온조였다. 주몽이 북부여에 있을 때 낳은 아들이 와서 태자가 되자, 비류와 온조는 태자에게 받아들여지지 않을까 우려해 마침내 오간, 마리 등 10여 명의 신하와 함께 남쪽으로 갔는데 따르는 백성들이 많았다. 드디어 한산(漢山)에 이르러 부아악에 올라가 살 만한 곳을 찾아보았다. 비류가 바닷가에 살고자 하니 10명의 신하가 간하기를 이 강의 남쪽 땅은 북쪽으로는 한수를 띠처럼 두르고, 동쪽으로는 높은 산을 의지하며, 남쪽으로 비옥한 벌판을 바라보고, 서쪽으로는 큰 바다에 막혀 있습니다. …… 비류는 듣지 않고 백성들을 나눠 미추홀로 돌아가 살았다. 온조는 강남의 위례성에 도읍을 정하고 10명의 신하를 보좌로 삼고 국호를 십제라고 했다. 이때가 전한의 성제 홍가 3년(서기전 18)이었다. 비류는 미추홀의 땅이 습하고 물이 짜서 편안히 살 수 없었다. 돌아와서 위례성을 보니 도읍은 안정되고 백성들은 편안하니 드디어 참회하며 죽었다. 그 신하와 백성들은 위례로 돌아왔다. 후에 이때에 돌아와 백성들이 즐거움을 좇으니 백제라고 이름을 고쳤다. 그 계보가 고구려와 함께 부여에서 나왔기 때문에 ②부여씨를 성으로 삼았다. 다른 기록에서는 시조 비류왕의 아버지는 ③우태(優台)인데 북부여 왕 해부루의 서손이며 어머니는 소서노라고 했다. 졸본인 연타발의 딸로서 처음에 우태에게 갔다가 돌아왔고 자식은 둘이었다. 장자는 비류라 했고 차남은 온조라 했다. 우태가 죽자 소서노가 졸본에서 살았는데 후에 주몽이 부여에서 용납받지 못하자 전한 건소 2년(서기전 37) 2월에 남쪽으로 도주해 졸본에 이르러 도읍을 세우고 고구려라 했다. 소서노를 왕비로 삼았고 소서노가 나라의 기틀을 세우는데 내조가 있었기에 주몽은 소서노를 총애하고 대접하는 것이 후했고 비류 등을 자신의 자식처럼 여겼다. 주몽이 부여에 있을 때 예씨 부인과의 사이에서 낳은 아들 유류가 오자 그를 태자로 삼아 왕위를 이었다. 이에 비류가 동생 온조에게 말하길, 처음 대왕께서 부여의 난리를 피해 이곳으로 도주해 왔을 때 우리 어머니가 재산을 쏟아 나라의 위업을 세우는 데 내조함이 많았다. 대왕께서 돌아가시자 나라가 유류에게 갔으니 우리가 여기에 있으면서 피폐함이 많고, 어머니를 모시고 남쪽으로 가서 나라를 세우는 것만 못하다고 말했다. 드디어 동생과 함께 무리를 이끌고 ④패수와 대수 두 개의 강을 건너 미추홀에 거주했다. 북사와 수서에서 말하길, 동명의 후예 ⑤구태가 있어 덕과 신뢰가 두터워 초기에 대방고지(帶方故地)에 나라를 세웠고 한나라의 요동 태수 ⑥공손도의 딸을 처로 삼아 드디어 동이의 강국이 되었다고 했다. 어떤 것이 옳은지 알 수 없다."라고 나온다.

 상기의 기록에서 많은 것을 알 수 있다. ①에서 비류와 온조는 주몽의 아들로 나온다. ③의 우태는 해부루의 서손으로 소서노와 결혼했고 시조 비류왕은 우태의 자식이라고 했지만 온조는 우태의 자식이라고는 하지 않았다. ④의 패수와 대수 두 개의 강은 태자하와 산수하임을 고찰한 바가 있다. ⑤의 구태는 우태와 동일 인물임을 알 수 있는데 우태의 아들인 비류가 건국했음에도 우태가 건국했다고 기록한 것은 우태를 백제의 시조로 섬겼던 이유로 보인다. ⑥에서 공손도의 딸을 처로 삼은 백제 왕은 공손도의 생몰연도(150~204)를 고려하면 초고왕(재위기간 166~214)이다. 그런데 《삼국사기》에 백제 왕의 성씨가 두 가지로 나온다. 고이왕(재위기간 234~286) 27년 3월에 왕의 아우인 우수(優壽)를 내신좌평으로 삼았고, 28년(261)에는 우두(優豆)를 내법좌평으로 삼았으며, 비류왕(재위기간 304~344) 18년에는 왕이 이복동생인 우복(優福)을 내신좌평으로 삼았다고 나온다. 이 기록을 보면 백제의 왕성(王姓)이 우씨임을 알 수 있다. 이는 비류왕이 우태의 아들이기 때문에 우씨 성을 취한 것이 확실하다. ②에서 백제의 왕성이 부여씨라고 한 이유는 온조가 주몽의 아들이기 때문에 부여씨를 왕성으로 삼았던 것이다. 《북사》〈백제열전〉에 연흥 5년(서기 475)에 북위가 백제 개로왕 여경(餘慶)에게 사신을 보냈고, 무평 원년(서기 570)에는 북제의 후주(後主)가 백제 위덕왕 여창(餘昌)을 사지절 시중 거기대장군 대방군공 백제 왕으로 예전처럼 책봉했다는 기록이 있다. 사서의 기록을 요약해 보면 백제 근초고왕은 여구, 근구수왕은 여수, 전지왕은 여영, 비유왕은 여비, 개로왕은 여경, 무령왕은 여륭, 성왕은 여명, 위덕왕은 부여창, 무왕은 부여장, 의자왕은 부여의자, 의자왕의 아들은 부여융으로 되어 있다. 이렇게 보면 백제의 왕성은 온조계의 부여씨에서 출발해 이후 비류계의 우씨로 바뀌었다가 다시 온조계로 돌아온 것임을 알 수 있다.

또한 백제가 대대로 제사를 지내는 시조묘도 두 개가 존재한다. 동명왕인 주몽의 사당에 제사를 지낸 기록을 보면,《삼국사기》〈백제 본기〉에 "온조왕 원년(서기전 18) 5월에 동명왕의 사당을 세웠다."라고 했고 "구수왕 14년(서기전 227) 4월에 큰 가뭄이 들어 동명 사당에서 빌었더니 이내 비가 내렸다."고 나온다. 비류왕 때는 "비류왕 9년(312) 4월에 동명 사당에 배알했다."고 하고,《삼국사기》〈잡지〉에는 "다루왕 2년(29) 정월에 시조 동명의 묘에 배알했다."라고 했으며, 책계왕 2년(287) 정월, 분서왕 2년(299) 정월, 계왕 2년(345) 4월, 아신왕 2년(393) 정월, 전지왕 2년 정월에도 모두 이와 같이 했다는 기록이 나온다. 그리고 구태에게 제사 지낸 기록도 있다.《삼국사기》〈잡지 제사〉조에 "《책부원구》에 이르길, 백제는 매 계절의 중간 달에 왕이 하늘과 오제의 신에게 제사를 지낸다. 그 시조인 구태묘(仇台廟)가 도성에 있어 1년에 네 번 제사를 지낸다.《해동고기》를 살펴보면 시조가 혹은 동명성왕이라 하고 혹은 시조 우태(優台)라고도 한다.《북사》및《수서》에서는 모두 이르길, 동명의 후예로 구태(仇台)가 있어 대방에 나라를 세웠다고 했는데 시조 구태라 이른다."라고 했다.《책부원구》는 송(宋)나라 때(1013) 편찬된 정치에 관한 기록을 담은 책이다. 이렇게 다른 두 개의 왕성(王姓)과 두 개의 다른 시조묘가 기록에 남아 있는 것은 온조계는 동명왕을 시조로 생각했고 비류계는 해부루의 서손이자 소서노의 첫째 남편인 구태를 시조로 생각했던 까닭이다.《삼국사기》와 중국 사서의 기록이 혼란스러운 것은 백제의 왕계가 두 개인 것을 모르고 각각 다르게 기록한 이유인 것이다. 혹자는 동명왕이 부여의 시조이며 구태가 동명왕이라고 하기도 한다. 어떤 기록이 맞다 하더라도 백제가 대방 고지에 건국했음은 분명하다. 그리고 대방 위치는 이미 고찰한 바와 같이 낙랑군의 서쪽이자 서안평 인근에 있었고 구체적으로는 동쪽으로 석문 남쪽, 서쪽으로는 현 해성시로 백제의 건국지 또한 이 일대에 있었던 것이다.

백제의 초기 건국지에 대한 기록을 구체적으로 고찰해 보면 앞의 ④에서 백제의 건국지가 패수와 대수 두 개의 강을 건너 미추홀에 거주했다고 명확히 나온다. ⑤에는 구태가 대방고지에 나라를 건국했다고 기록했다. 백제가 대방

고지에 건국했다는 중국 사서의 기록을 확인해 보자. 《주서(周書)》〈이역열전 백제〉조에 "백제는 그 선대가 대체로 마한의 속국이며 부여의 별종이다. 구태란 이가 처음 대방에 나라를 건국하니 그 땅의 경계는 동쪽으로 신라에 닿고 북쪽으로 고구려와 접하며, 서쪽과 남쪽으로 모두 큰 바다가 경계이다. 동서의 길이는 450리, 남북은 900여 리, 도읍은 고마성이다."라고 나온다. 《주서》는 북주(524~581)의 역사서로 당나라 때 편찬한 사서이다. 《북사》〈백제 열전〉의 기록에는 "동명의 후손에 구태(仇台)가 있는데 덕과 신의가 두터웠다. 처음으로 대방 옛 땅에 나라를 세웠다. 한나라의 요동 태수 공손도가 딸을 구태의 처로 주었는데 마침내 동이의 강국이 되었다. 당초 백제가 건너왔다고 해서 나라 이름이 백제가 되었다."라고 했는데 《북사》의 기록도 마찬가지로 백제가 대방에 나라를 세웠다고 나온다. 《수서》〈동이열전 백제〉조에는, "동명의 후손에 구태(仇台)가 있는데 덕과 신의가 두터웠다. 처음으로 대방 옛 땅에 나라를 세웠다. 한나라의 요동 태수 공손도가 딸을 구태의 처로 주었는데 나라가 점점 번창해 동이의 강국이 되었다."라고 했다. 이와 같이 중국 사서의 기록은 백제가 대방고지(帶方故地)에서 건국했음을 확실히 하고 있다. 그리고 백제가 건너왔다고 해서 나라 이름이 백제가 되었다는 말은 물을 건너서 왔다는 의미다. 당초 온조가 건국할 때 나라 이름은 십제였다. 그러다 비류가 죽은 후에 이들 백성들을 합치고 백제로 이름을 바꾸었다. 이후 《삼국사기》〈백제본기〉의 기록을 보면 온조가 천도한 기록이 나온다. 온조는 이때 바다를 건너서 천도했을 가능성이 높다. 그런데 《통전》〈동이열전 백제〉조에는 "백제는 후한 말 부여 왕 위구태의 후손이다."라고 나온다. 이는 《통전》 저자인 두우가 비류의 부친인 구태와 부여 왕 위구태를 동일 인물로 본 오류이다. 백제는 후한 말이 아니라 이미 오래전에 건국했는데 후세대인 위구태의 후손이 백제를 건국할 리가 없기 때문이다.

그러면 아무런 선입견이 없이 오로지 기록으로만 이의 위치를 찾아보자. 현재 주류 사학계는 패수를 대동강, 대수를 임진강으로 보고 있다. 그래야 백제가 건국한 곳이 한강 부근이 되기 때문이다. 이미 고찰한 바와 같이 당대의 기록은 패수와 대수가 요동에 있음을 말해 주고 있다. 졸본은 현 사하의 서쪽인 철가산에 있었으므로 당시 비류와 온조는 혼하와 태자하가 합류한 사하의 서쪽에서 강을 건넌 후 그 남쪽인 대수를 건넜을 것이다. 이때 비류는 바닷가의 미추홀로 갔으니 현 해성시이고, 온조는 한수(漢水) 남쪽의 위례성에 도읍을 정했으니 한수는 산수하 남쪽의 해성하이며 동쪽 높은 산은 천산산맥으로 온조는 현 해성시와 천산산맥 사이에서 건국했던 것이다.

이미 낙랑군이 현 북한 평양이 아니라 요동에 위치했고, 대방 또한 낙랑의 인근에 있었음을 여러 번 확인한 바 있다. 그러니 구태가 대방고지에서 백제를 건국했다는 말은 백제의 초기 건국지가 한강 유역이 아니라 요동임을 알 수 있다. 만에 하나 주류 사학계의 주장대로 졸본이 현 환인현이고 백제의 건국지가 한강 유역이면 어떻게 될까? 졸본에서 한강으로 오기 위해서는 압록강을 건넌 후, 청천강, 대동강, 임진강의 네 강을 건너야 한다. 《삼국사기》에서는 두 개의 강을 건넜다고 했으니 기록과 다르다. 칠중하가 현 압록강임을 조명했지만 이를 다시 확인해 보자. 《삼국사기》〈백제 본기〉"온조왕 18년(서기전 1) 겨울 10월에 말갈이 갑자기 습격했다. 왕이 군사를 이끌고 칠중하에서 맞서 싸워 추장 소모를 사로잡아 마한으로 보냈다." 말갈은 양맥으로 태자하 유역에 있었으므로 말갈이 남쪽 대수를 건너 백제를 공격했던 것이다. 《삼국사기》〈백제 본기〉에는 "온조왕 8년(서기전 11) 7월에 마수성(馬首城)을 쌓고 병산책을 세웠다. 낙랑 태수의 사신이 다음과 같이 말했다. '지난번에는 서로 예를 갖추어 방문하고 우호를 맺어 한 집안과 같았는데, 지금 우리 강역을 핍박해 성을 쌓고 목책을 세우니 혹시 조금씩 잠식할 계책이 있는 것인가? 만일 옛 우호를 버리지 않고 성을 허물고 목책을 부순다면 시기하고 의심할 바가 없지만 그렇게 안 한다면 청컨대 일전으로 승부를 결정짓도록 하자'라고 해 왕이 대답하길, '요새를 설치해 나라를 지키는 것은 예나 지금이나 마땅한 도리인데 이것 때문에 화친과 우호를 저버릴 수 있겠는가? 마땅히 집사가 의심할 바가 아니다. 만일 집사가 강함을 믿고 군사를 내면 우리나라도 이에 대적할 뿐이다. 이로 인해 낙랑과의 우호를 잃었다.'"고 했다. 만약 백제가

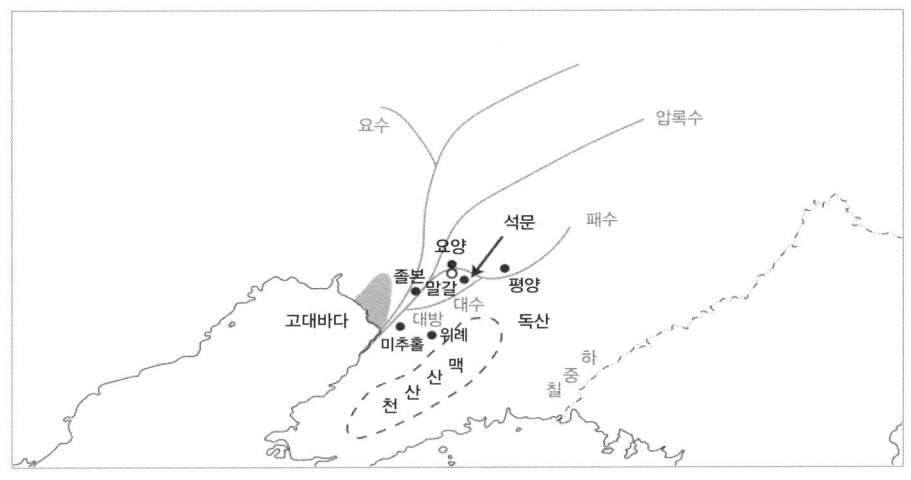
〈지도 61〉 백제 건국지와 주요 지명

한강 유역에 있었다면 요동에 있었던 낙랑에 성과 책을 쌓을 수가 없다. 또한 마수성은 한반도에는 존재하지 않지만 마수산(馬首山), 곧 수산이자 주필산으로 불렸던 지명이 요양 남쪽에 존재하고 백제가 말갈과 마수성에서 여러 차례 싸운 사실에서 마수성이 백제와 말갈의 접경지에 있었던 것도 알 수 있다. 말갈은 태자하 유역에 위치해 양맥으로도 불리었고 요양 남쪽에 있던 졸본과도 접했으므로 백제는 요동에서 건국해 요양 남쪽 마수산에 마수성을 쌓았던 것이다. 그런데 여기서 졸본이 철가산에, 백제가 철가산 남쪽 해성시에 있었기 때문에 백제가 어떻게 해서 졸본 북쪽의 마수산에 영토를 가질 수 있었는지 의문이 생길 수 있다. 당초 비류와 온조가 졸본에서 남쪽으로 내려올 때 마수산 일대에 소서노 세력이 남아 있었고 비류와 온조가 남쪽에서 나라를 세운 사실을 뒤에 알았거나 혹은 초기에는 관망하다가 후일 백제에 합류했을 것으로 추정된다.

또한 "온조왕 13년(서기전 6) 5월, 왕이 신하들에게 말하길, '우리나라의 ①동쪽에는 낙랑이 있고 북쪽에는 말갈이 있어 번갈아 우리 강역을 침범해 편안할 날이 적다. 하물며 요즘 요사한 징조를 보니 국모가 나라를 버리고 형세가 불안하니 반드시 장차 천도를 해야겠다. 내가 어제 순행을 나가 한수의 남쪽을 보니 땅이 기름지므로 마땅히 그곳에 도읍을 정해 오래도록 편안한 계책을 도모해야겠다.'라고 했다. 13년 7월에 한산 아래로 나아가 목책을 세우고 위례성의 민호를 옮겼다. 13년 8월에 마한에 사신을 보내 천도한다는 것을 알리고 마침내 강역을 정했다. 북쪽으로는 패하에 이르고 남쪽은 웅천을 경계로 삼으며 서쪽으로는 큰 바다에 닿고 동쪽으로는 주양에 이르렀다. …… ②14년(서기전 5) 정월에 도읍을 옮겼다. …… 17년(서기전 2) 봄에 낙랑이 쳐들어와서 위례성을 불태웠다."의 기록에서, ①의 백제 동쪽에 낙랑, 북쪽에 말갈이 있다고 한 것을 기존의 관점이라면 합리적으로 설명할 수 없다. 이는 기록 그대로 설명하면 아무런 모순이 없다. 낙랑은 요동 평원에서 동쪽의 천산산맥 일대에 있었고 말갈은 태자하 남안의 양맥이며 백제는 요동반도에서 건국했기 때문에 백제는 말갈 남쪽이자 낙랑군 서쪽에 있었던 것이다. 온조왕 11년(서기전 8)에는 독산책(禿山柵)과 구천책(狗川柵)의 두 목책을 쌓아 낙랑으로 통하는 길을 막았다는 기록이 나온다. 당시 낙랑이 백제의 동쪽에 있다고 했으므로 이 두 개의 목책은 요동의 천산 산맥 인근에 있었을 것이다. 독산(禿山)에 대한 다른 기록을 보자. 《삼국사기》〈고구려 본기〉 "광개토태왕 18년(409) 7월에 나라 동쪽에 독산(禿山) 등 여섯 개의 성을 쌓고 평양의 백성들을 옮겼다."라고 나오는데, 여기서 나라라는 것은 평양을 말한다. 학계는 고구려 평양을 현 북한 평양으로 보고 있으니 이 기록을 따르면 백제 위치는 함경도에 있어야 하는 것이다. 고구려 평양을 북한 평양으로, 백제의 건국지를 한강 일대로 보는 한 기록의 모순은 계속 발생할 수밖에 없다. 이후 〈백제 본기〉에 "초고왕 49년(214) 9월에 북부의 진과에게 명해 군사 천 명을 지휘해 말갈의 석문성을 습격해 빼앗도록 했다."라고 나온다. 이미 고찰한 바와 같이 말갈은 태자하 인근에 거주하는 양맥이고 석문은 태자하 남쪽이자 요동 평양 인근에 있었다. 이때 백제가 말갈의 석문성을 빼앗았다는 것은 백제가 요동에 있었음을 교차 검증해준다. 이와 같이 태자하 북안에 평양, 태자하 남쪽에 석문성과 대수, 그리고 그 남쪽에 백제, 평양 동쪽의 천산 산맥 일대에 낙랑을, 평양 동남쪽에 독산성을 위치시키면 기록과의 모순이 전혀 없다. 상기 기록 외에도 백제 동쪽에 낙랑군이 있었다는 기록이 후대에도 나온다.《삼국사기》〈백제 본기〉 "분서왕 7년(304) 2월에 몰래 군사를 보내 낙랑의 서쪽 현을 습격해 빼앗았다. 7년 10월에 낙랑 태수가 보낸 자객에 의해 해를 입고 돌아가셨다." 서기 304년은 서진(西晉)과 낙랑의 연결이 모용 선비에 의해 끊겨 낙랑은 겨우 명맥만을 유지하고 있었다. 백제는 이런 기회를 이용해 낙랑의 서현을 빼앗을 수 있었던 것이다. 여기서도 낙랑은 백제의 동쪽에 있었다. 만약 낙랑이 평양에, 대방이 황해도에 있었다면 대방을 지나서 낙랑의 서현을 공격하는 것은 불가능하다. 만에 하나 대방을 통과했더라도 백제 위치를 보면 낙랑의 서쪽이 아니라 남쪽을 공격할 수밖에 없다. 그리고 ②는 온조왕 14년에 도읍을 옮긴 기록을 말해 주고 있다. 이때 첫도읍지인 위례성에서 한강 유역으로 천도했을 가능성이 있다. 이후 "온조왕 31년(서기 13) 1월, 민가를 남부와 북부로 나눴다."고 나오는데 이는 남부는 한강 유역이고 북부는 요동 백제일 것이다. 이어 "온조왕 37년(서기 19) 4월에 가뭄이 들었는데 6월에서야 비가 왔다. 한수의 동북쪽 부락에 흉년이 들어 고구려로 도망간 자들이 1천여 호나 되니 패수(浿水)와 대수(帶水)가 텅 비어 사는 사람이 없었다."라는 기록을 보면, 패수는 태자하이고 대수는 그 남쪽을 흐르는 산수하이다. 만약 패수가 대동강이고 대수가 임진강이며 대동강의 남안에 평양 토성이 존재했고 대방이 황해도라면 백제는 어떻게 낙랑과 대방군이 위치한 패수와 대수 사이에 살 수 있었고 당시 패수와 대수가 텅 비어 사는 사람이 없다고 기록했을까? 온조왕 당시의 고구려는 대무신왕 때로 그 영토의 남쪽 경계가 태자하 북쪽까지였다. 평안남도에 낙랑군이, 황해도에 대방군이 있었다면 고구려 부락으로 도망친 백제인들은 북쪽으로 대방을 먼저 거치고 그 다음에 낙랑을 거친 다음에 다시 청천강과 압록강을 건너야 한다. 이어 요동의 천산산맥을 넘고 산수하를 건너고 다시 태자하를 건너야 하는 먼 거리다. 서울 시청에서 요양까지의 직선거리는 약 540킬로미터로 도보로 걸어간다면 최소한 한 달은 걸릴 것이고 가뭄으로 굶주리던 백제인들은 고구려에 다다르기도 전에 굶어죽을 것이다. 요동의 산수하와 태자하는 그리 큰 강이 아니라 어렵지 않게 건널 수 있는 강이지만 대동강은 물론이고 압록강은 배가 없으면 건널 수 없는 큰 강이다. 청나라로 가는 조선 사신들이 압록강을 건너기 위해 의주에서 배를 기다리는 기록이 자주 등장한다. 즉, 패수가 대동강이고 대수가 임진강이라면 백제인들이 고구려로 도주한다는 것은 불가능한 이야기다. 이와 같이 패수와 대수는 태자하와 산수하이며, 지도에서 산수하의 동북부에서 거리를 측정하면 요양까지 약 30킬로미터이다. 이 정도 거리는 백제인들이 도보로 며칠 만에 갈 수 있는 거리니 충분히 가능할 것이다.

여기서 새로운 사실을 알 수 있는데 한수(漢水) 동북부가 패수와 대수 사이에 있다는 것이다. 우리는 지금까지 한수가 한강이라고 알고 있었는데 본래의 한수는 요동에 있었음을 알 수 있다. 한수(漢水)의 글자에서도 그 연혁을 충분히 짐작할 수 있지만, 본래 한나라가 대방 지역을 차지한 후 한국(韓國)인들은 한나라가 차지했던 그 강을 한수(漢水)라고 불렀고, 백제 또한 그곳을 한수라 하고, 한수에 있던 산을 한산(漢山)이라 했던 것이다. 현재의 한강과 북한산은 백제가 망한 후이거나 혹은 백제가 도읍을 한반도로 옮기면서 한수와 한산의 지명도 같이 옮겼기 때문에 남아 있을 것이다. 평양이나 압록강 등 고대의 지명이 옮겨온 예는 수없이 많고, 그래서 요동과 한반도에 동일한 지명이 무수히 나타나는 것이다.

이래서 백제의 초기 강역은 온조왕 13년의 기록인 북쪽으로는 패하에 이르고 남쪽은 웅천을 경계로 삼았던 것이다. 그리고 웅천은 《삼국유사》〈기이 남부여조〉에서 공주라고 기록했다. 백제의 초기 강역은 현 태자하 남쪽에서 공주까지로 주류 사학계가 생각하는 것보다 훨씬 넓었다. 이렇게 백제의 초기 강역이 요동에 있었으므로 《삼국사기》〈백제 본기〉에 "온조왕 38년 2월에 왕이 순행하여 동쪽으로 주양, 북쪽으로는 패하(浿河)에 이르렀다가 50일 만에 돌아왔다."라고 했던 것이다. 또한 "온조왕 43년(서기 25)에 남옥저 구파해 등의 20여 가구가 부양에 이르러 귀순해 왕이 허락했다. 한산의 서쪽에 안치했다."라는 기록에서 한산이 한강의 한산이 아니라 요동의 한산인 것도 알 수 있다. 덧붙여 앞에서 '한나라의 요동 태수 공손도의 딸을 처로 삼아 드디어 동이의 강국이 되었다.'는 기록은 이미 언급한 바와 같이 백제 초고왕 때의 사건이다. 당시 공손도는 요동을 점거하고 있었고 백제가 만약 요동에서 거리가 먼 한강 유역에 있었다면 서로 이익이 없으므로 혼인 동맹은 큰 의미가 없다.《삼국지》〈위서 동이열전〉을 보면 후한 건안 연간(196~220)에 공손강이 둔유현 남쪽 황무지에 대방군을 설치했다는 기록이 있는데, 공손강은 공손도가 죽은 204년부터 221년까지 요서와 요동의 일부 지역을 차지하고 있었다. 사마의가 공손연을 정벌할 때, 공손연의 군사가 요하에서 막기 위해 현 해성시 서쪽의 요대에 주둔했고 이후 사마의가 우회해서 양평을 급습해 공손연의 목을 베었다는 기록으로 보아 공손강의 영토는 양평에서 남쪽으로 요대현, 그리고 그 남쪽의 대방을 차지하고 있었던 것이다. 백제의 초고왕과 공손강은 매부와 처남이고 이런 이유로 공손강이 스스로 연 왕(燕王)을 칭한 후, 백제 북쪽 경계의 빈 땅에 대방군을 설치했을 것이다.

238년 사마의가 공손연을 멸망시킨 후 위나라가 다시 낙랑과 대방을 급습해 차지했지만 후일 모용 선비가 요서를 차지하면서 길을 막자 그곳에서 다시 낙랑과 대방국이 자립했고 책계왕 원년(286)에 이르러 다음과 같은 기록이 나올 수 있었던 것이다.《삼국사기》〈백제 본기〉"책계왕 원년(286)에 고구려가 대방을 치자 대방이 우리에게 구원을 요청했다. 이에 앞서 왕이 대방왕의 딸 보과를 부인으로 삼았다. 이런 연유로 말하길, '대방과 우리는 장인과 사위의 나라이니 그 요청에 응하지 않을 수 없다.'라고 했다. 마침내 군사를 내어 구원하니 이에 고구려가 원망했다." 대방국은 모용외의 선비족이 요서를 장악해 서진과 요동의 통로를 차단하자 대방에서 토착민이 세운 나라이므로 백제가 요동에 있었다는 또 다른 증거다. 그리고 이때 책계왕이 고구려 공격에 대비해 사성(蛇城)을 쌓는데 박지원은《열하일기》에서 사성이 고구려 백암성이라고 했다. 이에 대해서는 추후 상세히 조명할 것이다. 앞서 나왔지만《자치통감》〈효종목황제〉조의 영화 2년(346) 초에 백제가 부여를 공격했던 기록이 있었다. 서기 346년은 백제 계왕이 죽고 9월에 근초고왕이 즉위한 연도이다. 계왕에 대한《삼국사기》의 기록에는 기질이 강직하고 용감해 말 타기와 활쏘

기를 잘했다고 한다. 아마도 이를 바탕으로 요동에서 태자하와 혼하를 건너 부여를 공격했을 것이다. 주류 사학계는 《자치통감》의 기록이 백제가 아니라 고구려의 오류라고 주장한다. 주류 사학계는 백제 한강 유역에 있었으며 백제가 고구려의 영토를 뚫고 부여까지 올라갈 수 없다고 생각하기 때문에 이런 결론을 내릴 수밖에 없다. 그러나 이런 결론은 그 기록을 제대로 이해를 못했고 백제가 그곳에 있을 리 없다는 선입견이 작용한 때문이다. 백제 기병이 태자하를 건너 요동 평원의 북쪽으로 달리면 부여성까지는 일주일에 갈 수 있는 거리다. 전쟁을 하는 군사의 의지는 비교할 수 없을 만큼 강력하다. 한나라가 고조선을 정복하고, 수나라와 당나라가 고구려를 공격할 때, 몇 달 동안 수천 리 길을 걸어서 전쟁을 했고, 고구려 군사도 3천 리가 넘는 가야까지 와서 왜와 싸웠다. 또한 몽골은 그보다 몇 배나 더 긴 유럽과 사라센까지 가서 전쟁을 했다. 백제 근초고왕 또한 3만의 군사로 요동에 있던 평양성을 공격하고, 신라군 또한 경주에서 3천 리 길을 가서 평양을 포위했다. 그런데 당시 요동에 있던 백제가 부여성까지 가서 공격하는 것이 불가능할 리가 없다.

그러면 어떻게 백제가 고구려의 영토를 뚫고 부여까지 갈 수 있었는지 당시 고구려의 상황을 보자. 백제가 부여를 공격하기 7년 전인 고국원왕 9년(339)에 전연의 모용황이 침략해 신성까지 이르렀고, 4년 전인 고국원왕 12년(342) 2월에 환도성을 보수하고 국내성을 축성한 후, 12년(342) 8월에 환도성으로 천도했는데 12월에 전연이 환도성을 함락하자 13년(343)에 평양 동쪽의 황성(혹은 동황성)으로 이거한다. 《삼국사기》에는 황성이 고려 서경 동쪽 목멱산에 있다고 언급했는데 《삼국사기》의 편찬자들 또한 당시의 평양이 고구려의 평양이라 생각해 동일한 오류를 범했던 것이다. 평양 동쪽의 황성이 국내성이라는 주장도 있지만 이는 사실과 다르다. 371년 근초고왕이 평양성을 공격할 때 고국원왕은 평양성에서 백제군을 맞서다가 전사한다. 평양이 고구려의 도읍이 아니라면 고국원왕이 멀리 떨어진 국내성에서 병력을 이끌고 와서 직접 전투를 지휘할 이유가 없다. 아마도 황성은 평양성의 동쪽에 만든 왕궁이었을 것이다. 고국원왕은 평소에 이곳에서 머물다가 백제가 평양성을 공격하자 전투를 지휘하던 중에 전사한 것이다. 또한 광개토태왕 16년(407)에 궁궐을 증축하는데 이는 동황성을 증축했다는 의미일 것이다. 당시 고구려는 모용황에 의해 큰 타격을 받은 상황인지라 패전 후 모용황에게 복속했고 군사력도 크게 약화되었다. 전연은 이에 그치지 않고 고국원왕 15년(345)에는 신성의 동쪽에 위치한 남소성까지 함락해 고구려는 큰 위기에 봉착한다. 남소성이 함락되었다는 말은 평양의 북쪽에는 더 이상 모용황의 군대를 막을 큰 성이 없다는 의미와 같다. 《삼국사기》〈고구려 본기〉에는 신성이 나라의 북쪽에 있다고 했으니 남소성은 그 동쪽에 있었다. 남소성은 혼하와 남소수가 만나는 지점에 있었을 것인데, 《한국민족문화 대백과사전》에 의하면 무순시에서 동쪽으로 32킬로미터 떨어진 고려영자촌의 철배산성이 유력하다. 이곳은 혼하 북쪽이고 남소수와도 만나니 기록에 부합한다. 그리고 신성은 심양 동쪽이자 무순시 사이에 있었을 것이다. 백제는 책계왕 때 백암성을 차지하고 있었고 분서왕 7년(304) 2월에 몰래 군사를 보내 낙랑의 서쪽 현을 습격해 빼앗았다는 기록에서 알 수 있듯이 낙랑의 서현을 점령해 태자하까지 올라간 상황이었다. 백제군은 고구려가 약화된 틈을 이용해 태자하를 건너 북쪽으로 계속 진군할 수 있었고 이로 인해 부여를 기습 공격할 수 있었을 것이다. 고구려는 복수하기 위해 근초고왕 24년(369)에 백제를 공격했으나 치양에서 패배하고, 근초고왕 26년(371)에는 고구려군이 백제군의 매복에 걸려 패하에서 대패했다. 같은 해 10월에는 근초고왕이 평양을 공격해 고국원왕이 평양성 전투에서 전사할 정도로 당시 백제의 힘은 강력했고 고구려의 힘은 약해졌음을 알 수 있다. 《삼국사기》〈백제 본기〉에서 위의 기록을 확인해 보자. "근초고왕 26년(371)에 고구려가 군사를 일으켰다. 왕이 듣고 군사를 패하가에 매복시켜 그들을 기다렸다가 급히 치니 고구려 군사가 패배했다. 26년(371) 겨울에 왕이 태자와 정예 군사 3만을 이끌고 고구려를 쳤다. 평양성을 공격해 고구려 왕 사유(고국원왕)와 싸웠는데 고구려 왕이 날아오는 화살에 맞아 죽었다. 왕이 군사를 이끌고 물러났다."고 했다. 여기서 패하는 당연히 현 태자하이고 평양성도 요동의 평양성이다. 당시 백제는 고구려를 제압할 만큼의 강국이었고 그래

〈지도 62〉 고국원왕과 근초고왕 시기의 국제 정세

서 백제는 부여는 물론이고 고구려 평양성까지 공격할 수 있었던 것이다.

최치원이 고구려, 백제가 강성할 때, 백만 강병을 가졌다고 말한 것은 이런 연유에서 기인했을 것이다. 그리고 당시 백제가 어디에 위치해 있었는지 알려주는 다른 기록이 있다. 그것은 중국의 책봉 기록이다. 책봉은 대국이 소국에게 외교적으로 주기도 하지만, 대부분 그 지역을 차지한 제후나 왕에게 주었다. 낙랑군왕과 대방군왕의 경우 고구려, 백제, 신라가 겹쳐서 받는 경우는 없었다. 백제가 받으면 고구려나 신라가 받지 못했고, 반대의 경우도 마찬가지다. 즉, 중국이 고구려, 백제, 신라에게 주었던 낙랑과 대방의 책봉은 외교적인 것이 아니라 그 지역을 차지한 경우에만 책봉했음을 알 수 있다. 백제가 평양성을 공격한 것이 371년인데 그 다음 해인 372년에 동진(東晉)이 근초고왕을 진동장군 영낙랑 태수 백제 왕으로 책봉한다.《진서(晉書)》〈간문제〉 "함안 2년(372) 6월에 사신을 보내 백제 왕 여구(근초고왕)를 진동장군, 영낙랑 태수로 책봉했다."라고 나온다. 이는 근초고왕이 평양을 공격한 것에 그치지 않고 낙랑 일대를 점령했음을 의미한다. 그러다 동진(東晉)이 장수왕 원년(413)에 장수왕을 영주 제군사 정동장군 고구려 왕 낙랑 왕으로 책봉한다. 이는

《삼국사기》〈고구려 본기〉 "장수왕 원년(413)에 (동진의) 안제가 왕을 고구려왕 낙안군공으로 봉했다."고 했고, 《송서(宋書)》〈고구려〉조에는 낙안군공 대신 낙랑공이라 한 기록에서 알 수 있다. 당시 장수왕은 413년 10월에 왕위에 올랐고 이때 전쟁을 한 기록이 없기 때문에 장수왕이 낙랑공의 작위를 받은 것은 장수왕의 부왕인 광개토태왕이 백제를 공격해 낙랑 땅을 탈환했기 때문일 것이다. 이후 백제는 광개토태왕의 공격으로 큰 피해를 입고 영토도 축소된다. 고구려는 백제와의 전쟁에서는 승리했지만 전연에 이어 후연과의 전쟁에서는 일진일퇴를 거듭한다. 광개토태왕 9년(400)에 후연이 고구려 북방 요새인 신성과 남소성을 점령하지만 이후 광개토태왕이 반격해 요하 서쪽의 숙군성을 점령하고 이후 후연의 거듭된 공격을 물리친다. 당시 광개토태왕이 백제의 항복을 받고 영토도 빼앗지만 백제의 요동 영토는 여전히 남아있었다. 이는 여러 기록에서 알 수 있는데 앞서 《광개토호태왕의 비문》 기록에서 영락 14년(405)에 백제와 왜가 연합해 대방의 경계를 침입한 후 석성을 공격했다는 기록을 떠올려보자. 석성과 석문은 같은 곳일 수밖에 없는 이유를 이미 설명한 바 있다. 나당 전쟁 당시 당나라 군사는 요양의 동쪽인 석문에 진을 쳤고 신라는 그 남쪽의 대방의 들에 진을 쳤다. 대방계는 석문과 대방의 들 사이라는 것을 알 수 있다. 그리고 태왕이 군사를 이끌어 백제와 왜를 평양까지 추격해 이들을 격파하는 데 성공한다. 이 기록은 석문과 대방의 들이 평양 인근에 있었음을 설명한다. 당시 백제가 여전히 대방 지역을 차지하고 있었기에 이런 연합 작전이 가능했을 것이다. 만약 당시 요동반도 남부가 고구려의 땅이었다면 이들의 전투 기록은 석문에서 나오는 것이 아니라 요동반도 남단에서 먼저 있었을 것이기 때문이다. 또한 《만주원류고》〈부족 신라〉조에 해주(현재 해성)가 본래 백제 땅인데 고구려가 차지했다고 했다. 《만주원류고》의 이 기록은 백제가 요동에서 건국했다는 명백한 증거이다.

백제가 요동에 있었음을 알 수 있는 기록이 진서(晉書)에도 나온다. 《진서》〈재기 모용황〉조에, "(전연) 모용황의 기실참군 봉유가 간했다. …… 고구려, 백제, 우문부 및 단부 사람들은 모두 병세(兵勢)에 따라 옮겨진 바, 중국의 의

로움에 응해 이곳에 온 것이 아니므로 모두 돌아갈 마음을 가지고 있습니다. 지금은 거의 10만 호가 되어 좁은 도성에 모여 있습니다."라고 했다. 당시 전연의 요동 영토는 양평, 신창, 평곽 등 혼하 유역까지였고 그 동쪽은 고구려가 있었다. 이 기록은 전쟁 과정에서 발생한 고구려, 백제 등의 포로들이 도성에 있는데 이들의 숫자가 약 10만 호나 된다는 의미이다. 만약 백제가 한강 유역에만 있었다면 전연과 백제와의 전쟁 가능성은 없다. 전연이 백제를 공격하기 위해서는 수군을 동원해야 하고 그렇게 큰 전쟁이었다면 어딘가에 그 기록이 있었을 텐데 전혀 찾을 수 없다. 당시 백제와 전연이 인근에 있었기 때문에 전투가 있었고 규모가 크지 않아 기록에 남기지 않았을 것이라 짐작할 수 있다. 《송서(宋書)》〈이만열전 백제〉조에는 "백제국은 본래 고구려와 같이 요동의 동쪽 천여 리에 있었다. 그 후 고구려가 요동을 경략하여 점유했고 백제는 요서를 경략하여 차지했다. 백제의 치소는 진평군 진평현이라 이른다."라고 했다. 《송서》는 남북조시대인 5세기경 편찬되었는데 서기 399년부터 479년의 역사를 다루고 있다. 당시 요서 지역은 후연(384~407)과 북연(407~436)이 차지하고 있다가 북위(386~534)가 북연을 멸망시킨 436년 이후부터는 북위가 요서의 일부를 차지한다. 이때 고구려는 광개토태왕(재위기간 391~413)과 장수왕(413~491)이고, 백제는 전지왕(405~420), 비유왕(420~455), 개로왕(455~475), 문주왕(475~477), 삼근왕(477~479), 동성왕(479~501)이다. 고구려가 요동을 차지했을 것으로 추정되는 해는 광개토태왕 11년(402)이다. 당시 광개토태왕은 후연의 숙군성(宿軍城)을 공격하는데 (후연)의 평주자사 모용귀가 성을 버리고 도주한다. 《자치통감》〈진기(晉紀)〉건흥 원년(402)조에 숙군성이 평주 치소라고 했으니 이때 고구려가 후연의 평주를 차지한 것이다. 평주는 영주와 마찬가지로 정세에 따라 이동하는데 후연의 평주는 이후의 중국 사서에 기록한 난하의 노룡현이 아니라 숙군성에 있었다. 숙군성 위치는 북진 의무려산으로 추정되는데 당시 고구려가 요동성을 차지하고 있었으므로 숙군성이 요하 서쪽에 있었음은 분명하다. 그리고 《진서》〈재기 모용희(재위기간 401~407)〉조에는 고구려가 연군(燕郡)을 침구해 백여 명을 죽이거나 사로잡았다는 기록이 있다. 연군성은 《가탐도리기》에 그 위치가 나온다. 영주 동쪽 180리에 연군성이 있다(營州東百八十里至燕郡城)고 했으니 180리는 당나라 거리 기준으로 약 70킬로미터이다. 당시 영주는 현 조양인데 동쪽으로 북진시까지는 약 110킬로미터로 연군성은 영주와 북진시 중간 지점에 있었다. 당시 고구려가 영주 동쪽까지 영토를 넓혔던 것이다.

  이때 고구려가 영주 동쪽을 차지했으므로 요하 동쪽의 신성과 남소성을 차지하고 있던 후연의 군사는 두 개의 성이 고립되어 자진 철수했거나 고구려에게 항복했을 가능성이 높다. 이후 후연은 광개토태왕 14년(405)에 고구려 요동성을 공격하다 실패하는데 요동성이 당시 고구려의 차지였음을 알 수 있다. 장수왕 24년(436)에는 북위가 북연을 공격해 백랑성을 함락시키는데 백랑성은 현 난하 상류에 있었다. 북연이 위기에 처하자 북연 왕 풍홍이 고구려에게 의탁하고 이때 고구려는 북연의 화룡성을 점령해 성내를 약탈하고 돌아온다. 당시 고구려가 풍홍을 평곽에 두었다가 뒤에 북풍성에 가둔 것을 보면, 요동 지역은 장수왕 이전에 완전히 고구려의 차지가 되었던 것이다. 북연이 망했으니 당시 고구려 및 백제와 인접했던 북연의 영토도 자연스럽게 고구려 또는 백제의 영토가 되었을 것이다. 즉, 고구려가 낙랑을 점령한 것은 미천왕 때(313)이고 요동을 회복한 것은 광개토태왕 11년인 402년이다. 동진이 420년에 망하니 고구려가 요동 지역을 모두 차지한 시기는 동진의 말년에 해당한다. 402년 당시 백제는 아신왕 11년으로 고구려에게 크게 패한 이후이기 때문에 요서를 차지할 여유가 없었을 것이다. 단재 신채호는 백제가 요서 지역을 차지한 시기가 근구수왕 때라고 했는데 근구수왕의 재위 기간은 서기 375년에서 384년까지다. 고구려가 요동을 회복한 시기는 빨라도 5세기 초인데 근구수왕은 고구려가 요동을 차지하기 전에 요서를 차지한 셈이니 《송서》의 기록과 다르다. 그래서 백제가 요서 지역을 공략한 시기는 북연이 망하던 때였을 가능성이 높다. 북연이 망하는 436년이면 비유왕 10년으로 이때쯤이면 백제는 이전의 패배를 어느 정도 회복했을 것이다. 《송서》〈이만열전 백제〉조의 원가 27년(비유왕 24년, 450)에 비유왕이 사사로이 대사 풍야부와 서하 태수를 통해 표문을 올려 관직을 요구해 모두 주었다는 기록이 나온다. 풍씨는 북연의 왕성으로 북연 왕 풍홍이 고구려로 의탁하자 북연의 나머지 세력들이 요동 백제에게 항복했고 이때 백제가 요서까지 영토를 넓혔을 것이다. 백제가 요서를 경략했다는 기록은 《송서》 외에도 많이 있다. 남북조시대 양(梁, 502~546)나라를 방문한 백제 사신의 모습 남긴 그림인 일명 《양직공도(梁職貢圖)》가 남아 있는데 그곳에 백제에 대한 언급이 있다. "백제는 예부터 내이마한(萊夷馬韓)에 속했다. 진(晉) 말에 고구려가 요동과 낙랑을 경략하자, 백제 또한 요서 진평현을 경략했다."고 했다. 원문을 보면 "晉末驅驪略有遼東樂浪亦有遼西晉平縣"인데 이를 "진나라 말에 고구려가 요동을 경략하자 낙랑 또한 요서 진평현에 있었다."라고 해석하면 안 된다. 백제가 요서를 경략한 것이 아니라 낙랑이 요서 진평현에 있었다는 것을 보여주는 증거라는 것인데 이는 잘못된 해석이다. 이 기록은 백제를 설명하는 곳에 있기 때문에 주어인 백제를 생략한 것에 불과하다. '고구려가 요동을 경략했는데 낙랑 또한 경략했다든지 혹은 고구려가 요동을 경략했는데 낙랑 또한 요동에 있었다.'라는 문장이 되어야 역(亦)이 들어갈 수 있는 것이지 문장에 같은 내용이 없는데도 '또한'이라는 글자를 쓸 수는 없는 것이다. 후술한 《통전》의 기록에서는 백제가 진평군을 설치했는데 유성과 북평 사이라고 했고, 《만주원류고》〈부족 백제〉 조에 마단림의 주석 또한 《통전》과 동일하다. 백제는 요서 지역을 경략한 다음에 그곳에 진평군을 설치했음이 분명한 것이다. 여기서의 진나라는 서진(西晉)이 아니다. 서진은 265~317년 동안이고 동진은 317~420년 동안이다. 고구려 미천왕 때 낙랑에 있던 장통을 몰아낸 것이 서기 313년이므로 이때 고구려가 낙랑을 완전히 차지한다. 이후 근초고왕이 고구려로부터 낙랑을 빼앗았지만 장수왕 즉위 원년(413)에 낙랑 태수로 책봉 받은 것을 보면 근초고왕에게 빼앗겼던 낙랑을 광개토태왕 때 다시 회복했음을 알 수 있다. 그런데 고구려 미천왕 당시에는 요동을 완전히 회복하지 못한다. 모용황이 모용인을 정벌할 때, 모용인이 평곽에 거처를 두고, 요동성과 신창현, 거취현도 차지하고 있었기 때문이다. 333년에 모용황은 모용인을 치기 위해 도읍지인 요서의 극성에서 동북으로 진군해 요동의 평곽성을 기습해서 모용인을 죽인다. 즉, 이때 전연의 도읍은 극성인데 극성은 난하 근처 창려이다. 극성에서 그 동북쪽인 평곽성을 향해 진군할 동안 백제군을 마주지치 않았으니 당시 요서 지역에 백제군이 없었음을 알려 준다. 그리고 앞서 나온 《송서(宋書)》는 서기 399년부터 479년의 역사를 기록한 것이다. 백제가 요서를 경략한 것이 송나라 때의 일이므로 백제와 요서 경략은 서진과는 상관없는 기록임을 알 수 있다. 그런데 《통전》〈변방 동이 백제〉조에 "진나라 때 고구려가 이미 요동을 경략해 차지하자, 백제도 요서, 진평 2군의 땅을 점거했다. 지금의 유성과 북평 사이에 있다."고 했다. 북위의 《위서 지형지》를 보면 북평군 속현에 노룡현 하나밖에 없다. 《위서 지형지》에 요서와 인접한 지명으로 창려군과 요동군이 나온다. 창려군은 난하 일대에 있었고, 요동군에는 양평과 신창현만 있다. 북위의 양평현과 신창현은 요동반도에 있던 양평과 신창이 아니라 고구려가 요동을 점령하자 난하 인근의 노룡현 일대로 이동한 후의 지명이다. 이에 대한 연혁은 《수서》〈지리지〉에 상세히 나온다. 평주에 속하는 요서군은 옛 고죽국의 땅인 영지 일대로 기록하고 있다. 이는 북위의 동북 경계가 난하 일대이었음을 명확히 설명하고 있고 난하 동북의 금서, 금주, 광녕 일대는 북위의 영토가 아니라는 것이다. 그래서 북위 당시 조양 동쪽에서 북진까지는 고구려가 차지했고, 난하 동쪽에서 그 동북쪽의 광녕까지는 백제가 차지했던 것이다. 또한 《만주원류고》〈부족 백제〉조에 "왕도는 동서의 두 개 성이 있다. 고마성(固麻城)이라고 하거나 또는 거발성(居拔城)이라고도 한다. …… 《송서》에서 말하길, 그 치소가 진평군(晉平郡) 진평현(晉平縣)이며 《통고(通考)》에서 말하길, 당성(唐城)과 북평(北平) 사이에 있다고 했다. 국도가 요서와 조선 전주(全州) 경내에 있고, 또한 (거)발성이 있다. 옛 성이 위태하여 양나라 천감 때(502~519) 남한(南韓)성으로 옮겼다. 마단림이 말하길, 진평은 당의 유성과 북평 사이에 있다고 하였으니 지금의 금주, 영원, 광녕 일대다."라고 했다. 여기서 당성은 《통전》에서 유성이라고 했는데 수와 당나라 때는 현 조양이었다. 국도가 전주 경내라고 한 것은 사비성이 전주와 가까워서이며, 양나라 천감 때는 백제 무

〈지도 63〉 요서 백제 위치

령왕 시기(501~523)로 요서에도 왕성이 있었다가 이때 상실한 것이다.

《대청광여도》를 보면 영원은 금주(錦州) 서남쪽에, 광녕은 금주 동북에 있다. 《만주원류고》〈부족 신라〉조에 백제 영토를 기록하길, "지금 개원(開原), 광녕과 금주(錦州), 의주(義州), 영원(寧遠)에서 개평(開平), 복주(復州), 영해(寧海)까지, 동남쪽으로 바다 건너 조선의 전라, 황해, 충청도까지다."라고 했다. 여기서 개원(開原)은 철령 북쪽인데 이미 나왔지만 《자치통감》〈진기 효종목황제〉조에서 백제가 부여를 공격했고 《성경통지》〈권28 산천 4〉에 "개원은 바로 한나라 때 부여의 지경이요. 백제의 구도이다. 《통고(通考)》에 이르길, 신라의 서북 경계는 고구려와 백제 사이에 툭 튀어나와 있다고 하는데 바로 이를 가리켜 하는 말이다."라고 한 기록을 반영한 것으로 보인다. 광녕과 금주는 의무려산 남쪽이고 의주는 《대청일통지》에 봉천부 속주로 나온다. 이는 《고려사》 지리지 북계 안북대도호부에서 보주(保州)가 의주라고 했고, 《요동지》〈의주위(義州衛) 산천〉 지도에 의주위가 광녕위 동쪽에 나온다. 곧 현 압록강 남안에 있는 의주는 후대에 교치된 지명이다. 이에 대해서는 추후 고려 영토사에서 조명할 것이다. 영원은 이미 나왔고 개평은 해주 서남쪽의 개주(蓋州)이며 복주는 개주 남쪽이다. 《대청일통지》〈사하(沙河)〉조에서 영해현(寧

海縣)이 사하 남쪽 반리에 있다고 했다. 사하는 상류에서 고대 압록인 혼하와 합쳐 개주(蓋州)에서 바다로 빠져 나가는 물길이니 영해는 개주 남쪽 해안이다. 일제와 한국 주류 사학계가 백제 영토가 경기도 이남에만 있었다고 말하지만 《양서》, 《송서》, 《남제서》, 《통전》, 《성경통지》, 《만주원류고》 등의 많은 사서에서 백제 영토가 요동과 요서에도 있었음을 기록했다. 이후 백제와 북위의 전쟁 기록이 《남제서》에 나온다. 《남제서》〈동남이열전 백제〉조에 "이 해에 위로(북위)가 다시 기병 수십만으로 백제를 공격해 그 경계에 들어가니, 모대(동성왕, 재위기간 479~501)가 장군 사법명, 찬수류, 해례곤, 목간나 등이 무리를 이끌고 북위를 습격해 북위를 대파했다."는 기록이 있다. 이 기록은 《삼국사기》〈백제 본기〉 "동성왕 10년(488)에 북위의 군사가 침략했으나 우리에게 패했다."라고 동일하게 나온다. 혹자는 백제가 한반도에 있는데 북위의 기병 수십만이 백제를 공격할 가능성이 없으므로 이 기록을 부정한다. 만약 백제가 한반도에만 있었다면 이는 당연히 불가능하다. 수십만의 기병을 이동시킬 수 있는 선박을 준비하려면 최소한 수천 척은 동원해야 하고 해로로 가는 것은 위험성도 크다. 역으로 말하면 백제가 북위와 국경을 접하고 있었기 때문에 이런 일이 가능한 것이다. 그리고 《남제서》에 사법명 등 네 명의 장수가 구체적으로 나온다. 이 기록이 거짓이라면 네 명의 이름을 구체적으로 기록하지도 않았을 것이다. 또 어떤 이는 남제가 백제가 거짓말을 한 것을 모르고 남제가 이를 그대로 기록했다고 하기도 한다. 이는 과거의 국가 수준을 전혀 체계가 없는 것으로 간주하는 것이다. 사관이 한두 명이 있는 것도 아닌데다 역사를 기록하는데 아무런 검증 없이 기록하지 않는다. 북위와 남제가 적대국이라 해도 서로 간에 사신을 파견하고 타국의 정보도 상세히 알고 오는데 수십만이 동원된 큰 전쟁을 거짓말 할 수가 없는 것이다. 이에 대해 《통전》은 백제가 이긴 것이 아니라 북위가 이겼다고 기록했다. 《통전》〈동이열전 백제〉조에 "북위 효문제가 백제를 정벌해서 깨뜨렸다. 후에 모대가(동성왕) 고구려에게 격파되어 해가 갈수록 쇠약해져 남한 땅으로 옮겨갔다."라고 나온다. 이렇게 기록에 차이가 나는 것은 백제와 북위가 서로 이긴 전쟁으로 기록했기 때문일 것이다.

　이외에도 백제가 요동에 존재했음을 보여주는 기록이 곳곳에서 나온다. 《구당서》〈동이열전 백제〉조에, "의봉 2년(서기 677) …… 부여융의 손자 부여경이 측천무후 때에 대방군왕으로 세습 책봉되어 위위경을 제수받았다. 그 땅은 이로부터 신라 및 발해, 말갈이 나눴다. 백제의 종족은 드디어 끊어졌다."라고 했다. 발해의 서남 경계는 《가탐도리기》에서 고찰한 바와 같이, 혼하 동남쪽에 있는 개주(蓋州) 남쪽의 신라 장구진이었다. 백제 영토가 요동에 있지 않았다면 발해와 말갈이 나눠가질 수가 없다. 《신당서》〈동이열전 백제〉조에도 "측천무후 때 그 손자 부여경으로 왕위를 세습하게 했으나 이때 이미 백제의 땅은 신라, 발해, 말갈이 나눠 차지해 백제는 결국 망하고 말았다."라고 나온다. 신당서도 구당서의 기록과 같이 동일하게 백제가 요동에도 영토를 가지고 있었음을 밝혔다. 《통전》〈변방 백제〉조에는 "그 옛 땅은 신라에 함몰되었고, 성과 주변의 남은 무리도 후에 점차 약해져 돌궐과 말갈에게 흩어져 투항했다. 백제 군주 부여숭은 마침내 옛 나라로 돌아갈 수 없었고 토지는 모두 신라와 말갈에 함몰되었으며 부여 왕가는 드디어 끊어졌다."고 했다. 돌궐과 말갈은 요동의 북방에 있었으므로 백제가 요동에 있지 않았다면 불가능한 기록이다. 또한 고당 전쟁의 과정을 보면 요동 전투에서의 최남단이 건안성, 박작구 및 비사성이었다. 건안성과 박작구는 현 개주시이고 비사성은 현 해성시다. 개주시와 해성시 남쪽이 고구려 영토였다면 고구려와 당나라는 당연히 이곳에서 전투를 했겠지만 이상하게도 이곳에 고구려 성이 존재했다는 기록과 전투가 전혀 나오지 않는다. 고당 전쟁 기록에서도 개주와 해성시 남쪽이 고구려 영토가 아님을 알려주는 것이다.

　상기의 많은 기록들을 통해 백제가 요동에서 건국해 말기까지 존재했음을 고찰했다. 그리고 앞서 고찰한 바와 같이 칠중하(七重河)와 칠중성(七重城)의 위치를 떠올려 보자. 칠중하는 요동에 있었고 삼국 초기에는 백제의 영토였으니 백제가 요동에 존재했던 또 다른 증거이다. 마지막으로 《사기》〈하본기〉에 나오는 《사기정의》의 주석에 "《괄지지(括地志)》에서 말하길, 백제국 서남 발해 중에 큰 섬 15개가 있다. 모든 읍락에 사람이 거주하는데 백제에 속한다."고 나온다. 《괄지지》는 642년에 편찬된 당나라의 지리지로 지금은 전하지 않는다. 《괄지지》에서 말한 발해는 서남으로 산동반도와 동북쪽으로 요동반도 사이에 있는 해역이다. 지도를 보면 요동반도 일대에 큰 섬들이 많이 있다. 여기에 백제국의 서남에 큰 섬 15개가 있다고 했으니 당시 백제의 영토가 요동반도에 있었음을 알 수 있다.

이들 기록을 종합하면, 《삼국사기》〈백제 본기〉 온조 원년과 《수서(隋書)》에서 백제가 대방고지에서 건국했다는 기록, 《삼국사기》〈백제 본기〉에 낙랑이 백제의 동쪽에 있었다는 기록, 온조왕 37년에 흉년으로 백제인이 고구려로 도망쳐 패수와 대수 사이가 텅 비었다는 기록, 온조왕 때 초기 강역의 북쪽 경계가 패하라는 기록, 백제 계왕 때의 부여 공격 기록, 동진이 근초고왕을 낙랑 태수로 임명한 기록, 《진서》〈재기 모용황〉조에 백제인을 포로로 잡은 기록, 《송서》〈백제 열전〉과 《양직공도》에서의 요서 백제 기록, 《남제서》의 백제와 북위의 전쟁 기록, 《통전》과 《만주원류고》의 진평군 위치 기록, 《구당서》, 《신당서》 및 《통전》에서 백제 영토가 신라 및 발해와 말갈에 의해 나눠졌다는 기록, 고당 전쟁 시기 고구려와 당나라의 전투가 요동반도 남쪽에서 전혀 이루어지지 않았다는 점, 《삼국사기》의 칠중하 기록, 《만주원류고》와 《괄지지》 등의 기록은 백제가 요동에 있었음을 명확히 말해주는 것이다. 그런데 혹자는 백제 건국지가 중국 동남부이며 백제 사비성과 백마강 또한 중국 동남부에 있었다고 주장하는데 이게 사실이 아님을 쉽게 확인할 수 있다. 만약 백제가 중국 동남부에서 건국했다면 온조왕이 백제 동쪽에 낙랑이 있다고 말했으니 낙랑은 바다에 있어야 하고, 또 백제 동남쪽에 신라가 있었으므로 신라 또한 바다에 있어야 한다. 고구려는 백제 북쪽에 있고 동옥저는 고구려 동쪽에 있었으니 고구려는 중국 동부 해안이고 동옥저 영토가 1천 리이므로 옥저 또한 바다에 있어야 하는 것이다. 가야는 신라 남쪽에 있었기 때문에 중국 동남단에 위치했을 것이고 왜는 중국 동남부 바다의 남사군도 정도에 있어야 하기에 사료와 전혀 맞지 않다. 《송서》〈이만열전 백제〉조에 "원가

2년(425)〉에 황제가 고하길, 사지절도독 백제제군사 진동대장군 백제 왕은 대대로 충성하고 순종하여 바다 건너에서 정성을 다했노라. 먼 지방의 왕위를 이어받아 ······."라고 나온다. 《송서》는 백제가 바다 건너 있다고 명확히 기록했다. 당나라 소정방이 13만 군사로 백제를 공격했던 당시 기록에는 《삼국사기》〈신라 본기〉에 "태종 무열왕 7년(660) 5월 26일에 왕이 유신, 진주, 천존 등과 함께 군사를 통솔해 경주에서 출발했다. 6월 18일에 왕이 남천정에 왔다. 소정방은 내주(萊州)에서 출발했는데 함선 행렬이 천 리를 이어 물길을 따라 동쪽으로 왔다."고 나온다. 이와 관련해 《구당서》와 《신당서》〈소정방 열전〉에는 소정방이 성산(城山)에서 출발해 웅진강구에 도착했다고 구체적으로 기록했다. 성산(城山)은 성산(成山)의 오기로 산동반도 동단에 위치했고 현재도 성산 지명이 남아 있다. 웅진은 공주의 옛 명칭이다. 태종 무열왕이 5월 26일에 경주를 출발해 경기도 이천에 있던 남천정에 도착한 것이 6월 18일이니 약 22일 걸렸다. 이는 경주에서 이천까지의 거리를 감안하면 지리와 부합한다. 만약 백제가 중국 동남부에 있었다면 당나라 군사가 위험한 해로를 통해 웅진강구로 올 이유가 없다. 신라 또한 경주에서 서해를 건너가야 하는데 신라군이 배를 탔다는 기록도 없고 설사 해로로 갔더라도 기간이 맞지 않다. 이런 이유로 또 어떤 이는 백제와 마찬가지로 신라 경주 또한 중국 동남부에 있었다고 주장한다. 그렇더라도 당나라 군사가 해로를 통해 백제를 공격할 이유가 없고 여타 수많은 사서 기록에도 전혀 부합하지 않는다. 그리고 7월 9일에 소정방이 기벌포에서 백제군과 싸워 크게 이긴다. 이어 7월 12일에 나당 연합군이 백제 도성인 사비성을 에워싸기 위해 소부리 벌판으로 전진한다. 소부리는 《삼국사기》〈지리지〉에 부여라고 나온다. 다음은 김춘추가 당나라에게 원병을 요청할 때의 기록이다. 《삼국사기》〈신라 본기〉에 "진덕왕 2년(648) 이찬 김춘추와 그 아들 문왕을 당나라에 보내 조공했다."고 나온다. 이때 당 태종이 김춘추를 불러 마음속에 있는 것을 묻는데 신라가 어디에 있었는지 알 수 있는 대답이 나온다. "신의 나라는 바다 모퉁이에 처해 있고 천자국 조정을 섬긴지 여러 해가 되었습니다."라고 한 것에서 신라가 바다 건너 있음을 알 수 있다. 이어 김춘추가 당나라에서 돌아올 때의《삼국사기》기록을 보자. "춘추가 돌아오는 길에 바다에서 고구려 순라군을 만났다. 김춘추를 따라간 온군해가 고위직의 모자와 옷을 입고 배 위쪽에 앉으니 순라병이 그를 춘추로 알고 죽였다. 춘추는 작은 배를 타고 본국에 도착했다."고 나온다. 이와 같이 신라와 당나라는 바닷길을 통해야 교류할 수 있었기에 백제와 신라 도성이 중국 동남부에 있을 수 없는 것이다.

V. 신라 건국지

신라가 건국한 곳은 경주이며 이는 부인할 수 없는 사실이다. 혹자는 신라의 일식 기록 최적지가 중국 동남부 양자강 유역이라며 신라 위치가 경주가 아니라 양자강 일대라고 주장한다. 이는 천문학자 박창범이《삼국사기》에 나오는 일식 기록을 분석한 결과, 고구려 최적 일식 관측지는 바이칼호, 백제는 발해만, 신라는 양자강 유역이라고 밝힌 것에 기인한 것이기도 한데, 이에 대해 윤담헌 천문학 교수는《삼국사기》의 일식 기록을 구체적으로 분석해 이것이 사실이 아님을 입증했다. 윤담헌 교수는 두 학자의 논문을 소개하는데 한국학중앙연구원 김일권 교수의《2016년 신라사 학보 37》〈삼국사기 일식 기록의 한중 사료 대조와 일식 상황 비교〉논문에서《삼국사기》67개의 기록 중 2개를 제외한 65개의 일식 기록이 중국의 사서와 일치한다는 점을 들어 중국 사서의 내용을 참조해서 기록한 것으로 보았다. 같은 한국학중앙연구원의 전용훈 교수는《2020년 한국과학사 학회지 42-1》의〈중국 사서 의존성 기록을 중심으로〉라는 논문에서《삼국사기》의 일식 기록은 우리가 독자적으로 한 것이긴 하지만 중국 사서의 기록을 참고한 것이라고 주장했다. 이와 같이 다른 천문학자들은 박창범 교수의 의견에 동의하지 않는다. 또한 윤담헌 교수는 고구려의 일식 기록은 바이칼호뿐만 아니라 중국 및 한반도에서도 관측할 수 있었으며 아프리카에서만 관측할 수 있는 일식 기록도 중국과 고구려에 동시에 기록되어 있어 고구려 천문 기록에 의문을 나타냈다. 이어 그는 최적 관측지론은 천동설을 주장하는 것과 마찬가지로 잘못된 주장이라는 결론을 내렸다. 그리고 백제의 경우, 삼근왕 2년(478)의 일식 기록은 남미에서만 관측할 수 있어 아시아에서는 관측이 불가능함에도 백제뿐만 아니라 중국의 《남사(南史)》에도 동시에 기록되어 있는데 이는 중국 혹은 백제가 일식 기록을 베껴 둘 다 오답을 낸 경우일 수밖에 없다고도 했다. 신라는 기원전 54년에서 201년까지의 기록과 787년에서 911년까지의 두 개의 시대로 구분하는데 전기의 경우에는 양자강 유역이 최적지이지만 경주에서도 충분히 관측이 가능했다고 한다. 그리고 아달라 13년(166)에 관측한 일식의 경우는 양자강 유역에서는 관측이 불가능해 《후한서》의 기록에서도 사관이 보지 못해 군국으로부터 전해 들었다고 나와 있어 일식 관측의 최적지가 양자강이라는 것은 사실과 맞지 않은 것이다. 이어 그는 신라 전기의 일식 기록 19건을 분석하길, 실제로 일어나지 않은 일식 기록이 2건, 한반도에서 관측이 불가능한 일식이 1건, 경주에서 0.1 이하의 식분(蝕分)인 2건을 제외하고는 14건은 모두 경주에서 높은 식분으로 관측이 가능했다는 점이다. 여기서도 신라 전기의 일식 기록이 양자강 유역이 아님을 알 수 있다. 또한 그는 신라 후기의 최적 관측지가 말레이시아로 나오는데 일식의 최적 관측지로 국가의 위치를 찾는다면 후기의 신라는 말레이시아에 있어야 한다. 이렇게 일식 관측의 최적지로 국가의 위치를 찾는다는 것은 윤담헌 교수의 말대로 천동설이나 다름없는 것이다. 상기의 내용은 윤담헌 교수의 블로그 《역사천문학 산책》을 보면 자세히 알 수 있다. 이들 세 명의 천문학자 외에도 다른 전문가들도 박창범 교수의 주장에 대해 많은 비판을 하고 있다. 블로그 소호자는 〈일식 최적 관측지의 이론과 허구〉라는 글에서 한(漢)나라 초기의 최적 일식 관측지는 서울이고, 신라 건국 시기의 한(漢)나라의 최적 관측지는 일본 열도로 나온다고 분석했다. 이러면 한나라는 건국 초기에는 한반도에 있다가 신라가 건국할 시기에는 일본 열도로 옮긴 것일까? 그럴 가능성은 전혀 없으므로 이 분석에도 일식 최적 관측지로 국가의 위치를 찾는 것은 오해만 불러일으킨다.

역사를 규명하는 것은 무엇보다도 기록이 우선되어야 한다. 신라가 한반도의 경주에서 출발했다는 수없이 많은 기록과 유물은 애써 무시하면서 다른 천문학자들도 인정하지 않는 박창범 교수의 주장만을 전적으로 신뢰하는 것을 합리적이라고 할 수 없다.

신라 위치에 대한 다른 기록을 보자. 《삼국사기》〈신라 본기〉에 "박혁거세 30년(서기전 28)에 낙랑인이 군사를 이끌고 침략했다."했고, "남해 차차웅 원년(서기 4)에는 낙랑 군사들이 와서 금성을 여러 겹 포위했다."라고 나온다. 그리고 "남해 차차웅 11년(서기 14)에 낙랑이 우리 내부가 비었을 것이라 생각해 금성을 매우 급히 공격했다."고 했다. 이 기록들을 보면 낙랑과 신라는 육로로 서로 통하는 지역에 있으니 서로 멀리 떨어져 있지 않았을 것이다. 신라 초기 건국지가 양자강이라면 낙랑인들은 어디에 존재할 수 있었을까? 재야 사학계 일부는 낙랑군이 북경 혹은 요서에 있었다고 주장한다. 낙랑군은 한(漢) 나라에 속한 군현인데 한나라 군사가 양자강의 신라를 공격한다면 그 인근의 한나라 군사를 동원하면 되지 굳이 멀리 떨어진 낙랑 군사를 동원할 이유가 없다. 신라가 양자강에 존재했다면 당시 신라를 공격했던 낙랑의 정체가 무엇이며 어디에 있었는지 설명해야 한다. 《삼국사기》〈신라 본기〉에 나오는 신라 초기 기록을 보면 그럴 가능성이 전혀 없다. 박혁거세 원년(서기전 57)에 신라가 진한 땅에서 건국했고, 박혁거세 8년(서기전 50)에는 왜인이 변경을 침입했다. 19년(서기전 39)에는 변한이 항복한 데 이어 30년(서기전 28)에는 낙랑이 변경을 침입했고, 53년(서기전 8)에 동옥저의 사신이 좋은 말 20필을 바쳤다는 기록에서 이들과 신라가 인근에 위치했음을 알 수 있다. 이후 신라와 인접국과의 관계는 계속해서 이어진다. 남해 차차웅 때의 왜와 북명과 예, 유리이사금 때의 화려와 불내, 맥국 등의 공격과 교류 기록을 보면 신라가 양자강에 있을 수는 없다. 만약 초기 신라가 양자강에 있었다면 백제, 가야, 왜, 낙랑, 북명, 화려, 불내 및 동옥저도 중국 대륙에 있어야 한다. 신라 건국 초기에 이들은 중국 대륙 어디에 있었기에 신라와 전쟁까지 할 수 있었을까? 그리고 백제의 천문 기록은 요서가 최적지라고 하는데 백제가 요서에 있었고 신라는 양자강에 있었다면 두 나라는 이후 전쟁은커녕 서로 만날 기회도 없었을 것이고 신라가 낙랑과 싸우고 북명 사람을 만나지도 못했을 것이다. 신라 건국 기록은 《삼국사기》에 상세히 나와 있고 그곳이 모두 한반도임을 명확히 밝히고 있다. 또한 《삼국지》〈위서 동이전〉에 신라의 다른 이름인 사로국(斯盧國)이 진한 12국의 하나로 나온다. 삼한의 위치에 대해서는 이미 고찰한 바와 같이 한반도에서 요동까지였으니 신라 건국지가 중국 양자강에 있을 가능성은 없다. 그 이후에도 마찬가지인 것은 만약 신라가 양자강에 있었다면 왜와 가야와의 전쟁 기록은 물론이고 남해안 일대에 있었던 신라와 포상 8국과의 전쟁을 설명할 수 없다. 만약 그렇다면 당시 한반도에는 누가 살았던 것일까? 신라를 포함해 고구려, 백제, 가야, 왜인들이 모두 양자강 인근에 있다가 서로 동시에 약속하고 한반도로 이동해 왔을 가능성은 없다. 삼한인들이 한반도와 요동에 있었고 그 뒤를 이은 삼국도 한반도와 요동에 있었으니 초기 신라가 한반도 동남부에 있어야 하는 것은 너무도 당연하다. 신라에 대한 기록은 중국 남조의 하나인 양서(梁書)에 상세히 나온다. 《양서》〈동이열전〉에 "신라는 (양나라와) 1만 리 떨어져 있다. …… 신라는 백제의 동남쪽 5천여 리 밖에 있다. 동쪽으로 바다와 접하고 남북으로 고구려, 백제와 접하고 있다. 위나라 때는 신로라 불렀고 송나라 때는 신라, 사라라 불렀는데 나라가 작아서 독자적으로 사신을 파견할 수 없었다. 보통 2년(521)에 모진이라는 왕이 방물을 바쳤다. 문자가 없어 나무에 새겨 신표로 삼는다. 백제의 통역이 있어야 소통할 수 있다."고 나온다. 당시 중국은 북위가 하북 지역을 차지하고 있었고 양나라는 하남에서 베트남 북쪽까지 영토를 가지고 있었다. 그리고 신라가 1만 리 떨어져 있다고 했으니 중국 대륙에는 신라가 없음을 알 수 있다. 또한 양나라는 신라가 어떤 나라인지 전혀 모르고 있었다. 신라가 백제의 5천여 리 밖에 있고 문자도 없다고 하니 신라에 대한 정보가 엉터리다. 신라가 중국 대륙에 있었다면 그럴 수가 없고 백제의 통역도 필요 없었을 것이다. 《구당서》〈동이열전 신라〉조에는 "신라는 한나라의 낙랑 땅에 있었으니 동쪽과 남쪽은 모두 바다에 접하고 서쪽과 북쪽은 백제와 접해 있다. 동서로 1천 리, 남북으로

2천 리다."라고 나온다. 신라의 동쪽과 남쪽이 모두 바다이고 남북으로 2천 리이며 한나라의 낙랑 땅에 있다고 했으니 신라가 중국 양자강에 존재할 수 있었을까? 이외에도 신라가 한반도에 있었다는 증거는 많고 모든 설명이 신라는 물론이고 고구려, 백제, 가야, 낙랑과 왜가 한반도를 중심으로 있었음을 증명하고 있다. 또 혹자는 신라가 양자강에도 있었기 때문에 그 쪽을 서신라, 한반도에 있는 신라를 동신라라고 했다고 주장하기도 한다. 만약 서신라가 존재했다면 당시 초강대국이었던 한나라와 수나라, 당나라의 땅에서 생존할 수 있었을지 의문을 가져야 하는 게 당연하다. 한편 경주 대릉원에 수많은 고분이 밀집해 있고 천마총과 이사지왕이라는 명문의 금관총이 발굴되었으며, 무열왕릉과 문무왕 비문, 불국사, 석굴암, 첨성대, 금관 등의 유물도 경주에 남아 있다. 《삼국사기》〈솔거열전〉에는 솔거가 경주 분황사 석탑에 관음보살을 그렸다고 했고 분황사 석탑에 관음보살 그림이 실제로 존재하니 경주가 달리 있을 수가 없다. 또한 창녕비, 북한산비, 황초령, 마운령비, 단양 적성비, 삼년산성이 한반도에 있고, 《인동읍지》에는 박혁거세가 구미에 천생산성을 쌓았다는 기록도 나온다. 이와 같이 신라가 중국 대륙이 아닌 한반도에 있었다는 증거는 헤아릴 수 없이 많다. 이런 수많은 사료와 유적은 고려하지 않고 단순히 유사한 지명과 다수의 천문학자에 의해 부정된 천문 기록의 최적지로 역사를 규명한다면 합리적이라고 할 수 없는 것이다. 그리고 앞에서도 나왔지만 《수씨유국도(隋氏有國圖)》와 《당십도도(唐十道圖)》의 고지도에는 중국 대륙에 신라 영토는 어디에도 없었다.

이와 같이 신라의 건국지는 경주가 확실하지만 주류 사학계가 주장하는 초기 신라의 강역은 너무 축소되었다. 현재 주류 사학계는 신라의 위치를 초기에는 경상도 북부까지로, 후기에는 대동강과 원산만 이남이라 주장하고 있다. 그러나 《삼국사기》와 중국 사서의 기록은 이게 아님을 말하고 있다. 신라 2대왕인 남해 차차웅의 기록을 보자. 《삼국사기》〈신라 본기〉"남해 차차웅 16년(서기 19)에 북명(北溟) 사람이 밭을 갈다가 예 왕(濊王)의 옥새를 얻어 바쳤다."고 나온다. 북명 사람이 신라 왕에게 예 왕의 옥새를 바친 것으로 보아 북명과 신라는 근처에 있었거나 또는 북명까지 신라의 영토일 수도 있음을 시사한다. 그렇지 않다면 북명인이 멀리 떨어져 있는 신라 왕에게 옥새를 바칠 이유가 없기 때문이다. 신라는 본래 진한의 땅에서 건국했다고 기록되어 있다. 이미 삼한의 위치를 고찰한 바와 같이 마한은 한반도 서쪽에서 북쪽으로 낙랑까지, 진한은 요동반도와 한반도 동북의 함경북도에서 경상남도까지 존재했다. 이는 신라 영토가 훨씬 북쪽까지 올라가 있었음을 추정할 수 있다. 《삼국사기》〈지리지〉에 명주(溟州) 위치가 나온다. "명주는 본래 고구려 하서량으로 후에 신라에 속했다. 가탐이《고금군국지》에 지금 신라의 북쪽 경계인 명주는 대개 예의 옛 국가라 했다. 전사(前史)에서 부여를 예의 땅이라고 한 것은 잘못이다. …… 거느리는 현은 4현이다. 정선현 …… 제현 …… 연곡현 …… 동산현이다."라고 했다. 현재 학계는 명주를 강릉으로 비정한다. 《삼국사

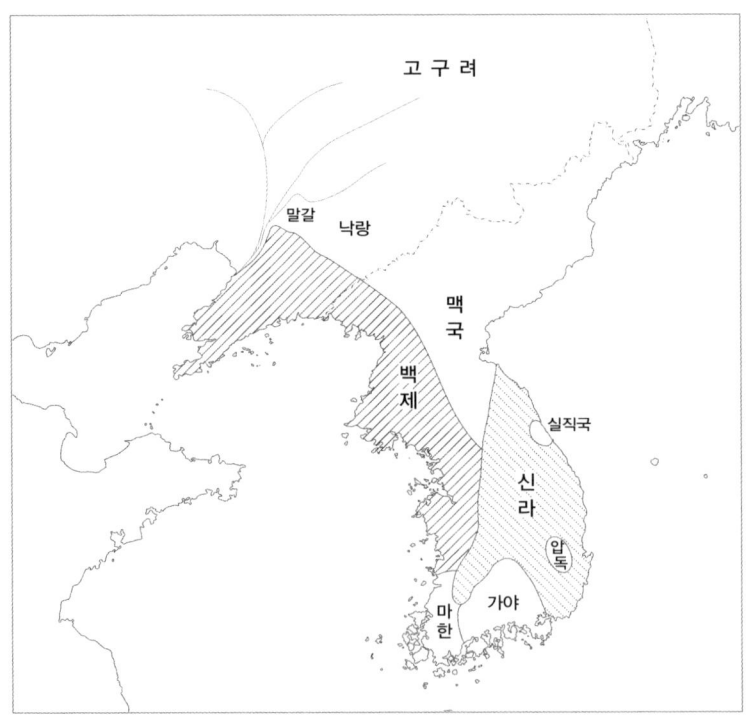

〈지도 64〉 신라 초기 영토

기》〈신라 본기〉에 "진성왕 5년(891) 10월에 북원의 반란군 수장 양길이 부하 궁예로 하여금 기병 1백여 명을 거느리게 하여 북원 동쪽 부락과 명주(溟州) 관내의 주천 등 10여 군현을 습격했다."는 기록이 있다. 북원은 현재의 원주이다. 이 기록에서 명주는 북원과 멀지 않은 곳에 있었으므로 강릉으로 비정한 것은 어느 정도 근거가 있다. 북명이 명주의 북쪽이라는 의미이면 북명 위치는 강릉 북쪽에 위치한 나라 혹은 지역일 것이다. 북명이란 이름은 《삼국사기》〈고구려 본기〉에도 나온다. 대무신왕 4년 부여를 치기 위해 비류수 위에 다다랐을 때, 북명 사람 괴유가 나타나서 종군을 청한다. 당시 고구려의 도읍은 국내성이고 비류수는 압록수 또는 혼하이자 마자수이며, 마자수가 국내성 근처를 흐르므로 고구려군이 국내성에서 멀리 떨어지지 않은 곳에서 괴유를 만났음을 의미한다. 이 기록은 북명이 국내성과 멀지 않았음을 보여주는데 북명이 북쪽 멀리 있다는 그런 의미가 아니라면, 북명의 위치가 현 압록강 너머까지 이를 수 있음을 보여준다. 파사이사금 23년(102)에는 실직과 압독 두 나라가 항복하는데 실직은 《삼국사기》〈지리지〉에 현재의 삼척으로 나온다. 일성이사금 5년(138)에 태백산에 이르러 친히 제사를 지냈다는 기록이 있다. 학계는 이 태백산을 경북 영주와 봉화, 그리고 충북 단양에 걸쳐 있는 소백산이라고 한다. 주석에는 태백산이 내이군(奈已郡) 혹은 내사군(奈巳郡)이라고 나오는데 내이군은 《삼국사기》〈지리지 백제〉에 현 광주인 무진주의 군현으로 나온다. 《삼국유사》〈의해 의상전교〉에서 의상이 태백산에 돌아와 부석사를 창건했다고 하는데 이는 의상이 태백산 위치에 영주 부석사를 창건한 것인지, 태백산에 돌아오고 영주로 가서 부석사를 창건한 것인지 이 기록만으로는 알 수 없다. 《고려사》〈지리지 동계 삼척현〉조에는 본래 실직국으로 신라 북악인 태백산이 있다고 했다. 신라 왕이 제사를 지낸 곳이니 신라가 북악으로 삼은 삼척의 태백산이 유력하다. 내해이사금 27년(222) 10월에는 백제가 우두주를 침입했다는 기록이 나오는데 우두주는 현 춘천으로 비정된다. 그런데 《한국사데이터베이스》의 《삼국사기》에는 선덕왕 6년(637)에야 우두주에 군주(軍主)를 두었다는 기록이 있으니 이때는 신라 영토일 리가 없다고 설명한다. 군주는 군사를 담당하는 장수로 그 지역의 군사적 가치가 있어서 군주를 둔 것이지 우두주의 존재 여부와는 관련이 없다. 벌휴이사금(185) 2월조를 보면 파진찬 구도와 일길찬 구수혜를 좌우 군주(軍主)로 임명했는데 군주라는 이름이 이때부터 사용되었다는 기록이 나온다. 이들의 주장대로라면 파진찬 구도와 일길찬 구수혜 두 명 만을 군주로 임명했으니 나머지 지역의 군현은 신라의 영토가 아닌 것이 된다. 그리고 《삼국사기》〈신라 본기〉 기림이사금조에는 3년(300)에 왕이 비열홀로 가서 나이가 많고 가난한 사람들을 위로하고 곡식을 하사했다는 기록과 우두주에 이르러 태백산에 망제를 지냈다는 기록이 있다. 이렇게 되면 태백산은 또 다른 곳이 된다. 만약 우두주가 관할하는 곳이 삼척까지 이르렀다면 가능하다. 그런데 《삼국사기》〈지리지 신라조〉에 삭주가 나오는데 삭주는 우수주(우두주)로 녹효현, 황천현, 지평현의 3현이 있다고 나온다. 녹효현은 춘천 인근의 홍천으로 나머지 두 개 현 또한 삼척과는 거리가 멀어 삼척의 태백산과는 관련이 없다. 그래서 기림이사금에 나오는 우두주의 태백산은 춘천 인근에 있는 것이다. 비열홀은 현재 북한의 강원도 안변군으로 비정하고 있는데 혹자는 진흥왕 때에 이르러서야 이곳까지 점령하므로 당시 신라가 이곳까지 갈 수가 없다며 기록의 오류라고 한다. 《삼국사기》 기록에는 비열홀을 빼앗았다는 기록이 없는 것은 맞지만 누락된 기록이 많은 것도 알아야 한다. 앞의 우두주를 신라가 점령한 기록도 없고 비열홀도 마찬가지다. 그리고 함경도의 황초령과 마운령도 점령한 기록이 없다. 여기는 진흥왕 순수비가 발견되면서 진흥왕 때 이곳까지 이르렀음을 알았으니 만약에 순수비가 발견되지 않았다면 주류 사학계는 신라의 영토를 이곳까지 올리지 않았을 것이다. 추후 고찰하겠지만 진흥왕 당시의 신라 북계는 주류 사학계의 주장보다 훨씬 더 북쪽에 있었다.

이렇게 《삼국사기》는 파사이사금 때 신라의 영토가 북쪽으로 삼척까지 올라갔고, 내해이사금 때까지는 춘천까지, 기림이사금 때까지는 북한의 강원도 안변까지 영토를 넓혔음을 분명히 기록하고 있다. 초기 신라의 북방 영토는 일제 관변학자와 주류 사학계가 주장하는 경상북도까지가 아니라 기록에 따르면 최소한 서북으로는 춘천, 동북으로는 북한의 강원도 안변까지 올라가 있었던 것이다.

Ⅵ. 가야 건국지

가야 건국 기록은 《삼국유사》에 상세히 나온다. 당초 가야 지방에 구간(九干)이 있었는데 후한 광무제 건무 18년(서기 42)에 하늘에서 내려온 여섯 개의 알 중 하나에서 나온 김수로가 왕위에 올랐고 나라 이름을 대가락(大駕洛) 혹은 가야국(伽耶國)이라 했는데 이는 여섯 가야 중의 하나였다. 현재 우리나라에 김수로를 시조로 하는 김해 김씨와 왕비 허황옥을 시조로 하는 김해 허씨의 후손들이 경남은 물론이고 전국에 대거 분포해 있다. 나머지 다섯 사람도 각각 가야의 임금이 되어 동쪽은 황산강, 서남쪽은 창해, 서북쪽은 지리산, 동북쪽은 가야산, 남쪽은 나라의 끝이라 했다. 황산강은 신라와의 관계를 비교하면 낙동강으로 비정된다. 삼국의 중국 대륙설을 믿는 사람들은 가야 또한 중국 동남부에 있었다고 하지만 《삼국유사》는 그게 아님을 명백히 말해 준다. 초기 가야 영토는 동쪽으로는 합천, 창녕, 김해를 경계로 했고, 서북쪽은 지리산, 동북쪽은 가야산으로 경상남도의 낙동강 서쪽이 이에 해당한다. 그런데 당시 가야 남쪽에는 다른 국가가 있었다. 이른바 포상(浦上) 8국인데 정확히 이들 국가가 언제부터 존재했는지에 대한 기록은 없다. 다만 포상에 있는 나라라 모두 바닷가를 근거로 한 것임을 알 수 있다.

《삼국사기》〈신라 본기〉에 "내해이사금 14년(209) 7월에 포상 8국이 가라를 칠 것을 모의하자 가라 왕자가 도움을 요청했다. 왕이 석우로와 이벌찬 이음에게 6부의 병사를 거느리고 가라를 구원토록 명령했다. 포상 8국의 장군들을 죽이고 포로로 잡혀갔던 6천여 명을 빼앗아 돌려줬다."고 했고, 《삼국유사》〈물계자전〉에는 "내해왕 때 보라국, 고자국, 사물국 등 8국이 합세해 변경을 침입했다. 왕이 태자 내음과 장군 일벌 등에게 명해 병사를 인솔해 그들과

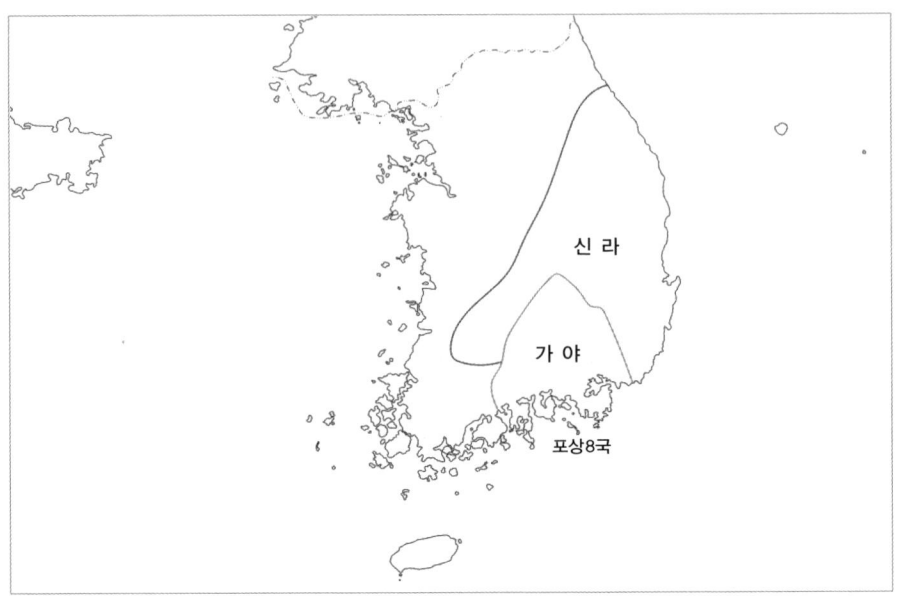

〈지도 65〉 초기 가야 영토 및 포상 8국

싸우니 8국이 모두 항복했다. 10년에 골포국 등 3국의 왕이 각각 병사를 인솔해 갈화를 공격했다. 왕이 친히 병사를 거느리고 방어하자 3국이 모두 패했다."고 기록했다. 보라국의 위치는 알 수 없고 고자국은 현 경남 고성, 사물국은 경남 사천, 골포국은 창원 마산이다. 포상 8국은 주로 경남 해안가에 위치한 나라들임을 알 수 있다.

Ⅶ. 임나일본부

임나일본부의 존재에 대해서는 한사군만큼 역사학계의 뜨거운 논쟁 중의 하나이다. 일제 관변학자와 그 추종자들은 한반도 남부에 왜가 임나일본부를 설치해 한반도 남부를 통치했다고 주장한다. 임나에 관한 기록을 보면《일본서기》〈권 제9 신공황후〉조에 "신공황후 49년(369) 3월, 황전별과 녹아별을 구저 등과 군대를 인솔해 건너가 탁순국에 이르러 신라를 치려고 했다. 이때 어떤 사람이 말하길 '군대가 적어 신라를 격파할 수 없으니 다시 사백, 개로를 보내 군사를 늘려주도록 요청하십시오.'라고 했다. 곧 목라근자와 사사노궤에게 정병을 이끌고 사백, 개로와 함께 가도록 명했다. 함께 탁순국에 모여 신라를 격파하고 비자발, 남가라, 녹국. 안라, 다라, 탁순, 가라의 7국을 평정했다. 또 군대를 옮겨 서쪽으로 돌아 고해진에 이르러 남쪽 오랑캐인 침미다례를 무찔러 백제에게 주었다."라고 되어 있다.

서기 369년은 백제 근초고왕 24년으로 백제의 전성기다. 369년 9월에 치양에서 고구려군을 격파했고 371년에는 패하에서 고구려군을 크게 격파한다. 왜가 백제의 전성기에 한반도 남부로 와서 신라와 7국을 무찌르고 침미다례를 백제에게 주었다고 하는 것이 가능할까? 위의 기록에서 정병을 이끈 목라근자(木羅斤資)와 사사노궤(沙沙奴跪)의 이름을 보면 백제 8대 성인 목씨와 사씨이다. 이들은 백제 장군으로서 근초고왕의 명령에 따라 신라와 싸워 가야를 평정하고 이후 전라도 지역을 점령한 것임을 알 수 있다. 그리고 이때는 신라 내물왕 시기로 《삼국사기》에는 왜와 전쟁한 기록이 나오지 않는다. 《광개토호태왕 비문》에 나오는 신묘년에 왜가 바다를 건너온 때는 391년으로 이와도 맞지 않으니 《일본서기》에 나오는 기록은 왜가 아니라 백제가 주체인 것이다. 《일본서기》〈숭신천황〉조에는 "65년(서기전 33) 7월, 임나국(任那國)이 소나갈질지를 보내 조공했다. 임나는 축자국에서 2천여 리 떨어져 있고 북쪽은 바다로 막혀 있으며 계림의 서남쪽에 있다."고 했다. 이 기록에서 임나의 위치를 보자. 먼저 축자국에서 2천여 리라고 했는데, 《삼국지》〈위서 동이전 왜〉조에 '구야한국(변한의 소국으로 김해 지역)에서 1천 리를 가면 대마도가 나오고, 대마도에서 남쪽으로 한해(瀚海) 1천 리를 가면 일대국(一大國)으로 방 3백 리이며, 다시 바다를 건너 천여 리를 가면 말로국에 도착한 후 동남으로 육로로 5백 리를 가면 이도국에 도착한다.'고 했는데 여기서 일대국은 대마도 동남쪽의 현 일기도(壱岐島)를 말한다. 다시 1천여 리를 더 가서 육지에 도착하니 대마도에서 육지까지는 약 2천 리이다. 축자국은 일본 《고사기》에 축자도에 있는 4국 중 하나로 위치는 북큐슈(北九州)에 존재하던 소국이라고 한다. 이 기록대로라면 축자국에서 2천 리에 북쪽이 바다로 막혀 있고 계림의 서남이면 임나는 대마도일 수밖에 없다.

임나국에 대한 《한국사 데이터베이스》의 주석을 인용해 보자. "임나국은 금관가야 또는 가야 연맹체의 이칭이다. 임나라는 말이 가장 먼저 보이는 우리나라의 사료는 광개토태왕비인데 임나가라라 했고, 《삼국사기》〈권46, 강수전〉에 의하면 강수가 '신은 본래 임나 가랑인이라 했다. 한편 봉림사 진경대사비에는 '세속 성(姓)인 신김씨(新金氏)는 옛 임나 왕족인 원조 ①흥무대왕'이라 했다. 《일본서기》〈흠명천황〉②23년(562) 봄 정월조에 의하면 '신라가 임나관가를 공격해 멸망시켰는데 주석에서 임나는 561년에 망했는데 통틀어 말하면 임나라 하고, 따로 말하면 가라국, 안라국, 사기국, 다라국, 졸마국, 고차국, 자야국, 산반하국, 걸찬국, 임례국이니 합하면 10국이다.'라고 했다."는 기록이 있다. ①의 흥무대왕은 김유신을 말한다. 김유신은 본래 가야 사람인데 임나 왕족이라고 했으므로 임나는 가야의 별칭임을 알 수 있다. 이에 대해 신김씨가 김유신 후손이 아니라 김유신에게 항복했다고 생각할 수도 있어 단정할 수 없지만 ②의 흠명천황 23년에 임나가 가야 전체를 통칭하는 말이라 했고 임나의 이름 내에 가락국 등의 10국이 있다고 했다. 이 기록에 따르면 임나는 가야 10국을 통칭하는 말임을 알 수 있다. 흠명천황 23년과 같은 시기인 진흥왕 23년(562)에 가야를 항복시켰다는 《삼국사기》〈신라 본기〉의 동일한 기록이 나오니 임나는 가야인 것이다. 왜 이렇게 임나에 대한 기록의 차이가 나는 것일까? 임나가 초기에는 대마도를 칭하는 말이었는데 후일 가야를 통칭하는 말로 바뀐 것인지, 아니면 세월이 지나 와전되면서 이후 잘못 쓰이게 된 것인지는 알 수 없다. 그리고 일본부라는 명칭은 《일본서기》〈웅략천황〉 8년(464)의 기록에서 나온다. 그 기록을 요약하면 '신라가 조공을 바치지 않은 지가 8년이 지나 일본을 두려워하더니 신라가 고구려와 수호했다. 그래서 고구려가 정병 100명을 보내 신라를 지키게 했다. 고구려가 신라를 멸망시키려 한다는 것을 안 신라가 고구려군을 죽이자 고구려 왕이 군사를 일으켰다. 이를 두려워 한 신라가 임나왕에게 사람을 보내 일본부의 장군들에게 도움을 청하도록 요청했다.'는 것이다.《일본서기》〈계체천황〉 6년(512)의 기록을 더 보면 "12월 백제가 표를 올려 임나국의 상치리(上哆唎), 하치리(下哆唎), 사타(娑陀), 모루(牟婁)의 4현을 요청했다.(哆는 당시 '다'로 불렸다고 한다. 즉 상다리, 하다리이다.) 치리국 수장 수적신압산이 말하길, '이 4현은 백제와 인접했고 일본과는 멀리 떨어져 있습니다. 아침저녁으로 쉽게 통할 수 있고 (누구의) 닭과 개인지를 구별하기 어려우며 지금 백제에게 주어 합쳐서 같은 나라로 만들면 굳게 지키는 계책이 이보다 나을 것이 없습니다. 비록 주어서 나라를 합치더라도 후세에 위태로울 수 있는데, 하물며 다른 곳이 된다면 몇 년을 지키겠습니까?'라고 했다." 왜가 백제에게 조건 없이 땅을 주었다는 이 기록은 왜가 아닌 백제의 역사임을 보여준다. 일본이라는 국명은 7세기 말에야 사용했고 천황이라는 명칭을 쓴 적이 없음에도 이를 기록에 남겼으니《일본서기》의 국수주의적인 기록은 대부분 걸러서 봐야 한다. 일본은 앞서 나왔던 신공황후 49년과 흠명천황 23년 등의 기록을 근거로 임나에 일본부가 설치되었고 이 일본부가 한반도 남부를 지배했다고 주장하는데 여기에는《광개토호태왕 비문》의 신묘년(391) 기사도 인용된다. "百殘新羅舊是屬民由來朝貢而倭以辛卯年來渡海破百殘□□□羅以爲臣民." 이 비문에 대한 일본의 해석은 "백제와 신라는 옛날부터 속민으로 조공을 해왔다. 왜가 신묘년에 바다를 건너와 백제와 □□□라를 깨뜨리고 속민으로 삼았다."라고 했다. 언뜻 보면 이 해석이 맞는 것처럼 보인다. 그러나 광개토호태왕의 업적을 기리는 비문에 왜가 주체가 되는 기록이 나올 수가 없다. 비문은 대개 문장을 줄이기 위해 주어를 생략하는 경우가 많고 이의 주체는 당연히 고구려가 되어야 한다. 이를 다시 해석하면 "백제와 신라는 예로부터 속민으로 조공을 해왔다. 왜가 신묘년에 바다를 건너왔기에 광개토호태왕이 백제와 □□를 깨뜨리고 □라를 속민으로 삼았다."가 되어야 한다. 그리고 비문에서 아주 중요한 세 글자가 파손되어 해독을 못 하게 만들었다. 이는 일제가 자신들에게 불리한 글자를 파내서 그럴 것이다. 일제가 온갖 유물을 조작해서 북한 평양에 낙랑이 존재한 것으로 만들고, 환도의 위치까지 조작하기 위해 정체불명의 관구검 기공비까지 만들어 낸 것을 보면 필히 비문도 조작했을 것이다. 문맥을 보면 왜가 신묘년에 바다를 건너 와서 고구려가 출병했는데 왜와의 전투가 없을 수가 없다. 파손된 세 글자 중 마지막 한 글자는 신(新)이고 앞의 두 글자는 왜이(倭而)일 것이다. 이렇게 되면 "왜가 신묘년에 바다를 건너오자 고구려가 백제와 왜를 깨뜨리고 신라를 속민으로 삼았다."가 되어야 한다. 글자를 복원하면 다음과 같을 것이다. "百殘新羅舊是屬民 由來朝貢, 而倭以辛卯年來渡海, 破百殘倭 而新羅以爲臣民."

일제가 비문을 조작했다는 비문조작설을 보면 비에 석회가 칠해져 있었는데 현지의 중국인이 회를 발라 글자를 조작했다는 설과 1883년 일제가 비문을 조작했다는 설 등 다양하다. 이는 일제가 제대로 된 탁본을 밝히지 않은 이유도 있고 내도해파(來渡海破)의 글자 배치가 다른 글자와 확연히 달라 이곳에 석회를 발라 비문을 조작했다는 설 등이 있다. 정황상 비문의 조작이 있었을 것이라 판단하지만 설사 조작하지 않았더라도 비문에서 나온 해석은 분명하다. 신묘년에 고구려가 백제, 왜를 깨뜨린 후 신라를 신민으로 삼았다는 것이다. 그리고 《일본서기》의 기록과는 다르게 당시 백제와 왜의 관계를 알려주는 다른 증거가 있다. 그것은 칠지도이다. 칠지도는 1874년 일본 나라현 이소노카미 신궁에서 발견되었는데 칠지도를 놓고 양국의 의견이 갈린다. 일본학계는 4세기 중엽에 백제 근초고왕으로 추정되는 인물이 칠지도를 왜에게 바쳤다고 주장하고, 한국 역사학계는 백제 왕이 일본에 하사했다고 주장하고 있다. 어떤 것이 맞는지 관련 기록을 보자 《일본서기》 신공황후 52년(372) 9월에 백제 곡나 철산에서 얻은 철로 칠지도(七枝刀) 한 자루, 칠자경(七子鏡) 한 개를 비롯한 여러 가지 보물을 바쳤다는 기록이 나온다. 칠지도 하사는 백제 근초고왕 때 일어난 일이다. 명문의 내용을 보면, 앞면에 "泰□ 4年 五月 十六日 丙午正陽 造百鍊 七枝刀 辟百兵 供供候王 □□□□作", 뒷면에 "先世以來 未有 此刀 百濟王世子奇生聖音 故爲倭王旨造 傳示後世."로 되어 있다. 앞면의 泰□ 4년은 백제 자체의 연호임이 분명하다. 당시 동진(東晉)은 태(泰) 자가 들어가는 연호를 사용한 적이 없다. 동진이 태화(太和)라는 연호를 사용하기 했

지만 서기 366년에서 371년까지 사용했고 한자도 달라 가능성은 없다. 백제가 왜에게 보내는 칠지도에 자체 연호를 사용한다는 것은 백제가 왜의 상국이라는 뜻을 내포하고 있다. 명문을 해석하면 앞면은 "태□ 4년 5월 16일, 병오 정양에 백번 제련해 칠지도를 만들었다. 모든 군대를 피할 수 있으니 후왕들이 받들어 모셔라. □□□가 만들었다." 뒷면은 "선세 이래로 이런 칼은 없었다. 백제 왕세자 기가 성스러운 소리를 듣고 태어났다. 이런 이유로 왜왕은 만든 뜻을 받들어 후세에 전하도록 하라."는 의미다. 《일본서기》에는 왜가 백제의 상국이고 백제는 왜에 속했다고 기록했지만 명문의 내용을 보면 백제가 상국이고 왜가 백제의 후왕임을 알 수 있으니 《일본서기》가 얼마나 자국 중심의 역사관으로 서술되었음을 여기서 알 수 있다. 백제는 자체 연호가 있었고 상대국에게 왜왕이라는 말을 직접적으로 사용하면서 후왕이라 했으며, 후세에 전하라는 명령까지 하는데 누가 봐도 백제가 왜에게 명령을 내리는 존재였다. 일본 학계는 처음에는 명문의 해석을 부정하다가 도저히 다른 식으로는 해석이 안 되자 칠지도를 하사한 주체가 동진(東晉)이라는 말도 안 되는 해석을 한다. 《일본서기》에 명백히 백제의 곡나 철산에서 나는 철로 제련했다고 되어 있으니 엉터리 해석임을 알 수 있다. 당시 백제와 왜의 관계가 이러한데, 왜가 임나일본부를 설치해 임나 7현을 점령하고 침미다례와 임나 4현을 주었다는 것이 납득이 될까? 결정적으로 임나일본부의 성격에 대한 《일본서기》의 필사본 기록은 임나일본부를 통해 한반도 남부를 지배했다는 일본의 주장을 송두리째 무너뜨린다. 2000년 12월 16일에 방송된 《KBS 역사스페셜》 〈추적 임나일본부의 정체〉에서 《일본서기》 필사본의 임나일본부 글자에 단 주석에 어사지(御事持)가 있는데 이의 의미는 왕의 사신이라는 뜻이고 그 다음에 나오는 일본부에 대한 주석은 미코토모치(命持ち)인데 이 또한 왕의 사신을 의미하는 것이다. 그리고 임나일본부가 안라가야의 이익을 위해서 일하는 존재라는 일본의 기록도 존재하니 임나일본부가 한반도의 통치기구가 아님은 명백하다. 이렇게 임나일본부가 한반도의 통치기구가 아니라는 것은 대다수의 한일 학자가 오래전부터 공감하고 있었지만 일본의 우경화로 인해 일본 정부가 역

사서를 개정하면서 다시 한일 역사계의 큰 논쟁거리로 변한 것이다. 그나마 임나일본부에 대해서는 한국 역사학계의 대다수가 부정하고 있고 이에 대해서는 이미 충분한 연구 결과가 나와 있으니 사실 관계가 명확하다.

지금까지의 기록을 재구성하면, 근초고왕 24년(369년, 신공황후 49)에 백제가 탁순국을 치기 위해 탁순국에 왔는데 이때 탁순국을 돕기 위해 온 신라를 격파하고 비자발, 남가라, 녹국. 안라, 다라, 탁순, 가라의 7국을 평정했다. 또 군대를 옮겨 서쪽으로 돌아 고해진에 이르러 남쪽 오랑캐인 침미다례를 무찔러 백제의 영토로 만들었다. 371년에는 근초고왕이 고구려와의 평양성 전투에서 승리한 후 낙랑을 차지했고 이후 동진(東晉)으로부터 낙랑 태수의 작위를 제수받았다. 이 자신감을 바탕으로 근초고왕이 후왕들에게 칠지도를 제작해 하사한 것으로 보인다. 이어 고국양왕 8년(391)인 신묘년에는 당시 태자였던 광개토호태왕이 백제와 왜를 격파하고 이들을 신민으로 삼았다. 백제 아신왕은 고구려에게 복수하기 위해 아신왕 6년(397)에 태자를 왜에 보내서 군사를 빌렸을 것이고, 아신왕 14년(광개토태왕 14년, 405)에 이르러서 백제와 왜가 연합해 대방의 경계를 침입한 후 석성과 평양성을 공격했다가 오히려 고구려군에게 패배하고 만다. 그리고 왜는 가야를 지켜야만 자신들이 필요로 하는 철을 얻을 수 있기 때문에 이를 위해 왜의 사신이 머물 사무소를 설치했고 이후 신라가 532년에 금관가야를, 562년에 나머지 가야를 멸망시키면서 왜가 가야에 둔 사무소는 완전히 사라졌다.

660년 백제가 나당 연합군에 의해 망하자 백제의 왕족 및 유민들이 일본으로 건너갔고 이후 왜는 백제 역사를 일본 역사로 탈바꿈시켰던 것이다.

Ⅷ. 열국의 시기별 영토사

1. 건국 초기(서기전 1세기 중엽에서 서기 1세기 중엽)

해모수가 북부여를, 해부루가 동부여를 건국한 연도가 서기전 58년이고 신라는 그 다음 해인 서기전 57년에 건국한다. 《삼국사기》〈신라 본기〉 박혁거세 19년(서기전 39)에 변한이 신라에 항복한 기록이 나온다. 이미 고찰한 바와 같이 변한은 본래 요동에 있었다. 이 기록으로는 요동에서 온 변한 사람인지 가야 지역의 변한 사람인지는 알 수 없다. 박혁거세 재위 기간(서기전 57~서기 4)의 정복 활동은 《삼국사기》와 《삼국유사》에는 보이지 않는다. 다만 《디지털구미문화대전》에 《인동읍지》와 《여지도서》 등의 기록에 박혁거세가 구미에 천생산성을 쌓았다고 한다. 기록의 신빙성에 대해 의구심도 있지만 박혁거세 재위기간이 60년이나 되기 때문에 그동안 신라의 영역이 구미까지 간 것이 불가능하지 않다. 그리고 남해왕 16년(서기 19)에 북명인이 예군(濊君)의 인장을 바친다. 북명 위치에 대해서는 이미 거론한 바 있지만 강릉 북쪽에서 만주까지였으므로 남해왕 때에 최소한 강릉까지 이르렀음을 알려준다. 당시 강릉 남쪽인 삼척에 실직국이 존재하고 있어서 신라가 그 북쪽인 강릉을 점령하는 것이 불가능하다고 생각할 수도 있다. 그러나 당시의 국경 개념을 현재의 생각으로 판단할 수 없다. 현재의 국경은 대부분 선으로 연결되어 그 영역이 정해져 있지만 소국들이 즐비한 당시에는 그럴 수가 없었다. 고대의 인구는 많지 않아 빈 땅이 대부분이었다. 《한서》〈지리지〉를 보면 요동군, 낙랑군, 현도군의 3개 군의 인구를 합쳐도 약 90만 명이었다. 3개 군의 면적이 서쪽으로는 의무려산, 북쪽으로는 심양, 동쪽으로는 길림성 집안, 남쪽으로는 압록강까지로 추정하면 그 크기가 현재의 남한 면적과 비슷하다. 넓은 면적에 비해 인구는 적어 이들은 촌락을 형성해 같은 곳에 몰려 있었을 것이므로 빈 땅이 많아 건국 초기에 큰 전쟁 없이 영토 확장을 이루어냈을 것이다. 그 빈 땅을 통해 신라가 삼척을 우회해서 북명으로 갔을 것으로 짐작할 수 있다. 이때보다 훨씬 이후인 서기 7세기에 삼국 영토에 대한 《구당서》의 기록이 있다. 《구당서》〈동이열전 백제〉 "당나라 고종이 제위를 이어받고 영휘 2년(서기 651)에 비로소 다시 사신을 보내 조공했다. 사신이 돌아갈 때 의자왕에게 조서를 내리길, 해동의 세 나라는 개국한 지 오래되었고 영토가 실로 견아(犬牙)의 형세처럼 그 경계가 서로 들쭉날쭉 서로 닿아 있소." 이 기록은 당시 삼국의 국경이 일정하게 형성되어 있지 않다는 의미다. 성을 하나 점령하면 상대국의 깊숙한 곳까지 영토가 확장될 수 있고, 반대로 상대국도 자국의 영토 깊숙한 곳까지 들어올 수 있다는 것이다. 삼국이 서로 전쟁 중이었기 때문에 국지전의 승패에 따라 국경 또한 그렇게 형성될 수밖에 없었다. 7세기 삼국의 경계도 이러한데, 주위에 수십 개 이상의 나라가 모여 있는 서기전 1세기의 경우는 더 했을 것이다. 근처의 강한 나라보다도 약소국을 점령하는 것이 쉽기 때문에 신라 또한 영토 확장 과정에서 근처의 실직국을 제쳐두고 멀리 있는 소국을 먼저 점령했을 것이라 짐작할 수 있다. 고구려 또한 정복 활동을 하면서 북옥저, 동옥저 등 멀리 있는 약소국들은 쉽게 점령하지만 힘이 센 낙랑군과 현도군은 몇 백 년이나 걸려 겨우 몰아내는 데 성공했고, 그 영토 또한 들쭉날쭉한 것과 마찬가지로 신라가 실직국을 제치고 멀리 있는 다른 나라를 점령 못 할 이유가 없는 것이다.

신라 박혁거세로부터 2대왕인 남해차차웅까지는 서기전 57년에서 서기 24년까지 80년간이다. 당시 요동에는 북부여, 동부여, 동옥저와 북옥저가 있었다. 그리고 요동 북쪽에는 고조선의 일족인 숙신이 있었고 요동과 한반도에 걸쳐서 예맥족이 세운 소국들도 있었을 것이다. 고구려는 신라가 건국한 20년 후인 서기전 37년에 건국했다. 당시 형세를 보면 고구려가 양평, 요양, 요대, 안시현 일대에, 양맥 혹은 소수맥으로도 불렸던 말갈은 패수현을 중심으로 한 태자하 일대에, 고구려 동북쪽은 동부여와 북옥저, 서개마현, 개마국, 화려현 등이, 동쪽으로는 가까운 곳에 낙랑군 조선현과 누방현 등이, 먼 동쪽은 영동 7현, 동옥저 등이 있었다. 그리고 남쪽에는 남옥저와 신창현, 평곽현, 답씨현 등이, 동남쪽은 대방현과 함자현, 서쪽은 무려현 등이 있었다.

고구려는 동명성왕 2년(서기전 36)에 송양의 비류국을 합병한 이후에 두 건의 정복 활동이 기록에 나온다. 동명성왕 6년(서기전 32)에 태백산 동북의 행인국을 점령한 데 이어 동명성왕 10년(서기전 28)에는 북옥저를 점령해 영토를 크게 확장한다.

동명성왕 6년에 점령한 행인국은 요양 동쪽에 위치한 국가로 추정된다.

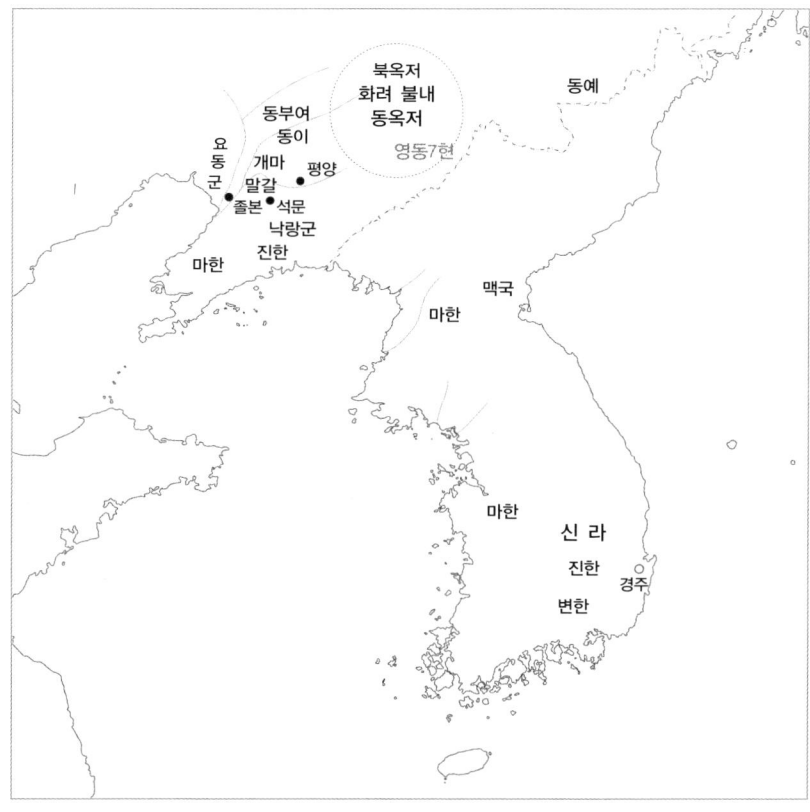

〈지도 66〉 서기전 57~서기전 28년의 열국 영토

왜냐하면 동북쪽은 동부여, 북옥저, 개마국, 화려현 등이 있었고 고구려는 남쪽으로 진출하지는 않았기 때문에 행인국 위치는 요양 동쪽이 유력하다. 그리고 동명왕릉이 요양 동쪽 30리에 있다는 《요동지》의 기록을 볼 때 동명성왕 6년에 이곳을 점령했을 가능성이 크다. 동명성왕 10년(서기전 28)에 점령한 북옥저 위치에 대해서는 이미 고찰한 바가 있지만 요양 북쪽 심양에서 동쪽으로 국내성(불내성)까지 이르렀다. 동명성왕 사후 유리왕 때는 국내성을 정복한 기록이 없음에도 불구하고 유리왕 22년(서기 3)에 국내로 도읍을 옮기고 위나암성을 쌓는다. 동옥저 위치가 천산산맥 동쪽에 있었던 것을 감안하면 북옥저 위치는 여기일 수밖에 없다. 유리왕 33년(서기 14)에 서쪽으로 양맥을 항복시키고, 한나라의 고구려현까지 빼앗는다. 양맥은 이미 고찰한 바와 같이 말갈이고 고구려현은 한나라가 졸본 지역에 설치했던 속현이었으나 유리왕이 고구려현 치소를 이때 함락한 것이다. 유리왕의 정복 활동은 이 기록 외에는 더 이상 나타나지 않는다. 동명성왕으로부터 2대 유리왕까지는 서기전 37년에서 서기 18년까지 55년간이다.

　백제 건국 연도는 서기전 18년이다. 비류와 온조가 패수와 대수를 건너 나라를 세웠으니 백제 초기 영토는 산수하 남쪽이었다. 산수하가 대수인 것은 백제 건국지에서 이미 고찰한 바가 있다.《삼국사기》〈백제 본기〉의 기록을 보자. "온조왕 원년(서기전 18), 한산(漢山)에 이르러 부아악에 올라가 살 곳을 바라보았다. 비류가 바닷가에 살고자 하니 10명의 신하가 말하길, '이곳 강의 남쪽 땅은 북쪽으로 한수를 띠처럼 두르고 있고, 동쪽으로 높은 산을 의지했으며 남쪽으로는 비옥한 벌판을 바라보고 있습니다. 하늘이 내린 험한 지세의 이점은 얻기 어려운 형세이니, 이곳에 도읍하는 것이 좋겠습니다.'라고 했다. 비류는 듣지 않고 백성들 나눠 미추홀로 돌아가 살았다. 온조는 ①강의 남쪽 위례성에 도읍을 정하고 10명의 신하를 보좌로 삼아 나라 이름을 십제라 했다." 한산(漢山)은 현재 서울 강북에 있는 북한산의 이름과 유사하고, 한수는 한강으로 오인해 백제의 초기 도읍지로 한강 일대로 보고 있다. 그래서 위례성의 위치 또한 한강 유역에서 찾고 있는데 현재 그 위치를 몽촌토성, 혹은 위례로 보고 있다. 백제 건국지에서 이미 고찰한 바와 같이 이곳은 백제의 건국지가 아니다. 백제 초기 건국지가 요동에 있었음은 이미 수많은 사료를 통해 고찰한 바가 있었다. "온조왕 13년 여름 5월에 왕이 신하들에게 말하길, ②나라의 동쪽에는 낙랑이, 북쪽에는 말갈이 있어 번갈아 우리 강역을 침략하므로 편안한 날이 없다. …… 형세가 편안하지 않으니 장차 반드시 도읍을 옮길 것이다. 내가 어제 순행을 나가 ③한수의 남쪽을 보니, 토지가 비옥하다. 마땅히 그곳에 도읍을 하여 오래도록 편안한 계책을 마련해야겠다."는 기록에서, ②의 나라의 동쪽에 낙랑, 북쪽에 말갈이 있으려면 지도 67과 같은 위치 외에는 없다. 여기서 말갈은 태자하 인근의 양맥 혹은 소수맥이다. ③의 한수는 ①의 한수와는 위치가 다름을 알 수 있다. 이미 백제는 한수의 남쪽에 도읍을 하고 있었는데 또 다른 한수의 남쪽을 보았다고 하는 것은 동일한 위치라고 볼 수 없다. 온조왕이 하남 위례성으로 천도할 계획을 세운 것은 온조왕 13년(서기전 6) 5월이고 같은 해 8월에 도읍을 옮긴 후, 그곳에 성과 대궐을 쌓았다. 급박한 상황이 아니라면 보통 도읍을 옮길 때는 먼저 준비를 한 다음에 이루어지는 것인데 온조왕은 도읍을 옮긴 다음에야 성과 대궐을 쌓았다. 이는 새 도읍지와 구 도읍지가 너무 멀어 성과 대궐을 쌓을 인력이 필요했기 때문에 도읍을 옮긴 다음에야 가능했을 것으로 추정할 수 있다. 이어 "온조왕 13년(서기전 6) 가을 7월에 한산 아래로 나아가 목책을 세우고 위례성의 민호를 옮겼다. …… 9월에 성과 대궐을 쌓았다."는 기록을 보자. 이에 대해 주류 사학계는 강북의 위례성에서 강남의 위례성으로 도읍을 옮긴 것으로 보고, 위례성이 도읍을 의미하는 말이라고 설명한다. 그러나 기록을 보면 본래 위례성은 강남에 있었다. 강남인 위례성에서 다시 강남으로 옮긴 것으로 되어 있으니 백제의 건국지를 한강 유역으로 보고 있는 주류 사학계로서는 이 기록이 혼란스러울 것이다. 《삼국사기》〈백제 본기〉근초고왕의 기록을 보면, "근초고왕 26년(371)에 도읍을 한산으로 옮겼다."라는 내용이 또 나온다. 이 때 옮긴 한산 위치에 대해 《삼국유사》〈기이 남부여〉조에 "고전기(古典記)를 살펴보면. 동명왕의 셋째 아들 온조는 전한 홍가 3년 계유에 졸본부여로부터 위례성에 이르러 도읍해 왕이라 칭했다. 14년 병진에 한산으로 천도해 389년간을 지냈고, 13대인 근초고왕 함안 원년에 고구려 남평양으로 천도해 북한성을 도읍으로 삼고 150년을 지냈다. 22대인 문주왕 즉위 원미 3년 을묘에 웅천으로 천도해 63년을 지냈다. 26대 성왕이 소부리로 천도하고 국호를 남부여로 칭했다. 31대 의자왕에 이르기까지 120년을 지냈다."고 했다. 《삼국유사》가 인용한 고전기는 백제가 위례성에 도읍을 한 후 한산으로 천도했고 이어 근초고왕 때에 남평양으로 천도한 것으로 나온다. 이에 대해 《삼국유사》는 한산은 광주(廣州), 북한성은 양주(楊洲)라고 설명했다. 광주는 서울이 확장되기 전에는 현재의 한강 동남쪽을 포함하고 있었기 때문에 남한산성이 있는 남한산 일대로 추정된다. 양주 또한 서울이 확장되기 전에는 북한산 지역을 포함하고 있었기 때문에 북한성은 북한산 일대에 있었을 것이다. 즉, 근초고왕이 옮긴 한산은 북한산으로 짐작되지만 고구려 한성인 북한 평양일 가능성도 있다.

이 기록들을 정리해 보면, 온조왕 원년에 한수 남쪽의 위례성에 도읍을 정했고, 온조왕 13년 5월에 낙랑이 동쪽에 있어 편안한 날이 없어 천도 계획을 세운 다음, 다시 한수 남쪽에 목책을 세워 도읍을 옮겼는데 이곳도 위례성이라고 불렀다. 위례성의 위치가 삼국유사에는 광주라고 했으므로 한산은 남한산 일대로 보이고 이후 근초고왕 때에 북한성으로 천도했는데 이곳은 현재 북한산으로 추정되는 곳이다. 그리고 낙랑과 말갈을 피해 천도를 하는데 그전의 도읍지와 천도한 후의 도읍지가 가까이 있다면 천도의 이유가 없다. 그래서 두 개의 한수와 두 개의 위례성은 꽤 먼 곳에 떨어져 있었을 것이다. 천도한 후의 한수가 한강이고 한산이 남한산인데 그전의 한수와 위례성은 당연히 한강보다 훨씬 먼 곳에 있는 곳을 찾아야 한다. 비류와 온조가 졸본에서 남쪽으로 내려올 때 패수와 대수를 건넜으므로 현 요령성 안산시와 해성시를 지났을 것이고 비류는 요동의 서쪽 해안가인 현 해성시에서, 온조는 천산산맥 서쪽에서 도읍을 했을 것으로 추정된다. 온조는 말갈과 낙랑의 잦은 침입으로 인해 바다를 건넌 후 한강 유역에 도읍을 정해 국명을 백제라고 했다. 그래서 온조왕 당시 백제의 영토가 북으로 패수에서 동으로 주양, 남쪽으로 웅천까지 이르렀던 것이다.

이어 온조왕 11년(서기전 8)에는 독산책(禿山柵)과 구천책(狗川柵)의 두 목책을 쌓아 낙랑으로 통하는 길을 막았다는 기록이 나온다. 독산(禿山)에 대한 다른 기록을 보자. 《삼국사기》〈고구려 본기〉 "광개토태왕 18년(409) 7월에 나라 동쪽에 독산(禿山) 등 여섯 개의 성을 쌓고 평양의 백성들을 옮겼다." 이미 알고 있는 바와 같이 고구려 평양은 요양 동쪽에 있었으므로 독산 위치는 요양 동쪽의 천산 산맥 일대에 있었다. 온조왕 11년 당시 백제의 동쪽 영토는 천산산맥 일대까지 이르렀고 온조왕 13년에서 말한 동쪽 경계의 주양은 천산산맥에 있는 지명일 가능성도 있다. 《삼국사기》〈백제 본기〉 온조 26년

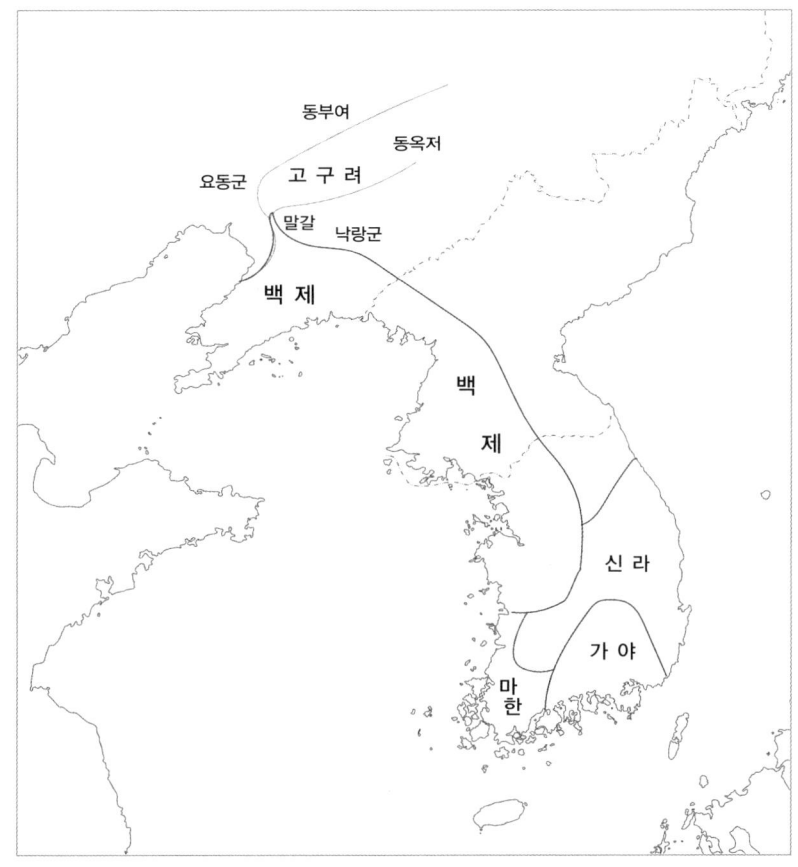

〈지도 67〉 백제 온조왕 시기 영토(서기전 28~서기 18)

(서기 8)에는 마한의 도읍을 함락해 원산, 금현 두 성 만이 남았고 이어 온조 27년(서기 9)에 두 성이 항복해 마한이 멸망한다. 마한의 도읍인 목지국 위치에 대해서는 기록이 없어 다양한 설이 존재한다.《삼국사기》〈백제 본기〉에 "온조왕 24년(서기 6) 가을 7월에 왕이 웅천책을 세우자 마한 왕이 사신을 보내 책망하며 말하길, '왕이 처음 강을 건너 왔을 때 발 디딜 곳이 없어 내가 동북 1백 리 땅을 주어 편안하게 했더니 왕을 대함이 후하지 않았다고 할 수 있는가?'라고 했다. 이 기록에서 마한왕이 동북지역을 떼어 백제에게 주었으므로 목지국은 백제의 서남쪽이자 웅천 남쪽에 위치했다. 백제의 서남쪽이면 현 충청남도 혹은 전라북도에 목지국이 있었을 것이다. 이후에는 온조왕

때의 정복활동이 없다. 그래서 온조왕 때(서기전 18~서기 28)의 영토는 〈지도 67〉과 같이 나타낼 수 있다.

고구려 유리왕의 뒤를 이은 대무신왕(大武神王)은 그 호칭이 말해 주듯이 정복 활동이 활발했던 시기다. 대무신왕 5년(서기 22)에 부여를 쳐서 부여 왕 대소를 죽인 후 회군한다. 부여 왕 대소가 죽은 후 그 동생은 압록강 유역에 갈사국을 세운 뒤 고구려에게 항복했고, 사촌 동생 또한 나라를 다시 일으킬 수 없음을 알고 고구려에게 항복해 연나부에 살았다. 이때 부여는 완전히 망한 것이 아니라 유민들이 북쪽으로 올라가 부여를 재건했다. 대무신왕 9년(26)에는 개마국을 정벌해 군현으로 삼았는데 개마는 개모와 같은 말이며, 그 위치는 개모성이 있는 요양 북쪽임을 밝힌 바 있다. 개마국이 고구려에게 망하자 구다국이 이를 두려워해 나라를 들어 항복하는데 구다국은 개마국의 인근에 있었을 것이다. 대무신왕 15년(32)에는 최리의 낙랑국을 멸망시킨다. 낙랑국은 신(新)나라가 망하는 혼란기에 낙랑군의 토착민이 자립해 세운 나라로 태자하 북안에 있었다. 대무신왕 27년(44)에 후한 광무제가 낙랑을 점령해 살수 이남이 한나라 땅이 되었다고 했으므로 대무신왕이 점령한 낙랑

〈지도 68〉 고구려 대무신왕 시기 영토(서기 18~서기 44)

국은 살수 이북, 즉, 태자하 북쪽이며 후한의 광무제는 그 이남을 점령한 것이다.

　대무신왕 사후(서기 44)에 왕위에 오른 민중왕(44~48) 때는 정복 활동의 기록이 없다. 민중왕의 뒤를 이은 모본왕 2년(49)에 후한의 북평, 어양, 상곡, 태원 등을 공격했고 이후 후한과 화친을 맺었다는 것 외에는 전쟁 기록이 없다. 고구려 영토는 대무신왕이 넓힌 이래 모본왕 때까지 그대로 이어졌음을 알 수 있다.

　백제는 온조왕의 뒤를 이은 다루왕 3년(30)에 말갈과 마수산 서쪽에서 싸워 이기고, 7년에는 말갈이 마수성을 함락한 데 이어 겨울에는 말갈이 병산책을 공격한다. 다루왕 30년에 이르러 백제가 태자하 서쪽의 영토를 상실한 것인데 당시 마수성과 병산책은 말갈과 낙랑을 대비한 백제의 최전선임을 알 수 있다. 다루왕 37년(64)에 처음으로 백제와 신라의 전투 기록이 나온다. 이는 당시 백제와 신라 양국이 영토를 넓혀 경계가 서로 가까워졌음을 의미한다. 이때 백제가 신라의 와산성과 구양성을 공격했지만 패배했다. 이어 다루왕 39년(66)에 재차 공격해 와산성을 빼앗았지만 얼마 지나지 않아 신라가 탈환한다. 그리고 다루왕 48년(75)에 백제가 다시 와산성을 빼앗지만 다루왕 49년(76) 신라가 다시 탈환한다. 아마도 와산성과 구양성은 충북에 위치했을 것이다. 경상북도 중서부와 경상남도 일대가 가야의 영토였으므로 백제와 신라가 영역을 다툴 수 있는 곳은 이곳밖에 없다. 이 기록에서 당시 신라가 충북 지역까지 영토를 넓혔고 백제가 이를 공격하면서 이 지역이 양국 간의 최대 격전지였음을 알게 한다.

　다루왕 재위 기간(28~77) 동안 신라는 유리이사금(24~57), 탈해이사금(57~80) 재위 기간이다. 다루왕 37년(64)에 신라가 와산성을 차지한 것으로 보아 신라는 최소한 탈해이사금, 혹은 더 빠르면 유리이사금 때에 충북 지역을 장악한 것이다. 유리이사금 13년(서기 36)에 낙랑이 북쪽 변경을 침범해서 타산성을 함락하는데 타산성 위치에 대한 기록은 없다. 유리이사금 14년(37)에는 고구려 대무신왕이 낙랑을 습격해 멸망시키자 낙랑인 5천여 명이 신라에 귀부한다. <고구려 본기>에 서기 32년에 망한 것으로 나오는데 <신라 본기>에는 5년 후인 서기 37년에 망한 것으로 나온다. 이는 낙랑이 32년에 망했지만 낙랑인이 귀부한 것은 5년 후인 서기 37년으로 추정된다. 유리이사금 17년(40)에는 화려와 불내현 두 현이 모의해 신라의 북쪽 변경을 침범한다. 이때 맥국의 거수가 곡하 서쪽에서 기다리고 있다가 양국을 물리쳤다. 곡하의 위치에 대해서는 알 수 없다. 주류 사학계는 화려와 불내의 위치를 함경도와 강원도의 동해안으로 비정하고 있지만 천산산맥의 동북쪽에 있음을 밝힌 바 있다. 당시 낙랑과 화려, 불내 등이 신라를 공격한다는 것은 신라의 북쪽 경계가 주류 사학계의 주장보다 훨씬 북쪽에 올라가 있었음을 보여주는 기록이다. 화려와 불내의 공격 진로를 분석해 보면 화려와 불내가 신라 북쪽 변경을 넘

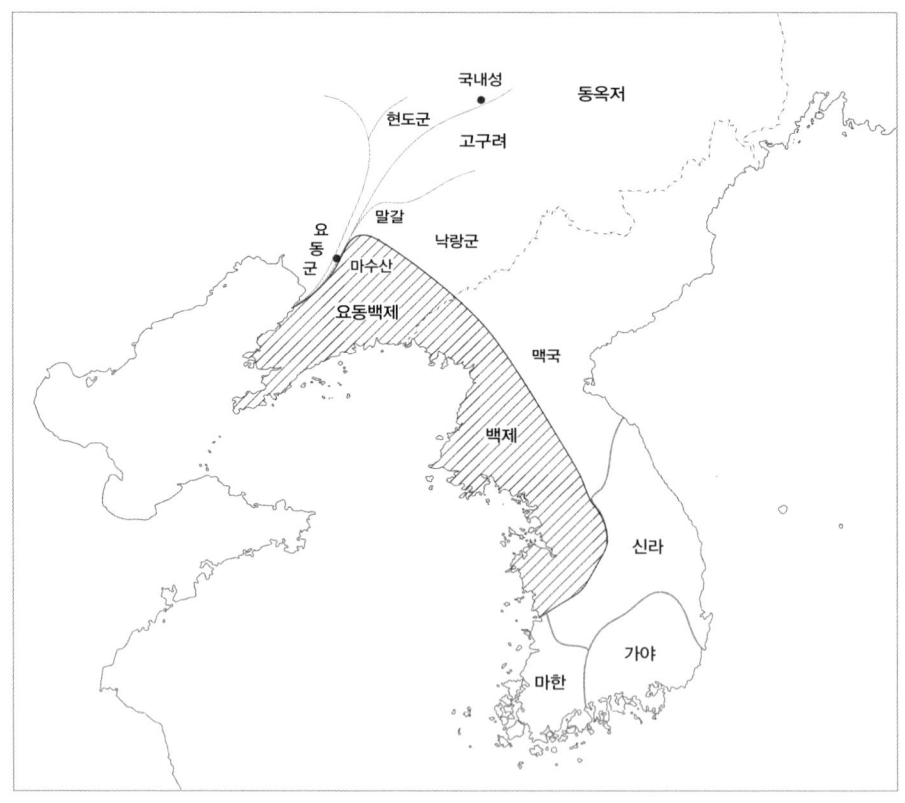

〈지도 69〉 백제 다루왕 시기 영토(서기 30~서기 77)

어와 공격했으니 화려와 불내는 북쪽에서 남쪽으로 내려오고 있었을 것이다. 그런데 맥국이 중간에서 대기하고 있다가 양국을 물리친 것이다. 이는 신라가 실직국을 우회하여 북명까지 영토를 넓힌 것과 마찬가지로, 신라가 맥국의 영토를 우회해 맥국의 북쪽까지 영토를 넓힌 것으로 추정할 수 있다. 즉. 화려, 불내가 신라의 북쪽 변경을 침범해 남쪽으로 내려와 다시 맥국의 영토로 들어갔고 그곳에서 맥국이 물리친 것이다.

유리이사금 사후(서기 57) 탈해이사금이 즉위한다. 탈해이사금 5년(서기 61)에 마한 장수 맹소가 복암성을 들어 항복한다. 그런데 《삼국사기》〈백제 본기〉의 온조 26년(서기 8)에 마한의 도읍을 함락하고 온조 27년(서기 9)에는 남아 있던 원산, 금현 두 성이 항복해 마한이 멸망한 것으로 나왔는데 박혁거세 39년(서기 19)에 마한왕이 죽자 신라가 사신을 보내 조문을 하고, 서기 57년에는 마한 장수 맹소가 신라에 항복한 것이다. 이후 고구려 태조대왕 69년(121)에 왕이 마한과 예맥의 기병 1만여 기로 현도성을 포위하는 기록이 나온다. 《진서(晉書)》에는 무제 태강 원년(281)에 이어 태강 7년과 태강 10년에 마한왕이 자주 사신을 파견해 토산물을 바쳤으며, 태희 원년(290), 함녕 3년(277)에도 사신을 보내 조공하거나 내부하기를 청했다는 기록이 있다.

이게 어찌된 것일까? 마한이 백제 온조 27년(서기 9)에 이미 망했는데 신라 박혁거세와 고구려 태조대왕 때와 이후 200여 년이 지난 서진(西晉) 시기에도 그 이름이 나온다. 이에 대해 백제 유리왕 때 망한 기록은 오류라는 주장도 있다. 《삼국사기》에 나오는 이 기록은 원 사료나 마찬가지다. 《고려사》, 《세종실록지리지》, 《신증동국여지승람》에서 기록한 내용은 1차 사료가 아니고, 압록강과 평양의 위치에 따라 지명을 임의로 꿰맞춰 오류가 많다. 《삼국사기》도 편수관의 자의적인 해석, 예를 들면 대동강이 패수라고 추정하는 내용은 원사료가 아니기 때문에 역사적 사실로 인용할 수 없다. 하지만 《삼국사기》는 그 이전부터 내려오던 고기를 보고 기록한 것이라 그 신뢰성이 거의 절대적이다. 그래서 이 기록을 부정하려면 그에 상당한 이유가 있어야 하고 이 기록은 오류가 아니라 해석을 달리해야 한다.

예 왕(濊王)을 예로 들어보면 예(濊)의 위치는 이미 언급한 바와 같이 중국은 물론이고 부여에도 존재했고 동옥저에도 있었으며 북명에도 있었다. 그리고 1966년에 포항에도 예 왕의 인장이 발견되었으니 예국(濊國)이 여러 곳에 존재했음을 알 수 있다. 예와 마찬가지로 마한 또한 요동과 한반도에도 존재했으며, 변한 또한 마찬가지였다. 박혁거세 19년(서기전 39)에 변한이 나라를 들어 신라에 항복한 것이 변한 전부를 말한 것이 아니었지만 그 나라가 변한에 속했으므로 변한이라고 표현한 것에 불과했다. 《후한서》에 마한은 54국이고 본래 목지국이 진왕(辰王)을 겸한다고 했다는 기록이 있다. 그러나 후기에 접어들면서 목지국의 통제력은 점점 약해졌을 것이다. 백제가 마한 땅에서 강국으로 성장해 이후 마한을 점령했듯이 다른 마한의 국가들도 커지면서 마한 왕을 칭했을 것이다. 그래서 고구려 태조대왕 때 나오는 마한도 마한에 속한 나라를 기록한 것이고, 신라에 나오는 마한 또한 목지국과는 별개로 마한왕이라 칭하며 신라의 상국 노릇을 했을 것이라 짐작할 수 있다. 포항의 예국이 망했지만 다른 곳에서 예국은 여전히 존재했고 목지국이 망했다 해도 다른 마한도 여전히 존재했던 것이다. 이런 이유로 온조왕 때 망한 마한은 마한의 일부였을 뿐 마한의 전부를 점령했다고 할 수 없다. 마한이 망한 후에도 마한의 기록이 여전히 나타나는 것은 바로 다른 마한의 기록으로 볼 수 있고 또한 이미 언급했지만 말갈 또한 마한에 속했기에 마한은 이때 완전히 망한 것이 아니다. 여기서 복암성 위치는 기록에 없지만 그 위치를 추정할 수 있는 기록이 있다. 《삼국사기》〈신라본기〉에 파사이사금 14년(93)에 왕이 고소부리군(古所夫里郡)을 순행하는데 〈지리지〉에 고사부리(古沙夫里)가 전북 정읍이라고 나온다. 신라가 초기부터 전라북도까지 진출한 기록이 전혀 나오지 않는데 이게 어떻게 된 기록일까? 앞에서 목지국 위치로 충청남도와 전북에 있었던 것으로 추정한 바 있다. 백제 온조왕 때 마한 도성은 함락되었지만 마한 잔여 세력들은 여전히 존재했고 백제의 압박이 계속되자 맹소가 살아남기 위해 이때 신라에게 항복한 것으로 보인다. 이래서 신라는 초기부터 전북 정읍에 영토를 가질 수 있었을 것이다.

이후 탈해이사금 21년(77)에 신라가 황산진에서 싸워 가야를 격파하는 것으로 보아 당시 신라와 가야의 경계는 황산진 동북에 있었을 것이다. 황산진은 《한국사데이터베이스》에서 조선 세종 때의 《경상도지리지》를 인용하는데 김해 동쪽에 있었다. 이후 탈해이사금의 재위가 끝날 때까지 특별한 변동 사항은 없다.

가야 건국에 대한 기록은 《삼국유사》에 상세히 나온다. 《삼국유사》 〈기이 가락국기〉에 가야 지방에 9간(干)이 있었다. 이들이 추장으로 백성을 통솔했는데 후한 광무제 18년(서기 42)에 여섯 개의 알이 나타나서 어린 아이로 변하고, 그중에 한 아이가 김수로인데 대가라를 세웠으며 나머지 다섯 명이 5가야를 세워 모두 6가야를 세웠다는 건국 기록이다. 6가야의 영토는 동쪽은 황산강, 서남쪽이 창해, 서북쪽이 지리산, 동북쪽은 가야산, 남쪽이 나라의 끝이라고 했다. 건국 초기 가야의 영토는 동쪽으로는 낙동강을 경계로 해서 그 북쪽은 가야산과 지리산까지로 대체적으로 현재의 경남과 경북 남부 일대였다. 경남 해안 지역에는 6가야만 있지 않았는데 남해안 일대에 포상 8국이라 불렸던 나라들이 있었다. 이들의 건국 연도는 알 수 없지만 6가야를 세우기 전에 경남 남해안 일대에 수많은 중소 국가가 존재했을 것이다. 포상 8국의 존재는 가야와 포상 8국과의 전쟁 기록을 통해서 알려졌는데 《삼국사기》 〈신라 본기〉와 《삼국유사》 〈물계자 열전〉에 그 내용이 나온다.

《삼국사기》 〈신라 본기〉 "나해이사금 14년(209) 7월, 포상 8국이 가라 공격을 모의하자 가라 왕자가 도움을 요청했다. 왕은 태자 석우로와 이벌찬 이음에게 6부의 병사들로 가라를 구원토록 명령했다. 포상 8국의 장군들을 죽이고 포로로 잡혀갔던 6천여 명을 빼앗아 돌려줬다." 〈물계자 열전〉에는 가라가 아라국으로 나온다. 아라국은 금관가야 혹은 함안에 있던 가야로 보기도 한다. 3년 뒤에 골포, 칠포, 고사포의 세 나라가 신라의 갈화성을 공격하자 다시 신라군이 크게 이겼다. 이 기록이 4, 5세기에 일어난 사건이라고 주장하는 일부 학자도 있지만 석우로가 《삼국사기》의 다른 기록에 분명히 2세기 초의 인물로 교차 검증되니 이는 맞지 않는 주장이다. 2세기 초에 가야와 포상 8국과의 전쟁이 일어났다는 것은 경남 남해안에 강력한 해상 세력이 있어 가야에게 큰 위협이 될 정도였음을 이 기록에서 알 수 있다.

《삼국유사》〈기이 5가야〉에는 그 이름이 아라가야(지금의 함안), 고령가야(지금의 함녕), 대가야(지금의 고령), 성산가야(지금의 경산, 혹은 벽진), 소가야(지금의 고성)로 나온다. 여기에 금관가야가 포함되면 6가야가 된다. 그런데 일연은 고려 때 편찬한 《사략(史略)》의 기록을 인용해, '태조 천복 5년(후진 고조의 연호로 940)에 5가야의 이름을 고쳤는데 금관(지금의 김해부), 고령(가리현), 비화(지금의 창녕인데 고령의 잘못인 듯하다.), 아라, 성산가야라고 했다.' 이는 고려 초인 940년에 가야의 이름을 고쳤다는 것인데 소가야가 빠지고 그 자리에 비화가야가 들어갔다. 비화가야는 창녕에서 대규모의 가야 고분이 발굴되면서 비화가야의 위치가 창녕, 영산 일대에 있었던 것이 확실시되고 있다. 그런데 6가야 중 경북 고령의 대가야와 경북 성주의 성산가야, 경북 상주의 고령가야는 경남이 아니라 경북에 위치해 있다. 또한 전라북도 남원 유곡리와 두락리에서도 가야 고분군이 발굴되었고, 순천시 서면에도 4, 5세기의 가야 고분이 발굴되었다. 가야 영토는 경남 일대뿐만 아니라 경북 내륙에 걸쳐 있었으며 후기에는 섬진강까지 차지하고 있었음을 알 수 있다. 그래서 가야 초기에 경남 해안가에 포상 8국이 있었으므로 가야는 낙동강 서쪽의 경남 일대와 경북 내륙이 초기 근거지였으며 후기에는 섬진강 유역까지 이르렀음을 알 수 있다.

2. 1세기 중엽에서 2세기 말

신라 탈해이사금 사후에 파사이사금이 즉위하는데 파사이사금 재위 기간(80~112)에 지명 기록이 다수 나온다. 파사이사금 5년(84)에 고타군주가 푸른 소를 바치는 기록이 있는데 《삼국사기》〈지리지〉에 고타군이 지금의 안동부라고 했으니 최소한 서기 84년에 신라가 안동을 차지했음을 알 수 있다. 그리고 8년(87)에 가소성(加召城)과 마두성(馬頭城)을 쌓았는데 《삼국사기》〈지리지〉 강주 거창군의 속현 중, 함음현의 본래 이름이 가소현(加召縣)으로 나온다.

마두성의 위치는 알 수 없다. 14년(93)에는 왕이 고소부리군(古所夫里郡)을 순행하는데 〈지리지〉에 고사부리(古沙夫里)가 전북 정읍에 위치한 것으로 나온다. 이미 설명했지만 탈해이사금 5년(서기 61)에 마한 장수 맹소가 복암성을 들어 항복할 때 신라가 이곳을 차지했을 것이다. 이에 대해 당시 신라가 이곳에 갈 수 없었다는 점 때문에 인정하지 않는 의견도 있다. 그러나 그 이전에 신라가 경남 거창까지 이르렀고 당시 정읍은 백제의 영토도 아니기 때문에 신라 영토가 그곳까지 못 갈 이유가 없다. 또한 이후에도 정읍이 신라 영토로 계속 나오기 때문에 이 기록이 단순한 오류가 아님을 보여준다. 파사이사금 23년(102)에는 음즙벌국(音汁伐國)과 실직곡국(悉直谷國)이 신라를 분노케 하는 일이 발생하자 신라가 두 나라를 정벌했고 이에 두려움을 느낀 실직과 압독 두 나라 왕이 항복했다는 기록이 있다. 음즙벌국은 《삼국사기》〈지리지〉와 《삼국유사》〈왕력〉에도 경주 안강이라 한다. 실직은 《삼국사기》〈지리지〉에 삼척으로 나온다. 압독은 《삼국사기》〈지리지〉에 압량으로 나오는데 경산시에 있었다. 여기에 나오는 나라들은 모두 경주와 멀지 않은 곳에 있었다. 그래서 혹자는 당시 신라가 근처의 나라들도 합병하지 못했는데 청주나 정읍까지 정복 활동을 벌였을까 하는 의문을 가질 수도 있을 것이다. 그러나 이는 당시의 국제관계에 따른 결정이었을 것이다. 현재의 국제 관계도 마찬가지지만 당시 고구려의 경우를 봐도 고구려 인근의 개마국에 대한 정복 활동은 늦은 반면에 멀리 떨어져 있는 북옥저와 동옥저는 일치감치 합병했던 역사가 있다. 신라 또한 국제 관계에 따라 비우호적이거나 정복이 쉬운 곳을 먼저 차지했고 음즙벌국과 실직곡국과의 사이가 나빠진 것이 계기가 되어 두 나라를 정벌했던 것이다.

파사이사금 사후 지마이사금(112~134)에는 《삼국사기》에 재위 14년에 말갈이 북쪽 변경을 침입했다는 기록만 나와 어디를 공격한 것인지 알 수 없다. 일성이사금(134~154) 재위 기간에도 영토 변동과 관련한 특별한 기록이 없다. 그런데 지마이사금 당시 말갈의 침입과 관련해 《삼국유사》〈기이, 말갈과 발해〉조에 중요한 기록이 나온다. 이 기록은 패수 위치를 고찰할 때 이미 나온 바가 있다. "동명기에 이르길, 졸본성은 땅이 말갈에 붙어 있다. 신라 제6대 지마왕 14년(125)에 말갈 군사가 북쪽 국경에 몰려와서 대령책을 습격하고 니하를 건넜다."는 기록이다. 니하 위치에 대해서 주류 사학계는 강릉 인근에 있다고 한다. 왜냐하면《삼국사기》〈신라 본기〉의 자비마립간 11년(468)에 하슬라 사람을 징발해 니하에 성을 쌓았다는 기록과《신당서》〈북적열전 발해〉조에 발해 남쪽이 신라와 접했는데 경계가 니하라는 기록 때문이다.《삼국사기》〈지리지〉에는 신라의 동북 경계가 비열홀까지였다. 지마이사금 때의 니하는 강릉 인근이므로 발해의 남계인 니하와는 다른 곳이다. 이에 대해서는 통일신라 국경을 고찰할 때 재차 언급할 것이다. 여기서 대령책을 습격하고 니하를 건넜다고 했으므로 강릉 북쪽의 대령은 황초령과 마운령이거나 혹은 철령일 가능성이 크다. 지마이사금 당시에 신라의 동북 경계는 최소한 원산까지 올라갔음을 알 수 있다. 신라 북쪽 경계에 니하라는 강이 자주 언급되는 것으로 보아 비교적 큰 강일 것이다. 지도를 보면 강릉에 군선강이 있고 그 북쪽에 경강로를 흐르는 강 등, 강으로 볼 수 있는 곳이 몇 군데 있다. 여기서 강으로 볼 수 있는 곳은 고성군까지가 마지막이고 고성에서 그 북쪽의 함흥까지는 작은 강밖에 없다. 그래서 강릉 인근에서 니하로 추정할 수 있는 강은 강릉과 고성군 사이에 존재했을 것이다.

 그 다음 왕인 아달라이사금 5년(158)에 죽령을 개통하는데 죽령은 소백산맥에 있는 현재의 죽령이다. 그런데 아달라이사금 14년(167)에 백제가 신라의 서쪽 두 성을 공격해 백성 천여 명을 사로잡아가자 이에 신라군이 군사를 일으켜 한수(漢水)를 따라 백제로 들어가고 신라의 대군에 두려움을 느낀 백제가 잡아왔던 신라인을 풀어준다. 이때 신라가 동원한 군사가 2만 8천 명이나 되었다고 하니 당시 신라의 국력이 상당한 수준에 올라와 있음을 보여준다.

 벌휴이사금 5년(188)에 백제가 모산성(母山城)을 공격한다. 모산성은《삼국사기》에 여러 번 나온다. 신라 본기 진평왕 38년(616)에 백제가 모산성을 공격하고, 백제 본기 무왕 3년(602)에는 백제군이 신라의 아막산성을 공격하는데 모산성이라고도 한다고 했다.《삼국사기》〈지리지 강주 천봉군〉조에 운봉현은 본래 모산현(혹은 아영성, 혹은 아막성이라고도 한다.)인데 경덕왕이 이름을 고쳤다는 기록이 있다. 즉, 기록은 모산성은 아막산성이며 남원임을 밝히고 있다. 벌휴이사금 당시에 신라 영토가 거창에서 서쪽으로 남원, 정읍까지 연결되어 있었던 것이다. 벌휴이사금 7년(190)에 백제가 서쪽 국경인 원산향을 기습하고 부곡성을 포위한다. 신라장군 구도가 정예 기병 5백 명으로 백제군을 추격하다 와산에서 패했다. 원산향과 부곡성 위치는 기록에 없어 알 수 없다.

   신라가 한반도 중남부 지역에서 영토를 확장할 동안 고구려 또한 태조대왕 재위 시절에 한나라의 영토를 빼앗는다. 태조대왕 3년(55), 요서에 열 개의 성을 쌓는데 요서는 현 요하의 서쪽으로 기록상으로는 고구려 건국 후 처음으로 요서 지역에 성을 쌓는다. 앞에서 나온 바와 같이 모본왕 2년(49)에 고구려군이 후한의 북평, 어양, 상곡, 태원 등을 공격했고 후한 요동 태수 제융이 은혜와 신의로 대우해 화친을 맺었다는 기록이 있다. 여기서 제융이 은혜와 신의로 대우했다는 것은 고구려에게 많은 것을 주었다는 뜻일 것이다. 그리고 후한 당시 요동군의 치소인 양평은 요양 북쪽이 아니라 요서의 노룡현에 위치했었음을 고찰한 바가 있다. 요서로 가는 길목인 요동성이 고구려의 차지였으니 요하와 가까운 요서 지역 또한 고구려의 활동 무대가 되었을 것이다. 태조대왕은 요서 지역에 성을 쌓고 재위 4년(56)에는 동옥저를 정벌해 그 땅을 빼앗고 성읍으로 삼았다.《삼국사기》〈고구려 본기〉는 이때 고구려의 영토가 동쪽으로 창해에 이르고 남쪽으로 살수에 이르렀다고 기록했다. 고구려 남쪽 경계가 살수인 것은 이전의 대무신왕 때의 일로써 태조대왕 때는 동옥저를 점령하면서 동해까지 그 영토가 넓어진 것이다. 재위 16년(68)에는 갈사왕의 손자인 도두가 나라를 들어 항복한다. 갈사국은 이미 나온 바와 같이 대무신왕 때에 부여 왕 대소가 죽으면서 부여가 흩어졌고 대소의 동생이 압록곡에 갈사국을 세웠었다. 이때 갈사국이 항복하면서 고구려는 혼하 유역의 대부분을 차지했을 것이다. 재위 20년(72)에 조나국을, 재위 22년(74)에 주나국을 정벌하는데 위치는 미상이다. 재위 46년(98)에는 동쪽의 책성을 순행하는데《요

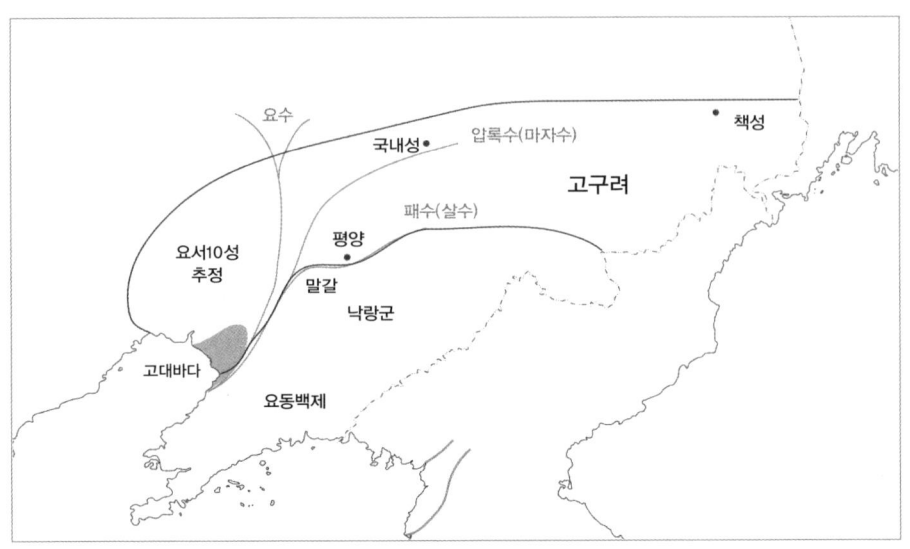

〈지도 70〉 태조대왕 시기(53~146)의 고구려 영토

사》〈지리지〉는 발해 동경용원부라고 했다. 동경용원부의 위치에 대해서는 발해 영토사에서 구체적으로 밝히겠지만 현재 한중일 사학계가 잘못 비정하고 있는 상경용천부가 동경용원부이다. 이 위치는 본래 동옥저의 영토로 태조대왕 때에 이곳을 차지한 후 책성을 설치했음을 알 수 있다. 재위 66년(118)에 예맥과 함께 현도군과 화려성을 공격하는데 화려성이 현도군 인근에 있었음을 알 수 있다. 당시 현도군은 심양 일대에 위치했다. 재위 69년(121)에는 왕이 선비 8천여 명과 함께 한나라의 요동군 요대현을 공격했는데 요동 태수 채풍이 신창으로 나와 싸우다 전몰한다. 요대현은 현 해성시 서쪽에 위치했고 신창현은 해성시 동쪽에 있었다. 이 기록에서 당시 한나라에 속한 요동군 요대현, 신창현 등의 일부 현이 존재하고 있었음을 알 수 있다. 재위 94년(146)에는 고구려가 요동군 서안평현을 습격해서 대방 현령을 죽이고 낙랑 태수의 처자를 사로잡은 기록이 있다. 이 기록은 낙랑군의 위치를 고찰할 때 자세히 설명한 바가 있다.

태조대왕 이후 왕위에 오른 차대왕(146~165), 신대왕(165~179), 고국천왕(179~197)의 재위 기간에는 영토 변동과 관련한 기록이 없다. 그래서 이때 영토는 태조대왕 시기와 동일하다. 그런데《삼국사기》〈고구려 본기〉에 고국천왕이 즉위할 당시 의아한 기록이 나온다. ①'고국천왕은 신대왕 백고의 둘째 아들인데 맏아들 발기가 못났다고 하여 나라 사람들이 둘째 아들인 이이모를 왕으로 세웠다.'는 것이다. 이는《삼국지》〈위서 동이전〉에도 신대왕 백고에 대한 기록이 나오는데 그곳에는 ②'신대왕의 첫째 아들이 백고, 작은 아들이 이이모인데 발기가 어질지 못해 나라 사람들이 이이모를 옹립해 왕으로 삼았다.'라고 했다. 이 두 개의 기록은 신대왕(165~179) 사후에 둘째 아들 이이모가 고국천왕(179~197)이 되었다는 것이다. 이어서 한나라 ③헌제 초에 발기가 형이 되지 못한 것을 원망해 소노가와 함께 각각 하호(下戶) 3만 명을 이끌고 공손강에게 투항하고 비류수로 돌아와 머물렀다고 기록했다. 그런데《삼국지》〈위서 동이전〉에서는 다르게 나온다. ④"건안 연간(196~219)에 공손강이 군대를 보내 고구려를 격파했다. 발기는 형이면서도 왕이 되지 못한 것을 원망하여 소노부의 대가와 함께 각각 하호 3만 명을 이끌고 공손강에게 투항해 비류수 유역에 옮겨 살았다. 항복했던 오랑캐도 이이모를 배반하므로 이이모는 신국(新國)을 세웠는데 오늘날 고구려가 있는 곳이다."라는 것이다. ①의《삼국사기》기록과 ②의《삼국지》〈위서 동이전〉의 기록은 같다. ③의《삼국사기》는 후한 헌제 초에 발기가 왕이 되지 못한 것을 원망해 공손강에게 투항했다고 하고, ④의《삼국지》〈위서 동이전〉은 건안 연간이라고 했다. 헌제의 재위 기간은 181년에서 234년이므로 ④의 건안 연간이 헌제의 재위 기간에 들어가므로 둘의 기록을 건안 연간으로 잡으면 기록이 일치한다. 그런데《삼국사기》와《삼국지》〈위서 동이전〉은 둘 다 신대왕의 아들 때 있는 사건으로 기록해 마치 고국천왕이 신대왕의 둘째 아들인 것처럼 만들었다. 발기가 형이 되지 못한 것을 원망해서 공손강에게 투항한 연도는 아무리 빨라도 서기 196년의 일이다. 고국천왕이 왕위에 오른 것이 179년이므로 발기가 원망을 품고 있다가 최소한 17년이 지난 후에야 공손강에게 항복한 것으로 볼 수 있으니 뭔가 이상하다. 발기가 17년 이상을 참고 있다가 반란을 일으킨 것이 보통 상식으로는 이해가 안되지만 불가능한 것은 아니므로 그냥 넘길 수도 있다. 이와 동일한 기록이

《삼국사기》〈고구려 본기〉 산상왕 시기에 다시 나온다. '고국천왕 사후 그 동생으로 발기와 연우가 있었는데 발기가 연우의 형이었다. 이때 고국천왕의 왕후였던 우씨가 고국천왕이 죽은 것을 숨기고 모략을 꾸며 발기의 동생인 연우를 왕으로 세운다.' 연우가 바로 고국천왕의 뒤를 이은 산상왕(197~227)으로 이를 원망한 발기가 산상왕 원년(197)에 공손도로부터 3만 군사를 얻어 반란을 일으키지만 실패하고 자살한다고 나와 있다. 산상왕 때의 이 기록은 고국천왕 때 일어난 기록과 동일하다. 이는 산상왕 때 일어난 일을 《삼국지》에서 고국천왕의 일로 잘못 기록했던 것인데 《삼국사기》도 이를 확인하지 않고 이를 그대로 고국천왕 때의 일로 기록하는 오류를 범해 중복이 발생한 것이다. 뒤이어 《삼국지》에서 공손도의 아들인 공손강이 고구려를 격파했다는 것도 사실은 공손강이 고구려에게 패한 것을 거짓으로 기록했음을 알 수 있다. 그래서 이 기록의 진실은 고국천왕 사후에 형인 발기가 왕이 되지 못하자 동생인 산상왕을 원망해서 공손도의 도움을 얻어 반란을 일으켰지만 실패해 자살했다는 기록이 맞는 것이다. 이때 발기와 소노가가 각각 하호 3만을 거느리고 공손강에게 투항한 결과, 태조대왕 때 차지한 요서 지역의 통로가 막히면서 고구려가 요서 지역의 땅을 잃어버렸던 것이다. 이에 대해서는 《요사》〈지리지에 나온다.〉 《요사》〈지리지 동경도〉 녹주압록군조에 "정주(正州)는 본래 비류왕의 옛 지역으로 공손강에게 합병되었다. 발해가 비류군을 설치했다. 비류수가 있다." 《요사》〈지리지〉는 비류왕의 옛 지역인 비류수 일대가 공손강에게 합병되었음을 명확히 기록했다. 이는 공손강이 전쟁으로 빼앗지 않았기 때문에 합병이라고 기록한 것임을 알 수 있다.

또한 이미 언급했듯이 《삼국사기》〈백제 본기〉에 "《북사》와 《수서》에서 말하길, 동명의 후예 구태가 있어 덕과 신뢰가 두터워 초기에 대방고지(帶方故地)에 나라를 세웠고 한나라의 요동 태수 공손도의 딸을 처로 삼아 드디어 동이의 강국이 되었다."라고 했다. 《수서》〈동이열전 백제〉조에도 《삼국사기》에서 인용한 내용이 그대로 나온다. "동명의 후손에 구태(仇台)가 있는데 덕과 신의가 두터웠다. 처음으로 대방 옛 땅에 나라를 세웠다. 한나라의 요동

〈지도 71〉 산상왕 원년(197)의 고구려 영토

태수 공손도가 딸을 구태의 처로 주었는데 나라가 점점 번창해 동이의 강국이 되었다."라고 했다. 공손도가 요동 태수가 된 것은 백제 초고왕 24년인 서기 189년이다. 공손도가 204년에 죽었으므로 서기 189년에서 204년 사이에 일어났던 일이다. 초고왕이 214년에 죽고 구수왕이 214년에 즉위하므로, 공손도의 딸과 결혼한 왕은 초고왕일 수밖에 없다. 이 기록에 이어 《삼국지》 〈위서 동이전〉에 '후한 건안 연간(196~220)에 공손강이 둔유현 남쪽 황무지에 대방군을 설치했다.'는 기록이 있는데 공손강은 공손도가 죽은 204년부터 221년까지 요서와 요동의 일부 지역을 차지하고 있었다. 이미 고찰했지만 비류수는 혼하이다. 이때 공손강은 훗날 요동성이 되는 양평을 포함한 그 북쪽과 서쪽까지 합병했고 남쪽으로 요하와 혼하 사이로 내려가 요대, 신창, 평곽, 대방을 차지해 고구려 서쪽과 남쪽에서 국경을 형성했던 것이다. 반면 고구려는 혼하 서쪽에 환도성만 유지했고 그 동쪽으로 패수현, 동북쪽에 요양, 평양, 신성, 국내성, 옥저, 책성 등을 영토로 가지고 있었다. 백제의 초고왕과 공손강은 매부와 처남 사이이니 공손강이 스스로 연 왕(燕王)을 칭한 후, 서로 충돌 없이 백제 북쪽 경계의 빈 땅에 대방군을 설치할 수 있었을 것이다. 이때 공손강이 요하 지역을 완전히 차지하면서 한나라 본국과 낙랑군의 연결이 끊겨 다시 토착민이 낙랑을 차지하고 있었다. 《삼국지》〈위서 동이전〉의 기록은 이를 보여준다. 《삼국지》〈위서 동이전 한(韓)〉 "경초 연간(237~239)에 명제가 몰래 대방 태수 유흔과 낙랑 태수 선우사를 보내 바다를 건너가서 대방, 낙랑의 두 군을 평정했다. …… 부종사 오림은 본래 한국(韓國)을 통치했다는 이유로 진한 8국을 나눠 낙랑에 속하게 하려 했다. 그때 통역관이 잘못 설명해 신지와 한인들이 모두 격분해 대방군 기리영을 공격했다. 이때 대방 태수 궁준과 낙랑 태수 유무가 군사를 일으켜 정벌했는데 궁준은 전사했으나 2군은 마침내 한(韓)을 멸했다."고 나온다. 이 기록은 사마의가 238년에 공손연을 평정한 이후에 일어났던 일이다. 이 기록에서 당시 진한 8국이 낙랑과 대방 지역에서 독립을 유지하고 있었지만 다시 위나라에게 점령당해 낙랑과 대방군의 통치를 받았음을 알 수 있다. 여기서 산상왕이 도읍을 국내성에서 환도성으로 옮긴 이유가 나온다. 《삼국사기》〈고구려본기〉에 산상왕 13년(209)에 도읍을 국내성에서 환도성으로 옮겼다 했고 《삼국지》에는 "항복했던 오랑캐도 이이모를 배반하므로 이이모는 신국(新國)을 세웠는데 오늘날 고구려가 있는 곳이다."라고 했다. 당시 산상왕이 왕위에 오른 것에 대한 내부의 반발이 심했음을 알 수 있고 이를 피해 국내성에서 고구려의 본래 근거지였던 환도성으로 천도를 할 수밖에 없었던 것이다. 이곳은 여러 세력의 각축장이었지만 산상왕이 이곳까지 도읍을 옮길 수밖에 없었을 만큼 내부 반발이 심했던 것이다.

    백제 기루왕(77~128)과 개루왕(128~166) 재위 기간 중에는 특별한 기록이 없다. 초고왕 39년(204)에 신라의 요거성을 공격해 빼앗는데 그 위치는 알 수 없다. 재위 49년(214)에 북부의 진과가 군사 천 명으로 말갈의 석문성을 습격해 빼앗는다. 석문 위치에 대해서는 이미 언급한 바와 같이 태자하 남쪽이자 평양 인근에 있었다. 백제가 말갈의 석문성을 빼앗았다는 것은 말갈이 태자하 남쪽의 석문에 위치했으며 이때 백제 영토가 평양 인근에 이르렀음을 알게 한다. 《수서》〈동이열전 백제〉조에서 초고왕이 요동 태수 공손도와 혼인 동맹

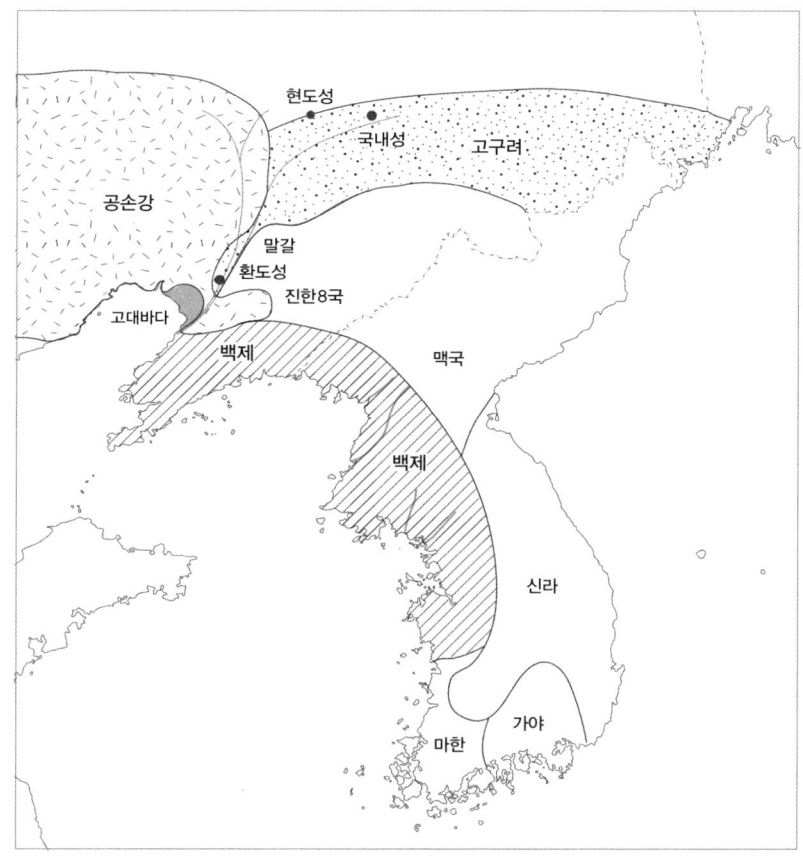

〈지도 72〉 산상왕 13년(209)의 삼국 영토

을 맺어 동이의 강국이 되었다는 기록은 당시 백제가 말갈을 격파하고 평양성 인근까지 그 영토를 넓혔다는 것과 일치한다.

3. 3세기 초에서 4세기 중엽

서기 3세기 초 신라는 내해이사금 재위 기간(196~230)이었다. 14년(209)에 석우로를 보내 포상 8국을 물리쳤고 23년에는 백제가 장산성을 포위한 후 달아나는데 장산성은 지리지에 경산이라 했다. 27년(222)에는 백제가 우두주를 공격했고 신라군이 패배한다. 우두주는 《삼국사기》〈지리지〉에 춘천으로 나온다. 내해이사금 당시 신라의 북부는 최소한 춘천까지, 동북으로는 원산까지 올라갔음을 보여준다. 그리고 《삼국사기》〈지리지〉에 춘천을 포함한 강원도 일대에 맥국이 있었다. 이 당시 맥국이 신라에 의해 병합되었거나 북쪽으로 쫓겨 갔음을 알 수 있다.

내해이사금 사후 조분이사금이 왕위에 오르고 재위 2년(231)에 감문국을 정벌한다. 감문국은 《삼국사기》〈지리지〉에 김천으로 나온다. 7년(236)에는 골벌국이 항복한다. 《삼국사기》〈지리지 양주〉조에 조분이사금 때 골화소국을 현으로 삼았다는 기록이 있어 지금의 영천에 해당한다. 16년(245)에 고구려가 북쪽 변경을 공격했는데 석우로가 패배해 마두책을 지켰다는 기록이 있다. 마두책 위치는 알 수 없지만 당시 고구려가 살수, 곧 현 태자하가 남쪽 경계였으니 마두책은 한반도 북부에 있었을 것으로 추정된다.

조분이사금의 뒤를 이어 첨해이사금이 즉위하는데 첨해이사금(247~261)과 유례이사금(261~298) 기간에 영토와 관련한 특별한 변동이 없다. 기림이사금(298~310) 재위 기간에도 전쟁 기록은 없지만 그 영토를 알게 하는 《삼국사기》 기록이 있다. 재위 3년(300) 2월에 왕이 비열홀로 가서 백성들을 직접 구휼하는데, 비열홀은 현재 북한 강원도 안변군으로 비정되는 곳이다. 남해차차웅 때 북명인이 예 왕의 인을 바쳤다는 기록과 지마이사금 때 이미 니하 북쪽에 대령책을 쌓았다는 기록이 명확히 남아 있으니 이미 그전에 비열홀이 신라의 영토였음이 분명하다. 그리고 같은 해 3월에 낙랑과 대방 양국이 항복해 복속했다는 기록이 있다. 당시 요서와 요동의 일부 지역을 선비족의 전연이 장악해 낙랑군과 대방군이 고립되자 토착민들이 자립해 낙랑국과 대방국을 세웠던 상황이었음을 설명한 바 있다. 낙랑국과 대방국은 요동에 있었다. 가까이 위치한 고구려와 백제를 두고 신라에게 항복한 것은 당시 신라 북변이 요동과 멀지 않은 곳에 있었음을 시사한다. 기림이사금 사후 즉위한 흘해이사금 재위 기간(310~356) 동안에 특별한 기록이 없어 기림이사금 때의 영토와 동일하다.

고구려는 발기의 난으로 산상왕 때 영토를 크게 상실한 바가 있었는데 동천왕 재위 기간(227~248)에 접어들어 고구려를 둘러싼 국제 정세가 크게 변화

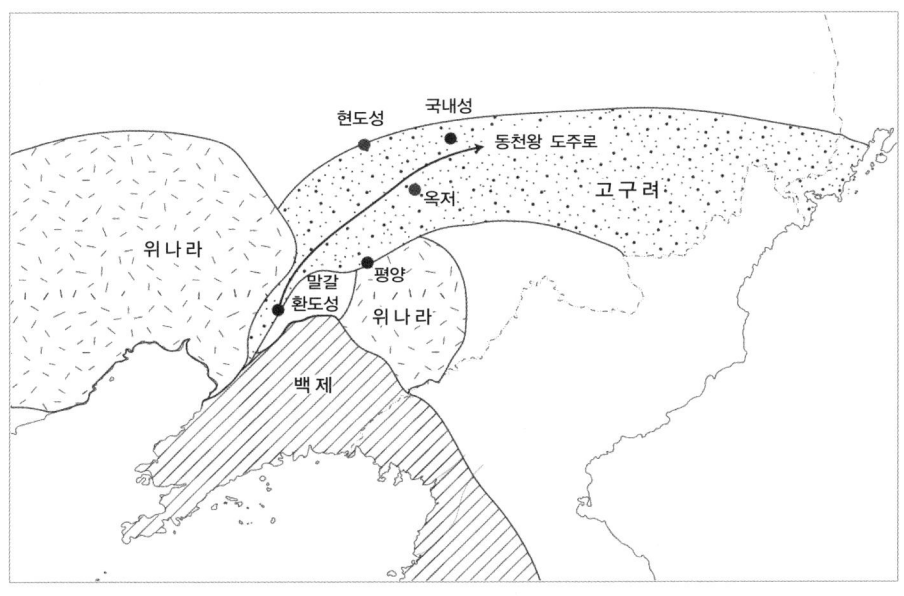

〈지도 73〉 동천왕(227~248) 시기의 국제 정세

한다. 238년 위나라 사마의가 양평을 차지하고 있던 공손강의 아들 공손연을 정벌한 후 군사를 보내 낙랑군과 대방군을 차지한다. 동천왕 재위 기간에 위나라가 고구려의 서쪽은 물론이고 남쪽까지 차지해 고구려를 크게 위협하는 형세임을 알 수 있다. 동천왕은 이를 타개하기 위해 재위 16년(242)에 서안평을 공격해 격파하는 데 성공한다. 이렇게 고구려의 공격이 계속되자 위나라 관구검이 고구려를 공격한다. 이에 대한 설명은 비류수와 환도산의 위치를 언급할 때 나온 바 있지만 다시 언급하면, 《북사》〈동이열전 고구려〉조에 "정시 5년(고구려 동천왕 18년, 244), 유주자사 관구검이 1만의 군사로 현도를 나와 위궁(동천왕)을 공격해 비류에서 크게 싸웠다. 위궁이 패전해 달아나니 관구검이 추격해 고개에서 수레를 달고 말을 묶어 환도산에 올라 도성을 도륙했다. 위궁은 홀로 처자식을 데리고 멀리 도주했다."고 했다. 1년 후인 "정시 6년(고구려 동천왕 19년, 245)에 관구검이 다시 공격하니 위궁은 겨우 제가만 데리고 옥저로 달아났다. 관구검은 부하 장수 왕기에게 추격을 명하고 옥저 천여 리를 지나 숙신의 남쪽 경계에서 돌을 새겨 공적을 기록했다. 또 환도산

을 깎아 불내성(不耐城)이라 새기고 돌아왔다." 이때 동천왕은 환도성에서 동북 방향으로 도주해 요양과 평양을 지나 현 신빈 만족 자치현에 위치한 옥저로 도주한 것으로 추정된다. 《삼국사기》〈고구려 본기〉에는 동천왕 20년(246)에 한 번만 침입한 것으로 되어 있는데 이는 고구려가 대패해 제대로 기록하지 않았을 것이다. 당시 관구검은 고구려 도읍인 환도성을 함락한 후에 성을 완전히 파괴했다. 이에 동천왕은 재위 21년(247) 환도성을 버리고 평양으로 천도해 이곳은 한동안 무주공산이 되었다. 평양 위치에 대해서는 《삼국사기》〈고구려 본기〉에 '선인 왕검의 땅이며, 다른 기록에는 왕험에 도읍했다.'라고 분명히 기록했으니 고조선의 도읍지인 평양이자 낙랑군의 치소인 조선현인 것이다.

동천왕 사후 중천왕 재위 기간(248~270)에 위나라가 다시 고구려를 공격하지만 이때는 고구려가 양맥의 골짜기에서 위나라 군사에게 대승을 거둔다. 양맥은 태자하 인근에 거주하던 말갈이므로 고구려와 위나라 군사가 태자하에서 싸웠던 것이다. 중천왕 사후에 즉위한 서천왕 재위 기간(270~292)에는 특별한 기록이 없다.

서천왕의 뒤를 이은 봉상왕 재위 기간(292~300)에는 요서에 거주하던 선비족 모용외의 세력이 강할 때였다. 재위 2년(293)에 모용외가 침략했는데 왕이 모용외를 피해 신성으로 피신하다가 모용외에게 추격을 당한다. 신성재 고노자가 마중 나와 왕이 화를 피하는데 이후 고노자를 신성 태수로 삼자 모용외의 공격이 더 이상 없었다. 동천왕 때부터 봉상왕 재위 기간(227~300) 동안에 고구려 영토는 변함없이 북으로는 부여, 서쪽으로는 혼하, 남쪽으로는 태자하, 동쪽으로는 동해까지였다.

봉상왕 사후 미천왕 재위(300~331) 동안은 정복 활동이 활발하게 이루어진다. 이는 현도군과 낙랑군이 본국인 서진(西晉)으로부터 고립되었기 때문에 미천왕은 이 상황을 이용해 낙랑군을 적극적으로 공격한다. 재위 3년(302)에 왕이 병력 3만으로 현도군을 공격해 8천여 명을 사로잡아 이들을 평양으로 옮기는 대승을 거둔다. 당시 현도군은 심양 일대에 있었다. 재위 12년(311)에는 요동의 서안평을 습격해 빼앗고 14년(313)에는 낙랑군을 공격해 남녀 2천여 명을 포로로 잡는다. 이후 낙랑에 웅거하던 장통이 천여 호를 데리고 모용외에게 투항하면서 낙랑의 잔존 세력이 완전히 무너진다. 장통이 이때 데리고 간 낙랑인이 천여 호에 불과했다는 것은 낙랑은 그 이전에 실질적으로 붕괴되었음을 의미한다. 이어 다음해(314)에 대방군을 공격하는데 영토를 빼앗았다는 기록은 없다. 낙랑이 이미 무너졌으니 대방군 또한 실질적으로 무너졌을 것이다. 재위 16년(315)에는 현도성마저 함락하면서 서기전 108년에 한나라가 한사군을 설치한 이래 약 4백 년간 요동에 존재했던 한나라 세력은 완전히 사라졌다. 재위 21년(320)에 요동을 공격했으나 모용인에게 패해 요동을 탈환

〈지도 74〉 미천왕 말년(331)의 고구려 영토

하는 데는 실패한다. 여기서 요동은 요동성을 말하는 것이고 고국천왕의 아들 발기가 공손강에게 항복한 이후 요동성을 비롯한 비류수 일대는 이때까지도 고구려 영토가 아니었다. 미천왕 재위기간(330~331)의 고구려 영토는 낙랑과 현도가 추가로 들어왔다.

백제는 초고왕(166~214) 재위 기간 중 말갈의 석문성을 함락해 태자하 남쪽에 바짝 육박해 있었다. 서북으로는 공손강과 혼인 동맹을 맺고 있었기에 문제가 없었고 북쪽의 고구려와는 건국 이래 우호 관계를 유지했었다. 동쪽에는 낙랑군이 있었지만 진한 8국이 독립한 상태였으므로 큰 위협이 되지 못한 상황이었다.

초고왕 사후 즉위한 구수왕 재위 기간(214~234)에도 이런 상황은 계속 이어진다. 재위 기간 중 신라와 세 번, 말갈과 두 번 싸운 기록이 나오지만 영토 변경과 관련한 기록은 없다. 초고왕 사후 고이왕이 즉위한다. 고이왕 5년(238)에 위나라 사마의가 공손연을 정벌하고 양평을 차지한 데 이어 낙랑과 대방군을 재건한다. 백제 입장으로서는 영토의 서북쪽과 동쪽을 위나라가 차지해 더 이상 북쪽으로는 영토를 확장할 곳이 없어졌다. 재위 기간(234~286) 동안 신라를 일곱 번 공격했으나 신라 영토를 점령한 기록은 없다. 그리고 고이왕 13년(246)에 위나라 관구검이 고구려를 공격할 때에 백제가 낙랑을 쳐서 낙랑 백성을 빼앗고 돌아오는데 낙랑 태수 유무가 노하자 이를 돌려준 기록이 있다. 고이왕 당시에도 백제의 영토는 변함이 없었다.

고이왕 사후 책계왕이 286년에 즉위한다. 당시는 위, 촉, 오 삼국을 통일한 서진(西晉)이 중국 대륙을 차지했는데 선비족 모용외가 흥기하여 요서 전역과 요동의 일부 지역을 차지한 상태였다. 그래서 서진과 낙랑과의 통로가 다시 단절되었고 낙랑과 대방군에 낙랑국과 대방국이 새로 생겼다. 그런 상황을 반영하는 기록이 《삼국사기》〈백제 본기〉에 나온다. 책계왕 원년(286)에 고구려가 대방국을 치자 백제가 대방국을 구원하는데 그 이유가 왕이 대방왕의 딸 보과에게 장가들어 대방왕이 책계왕의 장인이었기 때문이었다. 당시 대방군은 위나라에서 파견한 관리가 태수로 있었을 것이다. 그런데 위나라가 망하고 진(晉)나라가 들어서자 이때를 이용해 대방군 내에 토착민이 새로이 대방국을 건국했던 것이다. 고구려 또한 이러한 국제 정세를 이용해 대방국을 공격한 것인데 백제가 대방국을 돕자 이로 인해 이때 고구려가 백제를 원망했다는 기록이 나온다. 재위 13년(298)에 한(漢)나라와 맥인들이 쳐들어 왔는데 책계왕이 이를 막다가 죽는다. 여기서 맥인은 양맥이자 말갈이다. 당시 중국은 사마씨의 진(晉)나라가 들어서 있었기에 한나라는 사라지고 없었다. 그런데 한(漢)나라라고 표현한 이유는 이들이 낙랑군의 잔존 세력이기 때문일 것이다.

신라 기림이사금 3년(300)에 낙랑과 대방 양국이 신라에 항복해 복속했다는 기록이 있다. 책계왕이 2년 전인 298년에 죽자 대방국으로서는 더 이상 도와줄 나라가 없어졌고 그래서 낙랑과 대방 양국이 신라에 항복한 것으로 추정된다. 그런데 이후에도 낙랑의 일부 세력은 여전히 남아 있었다. 책계왕 사후 분서왕 때에 백제가 낙랑군을 공격한다. 분서왕은 책계왕의 맏아들로서 낙랑에 대한 원한이 있었고 재위 7년(304)에 낙랑의 서쪽 현을 습격해 빼앗지

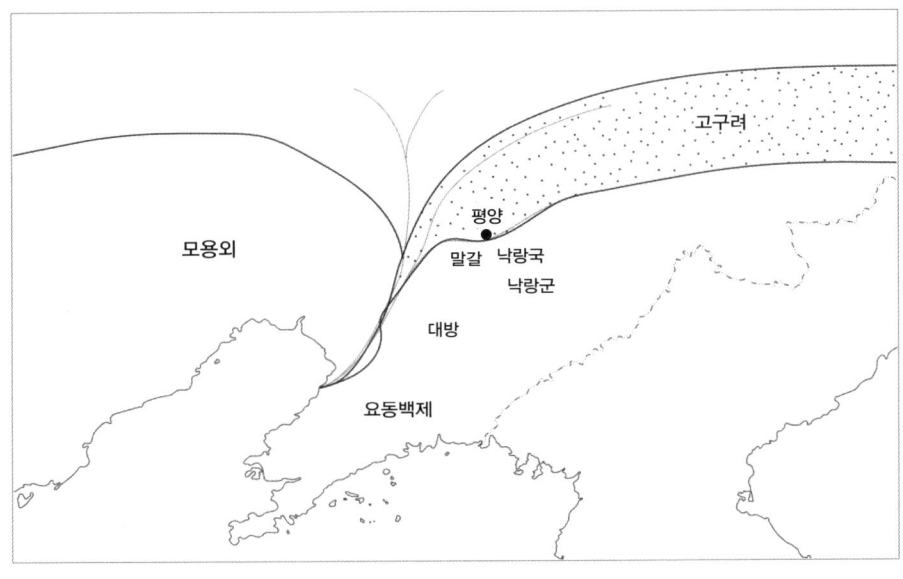

〈지도 75〉 대방국 위치

만 같은 해에 낙랑 태수가 보낸 자객에 의해 살해된다. 분서왕 재위 기간(298~304) 중에 낙랑의 서현을 차지해 이전보다 영토를 확장했다.

당시 요동을 둘러싼 국제 정세를 살펴보면《삼국사기》〈고구려 본기〉동천왕 20년(246)에 관구검의 공격으로 환도성이 무너진다. 환도성은 안시성으로 요동성 남쪽에 있음을 이미 고찰한 바가 있다. 동천왕은 환도성을 더 이상 도읍으로 삼을 수 없자 종묘와 사직을 옮기고 백성까지 평양으로 옮긴다. 이때 위나라 관구검은 고구려를 정벌한 후 귀환했고 고구려 동천왕은 환도성의 백성을 옮겨 환도성 일대는 주인이 아무도 없는 버려진 땅이 되고 말았다. 서기 286년이면 중국은 서진(西晉)시대로 요서 지역을 선비족 모용외가 차지하고 있었고 요동은 서진이 차지하고 있었지만 본국으로부터는 고립된 상태였다.《진서》〈지리지〉를 보면 "요동국은 진(秦)나라가 군을 설치했다. 후한 광무제(25~57)가 청주(靑州)에 속하게 했고 후에 유주로 되돌렸다. 8현을 관할하고 호 수는 5,400이다. 양평현(동이교위 치소가 있다.), 문현, 거취현, 낙취현, 안시현, 서안평현, 신창현, 역성현이 있다."고 했다. 전한 당시 18개 현에 55,972호였는데 진나라가 8개 현에 5,400호라는 것은 진나라의 요동국은 유명무실한 상태임을 알 수 있다. 당시 요동국은 동이교위가 있는 요동성만 유지하고 다른 7개 현은 토착세력에 의해 유지되고 있었을 것이다. 이런 상황에서 319년에 선비 모용외가 요동을 습격해 양평을 함락한다. 이때 모용외가 장악한 요동의 범위는 양평, 험독, 평곽(건안성), 거취현, 신창현 일대였다. 이는《진서(晉書)》〈재기 모용황〉조에서 알 수 있다. 모용외 사후에 모용황이 즉위하자 아우 모용인이 반란을 일으키고 이에 모용황이 험독을 지나 평곽에 근거를 두고 있던 모용인을 공격하는데 그때의 기록을 보자. "함화 9년(334), 모용황이 스스로 요동을 정벌하는데 양평에서 이기자 모용인이 임명한 거취령 유정이 성을 들어 항복하고, 신창 사람 장형이 현령을 잡아 항복했다. 모용인을 참한 후, 그곳에 수비를 두고 극성에 요동의 대성들을 나눠 이주시켰다. 화양, 무차, 서락 3현을 설치했다."라고 나온다. 상기의 기록에서 모용황의 전연(前燕)이 양평, 무차, 험독, 평곽, 거취, 신창현 일대를 장악하고 있었음을

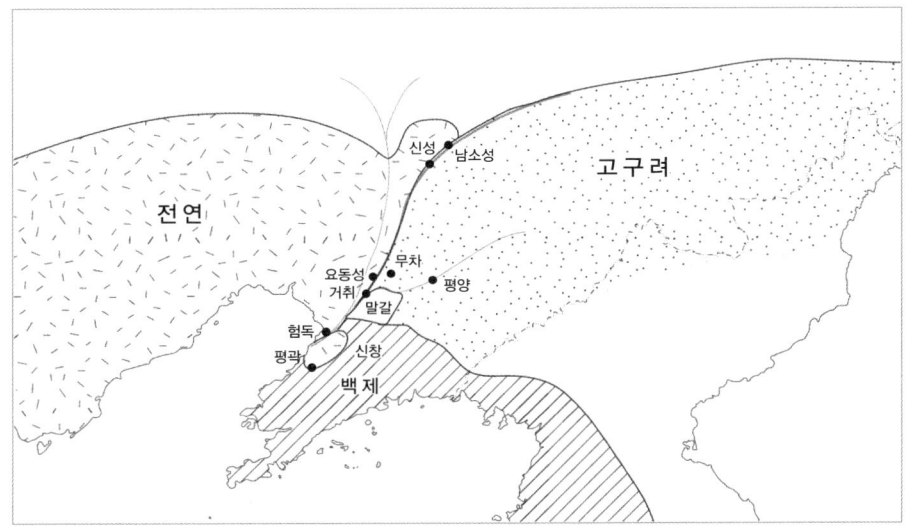

〈지도 76〉 근초고왕 원년(346)의 요동 정세

알 수 있다. 양평과 무차는 요양 북쪽, 험독은 요하 하구, 평곽은 현 개주(蓋州), 거취는 요양 서쪽, 신창은 현 해성시 동쪽으로 전연의 동북계는 이곳까지가 한계였음을 알 수 있다. 이후 서기 370년에 전연이 전진(前秦)에 의해 멸망하는데 전진이 전연의 영토를 그대로 차지해 영토 변경은 일어나지 않는다. 서기 383년 전진이 비수 대전에서 패배한 후 멸망하자 384년에 모용수가 전연의 옛 영토를 차지하고 후연을 건국한다.

백제는 분서왕 사후 비류왕이 즉위하고 재위 기간(304~344) 중 아무런 전쟁의 기록이 없어 분서왕 때의 영토와 변동이 없다. 이어 즉위한 계왕(344~346) 동안에도 전쟁 기록이 없다. 분서왕 이후 백제의 영토는 동일하다. 계왕 사후 근초고왕 재위 기간(346~375) 동안 백제 영토는 크게 확장된다.

그 이전에 백제가 분서왕 7년(304) 2월에 몰래 군사를 보내 낙랑의 서쪽 현을 습격해 빼앗았다는 기록에서 알 수 있듯이 백제는 석문에 이어 낙랑의 서현을 점령해 태자하까지 올라간 상태였다. 고구려 고국원왕은 근초고왕 24년(369)에 백제를 공격했으나 치양에서 패배하고, 근초고왕 26년(371)에는 고구려군이 백제군의 매복에 걸려 패하에서 대패했으며 그리고 같은 해 10월에는 근초고왕이 평양을 공격해 고국원왕이 평양성 전투에서 전사할 정도로 당시 백제의 힘은 강력했고 고구려의 힘은 약해졌음을 알 수 있다. 《삼국사기》〈백제 본기〉에서 상기의 기록을 확인해 보자. "근초고왕 26년(371)에 고구려가 군사를 일으켰다. 왕이 듣고 군사를 패가에 매복시켜 그들을 기다렸다가 급히 치니 고구려 군사가 패배했다. 26년(371) 겨울에 왕이 태자와 정예 군사 3만을 이끌고 고구려를 쳤다. 평양성을 공격해 고구려 왕 사유(고국원왕)와 싸웠는데 고구려 왕이 날아오는 화살에 맞아 죽었다. 왕이 군사를 이끌고 물러났다."라고 나온다. 이때 근초고왕은 평양에서 물러났지만 낙랑 지역을 장악했음을 알게 하는 기록이 있다. 이는 바로 책봉 기록이다. 372년 동진이 근초고왕을 진동장군 영낙랑 태수 백제 왕으로 책봉하는데 이때 백제가 당시 낙랑을 완전히 장악했던 것이다. 이는 고구려가 장악하고 있던 낙랑 지역을 백제가 차지했음을 알려 주는 증거이다.

이보다 앞서 근초고왕은 남쪽 영토를 넓혔다. 임나일본부를 고찰할 때 나온 바가 있지만 다시 인용하면, 《일본서기》〈권 제9 신공황후〉조에 "신공황후 49년(369) 3월, 황전별과 녹아별을 구저 등과 군대를 인솔해 건너가 탁순국에 이르러 신라를 치려고 했다. 이때 어떤 사람이 말하길 '군대가 적어 신라를 격파할 수 없으니 다시 사백, 개로를 보내 군사를 늘려주도록 요청하십시오.'라고 했다. 곧 목라근자와 사사노궤에게 정병을 이끌고 사백, 개로와 함께 가도록 명했다. 함께 탁순국에 모여 신라를 격파하고 비자발, 남가라, 녹국, 안라, 다라, 탁순, 가라의 7국을 평정했다. 또 군대를 옮겨 서쪽으로 돌아 고해진에 이르러 남쪽 오랑캐인 침미다례(忱彌多禮)를 무찔러 백제에게 주었다."는 기록에서 이들은 백제 장군으로서 근초고왕의 명령에 따라 신라와 싸워 가야를 평정하고 이후 전라남도 지역을 점령했다.

《진서(晉書)》〈장화(張華)열전〉에 동이의 마한 신미제국(新彌諸國)이 산에 의지하고 바다를 띠로 삼아 (유주에서) 4천여 리 떨어져 역대로 귀부하지 않은 나라가 20여 국이라고 나온다. 또한 《진서(晉書)》〈무제기〉에는 태강 3년(282)에 장화를 유주 제군사로 삼았는데 동이 29개국이 귀화해 방물을 바쳤다고

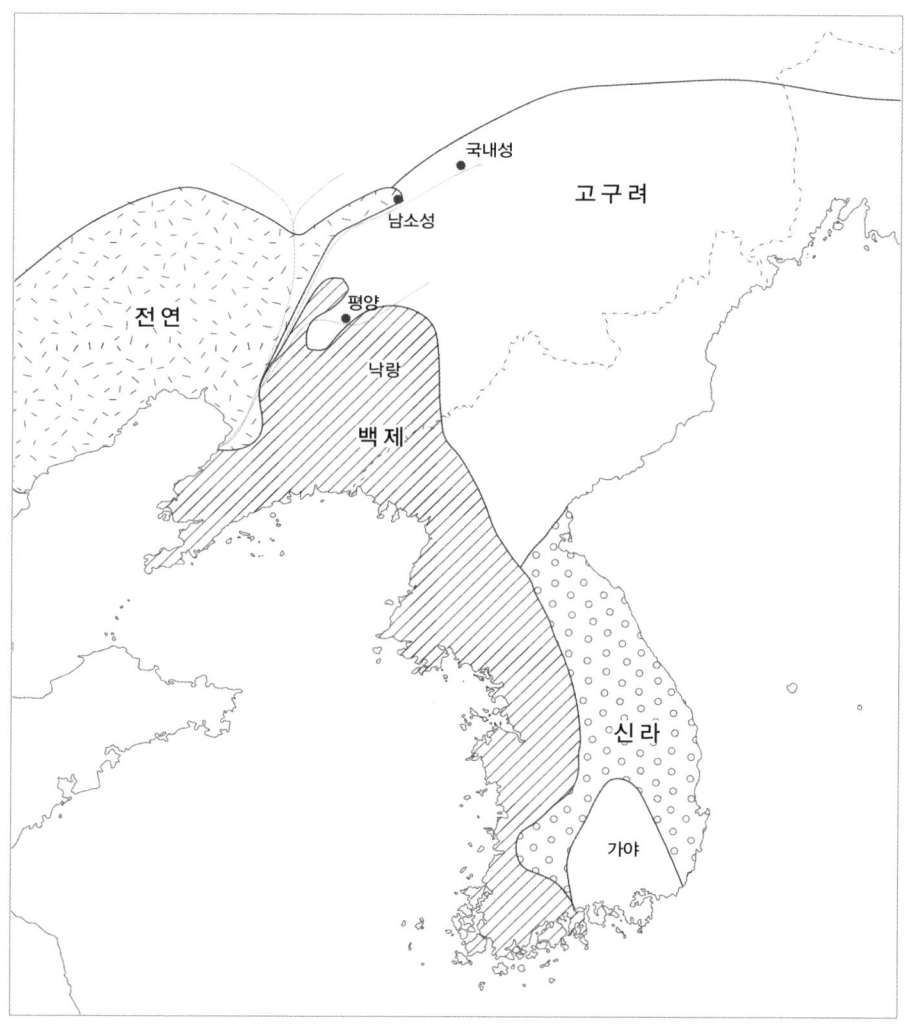

〈지도 77〉 근초고왕 재위 기간(346~375)의 백제 영토

했다. 침미다례와 신미제국은 전남 지역에 있던 마한 잔존 세력으로 추정되고 근초고왕이 이곳을 정벌하기 전까지 마한 소국의 연합체가 존재하고 있었던 것이다. 재위 30년(375)에 고구려가 백제 북쪽 변경의 수곡성을 함락하는데 수곡성 위치에 대해서《삼국사기》〈지리지〉에 영풍군은 고구려의 대곡군이며 경덕왕 때 평주로 고쳤으며 속현에 수곡성현이 있다고 했다.《고려사》〈지리지〉 평주조에는 본래 고구려의 대곡군이고 신라 경덕왕 때 영풍군으로 고쳤

다고 나온다. 평주에 저천이 있는데 혹은 패강(浿江)이라고 기록되어 있다. 평주는 현재 황해북도 평산인데 이 기록을 근거로 해서 주류 사학계는 패강이 예성강이라고 한다. 그러나 예성강이 패강 혹은 패수라면《삼국사기》에 나오는 다른 기록을 도저히 설명할 수가 없다. 또한 예성강은 북에서 남쪽으로 흐르는 강이기 때문에 북쪽의 고구려와 국경으로 삼을 수 없는 강이다. 372년에 근초고왕이 낙랑 지역을 차지하고 낙랑 태수의 작위를 받았는데 고구려군이 낙랑을 공격하지 않고 황해도에 위치한 수곡성을 공격해서 점령할 수 있었는지도 의문이다. 낙랑을 우회해서 왔을 수도 있지만 후방의 백제군이 배후를 칠 가능성이 있기 때문에 그런 위험한 작전은 애당초 짜지 않았을 것이다. 이미 여러 번 언급했지만《고려사》〈지리지〉의 기록은 후대의 변조가 많아 이를 그대로 받아들이면 안 된다. 당시 고구려가 공격한 수곡성은 요동에 있었을 것이다.

4. 4세기 중엽에서 5세기 중엽

신라는 흘해이사금 21년(330)에 벽골지를 만들었다. 벽골지는 벽골제로 현재 김제에 있다. 당시 신라는 김제, 정읍, 남원을 차지해 최소한 전라북도 중부와 동부지역이 신라 영토였고 전라남도는 백제가 차지하고 있었던 것이다. 다음 왕인 내물이사금 18년(373)에 백제 독산성(禿山城) 성주가 3백여 명과 함께 신라에 항복한다. 독산성 위치에 대해서는 천산산맥 일대에 있었음을 밝힌 바 있다. 독산성이 요동에 위치했는데 3백여 명과 함께 신라에 항복한 것은 당시 신라의 북변이 요동과 가까웠음을 여기서도 보여준다. 내물왕 재위 기간(373~402) 동안 영토와 관련된 특별한 변동이 없어 이전과 동일하다.

이때《광개토호태왕 비문》에 왜가 신라를 공격한 기록이 나온다. 이른바 신묘년(391)에 왜가 한반도 남부에 침입한 기록이다. 광개토태왕의 즉위년도는 392년이므로 391년의 기록은 광개토태왕이 태자일 때 일어난 일이다. 당시 백제는 진사왕 7년이다.

《삼국사기》〈고구려 본기〉의 기록에 광개토태왕 원년인 392년 5월에 부왕인 고국양왕이 사망한다. 왕은 두 달 후인 392년 7월에 백제를 쳐서 석현성 등 열개 성을 빼앗는다. 그리고 그로부터 두 달 후인 9월에 북쪽으로 거란을 정벌해 남녀 5백 명을 포로로 잡고 빼앗겼던 백성 1만 명을 데리고 돌아온다. 이어 고구려는 한 달이 지난 10월에 다시 백제 관미성을 공격해서 빼앗는다. 3년 후인 영락 5년(395)에는 염수까지 가서 비려를 정복하는 기록이 있는데 비려는 거란을 말하는 것으로 고구려는 거란을 쳐서 서북으로 영토를 확장한 것으로 추정할 수 있다. 여기서 392년 7월에 백제를, 9월에는 북쪽 거란을 정벌하고, 다시 10월에 백제를 공격한다는 것은 이동 거리를 생각할 때 한반도의 백제를 공격했다고 볼 수 없다. 당시 관미성에 대한 《삼국사기》의 기록을 보면 "관미성은 사면이 가파른 절벽이며 바닷물로 둘러싸여 있다. 왕이 군대를 일곱 길로 나눠 20일을 공격해 빼앗았다."고 되어 있다. 이 기록은 《삼국사기》〈백제 본기〉에도 나온다. "진사왕 2년(393) 8월에 왕이 진무에게 말하길, '관미성은 우리나라 북쪽 변경의 요충지이다. 지금 고구려의 땅이 되었으니 이는 과인이 통석하는 바이다. 고로 경은 마땅히 복수해 치욕을 갚아라.'라고 했다 드디어 군사 1만으로 고구려 남쪽을 치니 석현성 등 다섯 성을 되찾기 위해 진무가 화살과 돌을 무릅쓰고 장졸보다 먼저 나서 관미성을 포위하자, 고구려 사람들이 성문을 닫고 굳게 지켰다. 진무는 군량 길이 끊어지자 돌아왔다."고 했다. 백제가 관미성을 빼앗긴 것은 392년이지만 백제의 탈환 전투는 1년 후에 일어난 일임을 알 수 있다. 이 기록에서 관미성의 위치를 추정할 수 있는 단서가 있다. 이는 백제의 북변이며 사방이 절벽이라는 것이다. 이병도는 《삼국사기》 역주에서 사면이 해수로 둘러싸여 있다는 것에 집착한 때문인지 관미성을 강화도의 교동도로 비정했다. 아신왕은 관미성이 백제 북쪽 변경의 요충지라고 했는데 강화도에 딸린 작은 섬인 교동도는 백제의 요충지가 될 수 있는 위치가 아니다. 교동도는 그곳에 사는 주민들을 지키기 위해 소규모의 병력을 주둔시킬 정도지 고구려 입장에서 그곳을 점령하기 위해 20일이나 걸려서 전투를 할 이유도 없다. 즉 고구려가 이곳을 빼앗더라도 전략적인 거점이 되는 곳도 아니고 백제도 마찬가지다. 그곳에 많은 병력으로 공격하거나 지키는 것은 자원 낭비에 불과한데 이런 곳을 관미성으로 비정한 이유는 한반도에는 관미성이 될 만한 지형을 찾지 못했기 때문일 것이다. 관미성 위치에 대해 주류 사학계는 파주 오두산성을 유력하게 보고 있다. 오두산성을 보면 동남쪽을 제외하고는 삼면이 물에 둘러싸여 있다. 하지만 오두산성은 겨우 해발 118미터에 불과하고 사방이 절벽인 곳도 아니다. 또한 오두산성은 서쪽 해안에 치우쳐 석현성 등 다섯 개 성을 연결하는 길목이라고도 할 수 없다. 그리고 《삼국사기》〈백제 본기〉 진사왕 3년(387) 9월에 백제와 말갈이 관미령에서 싸웠으나 백제가 패배한 기록이 있다. 관미성은 관미령에 있었을 테인데 오두산성 인근에는 관미령이라고 부를 만한 높은 고개가 없어 이 기록과도 맞지 않다. 당시 백제와 싸운 말갈은 태자하 유역에 있었다. 태자하에 있던 말갈이 공격한 백제는 당연히 요동 백제일 테니 요동에 있던 말갈이 파주까지 와서 관미령에서 싸웠을 것이라 생각하기 어렵다. 그래서 이때 말갈은 요동에 있던 백제 관미령을 공격했을 것이다. 주류 사학계는 석현성이 황해도 혹은 파주에 있는 것으로 보고 있다. 관미성이 파주 오두산성이라면 당시 고구려는 황해도는 물론이고 파주까지 차지한 것이다. 그러나 이들 지역을 이렇게 비정하면 다른 문제가 생긴다. 광개토태왕은 백제로부터 관미성을 포함한 11개 성을 빼앗은 1년 후인 재위 4년(395)에 패수에서 다시 백제와 싸워 크게 승리하는데 여기서 패수는 태자하이다. 그리고 그 다음해인 396년에 대규모로 백제를 정벌하는 기록이 《광개토호태왕 비문》의 기록에 나온다. 그 기록에는 고구려군이 일팔성, 구모로성 등을 공격해 취하고, 도읍을 포위하자 백제 아신왕이 항복한다. 이때 고구려가 백제의 58성과 700개 촌락을 얻었다고 기록했다. 고구려가 이미 황해도와 한강 서쪽까지 차지한 상태에서 다시 58성과 700개 촌락을 얻었으면 이전에 얻은 땅을 포함하면 약 70성이다. 그러면 이때 얻은 땅은 어디에 존재했던 땅일까? 《구당서》〈동이열전 백제〉조에 백제가 본래 5부로 나뉘어져 모두 37군, 2백 개의 성에 호 수가 76만이라고 했으니 이때 백제는 고구려에게 3분의 1 정도의 영토를 잃은 것이라 볼 수 있다. 백제가 이 정도 영토를 잃었으면 최소한 경기도 일대는 고구려의 차지가 되어 백제의 남은 영토는 충청남도 이남으로 국한되었을 것이다. 그런데 이후에도 백제 도읍은 여전히 한성으로 한강 유역에 있었다. 아신왕 6년(397) 7월에 백제군이 한수 남쪽에서 크게 열병했고, 8월에는 왕이 고구려를 치기 위해 한산 북쪽의 목책에 이르렀다는 기록이 있으니 백제 영토는 여전히 한산 북쪽에 있었음

〈지도 78〉 광개토태왕이 빼앗은 백제 영토

을 알 수 있다. 또한 만약 관미성이 파주 오두산성이라면 그 인근에 석현성 등 10여 개의 성도 있었을 텐데 백제 도읍인 한성 근처에 수많은 고구려군을 두고 고구려를 치기 위해 7월에 한수 남쪽에서 열병하고 8월에는 한산 북쪽의 목책으로 간다는 것은 상식적으로 맞지 않다. 당시 고구려가 관미성을 포함해서 백제로부터 뺏은 70성은 요동 낙랑과 그 남쪽으로 압록강에서 황해도까지 이르는 곳이 될 수밖에 없고 앞에서도 나왔지만 황해도, 평안도 일대에서 중국식 전축분이 많이 발굴되었는데 이들 연도는 5세기 초까지였다. 공주에서 발굴된 6세기 초의 백제 무령왕릉이 바로 중국식의 전축분으로 백제의 고분이었다. 5세기 초는 광개토태왕의 활동 시기로 중국식 전축분이 이후에 없다는 것은 이때에 황해도와 평안도의 백제 영토가 고구려에 의해 넘어갔음을 알 수 있다. 북주 역사서인 《주서(周書)》에 고구려 한성의 지명이 처음 나오는 것으로 보아 이때에 이르러서야 고구려가 황해도와 평안도는 물론이고 천산산맥 일대의 낙랑과 요동에 있던 관미성까지도 차지했을 것이다.

또한 동진(東晉)은 장수왕 원년인 413년에 장수왕을 낙랑군공으로 책봉하

는데 이는 고구려가 광개토태왕 때에 백제가 차지하고 있던 낙랑을 빼앗았음을 확인해준다. 그러면 관미성의 진짜 위치는 어디일까? 사서에서 절벽이라고 기록한 성을 찾으면 고당(高唐) 전쟁에 나오는 요동의 비사성이 유일하다. 현재 비사성을 한중일 삼국이 요령성 대련시 대흑산 산성으로 비정하고 있지만 이는 오류이며 현 요령성 해성시임을 이미 고찰한 적이 있다. 비사성에 대한 기록을 다시 보자. 《삼국사기》〈고구려 본기〉 "보장왕 4년 4월, 장량이 수군을 이끌고 동래에서 바다를 건너 비사성을 습격했다. 비사성은 4면이 끊어질 듯 걸려있고 단지 서문으로만 오를 수 있었다." 이 기록은 사방이 절벽이라는 관미성의 묘사와 같고 혼하 하구에 있어서 여기를 장악하면 그 일대를 통제할 수 있는 곳이라 북변의 요충지라고 할 만하다. 또한 현 해성시 일대에 산지도 있어 관미령으로 부를 만한 곳도 있다. 혹자는 해성시가 바닷가가 아니라서 이런 주장이 맞지 않다고 생각할 수도 있지만 고대에는 해성시까지 바닷물이 들어왔음을 중국 공식 자료에서도 밝히고 있다. 그리고 관미성이 삼국의 요충지이고 한반도에 존재했다면 어디선가 기록이 나왔겠지만 그 이후의 기록에 전혀 나타나지 않다가 고당 전쟁 때에야 비사성 지명이 나온다. 이때에 비사성 지명이 나오는 것은 광개토태왕이 관미성을 빼앗아 사성 혹은 비사성으로 고쳐 불렀던 것이다. 앞서 백제 건국지 고찰에서 관미성(關彌城)이 미추홀과 같은 곳임을 추정한 바가 있었다. 미추홀이 해성시 일대이고 관미성 또한 해성시에 있었으니 이를 우연의 일치로 볼 수 없다. 《만주원류고》〈부족신라〉조에도 해주가 본래 백제 땅인데 고구려가 차지했다고 했다. 해주에 비사성이 있었으니 《만주원류고》는 이때의 상황을 기록한 것이라 볼 수 있다. 이상과 같이 백제 관미성은 현 요령성 해성시의 비사성인 것이다. 《광개토호태왕 비문》에 영락 8년(399)에는 숙신 부락에서 남녀 3백 인을 사로잡아 이후 조공을 바치면서 고구려의 명을 받았다는 기록이 있다. 이는 광개토태왕이 동북의 숙신까지 영토를 넓혔음을 알 수 있다. 영락 9년에 백제와 왜가 서로 통해 신라를 공격하자 신라가 구원을 요청한다. 그 다음 해인 영락 10년(401)에 고구려군 5만이 신라로 들어가 왜군을 임나가라의 종발성까지 추격하자

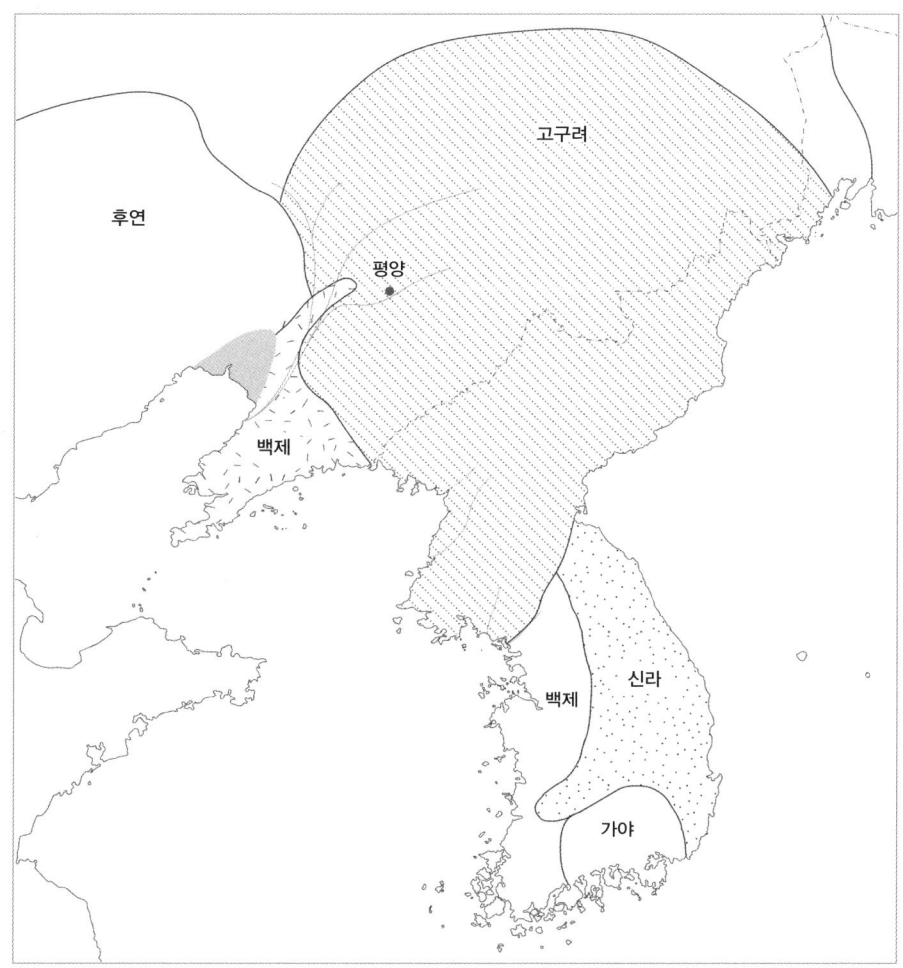

〈지도 79〉 광개토태왕 10년(401)의 고구려 영토

성이 항복한다. 그런데 《삼국사기》〈고구려 본기〉에는 같은 해인 2월에 후연왕 모용성이 직접 3만 군사를 이끌고 신성과 남소성 두 성을 함락해 7백여 리의 땅을 빼앗는다. 이때 고구려가 대응하지 못한 것은 고구려군 5만이 신라에 있었기 때문일 것이다.

재위 11년(402)에는 왕이 군대를 보내 후연의 숙군성을 공격하자 후연의 평주자사 모용귀가 성을 버리고 도주했다. 숙군성 위치는 이미 고찰한 바와 요서에 있었다. 고구려가 392년에 백제 관미성 등을 차지한 데 이어 요하 서쪽까지 차지했으니 후연의 요동 영토였던 평곽, 신창, 거취, 무차현 등과 후연이 점령했던 신성과 남소성도 이미 고구려의 영토가 되었을 것이다. 재위 14년(405)에 후연이 요동성을 공격했으나 성을 함락시키지 못하고 돌아갔고, 15년(406)에는 후연이 거란을 공격하다 실패하자 방향을 돌려 목저성을 공격했는데 실패하고 돌아간다. 목저성은 고당 전쟁의 기록에서 연남생이 국내성에 머물다가 남소, 목저, 창암성과 함께 당나라에게 항복하는데 목저성은 남소성 인근에 있었음을 알 수 있다. 《성경통지》〈권100 목저주〉조에 목저성이 홍경성(興京城) 서쪽에 있다고 나오므로 목저성은 남소성과 홍경 사이에 있었다. 이와 같이 신성, 남소성, 목저성, 국내성은 혼하에 의지해서 고구려의 북쪽을 지키는 요충지였던 것이다. 영락 14년(404)에는 왜가 대방에 침입해 석성을 공격하고 평양까지 왔는데 왕이 왜구를 궤멸시켰다. 영락 17년(408)에도 왕의 명령으로 보병과 기병 5만을 파견해 모두 살상하고 사구성, 누성 등 여러 성을 깨뜨렸다. 영락 17년의 기록은 공격한 대상이 어디인지 알 수 없지만 문맥상 백제일 가능성이 많다. 영락 20년(411)에는 동부여가 조공을 하지 않자 토벌해 다시 복속시킨다. 광개토태왕 당시의 영토는 서쪽으로는 현 조양인 영주 근처까지, 서북으로는 거란이 위치한 곳까지, 북쪽으로는 부여까지, 동북으로는 숙신, 동쪽으로는 동해, 남쪽으로는 임진강 일대, 동남쪽으로는 원산까지 이르렀을 것으로 추정된다.

그런데 신라 실성왕 12년(413)에 의문의 기록이 나온다. "평양주(平壤州)에 큰 다리를 새로 만들었다." 평양은 당시 고구려의 도읍이었으므로 신라의 평양주는 다른 곳임을 알 수 있다. 《삼국사기》〈지리지 한양군(漢陽郡)〉조에 "한양군은 본래 고구려 북한산군이다. 혹은 평양이라고도 한다. 진흥왕이 주(州)로 삼고 군주를 두었다. 경덕왕이 이름을 고쳐 지금 양주의 옛 터이다."라고 했다. 《삼국유사》〈기이 실성왕〉조에서도 평양은 남평양으로 현재의 양주(楊州)로 기록했다. 《삼국사기》에 한양이 북한산군이며 평양인데 경덕왕 때에 양주로 고쳤음을 알 수 있다. 즉 신라의 평양주는 현재의 북한산 일대이다. 백제의 도읍이 한강 남쪽에 있었으므로 당시 신라는 한강 동북쪽을 차지해 남쪽으

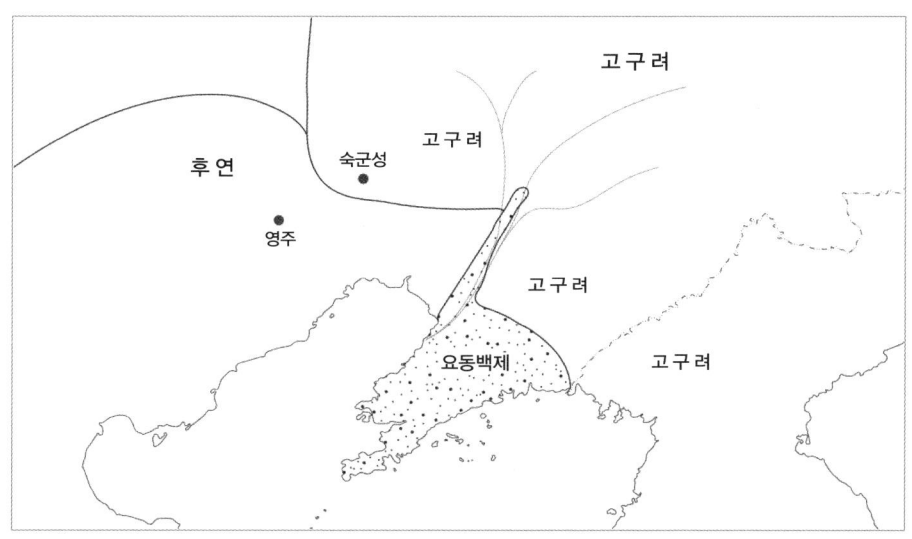

〈지도 80〉 광개토태왕 20년(411)의 요동 정세

로는 백제와 서북으로는 고구려와 대치하고 있음을 알 수 있다. 신라가 여기까지 올라올 수 있었던 이유는 고구려와 백제가 서로 싸울 동안 서쪽으로 그 영토를 확장했을 것으로 추정된다. 신라 기림이사금 3년(300)에 우두주에 이르러 태백산에 망제를 지냈다는 기록에서 보듯이 신라는 최소한 기림이사금 때에 춘천까지 올라가 있었고 이때에 와서 한강 동북쪽까지 영토를 확장한 것이다.

당시 백제의 상황을 보면 진사왕(385~392) 때에 고구려 광개토태왕에게 크게 패했고 뒤이어 즉위한 아신왕(392~405) 때도 광개토태왕에게 연이어 패해 국력이 크게 약화된 상황이었다. 신라 실성왕 12년(413)은 백제 전지왕 9년으로 전지왕 당시 전쟁 기록은 전혀 없다. 이는 당시 백제의 국력이 크게 약화되어 전쟁을 할 여력이 없었기 때문일 것이다. 상기 기록에서 고구려 북한산군을 진흥왕 때에 주로 삼고 군주를 두었다고 해서 진흥왕 때에 이르러서야 이곳을 점령했다고 하면 논리적인 비약이다. 주(州)로 삼고 군주를 두었다는 것은 그곳의 중요도에 따라 설치한 것이지 진흥왕이 점령하고 바로 주로 삼고 군주를 둔 것이 아니다. 진흥왕 이전에는 주가 아니라 군(郡)이나 다른 행정기구를 두었다가 진흥왕 때에 영토를 크게 확장한 이후에 주(州)를 두고 군주를 설치했을 수도 있기 때문이다. 장수왕 56년(468)에 고구려가 말갈군 1만 명으로 신라의 실직주성을 공격했다는 기록이 나온다. 그런데《삼국사기》〈지리지〉에는 하슬라주 실직군으로 나온다. 이는 그 중요도에 따라 주를 설치했다가 군을 둘 수도 있는 것임을 알 수 있다. 그래서 신라 실성왕 12년(413)에 평양주(平壤州)에 큰 다리를 새로 만들었고 이 평양주의 위치가 양주라는《삼국사기》와 삼국유사의 기록은 그 이전의 영토 변화를 감안하면 잘못된 기록이라고 할 수 없는 것이다.

여기서 평양 인근에서 발견된 고구려 유적의 존재에 대해서 의문을 제기할 수도 있다. 광개토태왕이 한수 이북을 차지할 때까지 평안도와 황해도가 백제의 영토였다면 그 이전의 고구려 유적은 어떻게 설명할 수 있을까? 대표적인 것이 안악 3호분과 덕흥리 고분이다. 안악 3호분의 설명은《KBS 역사 스페셜》의〈고구려 안악 3호분 주인은 누구〉편을 참고했다. 먼저 안악 3호분은 1949년 황해남도 안악군에서 발견된 고구려 고분으로 4세기 말에 조성된 것으로 보고 있다. 묘지명에 영화 13년(永和十三年)이라는 글자가 있는데 영화는 동진(東晉) 목제의 연호로 영화 12년(356)까지 사용되었다. 영화 13년이라고 기록한 것은 목제의 연호가 바뀐 것을 모르고 계속 사용한 것으로 보인다. 그래서 무덤의 축조년도를 357년으로 보고 있다. 무덤방 안으로 들어가는 입구에 동쪽과 서쪽의 두 개의 측실이 있는데 그 서쪽 측실 벽면에 장하독(帳下督)이라는 관직을 가진 인물 벽화 위에 동수(冬壽)라는 사람에 대한 약력이 기록이 되어 있다. 그리고 무덤방으로 들어가면 방의 중앙 벽면에 또 다른 인물 벽화가 있고 방 주위 벽면에 행렬도 등 다양한 벽화가 그려져 있다. 북한 역사학계는 무덤의 주인공을 일관되게 고국원왕으로 보고 있고 한국 역사학계는 처음에는 전연에서 망명해 온 동수 묘로 보다가 지금은 북한과 마찬가지로 고국원왕으로 보는 학자들이 많아지고 있다. 이는 고분의 크기, 벽화의 행렬도 규모, 묘주의 복식과 머리에 쓴 백라관 등을 보면 왕릉이 확실한 것이다. 그런데 안악 3호분의 인물 벽화와 조양시 원대자촌에서 발견된 원대자벽화묘(袁臺子壁畵墓)의 인물을 비교하면 동일 인물로 볼 수 있을 정도로 유사하다. 동일인의 묘가 두 곳에 있을 수 없기에 당시 고구려와 선비족의 묘제가 동일함을 알 수 있다. 그리고 안악군 남쪽의 황해도 신천군에 장수산성이 있는데 그곳에서 영가 7년(永嘉七年)의 글이 새겨져 있는 벽돌이 발견되었다. 영가는 서진 회제의 연호로 7년은 313년에 해당한다. 북한 역사학계 손영종 교수는 이를 고구려 산성으로 보고 있다. 하지만《삼국사기》〈고구려 본기〉의 기록에 미천왕 14년(313)에 겨울 10월에 낙랑을 침략해 남녀 2천여 명을 사로잡았고, 이듬해인 미천왕 15년(314)에 대방을 공격한다. 낙랑 위치는 천산산맥 일대이고 대방은 낙랑의 남쪽이자 백제의 북쪽에 있었다. 미천왕이 313년 겨울이 되어서야 낙랑을 겨우 평정하는데 당시 고구려가 황해도까지 내려와서 축성할 수 없다. 만에 하나 낙랑이 북한 평양에 있었다고 가정해도 313년 겨울에야 낙랑 땅을 평정하고 314년에 대방을 공격하는데 대방 지역인 황해도에 313년에 축성공사를 한다는 것은 불가능한 주장이다. 그러면 당시 고구려는 자국 영토도 아닌 황해도에 고국원왕을 안장하는 것이 가능했을까? 길림성 집안에 고구려 고분군이 몰려 있는 것은 고구려가 외침에 의해 미천왕과 서천왕의 능묘가 파헤쳐지자 이를 막기 위해 왕을 포함한 고위직들의 무덤을 안전한 후방으로 옮긴 이유이다. 광개토태왕과 장수왕 시기의 도읍은 평양이었지만 광개토태왕 비석은 물론이고 능묘도 평양과 멀리 떨어진 길림 집안에 있다는 것이 이를 뒷받침해준다. 또한《삼국사기》의 기록은 고국원왕의 본래 능묘 위치가 이곳이 아님을 보여준다.《삼국사기》〈고구려 본기〉"고국원왕 41년(371) 10월에 백제 왕이 군사 3만으로 평양성을 공격했다. 왕이 군사를 출정시켜 백제군을 막다가 유시에 맞아 이달 23일에 돌아가셨다. 고국(故國)의 들에서 장사 지냈다." 이 기록은 고국원왕이 고국의 들에서 장사 지냈다고 되어 있으니 고구려 고국에 묻혔음을 알 수 있다. 당연하지만 고구려 고국은 초기 도읍지인 졸본을 말하는 것이다. 졸본은 안시에 있었으므로 고국원왕의 능묘는 그곳에 있어야 하는데 멀고 먼 황해도에 묻혔으니 그 시기는 알 수 없지만 왕릉이 옮겨진 것이 확실한 것이다. 고국원왕이 371년에 사망했으므로 능묘에서 발견된 영화 13년의 벽돌 명문은 달리 해석해야 하며, 당시 북한 평양 일대는 고구려가 아닌 백제 영토였기에 그 이후에 옮겨진 것이 확실한 것이다. 혹자는 고국이 평양이 아닐까 의심할 수도 있을 것이다. 이를 확실히 하기 위해 고국에 묻힌 다른 왕을 비교하면,《삼국사기》〈고구려 본기〉 15년 (179)에 신대왕이 돌아가시자 고국곡에 장사 지냈다는 기록이 있다. 신대왕 당시의 도읍지는 국내성으로 졸본에서 옮긴 두 번째 도읍이다. 국내성이 도읍인데 고국이라면 졸본 외에는 없음을 확인할 수 있다. 이때까지 평양은 고구려의 도읍이 된 적이 없으므로 평양은 전혀 대상이 아니다. 졸본에 묻혔어야 할 고국원왕이 황해도에 묻혔으니 고국원왕의 능묘 또한 이장되었던 것인데, 다른 왕릉은 집안에 이장했지만 굳이 고국원왕만 이곳으로 이장된 이유를 추정하면 다음과 같다. 고국원왕은 전투 중에 백제군에 의해서 화살을 맞았고 아들인 소수림왕은 고국원왕이 죽기 전에 백제에 대한 복수를 맹세했을 것이다. 그러나 당시 백제는 근초고왕 때의 전성기였기 때문에 복수를 미루다 고국원왕의 손자인 광개토태왕 때에 이르러서야 복수를 할 수 있었고 이후 광개토태왕은 백제 땅을 빼앗고 조부인 고국원왕의 능묘를 집안이 아니라 백제 땅인 황해도로 옮겨 조부의 원한을 풀려고 했을 것이다.

다른 하나는 1976년 평안남도 강서군에서 발굴된 덕흥리 고분이다. 덕흥리 고분의 묘주는 유주자사 진(鎭)이라는 인물로 광개토태왕의 연호인 영락 18년의 명문이 있어 408년에 만들어졌음을 알 수 있다. 이 덕흥리 고분이 만들어진 연도의 황해도 땅은 이미 395년에 광개토태왕이 차지하고 있었으므로 408년에 조성한 고구려 고분이 황해도에서 발견되는 것은 이상한 일이 아니다. 이미 나온 바와 같이 두 개의 고분 외에 황해도, 평안도 일대의 고분을 발굴한 결과, 고구려 고분이 아닌 중국식 전축분이 많이 발견되었는데 이들 연도는 5세기 초까지였다. 공주에서 발굴된 6세기 초의 백제 무령왕릉이 바로 중국식의 전축분으로 백제의 고분이었다. 5세기 초까지 백제의 전축분이 황해도와 평안도에서 많이 발견되는 것은 이때까지 이곳이 백제의 땅이었는데 5세기 초에 광개토태왕의 공격으로 빼앗겼음을 기록뿐만 아니라 고분에서도 증명하는 것이다. 고구려가 거란을 정벌할 당시, 고구려가 어디까지 갔는지에 대한 기록은 없지만 내몽골 지역의 고구려 성의 흔적에서 찾을 수 있다. 지금까지 찾은 대표적인 고구려 성은 내몽골 적봉시 파림좌기, 내몽골 흥안령 오란호특시 오란합달진 고성둔과 그 인근에 공주령 고구려 고성이 있다. 그리고 그 인근에도 여러 개의 고구려 성들이 산재해있다. 이 중 오란합달진 고성둔과 공주령 고성은 부여의 옛터와 가까이 있다. 고구려 문자왕 3년(494)에 부여왕이 나라를 들어 항복하는데 이때 고구려의 영토로 들어왔을 것으로 추정한다. 즉 광개토태왕 때의 서북 경계는 내몽골 적봉시까지 다다른 것으로 볼 수 있다.

광개토태왕의 뒤를 이은 장수왕 원년(413)에 동진이 왕을 고구려 왕 낙안군공으로 책봉하는데 낙안군공은 낙랑군공의 오기이다. 낙랑공의 작위는 고국원왕이 받았다가 이후 백제 근초고왕으로 넘어간 후 다시 장수왕 원년에 받는다. 이는 광개토태왕이 낙랑 지역을 되찾아서 그런 것임을 이미 언급한 바 있다.

장수왕 시기의 백제는 아신왕 사후에 전지왕(405~420)과 구이신왕(420~427), 비유왕(427~455)의 50년 동안에 《삼국사기》에는 별다른 기록이 없다. 그러나 중국 사서에는 백제와 관련한 기록이 있다. 백제 건국지 고찰에서 언급했지만 다시 인용해 보자. 남북조시대 양(梁, 502~546)나라를 방문한 백제 사신의 모습이 남긴 그림, 일명 《양직공도(梁職貢圖)》가 있는데 그곳에 백제에 대한 언급이 있다. "백제는 예부터 내이마한(萊夷馬韓)에 속했다. 진(晉) 말에 고구려가 요동과 낙랑을 경략하자 백제 또한 요서 진평현을 경략했다."고 나오고, 《송서(宋書)》〈백제열전〉에도 "백제국은 본래 고구려와 같이 요동의 동쪽 천여 리에 있었다. 그 후 고구려가 요동을 경략하여 점유했고 백제는 요서를 경략하여 차지했다. 백제의 치소는 진평군 진평현이라 이른다."고 했고, 《남제서》〈동남이열전 백제〉조에는 "이때에 북위가 또 다시 기병 수십만을 동원해 백제를 공격해 그 땅에 들어가자 모대가 장군 사법명, 찬수류, 해례곤, 목간나를 파견해 북위를 기습해 크게 무찔렀다. 건무 2년(495)에 모대(동성왕)

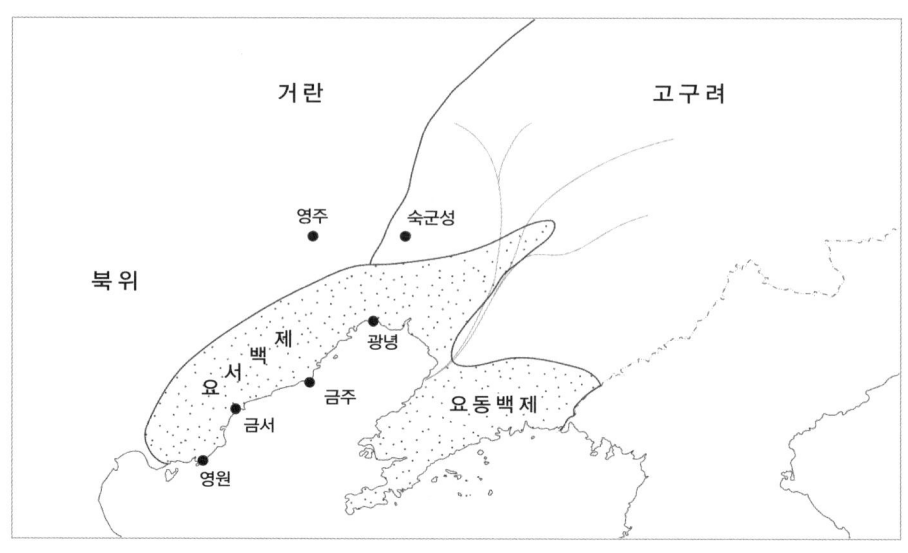

〈지도 81〉 요서 백제 영토

가 사신을 보내 표를 올리길, …… '지난 경오년에 험윤(북위)이 잘못을 뉘우치지 않고 군사를 일으켜 쳐들어왔습니다. 신이 사법명 등을 파견해 역습케 하여 밤에 번개처럼 기습하자 흉악한 오랑캐가 당황해 마치 바닷물이 끓듯 무너졌습니다.'라고 했으며,《통전》〈변방 동이 백제〉조에는 "진나라 때 고구려가 이미 요동을 경략해 차지하자, 백제도 요서, 진평 2군의 땅을 점거했다. 지금의 유성과 북평 사이에 있다."고 했다. 그리고《만주원류고》〈부족 백제〉조에는 "《송서》에서 말하길, 그 치소가 진평군 진평현이며 도성을 거발성이라 부른다. 즉, 백제군은 곧 진평이며 거발성이고 진평성이다. 마단림이 말하길, 진평은 당의 유성과 북평 사이에 있다고 하였으니 지금의 금주, 영원, 광녕 일대다."라고 나온다. 백제가 당시 요서 지역을 차지하고 있었음을 여러 사서에서 기록하고 있다. 고구려가 요동을 경략한 시기는 광개토태왕 11년(402)에 전연의 숙군성을 점령했을 때임을 고찰한 바 있다. 이후 북위가 북연을 공격할 때(436) 북연 왕 풍홍이 고구려 장수왕에게 의탁한다. 이때 백제가 그 틈을 이용해서 북연이 차지하고 있던 요서 지역을 경략했을 것이라고 추정했다. 이때의 백제가 경략했던 요서 지역을《통전》에서 유성과 북평사이라고 했으니 그 영토는 요서의 금서, 금주, 광녕 일대였다.

그리고 백제 영토에 대한 의문의 기록이 있다. 이 기록은 백제가 요서 지역 뿐만 아니라 중국 동남부 지역까지 차지하고 있었음을 추정할 수 있게 한다. 《송서》〈이만열전 백제〉조에 "원가 27년(450), 여비(비유왕)가 방물을 바치며 국서를 올리길, 사사로이 대사 풍야부를 서하(西河) 태수로 삼았는데 추인을 요구했다. …… 태조가 모두 들어주었다."는 기록이 있고, 《남제서》〈동남이열전 백제〉조에는 동성왕이 표문을 올렸는데 광양(廣陽) 태수 고달을 대방 태수로, 조선 태수 양무를 광릉(廣陵) 태수로, 회매는 청하(淸河) 태수로 봉했다고 하자 이를 추인한다. 이후 표문을 다시 올렸는데 이때는 성양(城陽) 태수 왕무의 관직 추인을 요구했고 남제가 이를 모두 들어준다. 그런데 이들 지명은 한반도에는 보이지 않고 중국에 나타난다. 서하의 지명은 현 중국 산서성에서 보이는데 당시 서하 지역은 북위가 차지하고 있었기 때문에 백제가 그곳에 있을 것이라고 생각하기 어렵다. 서하 태수 풍야부의 풍씨는 북연의 왕성(王姓)인데 436년 북연이 북위에 의해 멸망하는 혼란기에 풍씨의 왕족인 풍야부가 요서의 성을 들어 백제에게 항복했고 이에 백제가 요서 지역을 차지하면서 풍야부를 서하 태수로 책봉했을 것으로 짐작된다. 이는 서하가 한반도에 없다는 의미이며 서하의 강은 요하 혹은 대릉하일 것이다. 즉, 서하 태수 풍야부는 백제에 귀부해서 요하 서쪽 지역을 차지하고 있다가 북위와의 전쟁에서 큰 공을 세웠던 것이다. 대방 태수는 요동 백제가 대방에 있었기에 당연히 받을 수 있는 관직이고 조선 태수는 대방 지역이 고조선의 일부였으니 또한 받을 수 있는 관직이다. 광양은 북경 남쪽의 하북성 보정시에 있고, 광릉은 현 강소성 양주시 인근에 같은 이름이 있다. 청하군은 하북성과 산동성이 만나는 곳인 현 연성시에 있다. 하지만 연성시는 내륙에 있고 청하 지명은 이곳뿐만 아니라 요동 반도와 산동 북쪽 등에도 존재하기 때문에 이곳에 백제 영토가 있었다고 보기 어렵다. 성양은 산동성 패현 서쪽에 같은 이름이 보인다. 또한 《삼국사기》〈최치원 열전〉에 "고구려, 백제의 전성기에 강병이 백만으로 남쪽으로 오(吳), 월(越)을 침범했고, 북쪽으로 유(幽), 연(燕), 제(齊), 노(魯)를 흔들

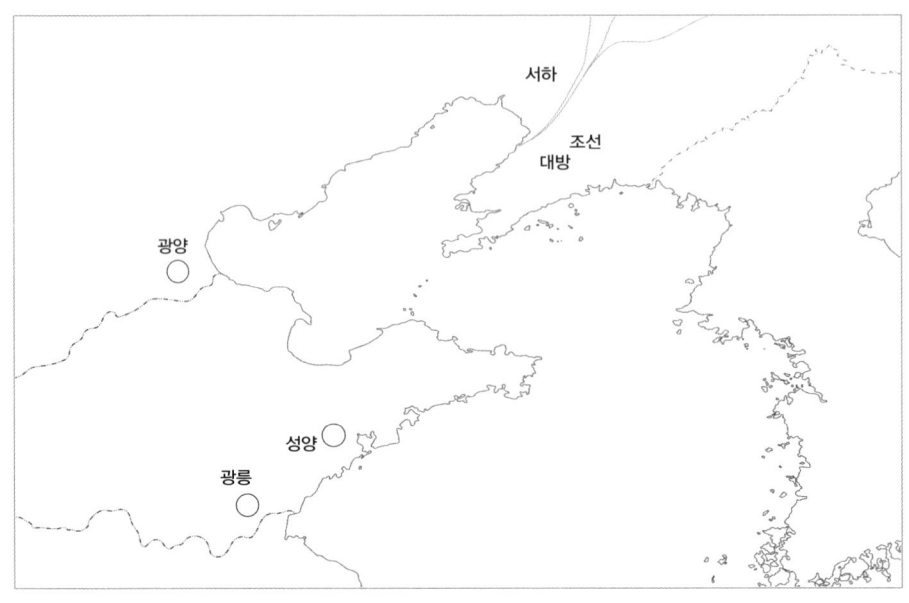

〈지도 82〉 남제의 책봉 지역

어 중국의 큰 우환거리였다."라고 나온다. 이 기록만으로는 고구려와 백제가 이 지역들을 차지하고 있었는지 아니면 일시적인 침범이었는지 알 수 없다. 고구려 모본왕 때에 상곡과 태원을 공격했으니 고구려가 유주와 연 지역을 침범한 기록은 있다. 이외의 오, 월, 제, 노 지역을 침범해 중국의 우환거리가 될 나라는 백제가 유력하다. 광양은 연나라 지역이고, 광릉은 제의 땅이고, 청하와 성양은 제와 노나라 일대이다. 그리고 공주에서 발굴된 백제 무령왕릉은 중국식 전축분이다. 백제가 중국식 전축분을 묘제로 활용했다는 것은 단순한 문화적 교류로만 볼 수 없는 정황이 충분하다. 그러나 앞에서 나왔지만 《송서》〈이만열전 백제〉조에서 백제가 바다 건너에 있다고 한 기록과 상충되어 이를 그대로 인정하기는 어렵다. 그런데 2011년 강소성 연운항 일대에서 대규모 백제 고분이 발견되었다. 고분은 대부분 7세기부터 9세기 사이에 만들어진 것으로 밝혀졌다. 이때는 수와 당나라가 중국 전역을 통일한 이후 시기다. 강력한 통일 국가였던 수와 당나라 본토에 백제 영토가 있었을 가능성은 적다. 또한 고분의 축조 연대가 7세기 이후라 이의 성격에 대해 당나라에 살던 재당 신라인, 또는 백제 멸망 후 당나라로 왔던 백제 유민으로 보는 관점이 유력하다. 물론 이곳이 백제 옛 영토였기 때문에 그전에 살던 백제인의 유적일 수도 있다. 그럴 경우 7세기 이전 유물이 발견되어야 하는데 아직까지는 그런 조사 결과가 없다. 백제 비유왕과 동성왕의 재위 기간은 427년부터 501년까지다. 이 기간 동안의 백제에 대한 기록은 송서, 양서, 남제서, 위서 등에 있다. 이때는 중국이 남북조로 나뉘어 상대적으로 힘이 약했던 시기였기 때문에 이런 기회를 이용해 백제가 중국 동남 지역을 단기간 차지했을 가능성이 있다. 이에 대한 근거 사료가 부족하기 때문에 결론을 내리지 않지만 그 위치에 대해서는 지도에 표시하고 추후 다른 연구자의 성과를 기대한다.

5. 5세기 중엽에서 6세기 초

《삼국사기》〈고구려 본기〉의 고구려 장수왕 28년(440)조에 고구려 변방 장수가 신라군에 의해 죽임을 당하는 기록이 있다. 이는 《삼국사기》〈신라 본기〉에도 그 기록이 나오는데 시기가 다르다. "눌지마립간 34년(450) 7월에 고구려 변방 장수가 실직의 들에서 사냥을 했는데 하슬라성 성주 삼직이 군사로 갑자기 공격해 그를 죽였다."고 했다. 둘의 시기는 다르지만 내용이 같으므로 둘 중 하나가 시기를 착각한 것으로 보인다. 이때 고구려 장수가 실직까지 사냥을 왔다는 것은 고구려 남계가 강원도 중부까지 내려왔음을 알 수 있다. 그러나 완전히 차지하지 못했는데 이는 《삼국사기》〈신라 본기〉에 "눌지마립간 22년(438) 4월에 우두군에서 산골 물이 세차게 내려와 50여 가가 떠내려갔다."라는 기록에서 알 수 있다. 우두군은 춘천 지역이므로 신라의 영토가 강원도 북부까지 있었다는 뜻이다.

신라는 실성이사금 사후 눌지마립간 36년(452) 7월에 대산군(大山郡)에서 상서로운 벼이삭을 바치는데 《삼국사기》〈지리지 전주〉조에 대산군은 본래 대시산군, 고려 때는 태산군이라 했다. 태산군은 《신증동국여지승람》에 전북 정읍시라고 되어 있다. 전북 정읍이 신라의 영토였다는 근거는 이미 고찰한

⟨지도 83⟩ 자비마립간 시기(459~479)의 영토

바가 있다. 《삼국사기》〈신라 본기〉 파사이사금 14년(93)에 왕이 고소부리군 (古所夫里郡)을 순행하는데 《삼국사기》〈지리지〉에 고사부리(古沙夫里)가 전북 정읍에 위치했다고 했다. 정읍시의 연혁에도 고사부리군에서 전북 고부군으로, 대시산군에서 태안군으로 바뀐 것으로 되어 있다. 정읍은 본래 신라의 영토였고 이것이 눌지마립간까지 이어져 온 것임을 알 수 있다.

신라는 눌지마립간 재위 기간(417~458) 동안 영토와 관련한 특별한 기록이 없다가 자비마립간 11년(468)에 고구려가 말갈과 함께 실직성을 습격한 기록이 나온다. 《삼국사기》〈고구려 본기〉에는 장수왕 56년(468) 봄에 고구려가 말갈과 함께 신라의 실직주성을 함락했다고 나오는데 이때 고구려가 삼척까지 이르렀음을 알 수 있다. 그런데《삼국사기》〈신라 본기〉에는 같은 해인 자비마립간 11년(468) 9월에 하슬라 사람 가운데 15세 이상인 자를 징발해 니하에 성을 쌓았다는 기록과 자비마립간 13년(470)에 삼년산성을 쌓았다는 기록이 있다. 삼년산성은 충북 보은에 위치해 있으므로 당시 강원도 강릉 일대와 서남쪽인 충북 지역은 여전히 신라 영토였음을 알 수 있다.

 백제는 한동안 전쟁 기록이 없다가 개로왕 때부터 나온다.《삼국사기》백제 본기 "개로왕 15년(469) 8월에 장수를 보내 고구려 남쪽 변경을 쳤다."라는 기록에서 개로왕 때 백제가 국력을 어느 정도 회복했음을 알 수 있다. 그리고 개로왕 21년(475) 9월에 고구려 장수왕이 군사 3만으로 백제 한성을 함락하고 개로왕을 죽이는 사건이 발생한다.《삼국사기》〈백제 본기〉의 기록에는 장수왕이 백제를 도모하기 위해 승려 도림을 보내 백제의 국력을 탕진하게끔 한다. 도림에게 속은 개로왕이 행한 토목 공사 중 하나가 강을 따라 제방을 쌓은 것이었는데 사성(蛇城)의 동쪽에서 숭산(崇山)의 북쪽까지였다. 주류 사학계는 백제 한성이 한강 일대에 있었고 한강이 자주 범람하니 사성이 한강 일대에 있었다고 주장하지만 이는 요동 백제를 전혀 고려치 않아 제대로 찾지 못한 것인데 요동에는 그 지명이 남아 있다. 먼저 사성(蛇城)의 기록을 보면《삼국사기》백제 본기 책계왕 원년(286)의 기록에서 고구려가 대방국을 공격하자 책계왕이 대방국을 도와주어 고구려의 원한을 산다. 이후 백제가 고구려의 침략을 염려해 아차성과 사성을 쌓았다는 기록이 있다. 책계왕 당시 고구려 남쪽 경계는 살수, 곧 태자하였고 살수 남쪽에 양맥과 요동 백제가, 천산산맥 일대에는 낙랑군이 있었다. 백제가 고구려 침략을 방비하기 위해 성을 쌓았으니 아차성과 마찬가지로 사성은 당연히 요동에 있어야 한다.《삼국사기》〈고구려 본기〉를 보면 보장왕 21년(662)에 당나라 장군 방효태가 이끌던 당나라 군과 연개소문의 고구려군이 사수(蛇水)에서 싸워 방효태의 군사가 전멸했다는 기록이 나온다. 그리고 앞에서 나왔지만《독사방여기요》〈산동 9 조선〉조에 "사수(蛇水)는 평양 서쪽 경계에 있다."고 했고,《요사》〈지리지 요주(遼州) 시평군〉조에는 본래 당나라 태종이 고구려를 정벌할 때 이세적이 요동성을 함락시켰고 당 고종 때 당나라군이 고구려군을 신성에서 대파한 곳이라 여기라 했는데 이곳에 사산(蛇山)이 있다고 했다. 요동성과 신성이 위치한 곳에 사산과 사수가 있고,《열하일기》에서 박지원은 본래 뱀을 뜻하는 글자인 배암이 백암으로 바뀌어 백암성이 되었다고 했다. 사산은《요동지》〈권1 산천〉조에 요양성 동북 40리라고 했고 백암성은 당 태종이 고구려 요동성을 함락한 후, 남쪽으로 안시성을 치기 위해 남쪽으로 내려올 때 만났던 성이므로 백암성이자 사성은 요동성과 안시성 사이에 있었고 사수는 태자하 지류로 추정된다.《요사》〈지리지〉에는 백암성이 두 군데 나오는데 당나라 군사가 공격한 백암성은 요동성과 안시성 사이에 있었다.《무경총요》〈전집 암주(巖州)〉조에 "본래 고구려가 거처하던 곳이다. 당 태종이 요동성을 정벌하고 그 다음에 백암성을 함락했다. 이에 암주로 삼았다. …… 동남으로 동경까지 50리다."라고 나온다.《무경총요》의 동경은 요양이 아니라 안시성이다. 앞서 나왔지만《독사방여기요》에서 마수산(首山)은 요동행도사의 서남 15리에 있었고,《요사》〈지리지〉에는 안시성이 요양 서남쪽 60리에 있었다. 요동행도사는 요양이니 백암성은 마수산 서쪽 인근에 있었던 것이다. 숭산 위치에 대해서는《요사》〈지리지 동경도〉에 "숭주 융안군에 자사를 두었다. 본래 한나라 장잠현인데 발해가 주(州)를 두었다. 옛날에 3현이 있었는데 숭산, 위수, 녹성으로 모두 폐지되었다. 호 수는 500이며 동경에서 동북으로 150리 떨어져 있다."고 했다. 장잠은 요양 동쪽으로 추정한 바가 있었다. 요양 일대는 혼하와 태자하가 만나는 곳이라 평소 물이 많이 넘쳤을 것이다. 그래서 마수산 서쪽의 백암성에서 그 동쪽인 숭산 방향으로 제방을 설치했을 것으로 추정된다. 그런데 사성이 백암성이라면 책계왕 원년인 286년에 어떻게 백제가 백암성까지 올라갈 수 있었는지 의문이 생길 것이다. 이미 나온 바와 같이《삼국사기》〈백제 본기〉에 "다루왕 3년(서기 30) 겨울 10월에 동부의 흘우가 말갈과 마수산(馬首山) 서쪽에서 싸워 이겼다. 죽이고 사로잡은 자가 매우 많았다."고 했다. 백제와 싸운 말갈은 태자하 인근의 양맥이고 마수산은 수산이자 당 태종이 요동성과 안시성을 공격하기 위해 주둔한 주필산이다. 고구려 졸본과 환도성은 마수산 남쪽에 있었고 백제는 그 북쪽을 차지하고 있었던 것이다.

개로왕 21년(475)의 기록을 더 보면, "이때에 고구려의 대로, 제우, 재증걸루, 고이만년 등이 군사를 이끌고 북성(北城)을 공격해 7일 만에 빼앗고 이동해 남성(南城)을 공격하자 성안에서는 위태로움에 두려워했다. 왕이 성을 나가 도주하자 고구려 장수 걸루 등이 개로왕을 보고 말에서 내려 절을 한 후, 이내 그 죄를 수차례 주고 포박해 아단성 아래로 보내 죽였다."고 했다. 남성이 백제의 한성이므로 북성은 백제의 또 다른 도읍지를 말한다. 당시 고구려 영토는 한강 북쪽까지 내려와 있었기 때문에 한성 북쪽의 또 다른 도읍지가 있을 곳이 없다. 여기서 말한 북성은 요동에 있는 또 다른 도읍인 한성으로 추정된다. 당시 고구려는 남쪽 도성인 한성까지 뺏은 후에 철수했음을 알 수 있는데, 30년 후인 고구려 문자왕 16년(507)에 고구려가 말갈과 함께 백제 한성을 공격했다는 기록이 있어 여전히 한성은 백제의 소유였음을 알 수 있다. 그리고 요동 백제 영토 중 사성은 이때 상실한 것으로 추정된다. 이후 이곳에서 고구려와 백제의 큰 전투 기록이 나오지 않고 고당 전쟁 시기에 백암성이 고구려 성으로 나오기 때문이다. 그러나 후대의 무령왕 3년(503)에 말갈이 백제의 마수책을 공격하는 것으로 보아 아직까지 백제는 요양 일대에 교두보를 유지하고 있었다.

또한 주류 사학계는 아차성 위치에 대해 서울 광진구의 아차산성으로 비정하고 있다. 그러나 이는 사실과 다르다. 286년 당시 고구려는 낙랑을 차지하지도 못해 그 남쪽 경계가 태자하에 머물렀다. 만에 하나 낙랑이 북한 평양에 있었고 백제가 한강에 있었다고 가정해도 고구려가 낙랑군을 뚫고 백제를 공격할 방법이 없었을 것이다. 기록에는 고구려 장수 온달이 신라에게 빼앗긴 한수 이북 땅을 탈환하기 위해 전투를 치르다 아단성에서 죽는다. 주류 사학계는 아단성을 아차성으로 보고 있다. 온달이 죽은 시기는 영양왕이 즉위한 후였는데 영양왕이 590년에 즉위했으므로 이 사건은 590년 이후에 일어났다. 이때는 신라 진흥왕이 낙랑까지 점령해 565년 북제로부터 낙랑군공의 작위를 받은 후였다. 신라가 낙랑을 점령하고 있었던 상황이므로 온달의 고구려군과 신라군의 전투는 한강이 아니라 요동의 천산산맥 인근에서 일어났을 것이다. 또한 광진구에 위치한 아차성을 발굴한 결과 아차성의 이름은 없고 북한산성이라는 명문만 발견되었다. 당시 발굴한 유물은 6세기에서 9세기까지의 신라 유물만 있을 뿐 백제 유물은 전혀 발견되지 않고 있다. 《삼국사기》 기록에는 분명히 아차성을 백제가 쌓았다고 했는데 아차성에 정작 백제 유물은 전혀 발견되지 않는 것이다. 혹자는 백제가 아차성을 축성한 《삼국사기》의 기록이 오류라고 주장하기도 한다. 그러나 이는 백제가 요동에서 건국해 망할 때까지 요동 영토를 유지하고 있었다는 사실을 몰랐기 때문이다. 일부 학자는 아차성 위치에 대해 충주에 위치한 온달산성이라고 주장하기도 한다. 이 또한 백제 책계왕 때의 기록과 맞지 않다. 이미 설명했지만 고구려는 286년 당시 요동의 낙랑군도 차지 못한 상황이었다. 요동 백제가 고구려의 보복을 대비하기 위해 쌓았다면 당연히 요동에 아차성을 쌓아야지 충주에 쌓을 이유가 없다. 그리고 당시 충주 북쪽의 춘천에는 신라 영토가 있었다. 《삼국사기》〈신라 본기〉를 보면 내해이사금 27년(222) 10월에 백제가 우두주를 침입했고, 기림이사금 3년(300)에는 왕이 비열홀로 가서 나이가 많고 가난한 사람들을 위로하고 곡식을 하사했다는 기록과 우두주에 이르러 태백산에 망제를 지냈다는 기록이 있다. 286년 당시 춘천 지역이 신라 영토임을 알 수 있다. 당시 고구려는 요동 낙랑 땅도 차지하지 못했고, 춘천에는 신라가 있었는데 백제가 고구려를 막기 위해 충주에 아차산성을 쌓았을 것이라고 생각할 수 없다. 또한 당시 충주가 백제 영토가 된 기록이 없으므로 백제가 충주에 아차산성을 쌓을 수도 없었을 것이다. 이후 온달산성에 대한 발굴 조사 결과 신라 토기만 발견되어 이곳은 백제가 아닌 신라가 쌓은 산성이라고 결론이 났다.

이상의 내용을 정리하면 첫째, 백제 책계왕이 아차성을 축성한 시기인 286년에는 고구려는 요동의 낙랑을 차지하지 못해 영토가 태자하 북안에 머물렀다. 둘째, 이런 이유로 백제가 고구려의 보복을 대비하려면 고구려와의 경계인 태자하 남쪽에 성을 쌓아야 한다. 셋째, 온달이 죽은 시기는 영양왕이 즉위한 590년 이후인데 이때는 신라 진흥왕이 요동 낙랑까지 점령하고 있었다.

〈지도 84〉 요동 주요 지명

그러니 온달의 고구려군과 신라군의 전투는 한강이 아니라 요동의 천산산맥 인근에서 일어났을 것이다. 넷째, 광진구 아차산성과 충주 온달산성에는 백제 유물이 전혀 발견되지 않아 신라가 쌓은 성이다. 이와 같이 서울 광진구 아차성과 충주 온달산성은 진짜 아차성이 아니며 진짜 아차성은 요동에서 찾아야 한다.

문주왕(475~477)과 그 뒤를 이은 삼근왕(477~479) 재위 기간 동안에는 전쟁 기록이 없고 동성왕 때 백제와 북위가 요서에서 전쟁을 한 기록이다. 이에 대해서는 요서 백제를 언급하면서 이미 설명한 바가 있다.

이를 다시 보면,《삼국사기》〈백제 본기〉에 "동성왕 10년(488) 북위가 군사를 보내 침공했으나 우리에게 패했다."라고 했고 백제는 당시 요서 지역을 차지하고 있었다. 앞에서도 나왔지만《만주원류고》는 백제가 요서 영토를 상실한 시기를 무령왕 때로 기록했다. 이에 대한 기록이《양서(梁書)》에도 나온다.《양서》〈동이열전〉"천감 원년(무령왕 2년, 502)에 무령왕을 정동장군으로 올렸다. 얼마 뒤 고구려에게 격파되어 해가 갈수록 쇠약해져 남한(南韓) 지방으로 도읍을 옮겨 거주했다."고 했다. 이를 보면 백제의 요서 경략은 북위가 북연을 멸망시키는 436년경에 이루어졌다가 6세기 초인 무령왕 때에 이르러 끝난 것으로 보인다. 이때 고구려가 요서 지역과 백제 마수성을 차지한 것으로 볼 수 있는데 북위 지리지인 《위서》〈지형지〉에 금주, 영원, 광녕 일대에 대한 기록이 없는 것에서도 알 수 있다. 《삼국사기》〈고구려 본기〉 영양왕 9년(598)에 왕이 말갈의 무리 만여 명을 이끌고 요서를 침공했는데 수나라 영주총관 위충이 격퇴한 이후, 수 문제가 격노해 수군과 육군 30만 명으로 고구려를 쳤다는 기록이 있다. 《수서》〈동이열전 고구려〉조에서는 수문제가 수군과 육군을 총 동원해 고구려를 쳤는데 군량 수송이 중단되어 양식이 떨어지고 군사가 임유관을 나와서는 전염병이 돌아 군사의 기세가 떨어졌다고 기록했다. 이어 수나라 군대가 요수로 진군해 주둔하자 고구려 왕이 사죄해서 군사를 물렸다고 했는데 이는 수나라가 패전한 기록을 숨긴 것이다. 《조선상고사》에는 당시 고구려 강이식 장군이 수나라 군대와 임유관에서 싸워 대승을 거두었다고 했고, 진주 강씨의 문중 기록에도 강이식 장군이 수나라와 싸워 대승을 거둔 기록이 있으니 이때 수나라 군사는 고구려군에게 크게 패배한 후에 철수한 것임을 알 수 있다. 임유관은 난하에 있었는데 당시 고구려군이 임유관에서 수나라 군대와 싸웠고 수나라 군대 또한 임유관을 나왔다는 것으로 보아 임유관이 고구려와 수나라의 국경임을 짐작할 수 있다. 《수서》〈배구열전〉에도 배구가 고구려가 본래 고죽 땅에 있다고 말한 내용이 나온다. 고죽국은 난하 동쪽 영지현에 있었으니 당시 고구려가 난하 동쪽을 차지하고 있던 것이다. 후연이 망하고 북위가 요서를 차지할 시기에 고구려는 북위와 전쟁을 한 기록이 없다. 그럼에도 고구려는 수나라 초기에 숙군성 서남쪽의 난하까지 다다랐다. 이는 고구려가 요서 영토를 백제로부터 빼앗았다는 또 다른 근거가 된다. 수나라는 살수에서 크게 패배한 이후 철군했는데 이때 수나라가 오직 요수 서쪽 무려라(武厲邏)를 함락하고 요동군과 통정진을 설치했을 뿐이라고 했다. 무려라는 의무려산에 있는 고구려 성을 말하는 것이고 통정진은 요하 서북의 신민시 일대로 추정된다. 이에 대해서는 《수서(隋書)》〈이경전(李景傳)〉에도 나오는데 당시 이경이 고구려 무려성을 공략해 상을 받았다는 기록이 있는 만큼, 고구려의 서쪽 국경을 짐작할 수 있다. 《삼국사기》〈고구려 본기〉 영양왕 23년(612)에 수양제가 고구려를 공격하기에 앞서 조서를 내리는데 '고구려의 작은 무리들이 발해와 갈석 사이에 모여 들어 요(遼)와 예(濊)의 땅을 자주 잠식했다'라고 했고 수나라 우 12군 중에 갈석도로 향하는 군사가 있었다. 갈석은 현 노룡현 근처에 있었으므로 이 기록에서도 고구려가 갈석 인근까지 다다랐음을 알 수 있다.

또한 《성경통지》〈권104 고적 영원주(寧遠州)〉조에 "장성이 있었다고 전해지는데 곧 진(秦) 때 장성의 옛 터가 있다. 고구려 장성이 있다. 신당서에 당 태종이 장손무기로 하여금 경관을 허물게 했다. 고구려 왕 건무(영류왕)가 두려움에 장성을 쌓았는데 부여 서남에서 바다까지 쌓았다."고 나온다. 현재 의무려산 일대에 장성 유적이 존재하는데 중국이 이곳에 장성을 쌓은 기록도 쌓을 이유도 없으니 고구려 천리장성이 유력하다. 《성경통지》에 난하 동쪽 영원에 고구려 장성이 있었고 《신당서》〈동이열전 고구려〉조에 고구려 서쪽이 영주라고 했으니 고수 전쟁 시기에 수나라가 고구려의 무려라를 빼앗긴 했지만 그곳은 의무려산의 일부에 불과했던 것이다. 《삼국사기》〈고구려 본기〉에는 장성을 부여성에서 동남쪽으로 바다까지 1천여 리를 쌓았다고 기록했다. 《구당서》〈동이열전〉에 장성이 부여성에서 서남쪽으로 바다까지라고 나오기 때문에 동남쪽은 서남쪽의 오기가 분명하다. 《거란국지》〈거란지리지도〉와 1136년 남송에서 제작한 것으로 알려진 《화이도(華夷圖)》를 보면 장성이 난하를 통과해 해안을 따라 현 요하까지 그려져 있다. 송나라 이전의 나라가 난하 동쪽에서 요수까지 장성을 쌓은 적이 없기 때문에 지도에서 나오는 장성이 고구려가 쌓았던 천리장성으로 추정된다. 또한 조선 영조 때 제작한 《서북 피아양계 만리일람지도》에도 영원 서쪽의 산해관에서 동북으로 요수를 지나 개원 동북까지 연결된 장성이 표시되어 있다. 고구려 천리장성은 영원에서 출발해 동북쪽으로 의무려산과 요하를 지나 부여성까지 연결되었던 것이다. 《오대사》와 《구당서》〈동이열전 고구려〉조에 고구려 동서가 3천 1백 리라고 나온다. 난하 동쪽의 현 천안시에서 책성이 있었던 목단강 영안시까지 직선거리로 약 1,030킬로미터, 두만강 남쪽 해안까지는 약 1,040킬로미터이다. 10리당 3.34킬로미터로 계산하면 3,100리는 1.035킬로미터이다. 구당서의 거리 기록은 당시 고구려 영토 상황에 부합한다. 한국 역사학계는 고구려 천리장성이 요동반도 서남단의 대련에서 동북으로 부여성까지 연결된 것으로 추정하고 있다. 그러나 대련은 백제 영토였기에 애초에 이곳에 장성을 쌓을 수가 없다. 또한 주류 사학계는 고구려 평양을 북한 평양으로 보고 있다. 만약 고구려가 당나라 수군의 상륙을 막을 목적으로 해안에 장성을 쌓았다면 이곳이 아니라 평안도 서해안에 쌓았어야 하기에 이는 기록은 물론이고 논리적으로도 맞지 않다.

또 다른 의아한 기록은 신라와 고구려 전쟁이 요동에서 이루어진 기록이다. 이 사건이 있기 1년 전인 493년에 백제와 신라가 혼인 동맹을 맺는다. 《삼국사기》〈백제 본기〉에 "동성왕 16년(494) 7월에 고구려와 신라가 살수 벌판에서 싸웠는데 신라가 이기지 못하고 견아성으로 물러나 지키자 고구려가 포위했다. 왕이 군사 3천을 보내 구원하자 포위가 풀어졌다."고 나온다. 살수는 패수의 다른 말로 이때 신라군은 평양을 공격하기 위해 태자하까지 올라갔다가 살수에서 고구려군과 맞붙었던 것이다. 이때 신라를 도와주었던 백제는 요동 백제군이고 견아성 또한 요동 인근에 있었던 신라성으로 짐작된다. 견아성이라는 명칭에서도 알 수 있지만 견아성은 신라 북쪽에서 요동으로 뾰족하게 돌출된 영토에 설치한 성이고 신라군보다는 요동 백제군이 더 가까이 있어 지원이 가능했을 것이다.

고구려는 장수왕 77년(489)에 신라 북변을 공격해 호산성을 함락시켰는데 그 위치는 알 수 없다. 문자왕 6년(497)에 고구려가 신라의 우산성을 공격해 함락한 기록이 있다. 《삼국사기》〈고구려 본기〉안원왕 10년(540)에 백제가 우산성을 포위하자 왕이 정예 기병 5천 기를 보내 공격하자 백제가 물러났다는 기록이 다시 나온다. 당시의 정세를 고려하면 우산성은 고구려, 백제, 신라가 접하는 곳에 있었을 것이므로 경기 동남부와 강원 서부 혹은 충청북도 일대로 추정된다.

비슷한 시기의 신라는 자비마립간 사후 소지마립간 3년(481) 2월에 비열성에 행차해 군사들을 위로한 기록이 있어 신라가 여전히 원산까지 영토를 차지하고 있음을 알 수 있다. 그리고 같은 해 3월에 고구려가 말갈과 함께 북변을 침입한다.《삼국사기》〈신라 본기〉"소지마립간 3년(481), 고구려가 말갈과 함께 호명성 등 7성을 빼앗은 후 미질부로 진격했다. 우리 군사가 백제, 가야의 원병과 함께 길을 나눠 막자 적이 패해 후퇴했다. 니하 서쪽까지 추격해 물리치고 1천여 명을 참수했다."고 나온다. 호명성 위치에 대해서는 알 수 없고 미질부는《신증동국여지승람》흥해군 고적조에 미질부성으로 나온다. 호명성은 경북 흥해 인근에 있었음을 알 수 있는데 당시 고구려가 실직주성을 함락한 데 이어 신라의 도읍인 경주까지 육박했음을 알 수 있다. 소지마립간 19년(497)에 고구려가 신라 우산성을 함락했고 이후 소지마립간 재위 기간(479~500)까지 영토 변화와 관련한 기록이 없다. 지증왕 6년(505)에 신라가 실직주를 설치하는 기록이 나온다. 실직성은 장수왕 56년(468)에 고구려군에 의해 함락된 기록이 있었고 지증왕 6년에 이르러서는 신라가 다시 찾았음을 알 수 있다. 이는 소지마립간 3년(481) 당시 신라가 고구려를 물리칠 때 탈환했을 것으로 추정된다.

장수왕 사후 문자왕 원년(492)에 북위가 왕을 요동군 개국공 고구려 왕으로 책봉하는데 이때 고구려가 요동은 물론이고 요서 숙군성까지 차지한 이후였다. 재위 3년(494) 2월에 부여가 나라를 들어 항복하는데 이때 고구려는 고구려 성의 유적이 나오는 내몽골 흥안령 오란호특시 오란합달진 고성둔과 그 인근의 공주령까지 영토를 확장했을 것이다. 3년 7월에는 신라와 살수에서 싸우는데 살수는 이미 고찰한 바와 같이 요동의 태자하이다. 그리고 동년 동월에 남제가 문자왕을 책봉하는데 도독 영평이주(營平二州) 정동대장군 낙랑공으로 삼았다. 여기서 영주는 현재의 조양이고, 평주는 숙군성이 치소였다. 평주는 이미 차지했으므로 작위를 받는 것은 이해가 되지만 영주는 고구려가 아직 차지하지 못한 상태였다. 이는 고구려가 영주 동쪽의 숙군성까지 이르렀기 때문에 남제가 고구려와의 외교 관계를 위해 영평이주 정동대장군의 작위

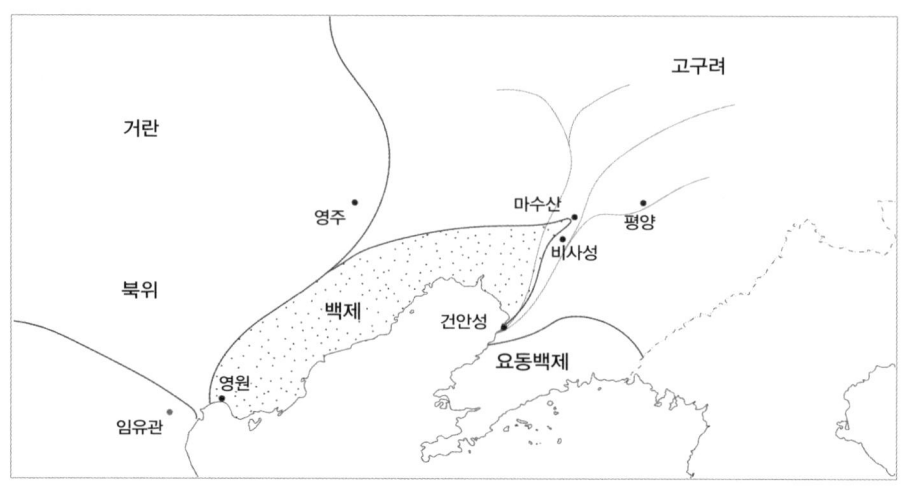

〈지도 85〉 무령왕 3년(503)의 고구려와 백제 요동 영토

를 준 것으로 보인다. 재위 6년(497)에 신라 우산성을 빼앗는 기록이 나오는데 이는 이미 나온 바가 있다. 당시 백제는 무령왕 시기로 고구려는 문자왕 재위 기간(492~519) 중이었다. 하지만 이때도 요동 백제는 여전히 존재했다. 《수서》에 수문제 개황 원년(위덕왕 28년, 581) 10월 여창(위덕왕)에게 상개부 대방군공 백제 왕을 제수하고, 《구당서》에는 당나라 고조 무덕 7년(무왕 21년, 620)에 백제 왕을 대방군왕으로 봉했으며, 무덕 15년(의자왕 원년, 628)에도 의자왕을 대방군왕으로 봉했다는 기록이 있다. 요동 백제는 660년에 백제가 망할 때까지 존속했음을 알 수 있다. 백제는 위덕왕 이후 한강 일대를 상실해 충청남도까지 밀려난 상태였다. 만약 황해도가 대방군이라면 백제는 대방군공이나 대방군왕의 작위를 받을 수 없다. 이는 대방이 요동에 있었다는 다른 증거이기도 하다. 문자왕 재위 21년(512)에는 고구려가 백제의 가불성과 원산성(圓山城)을 함락한다. 가불성과 원산성의 위치는 알 수 없다.

비슷한 시기 신라는 지증왕 13년(512) 이르러 신라 장군 이사부가 우산국을 복속시켜 이때 울릉도가 신라 영토가 되었다. 이후 지증왕 재위기간(500~514) 동안 특별한 기록이 없다. 문자명왕 시기의 고구려 영토에서 고찰한 바와 같이 지증왕까지의 신라 서북계는 한강 일대, 북계는 압록강까지 동북계는 비열홀까지, 동쪽은 울릉도, 서쪽은 소백산맥, 서남은 정읍, 김제 및 지리산 일대였을 것이다.

백제는 동성왕 17년(495)에 고구려가 백제 치양성을 공격하자 이때는 신라가 백제를 구원한다. 치양성은 황해도 백천으로 비정하는데 이때 황해도는 이미 고구려 땅이므로 백제의 치양이 그곳이 될 수 없다. 《삼국사기》 〈백제 본기〉 근초고왕 24년(369)에 고구려 고국원왕이 치양을 공격하자 근초고왕이 태자를 보내 고구려군을 격파하는 기록에도 등장하는데 치양은 황해도가 아니라 요동에 있었을 것이다. 《삼국사기》 〈백제 본기〉에 무령왕 3년(503), 말갈이 마수책과 고목성을 공격하는 기록이 있다. 마수책은 이미 언급했듯이 안시성 북쪽에 있었고 고목성은 《삼국사기》에 여러 차례 나온다. 고목성은 모두 말갈과의 전투 기록에서만 나오는데 이는 고목성이 말갈, 즉 양맥 인근에 있었기 때문일 것이다. 이래서 마수책과 고목성 또한 요동에 위치한 성이다. 말갈은 3년 후인 무령왕 6년(506)에 고목성을 함락하는데 무령왕은 다음해인 507년에 고목성 남쪽에 두 개의 목책을 세우고 장령성을 쌓아 말갈에 대비한다. 《양서》 〈동이열전〉에서 천감 원년(무령왕 2년, 502) 얼마 뒤에 고구려에게 격파되어 해가 갈수록 쇠약해져 남한(南韓)지방으로 도읍을 옮겼다는 기록에서 보았듯이 백제의 요서 영토와 마수성은 이때 상실되었다. 백제가 고목성 남쪽에 목책을 세우고 장령성을 쌓는 이유는 말갈이 고목성을 차지했기 때문에 국경을 남쪽으로 후퇴했음을 의미한다. 만약 고목성이 경기도 연천 혹은 한강 일대에 있었다면 요동에 있던 말갈이 먼 한강까지 내려와서 고목성을 계속해서 차지할 수가 없다. 또한 당시 고구려가 황해도를 차지해 남쪽의 백제와 대치하고 있었는데 고구려를 대비하지 않고 말갈을 대비해서 축성한다는 것 또한 이해가 되지 않는 것이다. 이후 무령왕 23년(523)에 한수 이북의 백성들을 동원해 쌍현성을 축성하는데 이때까지도 백제는 한강 이북에 영토를 가지고 있음을 알 수 있다. 그러나 고구려와 신라 때문에 임진강까지는 올라가지 못했을 것이다.

6. 6세기 초에서 7세기 중엽

고구려는 문자왕 사후 안장왕이 즉위한다.《삼국사기》〈고구려 본기〉안장왕 5년(523)에 백제를 공격했다는 기록이 있고,《삼국사기》〈백제 본기〉에는 백제가 패수에서 고구려군에게 승리를 거두었다는 상세한 기록이 나온다. 여기서 패수는 태자하이다. 안장왕(523~531)과 안원왕 재위 기간(531~545)에는 영토 변화와 관련한 특별한 기록이 더 이상 없다.

신라는 법흥왕 19년(532)에 금관국의 항복을 받아 김해 일대까지 영토를 넓히는데 재위기간(514~540) 동안 이 기록 이외의 영토 변화는 나타나지 않는다.

백제는 성왕 7년(529)에 고구려에게 북쪽 변경 혈구를 빼앗기는데 혈구는 강화도이다.《삼국사기》〈지리지 신라〉조에 혈구는 해구인데 강화현이라고 했다. 성왕은 재위 16년(538)에는 도읍을 사비로 옮기고 국호를 남부여로 개칭한다.

고구려는 양원왕 3년(547)에 백암성을 고쳐 쌓고 신성을 수리한다. 백암성은 백제의 사성으로 고구려가 백제 개로왕 때 빼앗았던 것으로 추정한 바 있다. 재위 6년(550)에 백제군에 의해서 도살성을 빼앗기는데《삼국사기》〈이사부 열전〉에 진흥왕 11년(550), 백제가 고구려 도살성을 빼앗고 고구려는 백제의 금현성을 함락하는 등 양국이 서로 싸우고 있을 때 이사부가 두 성을 공격해서 차지했다는 기록이 나온다.

선덕왕 11년(642) 8월에 백제

〈지도 86〉 서기 550년의 삼국 영토

가 고구려와 모의해 당항성을 빼앗아 당나라로 통하는 길을 끊으려고 했다. 당항성은 현 경기도 화성군 남양면 지역으로 진흥왕 때 이곳을 빼앗은 것으로 보고 있는데 진흥왕 때 백제 영토는 충청남도 천안까지 밀려났음을 알 수 있다. 진흥왕은 기세를 몰아 재위 12년(551)에 고구려를 공격해 10개의 군(郡)을 빼앗는다. 《삼국사기》〈거칠부열전〉에는 진흥왕이 거칠부로 하여금 백제와 함께 고구려를 침략하게 했는데, 백제가 먼저 평양을 격파하자 거칠부 등이 승세를 타고 죽령 바깥에서 고현 이내의 열 개 군을 차지했다고 한다. 여기서 평양이라고 한 것은 정황상 남평양인 양주로 보이고, 죽령은 현 소백산맥의 죽령이며 고현 위치는 정확하지 않다. 소백산맥의 죽령에서 10개 군이니 신라는 충청북도에서 강원도와 함경남도의 땅을 탈환했을 것이다. 이와 관련해 단양에서 발견된 신라의 《단양 적성비》는 당시의 상황을 교차 검증하고 있다. 《단양 적성비》는 신라가 이곳을 탈환하면서 세웠던 공적비다. 그리고 2년 후인 재위 14년(553) 7월에는 백제 동북 변경을 빼앗아 신주(新州)를 설치한다. 신주 위치에 대해서는 《삼국사기》〈잡지 무관〉조에 나온다. "육정(六停)의 신주정(新州停) 내용에 육정의 셋째는 한산정(漢山停)이다. 본래 신주정이었다." 신주는 한산, 즉 한강 일대에 설치한 것임을 알 수 있다. 《일본서기》 〈흠명왕〉 13년(552)의 기록에 백제가 한성과 평양을 버렸다는 기록이 있다. 이때 신라가 고구려와 백제를 쳐서 한강 일대와 그 북쪽을 차지했음을 알게 한다. 반면 백제는 이때 한강 유역을 완전히 상실하게 된다. 이어 진흥왕 15년

〈지도 87〉 진흥왕 17년(556)의 삼국 영토

(554)에 백제 성왕이 직접 군사를 이끌고 가다 삼년산군에서 신라에게 패해 죽임을 당한다. 16년(555)에는 비사벌에 완산주를 설치하는데 비사벌은 비자가야가 있던 곳으로 창녕이다. 이와 관련해 창녕에 진흥왕 척경비가 있는데 진흥왕 22년(561)에 세워진 것으로 알려져 있다. 17년(556) 7월에 비열홀주를 설치하는데 비열홀은 이전부터 신라의 영토였는데 하슬라주에 속했다가 이번에 비열홀에 주를 설치한 것이다. 23년(562)에 가야가 항복하는데 금관가야가 그 전에 항복했으므로 대가야가 항복한 것으로 보고 있다. 이후에 가야의 이름이 나오지 않는 것으로 보아 이때에 가야의 남은 세력들이 신라에 의해 병합되었을 것이다.

 이어 26년(565)에 북제가 진흥왕에게 낙랑군공 신라 왕의 작위를 주는데 이때 신라가 낙랑을 차지했음을 알 수 있다. 당시 신라 서북계는 압록강 이북의 낙랑까지 올라갔고 동북계는 함경북도까지 올라갔을 것이다. 함흥 인근의 황초령비는 함경남도 원산 북쪽에 568년에 세워졌고 마운령비 또한 같은 해에 황초령비 인근 지역에서 발견되었다. 두 개의 비는 함흥 일대에서는 제일 높은 곳에 설치된 것이다. 이는 두 곳이 신라 동북면의 감제고지의 역할을 하는데 여기에 오르면 함경남도의 대부분을 살펴볼 수 있다. 철원의 백마고지를 점령하면 그 일대의 평지들을 모두 장악할 수 있는 것처럼 황초령비와 마운령비가 그런 성격을 지니고 있다. 그래서 이 두 곳의 순수비를 보고 당시 신라의 동북계가 이곳까지라는 것은 섣부른 주장이다. 북한산 순수비는 비봉 정상에 있는데 건립 연도는 진흥왕이 북한산을 순행한 555년으로 추정하고 있다. 《북사(北史)》〈신라열전〉에 "신라는 본래 그 선조가 진한의 종족이었다. 그 땅은 고구려 동남쪽에 있는데 한나라 때의 낙랑 지역이다. …… 일설에 의하면 위나라 장수 관구검이 고구려를 토벌해 격파하니 고구려가 옥저로 쫓겨났다가 그 후 다시 고국으로 돌아왔는데 남아 있던 자들이 마침내 신라를 세웠다고 한다. 사로라고도 한다. 신라는 중국, 고구려, 백제에 속한 자들이 섞여 있었다. 겸하여 옥저, 불내, 한, 예의 땅에 있었다. 그 왕은 본래 백제인이었는데 바다로 도망쳐 신라로 들어가 마침내 그 나라 왕이 되었다."고 했다.

〈지도 88〉 진흥왕 말기(576)의 삼국 영토

이 기록에서 고구려인이 신라를 건국했고 그 왕이 본래 백제인이었다는 사실은 풍문을 기록한 것으로 보인다. 신라가 한나라 때의 낙랑 지역에 있었다고 한 기록에서 당시 신라가 요동의 낙랑 땅을 차지하고 있음을 알 수 있다. 또한 신라가 옥저, 불내, 한, 예의 땅에 있었다는 기록은 신라 진흥왕 시기에 낙랑 외에도 천산산맥 동쪽 땅을 차지했음을 말해주고 있다.

진흥왕 사후 즉위한 진지왕 4년(579)에 백제가 웅현성, 송술성을 쌓아 산산성, 마지현성, 내리서성의 길을 막았다는 기록이 있다. 웅현성에 대해《신증동국여지승람》에서 보은현 북쪽 27리에 있다고 했고 송술성은 그 위치를 알 수 없다. 당시 신라와 백제의 경계가 충북 보은 일대에 있었음을 알 수 있다. 진지왕 사후(579) 즉위한 진평왕 16년(594)에 수나라가 왕을 낙랑군공 신라왕으로 책봉했으니 이때도 낙랑은 여전히 신라의 영토였다. 26년(604)에 남천주를 폐하고 다시 북한산주를 설치했고 30년(608)에 고구려가 우명산성을 빼앗는데 그 위치는 알 수 없다. 33년(611)에 백제가 가잠성을 함락하는데 40년(618)에 신라 북한산 군주가 가잠성을 탈환하다가 전사하고, 이후 50년(628)에 백제가 가잠성을 포위 공격한 것으로 보아 신라가 618년에 있었던 공격 때 가잠성을 탈환한 것으로 보인다.《삼국사기》〈해론 열전〉에 진평왕 33년(611)에 백제가 가잠성을 공격할 때, 상주, 하주, 신주의 신라 군사들이 돕는데 상주는 현재 경북 상주, 김천이다. 하주는《삼국사기》〈지리지 양주 화왕군〉조에서 창녕임을 알 수 있고 신주(新州)는 한강 일대였다. 신라 지원군의 지역을 고려하면 가잠성은 충청도내에 있을 것으로 추정된다.

고구려는 양원왕 재위 기간(545~559) 동안 영토가 많이 축소된다. 재위 6년(550) 1월에 백제에게 도살성을, 7년(551)에는 신라에게 열 개 성을 빼앗긴다. 양원왕 사망(559) 때까지 더 이상의 전쟁 기록은 없지만 진흥왕이 565년에 북제로부터 낙랑군공으로 제수받았으니 이때 고구려가 낙랑을 빼앗긴 것이다. 북제는 평원왕 2년(560)에 왕을 요동군공 고구려 왕으로 책봉하는데 평원왕이 요동군공의 작위만 받는 것은 낙랑과 대방 지역은 신라와 백제가 차지하고 있었음을 여기서도 알 수 있다. 평원왕 23년(581)에도 수나라가 왕을 요동군공으로 봉했고 28년(586)에 고구려가 장안성으로 도읍을 옮기는데《북사》에 장안성이 평양성이라고 했으므로 장안성은 평양의 별궁일 것이다.

영양왕 원년(590)에 수나라가 왕에게 요동군공의 관작을 내린다. 이때도 고구려는 낙랑을 차지하지 못한다. 영양왕 9년(598)에 수나라 문제가 30만으로 고구려를 쳤지만 장마와 풍랑으로 인해 실패하고 철군한다. 영양왕 14년(603)에 고구려가 신라 북한산성을 공격했지만 실패하고 퇴각한다. 영양왕 18년(607) 5월에 고구려군이 백제 송산성을 공격해 함락 못 하자 이동해 석두성을 습격해 남녀 3천 명을 사로잡고 돌아왔다는 기록이 있다. 송산성과 석두성 위치에 대해서는 경기도 연천군으로 비정하는 주장이 있는데 이는 당시 한강 일대와 경기 남부까지 신라가 차지하고 있었기 때문에 기록에 부합하지 않는다. 혹자는 이를 이해하지 못하니 수군으로 백제를 공격하지 않았을지 추정하지만 당시 고구려는 한반도 백제가 아니라 요동 백제를 공격했을 것이다. 영양왕 19년(608)에 신라 우명산성을 함락하는데 그 위치는 알 수 없다. 영양왕 23년(612)에 수나라 양제가 113만 군대로 고구려를 침공한다. 이때 수나라의 좌 12군은 누방, 장잠, 명해(冥海), 개마, 건안, 남소, 요동, 현도, 부여, 조선, 옥저, 낙랑의 길로 진군하고, 우 12군은 점제, 함자, 혼미, 임둔, 후성, 제해, 답돈, 숙신, 갈석, 동이, 대방, 양평의 길로 진군하도록 했다. 좌 12군에서 나온 지명 중 누방과 장잠은 요양 동쪽, 명해는 《수서》 양제 대업 8년(612) 1월조에는 해명(海冥)으로 나온다. 해명 위치에 대해 이병도는 황해도 해주로 비정하는데 이는 엉터리다. 평양으로 진격하는데 그보다 한창 남쪽에 위치한 황해도 해주로 갈 일은 없다. 이는 이미 그가 낙랑군과 대방군의 속현을 비정했기 때문에 해명이 들어갈 자리가 없었기 때문일 것이다. 해명 위치에 대해서는 낙랑군의 속현을 찾을 때 이미 고찰한 바가 있다. 해명현(海冥縣)은 《요사》 〈지리지 동경도〉에 그 위치가 나온다. "흥주 중흥군이 설치되었으며 절도가 있었다. 본래 한나라 해명현으로 발해가 주를 설치했다. 옛 현은 성길, 산산, 철산 등 셋이었는데 모두 폐지했다. 호구 수는 2백이며 동경에서 서남쪽 3백 리 떨어져 있다."고 기록했다. 동경에서 서남쪽 3백 리면 현 해성시 서남인 개주(蓋州)시다. 건안은 안시성 서남이고 남소는 신성 동쪽이며 개마는 양평 북쪽 개모성 인근이다. 요동은 요동군이고, 현도는 심양, 조선은 평양, 옥저는 남옥저인 해성, 낙랑은 천산산맥 일대였다. 그리고 우 12군의 점제는 대수 하류, 함자는 점제의 동쪽, 혼미와 제해는 알 수 없지만 대방에 속했고, 후성은 양평 북쪽, 갈석은 갈석산을 통해 진군하는 길이며, 숙신은 심양 동북쪽, 동이는 심양 남쪽, 대방은 산수하 남쪽, 양평은 요동성이다.

수나라 24군이 나아가는 길은 모두 요동 일대에 있는 지명으로 24군이 고구려 영토를 모두 장악하는 방책이었을 것이다. 수나라 대군은 요수를 건너 요동성을 공격하고 수양제가 6월 기미일에 요동성을 행차해 전투 상황을 지켜본다. 요동성 함락에 실패하자 6월에 수나라 군대가 압록수 서쪽에 집결한다. 우중문과 우문술의 별동대 30만이 압록수를 건너 평양을 향해가고, 을지문덕 장군의 고구려군이 사방에서 습격하면서 수나라 별동대를 곤경에 빠트린다. 이후 현 태자하이자 살수에서 수나라 별동대가 대부분 죽고 살아남은 패잔병들이 하루 만에 450리를 달아나 압록수에 도달했다. 수나라는 이 전쟁에서 오직 요수 서쪽의 무려라를 함락시켰다. 무려는 한나라 요동군 속현인 무려현이 있던 곳으로 요하 서쪽이자 조양 동쪽에 있었다. 그리고 요동군과 통정진을 설치했다고 했으니 수나라의 요동군과 통정진은 모두 현 요하 서쪽에 있었다. 영양왕 24년(613)에 수나라 군대가 다시 고구려를 공격하기 위해 요수를 건너왔지만 이번에도 성공하지 못하고 양현감의 반란 소식에 철군한다. 영양왕 25년(614)에 다시 수나라가 공격해 들어오는데 고구려군이 항복을 청하자 수나라 군대가 돌아간다. 영양왕 재위 기간(590~618)에 수나라에게 잃은 영토는 요서 지역 일부에 불과했음을 알 수 있다. 그런데 이때 신라가 고구려 영토 500리 땅을 차지한 내용이 〈고구려 본기〉의 기록에 나온다. "보장왕 3년(644) 당나라의 현장이 고구려 경내로 들어왔을 때, 연개소문은 군사를 이끌고 신라 두 개 성을 격파했다. 왕이 사람을 보내 연개소문을 소환하자 이내 돌아왔다. 현장이 연개소문에게 신라를 침략하지 말라고 타이르자 연개소문이 말하길, '우리와 신라는 원수가 된 지 오래되었소. 수나라가 공격했을 때, 신라가 틈을 타서 우리 땅 5백 리를 빼앗아 그 성을 모두 차지했소이다.'"라고 했다. 수나라가 고구려를 공격했던 시기는 서기 598년에서 614년까지로 진평왕 20년에서 36년까지다. 진평왕 때에 고구려를 공격해 500리의 땅을 차지했다면 신라로서는 반드시 남기고 싶은 기록일 것이다. 그런데 백제의 요동 영토도 마찬가지지만 진흥왕 때에 북변을 개척한 기록이나 진평왕 때 고구려 땅을 차지한 기록 등, 신라의 북변 영토에 관련한 기록은 죄다 누락되어 있다. 앞서 고찰했지만 1125년 송나라 사신 허항종이 금나라 수도 상경(上京)으로 가면서 그 여정을 기록한 《선화 을사봉사 금국 행정록(宣和乙巳奉使金國行程

〈지도 89〉 고수 전쟁 이후의 고구려 영토

錄)》에 나오는 신라산의 기록을 다시 보자. 허항종의 노정에 "함주(咸州)에서 40리를 가면 숙주(肅州)에 이르고, 50리를 가면 동주(同州)에 이른다. 동쪽으로 천산(天山)을 바라보니, 금나라 사람이 말하길, '저기는 신라산(新羅山)인데 산속이 깊고 멀어서 갈 수 있는 길이 없습니다. 저 산속에 인삼과 백부자가 나고 산 깊은 곳에 고려와 국경을 접하고 있습니다.'"라고 했다. 함주는《추리도》를 보면 동주(同州) 북쪽에 있다. 함주에서 50리 남쪽으로 동주가 있다는 의미다. 이는 현 개원시와 철령시 사이, 즉 요하와 혼하 사이에 있었다. 동주 북쪽에 위치한 함주는 동요하와 서요하가 만나는 지점의 북안에 있다. 함주는 현 개원시 위치와 동일하다. 함주 동쪽의 천산은 본래의 장백산인 길림합달령의 위치와 같다. 신라가 길림합달령까지 올라간 것은 《북사》에서 신라가 옥저와 불내까지 차지했다는 기록과 서로 부합한다.

고구려 남쪽 경계에 대해 북사 이전에 편찬되었던 《주서(周書)》의 기록을 다시 보자. 《주서》〈이역열전 고구려〉조에 "고구려는 동쪽으로 신라에 이르고 서쪽으로는 요수를 건너 동서가 2천 리며, 남쪽은 백제와 인접하고 북쪽은 말갈과 인접해 천여 리이다. 국도는 평양성으로 그 성은 동서 6리이며 남쪽으로 패수에 닿아 있다."고 했다. 《주서》는 524년에서 581년간의 기록이므로 수나라가 건국하기 이전의 기록이다. 《신당서》〈동이열전〉에는 고구려는 서북으로 요수를 건너 영주와 접하고 북으로 말갈에 접한다고 했다. 《주서》에서 고구려의 남북 범위는 천여 리에 불과하다. 고구려 문자왕 때 고구려 북계는 현 내몽골 흥안령 오란호특시였다. 이곳에서 북한 의주까지의 직선거리는 약 650킬로미터로 약 2천 리이고 부여의 북계로 추정되는 하얼빈시와 장춘시 중간에서 측정해도 의주까지 약 500킬로미터로 당나라의 10리인 3.34킬로미터로 환산하면 약 1,500리다. 부여에서 현도까지 1,000리, 현도에서 양평까지 200리, 양평에서 요양까지 70리, 요양에서 압록강까지 560리라고 했으므로 부여에서 압록강까지의 거리는 약 1,800리이다. 여기서 부여의 기점은 부여의 북계가 아니라 부여성이 있는 곳이니 부여의 북계에서 측정하면 1,800리를 넘을 것이다. 고구려의 남북이 천여 리라는 것은 고구려 남계가 압록강 근처까지도 못 갔음을 보여준다.

고구려 영토에 대해 《북사》도 동서 2천 리, 남북 1천여 리로 기록했고, 《수서》도 동서 2천 리, 남북 1천여 리로 기록했다. 이는 신라가 수나라 때까지 북쪽 영토를 압록강 이북에, 동북 영토를 길림까지 유지했음을 알 수 있다. 그러나 《구당서》〈동이열전 고구려〉조와 《구오대사》〈외국열전 고구려〉조의 영토 기록은 조금 바뀌어 동서로는 3천1백 리며, 남북으로 2천 리라고 기록했다. 이는 신라 태종무열왕 때 고구려와 백제가 연합해 신라를 크게 공격하는데 이때 고구려가 영토를 탈환해 동쪽과 남쪽 영토를 넓힌 이유일 것이다.

《삼국사기》〈신라 본기〉에 "태종무열왕 2년(655), 고구려가 백제와 말갈과 함께 군사를 연합해 북쪽 변경을 침입해서 33성을 빼앗았다. 왕이 사신을 당으로 보내 구원을 청했다."고 했고, 《신당서》〈동이열전 고구려〉조에서는 "영미 6년(태종무열왕 2년, 655)에 신라가 고구려와 말갈이 36성을 빼앗아 갔음을 호소했다."라고 기록했다. 이때 고구려가 신라의 36성을 빼앗았는데 그 위치는 천산 산맥 동쪽 일대일 것이다. 《주서》〈이역열전 백제〉조는 "그 땅의 경계는 동쪽으로 신라에 닿고 북쪽으로 고구려와 인접하며 서쪽과 남쪽은 모두 대해와 경계하고 있다. 동서의 길이는 450리이고 남북은 900여 리이다."라고 했다. 북주 당시 백제는 한성을 잃은 이후였고 그 북쪽 경계는 충청남도 중부였다. 《삼국사기》〈신라 본기〉에 "태종무열왕 6년(659), 공주(公州) 기군(其郡)의 강에서 큰 물고기가 나와서 죽었다. 길이가 백 척인데 먹은 사람은 죽었다."라는 기록이 있다. 이에 대해 《삼국사기》〈지리지 웅주 부성군〉조에 부성군은 본래 백제의 기군이었다고 했는데 현재 서산군 일대라고 했다. 그리고 《삼국유사》〈기이 태종춘추공〉조의 현경 4년(659) 5월의 기록에는 부여강(현 백마강)에서 3장 길이의 물고기가 잡혔다고 기록되어 있다. 1장은 10척이므로 《삼국사기》와 《삼국유사》의 기록은 동일 사건을 다르게 기록한 것이고, 당시 신라가 충남 중부까지 차지했음을 알 수 있다. 신라 선덕왕 이후 신라는 고구려와 백제의 연합 공격으로 인해 계속해서 영토를 잃고 있었는데 그전에 이곳은 신라의 영토였던 것이다. 공주 북쪽에서 남쪽 해남까지의 거리는 직선으로 약 250킬로미터인데 당나라 때의 척도로 계산하면 약 700리이다. 요동 백제의 남북 거리를 감안하면 《주서》의 거리 기록이 당시 상황과 대략 일치한다.

　백제는 성왕 사후의 위덕왕 원년(554)에 고구려가 웅천성을 공격했지만 패한 후 퇴각했다. 웅천성은 공주시로 백제의 도읍지였다. 이때는 신라 진흥왕이 한강 일대를 차지하고 있을 때였다. 고구려가 웅천을 공격하기 위해서는 신라 영토를 통과해야 하므로 고구려가 수군으로 공격했을 것이다. 위덕왕 17년(570)에 북제가 왕을 대방군공 백제 왕으로 책봉했으므로 대방 땅은 여전히 백제 수중에 있었다. 28년(581)에 수나라가 왕을 다시 대방군공으로 삼았다. 위덕왕 사후 혜왕(598~599)과 법왕(599~600) 재위 기간 중에는 특별한 기록이 없다. 무왕 3년(602)에 백제군이 신라 아악산성(모산성이라고도 한다.)을 포위했지만 함락하는 데 실패한다. 아악산성은《삼국사기》〈지리지 강주 천령군〉조에 운봉현이 모산현이라고 했다. 운봉읍은 현재 남원시 동부에 위치해 있다. 이때까지도 남원이 신라 영토임을 알 수 있다.

《구당서》에 당나라 고조 무덕 7년(무왕 21년, 620)에 백제 왕을 대방군왕으로 봉했다는 기록에서 무왕 때에도 대방은 여전히 백제의 땅이었다. 무왕 25년(624)에 백제가 신라의 속함성 등 6성을 공격해 함락한다. 속함성은《삼국사기》〈지리지 천령궁〉조에서 남원임을 알 수 있고 나머지 5개성의 위치는 알 수 없다. 다만 당시 백제가 지리산 서쪽을 장악했음을 알 수 있다. 27년(626)에는 신라 왕재성을 함락하는데 어디인지 알 수 없다. 28년 7월(627)에는 신라 서쪽 변경의 두 성을 함락하고 이어 신라에게 빼앗긴 땅을 찾기 위해 크게 군사를 일으켜 웅진에 주둔하는데 신라 진평왕이 이를 듣고 사신을 당나라에게 보내 위급을 고하자 백제가 그만두었다는 기록이 나온다. 백제가 신라에게 빼앗긴 영토는 충청남도 북부였으므로 이때 함락한 두 개의 성은 이 지역일 것으로 추정된다.《삼국사기》〈고구려 본기〉무왕 12년(629)에 김유신의 신라군이 동쪽 변경을 침입해서 낭비성을 깨뜨렸다는 기록이 있다. 무왕 34년(633)에는 백제가 신라의 서곡성을 함락하는데 그 위치를 알 수 없다. 37년(636)에 신라의 독산성(獨山城)을 공격하는데 역시 그 위치를 알 수 없다. 무왕 재위 기간(600~641) 동안의 영토는 지리산 일대와 북쪽으로 충남 북부 지역일 것으로 추정한다.《삼국사기》〈백제 본기〉에 백제 의자왕 원년(641)에 당 태종이 왕을 대방군왕 백제 왕으로 책봉했다. 대방은 백제가 망할 때까지 백제의 영토였다.

7. 7세기 중엽에서 백제 멸망 시기

신라 선덕왕 4년(635)에 당나라가 왕을 낙랑군공 신라 왕으로 봉하므로 낙랑은 여전히 신라 영토였다. 선덕왕 7년(638)에 신라와 고구려군이 칠중성 밖에서 싸워 신라가 승리했고, 선덕왕 11년(642)에는 백제 의자왕이 서쪽 40여 성을 빼앗는데 그 위치를 알 수 없지만 이때 전북 김제와 정읍에 있던 신라의 영토뿐만 아니라 그 동쪽의 영토도 백제의 차지가 되었을 것으로 추정된다. 《삼국사기》〈백제 본기〉에는 의자왕 2년(642)에 미후성 등 40여 성을 함락시켰다고 기록했다. 선덕왕 11년(642)에는 백제가 고구려와 함께 당항성을 공격할 계획을 미리 알고 선덕왕이 당나라에게 급히 알린다. 당항성은 충청남도

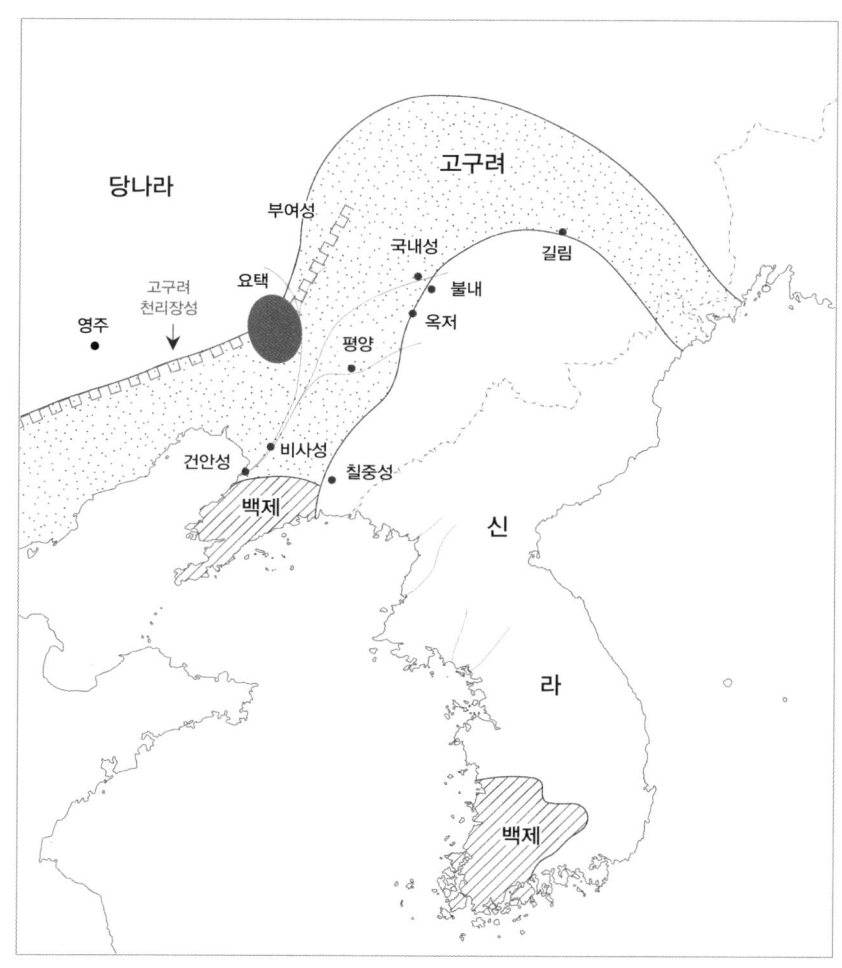

〈지도 90〉 선덕왕 11년(642)의 삼국 영토

서쪽 해안으로 추정된다. 이어 같은 해(642)에 백제가 대야성을 함락하는데 대야성은 합천이다. 백제가 지리산 동쪽으로 진출한 데 이어 이때에 합천까지 이르렀다. 백제는 경주를 직공하기 위해 경주와 가까운 신라 남서부 지역을 집중 공략하고 있었던 것이다.

선덕왕 13년(644), 김유신이 백제의 일곱 성을 빼앗는데 의자왕에게 빼앗겼던 일부 성을 탈환한 것으로 보인다. 진덕왕 원년(647)에 백제가 무산성, 감물성, 동잠성을 포위했지만 김유신의 신라군에 의해 패배하고 물러난다. 세 성의 위치는 알 수 없다. 진덕왕 3년(649)에 백제가 일곱 성을 함락시킨다. 백제가 차지한 일곱 성은 김유신에 의해 뺏겼던 성으로 추정된다.

《구당서》에 고종 영휘 5년(태종무열왕 원년, 654)에 김춘추를 신라 왕 개부의 동삼사 낙랑군왕에 봉했다는 기록에서 알 수 있듯이 낙랑은 여전히 신라 수중에 있었다. 태종무열왕 2년(655)에 고구려, 백제, 말갈이 연합해 신라의 33성을 빼앗는데 이는 이미 언급한 바가 있다.

이후에도 신라가 낙랑공의 작위를 차지하고 있기 때문에 낙랑 지역은 여전히 신라 영토였다. 태종무열왕 5년(658)에 왕이 하슬라 땅이 말갈에 맞닿아 있어 사람들이 불안해하므로 (소)경을 폐지해 주(州)로 삼고 도독을 두어 지켰고 실직을 북진(北鎭)으로 삼았다는 기록이 있다. 본래 하슬라 북쪽에는 비열홀, 그 북쪽에는 황초령과 마운령이 있었다. 그런데 하슬라가 말갈과 맞닿아 있다는 기록에서 본래 춘천 일대에 맥국이 있었고 맥은 말갈이므로 춘천의 맥국이 신라에 의해 북쪽으로 쫓겨났다가 이때 다시 남진했을 것으로 추정할 수 있다. 그래서 태종 무열왕 2년에 고구려와 말갈의 연합군이 통일신라의 동북 경계인 비열홀까지 내려온 후 고구려가 말갈로 하여금 지키게 했을 것이다. 태종무열왕 2년(655) 겨울에 우수주에서 흰 사슴을 바친 기록이 있으므로 춘천 일대는 신라 영토였다. 그리고 아래 내용은 이미 나온 바가 있다. "6년(659)에 공주(公州) 기군(其郡)의 강에서 큰 물고기가 나와서 죽었다. 길이가 백 척인데 먹은 사람은 죽었다."《삼국사기》〈지리지 웅주 부성군〉조에 부성군은 본래 백제의 기군이었다고 했는데 현재 서산군 일대이다.《삼국유사》

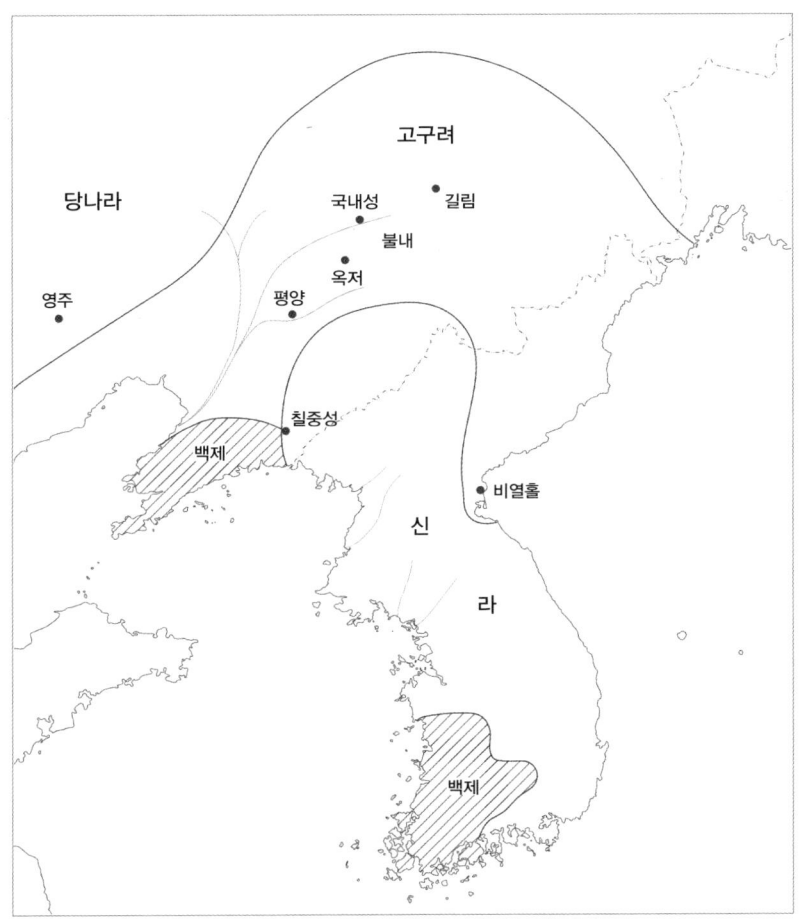

〈지도 91〉 태종무열왕 6년(659)의 삼국 영토

〈기이 태종춘추공〉 현경 4년(659) 5월의 기록에 부여강(현 백마강)에서 3장 길이의 물고기가 잡혔다고 기록되어 있다. 1장은 10척이므로《삼국사기》와《삼국유사》의 기록은 동일하며 당시 신라가 충남 북부지역을 차지하고 있었음을 알 수 있다.

태종무열왕 7년(660) 7월에 신라와 당나라의 연합군이 백제를 쳐서 의자왕의 항복을 받아 백제가 멸망한다. 9월에 백제 부흥군이 일어나 20여 성을 차지하고 11월에는 고구려가 신라의 칠중성을 쳐서 함락시킨다. 칠중성은 현 파주 적성의 중성이 아니라 요동에 위치했음을 고찰한 바 있다.《삼국사기》

〈백제 본기〉에는 복신이 웅진강 어귀에서 두 개의 목책을 세우고 막아 신라군을 깨트리고 물러나 임존성으로 들어갔다고 했다. 임존성 위치는 충남 예산으로 백제 부흥군은 이곳을 거점으로 삼았다. 태종 무열왕 8년(661) 5월 9일에 고구려와 말갈의 연합군이 신라의 술천성에 이어 북한산성을 공격했지만 이기지 못하고 돌아간다. 문무왕 2년(662)에 당나라가 왕을 낙랑군왕 신라 왕으로 책봉한다. 낙랑은 계속해서 신라가 차지하고 있었다. 문무왕 2년 2월에 탐라국이 항복해 신라 영토에 편입된다.

　이후 부여풍과 복신, 그리고 흑치상지의 백제 부흥군이 임존성 등 200여 성을 차지했으나 내분으로 인해 662년 7월에 이르러 부흥운동은 끝난다. 당시 신라 영토에 대한 《구당서》와 《신당서》의 기록을 보면, 《구당서》〈동이열전 신라〉 "신라국은 본래 변한의 후예이다. 그 나라는 한나라 때의 낙랑 땅에 위치해 동쪽과 남쪽은 모두 큰 바다에 연해 있고 서쪽은 백제와 접했으며 북쪽은 고구려와 접했다. 동서로 1천 리, 남북으로 2천 리이다."라고 나온다. 《신당서》〈동이열전 신라〉조에는 "신라는 본래 변한의 후예이다. 한나라 때의 낙랑 땅에 위치해 횡으로 1천 리, 종으로는 3천 리이다. 동쪽은 장인국에 떨어져 있고 동남쪽은 일본, 서쪽으로 백제, 남쪽으로 바다와 가까우며 북쪽으로 고구려가 있다."고 했다. 《구당서》와 《신당서》의 이 기록은 백제와 고구려가 여전히 존재할 때의 기록이다. 《구당서》의 남북 2천 리가 《신당서》에 남북 3천 리로 바뀐 것은 《구당서》의 오류를 《신당서》가 수정한 것으로 보인다. 10리당 3.34킬로미터로 계산하면 2천 리는 약 670킬로미터, 3천 리는 약 1천 킬로미터이다. 지도에서 직선거리를 측정하면 한반도의 남단 통영에서 압록강까지 약 700킬로미터이다. 1천 킬로미터는 심양 동북의 하얼빈에 근접한다. 당시 신라의 북계는 만주까지 올라가 있었음을 알 수 있다. 《만주원류고》〈부족 신라〉조에는 "신라 영토는 동남쪽으로 지금 조선의 경상도, 강원의 2도이며 서북으로는 지금의 길림오랍이고 또 서쪽으로는 개원과 철령에 가깝고 고구려와 백제 사이에 돌출해있다. 백제 동북과 동남쪽 모두 고구려와 가깝다. 《통고(通考)》에서 말하길, 또한 고구려 동남쪽에 있다고 했다. 《봉사행

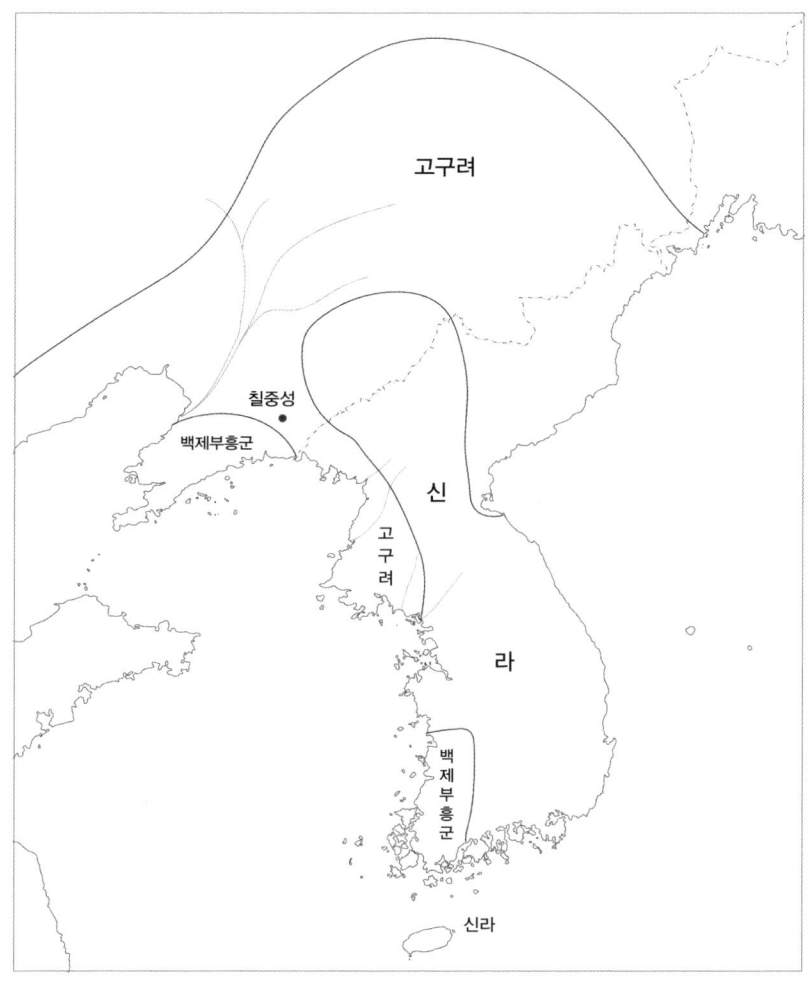

〈지도 92〉 문무왕 3년(662)의 신라 영토

정록》에 함주에서 동주(현재 개원과 철령 경계)로 갈 때 동쪽으로 대산(大山)을 바라보았는데 곧 신라 경계라고 했다. 요지(遼志)에서 해주(현 해성, 처음에 백제에 속했다가 뒤에 고구려가 나눴다가 다시 발해에게, 또 다시 거란에게 돌아갔다.) 동쪽에서 신라와 경계를 했다고 나온다. 당나라 현경 건봉(666~668) 이후에 백제와 고구려 남쪽 땅을 얻어 동서로 9백 리, 남북으로 천여 리가 더해져 너비와 둘레가 넓어졌다. 당나라 사람이 자주 왕래했고 해외에서 말하길, 신라 서북이 발해와 거란에 막혀 바다를 건너서 왕래해야 하고 남쪽 경계에 도착해서

제5장 _ 열국시대   **399**

왕래한다고 했다. 이때 신라는 해성 동쪽과 조선의 여러 도를 가졌지만 당나라 때의 땅을 회복하지 못했다. 계림(鷄林)은 곧 길림(吉林)인데, 계와 길의 발음이 서로 부합하고 핵심적인 지리 또한 부합한다. 용삭 연간(661~663)에 이미 두 나라를 합쳤고 말갈, 발해와 땅을 서로 다투어 중요한 진(鎭)을 두어 왕의 영토가 되었다. 이후에도 왕이 호칭을 이어받았고 길림 땅이 발해에게 돌아갔어도 (계림)도독 칭호는 신라가 이어받았다. 거란과 송나라 이후에 고려가 병합해 고려에 속했다."라고 구체적으로 기술했다. 용삭 연간이면 백제가 망한 이후이다. 이 기록은 《신당서》에서 신라 영토가 남북 3천 리라고 한 기록과 서로 부합한다.

8. 백제 멸망(660) ~ 고구려 멸망 시기(668)

고구려 영류왕 7년(624)에 당 고조가 왕을 요동군공 고구려 왕으로 책봉한다. 영류왕 사후 보장왕 2년(643)에 당 태종이 왕을 요동군공 고구려 왕으로 책봉한다. 고구려 영토는 여전히 낙랑과 대방에는 없었다. 이후 보장왕 3년(644)에 당나라가 고구려 정벌을 시작한다. 전쟁 기록을 보면 보장왕 3년(644) 10월에 당나라가 영주에 군량을 운반한다. 보장왕 4년(645) 4월에 이세적의 당나라 군사가 통정진에서 요수를 건너 현도성에 이르렀고 이어 부대총관 이도종이 신성에 이르렀다. 현도성은 심양에 신성은 심양 동쪽 무순에 있다. 그리고 영주 도독 장검의 부대는 호병(胡兵)을 거느리고 요수를 건너 건안성에서 고구려군과 싸웠다. 건안성은 현 요령성 개주에 있었다. 이후 이세적과 강하왕 이도종이 방향을 서남으로 돌려 개모성을 함락하고 개주(蓋州)로 삼았다. 개모성은 요동성 동북에 위치해 요수를 건너면 마주칠 수 있다. 그동안 장량의 수군은 바다를 건너 5월에 비사성을 습격해 함락시킨다. 같은 시기인 5월에 이세적의 군사가 다시 서남쪽으로 진군해 요동성 아래에 도착했다. 당 태종은 요택을 건너 바로 동남쪽으로 이동해 마수산에 주둔한다. 마수산은 당 태종이 군사를 주둔시킨 주필산으로 요양 15리 남쪽이자 안시성 45리 북

〈지도 93〉 제1차 고당 전쟁 시기의 당군 공격로

쪽에 있었다. 이어 당나라군이 요동성을 함락하고 이를 요주로 삼았다. 이후 이세적이 남쪽으로 백암성을 향해 진군해 항복을 받아 암주로 삼았다. 당나라 군사가 안시성을 향해 다가가자 고구려와 말갈의 구원병 15만이 당나라 군사와 싸워 대패한다. 안시성 위치는 요양 남쪽의 철가산 서쪽 사면으로 비정한 바가 있다. 당시 당나라 군사는 안시성에서 막히자 오골성을 먼저 칠 것을 장수들이 주장한다. 장손무기는 만약 대군이 안시성을 비워두고 오골성으로 향하면 건안과 신성의 10만 고구려군이 배후를 칠 것이라고 주장하고 이에 당 태종이 안시성을 먼저 치기로 결정한다. 결국 안시성 전투에서 패배한 당나라 군대는 철수하기에 이른다.

당나라 군사의 진격로를 보면 모두 네 방향에서 이루어졌지만 고대 압록수를 넘지 못했다. 이는 고구려가 압록수를 천참으로 삼아 강력한 방어진을 구성했음을 알 수 있다. 그런데 《조선상고사》〈제11편〉에 당나라가 안시성 전투에서 고전할 동안 연개소문이 정병 3만으로 적봉진으로 가서 장성을 넘어 상곡을 쳤는데 북경 안정문 밖 60리에 고려진이 있고, 상곡 하간현 서북 12리에 고려성이 남아있다고 했다. 중국 고지도에도 북경에 고려영 지명이 존재하므로 《조선상고사》의 기록과 일치한다. 《우리 역사 바로 알기》〈오순제 교수의 발해사 강좌 5강〉에서 상곡《순의현지(順義縣志)》에 "고려영진(高麗營鎭)은 당나라 때 들어온 고구려인들이 정착한 곳으로 그 후 점점 촌락을 이루었는데 그로 인해 고려영이라 불렀다."라고 인용했다. 고려영진은 그 명칭에서 고구려 군사가 머물렀던 곳임을 알 수 있고 당시 고구려 군사가 이곳에서 장기간 주둔하면서 촌락까지 형성했던 것으로 추정할 수 있다.

　보장왕 6년(647) 2월에 당나라 군사가 고구려를 다시 공격한다. 이세적 등의 군사가 영주도독부 병력을 따라 신성도로 진입한 후 남소성 등을 공격한 후 되돌아간다. 남소성은 무순시 동쪽에 위치해 있다. 7월에는 우진달과 이해안이 석성을 공격하고 적리성 아래에 이르렀다. 석성은 요양 동쪽의 석문에 있었고 적리성은 평양성 서쪽에 있었다. 당나라 군사는 평양성을 공격하기 위해 서쪽으로부터 석성을 공격하고 적리성으로 진군했음을 알 수 있다. 보장왕 7년(648) 1월에 설만철이 청구도 행군대총관, 우위장군 배행방이 부총관이

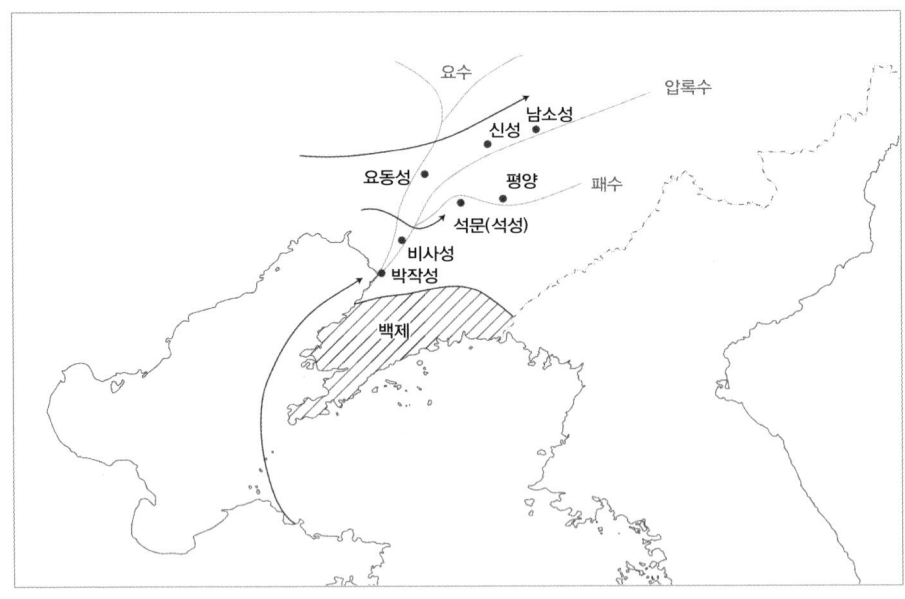

〈지도 94〉 제2차 고당 전쟁 시기의 당군 공격로

되어 병력 3만으로 내주에서 바다를 건너 고구려를 공격한다. 4월에는 오호진 장수 고신감이 바다를 건너와 고구려군과 역산에서 싸워 이겼다. 역산의 위치는 알 수 없다. 보장왕 7년 9월에 당 태종이 장군 설만철로 하여금 바다를 건너 압록으로 들어와 박작성 남쪽 40리 되는 곳에 진영을 만들었다. 설만철의 군사가 박작성주 소부선과 싸워 이긴 후 박작성을 포위하지만 빼앗지 못한다. 보장왕 14년(655) 정월에 백제, 말갈과 함께 고구려군이 신라 북쪽 변경을 공격해 33성을 빼앗았다.

보장왕 14년(655)에 당 고종이 영주도독 정명진 등을 보내 고구려를 공격했는데 5월에 요수를 건너오자 고구려군이 귀단수를 건너와 싸웠고 이후 당나라 군사가 철군했다. 17년(658) 6월에 정명진과 설인귀가 병력을 거느리고 와서 공격했다. 위치는 기록하지 않아 알 수 없다. 18년(659) 11월에 설인귀 등이 침공해 고구려 장군 온사문과 횡산에서 싸워 이겼다. 횡산은 백수성이라고도 하는데 백석산에 있어서 그렇게 이름 붙였을 것이다. 백석산은 요양 동쪽에 위치해 평양으로 가는 길목에 있었다. 19년(660) 11월에 당나라 글필하력을 패강도 행군대총관, 소정방을 요동도 행군대총관, 유백영을 평양도 행군대총관, 정명진을 누방도 총관으로 삼아 고구려를 공격했다. 20년(661) 정월에 하남, 하북, 회남의 병력이 평양과 누방으로 나아가고, 홍려경, 소사업을 부여도 행군대총관으로 삼아 위구르 등 여러 부의 병력으로 평양으로 나아가게 했다. 누방은 낙랑군 속현의 위치를 비정할 때 요양 동쪽으로 비정한 바 있다. 당나라는 660년 11월에 이어 그 다음해에 다른 군사를 보내 고구려를 동시다발로 공격하고 있음을 알 수 있다. 20년(661) 8월에 소정방이 패강에서 고구려군을 격파하고 마읍산을 빼앗은 후 평양을 포위했다. 당나라군은 태자하를 통해 들어온 후 평양을 포위한 것이다. 소정방이 평양을 포위할 동안 당나라의 다른 부대인 글필하력은 압록에 다다랐는데 연개소문의 아들 남생이 압록을 지켰으나 강물이 얼자 당군이 공격해 고구려군이 무너졌다. 보장왕 21년(662) 정월에는 옥저도총관 방효태가 사수에서 연개소문과 싸워 당나라군이 전멸했다. 당나라군이 전멸하자 소정방이 포위를 풀고 물러났다. 이때 소정방의

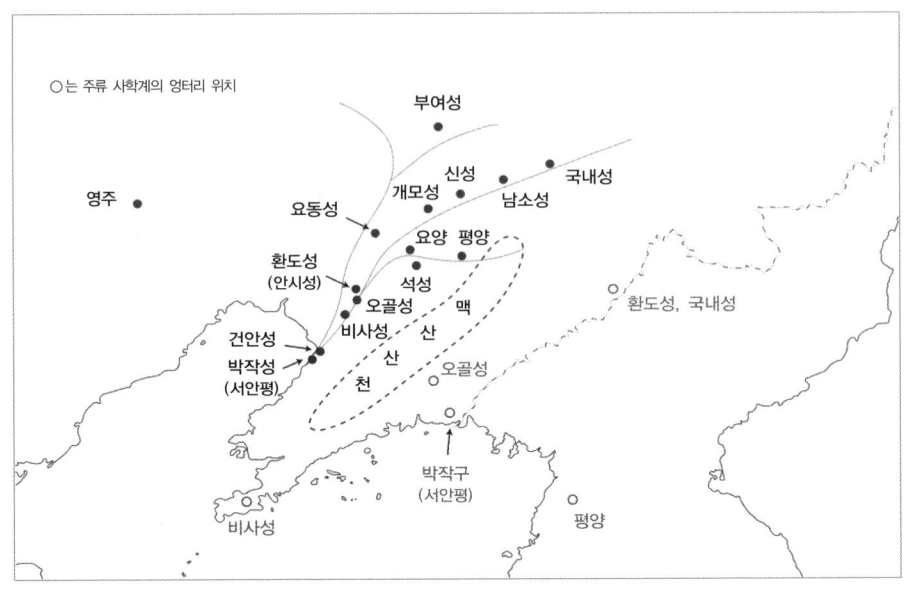
〈지도 95〉 고당 전쟁 시기 주요 지명

당나라 군사가 군량이 부족해지자 신라에게 군량을 요청했고 김유신의 신라군이 칠중하를 지나 당나라 군사에게 군량을 전달하는 데 성공한다.

《삼국사기》〈고구려 본기〉의 보장왕 25년(666)에 연개소문이 죽자 장자인 연남생이 그 자리를 이었으나 남건과 남산이 남생의 자리를 차지해 내분이 발생한다. 이때 남생이 달아나 국내성으로 피한 후에 당나라에게 구원을 요청하자 25년(666) 12월에 이세적이 행군대총관이 되어 고구려를 공격할 동안 고구려 연정토는 12성 763호, 3,543명과 함께 신라에 항복한다. 이 중 8성은 온전해 군사를 보내 지키게 했는데 12성의 위치는 알 수 없다. 보장왕 26년(667) 9월에 당나라 군사가 신성을 함락하고, 이어 남소, 목저, 창암성을 함락한다. 남소는 심양 동쪽 무순, 목저는 무순 동쪽 신빈현에 있었다. 창암의 위치는 알 수 없지만 목저성 인근에 있었을 것이다. 이후 남생의 고구려 군사와 합류하는데 당시 남생은 국내성에 있었다. 이에 대한《삼국사기》〈고구려 본기〉의 기록을 보자. "보장왕 25년(666), 연개소문이 죽고 장자인 남생이 대신 막리지가 되었다. …… 남건이 스스로 막리지가 되어 병력을 내어 그를 토벌하니 국내성에 응거하면서 그 아들 현성에게 당에 구원을 요청케 했다. 6월에 당 고종이 좌효위 대장군 계필하력에게 명해 병력을 거느리고 그를 맞아들이니 남생이 몸을 빼어 당으로 달아났. …… 보장왕 26년(서기 667) 9월, 당나라 이적이 신성을 빼앗아 글필하력에게 이를 지키게 했다. …… 설인귀가 병력을 이끌고 남소, 목저, 창암 세 성을 빼앗고 천남생 군대와 합했다."고 나온다. 이세적의 군사가 압록강 북안에 있던 고구려 성을 공격할 동안 곽대봉의 수군은 다른 길로 평양에 다다랐다. 그러나 당나라 본대는 아직 압록을 건너지 못하고 있었는데 남건이 압록에서 지켜 당나라 군사들이 건너지 못했다. 이때 학처준의 군사가 안시성 아래에 있다가 대열을 정비하지 못했는데 고구려군이 급습하자 이를 격퇴한다. 학처준이 압록수를 건너기 위해 안시성에서 대기하던 중에 고구려군의 기습을 받았다는 것은 고대 압록수가 철가산 동쪽을 지나는 사하의 물길임을 여기서도 알 수 있다.

당시 신라는 문무왕 7년(667)이었는데 당 고종이 신라군을 평양에 모이게 한다. 8월에 왕이 김유신 등과 함께 경주를 출발하고 9월에 한성정에 이르러 이세적을 기다렸다. 한성정은 한산에 주둔한 군사 조직이다. 10월 2일에 이세적이 평양 북쪽 200리 거리에 도착한 후 강심 등에게 거란 기병 80명을 거느리게 하여 한성에 가서 편지를 전하도록 했는데 그 편지의 내용은 신라의 출병을 독촉한 것이었다. 이는 당나라 군사가 압록책의 방어선을 뚫지 못하자 신라가 남쪽을 쳐 평양으로 가는 통로를 열기 위한 계책으로 보인다. 그리고 왕이 이를 따랐다고 기록되어 있다. 만약 압록책이 현 압록강이고 평양이 북한 평양이라면 평양에서 압록강까지 거리는 약 500리이다. 평양 북쪽 2백 리는 청천강 부근으로 이세적은 청천강에 있어야 한다. 이세적이 압록책을 건너지 못했는데 청천강에 있을 수는 없다. 이는 압록강이 현 북한 압록강이 아님을 여기서도 알 수 있다. 이후 신라군은 11월 11일에 장새에 이르렀는데 이세적이 돌아갔다는 말을 듣고 신라군도 돌아왔다.

주류 사학계의 주장대로 고구려 평양이 북한 평양이고 장새가 황해도 수안군이라는 가정 아래 당시의 상황을 서술해 보자. 10월 2일에 청천강 인근에서 기병이 출발했으므로 북한 평양에서 한성까지는 늦어도 4~5일 정도면 도착했을 거리다. 후금이 조선을 공격할 때에 압록강에서 한양까지 오는데 6일이 걸렸으니 거란 기병은 늦어도 10월 7일 정도에 편지를 전달했을 것으로 보인다. 임진강에서 황해도 수안까지 약 100킬로미터로 300리 거리다. 출병은 늦어도 10월 중순 경에 이루어졌을 테인데 한성에서 장새까지는 도보 행군으로도 10일이면 갈 수 있다. 그런데 한 달이 지난 11월 11일에야 신라군이 장새에 도착하는데 이렇게 되면 신라군이 편지를 받고도 20여 일 이상을 머물다가 행군을 했다는 의미다. 만약 신라가 당나라의 요청을 무시할 생각이었으면 애초에 출병도 하지 않았을 것이다. 출병하고도 늦장을 부린다면 고생을 하고서도 욕을 먹을 일이므로 그럴 일은 없다고 봐야 한다. 이는 장새의 위치가 북한 평양 남쪽의 수안군이라는 《삼국사기》〈지리지〉의 기록이 틀렸음을 보여주는 다른 증거이다.

문무왕 8년(668) 2월에는 이세적이 부여성을 빼앗는다. 이세적의 당나라 군사는 666년 12월에 고구려로 들어온 이후 압록책에서 철군했다가 다시 고구려를 공격한다. 이때 설인귀가 부여성을 빼앗자 40여 성이 모두 항복을 청했다. 남건이 부여성을 구원하기 위해 이세적과 설하수에서 싸웠는데 고구려 군이 패배한다. 설하수는 평양에서 부여로 가는 길에 있었다. 이어 이세적이 대행성으로 나아가 공격했는데 《삼국사기》〈고구려 본기〉 보장왕 27년(668) 9월조에 이세적이 부여성에 이어 설하수와 대행성에서 이긴 후에 압록책에 도달한다. 이를 보면 설하수와 대행성은 혼하 북쪽에 있었다. 문무왕 8년(668) 3월에 신라가 비열홀주를 설치한다. 이는 이전의 하슬라 주에서 별도로 분리한 것으로 보인다. 이어 6월 22일에 고구려의 대곡과 한성(漢城) 등 2군 12성이 귀순해 항복했다. 대곡은 《고려사》〈지리지 서해도 평주〉조에 나오므로 현재의 황해도 중부 평산으로 비정된다. 한성군 위치는 백제 한성이 아니라 고구려 한성이며 현 북한 평양임을 고찰한 바가 있다. 이때 신라가 평안남도 일대를 다시 차지했음을 알 수 있다.

보장왕 27년(668), 이세적이 대행성에서 이긴 후에 당나라 군사가 모두 압록책에 이르렀다. 이때 당나라 군사들이 고구려 각지를 산발적으로 공격하다가 혼하 서쪽에 다시 집결한 것이다. 이후 당나라군은 압록책을 넘어 2백여 리를 쫓아 욕이성을 빼앗는다. 계필하력이 먼저 병력을 이끌고 평양에 도착하자 이세적의 군사가 뒤따랐다. 평양 포위 한 달이 지난 668년 9월에 연남산이 항복해 고구려가 멸망한다. 이후 당나라는 평양에 안동도호부를 설치한다. 당시 고구려 한성인 북한 평양 일대를 신라가 차지하고 있었기 때문에 안동도호부는 요동의 평양에 설치한 것이다.《구당서》〈설인귀 열전〉에는 유인궤를 2만 군사와 함께 평양유수로 삼고, 평양군공 겸 검교안동도호로 봉했다는 기록이 있다. 이때 당나라는 평양을 점령한 후에 유인궤가 안동도호부를 관할하고 있었음을 알 수 있다.

9. 나당 전쟁 기간

당나라가 당초 약속을 어기고 백제와 고구려의 영토를 모두 차지하면서 나당 전쟁이 벌어진다. 이에 신라는 고구려, 백제의 유민들과 연합해 당나라 군사와 싸운다.《삼국사기》〈고구려 본기〉의 기록을 보면, 당 고종 총창 2년(669) 2월에 고구려 보장왕의 서자 안승이 4천여 호를 거느리고 신라에 투항했고, 함형 원년(670) 4월에는 고구려 대장 검모잠이 보장왕의 외손 안순을 세워 왕으로 삼았다. 안순은 안승을 말한다. 이에 당 고종이 대장군 고간을 보내 토벌하게 하자 안순이 검모잠을 죽이고 신라로 달아났다. 이는《신당서》〈동이열전 고구려〉조에도 동일하게 기록되어 있다. "총장 2년(669) 고구려 대장 검모잠이 반란을 일으켜 보장왕의 외손 안순을 왕으로 세웠다. 고간을 동주도 행군총관으로, 이근행을 연산도 행군총관으로 삼고 토벌하게 했다. 안순이 검모잠을 죽이고 신라로 달아났다."고 했고,《삼국사기》〈신라 본기〉에는 "문무왕 10년(670) 3월, 사찬 설오유가 고구려 태대형 고연무와 함께 각각 정병 1만을 이끌고 압록강을 건너 ①옥골(屋骨)에 이르렀다. 말갈병이 먼저 와서 개돈양에서 기다리고 있었다. 당군과 싸워 대승을 거두었지만 당나라 군사가 연이어 도착하자 후퇴해 ②백성(白城)을 지켰다."라고 했다. 이어서 "11년(671) 9월에 당나라 장수 고간 등이 군사 4만을 이끌고 평양에 도착한 후 ③대방으로 침공했다."라고 했고, "12년(672) 7월에 당나라 장수 고간이 군사 1만을, 이근행이 군사 3만을 이끌고 와서 평양에 이르러 여덟 곳의 군영을 만들고 머물렀다. 8월에 당나라 장수가 ④한시성(韓始城)과 마읍성(馬邑城)을 공격해 이겼다. 군사를 진격시켜 ⑤백수성에서 500보 되는 곳에 군영을 만들었다. 신라군이 당나라와 싸워 이긴 후 추격하다가 ⑥석문에서 대패를 당했다."라고 했다. "13년(673)에는 당나라, 말갈, 거란군이 함께 북변을 침입해 아홉 번 싸워 모두 이겼다. 당나라 군사들이 ⑦호로하와 왕봉하에 많이 빠져 죽었다."라고 기록한 데 이어 "15년(675) 2월에 당나라 유인궤가 ⑧칠중성에서 신라군을 깨뜨렸다."라고 했다.

상기 기록들에서 669년에 검모잠이 고구려 부흥군을 일으켰고 이에 신라와 고구려군이 연합해 670년 3월에 고대 압록강인 사하를 건넜음을 알 수 있다. 이어 신라와 고구려의 연합군이 말갈을 격파하지만 4월에 고간과 이근행의 당나라 군사가 오자 후퇴해서 백성(白城)으로 들어가 지켰다.

당나라가 설치한 안동도호부는 676년까지 평양에 있었다. 북한 평양이 고구려의 평양이라면 신라군이 압록강 이북을 올라가서 당나라 군사와 싸울 이유가 없다. 신라군은 압록강으로 가기 전에 평양의 안동도호부를 함락하면 나당 전쟁의 주도권을 잡을 수 있었다. 그럼에도 불구하고 신라군이 가까운 평양을 내버려 두고 압록강을 건넌다는 것은 고구려 평양이 북한 평양이 아니라는 것을 이 기록에서도 알려준다. ②의 백성(白城)은 백수성인데《삼국사기》〈고구려 본기〉672년의 기록에는 백수산(白水山)이라 했고《신당서》〈동이열전 고구려〉조에서는 천산이라고 했다. 천산(泉山)은 백수산(白水山)의 오기이다. 백(白)과 수(水)를 종으로 합치면 천(泉) 자가 된다. 백수성(白水城)은 요양 동쪽 백석산(白石山)에 있는 성이 분명하다. 당시 신라군과 고구려 연합군은 백수성으로 퇴각한 후에 당나라 군사와 맞서고 있었다. 신라와 고구려군이 백수성을 지키고 있자 당나라 군사는 다음해인 671년 9월에 평양에서 남쪽의 대방을 공격한다. ③의 대방은 요동 대방을 말하는데 전투의 결과에 대한 기록이 전혀 없다. 그런데《삼국사기》〈고구려 본기〉에는 당나라 군사가 대방을 공격하기 두 달 전인 7월에 당나라 장수 고간이 안시성의 남은 무리를 격파했다는 기록이 있고,《신당서》〈동이열전 고구려〉조의 기록에는 고간이 안동도호부의 치소를 요동주로 옮기고 반란군을 안시에서 격파했다고 나온다. 이는 당나라가 안동도호부의 치소를 평양에서 서쪽의 양평으로 옮긴 기록인데 이때 당나라가 신라와 고구려 연합군에게 밀려 요동 평양을 포기한 것으로 추정된다.

당시 당나라 군사가 안시성에서 고구려 부흥군을 격파한 기록이《부여융 묘지명》에도 나온다. 이에 대한 언급은 이미 나온 바가 있다.

당나라는 대방을 공격한 10개월 후인 672년 8월에 ④의 한시성과 마읍성을 공격하는데 한시성은 한(韓)이 일어난 곳이라는 의미고, 마읍은 최치원이 마한의 이름이 마읍산에서 나왔다고 했으므로 마한이 시작한 곳이다. 마한과 말갈, 맥은 동일하다고 했으므로 이곳에 마한과 양맥이 있었다. 낙랑군의 위치를 고찰할 때 언급했던 내용을 다시 인용해 비교해 보자.《삼국사기》〈김유신 열전〉에 "처음에 법민왕(문무왕)이 고구려의 반중을 받아들이고 또 백제의 옛 땅을 점령해 가지니, 당 고종이 크게 노해 군사를 보내 토벌케 하였다. 당군은 말갈과 더불어 석문의 들에 영을 만들었고 왕은 장군 의복, 춘장 등을 보내어 막게 하여 대방의 들에 진영을 만들었다. 이때 장창당은 홀로 진영을 만들었다가 당의 군사 3천을 만나 잡아서 진영으로 보냈다."라고 나온다.

당나라 군사가 석문에서 진영을 만들고, 신라군은 대방의 들에서 진영을 만들었으니 석문과 대방은 인근에 있었다. 그 위치는 요양 동쪽이며 한시성, 마읍성, 백수성 근처에서 석문 전투가 발생했다.《삼국사기》〈신라 본기〉의 기록에서 보듯이 당나라 군사가 평양에 진영을 만든 후 한시성, 마읍성을 공격하고 백수성과 석문에서 신라, 고구려 연합군과 싸웠다는 것을 보아 이들 지명은 모두 요동에 있었다. ⑤, ⑥의 백수성과 석문 전투에 대해《삼국사기》

〈고구려 본기〉에는 672년 12월에 고구려 부흥군이 백수산에서 싸워 패했고 신라가 구원병을 보냈는데 당나라 고간이 신라를 쳐서 이겼다고 기록했다. ⑦의 호로하와 왕봉하 전투 기록은 《삼국사기》〈신라 본기〉에는 아홉 번 싸워 모두 이겼다고 기록했고, 《삼국사기》〈고구려 본기〉에는 673년 윤5월에 연산도 총관 이근행이 호로하에서 고구려 부흥군을 쳐서 승리했고 남은 무리들이 신라로 달아났다고 기록했다. 《신당서》〈동이열전 고구려〉조의 기록을 보면 이근행이 고구려와 신라군을 발로하에서 쳐부수고 다시 싸워 포로와 참수한 자가 1만에 달했다. 평양의 패잔병들이 신라로 망명했다라고 했다. 《삼국사기》〈신라 본기〉에서는 호로하라고 했고 신당서에는 발로하라고 기록한 차이가 있다. 발로하는 요동에 있었음을 이미 고찰한 바가 있다.

　《삼국사기》〈신라 본기〉 문무왕 13년(673)에 당나라, 말갈, 거란군이 고구려 우잠성을 항복시키고 거란과 말갈군은 대양성과 동자성을 함락한다. 2년 후인 675년에는 신라와 당나라의 전투가 ⑧의 칠중성에서 이루어진다. 칠중성은 이미 고찰한 바와 같이 단동 북쪽의 봉황산성으로 비정한 바 있다. 《신당서》〈동이열전 신라〉조에는 상원 2년(675) 2월에 유인궤가 칠중성에서 깨뜨린 후 말갈병을 이끌고 바다를 건너 신라 남쪽 땅을 공략했다고 기록했다. 9월에 설인귀가 천성(泉城)을 공격하자 신라군이 크게 승리한다. 천성은 백수성의 오기이며 백수성은 요동에 있었으므로 신라군이 여전히 백수성을 지키고 있었음을 알 수 있다. 9월 29일에 이근행이 군사 20만을 이끌고 매소성(買肖城)에 머물렀는데 신라군이 공격해 대승을 거두었다. 《삼국사기》〈원술 열전〉에는 을해년(675)에 당나라 군사를 매소천성(買蘇川城)에서 공격해 공을 세워 상을 받았다는 기록이 있다. 매소성과 매소천성은 같은 것임을 알 수 있다.

　문무왕 15년(675) 9월에 안북하를 따라 관방과 성을 설치하고 철관성을 쌓았다고 나온다. 관방은 국경에 쌓는 것이기에 안북하가 당시 국경임을 짐작할 수 있다. 안북의 지명은 고려 성종 때에 다시 나온다. 《고려사》〈세가〉 "성종 13년(993) 2월, 소손녕이 글을 보내 말하길, …… 황제의 명령을 받아 생각을 하니, 압강(鴨江) 서쪽 마을에 5개의 성을 쌓는 것이 어떨까 하여 3월 초에 장소를 찾아 축성하고자 합니다. 대왕께서 미리 지휘하시어 안북부로부터 압강 동쪽에 이르기까지 총 280리 사이에 적당한 지역을 돌아다녀 거리의 원근을 헤아리게 하시고, 아울러 성을 쌓을 일꾼들을 보내 같이 시작할 수 있도록 명하시고 축성할 숫자가 몇 개인지 빨리 회보하여 주시옵소서."라고 나온다. 추후 상세히 조명하겠지만 압록은 혼하이고 안북부는 요하 일대에 있었다. 문무왕 때 축성한 관방은 요하와 혼하 사이에 있었을 것으로 추정된다. 문무왕 15년 9월에 거란과 말갈 군사가 다시 칠중성을 공격했지만 이기지 못하고 돌아갔다. 이어 9월에 말갈이 적목성을 공격한다. 적목성은 《삼국사기》 〈지리지 삭주 연성군〉조에 단성현은 원래 고구려의 적목진(赤木鎭)이라고 했다. 정확한 위치는 알 수 없다. 9월에 당나라 군사가 석현성을 빼앗았다. 석현성 위치에 대해 주류 사학계는 임진강 일대로 보고 있다. 주류 사학계는 당시 신라와 당나라의 경계로 임진강으로 보고 있기 때문이다. 그러나 이는 맞지 않다. 석현성은 《삼국사기》 〈백제 본기〉의 기록에도 나온다. "진사왕 2년(393) 8월에 왕이 진무에게 말하길, '관미성은 우리나라 북쪽 변경의 요충지이다. 지금 고구려의 땅이 되었으니 이는 과인이 통석하는 바이다. 고로 경은 마땅히 복수해 치욕을 갚아라.'라고 했다. 드디어 군사 1만으로 고구려 남쪽을 치니 석현성 등 다섯 성을 되찾기 위해 진무가 화살과 돌을 무릅쓰고 장졸보다 먼저 나서 관미성을 포위하자, 고구려 사람들이 성문을 닫고 굳게 지켰다. 진무는 군량 길이 끊어지자 돌아왔다."고 나온다. 석현성은 관미성 인근에 있었다. 관미성이 비사성이므로 석현성은 비사성과 가까운 곳에 있었다. 문무왕 15년(675) 9월에 신라가 당나라와 열여덟 번을 싸워 모두 이겼고, 문무왕 16년(676) 7월에는 당나라 군사가 도림성을 공격해 빼앗는다. 도림성은 《삼국사기》 〈지리지 명주 금양군〉조에 임도현은 본래 고구려 도림현이라고 나온다. 명주는 강릉에 치소가 있었으므로 강릉 일대에 있었을 것이다.

문무왕 16년(676) 11월에 신라군이 수군으로 설인귀와 싸워 소부리주 기벌포에서 승리한다. 소부리주는 공주이므로 신라군이 백제 땅에서 전투를 벌여 승리를 거두었음을 알 수 있다. 이 기록 이후에 더 이상의 전투 기록이 없다. 그래서 신라가 실질적인 삼국 통일을 이룬 시기를 676년으로 본다. 《구당서》 〈동이열전 백제〉조에 "의봉 2년(677)에 부여융을 태상원외경 겸 웅진도독 대방군왕으로 제수해 본국에 가서 남은 무리들을 편안하게 하도록 했다. 이때 백제의 본국이 황폐하고 점점 신라가 점거하자 부여융이 옛 땅에 들어가지 못하고 죽었다. 측천무후(690~705) 때 그 손자 부여경으로 대방군왕 왕위를 승계하도록 하고 위위경을 제수했다. 이제 그 땅은 이미 신라, 발해(698~926), 말갈이 나눠 차지해 백제의 종족은 결국 끊기고 말았다."라고 했고, 《통전》 〈변방 백제〉조에는 "그 옛 땅은 신라가 되었고 성과 주변의 남은 무리도 후에 점차 약해져서 돌궐과 말갈에게 흩어져 투항했다. 백제 왕 부여숭은 끝내 옛 나라로 돌아갈 수 없었고 토지는 모두 신라와 말갈에 편입되었으며 부여 왕가는 끊어지게 되었다."라고 나온다.

백제 건국지에서 설명한 바 있지만 백제 땅이 한강 이남에만 있었다면 발해와 말갈이 백제 땅을 나눠가질 수 없다. 이는 백제 땅이 요동에도 있었기에 가능한 기록이다. 《신당서》 〈동이열전 신라〉조에는 신라가 백제의 땅을 많이 차지하고 고구려의 남쪽 경계까지 차지했다고 나온다. 또한 9주를 설치하고 주에 도독을 두었다고 기록했다. 9주를 설치한 것은 《삼국사기》 〈지리지〉의 내용과 똑같다. 당시 신라는 사람이 많이 살고 있는 평안남도까지만 9주를 설치하고 평안북도와 그 북쪽의 요동은 패서도와 패강도를 두어 영토를 관리했을 것이다.

문무왕 16년(676) 11월 이후로 신라와 당나라와의 전투 기록은 없다. 이때 당나라는 신라 땅에서 완전히 물러난 것이다. 《신당서》 〈동이열전 고구려〉조에는 반란을 4년 만에 평정했으며 677년 안동도호부를 신성으로 옮겼다라고 되어 있다. 그러나 이는 춘추필법으로 당나라의 치욕이 될 만한 기록은 가급적 남기지 않았을 것이다. 당나라가 나당 전쟁에 이겼으면 철군하지도 않았을 것이고 안동도호부를 평양 북쪽의 신성으로 옮길 이유도 없다. 이는 신라가 나당 전쟁의 최종 승자로서 태자하 일대를 장악한 것이며, 당나라는 어쩔 수 없이 안동도호부를 고대 압록수이자 혼하 북안에 위치한 신성으로 옮길 수밖에 없었던 것이다. 당나라가 신성에 안동도호부를 둔 기간은 677년부터 705년까지로 당시 통일신라의 북계는 혼하였음을 알 수 있다. 그리고《고려사》〈지리지 동계 안변도호부 등주〉조에 "의주(宜州)는 본래 고구려 천정군(泉井郡)으로 신라 문무왕 21년(681)에 이곳을 차지하고 정천군(井泉郡)으로 고쳤다."라고 했다. 의주는 길림 돈화시 동모산 위치이다. 문무왕 21년에 이르러 여기까지 영토를 확장했던 것이다. 698년에 발해가 동모산에서 나라를 건국하자 안동도호부는 705년에 유주로 옮기고 714년에 다시 평주로 옮긴 다음 743년에 폐지한다. 이로써 요동에서의 당나라 군사는 완전히 사라졌다.

Ⅸ. 통일신라 영토

통일신라 영토는 일제가 대동강에서 원산만이라고 정한 이후로 한국의 주류 사학계도 그대로 이어받고 있다. 그러나 이는 명백한 조작으로 기록을 통해 통일신라의 영토를 고찰해 보자.

1.《가탐도리기》〈등주해행입고려발해도(登州海行入高麗渤海道)〉

"등주 동북행이다. ①대사도, 구흠도, 말도, 오호도의 300리 길을 지나서, 북쪽으로 오호해를 건너 마석산 동쪽의 도리진까지 200리 길, 그 동쪽 해안에서 청니포, 도화포, 석인왕과 닥타만, 오골강을 지나는 800리 길을 가서 이에 남쪽 해안으로 간다. 오목도, 패강구(浿江口), 초도를 지나 신라 서북의 장구진에 도착한다. ②또한 진왕석교, 마전도, 고사도, 득물도의 1,000리를 지나 압록강 당은포구에 이른다. 이어 동남쪽 육로로 700리를 가면 신라 왕성에 도착한다. 압록강 입구에서 배를 타고 100여 리를 간 후 작은 배로 갈아타 물길을 거슬러 동북으로 30리를 가면 박작구에 이르는데 발해의 경계에 도착한 것이다. 또 500리를 거슬러 올라가면 환도현성에 도착하는데 고려(고구려)의 옛 왕도이다."라고 기록했다. ①의 지명은 명나라 해도인 《주해도편》을 보면 모두 혼하 하구에 있었으므로 패강과 신라의 장구진 또한 혼하 근처에 있었다. ②의 압록강은 혼하이고 혼하에서 동남쪽 700리는 청천강 남쪽에서 북한 평양까지다. 이곳에 고구려 삼경 중 하나인 한성이며 신라의 6소경이 있었다. 그리고 혼하 입구에서 130여 리를 가면 박작구에 도착하는데 이곳이 신라와 발해의 경계였으니 신라의 서북 경계는 대동강이 아니라 혼하에 있었음을 알 수 있다.

2. 《주해도편(籌海圖編)》에 나오는 신라채

명나라 해도인 주해도편(籌海圖編)을 보면 개주(蓋州) 남쪽에 신라채(新羅寨)의 지명이 나온다. 신라채는 신라의 작은 성채를 말하는 것이므로 신라의 북계가 이곳에 있었다는 명백한 증거이고 《가탐도리기》에서 오목도, 패강구를 지나 신라의 진(鎭)인 장구진에 도착한다는 기록과도 일치한다.

3. 《삼국사기》〈신라 본기〉

"헌덕왕 18년(826)에 우잠군 태수 백영에게 명해, 한산주 북쪽 여러 주군의 백성 1만 명을 징발해 300리 길이의 패강 장성을 축성했다." 여기서 패강은 앞에서 수차례 언급했지만 태자하를 말한다. 신라 국경이 요동에 있었으므로 장성을 태자하 유역에 쌓은 것이고 장구진과 신라채 또한 그 장성의 일부일 것이다. 《요사》〈지리지 동경도 동경요양부〉조에 "요하는 동북쪽 산 어귀로 나가 범하가 되고, 서남으로 흘러 큰 입구가 되어 바다로 들어간다. 동량하는 동쪽 산에서 서쪽으로 흘러 혼하와 합류해 작은 입구가 되어 요하와 만나 바다로 들어가니 태자하라고도 하며 대량수라고도 한다. 혼하는 동량하와 범하 사이다. 사하(沙河)는 동남산에서 서북으로 흘러 개주(蓋州)를 경유하여 바다로 들어간다. 또 포하, 청하, 패수(浿水)가 있다. 패수는 니하(泥河) 또는 한우락이라고도 하는데 강에 한우초가 많아서 그런 것이다. …… 요양현은 본래 발해의 금덕현이다. 한나라 때 패수현(浿水縣)이었는데 구려현으로 고쳤다. 발해 때는 상락현이었다."라고 나온다. 동경도에 있는 패수는 위의 패강과 같은 강이다. 신라의 패강 장성은 태자하 일대에 쌓은 것이다. 이는 아래의 기록에서 교차 검증된다.

4. 《요사》〈지리지 동경도 요주〉

"본래 발해의 초주(椒州)이며 동북으로 해주까지 2백 리 거리, 암연현을 관할하는데 그 동쪽 경계는 신라이며 암연현의 서남에 평양성이 있고 동북으로 120리 거리에 해주가 있다."고 나온다. 《요사》〈지리지 동경도 해주 남해군〉 조에서도 "암연현 동쪽으로 신라와 경계하고 동북쪽 2백 리에 해주가 있다."고 했다. 여기서도 신라 서북계가 암연현이며 그 위치는 해주 서남 200리라고 한다. 이로써 발해의 경내인 박작구가 해주에 있고 압록의 입구는 박작구에서 130리 더 남쪽에 있으니 압록 입구는 해주의 남쪽인 개주에 있어야 이 둘의 기록에 부합한다.

5. 《신당서》〈북적열전 발해〉

"발해는 본래 속말말갈로서 고구려에 속했다. 왕성은 대씨이다. 고려가 망한 후 무리를 이끌어 읍루의 동모산을 차지했다. 그곳은 영주 동쪽으로 2천 리이고 남쪽은 신라와 맞닿았고 니하(泥河)를 경계로 했다. 동은 바다에 닿고 서로는 거란이다. 성곽을 쌓고 사는데 고구려 유민들이 돌아와 살았다."고 했다. 이 기록에는 발해와 신라의 경계인 장구진 대신에 니하라고 되어 있다. 《가탐도리기》에서 확인된 바와 같이 신라의 장구진 근처를 흐르는 강이 패강이니 여기의 니하는 패강임을 알 수 있고 이는 《요사》〈지리지〉의 기록과 일치한다. 그리고 동모산 위치는 이후 발해 영토사에서 다시 나오지만 길림성 연변자치주 돈화시 서남쪽에 소재한 육정산 고분군 일대다. 발해는 이곳 남쪽에서 신라와 영토를 접하고 있었던 것이다. 앞에서 나왔지만 신라 정천군(井泉郡) 별호가 동모(東牟)였고 길림 용정시에도 정천이 있었다. 신라 정천군 별호가 동모이고, 용정시에 정천이 있고 동모산이 길림 용정시와 가까우므로 이들은 동모에 같이 있었던 것이다. 그런데 용정시 인근의 화룡시에서 발해의 서고성자 성터가 발견되었기 때문에 신라 국경은 이곳 남쪽에 있어야 한다. 이래서 당시 신라와 발해의 동쪽 경계는 대체로 두만강 이북에서 형성되었을 것이다. 또한 금나라 시조인 김함보에 대한 기록도 통일신라 동북계가 두만강 북쪽임을 추정하게 한다.《금사》〈본기〉에 "금나라 시조 휘는 함보이다. 고려에서 왔고 이때 나이 60여 살이었다."라고 나오고, 고려사 세가 예종 10년 (1115)조에 "어떤 사람이 말하길, '옛날 평주 승려 금준이 여진으로 도망쳐 아지고촌에서 살았다. 이가 바로 금나라 선조라고 했다.'라 했으며, …… 또 어떤 사람은 '평주 승려 김행 아들 김극수가 처음 여진의 아지고촌에서 살았고 여진 여자와 결혼해 아들을 낳아 고을태사라 했다. …… 아골타가 그 자리를 이었다.'"라고 나온다. 이 기록에는 금나라 태조 아골타는 함보의 현손(玄孫)이다. 조선시대 김세렴의《해사록》에는 김행이 왕건과 견훤이 안동에서 전투를 벌일 때 김행이 왕건을 도운 공로로 안동 권씨 시조가 되었고 권행 후손이 아골타라고 했다. 김행은 신라 말기에 나라를 떠나 여진 부락인 완안부 아지고촌에서 정착했던 것인데 완안부는 금나라 상경이 위치한 하얼빈시 일대에 있었다. 당시 김함보가 나라를 떠나면서 여진 부락을 찾아갔는데 북만주까지 올라갔던 기록에서 신라와 여진족의 위치를 짐작하게 한다.

6.《고려사》〈홍유열전〉

"태조(왕건)의 집에 찾아가 말했다. '삼한이 분열된 이후 도적떼들이 경쟁하듯 일어났고 지금의 왕(궁예)도 분연히 기치를 세워 드디어 초적을 멸하고 삼분되었던 요좌의 절반 이상을 차지했습니다.' …… (하략)"라고 나온다. 요좌는 요동의 동쪽을 말한다. 요동은《한서》〈지리지〉의 요동군 속현을 보면 서쪽으로 의무려산에서 동쪽으로 요양, 신창까지였다. 요동의 절반 이상을 차지했으니 당시 궁예의 태봉국이 적어도 혼하 일대까지 차지했음을 알 수 있다.

7. 《만주원류고》〈부족 신라〉

"신라 영토는 동남쪽으로 지금 조선의 경상도, 강원의 2도이며 서북으로는 지금의 ①길림오랍이고 또 서쪽으로는 개원과 철령에 가깝고 고구려와 백제 사이에 돌출해있다. 백제 동북과 동남쪽 모두 고구려와 가깝다.《통고(通考)》에서 말하길, 또한 고구려 동남쪽에 있다고 했다.《봉사행정록》에 함주에서 동주(현재 개원과 철령 경계)로 갈 때 동쪽으로 대산(大山)을 바라보았는데 곧 신라 경계라고 했다.《요지(遼志)》에서 해주(현 해성, 처음에 백제에 속했다가 뒤에 고구려가 났다가 다시 발해에게, 또 다시 거란에게 돌아갔다.) 동쪽에서 신라와 경계를 했다고 나온다. 당나라 현경 ②건봉(666~668) 이후에 백제와 고구려 남쪽 땅을 얻어 동서로 9백 리, 남북으로 천여 리가 더해져 너비와 둘레가 넓어졌다. 당나라 사람이 자주 왕래했고 해외에서 말하길, 신라 서북이 발해와 거란에 막혀 바다를 건너서 왕래해야 하고 남쪽 경계에 도착해서 왕래한다고 했다. 이때 신라는 해성 동쪽과 조선의 여러 도를 가졌지만 당나라 때의 땅을 회복하지 못했다. 계림(鷄林)은 곧 길림(吉林)인데, 계와 길의 발음이 서로 부합하고 핵심적인 지리 또한 부합한다. 용삭 연간(661~663)에 이미 두 나라를 합쳤고 말갈, 발해와 땅을 서로 다투어 중요한 진(鎭)을 두어 왕의 영토가 되었다. 이후에도 왕이 호칭을 이어받았고 길림 땅이 발해에게 돌아갔어도 (계림)도독 칭호는 신라가 이어받았다. 거란과 송나라 이후에 고려가 병합해 고려에 속했다. 개원(713) 이후 발해가 강해져 그 서북의 땅을 발해에 빼앗겨 신라는 ③압록강 이남 땅만 남았다. 당 말에 고려(왕건)가 다시 일어나 그 남쪽을 차지하고 발해는 거란에 망해 신라는 서로는 ④해주 암연현으로 거란과 경계를 삼고, 서북으로는 압록강 동쪽 8리에 있는 황토령으로 거란과 경계를 삼았다. 당의 용삭 3년(663)에 신라를 계림주 대도독으로 삼았는데 계림은 지금의 길림이다.

《일통지》에 의하면 ⑤봉황성은 거란 말에 고려에 다시 편입되어 이를 촉막군이라 한 것으로 개원(開遠)이 폐현되었기 때문에 개주(開州)의 치소가 되었다."는 기록을 보자.

①길림오랍은 현 길림성 길림시를 말한다. 현재 길림시에 오랍고성이 존재한다. 그리고 개원과 철령에 가깝다고 했으니 통일신라 국경이 개원과 철령 남쪽에 형성되었던 것이다. 추후 고려 영토사에서 고찰하겠지만 고려의 영토도 이곳까지 있었다. 고려가 신라의 영토를 그대로 이어받았던 것이다. ②의 당나라 현경 건봉 때는 나당 연합군이 고구려를 공격할 즈음이다. 이때 신라의 영토가 천여 리가 더 늘었으니 신라 땅은 북쪽으로 만주까지 올라갔음을 알 수 있다. ③의 압록강은 혼하 하류인 사하를 말한다. 이후에 편찬된《가탐도리기》의 해로행을 다시 떠올려보자.《가탐도리기》에 패강 북안의 장구진까지 신라의 영토로 나오는데, 요하, 압록강, 패수의 세 물이 하류에서 합치므로 하류에서는 어떤 이름을 붙여도 똑같은 물줄기다. 그리고 ④에서 압록강 동쪽 8리에 있는 황토령을 경계로 삼았다고 했는데《성경통지》〈권25 해성현〉조에 "황토령은 요양성 동남 80리에 있다."고 나온다.《요사》〈지리지〉에 안시성이 요양 서남 60리에 있다고 했으니 황토령은 안시성과 마주한 사하의 동안에 있었을 것이다. 암연현은《요사》〈지리지〉의 내용과 같고, ⑤의 봉황성은 단동 북쪽에 위치한 성이다. 이 기록은 신라의 서북 경계가 혼하임을 말하고 있다. 그리고 본래 개원현은 요양 남쪽의 패수현 자리에 있었다. 거란이 강조의 정변 당시 고려를 공격해 개주를 빼앗자 고려가 개주를 그 남쪽으로 후퇴시켜 봉황성에 새로운 개주를 설치한 것이다.

8. 통일신라의 행정구역

통일신라의 행정구역에 대해서 이미 조명한 바가 있지만 통일신라의 행정구역은 9주 5소경이 아니라 9주 6소경에 패서도와 패강도의 2도가 더 있었다. 6소경은 고구려의 삼경 중 하나인 한성으로 그 위치가 청천강 남쪽에서 북한 평양 사이에 있었다. 그리고 이 위치는《가탐도리기》에서 기록한 고대 압록강인 혼하에서 신라 왕성까지의 700리 거리와 일치한다. 신라 6소경이 청천강 남쪽과 북한 평양 사이에 있었고 패서도와 패강도의 2도가 더 있었으니 신라의 서북계가 요동에 있었음이 명백한 것이다.

9.《고려사》〈세가〉

"예종 12년(1171) 3월, 갑오에 백관이 표문을 올려 축하하며 말하길, '압록은 신라의 옛 터이고 계림도 옛 땅으로 조종 때부터 본래 옷깃의 띠처럼 방비를 했던 것입니다. 중기에 이르러 성했다가 쇠퇴하니 자못 대요의 침식을 받게 된 것입니다.'"라고 기록했다. 이를 보면 당시 고려의 백관들은 압록이 신라의 영토임을 알고 있었다. 당연하지만 여기서 압록은 혼하를 말한다.《삼국사기》가 완성된 것은 1145년인데 이들 백관들도《삼국사기》〈지리지〉에서 9주 5소경의 기록을 읽었을 것이다. 그럼에도 압록강이 신라 땅이라고 말하는 것은 어떤 이유일까? 이는《삼국사기》〈지리지〉의 북계 기록이 후대에 위조되었을 가능성을 시사한다. 그리고 여기서의 계림은 경주가 아닌 것도 알 수 있다. 경주가 신라의 옛 땅이라는 것은 자명한데 굳이 백관들이 압록과 계림을 언급해 옷깃의 띠처럼 방비했다고 언급할 이유가 없다. 계림은 당나라가 세웠던 계림도독부로 현 길림을 말하는 것이다. 즉, 신라의 영토가 혼하 일대에서 동북으로 길림까지 길게 연결되어 옷깃의 띠처럼 되었다는 표현이다.《신당서》〈동이열전 신라〉조에 "신라는 변한의 후예이다. 한나라 때의 낙랑 땅에 있고 횡으로 1천 리, 종으로 3천 리이다. 동쪽은 장인국에 닿고, 동남쪽은 일본, 서쪽은 백제, 남쪽은 바다와 연해 있으며 북쪽은 고구려이다."라고 나온다. 3천 리는 900킬로미터 이상으로 신라의 북계가 만주에 다다르지 않으면 있을 수 없는 기록이다.

10. 허항종의 《선화 을사봉사 금국행정록(宣和乙巳奉使金國行程錄)》

금나라 사신으로 가는 송나라 허항종의 노정에 "함주(咸州)에서 40리를 가면 숙주(肅州)에 이르고 50리를 가면 동주(同州)에 이른다. 동쪽으로 천산(天山)을 바라보니 금나라 사람이 말하길, '저기는 신라산(新羅山)인데 산속이 깊고 멀어서 갈 수 있는 길이 없습니다. 저 산속에 인삼과 백부자가 나고 산 깊은 곳에 고려와 국경을 접하고 있습니다."라는 기록이 있다. 신라산은 옛 장백산인 길림합달령이고 고려 예종 12년에 백관들이 계림이 신라의 옛 땅이라는 기록과도 일치한다. 통일신라는 서북으로 고대 압록강인 혼하에서 동북으로 길림합달령까지가 영토였음을 재차 확인할 수 있다.

11. 고려 초기 영토 기록

추후 고려 영토사에서 나오지만 고려 초기 북계는 혼하가 경계였다. 이는 고려가 신라 영토를 이어받아 그런 것이다. 이에 대해서는 추후 상세히 조명할 것이다.

이와 같이 사서의 기록은 통일신라의 영토가 요동에 있었음을 명백히 기록하고 있고 통일신라의 영토가 서쪽의 대동강에서 동쪽의 원산만이라는 일제 관변학자와 주류 사학계의 주장은 명백히 거짓임을 알 수 있다. 이래서 당시 통일신라의 동북 영토는 길림에서 동남쪽으로 내려와 백두산 동쪽의 두만강 일대에서 국경이 형성되었을 것이고, 이후 통일신라를 이어받은 고려 동북 영토도 길림까지였고 동여진이 두만강 일대에 있었던 것을 감안하면 용정이 신라 정천군에 속했을 가능성이 있는 것이다. 그런데 혹자는 발해 서경압록부가 현 압록강 북안에, 남경남해부가 함경남도에 있었는데 통일신라 북계가 길림까지 올라갈 수 없다고 생각할 것이다. 이에 대해 발해 영토사에서 밝히겠지만 한중일 삼국이 비정하고 있는 발해 5경 위치가 모두 잘못이기 때문에 신라 영토가 길림까지 있었던 것은 기록과 전혀 문제가 없다.

가탐은 발해가 건국한 이후의 인물로(730~805) 당시 그가 기록한 신라의 영토는 원래의 신라 영토가 아니었다. 《삼국사기》〈지리지〉에 나오는 9주의 명칭은 경덕왕 16년(757)에 개편한 것이므로 이 또한 신라의 동북 영토를 발해에게 빼앗긴 이후의 개편이었다. 본래 통일신라는 두만강 이북의 고구려 유민과 말갈까지 관할하고 있었지만 후일 두만강 이북이 발해 영토가 되면서 그 주에 속했던 신라군현의 이름도 사라졌을 것이다. 이런 이유로 《삼국사기》〈지리지〉에 나오는 9주의 군현들이 통일신라 초기의 모든 군현들이 아닌 것이다. 이는 본래 고조선의 초기 강역이 훨씬 넓었음에도 고조선 말기의 기록만으로 그 영토를 축소시킨 상황과 똑같은 것이다.

《신당서》〈북적열전 발해〉조에 "땅은 사방 5천 리며 호 수는 십여만, 정병은 수만이다. 부여, 옥저, 변한, 조선 등 바다 북쪽에 있던 여러 나라의 땅을 모두 차지했다. 현종 개원 7년(719)에 대조영이 죽자 그 나라에서 시호로 고왕(高王)이라 했다. 아들 대무예가 왕위에 올라 영토를 크게 개척했다."라고 되어 있다. 이는 발해가 건국한 후에 부여, 옥저 땅을 차지했음을 알 수 있다. 여기서 옥저는 영동 7현의 옥저가 아니라 남옥저인 현 해성시로 추정된다. 영동 7현의 옥저는 통일신라와 고려 영토 내에 있었기 때문이다. 대조영이 발해를 건국해 1차로 신라 북방의 부여와 옥저 지역을 차지했고 이후 아들 대무예도 영토를 크게 개척했다는 기록으로 보아 이때 통일신라 영토가 크게 줄어들었고, 가탐의 《고금군국지》와 경덕왕 때의 9주 또한 이를 반영해서 기록했을 것이다. 《요사》〈지리지 동경도〉에서 "홍료현은 본래 한나라 평곽현 땅인데 발해가 장년현으로 고쳤다. 당나라 연화 때(806~820)에 발해왕 대인수가 남쪽으로 신라를 정벌하고 북쪽으로 여러 부족을 공략한 후 군읍을 열고 설치했다. 이때에 이르러 지금 이름으로 정했다. 1천 호가 있다."의 기록에서, 서기 9세기 초에 발해가 신라의 평곽현을 빼앗은 것을 알 수 있다. 평곽현은 현 개주(蓋州)에 있었다. 이와 같이 발해가 건국한 이후 신라의 영토가 많이 축소되었음을 알 수 있다.

그런데 혹자는 통일신라 영토가 중국 동부 해안에도 있었다고 주장한다. 이는 9세기 초 장보고가 설치한 적산법화원이 산동에 있고 청해진과 유사한

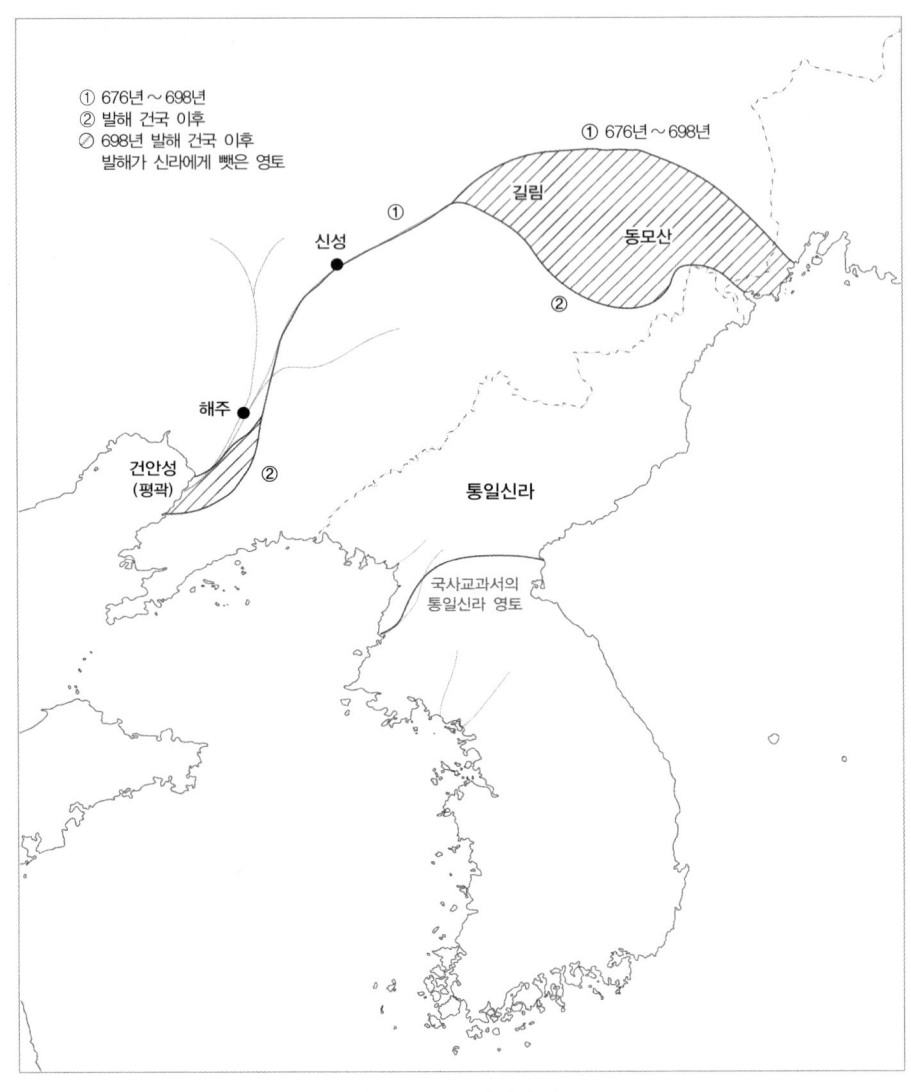

〈지도 96〉 통일신라의 영토

정해란 지명이 적산 인근에 있었다는 것을 예로 들고 있다. 적산법화원이 그곳에 있었던 이유는 당시 신라방을 설치할 정도로 신라인이 많아서이지 이것을 바로 신라 영토로 연결 짓는 것은 논리 비약이다. 이는 마치 미국에 한인 타운이 있고 그곳에 한국 교민이 운영하는 절이나 교회가 있다고 해서 미국이 한국 땅이라고 말하는 것과 유사한 논리인 것이다. 《구당서》〈안녹산열전)에 "안녹산은 영주 유성의 잡종 호인(胡人)이다. …… 천보 14년(755) 10월에 범양에서 반란했다."라고 나온다. 당나라 영주는 현 요령성 조양이고 범양은 북경 서남쪽이다. 안녹산이 이때 하북 지역을 차지해 영주가 고립되자 《구당서》〈본기 덕종〉조에 평로군에 속해 있던 고구려 유민 이정기가 배를 타고 산동으로 내려와 산동과 산동 남쪽의 15개 주를 차지했다고 나온다. 15개 주에 청주, 제주, 래주, 서주 등이 속해 있었는데 청주와 제주는 산동, 래주는 산동 동단, 서주는 산동 남쪽이다. 이와 같이 이정기가 산동 전역과 그 남쪽을 차지하고 있었기 때문에 통일신라가 이곳에 있을 수 없다. 일본 승려 엔닌(円仁)의 《입당구법순례행기(入唐求法巡禮行記)》에 엔닌 일행이 838년에 양자강의 양주를 거쳐 장안에 갔다가 등주로 오는데 엔닌 일행을 통제하던 관리들이 모두 당나라 사람이었다. 또한 839년 8월 16일 자 기록을 보면 당나라 청주도독부 내에 내주, 등주, 치주, 녹주가 나오는데 모두 당나라 산동도에 속했다. 그리고 등주에 4현이 있는데 모평현, 문등현, 봉래현, 황현이 있고 적산 신라 법화원은 문등현 청녕항 적산촌에 있다고 나오니 적산 또한 당나라 영토였던 것이다. 《구오대사》〈당서(唐書)〉에는 "명종 3년(926) 11월 5일, 청주(青州)에서 아뢰었다. 등주에서 보고하길, 거란이 먼저 발해를 공격했는데 아보기가 죽자 이미 퇴각하였지만 군대를 부여성에 머물게 했다."고 나온다. 이 기록 또한 청주와 등주가 당나라 영토임을 알게 한다. 또한 이미 나왔지만 당나라 소정방이 백제를 치기 위해서 산동반도 동단의 성산에서 백제를 향해 출발했고 발해 또한 당나라 등주를 공격했던 기록에서 산동반도가 줄곧 당나라 영토였음을 알 수 있다. 만약 통일신라 영토가 중국 동남부에도 존재했다면 그 영토는 언제, 누구에게 잃었던 것일까? 통일신라가 중국 동남부에 영토를 가진 기록도 빼앗긴 기록도 전혀 없다. 통일신라 영토가 중국 동남부에도 존재했다면 이에 대한 문헌사료와 합리적인 설명도 있어야 할 것이다.

상기의 기록들을 종합하면 677년 당나라의 안동도호부가 신성으로 물러난 이후의 통일신라 영토는 서쪽으로는 혼하, 북쪽으로는 개원, 동북으로 길림까지 이르렀으며, 발해가 건국한 후에 두만강 북쪽 땅이 상실되어 당시 통일신라는 길림에서 동남쪽으로 내려와 대체로 두만강에서 발해와 영토를 나누었을 것이다.

제6장
발해 영토사(696~926)

 발해의 국명은 초기에는 진국(震國)이었고 혹은 진단(震旦)이라고 했는데 이후 고려로 칭했다. 고려 국명은 발해가 일본에 보내는 국서에서 고려라고 칭한 것에서 알 수 있는데 여기서는 태조 왕건의 고려와 구분하기 위해 편의상 발해로 칭한다. 《설문해자(說文解字)》에 震은 辰이고, 旦은 朝라고 나와 있다. 곧 진국은 진조선이며 발해 건국 주체가 진조선인 혹은 진한인임을 알 수 있다. 여진 또한 주신이고 조선이니 발해와 여진은 고조선의 후예임을 국명에 남겼던 것이다. 그리고 발해는 발해 바다를 말하는 의미가 아니다. 앞에서 나왔지만 《거란고전(契丹古傳)》〈제6장〉에 "마간, 말갈, 발해는 같은 소리가 서로 이어져 왔고, 주신, 숙신, 주진은 같은 음이 서로 이어져 왔다. 이렇게 전해 온 것은 자명하다.(瑪玕 靺鞨 渤海 同聲相承 珠申 肅愼朱眞 同音相襲 傳統自明也矣.)"라고 했고, 《신오대사》〈사이부록(四夷附錄)〉에 "발해는 본래 말갈이라 불렀고 고구려 별종이다."라고 했다. 《만주원류고》〈권수(卷首) 범례〉조에는 "무릇 옛날 숙신은 한나라 때는 삼한, 위진(魏晉) 때는 읍루, 북위 때는 물길, 수와 당나라 때는 말갈, 신라, 발해, 백제로 칭했다."라고 했다. 발해는 곧 조선이 원류이고 말갈이자 맥족이며 마한의 족속인 것이다.

 《신당서》〈북적열전 발해〉조에 '만세 통천 연간(696)에 거란의 이진충이 반란을 일으키자 걸걸중상(乞乞仲象, 대중상)이 고구려의 남은 종족과 동쪽으로 달아나 요수를 건너 태백산 동북을 거점으로 오루하를 사이에 두고 성을 쌓았다. 측천무후가 걸걸중상을 진국공(震國公)으로 책봉했고 걸걸중상 사후 아들 대조영이 패잔병을 이끌고 도주하자 이해고가 천문령을 넘어 대조영을 공격했으나 패하여 돌아갔다. 이에 대조영이 나라를 세워 스스로 진국 왕이라고 불렀다'는 기록이 있다. 《구당서》에 발해가 계루부의 옛 땅인 동모산에 거처를 했다고 기록했는데 현재 주류 사학계는 동모산 위치에 대해 길림성 연변자치주 돈화시 서남쪽에 소재한 육정산 고분군 일대로 추정하고 있다. 그곳 인근에서 정혜공주 묘(737~777)가 발굴되는데 정혜공주는 3대 문왕의 둘째 딸이다. 비문에 정혜공주가 진릉(珍陵)의 서쪽 언덕에 매장되었다는 내용이 있다. 이는 진릉이 왕릉 혹은 그에 준하는 무덤이기 때문에 언급했을 것이다. 진릉의 주인공에 대해 여러 가지 의견이 있다. 진릉이 정혜공주의 할아버지인 무왕의 무덤, 혹은 그 전에 죽은 어머니의 무덤이라는 설 등이 있다. 정혜공주가 아버지 무왕이 생존할 때 죽었으므로 아버지의 무덤이 아니라 할아버지 무왕의 왕릉이 맞을 것으로 보이는데, 혹자는 정혜공주의 어머니가 그 전에 죽었기 때문에 아버지 무왕의 능을 미리 만들었을 것이라고 주장한다. 그러나 이는 설득력이 떨어진다. 왕비가 일찍 죽었으면 다른 사람이 그 자리를 이었을 것인데 무왕이 누구 곁에 묻히고 싶을지는 당시로는 알 수 없기 때문이다. 그리고 능의 이름도 죽은 후에 만드는 것이지 죽기 전에 미리 만드는 것도 상식적이지도 않다. 고구려의 예를 들어보면 신대왕, 고국양왕, 고국원왕, 고국천왕 등이 경우, 도읍을 다른 곳으로 옮겼음에도 불구하고 왕릉은 졸본에 조성했다. 당시 발해의 도읍은 상경이었지만 이들은 고국인 동모산으로 와서 묻혔을 것이다. 그래서 진릉은 문왕의 무덤이 아니라 할아버지 무왕의 무덤이며, 무왕 당시 도읍이 동모산이었으므로 발해 첫 도읍지 동모산은 연변 자치주 돈화시 일대에 있었을 것이다.

동모산 위치에 대해 《신당서》〈북적열전 발해〉조의 기록을 더 보면 "고구려가 멸망하자 무리를 이끌고 읍루의 동모산을 차지했다. 그곳은 영주에서 동쪽으로 2천 리며 남쪽은 신라와 맞닿아 있다."고 했다. 당나라 당시 영주는 조양임을 《가탐도리기》에서 여러 번 밝힌 바 있다. 영주에서 동모산으로 2천 리 길을 가려면 만주 남쪽의 산악지대를 통과해야 한다. 10리당 3.34킬로미터로 계산하면 2천 리는 670킬로미터 전후일 것이다. 영주에서 돈화시까지는 약 650킬로미터로 거리 기록에 부합한다. 거리 기록과 진릉의 존재는 이곳이 동모산이 틀림없음을 보여준다. 그런데《대명일통지》〈요동도지휘사사〉에는 동모산은 심양위 동쪽 20리이며 당 고종이 고구려를 평정한 후 발해 대씨가 무리를 이뤄 지킨 곳이 읍루의 동모산이라고 기록했다. 영주에서 심양까지는 245킬로미터이다. 심양에서 20리를 더 가야 하므로 250킬로미터 정도이다. 이 정도면 800리밖에 되지 않으므로《대명일통지》의 기록은 오류임을 알 수 있다.

Ⅰ. 발해 5경 위치

먼저 중경과 상경 위치를 찾아보면《가탐도리기》에 이들 위치를 알 수 있는 거리 기록이 나온다. "박작구에서 물길을 거슬러 500리를 가면 환도현성에 도달하는데 옛 고구려의 왕도이다. 또한 동북으로 물길을 거슬러 200리에 신주(神州)에 도달한다. 다시 육로로 4백 리 가면 현주에 도착한다. 그곳에서 정북여동(正北如東)으로 600리에 상경이 있는데 홀한해에 임했다."라고 했다. 여기서 환도현성은 환도성, 즉 안시성을 말하는 것이고 이곳에서 200리면 약 67킬로미터이지만 물길로 가니 육로보다 짧다. 그래서 신주는 요양 동북쪽 본계시 서쪽의 평양으로 추정된다. 여기서 육로로 4백 리면 약 140킬로미터 거리다. 본계시 서쪽에서 140킬로미터의 거리는 동북방향으로는 무순시 동쪽이고, 동쪽 방향으로 가면 주류 사학계가 졸본으로 비정하고 있는 환인만주족자치현 오녀산성 인근이다. 그 북쪽에는 흥경이 있어 중경현덕부로 비정할 수 있는 곳은 무순시 동쪽과 철령, 흥경 일대로 압축할 수 있다.《신당서》〈북적열전 발해〉조의 중경현덕부 속현을 보자. "중경현덕부(中京顯德部)는 노주(盧州), 현주(顯州), 철주(鐵州), 탕주(湯州), 영주(榮州), 흥주(興州)의 6주가 있다."고 했다. 철주는 심양 동북쪽 철령으로 추정되고 나머지 다섯 개 주 또한

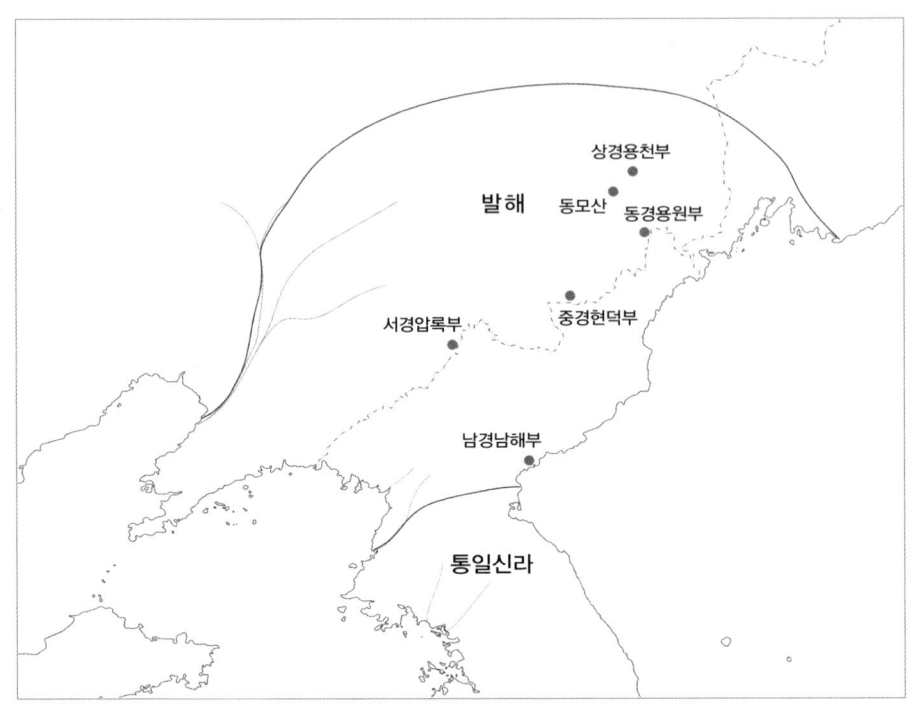

〈지도 97〉 한중일 삼국 발해 영토와 5경 위치

그 일대에 존재했을 것이다. 《성경통지》〈권100 흥주〉조에 흥주가 철령현 남쪽 60리에 있다고 했으니 여기 흥주는 위치를 감안하면 발해 흥주로 추정된다. 또한 《성경통지》는 흥주를 거란 흥주중흥군으로 오해했는데 거란 흥주는 혼하 하구에 있었기에 철령 남쪽 60리에 위치한 흥주는 아니다. 이는 사서의 편수관들이 발해에 속한 흥주가 있었던 사실을 몰랐기 때문일 것이다. 그리고 《요사》〈지리지 동경요양부〉조에 발해 중경현덕부에 평양이 있었고 후에 거란이 요동을 차지한 후에는 평양이 동경요양부에 있었다. 이를 보면 중경현덕부는 서남쪽으로 평양, 동북쪽으로는 흥주와 철령을 포함하는 지역이었음을 알 수 있다. 유득공은 《발해고》에서 중경현덕부 위치를 길림이라고 했는데 본계에서 길림까지 약 370킬로미터로 1천 리가 넘어 거리 기록에 맞지 않고, 《대청일통지》는 중경현덕부의 위치를 길림 오라성 동쪽으로 비정했지만 약 500킬로미터로 1,500리인데 마찬가지로 거리 기록에서 너무 차이 난다. 길림

오라는 발해 건국지인 동모산 근처인데 이곳이 중경현덕부면《대청일통지》가 비정한 상경용천부와 지척에 있다. 현재 주류 사학계는 중경현덕부 위치로 길림성 화룡시 서고성으로 추정하고 있다. 이는 일제 관변학자가 주장한 이래 이후 중국에 의해 정효공주 묘가 서고성에서 발굴되면서 확실한 것으로 추정하고 있다. 이곳은 현재 한중일 삼국이 상경용천부로 비정하고 있는 영안시에서 서남으로 약 170킬로미터이므로《가탐도리기》에서 말한 상경에서 중경까지의 600리 거리 기록에 어느 정도 부합한다. 그러나 환도에서 서고성까지는 약 500킬로미터로 1,500리다. 이는《가탐도리기》에서 말한 신주에서 400리 기록과 전혀 맞지 않고 거란 동경요양부와 후술할 발해 서경압록부와도 거리가 너무 멀다. 한중일 삼국이 주장하는 환도가 집안이라고 가정해도 집안에서 서고성까지는 약 290킬로미터인데 이는 860리가 넘어 여기에도 맞지 않다. 정효공주는 발해 문왕의 넷째 딸로 757년에 출생해 792년에 사망했다. 정효공주가 태어날 당시 발해 도읍은 상경용천부이고 사망할 당시 도읍은 동경용원부였다. 정효공주와 중경현덕부는 아무런 인연이 없고 비문에도 고인에 대한 언급이 있을 뿐 중경현덕부로 볼만한 특별한 내용도 없다. 묘지에는 남녀 한쌍의 유골이 발굴되어 남편과 합장되었음을 알 수 있는데 정효공주가 남편의 연고지에서 함께 묻혔을 가능성도 배제할 수 없다.

일제가 현도군 치소인 옥저와 발해의 남경남해부를 함경남도 함흥에 두기 위해 중경현덕부 위치를 엉터리로 잡은 것이 분명하지만 한국의 주류 사학계는 사료를 제대로 검증도 하지 않고 이를 따르고 있는 것이다. 이는 국가나 특정 단체의 이익을 위해 자의적으로 해석하는 고고학의 심각한 한계이기도 하다. 위치 비정은 문헌 사료와 맞는지 먼저 확인하는 것이 당연하고 그 기록과 맞지 않다면 달리 생각해야 함에도 그저 발해 유물이 발굴되었다는 이유로 마음대로 위치 비정을 하는 것을 학문이라고 할 수 없는 것이다. 가탐은 당나라 때 재상을 지낸 인물로 지리학자이기도 했다. 그는 내외 사신을 일부러 가서 만나 그곳 지리를 물어 기록한 인물이다. 그가 지리지를 만든 것은 그곳을 왕래하는 사람들에게 도움을 주기 위해 만들었을 것인데 1,500리나 되는 거리를 400리로 축소해서 기록할 이유가 없다. 중경현덕부는 길림성 화룡시 서고성이 아니라 환도에서 600리 거리인 철령 일대에서 찾아야 한다.

지금부터는 상경용천부 위치를 찾아보자. 상경용천부 위치 또한 발해 역사가 제대로 남아 있지 않아 몇 개의 다른 의견이 있다. 한중일 역사학계는 흑룡강성 목단강 영안시를 발해 상경으로 비정하고 있다. 또한 《대청일통지》는 발해 상경이 영고탑과 마주한다고 기록했는데 영고탑은 본래 흥경에 있다가 흑룡강성 목단강 영안시로 옮겼으니 한중일 역사학계의 주장과 일치한다. 그러나 《대원일통지(大元一通志)》〈개원로 상경고성(上京故城)〉조에는 "황룡부는 발해의 홀한군으로 뒤에 용천부로 삼았다."고 기록했다. 황룡부는 앞에서 나온 바가 있지만 본래 개원과 사평 사이에 있었지만 거란이 현재의 장춘 농안현으로 이동시킨 것이다. 원나라에서 말하는 황룡부는 장춘 농안현을 말하는 것일 텐데 이곳이 발해의 홀한군이자 용천부라는 것이다. 발해 용천부는 그 관할 범위가 넓어 장춘 농안현과 그 주변 일대를 포함했을 것으로 추정되지만 《대원일통지》가 기록한 상경용천부는 《대청일통지》와 한중일 사학계가 비정한 위치와는 확연히 다르고 황룡부에 용천부라는 지명까지 있어 《대청일통지》보다 《대원일통지》 기록이 더 신뢰성이 높다.

중경현덕부와 마찬가지로 《가탐도리기》의 거리 기록으로 상경용천부를 고찰해 보면, 중경현덕부에서 정북여동으로 600리에 상경용천부가 있다고 했으므로 직선거리로 약 200킬로미터이고 상경이 홀한해에 임한다는 조건도 만족해야 한다. 홀한하는 호란하, 혹은 목단강으로도 불리었는데 이 셋의 발음이 비슷한 것으로 보아 글자만 음차해서 기록했을 것이다. 《나무위키》에 청나라 조정걸이 편찬한 《동삼여지도설》〈목단강고〉에 송화강 지류인 목단강을 당나라 때 홀한하라고도 불렀다고 했다. 홀한하는 송화강이므로 이 강에 접해 있는 곳을 중심으로 북동 방향에서 찾아야 한다. 허항종의 《선화을사봉사 금국행정록》에 "(황룡부로부터) 남쪽에 발해가 있다."라고 나온다. 이는 장춘 농안현 남쪽에 발해 도성인 상경용천부가 있다는 의미다. 지도를 보면 농안현 바로 북쪽에 송원시가 있고 송원시 동북쪽에 하얼빈이 있다. 송원시와

〈지도 98〉 발해 주요 지명 위치

하얼빈 둘 다 동쪽에 호수가 있고 송화강과 연결되어 있지만 모두 방향이 맞지 않다. 또한 송원시에서 길림시까지의 거리는 약 2백 킬로미터로 600리나 더 북쪽이라 중경현덕부 또한 600리 더 북쪽으로 올라가야 한다. 이럴 경우 신주에서 400리에 중경현덕부가 있다는 《가탐도리기》 기록과 너무 차이가 나고 또한 《신당서》에 구국에서 300리에 상경용천부가 있다고 했는데 송원시는 구국인 동모산에서 900리나 떨어져 있어 중경현덕부는 물론이고 구국에서의 거리 기록에도 맞지 않는다. 그리고 하얼빈은 송원시보다 동모산에서 더 먼 곳에 있어 더욱 부적합해 이 또한 고려할 수 없다. 이와 같이 송원시와 하얼빈은 허항종의 《선화을사봉사 금국행정록》에서 상경이 황룡부 남쪽에 있다고 한 기록과 맞지 않고 《신당서》 거리 기록에도 맞지 않아 둘은 상경용천부로 볼 수 없는 것이다. 대신 농안현 남쪽에 장춘시가 있고 동남쪽에 길림시가 있어 둘은 황룡부 남쪽이라는 기록과 맞다. 또한 장춘시 남쪽에 호수가 있고, 길림시에도 남동쪽에 큰 송화호수가 존재한다. 우선 동모산에서 장춘까지는 약 220킬로미터로 600리가 넘어 거리 기록과 맞지 않는다. 반면에 송화호수 중앙에서 동모산으로 비정하고 있는 동남쪽의 육정산 고분까지는 110킬로미터로 약 310리이다. 이는 《신당서》〈북적열전 발해〉조의 "천보 말에 대흠무가 상경으로 도읍을 옮겼는데 구국(舊國)에서 곧바로 300리인 홀한하의 동쪽이다."라는 기록과 부합한다. 이래서 상경용천부는 길림시 송화호수가 제일 유력하다. 송화호수는 목단강 지류이자 송화강인 홀한하에 속하며 송화호수가 있어 홀한해라고 호칭할 수도 있다.

그리고 거란이 발해를 멸망시킬 당시의 기록을 보자.《요사》〈권2 본기 태조 하편〉의 기록에 요나라 태조가 내몽골 파림좌기에 위치한 상경임황부에서 출병한 날은 925년 12월 16일이다. 거란군이 부여성에 도착한 날짜가 12월 29일인데 사흘 만인 1월 3일에 부여성을 함락하고 1월 9일에는 발해 노상이 이끄는 3만의 발해군을 패퇴시킨다. 이어 거란군은 같은 날에 상경용천부를 포위한다.

거란 상경임황부 파림좌기는 현 내몽골 적봉시에 있다. 적봉시에서 발해 부여성인 개원 동북까지의 거리는 약 420킬로미터인데 13일이 소요되었다. 거란은 1일 평균 32킬로미터의 거리를 이동한 것이다. 거란군은 1월 3일에 부여성을 함락한 후에 1월 9일에는 거란 선봉대가 발해 상경용천부를 포위한다. 이는 1월 3일 바로 출발했다 해도 6일 만에 부여성에서 상경용천부까지 온 것이다. 앞서 언급했지만 한중일 삼국이 발해 상경용천부로 비정하고 있는 곳은 흑룡강성 목단강 영안시이다. 이곳에는 대규모 궁궐터와 많은 유물들이 발견되어 일제 관변학자가 이곳을 발해 상경으로 비정한 이후 한국과 중국의 역사학계도 이를 따르고 있다.

부여성인 개원 동북에서 목단강 영안시까지 거리는 약 450킬로미터이다. 6일 만에 450킬로미터를 이동했으니 이는 거란이 하루 평균 75킬로미터를 주파했다는 의미다. 거란이 적봉시에서 부여성을 향해 이동할 때는 하루 평균 32킬로미터였는데 갑자기 하루에 75킬로미터로 달리는 것이 가능했을까? 병자호란 당시 청나라 선봉대 300명이 압록강을 넘은 후에 1636년 12월 8일에 전속력으로 달려 5일 만인 12월 13일에 황주목에 도착했다는 기록이 있다. 황주목은 대동강 바로 남쪽에 위치해 있었는데 압록강에서 황주목까지는 약 180킬로미터로 당시 청군 선봉대는 하루 평균 36킬로미터를 달린 것이다. 이는 기병이 하루에 아무리 빨리 달려도 하루에 50킬로미터 이상을 달릴 수가 없음을 보여준다. 2019년 8월 19일 자 《컨슈머와이드》〈이정민의 칼럼〉에 따르면 고대인들이 신마(神馬)로 칭송하던 15마리의 아할타케 종이 투르크메니스탄에서 모스크바까지의 4천 킬로미터를 84일 만에 주파했는데 하루에 47.6킬로미터를 달린 기록이라고 했다. 아할타케 같은 명마도 하루에 50킬로미터 이상을 달리지 못하는데 거란군은 하루에 75킬로미터를 달려 발해 상경용천부를 포위했으니 믿기 어려운 기록이다. 반면 개원시에서 길림시 송화호수 중앙까지는 약 250킬로미터이므로 6일 동안 하루 평균 42킬로미터를 주파했으니 불가능한 거리는 아니다. 그래서 중경현덕부와의 600리 거리 기록에도 부합하고 홀한해로 추정되는 송화호수도 있는 길림이 발해의 상경용천부에 적합한 것이다. 《신당서》 거리 기록과도 비교해 보면, 《신당서》〈지리지 영주〉조에 "영주 1천 5백 리에 발해 왕성이 있는데 성이 홀한해에 임했다."고 했다. 1천 5백 리를 10리당 3.34킬로미터로 계산하면 약 500킬로미터이다. 영주에서 송화호수까지 직선거리를 재면 약 470킬로미터가 나온다. 신당서 거리 기록과 송화호수와의 거리가 신기할 정도로 일치한다. 한중일 사학계가 상경용천부로 비정하고 있는 흑룡강성 목단강 영안시까지의 거리를 재면, 영주에서 영안시까지는 약 720킬로미터, 약 2,200리로 신당서 거리 기록과 차이가 너무 난다. 《신당서》 기록은 한중일 삼국이 비정한 상경용천부 위치가 틀렸음을 보여준다.

고려 영토사에서 다시 나오겠지만 상경용천부 위치를 알 수 있는 또 다른 기록이 있다. 《고려사》〈세가〉 "숙종 2년(1097) 12월 계사일에 요나라 야율제사 이상 등을 시켜, 왕에게 옥책, 규, 인, 관면, 차로, 장복, 안마, 필단 등의 물품을 보내왔다. 책문에서 말하길, '짐이 하늘의 도움과 조종의 유훈으로 천하를 통치한 지가 43년이 되었다. 밖으로 백성을 편안하게 하고, 안으로 제후를 어루만져 옳은 길로 나아가게 했다. (고려는) 바다 모퉁이에 사직을 세워 북쪽으로 용천(龍泉)에 다다르고 서쪽으로 압록에 접해 있다.'라고 했다." 여기서 용천은 상경용천부를 말한다. 그런데 1125년 송나라 사신 허항종이 금나라 수도 상경(上京)으로 가면서 그 여정을 기록한《선화을사봉사 금국행정록》의 기록을 보면 동쪽의 천산이 고려의 경계라는 대목이 나온다. 함주에서 동쪽으로 볼 수 있는 산은 길림합달령으로, 길림시 남쪽 송화호수에서 시작해 서남 방향으로 내려와 본계시 만족자치현에서 끝나는 대령이다.《고려사》〈세가〉의 기록은 고려 국경이 용천에 다다른다고 했고, 허항종 기록은 길림합달령이 고려의 국경이라고 했으니 용천과 송화호수는 동일한 지역임을 알 수 있다.

그러면 한중일 삼국이 비정하고 있는 목단강 영안시가 상경용천부가 아니라면 이곳은 발해 때 어디였을까? 그곳에 발해 궁터가 발견되었으므로 발해의 5경 중에 하나인 것은 분명하다.《신당서》〈북적열전 발해〉조에 "정원 연간(785~804)에 (상경) 동남쪽으로 도읍을 옮겼다."고 나온다. 만약 상경용천부가 영안시라면 동경용원부는 영안시 동남쪽인 연해주 방향이다. 주류 사학계는 동경용원부를 길림성 훈춘의 팔련성 일대로, 북한은 동경용원부를 청진으로 비정한다. 그러나《요사》〈지리지〉는 동경용원부에 궁궐이 있다고 했는데 이 두 곳은 모두 궁궐터를 찾지 못해 둘 다 결정적인 문제가 있다. 당연히 두 곳에는 궁전 터가 있을 리가 없다. 왜냐하면 두 곳 모두 동경용원부가 아니기 때문이다.《대청일통지》와《발해고》는 동경용원부를 요령성의 봉황성으로 비정했는데,《대청일통지》와《발해고》가 동경용원부를 동쪽이 아닌 서쪽의 요령성으로 비정한 이유는 거란이 발해 동경용원부를 동쪽의 책성에서 서쪽으로 옮긴 것을 모르고 그대로 따랐기 때문이다.《신당서》〈북적 열전 발해〉조에 "동경은 용원부로 책성부라고도 한다."라고 나온다.《삼국사기》〈고구려 본기〉태조대왕 때의 기록에 책성이 고구려의 동쪽에 있다고 했다. 당시 도읍은 국내성인데 국내성은 무순시 동쪽의 청원 만족 자치현 일대였다. 이곳에서 동쪽으로 목단강 영안시가 나온다. 또한 고구려를 방문했던 북위 사신 이오는 국성(평양)의 동쪽에 책성이 있다고 기록했다. 한중일 삼국은 고구려 국내성이 길림 집안이며, 평양이 북한 평양이라고 생각하기 때문에 책성인 동경용원부를 북한 평양의 동쪽에 두길 원했을 것이다. 물론 이는 맞지 않다.

또한《신당서》〈북적열전 발해〉조에 "용원의 동남쪽 연해는 일본길이다.(龍原東南濱海 日本道也.)"라는 기록이 있다. 이는 동경용원부가 바닷가에 있다는 뜻이 아니라 동경용원부의 동남쪽 연해가 일본길이라는 뜻이다. 이를 잘못 해석해서 동경용원부를 바닷가에 있는 것으로 오해하기도 한다.

이와 같이 위치 기록상 한중일 사학계가 상경용천부로 비정하고 있는 목단강 영안시가 동경용원부일 수밖에 없다. 그리고《한국민족문화 대백과사전》에 본래 이곳은 상경이 아니라 영안 동경성이라고 불려왔다고 한다. 중화민국 시대엔 동대와자, 일제는 동경성보 혹은 동경성가로 부르다가 1956년에 동경성진으로 불렀다는 것이다. 또한 이곳은 송화호수 동남쪽에 위치해 동경이 상경 동남쪽에 있다는《신당서》의 기록과도 부합한다. 바로 이곳이 발해의 상경용천부가 아닌 동경용원부인 것이다.

상기 내용을 정리하면 거란 전쟁 기록 및《가탐도리기》와《신당서》의 거리 기록에 부합하고, 궁궐 유적도 있으며 특히 상경용천부가 이전부터 동경으로 불려왔다는 점을 고려할 때 진짜 상경용천부는 길림시 송화호수이고, 동경용원부는 현재 상경용천부 자리인 목단강 영안시에 있었다.

다음은 남경남해부 위치를 찾아보자.《신당서》〈북적열전 발해〉조에 "옥저 고지(故地)로 남경을 삼으니 부명(府名)은 남해부이며 옥주, 청주(晴州), 초주(椒州)의 3주를 관할한다."라는 기록이 나온다. 남경남해부의 초주는《가탐도리기》해로행에서 혼하 하구에 있었던 초도 위치와 동일하기에 초주(椒州)는 초도(椒島)를 말하는 것임을 알 수 있다.《요사》〈지리지 동경도〉조에는 "해주 남해군에 절도를 두었다. 본래 옥저국인데 고구려 사비성이다. 당나라 이세적이 공격한 적 있었다. 발해는 남경남해부로 불렀다. 돌로 쌓아 성을 만들었는데 폭이 9리다. 옥주, 청주, 초주의 3주를 관할한다. 옛 현은 옥저, 취암, 용산,

빈해, 승평, 영천 등 여섯인데 모두 폐지했다. 태평 연간에 대연림이 반란했을 때 남해성을 굳게 지켜 시간이 지나도 함락시키지 못했다."고 했다.《신당서》와《요사》〈지리지〉는 남경남해부의 위치를 본래 옥저국이자 사비성이라고 명확히 기록했다. 여기서 옥저는 이미 나온 바와 같이 남옥저이고, 사비성은 비사성으로 요령성 대련이 아니라 혼하 하구의 해성시에 있었다.《요사》〈지리지〉 지명은 발해 멸망 후 교치한 것이 많아서 이 기록을 의심할 수 도 있다. 교치한 지명을 예를 들면 진주봉국군의 설명에서 개모성은 본래 요양 북쪽에 있었는데 해성시 남쪽으로 위치시켰고, 현주봉선군은 환도성 동쪽 400리에 있었는데 의무려산으로 옮겼으며 동경용원부는 책성, 즉 국내성 동쪽에 있었는데 요동반도로 교치시켰다.《요사》〈지리지〉에서 교치한 지명은 대개 그 연혁을 상세하게 설명해서 어디에서 온 지명인 것을 알 수 있다. 그런데 남경남해부의 경우에는 교치한 흔적도 없고《신당서》의 속주 지명을 보면 본래 그 자리인 것을 알 수 있다.

　해주 남해군이 비사성이고 당나라 이세적이 공격한 곳이며 대연림이 반란한 곳도 거란 동경과 남해부였으니 여기 지명의 설명이 함경남도 함흥이라는 것을 전혀 생각할 수 없다. 그리고 청주 위치는《요사》〈지리지 동경도 요주〉조에 나온다. "빈주(嬪州)는 본래 발해의 청주(晴州)이다. 동남으로 해주까지 120리 거리에 있다. 관할에 천청, 신양, 영지, 낭산, 선암 등 다섯 개 현이 있다."라고 했다. 청주 동남 120리에 해주가 있으므로 청주 위치는 해주 서북 120리다.《금사(金史)》〈지리지 동경로 요양부〉조에도 남해의 이름이 나온다. "징주(澄州)에 남해군 자사가 있다. 본래 거란의 해주다."《금사》에도 남해군이 해주라고 기록했으니 사서의 기록은 발해의 남경남해부가 요령성 해성시임을 명확히 하고 있다.《거란국지》에 요 태종이 후진(後晉)의 도성인 개봉을 함락한 후에 후진 황제 석중귀를 거란 황룡부로 압송하는 기록이 나온다. 이때 압송 경로를 보면 개봉에서 유주, 평주(平州), 금주(錦州), 발해 철주를 지난 후에 7~8일 만에 남해부를 거치고 이어 황룡부까지 간다. 평주(平州)는 난하에, 금주(錦州)는 의무려산 남쪽에 있고 철주는 안시현이며 남해부는 남경남해부이다. 이 기록에서도 남경남해부가 함흥에 있지 않다는 것을 보여준다. 《발해고》 또한 남경남해부가 신당서 및 요사와 마찬가지로 해주라고 했는데, 〈지리고 남해부 16현〉조에 16현의 이름으로 천청, 신양, 연지, 낭산(狼山), 선암, 초산, 초령, 시천, 첨산, 암연, 옥저, 취령, 용산, 빈해, 승평, 염천의 지명이 있다고 했다. 지명 중에 낭산은 청나라로 가는 조선 연행사가 요동으로 갈 때 요양 남쪽에 도달해서 경유하는 산이었다. 암연과 옥저는 해주에 있던 지명이므로 남경남해부가 해주임을 명확히 했다. 그리고 같은 《발해고》 〈인선제신사실명자(諸臣史失名者)〉(대인선의 신하로 역사에 이름을 잃은 사람)조에는 거란 천현 원년(926) 2월에 안변(安邊), 막힐(鄚頡), 남해(南海), 정리(定里)의 4부가 항복했다는 기록이 있다. 926년 발해왕 대인선이 항복하자 남해부도 따라 항복한다. 남해부는 발해 남경남해부를 말한다. 이때 거란이 남경남해부를 차지했는데 주류 사학계의 주장대로 남경남해부가 함흥시에 있었다면 이후 이곳은 거란 차지가 되어야 한다. 그러나 이곳이 거란 영토가 된 적이 없고 요사에 나오는 이름은 고구려 비사성인 해주밖에 없다. 이는 발해 남경남해부가 함흥에 없었기 때문이다. 《요동지》 〈해주위〉에도 "발해국은 남해부로, 거란은 해주 남해군으로 삼았다."라고 했으니 여타 기록과 동일하다.

거란은 발해 상경용천부를 함락한 다음 동단국을 세우고 이후 발해의 남은 군사들을 진압한 다음 거란의 상경으로 돌아가는데 이때 거란 태조가 귀국길에 부여성에서 죽는다. 즉 거란은 상경용천부의 동남쪽으로는 가지도 않았던 것이다. 현재 주류 사학계는 이세적이 공격한 비사성과 초주, 그리고 대연림의 반란 기록은 전혀 고려치 않고 옥저라는 지명 하나에만 집착해 남경남해부를 함경남도 함흥으로 비정하고 있다. 그 이유는 옥저를 함흥으로 고수해야 이미 엉터리가 되어버린 낙랑 북한 평양설을 지킬 수 있기 때문이다. 그러나 이미 고찰한 바와 같이 낙랑군은 요동에 있었고, 옥저는 북옥저, 동옥저, 남옥저의 세 개인데 동옥저의 도읍인 옥저는 천산산맥 동쪽에, 남옥저의 도읍은 현 해성시였고, 북옥저의 도읍은 국내성 일대에 있었다. 고당전쟁 당시 옥저도총관 방효태가 요동 평양성 인근의 사수에서 전멸당한 기록에서도 알 수 있지만 옥저는 함흥이 아니라 명백히 요동에 있었다. 《신당서》 〈북적열전 발해〉조의 다른 기록을 보면 "용원의 동남 연해는 일본도이고, 남해는 신라도이다. 압록은 조공도이고, 장령은 영주도이며, 부여는 거란도이다."라고 나온다. 남해가 신라도라고 한 것은 남경남해부가 있는 현 해성시에서 신라 서북 경계인 장구진으로 간다는 의미이고, 압록이 조공도라고 한 것은 혼하를 통해 중국으로 가는 길을 의미하는 것이다. 남경남해부 위치는 《신당서》, 《요사》, 《가탐도리기》 등의 기록을 근거로 해서 고구려 비사성이었던 현 요령성 해성시가 명백하다.

마지막으로 서경압록부 위치를 찾아보자. 먼저 유득공은 《발해고》 〈3권 지리고 서경압록부〉조에서 《대청일통지》의 기록을 인용하면서 서경압록부는 평양의 서쪽 경계에 있다고 했으니 평양이 서경압록부의 동쪽에 있었음을 알 수 있다. 주류 사학계의 주장대로 평양이 현 북한 평양이고 서경압록부가 현 압록강에 있었다면 이 기록을 전혀 설명할 수 없다. 그리고 남송의 섭융례가 저술한 《거란국지(契丹國志)》의 〈거란지리지도〉와 남송의 황상이 제작한 지리도인 《추리도》에는 현 압록강 북쪽의 길림성 부근이 거란 영토가 아니라는 것을 보여준다. 거란 영토가 아닌 타국의 영토에 녹주압록군을 설치할 수는 없는 것이다. 《거란국지》 〈22권 주현재기(州縣載記) 동경(東京)〉조에는 "동경은 본래 발해 도읍지였다."라고 나온다. 거란 동경은 요양이고 발해 5경 중에 동경에 있을 수 있는 도읍은 서경압록부 외에는 없다. 또 다른 기록으로 이를 확인해 보면 《신당서》 〈북적열전 발해〉조에 "고구려의 고지(故地)로 서경을 삼으니 부명은 압록부이며 신주(神州), 환주(桓州), 풍주(豊州), 정주(正州)의 4주를 관할한다."고 했다. 서경압록부 위치에 대해 고구려 고지(故地)라고 한 것은 고구려가 건국한 곳, 즉 졸본 일대를 말한다. 그리고 속주에 환주와 정주가 있다. 환주는 환도성에서 나온 것임을 짐작할 수 있는데 환도성은 안시성이자 졸본이었다. 그리고 신주는 《가탐도리기》 해로행의 기록에서도 나오지만 환도에서 200리를 가면 있었고 요양 동쪽의 평양 일대로 추정했다. 정주는 《요사》 〈지리지 녹주압록군〉조에 비류수가 있다고 했다. 비류수는 이미 밝힌 바와 같이 고대 압록수로 혼하이다. 서경압록부가 고구려의 고지라는 기록과 신주, 환주, 정주의 지명만 봐도 서경압록부가 고대 압록인 혼하 일대에 있었음을 알 수 있다.

현재 주류 사학계는 서경압록부 위치로 현 압록강 상류 북안에 비정하고 있다. 이는 주류 사학계가 압록을 현 압록강으로, 환주를 길림성 집안으로 고수하기 때문에 사료와 전혀 맞지 않는 엉터리가 된 것이다. 《가탐도리기》 해로행에서 환도와 신주(神州)가 요양 일대에 있었고, 《요사》〈지리지 동경도 녹주압록군〉조의 기록에는 서경압록부이자 녹주압록군의 속현이 요양 일대에 있었다. 거란 녹주압록군과 발해 서경압록부는 현 압록강 북안이 아니라 요동의 태자하와 혼하 일대를 관할하는 곳에 위치했던 것이다.

《가탐도리기》 해로행에서 말하는 발해의 서남 국경을 고찰해 보면, 패강구와 초도를 따라 내려오면 그곳에 신라의 장구진이 있으므로 신라가 이곳을 경계로 삼아 지키고 있음을 알 수 있다. 또한 압록강 입구에서 100리를 가서 작은 배로 갈아탄 다음에 30리를 가면 박작구가 나오는데 그곳부터가 발해 영토라고 했다. 여기서 발해의 서남 경계는 박작구로 발해 남경남해부가 위치

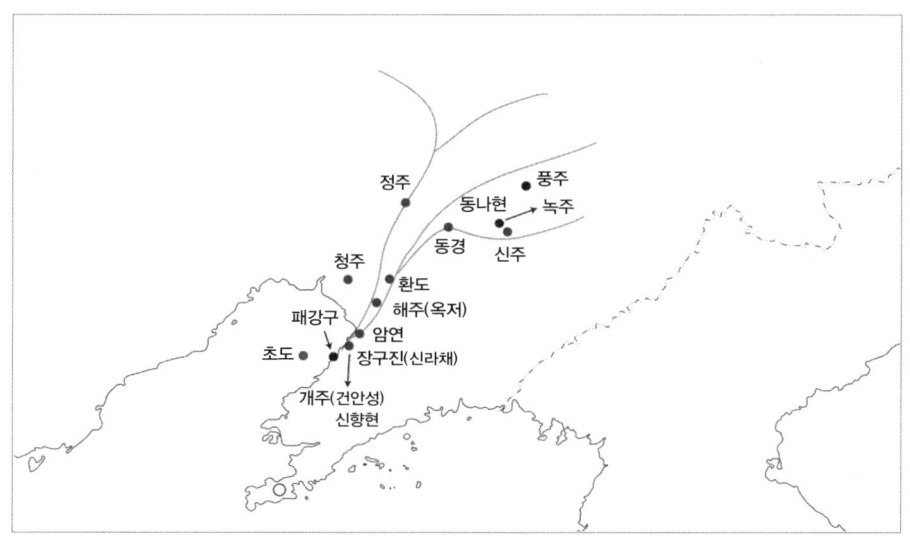

〈지도 99〉 신당서와 가탐도리기의 주요 지명

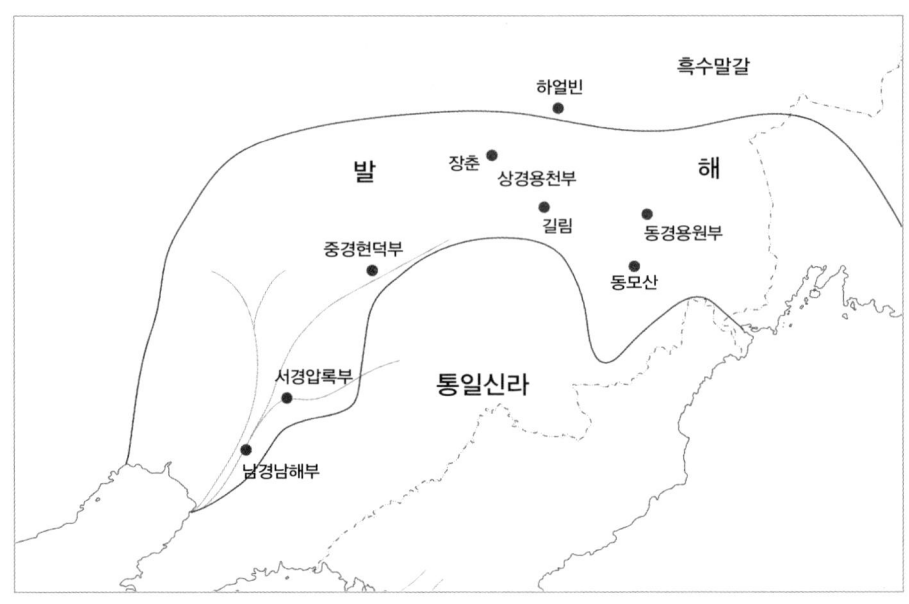

〈지도 100〉 실제 발해의 영토와 5경 위치

한 해성시 인근임을 알 수 있다. 그리고 동북으로 올라가서 환도성과 환도 동북 2백 리의 신주(神州)도 관할하는데 신주 위치는 평양 일대이다. 이렇게 되면 발해와 신라는 서쪽에는 혼하와 태자하 일대에서 들쑥날쑥 하면서 국경을 유지했고 북으로는 중경현덕부와 길림 남쪽에서, 동쪽으로는 백두산과 두만강에서 국경을 유지했을 것으로 추정된다.

《신당서》〈북적열전 발해〉조에서 땅이 사방 5천 리라고 했다. 이는 당시 당나라가 발해 동북의 끝을 모르기 때문에 이렇게 과장해서 기록했던 것으로 보인다. 또한 〈발해조〉에 발해의 북쪽에 흑수라는 나라가 있었다. 《신오대사》〈사이부록(四夷附錄)〉에 "흑수말갈은 본래 물길이라 불렀다. 동쪽으로 바다에 이르고 남쪽은 고려와 경계이며 서쪽은 돌궐과 접하고 북쪽은 실위와 이웃하니 숙신씨의 땅이었다."라고 했고, 《금사》〈외국열전〉에는 "흑수말갈은 옛 숙신 땅에 있었다. 백산(白山)이 있는데 장백산이며 금나라가 일어난 곳이다."라고 나온다. 장백산은 길림합달령이므로 대체로 흑수말갈은 장백산에서 북쪽 하얼빈 일대일 것이다. 그래서 실제 발해 영토는 남북은 좁고 동서가 긴 모양을 했을 것이다. 2008년 국립 문화재 연구소와 러시아 과학원 역사고고학 민속연구소와 공동으로 연해주 동북부의 평지성을 발굴 조사한 결과 발해 양식의 토기가 나왔다. 발해 동북 영토가 연해주 동북의 먼 곳까지 다다랐던 것을 알 수 있다.

Ⅱ. 시기별 영토 변화

1. 발해 건국(698) ~ 발해 선왕(9세기 초)

《신당서》〈북적열전 발해〉조의 "땅은 사방 5천 리며 호 수는 십여만, 정병은 수만이다. 부여, 옥저, 변한, 조선 등 바다 북쪽에 있던 여러 나라의 땅을 모두 차지했다."는 기록을 다시 보자. 변한은 요동의 변한을, 조선은 한무제가 설치한 한사군, 옥저는 해성시를 말하는 것이므로 발해가 요동의 평양까지 차지하고 있었음을 알 수 있다. 그리고《요사》〈지리지 동경요양부〉조에 동경요양부가 고구려 장수왕의 평양이라고 했으므로 이후 거란은 발해가 차지하고 있던 평양을 빼앗았던 것이다. 또한 서쪽은 거란, 남쪽은 니하, 동쪽은 바다라고 했다. 이미 나왔지만 동일한《신당서》〈북적열전 발해〉조에 "옥저의 고지(故地)로 남경을 삼으니 부명(府名)은 남해부이며 옥주, 청주(晴州), 초주(椒州)의 3주를 관할한다."고 했고 청주 위치는《요사》〈지리지 동경도 요주〉조에 "빈주(嬪州)는 본래 발해의 청주(晴州)이다. 동남으로 해주까지 120리 거리에 있다."고 했으므로 청주 위치는 해주 서북 120리다. 발해 서북은 거란과 경계를 했지만 서쪽은 대체로 요하 서안이 경계였다. 그런데《무경총요》〈북번지리 요동〉조에 "보주는 발해의 옛 성이다. 동쪽으로 압록강 신라 국경을 쳐서 각장(시장)을 설치해 시장의 이익을 통하도록 했다. 동남쪽으로 40리에 선화군이 있고, 남쪽으로 바다까지 50리, 북쪽으로 대릉하까지 20리이다."라고 했다.《성경통지》〈권26 금주〉조에 금주성 동쪽 40리에 대릉하가 발원한다고 했으니 보주는 금주성 동쪽 60리에 있었다. 발해 영토가 요하 서쪽이자 대릉

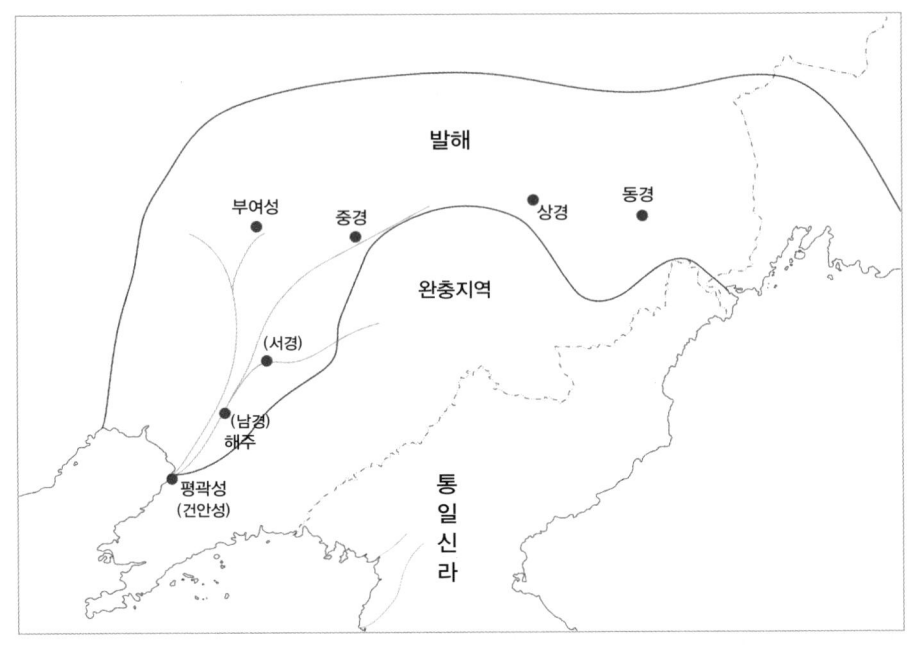

〈지도 101〉 발해 건국(698)~발해 선왕(9세기 초)

하 동쪽까지 있었던 것이다.

　이때는 당나라 안동도호부가 영주 동쪽과 의무려산 서쪽 사이에 있었으므로 서쪽은 대릉하, 서남쪽은 《가탐도리기》 기록에서 나온 바와 같이 혼하 하구의 장구진이고, 발해 동모산 남쪽이 신라와 경계라고 했으므로 통일신라 북계는 두만강까지 올라갔을 것이다. 또한 발해 북쪽 경계는 흑수말갈이 있었던 우수리강까지 올라갔고, 동쪽으로는 최소한 발해성이 발견된 연해주 동북부까지 있었던 것이다. 《무경총요》〈북번지리 발해〉조에는 "발해 땅은 방 3천 리다."라고 해 《신당서》 기록과는 차이가 있다. 발해 서쪽 경계인 요하 서쪽 대릉하에서 발해 유적이 발견된 연해주 동북까지의 거리를 재면 약 900킬로미터로 3천 리에 해당한다.

2. 발해 선왕(9세기 초) ~ 발해왕 대인선(918년 전후)

《요사》〈지리지 동경도〉에 "홍료현은 본래 한나라 평곽현 땅인데 발해가 장년현으로 고쳤다. 당나라 연화 때(806~820)에 발해왕 대인수가 남쪽으로 신라를 정벌하고 북쪽으로 여러 부족을 공략한 후 군읍을 열고 설치했다. 이때에 이르러 지금 이름으로 정했다. 1천 호가 있다."고 했다. 이는 서기 9세기 초에 발해가 신라 평곽현을 빼앗은 기록이다. 평곽현은 고구려 건안성이고 요동성 남쪽 300리로 혼하 하구, 즉 개주(蓋州) 근처에 있었다. 그전에 편찬한 《가탐도리기》에는 그 북쪽의 해주가 발해의 영토였다. 당시 발해는 혼하 하구를 두고 신라와 쟁탈전을 벌이고 있었는데 발해 선왕 때에 이르러 신라의 평곽현을 빼앗고 개주까지 영토를 확장했다.

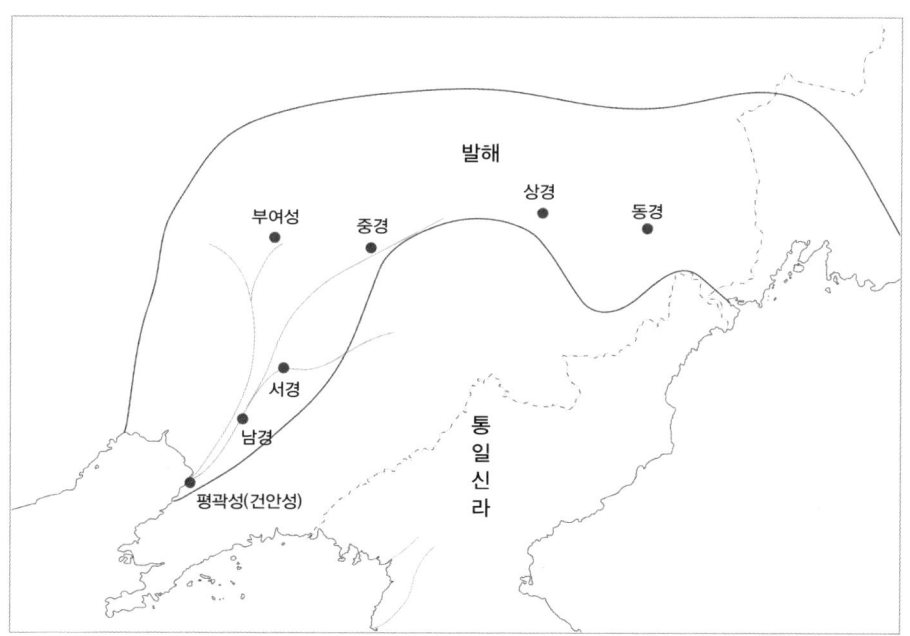

〈지도 102〉 발해 선왕(9세기 초)~발해왕 대인선(918)

3. 발해왕 대인선(918) ~ 대인선 말기(926)

발해는 918년을 전후로 해서 국력이 크게 약화된다. 《자치통감》〈후당기〉 부여성의 주석에 "발해 부여성은 고구려의 부여성이다. 당시 고려 왕 왕건이 나라를 세워 혼동강까지 지켰다. 그러나 혼동강 서쪽은 차지하지 못했으므로 부여성은 발해에 속했다. 혼동강은 바로 압록수이다."라고 했다. 이 기록은 926년 발해가 망하기 전인 고려 태조 왕건 때 고려가 고대 압록수인 혼하까지 차지해서 지키고 있음을 보여준다. 당시 태조 왕건이 차지한 혼동강은 압록수이고 혼하인 것이다.

태조 19년(936) 9월 8일에 고려 군사가 일리천(구미)에서 후백제와 싸워 항복을 받는데 이때 고려가 동원한 군사를 보면 이해할 수 없는 내용이 있다. 《삼국사기》〈견훤 열전〉에서 흑수(黑水), 철리(鐵利) 등 여러 도(道)의 날랜 기병 9,500명을 중군으로 삼았다는 기록이 있고, 《고려사》〈세가〉 태조 19년(936)의 기록에는 흑수, 달고, 철륵 등의 정예 기병 9,500명이라고 해 달고가

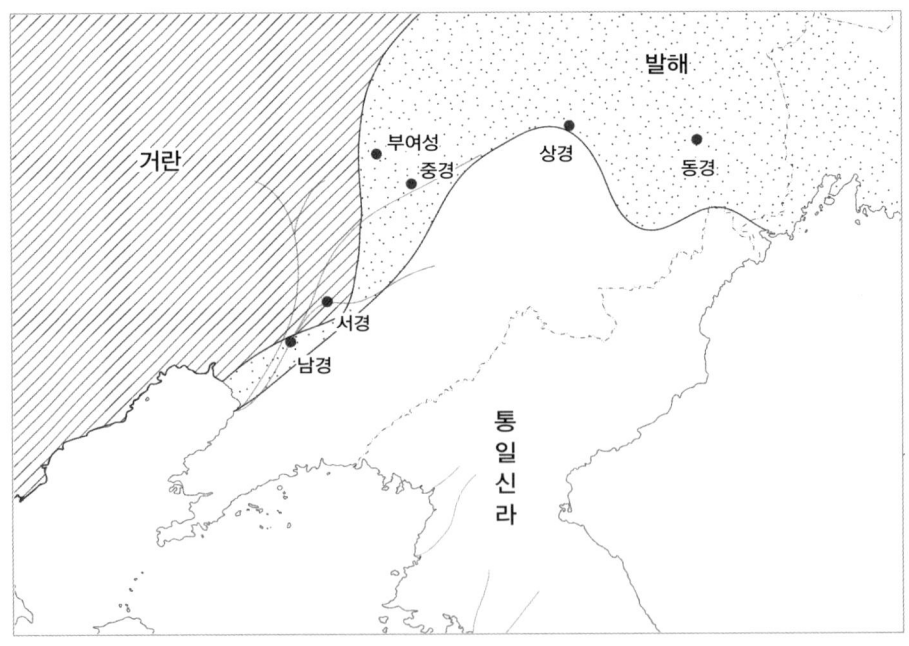

〈지도 103〉 발해왕 대인선(918)~대인선 말기(926)

추가된다. 흑수는 흑수말갈이고 철리는 철리말갈 혹은 철륵이라고도 했다. 철리 위치는 허항종의 《선화을사봉사 금국행정록》에 나온다. "(황룡부로부터) 북쪽에 철리(鐵離)가 있다."고 했으니 황룡부는 본래 개원 동북에 있었지만 반란이 일어나자 거란이 장춘 농안현으로 옮겼다. 이때는 금나라 때이므로 황룡부는 장춘 농안현에 있었고 철리는 그 북쪽에 있었다. 만약 이때 고려 영토가 현 압록강 이남에 머물렀다면 고려가 이들의 지원을 받을 수 없었을 것이다. 이 기록은 당시 고려 영토가 만주 북부까지 올라가 있었음을 보여준다. 본래 발해 영토는 서쪽으로 대릉하, 동쪽으로는 연해주까지 차지하고 있었다. 926년에 거란이 발해를 멸망시켰으므로 이들 땅은 당연히 거란 영토가 되어야 한다. 그런데 이후 거란이 차지한 영토를 보면 장춘까지이고 그 동남쪽은 고려 영토였다. 이는 《요사》〈지리지 동경도〉에 나오는 지명과 남송의 《추리도》 및 《거란국지》에 나오는 기록을 보면 장춘까지만 나오므로 위의 기록을 검증한다. 만약 발해 멸망 후에 고려가 거란을 공격해서 북방 영토를 수복했다면 926년을 전후해서 둘 사이에 큰 전쟁이 벌어졌을 것이다. 그러나 그런 기록은커녕 고려 초기에 고려와 거란은 아무런 충돌이 일어나지 않는다. 이는 거란이 발해를 공격할 당시에 이미 고려가 길림합달령을 차지하고 있었기 때문에 거란이 이곳에 대한 관할권을 주장하지 못했던 것이다.

《고려사》〈윤선열전〉에 궁예가 사람들을 죽이자 그 족당들을 데리고 북쪽 변방으로 달아나 골암성에 주둔해 흑수말갈의 무리들을 불러 모았다는 기록이 나온다. 태조가 즉위하자 윤선이 귀부하는데 여기서 골암성이 흑수말갈과 가까움을 알 수 있다. 이어 흑수말갈 무리가 고려에 귀부한 기록이 《고려사》에 나온다. 태조 4년(921) 2월에 흑수(黑水) 추장 고자라가 170인을 거느리고 내투(來投)한 데 이어 4월에는 흑수의 아어간이 200인을 거느리고 내투한다. 주류 사학계는 골암성을 함경남도의 안변으로 비정하고 있다. 고려 북방 영토가 압록강 이남에 있다고 생각하니 이렇게 비정했을 것이다. 그러나 부여의 북쪽에 위치했던 흑수말갈의 무리들을 윤선이 모을 정도면 고려 북계가 훨씬 북쪽에 있었음을 여기서도 알려준다.

이와 비슷한 시기에 거란은 요양 일대를 차지한다. 《요사》〈지리지 동경도 동경요양부〉 "신책 4년(919)에 요양 고성을 수리하고 발해와 한인들로 동평군을 만들어 방어주로 삼았다."는 기록에서 거란이 919년에 요양 고성을 수리하므로 최소한 919년 이전에 거란이 발해의 요양을 차지하고 있었음을 알 수 있다. 당시 거란이 요양을 차지하긴 했지만 그 남쪽의 안시성과 해주는 차지하지 못했다. 유득공의 《발해고》〈신고(臣考) 위균〉전을 보면, 위균의 관직이 철주(鐵州) 자사였는데 거란이 홀한성을 함락한 6개월 후인 926년 7월에야 철주가 함락된다. 철주는 고려 영토사에서 자세히 고찰하겠지만 《요사》〈지리지〉에서 안시성이라고 했다. 그리고 《발해고》〈인선 제신사실명자(諸臣史失名者)〉(대인선의 신하로 역사에 이름을 잃은 사람)조에 거란 천현 원년(926) 2월에 안변(安邊), 막힐(鄚頡), 남해(南海), 정리(定里)의 4부가 항복했다는 기록이 있다. 여기서 남해는 발해의 남경남해부로 현 해성시이다. 거란은 926년이 되어서야 안시성과 해주를 차지하므로 919년 당시 거란은 발해의 요양만 차지하고 있었던 것이다.

혹자는 강국이었던 발해가 갑작스럽게 멸망한 이유로 백두산 분화설 등을 들며 당시 상황을 이해할 수 없는 일로 몰아가고 있다. 그러나 이는 사료를 제대로 고찰하지 못한 오해에 불과하다. 발해는 926년에 갑작스럽게 멸망한 것이 아니라 후대에 들어서 내분이 발생하고 고려와 거란의 압박으로 인해 국력이 크게 약화된 상황이었다. 《발해고》〈신고(臣考) 신덕(申德)〉조에 발해 장군이었던 신덕이 고려 태조 8년(925) 9월에 5백 명을 이끌고 고려에 항복했고, 《발해고》〈신고(臣考) 대화균, 대균로, 대원균, 대복모, 대심리〉조에서도 신덕과 같은 시기에 백성 1백호를 이끌고 고려에 항복했다. 대화균 등 네 명은 모두 대씨로 발해 왕족인 것으로 보이는데 이들이 고려에 귀부한다는 것은 당시 발해에 큰 변고가 발생했음을 알 수 있다. 그 이전에 고려 태조 왕건이 발해 남쪽 영토를 크게 잠식했고 이와 비슷한 시기에 거란은 발해 서경압록부 지역을 차지했다. 이때 발해가 가진 요동 영토는 남경남해부가 있던 현 해성시와 서경압록부 동쪽의 무순, 철령, 상경, 중경, 동경에 그쳤다. 926년 거란이 발해 부여성을 함락하고 도읍인 상경용천부로 들이닥칠 때 발해의 노상이 이끌던 발해 군사는 3만에 불과했다. 이 병력 또한 정예병이 아니었는지 1만에 불과한 거란 선봉대에게 항복하면서 발해 건국 후 228년 만에 나라가 멸망한다. 이후 거란은 상경용천부에 속국인 동란국을 세우지만 왕위 분쟁으로 동란국 왕이자 거란 태조의 장남이 후당(後唐)에 도주하면서 928년에 동란국은 요양으로 옮겨지고 역사에서 사라진다.

4. 정안국(938~10세기 말)

938년에 발해 유민 열만화가 후발해국인 정안국을 세운다. 정안국은《송서》〈외국열전〉에서 마한 종족이며 서쪽 변경에서 건국했다고 나온다. 고구려와 말갈이 마한이므로 이는 당연하며 서쪽 변경 지대이면 서경압록부 혹은 남경남해부 일대이다. 일제 관변학자와 한국 주류 사학계는 정안국 위치를 현 압록강 유역에서 함경남도 일대로 보고 있다. 이들이 서경압록부와 남경남해부 위치를 잘못 비정하고 있기 때문이다. 만약 정안국이 주류 사학계 주장대로 현 압록강 유역과 함경남도에 있었다면 그곳은 발해의 남쪽 변경이지 서쪽 변경이 될 수 없다. 이후 정안국은 10세기 말 거란에 의해 멸망한다.

5. 흥요국(1029~1031)

《발해고》〈군고(君考) 대연림〉조에 거란 성종 태평 9년(1029) 8월에 대연림이 거란 동경에서 흥요국을 세우고 태평 10년(1030) 8월에 거란에 의해 대연림이 사로잡힌다. 흥요국의 남해성은 1년을 더 버티다가 항복해 2년 만에 멸망한다. 남해성은 남경남해부로 이 기록에서도 남경남해부가 요양과 멀지 않았음을 보여준다.

이상과 같이 발해 남계는 한중일 삼국이 주장하고 있는 대동강이 아니라 혼하에서 형성되었고 통일신라는 발해 건국 시기에 영토가 줄기는 했지만 대체로 서쪽으로 혼하, 북쪽으로 길림, 동북쪽으로는 백두산에서 동쪽으로 이어지는 두만강을 경계로 삼았을 것이다. 이후 고려 태조 왕건 때 영토를 넓혔던 것인데 이에 대해서는 추후 고려 영토사에서 상세히 고찰하겠다.

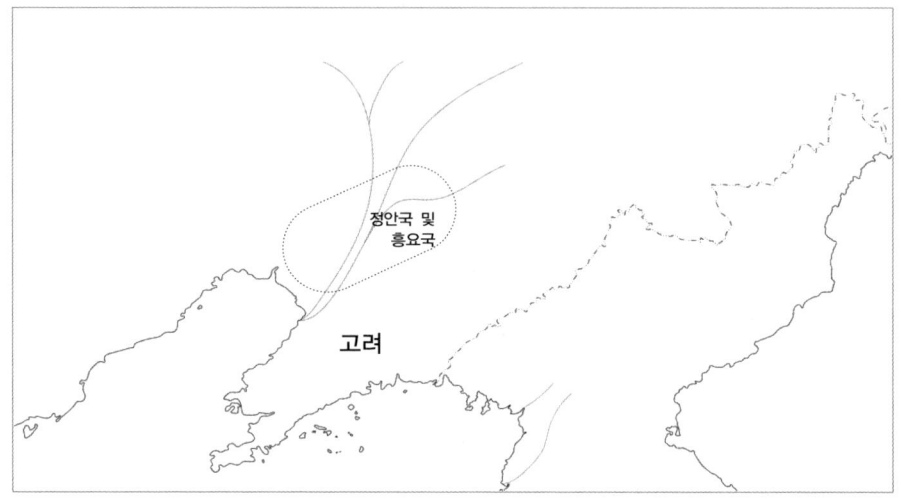

〈지도 104〉 정안국, 흥요국 위치

제7장
후삼국시대 영토사

　신라 진성왕 때에 접어들어 신라는 큰 혼란에 빠진다. 신라 본기에 진성왕 3년(889)에 나라 안의 모든 주군에서 공물과 조세를 보내지 않아 텅 비었다는 기록이 있다. 이때부터 신라 중앙정부의 통치력은 실제로 사라지고 말았다. 이때 원종과 애노 등이 사벌주(상주)에서 반란을 일으켜 신라의 붕괴가 가속화 되었다. 진성왕 5년(891) 10월에 북원(원주)의 양길이 부하 궁예를 보내 명주 등 열 개의 군현을 습격했다. 《삼국사기》〈궁예 열전〉에는 892년에 궁예가 원주 치악산 석남사에 머물면서 주천(영월), 을오(평창) 등의 현을 돌아다니며 항복시켰다고 했으니 이때 궁예가 강원도 동남부 지역을 차지했음을 알 수 있다. 진성왕 8년(894)에 명주(강릉)로 들어가 무리 3,500명으로 자립해 장군이 되었다. 이어 저족, 성천, 부악, 금성, 철원 등의 성을 깨뜨렸는데 이곳은 강원 북부 일대이다. 군세가 강하자 패서의 도적 중 와서 항복하는 자가 많았는데 당시 태조 왕건 일가도 송악군에서 궁예에게 의탁한다.

　진성왕 10년(896)에 궁예가 승령현과 임강현을 차지하는데 승령면은 철원, 임강현은 황해도 장풍군 임강리 일대이다. 그 다음해엔 인물현이 항복하는데 개풍군 일대다. 897년 공암, 검포, 혈구 등의 성을 격파했다. 공암, 검포, 혈구는 김포, 강화도 일대로 이때 경기도 서부 지역을 차지했다. 양길은 북원에 있으면서 국원(충주) 등 30여 성을 차지하고 있었는데 양길이 궁예를 치려 하자 궁예가 먼저 공격해 패퇴시켰다. 효공왕 2년(898) 2월에 궁예가 양주, 견주를 치는데 이곳은 서울 북부 일대이다. 동년 7월에 패서도와 한산주 관내의

30여 성을 차지하고 송악군(개성)에 도읍했다. 한산주는 황해도는 물론이고 평안남도 일대를 포함하고 있었으므로 대동강 이북까지 영토를 확장했음을 알 수 있다. 효공왕 3년(899) 7월에 북원의 양길이 궁예를 쳤으나 오히려 패배해 달아났다. 효공왕 4년(900) 10월에 광주, 국원, 청주, 당성, 괴양(현 괴산)을 쳐서 항복시켰다. 광주는 서울 남부, 당성은 확실하지 않고 나머지 지역은 충북 일대이다. 이때 궁예의 영토가 충북과 경기도 및 강원도를 포함해 그 이북을 모두 차지했다. 이때 전라도 지역에서도 새로운 세력이 일어났는데, 효공왕 4년(900)에 견훤이 완산주(전주)에서 후백제를 건국하자 무주(광주광역시) 동남쪽 군현들이 견훤에게 모두 항복했다. 901년에는 궁예가 스스로를 왕이라 칭했다. 《삼국사기》〈궁예 열전〉에 "천복 원년(901)에 선종(궁예)은 스스로를 왕이라 칭했다. 사람들에게 말하길, '지난 날 신라가 당나라에게 군사를 청해 고구려를 깨뜨렸다. 그래서 평양 옛 도읍은 폐허가 되었다. 내가 반드시 원수를 갚을 것이다.' …… 천우 2년(905), 패서 13진을 나눠 정했다. 평양성주 장군 검용이 항복했다. 증성의 붉은 옷과 노란 옷을 입는 도적 명귀 등이 귀부했다."고 나온다. 평양에 성주가 있다는 기록은 당시 이곳이 신라 영토였으며 궁예 세력이 강해지자 태조 왕건의 사례처럼 검용 또한 귀부한 것처럼 보인다. 평양 위치에 대해서는 고려 영토사에서 구체적으로 고찰할 예정이다.

　효공왕 5년(901) 8월에는 견훤이 대야성을 공격하고 금성 남쪽까지 약탈하고 돌아갔다. 8년(904)에 궁예가 국호를 마진으로 고쳤다. 이어 8년(904)에 패강도의 10여 주현이 궁예에게 투항해 이때 궁예가 요동의 대부분을 장악한 것으로 보인다. 《삼국사기》〈궁예 열전〉에는 "천우 2년(905) 을축에 패서 13진을 나눠 정했다. 평양 성주 장군 검용이 항복했다."라고 기록했다. 패서 13진은 국경에 설치했을 것이므로 당시 신라 서북 국경인 혼하와 태자하 사이에 있어야 한다. 효공왕 9년(905)에 궁예가 도읍을 철원으로 옮겼다. 8월에 궁예가 죽령까지 다다라 소백산맥까지 이르렀다. 이후 궁예가 왕건으로 하여금 금성(나주)을 치게 해 나주를 함락한다. 연도는 기록에 없지만 906년에서 910년 사이에 이루어진 것으로 보인다.

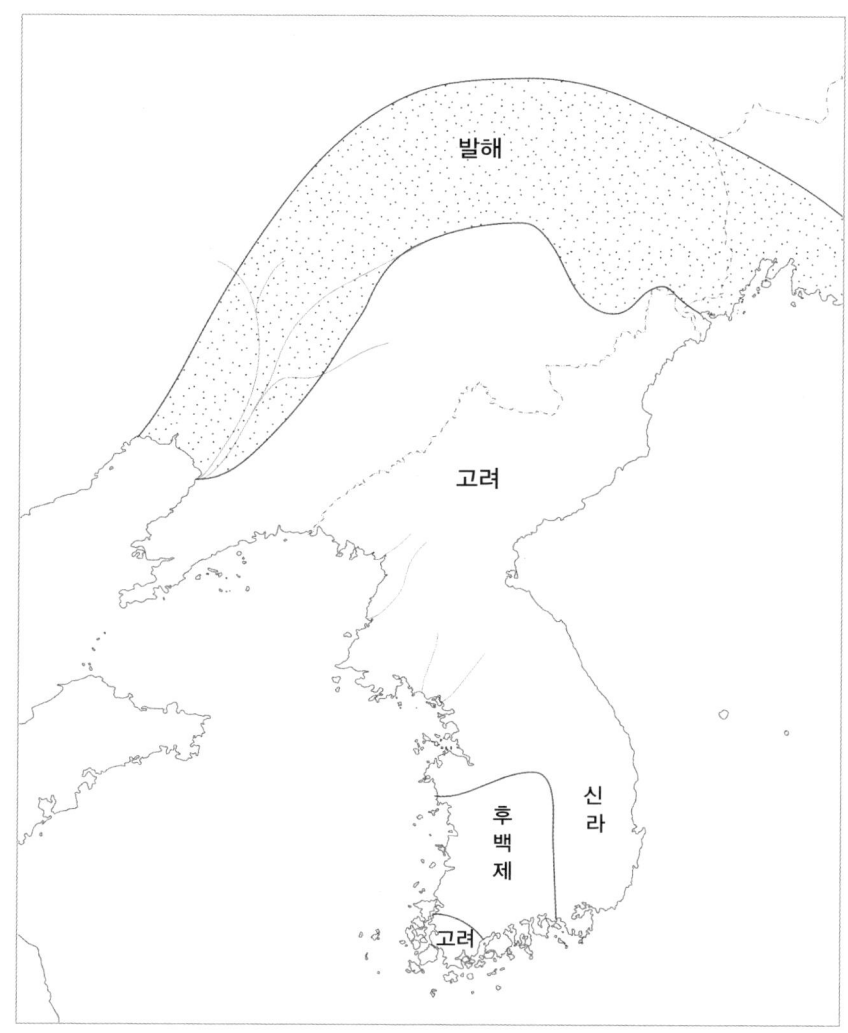

〈지도 105〉 918년 고려 건국 시기의 후삼국 영토

반면에 후백제의 영토 확장은 조금 느리게 이루어졌다. 효공왕 11년(907)에 견훤이 일선군(구미) 이남 10여 성을 모두 차지했다. 13년(909) 6월에 궁예가 진도군을 함락한다. 14년(910)에 견훤이 나주성을 공격했으니 실패한다. 15년(911)에 궁예가 국호를 태봉으로 고치고 이후 경명왕 2년(918) 6월에 궁예가 죽임을 당하고 태조 왕건이 고려를 건국한다.

제8장
고려 영토사

　고려 국경과 관련해 역사학계의 여러 의견이 있다. 얼마 전까지만 해도 고려 국경선은 서쪽으로 압록강, 동쪽으로 함흥까지였다. 그런데 최근에 나온 국사 교과서에 고려 동북계가 세 가지 안으로 제시되어 있다. 그 세 가지 안은 함흥, 길주, 혹은 선춘령이 고려의 동북계라는 것인데 예전에 비해서는 달라졌지만 여전히 문헌 사료와는 맞지 않다. 기록을 통해 고려 국경이 어디였는지 고찰해 보자.

　《고려사》〈지리지〉 서문에 "우리 해동은 삼면이 바다에 막혀 있고 한쪽이 육지에 이어져 있는데 그 복원(輻員, 한 바퀴의 둘레)이 만 리나 된다. …… 그 사방 경계는 서북은 당 이래로 압록을 한계로 삼았고 동북은 선춘령을 경계로 삼았다. 대개 그 서북은 고구려에 미치지 못했으나 동북은 그것을 넘어섰다."고 나온다. 고려가 삼면이 바다에 막혀 있는 반도 국가이고 둘레가 만 리라고 했으니 혼하 하구에서 동북으로 길림, 동쪽으로 선춘령, 동남쪽 부산, 서남쪽 목포에서 다시 혼하를 연결해 대략 거리를 재면 그 둘레가 약 3,500킬로미터로 만 리라는 기록에 부합한다. 만약 고려 북계가 주류 사학계의 주장대로 현 압록강에서 함흥까지라면 둘레가 1,500킬로미터에도 미달하므로 만 리라고 하기에는 너무 부족한 거리다.

　《송사(宋史)》〈외국열전 244〉조에 "동쪽으로 고려와 발해가 거란 땅에 막혔으나 산 넘고 물 건너 왕래하는 것을 꺼리지 않고 배를 타고 멀리서 왔다."라고 해 고려와 송나라가 거란과 바다에 막혀 있었다. 서긍의 《선화봉사 고려

도경》〈봉경〉조에는 "고려의 남쪽은 요해에 막혀있고, 서쪽은 요수와 닿았고 북쪽은 거란의 옛 땅과 접해 있으며 동쪽은 금나라와 맞닿았고 일본, 유구, 담라, 흑수, 모인 등과 개의 이빨과 같은 형태로 접하고 있다. …… 연산도로부터 육로로 요수를 건너 동쪽에 그 경계가 있는데 무릇 3,790리다."라고 했으므로 고려 국경이 송나라 도성인 개봉과 멀리 떨어져 있었음을 알 수 있다. 이어 "옛날 봉경은 동서 2천여 리, 남북 1천 5백여 리였는데 현재 신라와 백제를 합병해 동북쪽은 약간 넓어졌고 서북쪽은 거란과 맞닿아 있다."라고 했으니 고려 서북 국경은 고대 압록인 혼하에서 거란과 경계를 했고, 동북쪽은 길림을 경계로 하고 있었던 것이다. 〈순선〉조에는 고려 영토가 (송나라의) 동해와 접했다고 했고, 〈신주(神舟)〉조에도 송나라 선종이 고려에 사신을 보내기 위해 거대한 선박을 건조했다고 하니 고려는 먼 바다에 있었던 것이다. 이는 당시 금나라가 하북 지역을 장악해 고려와 송나라의 육로가 막혔기 때문에 양국이 해로 외에는 통할 수 없었기 때문이다. 〈해도〉조에는 송에서 고려로 갈 때 복건과 양절(강소성 및 절강성)에서 출발을 준비하고 선화 4년(고려 예종 17)에 서긍이 사신으로 임명되어 3월 14일 송나라 도성인 개봉을 출발해 5월 28일에 사신을 실은 배가 명주(절강성)를 떠났다. 순풍이 불어 22일 만인 6월 6일에 고려 군산도에 도착하고 대청도와 소청도를 지나 6월 12일 개경이 있는 예성항에 도착한다. 귀로 길에는 7월 15일에 배를 타서 8월 27일에 송나라 명주로 돌아와 귀로의 바닷길에 42일이 걸렸다고 기록했다. 여기서 나오는 군산, 대청도, 소청도, 예성항 등은 모두 고려 서해안 지명이다. 만약 고려가 중국 대륙에 있었다면 송나라 사신 서긍이 도성인 개봉에서 쉬운 육로로 가면 되지 대형 선박을 타고 험한 뱃길을 갈 이유가 없다. 또한 경유지와 기간을 보면 현재 위치와 동일함을 보여준다.

금나라 상경인 하얼빈으로 가는 여정을 기록한 허항종의 《선화을사봉사 금국행정록》을 보면 송나라 도성인 개봉에서 북쪽으로 북경, 산해관, 의무려산을 지나고, 200리 너비의 요하를 건너 심양, 함주 등을 거치는데 그 여정에 고려 영토는 전혀 없다. 여기서 너비가 200리인 강은 있을 수 없기에 요택

200리를 말하고 있음을 알 수 있고 또한 하북성, 북경 및 요서 지역에 고려 영토가 존재하지 않음을 보여 준다.

《송사》〈외국열전 고려〉조에는 고려가 예전에 송나라에게 사신을 보낼 때 산동반도 등주를 이용했으나 거란과 멀리하기 위해 명주(明州)로 왕래하길 원하자 송나라가 이를 받아들인다. 당시 송나라 도성은 개봉이고 산동반도의 등주와 그 남쪽 명주가 송나라 영토이니 중국 동부에 고려 영토가 있을 곳이 없다. 《송사》에 고려 동남쪽에 명주가 있다는 기록이 있기는 하지만 이는 여타 많은 기록과 비교해 보면 서남쪽을 동남쪽으로 단순하게 오기를 한 것임을 알 수 있다. 이외에도 《송사》에 고려가 바다 동쪽에 위치했고 고려와 송나라를 오고 갈 때 바닷길을 통했다는 기록뿐이니 고려가 중국 대륙에 있었다는 기록은 전혀 없다.

그런데 혹자는 고려 도읍인 개성이 중국에 있었으며 고려 서경이 중국 북경이고 개경은 북경 바로 동쪽이며 남경이 강소성에 있었다는 주장하기도 한다. 고려 도읍인 개경은 개주(開州), 혹은 황도라고 부르기도 했는데 개경 위치는 의심할 바 없이 현재의 북한 개성이다. 통일신라 영토를 고려가 이어받았으며 거란 및 몽골과의 전쟁 과정과 고려 고분, 고려 궁성인 만월대, 송악산, 선죽교 등 수많은 고려 유적을 보면 개성이 다른 곳에 있었다고 생각할 수 없다. 고려 서경과 개경이 북경 일대에 없었다는 것은 서긍이 고려에 사신으로 오면서 개봉에서 바닷길을 이용해 군산, 대청도, 소청도, 예성강을 거쳐 개성으로 오는 기록에서도 알 수 있고 허항종의 《선화을사봉사 금국행정록》 여정도 마찬가지다. 또한 여타 사서에서도 고려 서경과 개경이 북경 일대에 없었다는 수많은 기록이 존재한다. 강조 정변 시기에 거란군이 압록강과 서경을 거쳐 개경으로 육박할 때 현종이 개경에서 몽진한 지명을 보면, 노령산맥, 나주, 고부군, 전주, 청주 등지이다. 고려 개경과 서경이 중국 대륙에 있었다면 현종은 어떻게 해서 노령산맥을 넘어 한반도 남부로 몽진을 갈수 있었을까? 그리고 금나라는 도읍을 상경에서 중도(中都)로 옮기는데 중도가 북경에 있었고 원나라 또한 도읍을 북경으로 천도해 대도(大都)라고 했으니 고려 서경이 북경에 존재할 수가 없다.

후진(後晉) 황제 석경당이 거란에게 할양한 유주, 연주(燕州) 등 연운 16주가 북경을 비롯한 하북성에 있었고,《거란국지》에 후진 황제 석중귀가 거란 황룡부로 압송될 때 경로를 보면 개봉에서 유주, 평주(平州), 금주(錦州), 철주, 남해부, 황룡부 등이 모두 거란 영토였으니 고려 영토가 하북성이나 요서에는 없었다. 또《거란국지》〈22권 주현재기(州縣載記)〉에 거란에 속한 주요 지명이 나온다. 평주(平州), 연주, 금주(錦州), 철주는 물론이고 장춘(長春), 요주, 함주, 심주, 소주, 복주, 경주, 진주(辰州), 흥주(興州), 동주(同州), 신주, 건주, 태주, 고주, 영주(營州), 통주, 해주, 요서주(遼西州), 단주 등인데 이들 지명은 현 북경, 하북성, 요서, 요동 등지에 있다.

거란은 그 영토 안에 불탑인 요탑을 설치하는데 그 설치된 지역을 보면 남쪽에서부터 북경과 하북성 전역 및 요령성 일대에 집중적으로 나타난다. 거란이 이 지역에 있었는데 고려가 북경에 어떻게 존재할 수 있었을까? 또한 〈거란지리지도〉와《추리도》에도 거란 영토가 남쪽으로부터 하북성, 북경, 요령성까지 있어 요탑이 있는 곳과 일치한다.

또 어떤 이는 중국 대륙에 고려 혹은 고려영(高麗營)의 지명이 있고 한국인과 중국 동북방의 유전자가 유사한 것을 증거로 들며 고려의 서경이 북경에 있었다고 주장하기도 한다. 그러나 고려영은 고구려 영토사에서 이미 나왔지만 당나라 때 고구려가 설치한 것이기 때문에 고려와는 상관이 없다. 그리고 중국 동북방의 유전자가 한국과 유사한 것은 동이족과 고조선이 중국 대륙에 존재했었고 이후 고조선과 친연 관계가 있었던 선비, 거란, 여진족들이 중국 동북방을 오랫동안 차지했으니 유전자가 유사한 것은 당연한 것이다.

고려 남경이 강소성에 있었다는 주장에 대해 그 기록을 보면《고려사》〈세가〉숙종 4년(1099)에 궁궐 착공을 시작했는데 문종 22년(1068)에 양주(楊州)에 남경을 건립할 계획을 논의했다고 나온다. 당시 남경 지리에 대한 설명을 보면 노원, 용산, 삼각산의 지명이 나온다. 이는 양주가 서울 강북 지역임을 알 수 있다.《고려사》〈세가〉고종 18년(1231)에 몽골군이 예성강에서 살육하자 개경 사람들이 놀라 민심이 흉흉했다고 나온다. 이는 예성강과 개경이 가까운 곳에 있었던 명백한 기록이다. 숙종 9년(1104) 5월에는 궁궐을 완공하고 7월 27일에 왕이 남경에 행차해 8월 10일에 도착한다. 만약 남경이 중국 강소성에 있었다면 왕이 13일 만에 개경에서 남경을 왕복할 수는 없다. 인종 4년(1126) 10월 21일에도 왕이 개경에서 남경으로 행차하고 11월 9일에 남경에서 돌아와 개경 송악산에 있던 연경궁에 도착한다. 왕이 개경에서 남경에서 머문 후 돌아오는데 20일이 걸렸으니 현재와 같이 개성과 서울을 그대로 설명하고 있다. 그리고 대몽항쟁 기간인 고종 22년(1235)에 강화 수비를 엄중히 하고 광주(廣州)와 남경을 강화(江華)에 합친다. 이는 광주와 남경이 강화도와 인접했다는 것이니 현재 위치와 동일함도 알 수 있다. 《고려사절요》〈33권〉 신우 14년(1388)조에 서해도 관찰사 조운흘이 왕에게 글을 올리는데 "우리나라는 바다로 왜인의 섬과 가깝고 뭍으로는 오랑캐와 붙어있으니 진실로 걱정이 되옵니다. 나라 경계가 서해에서 양광도와 전라도를 거쳐 경상도까지 바닷길이 거의 2천 리나 됩니다. 그러나 바다 가운데 살만한 섬은 대청, 소청, 교동, 강화(江華), 진도 절영, 남해, 거제 등 20여 개 큰 섬에 불과하옵니다."라고 했다. 양광도는 현 경기도와 충청도이다. 나라 경계가 경기도에서 경상도까지 바닷길 2천 리라고 했는데 2천 리면 약 700킬로미터이다. 그 안에 대청도, 소청도, 교동도, 강화도 등이 있으니 현재 지명과 위치를 그대로 설명하고 있다. 강화 지명이 중국 동부 해안에도 나온다. 그런데 동일 지명이 중국에 있다고 해서 고려 영토가 중국에 있었다고 주장하면 우리 역사가 엉망이 된다. 송나라 때 편찬한 《태조 황제 조조지도(太祖皇帝肇造之圖)》를 보면 송나라 북쪽에 거란이 하북성과 요서의 유주, 계주, 단주, 영주, 평주를 차지했지만 고려 영토는 중국 대륙 어디에서도 찾을 수 없다. 중국에서 고려 지명이 나오면 검토 대상이 될 수 있다. 그러나 그것이 인정받으려면 당시 기록과 부합하거나 혹은 그에 상당한 정도의 근거가 있어야 하지만 《고려사》는 물론이고 《요사》, 《금사》, 《무경총요》, 《원사》 등의 중국 사서와 당대의 지도인 《추리도》, 《거란지리지도》, 《태조 황제 조조지도》 등에 고려가 중국 대륙에 없었음

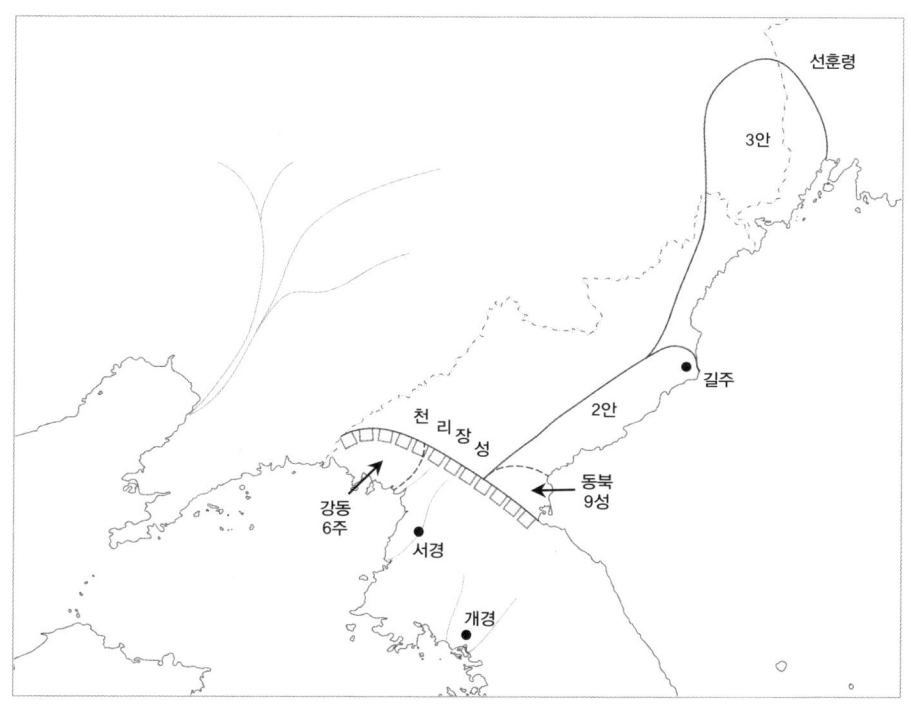

〈지도 106〉 한국 주류 사학계의 고려 영토

을 보여준다.

고려 태조 왕건의 영토 확장 과정을 보면, 태조 원년(918) 7월에 상주의 아자개가 태조에게 항복한 데 이어 원년 8월에 신라의 웅주, 운주 등 10여 개의 주현이 모반해 백제에 항복했다. 웅주는 공주이고 운주는 충남 홍성이다. 《고려사》〈세가〉 "태조 원년 11월에 태조가 유시하길, '평양은 옛 도읍으로 황폐한 지 오래되었지만 터는 남아 있다. 그러나 가시덤불이 무성해 오랑캐들이 사냥하고 옮겨 다니며 변경 고을을 침략해 피해가 막심하다. 마땅히 백성을 이주시켜 그곳을 채워 변방을 튼튼히 함으로써 대대로 이익이 되도록 하라.'라고 하였다. 평양을 대도호로 삼고 사촌 동생 왕식렴과 광평시랑 열평을 보내 수비하게 했다."라고 나온다. 《삼국사기》〈궁예 열전〉에서 나온 황폐한 평양과 마찬가지로 태조 왕건이 말한 옛 도읍 평양은 문맥상 통일신라가 설치한 6소경인 북한 평양을 말하는 것이다. 《고려사》〈지리지 백관〉조에 "서경 유수관(西京留守官)은 태조 원년(918)에 평양도호부를 설치하고 중신 2명을 보내 이곳을 지키게 했으며 참좌 4~5인을 두었다. 성종 14년(995)에 지서경유수사 1인을 두었다."고 되어 있다. 서경은 태조 원년에 처음 설치했는데 이곳에 평양도호부를 두었으니 평양도호부내에 서경 유수관을 두었음을 알 수 있다. 《고려사》〈세가〉에는 "태조 18년(935) 9월에 왕이 서경에 행차해 황주와 해주를 순시했다."고 했다. 황주는 황해도 서북단에 있고 해주는 황해도 해주시이다. 만약 서경이 요동의 평양이라면 서경에 행차해 황주와 해주를 순시하지 않았을 것이다. 이에 대해서는 서경과 동녕부의 위치 고찰에서 추가 사료를 통해 밝힐 것이다.

태조 2년(919)에 도읍을 송악으로 옮겼다. 3년(920) 2월에 강주(현재 진주)의 윤웅 장군이 태조에게 항복했고, 같은 해에 견훤이 대야성을 함락해 합천까지 진출했다. 태조 10년(927) 9월에 견훤이 경주를 습격해 경애왕을 죽이고 경순왕을 세웠다. 후백제가 초반에 승기를 잡는 듯했지만 민심은 오히려 왕건에게 넘어가 신라의 주군들이 태조 왕건에게 연이어 항복한다. 태조 18년(935) 11월에 신라 경순왕이 태조에게 귀순하면서 신라는 건국한 지 약 천년 만에 망하고 말았다. 다음 해인 936년에 고려군이 백제군을 일리천(경북 구미)에서 격파하고 후삼국을 통일한다.

Ⅰ. 고려 국경의 기록

1. 《고려사》〈홍유열전〉

"(홍유 등이) 태조(왕건)의 집에 찾아가 말했다. '삼한이 분열된 이후 도적떼들이 경쟁하듯 일어났고 지금의 왕(궁예)도 분연히 기치를 세워 드디어 초적을 멸하고 삼분되었던 요좌의 절반 이상을 차지했습니다.' …… (하략)" 요좌는 요동의 동쪽을 말한다. 요동은 《한서》〈지리지 요동군〉의 속현을 보면 서쪽으로 의무려산에서 동쪽으로 요양, 신창까지였다. 요동의 절반 이상을 차지했으니 당시 궁예의 태봉국이 적어도 혼하 근처까지 차지했음을 알 수 있다. 궁예는 발해를 쳐서 영토를 빼앗은 것이 아니라 신라의 도적과 장수들이 스스로 항복해서 차지한 것이므로 패서도 및 패서 13진은 대동강 이북에 설치한 것이고 패강도는 태자하를 중심으로 그 남쪽 영토를 지칭한 것으로 보인다. 그러나 고려 서북계는 모든 곳이 혼하까지는 이르지 못했다. 《요사》〈본기〉 태조(야율야보기)의 기록에 "신책 4년(919) 2월 병인일에 요양의 옛 성을 수리해 동평군으로 삼고, 중국인과 발해인으로 채워 방어사로 삼았다."라 했고, 태종 천현 3년(928)에는 동평군을 남경으로 승격해 요양에서 다스렸다는 내용이 있다. 당시 거란이 혼하 동남쪽이자 태자하 북안에 위치한 요양을 차지하고 있었기 때문에 고려가 혼하에서 거란과 국경을 할 수가 없다. 그런데 당시 고려가 요동성을 차지하고 있음을 알게 하는 기록이 나온다. 《고려사》〈세가〉 "성종 9년(990) 9월 기묘일에 교서를 내리길, 우리 태조께서 기회에 부응해 세상에 내려와서 큰 덕으로 …… 존귀한 자리에서 남면해 서경을 처음 설치하고, …… 10월을 택해 요성(遼城)을 찾아가 조상들의 옛 규범을 행하고 나라의 새로운 법령을 펴고자 한다."고 했다. 요성은 요동성으로 요양 북쪽 70리에 있었다. 이는 고구려 요동성에 주몽 사당이 있었기 때문일 것이다.

그러면 당시 이곳이 고려의 땅이 될 수 있었을까? 고려 건국 당시 고구려 요동성은 누구의 영토였는지 사료를 통해 알아보자. 먼저 《가탐도리기》를 보면 당시 신라와 발해는 현 해성시와 개주(蓋州) 일대에서 경계를 나누고 있었고 그 동쪽 경계는 기록이 없어 정확히 알 수 없다. 당시 발해의 서쪽 경계는 서경압록부와 남경남해부였으므로 그 속주를 살펴보자. 《신당서》〈북적열전 발해〉조를 보면 남경남해부에 옥주, 청주, 초주의 3주가 있다고 했고, 서경압록부는 고구려의 옛 땅인데 신주, 환주, 풍주, 정주의 4주가 있다고 했다. 남경남해부는 남옥저의 도읍지였던 현 해성시이고, 초주는 혼하 하구의 초도 인근이며, 청주는 《요사》〈지리지 요주〉조에서 나오는데 요하 서안이었다. 서경압록부의 신주는 《가탐도리기》에서 환도성 동북 2백 리에 있었으므로 요동 평양 일대였을 것이다. 환주는 환도성이자 안시성이므로 고대 압록강 서쪽에

제8장 _ 고려 영토사   459

있었고, 풍주와 정주는 《요사》〈지리지 동경도 녹주압록군〉조에서 풍주는 녹주 동북쪽으로 210리 떨어져 있었고 정주(正州)는 본래 비류왕의 옛 지역으로 녹주에서 서북쪽으로 380리 떨어져 있다고 했다. 비류왕의 옛 지역은 졸본 북쪽에 있었으므로 요하와 혼하 일대이다. 풍주는 녹주 동북 210리이므로 현 요령성 무순시 일대이다. 서경압록부의 속현에 요동성을 발견할 수 없는데 이는 발해가 이곳을 방치했고 거란 또한 발해를 점령한 후에 이곳을 차지하지 않았던 것으로 보인다. 이는 이후 성종 12년(993) 거란의 1차 침입 때 거란이 이곳을 고려에게 쉽게 양보하는 것에서 알 수 있다. 당시 고려는 서희의 외교협상으로 요동성과 인접한 학야(鶴野)까지 영토로 만드는 기록이 나온다. 이 때 거란이 요동성을 차지하지 않았던 상황이라 성종이 요성을 방문코자 한 것임을 추정할 수 있다. 《요사》〈지리지 동경도 동경요양부〉조에 "홀한주는 옛 평양성으로 중경현덕부라고도 한다."라고 나온다. 《요사》〈지리지〉의 이 기록은 홀한주 전체가 옛 평양성이 아니라 홀한주 내에 옛 평양성이 있다는 의미이다. 서경압록부는 평양 서쪽 경계에 있었고 서경압록부의 동쪽은 중경현덕부가 있어 중경현덕부가 고구려의 평양을 포함하고 있었던 것이다. 이 기록에서 당시 발해가 요동 평양을 차지하고 있었음을 알 수 있다.

그런데 동일한 《요사》〈지리지 동경도 동경요양부〉에는 고구려 평양이 동경요양부에 있다고 다르게 기록했다. "전연 모용보는 고구려 왕 안(광개토태왕)을 평주목에 임명해 거주케 했다. 북위 태무제가 평양성에 사신을 보냈으니 요나라 동경이 바로 이곳이다. 당나라 고종이 고구려를 평정하고 여기에 안동도호부를 설치했지만 나중에 발해의 대씨가 차지했다."라고 나온다. 발해와 거란의 시기를 고려하면 이 둘의 기록은 동시대에 발생한 것이 아니다. 발해가 먼저 평양을 차지했고 이후 거란이 발해를 멸망시키면서 평양을 차지한 것이다. 즉, 발해는 고구려 평양을 차지한 후에 중경현덕부에 속하게 했고 이후 거란이 고구려 평양을 차지하고는 동경요양부에 속하게 해서 두 개의 기록이 《요사》〈지리지〉에 나왔던 것이다. 그러나 이 기록만으로 발해가 요동 평양을 언제 상실했고, 반대로 거란이 요동 평양을 언제 차지했는지는 알 수 없다. 발해가 요동 평양을 상실했을 것으로 예상되는 시기는 두 가지다. 첫째는 《요사》〈지리지 동경도 동경요양부〉조의 신책 4년(919)에 거란이 요양의 옛 성을 수축했을 때이고, 둘째는 거란에 의해 발해가 망했던 926년이다. 당시 거란이 요동 평양을 차지한 시기는 구체적인 기록은 없다. 하지만 《요사》〈지리지 동경도〉에서 동경요양부 내에 고구려 평양이 있다고 했으니 거란은 최소한 서기 1010년 전에는 요동 평양을 차지하고 있었을 것이다. 만약 상기와 같은 경우들이 모두 아니라면 이때 고구려 평양은 어느 누구의 영토도 아니고 버려졌을 가능성이 있다. 고구려가 망할 때 평양이 폐허가 되었기 때문에 통일신라나 발해, 그리고 거란 모두 차지하지 않고 완충지대로 남겨두었을 가능성도 배제할 수 없다.

그런데 《요사》〈지리지 동경도〉에 "개주진국군(開州鎭國軍)에 절도가 있다. 본래 예맥 지역으로 고구려 때는 경주였고 발해 때는 동경용원부였다. 궁전이 있으며 경주, 목주, 염주, 하주를 관할했다. …… 돌을 쌓아 성을 만들었는데 주위가 20리다. 당나라 설인귀가 고구려를 정벌할 때 웅산에서 싸웠는데 석성에서 활 잘 쏘는 자를 잡은 곳이다. 태조가 발해를 평정하고 그 백성을 큰 부락으로 이주시키면서 성은 폐허가 되었다. 성종이 고려를 정벌하고 돌아올 때, 성터를 둘러보고 다시 수리했다."라고 한 기록에서 보면, 본래 발해 동경용원부는 흑룡강성 목단강 영안시에 위치했지만 거란이 발해를 멸망시킨 후에 동경용원부를 요동으로 교치시켰던 것이다. 경주 위치에 대해서는 이미 고찰한 바와 같이 요동 평양 근처에 있었다. 《무경총요》〈북번지리 요동〉조에 "개주(開州)는 발해의 고성이다. 거란 왕이 경술년(1010)에 동쪽으로 신라를 토벌하고 그 성의 요해처에 주도를 세웠다. 이에 개원군(開遠軍)이라 칭했다."고 나온다. 거란이 개주(開州)를 차지한 것은 1010년 강조의 정변이 일어났던 고려 현종 때에 고려로부터 빼앗아 설치했음을 알 수 있다. 뒤에 다시 나오지만 개주 위치는 현 요양에 접한 옛 패수현이다. 고려 영토가 이곳까지 있었음을 알 수 있다.

2. 《고려사》〈세가〉 성종 10년

"성종 10년(991) 10월, 압록강(鴨綠江) 바깥에 거주하는 여진족을 백두산 바깥에 살게 했다."는 기록에서 이때 고려가 여진족을 백두산까지 쫓아냈음을 알 수 있다. 이 기록은 성종 12년(993)에 거란의 소손녕이 대군을 이끌고 고려를 공격했을 때도 나온다. 《고려사》〈서희 열전〉에는 "(서희가 왕에게 아뢰길) 거란 동경으로부터 우리 안북부까지 수백 리 땅은 모두 생여진이 살던 곳인데 광종이 그것을 빼앗아 가주(嘉州), 송성(松城) 등의 성을 쌓았습니다. 지금 거란이 온 뜻은 이 두 성을 차지하려는 것에 불과합니다."라고 했다. 이는 신라 말기와 후삼국 시기의 혼란기에 여진족이 신라 땅을 잠식하고 있었던 것이다. 고려가 생여진을 백두산 바깥에 살게 했으므로 당시 고려는 여진족에게 백두산 동쪽에 대한 영토를 인정했고 추후 이들이 동여진이 되었을 것이다.

《고려사》〈지리지〉에 따르면 안북대도호부는 영주(寧州)에 있었고 현 평안북도 남단에 있는 안주(安州)라고 했다. 그러나 동경에서 안북부까지의 수백 리 땅이라고 했으므로 본래의 안북부인 영주는 요동에 있어야 한다. 《요사》〈지리지 동경도〉에 "영주에 관찰사가 있다. 통화 29년(1011)에 고려를 정벌해 발해의 항복한 백성을 두었다. 군사와 관련된 것은 동경통군사에서 관할했다."라고 나온다. 거란 통화 29년은 거란의 2차 침입이 있었던 때인데 당시 고려는 거란에게 영주를 빼앗기자 영주를 안주로 교치했던 것이다. 《금사》〈지리지〉에 고려 영주의 본래 위치가 나온다. 《금사》〈지리지 북경로〉 "흥주는 영삭군(寧朔軍) 절도사가 있다. 본래 거란의 북안주 흥화군(興化軍)이다. 황통 3년(1143)에 영삭군을 항복시키고 흥화현을 두었다. 승안 5년(1200)에 흥주(興州)로 높여 절도를 두고 영삭군(寧朔軍)이라고 했다."는 기록에서 영삭군(寧朔軍)이 영주(寧州)와 삭주(朔州)의 합성어이며 고려의 영주는 물론이고 삭주 또한 흥화진 일대에 있다가 평안북도로 교치되었음을 알 수 있다. 이어 동일한 《금사》〈지리지 북경로〉에 "정우 2년(1214) 4월에 밀운현에 교치했다. 15,970호가 있다. 현이 두 개인데 이민현이 있었다. 승안 5년(1200)에 이민재로 올렸다가 태화 4년(1204)에 폐지해 거란의 옛 현인 흥화에 붙였다. 황통 3년(1143)에 항복한 흥화군을 설치해 대정부(북경로)에 예속하게 했다."고 했으므로 현재 북경에서 보이는 흥주는 본래 위치가 아닌 것이다.

거란 동경은《무경총요》의 기록을 보면 두 군데에 있었다. 첫째는 안시성이다.《무경총요》〈북번지리 요동〉조에 "동경은 요동의 안시성이다. 성의 동쪽에는 대요하가 있고 성의 서쪽에는 소요하가 있다. 진(秦)나라 때 요동군이었고 한(漢)나라 때 유주에 속했다. 당 태종이 고구려를 평정할 때, 행산을 주필산으로 삼아 이름을 지었다. 산은 동경의 동북에 있다. 후에 발해국이 되었는데 거란이 요주로 삼았다. 그 땅을 얻어 동경으로 삼았다."라고 했다. 거란 동경은《요사》〈지리지〉에도 나오지만 본래 요양성이었다. 그런데《무경총요》는 요양성 대신 안시성이라고 했고《추리도》 또한《무경총요》와 동일하다.《무경총요》와《추리도》는 모두 남송 때 기록이니 동경 위치에 대해 동일한 인식을 하고 있었던 것이다. 여타 기록에서도 거란 동경은 요양이 분명하지만 안시성이 요양에 속해 있었기 때문에《무경총요》와《추리도》에서 이런 기록을 남긴 것으로 보인다. 그리고 다른 동경은 안동도호부의 치소에 있었다.《무경총요》〈융적구지(戎狄舊地) 중경사면제주(中京四面諸州)〉조에 "동경은 안동도호부의 치소이다. 주성(州城)은 옛 연군성이며 본래 요서 지역이다. 한나라와 위(魏)나라 연간에 오환과 선비의 거주지로 영주 동쪽이다. 거란은 숭의군 절도를 두었다. 옛날에 강남 수군이 있었는데 통오군이라 불렀다. 동쪽으로 의무려산, 서쪽으로 200리에 패주, 남쪽 80리에 금주(錦州)가 있다."고 했다. 여기서의 동경은 이미 나온 바가 있는 요서고군성의 위치와 같다. 당나라의 안동도호부는 요서고군성에 743년에서 758년까지 있었다. 거란 동경이 요서고군성에 있었으나 이후 동쪽의 발해 땅을 빼앗은 후에 요양성으로 동경을 옮겼던 것이다.《요사》〈지리지 동경도〉에 요양이 옛 패수현이라고 기록했고,《요사》〈본기 태조〉조에는 "신책 4년(919) 2월 병인일에 요양의 옛 성을 수리해 동평군으로 삼고 중국인과 발해인으로 채워 방어사로 삼았다."라고 나온다. 태종 천현 3년(928)에는 동평군을 남경으로 승격해 요양에서 다스렸다고 했다. 《요사》〈지리지 병위지하(兵衛志下)〉조에는 동경이 본래 발해의 땅인데 거란이 그 땅에 남경요양부를 세웠고 천현 13년(938)에 태종이 그 땅을 동경으로 고쳤다고 기록했다.

당시 고려는 안북부에서 압록강까지 수백 리 땅을 광종이 빼앗아 가주와 송성을 설치한 것이니 가주와 송성 또한 요동에 있어야 한다. 가주와 송성에 대한 기록을 보면 《고려사절요》 광종 11년(960) 3월의 기록에 '습홀에 성을 쌓고 승격시켜 가주라고 했다. 송성에 성을 쌓고 승격시켜 척주(拓州)라고 했다.'고 나온다. 가주 위치에 대해 《고려사》〈지리지 북계 가주〉조에 "가주(嘉州)는 본래 고려의 신도군이다. …… 고종 18년(1221)에 몽골병을 피해 해도로 들어갔다. 원종 2년(1261), 육지로 나와서 태주, 박주(博州), 무주, 위주 등을 모두 본 군에 예속시키고 5성 겸관으로 했다. 후에 나눠서 태주, 무주, 위주 3주를 설치하고 박주는 그대로 가주에 속하게 했다. 공민왕 20년(1371)에 다시 나누어 박주를 설치했다."라 했다. 《고려사》〈세가〉 고종 23년(1236)에는 "몽골군이 안북부의 운암역에 주둔하니 가주와 박주 사이에서 불길이 하늘에 닿았다."라고 했다. 몽골군이 고려를 공격할 당시에는 거란이 이미 고려의 가주를 차지했으므로 이때의 가주는 압록강 남쪽에 교치한 이후의 지명이다. 《고려사》〈지리지 북계 박주〉조에 박주는 고려 박릉군이며 대령강이 있다고 했다. 《세종실록지리지》〈평안도〉조에는 박천강은 박천에 있는데 옛 이름이 대령강이라고 했다. 여기서 박주는 박천임을 알 수 있다. 지도를 보면 박천군의 지명이 평안북도 서남단이자 청천강 북쪽에 있으므로 가주 또한 평안북도에 남단에 있어야 한다. 북계의 안북대도호부가 안주라고 했으므로 이게 맞으면 광종은 겨우 안주와 인접한 지역인 가주에 성을 쌓은 셈이다. 그러나 가주가 여기에 있을 리는 없다. 서희는 거란이 가주와 송성 두 성을 차지하려는 것에 불과하다고 성종에게 말하는데 가주를 거란에게 빼앗기면 청천강 이북의 영토가 모두 거란의 차지가 되는 것이다. 이래서 가주와 송성이 청천강 북안에 있을 수는 없는 것이다. 《세종실록지리지》의 기록은 고려가 거란에 의해 혼하 일대의 영토를 빼앗긴 후에 교치된 지명임에 분명하다. 그리고 송성을 쌓고 척주를 설치했다고 했는데 송성과 척주는 이후 기록에는 전혀 나오지 않는다. 《고려사》〈지리지〉는 물론이고 거란과 몽골이 고려를 공격할 때도 그 기록이 없다. 이는 송성과 척주가 한반도 내에는 없어 지리지에 그 이름이 나오지 않은 것으로 짐작할 수 있다.

　《요사》〈지리지 동경도 현주봉선군〉조에 "가주(嘉州) 가평군(嘉平軍)에 자사가 있다. 현주(顯州)에 예속되었다."라고 나온다. 당시 거란의 가주는 현주에 속했던 것이다. 거란 현주는 《추리도》에도 나오지만 의무려산 일대에 있었다. 청나라 지리지 《성경강역고》〈권4 요(遼) 가주(嘉州)〉조에는 "가주는 봉천부 경내에 있다. 원래 지리지에 의하면 가평군(嘉平軍) 아래 자사(下刺史)가 있고 현주(顯州)에 속했다. 《이씨(李氏) 지리운편》은 가주가 조선경내에 있다고 하나 살피건대 가주는 이미 현주에 속해 당연히 광녕으로부터 멀지 않은 곳에 있다. 운편의 설은 의심스러워 확실하지 않다."고 했다. 봉천부는 현 봉천을 포함해 요서까지 포함하는 지역이다. 광녕은 의무려산 남쪽이면서 요하 서쪽에 있으니 가주는 요하 서쪽에 있었을 것으로 추정할 수 있다. 뒤에 다시 언급하겠지만 정약용은 《아방강역고》〈서북로 연혁속〉에서 《원사》〈고려전〉을 인

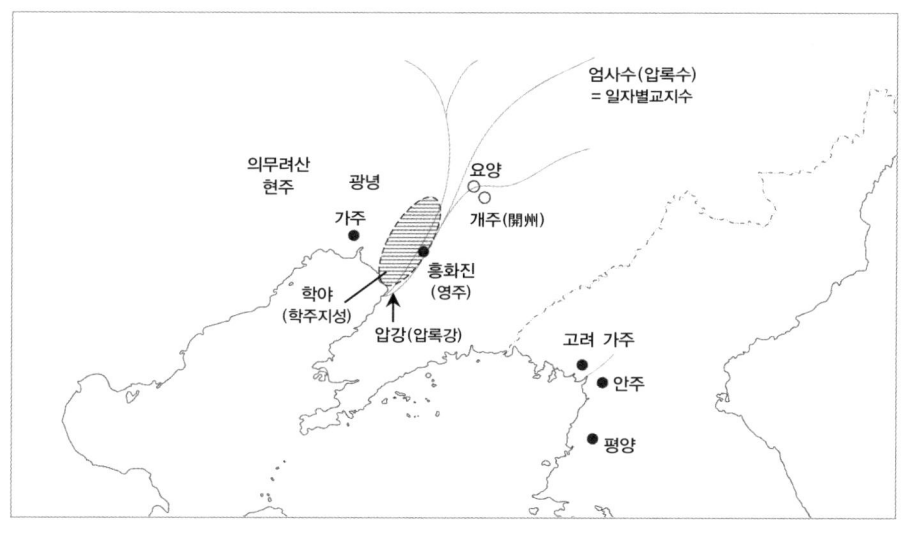

〈지도 107〉 고려 국경 주요 지명

용하면서 명나라 왕기의《속문헌통고(續文獻通考)》의 기록을 소개했다. 그 내용은 "동녕부의 가주(嘉州)는 거란이 가평사(嘉平事)로 삼았다."는 것이다. 앞에서《성경강역고》의 기록에는 가주를 가평군(嘉平軍)이라고 했으니 가평사와 가평군은 같은 곳임을 알 수 있다. 송성 위치에 대해《고려사》〈세가〉에 "정종(靖宗) 원년(1035) 9월에 서북로의 송령 동쪽으로 장성을 쌓아 도적의 충돌을 막았다."고 나온다. 광종 11년에 설치한 송성은 정종 원년에 장성을 쌓았던 곳과 동일한 장소로 보인다. 정종 원년인 1035년에는 3차 여요 전쟁 이후이므로 이때 고려 서북계는 고대 압록수인 혼하에 있었다. 그래서 송령과 송성은 혼하 동쪽에 있었을 것이다. 거란이 가주와 송성을 차지하려는 의도에 불과하다는 서희의 언급은 거란이 혼하 일대를 차지하길 원한다는 의미인 것이다.

이와 같이《고려사》〈지리지 평안도〉조에 나오는 가주는 본래 위치가 아닌 이동한 지명이다. 이런 지명의 이동은 고려 때에 많이 일어나는데 거란과 몽골의 침략으로 피난민들이 대거 남쪽으로 내려왔기 때문에 지명을 같이 이동시킬 수밖에 없었던 것이다.

3. 《고려사》〈세가〉 성종 13년

"성종 13년(993) 2월, 소손녕이 글을 보내 말하길, …… 황제의 명령을 받아 생각을 하니, 압강(鴨江) 서쪽 마을에 5개의 성을 쌓는 것이 어떨까 하여 3월 초에 장소를 찾아 축성하고자 합니다. 대왕께서 미리 지휘하시어 안북부로부터 압강 동쪽에 이르기까지 총 280리 사이에 적당한 지역을 돌아다녀 거리의 원근을 헤아리게 하시고, 아울러 성을 쌓을 일꾼들을 보내 같이 시작할 수 있도록 명하시고 축성할 숫자가 몇 개인지 빨리 회보하여 주시옵소서."라고 했다. 안북부 위치가 청천강에 있는 안주라면 소손녕이 말한 압강은 현 압록강이 맞다. 그런데 앞서 〈서희 열전〉에는 서희가 소손녕에게 거란의 동경에서 안북부까지의 영토를 광종이 여진으로부터 빼앗았다고 말했다. 이는 요하 및 혼하 동쪽은 고려의 영토라는 뜻이다. 안북부에서 280리의 거리는 서북쪽으로 혼하에서 동남쪽으로 천산 산맥 서쪽 일대까지이고 안북부도 이곳 일대에 있다가 현 청천강으로 이동했다. 《고려사》〈지리지 북계 안북대도호부 영주(寧州) 연혁〉조에 "안북대도호부 영주는 본래 고려의 팽원군이다. 태조 14년(931)에 안북부를 두었다."라고 나온다. 본래 안북부는 태조 왕건 때 요동에 설치했고 앞서 나온 바와 같이 고려 현종 때(1011) 거란에게 빼앗겼다. 영주는 삭주와 함께 흥화진에 있었고 흥화진 위치는 추후 상세히 나오지만 현 요령성 안산시 서쪽이자 고대 압록수인 혼하 서쪽에 있었다. 소손녕이 말한 압강은 고대 압록수인 혼하이자 사하임을 알 수 있고 현 안산시 서쪽에서 혼하 동쪽 280리 사이에 강동 6주를 설치할 것을 요청한 것이다. 고대 압록강은 고려 때까지 혼하였다. 한(漢), 수(隋), 당(唐), 송(宋), 요(遼), 금(金), 원(元)나라에 이르기까지 이들 국가들은 압록강을 현재의 압록강으로 기록한 적이 없다. 《통전》등에서 압록강을 현 압록강으로 기록한 것은 후대의 편수관들이 현 압록강을 본 후의 수정일 뿐이다. 《가탐도리기》, 《황화사달기》, 《요사》, 《무경총요》, 《원사지리지》 등의 기록은 압록이 현재의 압록강이 아니라 모두 혼하였다. 명나라 또한 조선이 압록강 위치를 바꾸자 1461년에 명나라가 편찬한 《대명일통지》에서 두 개의 압록강을 기록할 수밖에 없었던 것이다. 조선 초에 《삼국사기》와 《고려사》를 수정해서 편찬하는 과정에서 편수관들은 모든 사료들을 원래의 위치가 아니라 옮겨진 지명에 맞춰 수정했고 이런 과정에서 사료의 불일치가 발생했던 것이다.

4. 《고려사절요》 성종 12년

"성종 12년(993), (서희가 아뢰길) 이제 겨우 압록강 안쪽만 수복하였으니 청컨대 강 바깥쪽까지 수복하길 기다렸다가 조빙을 하더라도 늦지 않을 것입니다."라고 했다. 993년에 고려가 압록강 안쪽인 혼하까지 수복했고 이어 고려와 거란의 합의에 따라 994년에 서희가 군사를 동원해 압록강 북쪽이자 혼하 서북쪽의 여진족을 쫓아내 성을 설치한다.

5. 《고려사》〈세가〉 선종 5년

"선종 5년(1088) 9월, 거란에 태복소경 김선석을 보내 각장 설치 계획을 중단할 것을 요청했다. 표를 보내 말하길, …… 살펴보건대 승천 황태후(982~1009)가 국정을 맡아 봉토를 나눠줬으니 …… 천황 ①학주지성(鶴柱之城)으로부터 서쪽의 언덕까지 거두고 ②일자별교지수(日子鼈橋之水)로 한정해 동쪽을 우리 강토로 할애했습니다. ③통화 12년 갑오년(994)에 정위 고량을 거란에 보내 천보황제(거란 성종)의 조서를 가지고 왔는데 …… 당시에 배신 서희가 경계를 맡아 관할했고, 동경유수 소손녕이 황제의 명령에 따라 서로 상의해 각자 양쪽 국경을 맡아, 여러 성을 나눠 쌓았습니다. 이에 하공진을 안문에 보내, 압록구당사로 삼아 낮에는 동쪽 강변을 감시하고 밤에는 내성에서 머물게 했습니다. 마침내 귀국에 의지해 초적을 없애고 별다른 대비가 없어도 변방이 한가로워졌습니다. 성종의 칙서에 먹물이 마르지도 않았고 태후의 자애로운 말씀이 어제와 같은데 갑인년(현종 5년, 1014)에 하천에 다리를 놓고 배를 만들어 길을 통하게 했고, 을묘년(현종 6년, 1015)에는 국경을 넘어 주성(州城)을 쌓아 군대를 배치했고, 을미년(문종 9년, 1055)에는 궁구(弓口)를 세우고 정자를 만들었습니다. ……(하략)"의 기록을 고찰해 보자. ②의 일자별교지수(日子鼈橋之水)의 일자는 주몽을 뜻한다. 별(鼈)은 자라이고 교(橋)는 다리이다.《삼국사기》〈고구려 본기〉 동명성왕 원년의 기록에 주몽이 병사의 추격에 쫓기다 엄사수에 이르러 주몽이 강물을 향해 '천제의 아들이고 하백의 외손'이라고 말했다. 그러자 자라와 물고기가 다리를 만들었다는 기록이 있다.《위서》〈동이열전 고구려〉조에는 '천제의 아들' 대신에 일자(日子), 즉 '해의 아들'이라고 했다. 일자는 주몽을 뜻하는 것이고 별교지수는 자라가 다리를 만들어준 강이니 엄사수이다. 고구려 건국지 고찰에서 엄사수는 엄리대수, 혹은 개사수로도 불렸고 고대 압록수이자 혼하였다. 여기서 또 하나 알 수 있는 사실은 고려 초까지만 해도 고려 조정은 주몽이 건넜던 엄사수 위치를 정확히 알고 있었다는 점이다. 현재 주류 사학계는 엄사수를 송화강으로 보고 있다. 만약에 엄사수가 송화강이라면 고려와 거란이 이곳을 가지고 국경을 정할 이유가 전혀 없다. ①의 학주지성은 요하 유역에 있었다. 《무경총요》의 기록을 다시 인용하면 "《황화사달기》에 이르길, 안동부로부터 …… 서쪽 60리에 학주관(鶴柱館)이 있다."고 했다. 학주의 지명은 안동도호부인 양평의 서쪽에 있었다. 《요사》〈지리지 동경도〉에도 학야(鶴野)의 이름이 나온다. "학야(鶴野)는 본래 한나라 거취현인데 발해 때는 계산현이었다. 옛날에 정령위의 집이 이곳에 있었는데 집을 떠난 지 천 년 만에 학으로 돌아와 화표주(華表柱)에 모였다. 부리로 글을 써서 말하길, '새여, 새여, 집 떠난 지 천 년 만에 돌아왔도다. 성곽은 있으나 사람은 없으니 어찌해 선도를 배우지 않아 무덤이 쌓여있는가.'라고 했다." 화표주는 정령위가 표시한 기둥이라는 뜻이고 학주지성 또한 학의 기둥이 있는 성이라는 뜻이니 둘은 같은 곳임을 알 수 있다.

《한서》〈지리지 요동군〉조를 보면 학주지성이 있는 거취현은 양평 남쪽에 있다. 학야는 조선 초 최부의 《표해록》〈잡록〉에도 그 이름이 나오는데 "동쪽으로 큰 바다에 통하고 광녕 동쪽에서 해주위의 서쪽과 요동의 북쪽에 길게 뻗어 들어가서 큰 들판이 되었으니 곧 이른바 학야란 것이다."라고 기록했다. 학야는 서쪽으로는 광녕까지 동쪽으로는 요동, 남쪽으로는 바다에 이르는 넓은 지명임을 알 수 있다. 《독사방여기요》〈요동행도사〉조에는 "학야성은 한나라 때 요동군 거취현이다. 도지휘사사(요양)의 서쪽 80리에 있다."라고 나온다. 요양의 서쪽 80리면 요하 유역으로 양평, 요대, 광녕 일대이다. 화표주는 조선시대에도 꽤 유명했음을 알 수 있는데, 조선 후기 문인 정유일의 시문집인 《문봉집》에 "요성(遼城)의 화표주(華表柱)를 지나기 전에 사신은 이미 발해관의 두 겹 문을 지났네."라고 했고, 조선 후기 문인 이명익의 시와 산문집인 《도곡집》〈제3권〉에도 "요동에는 옛날부터 정령위의 화표주와 사당이 있었다."라고 기록했다. 《대청광여도》에도 학야(鶴野) 지명이 나오는데 요양 서쪽의 요하와 혼하 일대의 지명이다. 이곳의 넓은 지역에 큰 벌판이 있는 것은 고대 하구였던 곳에 점차 물이 빠지면서 육지가 되었고 그곳에 학이 서식했음을 알 수 있다. 이때 거란이 학주지성에서 혼하까지의 땅을 고려에게 주었다는 것은 외교적인 표현일 뿐이다. 993년 거란의 1차 침입 당시 요하와 혼하 하류 지역은 발해가 망한 후에 여진족 땅이 되었고 서희와 소손녕의 담판으로 양국의 국경을 학주지성과 일자별교지수로 정한 것이다. 이런 상황이었기 때문에 고려 성종 9년(990)에 성종이 요성을 방문하겠다고 말할 수 있었던 것이다. 당시 거란은 고대 압록수 동쪽의 요양을 차지하고 있었지만 요양의 서북쪽인 양평과 그 남쪽은 고려 영토였음을 알 수 있다.

③에서 거란 소손녕이 993년 10월에 고려를 공격하자 서희와 소손녕이 협상해 국경을 정해 각자 성을 쌓는 것을 말하는 것이다. 993년 당시 고려와 거란은 요하와 혼하 일대를 경계로 정했는데 거란이 약속을 어기고 혼하를 넘어 고려 국경을 침탈해 오자, 고려 선종 5년(1088) 거란에게 글을 보내 이를 중지해 줄 것을 요청한다. 그러나 고려와 거란의 경계가 모두 혼하였던 것은 아니다. 고려 서북쪽은 학주지성과 일자별교지수인 요동성이었지만 그 동쪽의 요양은 거란의 영토였기에 태자하 남쪽을 따라 북쪽으로 올라간 후에 본계시를 지나서 다시 혼하를 따라 심양과 무순까지 다다른 다음에 철령과 신주(信州)를 거쳐서 동남쪽으로 내려가 길림합달령을 한계로 했을 것이다.

6. 문종 2년 박인량 진정표

문종 2년(1075)에 거란이 압록 동쪽을 국경으로 삼으려 하자 박인량이 진정표를 지어 거란 군주에게 올렸는데 거란 군주가 문장의 훌륭함에 감탄해 그 주장을 철회한다. 이 내용이 《동문선》에 남아 있다. 《동문선》〈39권 표전 박인량〉 '대요 황제에게 올리는 글' "압록(鴨綠)이 형성된 것은 우리나라 한계를 그어 영토를 만든 것인데 강 연안의 여러 옛 터에 부여의 옛 성이 아직도 남아 있고, 그 땅을 하사하신 높은 은혜는 태조의 말씀 그대로 준수되어 왔습니다. 중간에 조정에서 국경을 조정한 이후부터 강을 건너 동쪽에 성을 둬, 다시 교두보를 설치하고 군사시설로 점차 국경을 넓혔습니다."라는 기록을 보자. 현 압록강에는 부여가 온 적이 없으니 부여성이 있을 수가 없다. 박인량이 말한 압록은 고대 압록인 혼하를 말하는 것임을 알 수 있고 고려의 북계가 혼하임을 여기서도 알 수 있다.

7. 《거란국지(契丹國志)》

《거란국지》는 남송의 섭융례가 저술했다. 그곳에 고려와 거란의 국경을 알 수 있는 기록이 있다. 《거란국지》〈22권 주현재기(州縣載記)〉 사방의 접한 나라의 지리 원근〉조에 "거란 동남으로 신라국 서쪽에 이른다. 압록강(鴨淥江) 동쪽 8리 황토령을 경계로 삼았는데 보주(保州)에서 11리이다."라고 나온다. 여기서 신라는 고려, 압록은 현 사하이고, 황토령은 이미 나왔지만 《성경통지》〈권25 해성현〉조에 "황토령은 요양성 동남 80리에 있다."고 했으니 안시성 동쪽을 흐르는 사하(沙河)의 동안에 있었다. 보주는 내원성이 치소였는데 내원성은 요하 하구에 있었다. 그 위치에 대해서는 추후 상세히 고찰할 것이다. 《만주원류고》〈부족 신라〉조의 기록을 보면, "당 말에 고려(왕건)가 다시 일어나 그 남쪽을 차지하고 발해는 거란에 망해 신라는 서로는 ①해주 암연현(蓋州)으로 거란과 경계를 삼고, ②서북으로는 압록강 동쪽 8리에 있는 황토령으로 거란과 경계를 삼았다."고 했다. ①에서 신라 서쪽 경계가 해주, 곧 현 해성시이고, ②에는 서북 경계가 압록강 동쪽 8리인 황토령이라고 했으니 서북 경계가 현재의 압록강이 될 수 있는 방법은 없다. 또한 《원사(元史)》〈매노(買奴)열전〉에 "(고종 17년, 1230) 정행만호 매노가 고려 화랑성을 함락하고 개주성(開州城)에서 고려 장수 김사밀을 생포했다. 이어 용주, 선주, 운주, 태주 등 14성을 함락했다."고 했다. 화랑성에 대한 기록이 《고려사》에 전혀 나오지 않는 것으로 보아 화랑성은 요동에 있었을 것이고 개주는 본래 태자하 유역에 있다가 거란에게 빼앗긴 후 고려가 봉황성으로 교치했다. 고려가 거란과 금나라를 공격해 봉황성을 차지한 기록이 전혀 없고 만약 그랬다면 고려보다 강대국이었던 거란과 금나라가 고려를 그대로 둘 리가 만무한 것이다.

　이상과 같이 압록강이 현재의 압록강이 아니라 혼하임을 알 수 있고 비사성이 요양 남쪽 120리에 있었기에 황토령은 해주의 비사성 북쪽 40리에 위치했던 것이다. 그리고 위의《거란국지》에서 황토령이 보주에서 11리에 있다고 했으므로 보주 동쪽 경계가 고대 압록강인 혼하 서쪽 3리까지 있었던 것도 알 수 있다. 또《거란국지》〈22권 주현재기(州縣載記)〉에 거란 동북 경계에 속한 주요 지명에 남쪽에서부터 소주, 복주, 진주(辰州), 흥주(興州), 해주, 철주, 경주, 심주, 동주(同州), 함주, 신주(信州), 통주, 장춘(長春) 등이 나온다. 소주와 복주는 요동반도 천산산맥 서쪽이자 개주(蓋州) 남쪽이고, 진주는 개주(蓋州), 흥주(興州)는 홍화진으로 현 안산시 서쪽 일대, 해주는 해성시, 철주는 안산시, 경주는 요동 평양 서쪽, 심주는 심양, 동주는 추리도와 허항종의《금국행정록》에서 함주에서 동남쪽 50리, 함주는 개원(開原), 통주는 함주 북쪽으로 개원과 사평 사이, 장춘(長春)은 현 장춘시이다. 여기에는 거란이 고려로부터 빼앗은

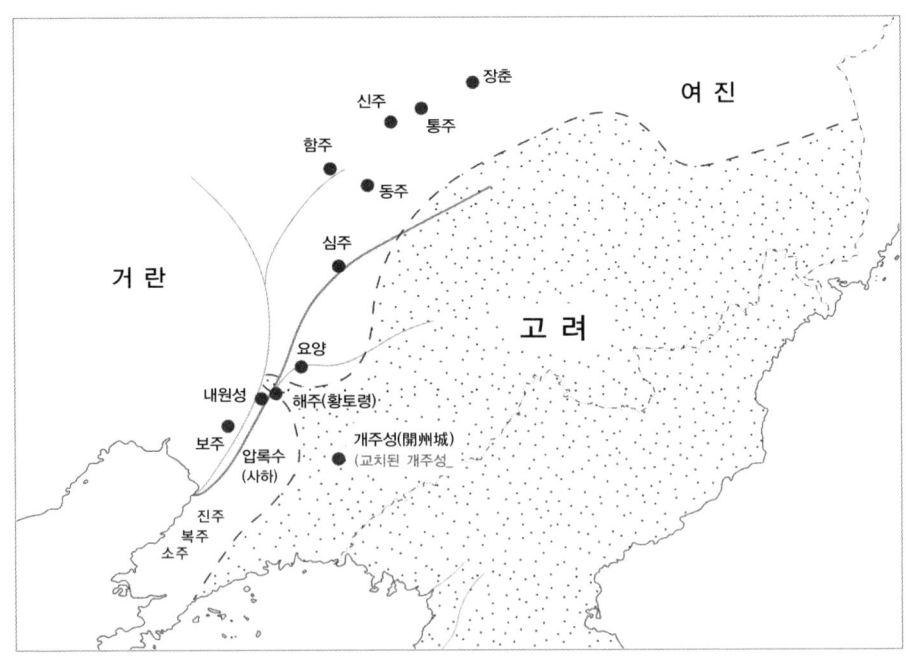

〈지도 108〉 황토령과《거란국지》의 지명 위치

개주(開州)가 빠져있는데 개주는 태자하 남안의 패수현과 석문을 포함하고 있다. 이 기록만으로는 요양 동쪽 경계가 불명확한데 《요사》〈지리지〉에서 이를 보완할 수 있다. 《요사》〈지리지 동경도 숭주용안군〉조에 "본래 한나라 장잠현이다. …… 동경에서 동북쪽으로 150리 떨어져있다."고 나온다. 이미 나왔지만 장잠현은 요양 동쪽에 있었고 《요사》〈지리지 동경도 녹주압록군〉조에는 풍주가 녹주 동북 210리에 있다고 했다. 거란 동쪽 경계는 본계시와 무순시에서 형성되었을 것이다. 그래서 고려 서북계는 천산산맥 남단에서 북쪽으로 개주(蓋州)와 해성시를 지나 안산시까지 올라간 후에 동남쪽으로 내려와서 태자하 남쪽을 지나고 본계시에서 다시 북쪽으로 올라가 무순과 철령시 동쪽을 지나 길림합달령을 따라서 자연 국경을 형성해 길림시까지 갔던 것이다.

8. 《고려사》〈세가〉 숙종 2년

"숙종 2년(1097) 12월 계사일에 요나라 야율제사 이상 등을 시켜 왕에게 옥책, 규, 인, 관면, 차로, 장복, 안마, 필단 등의 물품을 보내왔다. 책문에서 말하길, '짐이 하늘의 도움과 조종의 유훈으로 천하를 통치한 지가 43년이 되었다. 밖으로 백성을 편안하게 하고, 안으로 제후를 어루만져 옳은 길로 나아가게 했다. (고려는) 바다 모퉁이에 사직을 세워 북쪽으로 용천(龍泉)에 다다르고 서쪽으로 압록에 접해 있다.'라고 했다." 용천은 발해의 상경용천부를 말한다. 당시 고려 영토가 상경용천부에 접했음을 알 수 있는데 〈거란지리지도〉와 《추리도》에 나오는 거란 영토와, 거란이 자신들의 영토에 세운 요탑(遼塔)의 분포도를 보면, 요탑의 동북 끝은 철령 북쪽의 개원이고 서남 방향으로 철령, 무순, 심양, 요양, 안산, 해성, 대련까지 이어진다. 이에 대해서는 정영호 외 3인이 저술한 《중국 요탑》〈부록 요탑분포도〉에 상세히 나온다.

또한 《선도문화 제29권(2020: 185~193)》에 수록된 김영섭의 논문 〈동녕부 자비령과 고려 서북 경계〉에서도 요탑의 동단이 요령성 해성시 은탑, 본계시 남쪽 탑만탑, 무순시 고이산탑, 철령시 원릉사탑, 개원시 숭선사탑이 한계였

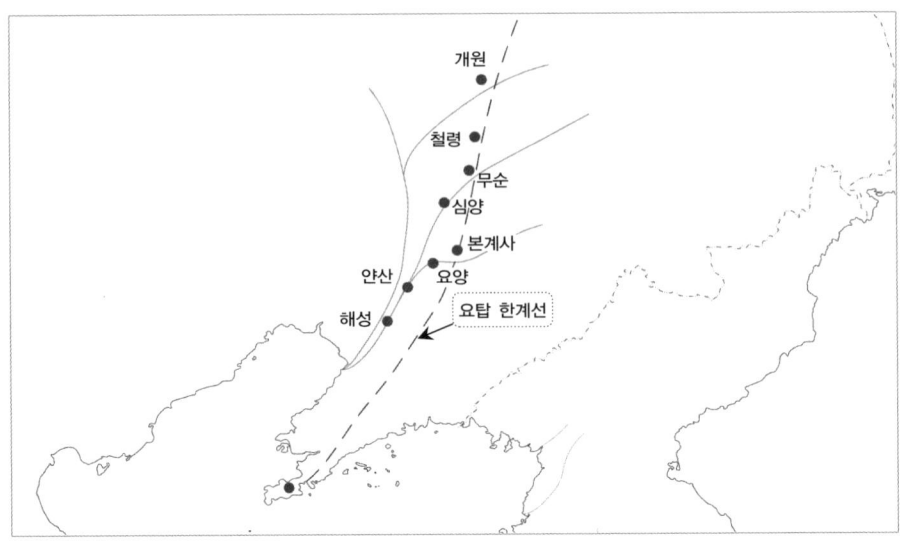

〈지도 109〉 요탑 한계선

다. 《추리도》에 나오는 지명과 요탑의 분포 또한 거의 동일하니 거란의 동쪽 경계이자 고려의 서북 경계가 이곳에서 형성되었음을 알 수 있다. 물론 이 기록은 거란이 고려의 영토를 빼앗은 후의 일이다. 거란이 여러 차례 고려를 공격해서 빼앗은 영토가 요동의 천산산맥 서쪽까지였던 것이다.

앞서 나왔던 《자치통감》의 기록을 다시 인용해 보면, "발해 부여성은 고구려 부여성이다. 당시 고려 왕 왕건이 나라를 세워 혼동강까지 지켰다. 그러나 혼동강 서쪽은 차지하지 못했으므로 부여성은 발해에 속했다. 혼동강은 바로 압록수이다."라고 했고, 《요사》〈본기〉 태조조의 기록은 "천현 원년(926) 정월 기미(1월 2일)에 흰 기운이 해를 뚫었다. 경신(3일)에 발해 부여성을 함락하고 성을 지키는 장수를 죽였다.(주석에 당과 고구려 때의 부여성이다. 당시 고려 왕 왕건이 나라를 세워 혼동강(混同江)까지 지켰다. 그러나 혼동강 서쪽은 차지하지 못했으므로 부여성이 발해에 속했다. 혼동강은 바로 압록수라고 했다. 살피건대 혼동강과 압록수는 다른 강이다.)"라고 했다. 이와 같이 926년의 고려와 거란의 경계는 고대 압록수인 혼하였고 이후에도 고려의 동북 영토는 변함이 없는 것을 알 수 있다.

9. 《고려사》〈세가〉 현종 17년

"현종 17년(1026) 윤5월 19일, 거란이 어원판관 야율골타를 보내 동북여진으로 가는 길을 빌려달라고 요청했으나 허락하지 않았다."고 나온다. 만약 고려 영토가 현 압록강 이남으로 한정되었다면 거란이 고려 영토를 지나서 동북여진으로 갈 필요가 없다. 고려 영토가 거란과 동북 여진의 중간에 자리 잡고 있기 때문에 그런 것이다.

10. 《고려사》〈세가〉 예종 12년

"예종 12년(1117) 3월 6일에 갑오 백관이 표문을 올려 축하하길, '본래 압록강의 옛 터와 계림의 옛 땅은 산천을 둘러싼 관방이었습니다. …… (하략)'라고 했다." 이 기록에서 압록강은 혼하이고 계림은 길림의 다른 말이다. 계림이 경주라면 경주가 관방이 될 수 없기 때문이다. 고려 국경이 혼하에서 길림까지 이어졌음을 알 수 있다.

11. 서긍의 《선화봉사 고려도경》

인종 1년(1123)에 송나라가 인종의 즉위를 축하하기 위해 사절단을 보냈는데 이때 송나라 사신 서긍이 고려 영토에 대한 기록을 남겼다. 《선화봉사 고려도경》〈3권 봉경〉조에 "고려 남쪽은 요해에 막혀있고, 서쪽은 요수와 닿았고 북쪽은 거란의 옛 땅과 접해 있으며 동쪽은 금나라와 맞닿았고 일본, 유구, 담라, 흑수, 모인 등과 개의 이빨과 같은 형태로 접하고 있다. …… 연산도로부터 육로로 요수를 건너 동쪽에 그 경계가 있는데 무릇 3,790리다."라고 했다. 여기서의 요해는 현 발해만을 말한다. 거란의 옛 땅과 접해있다고 했으니 금나라 때도 고려 영토는 변함이 없다. 고려 서쪽이 요수와 닿았으니 당시 고려와 금나라의 경계가 요수임을 알 수 있다. 《추리도》와 〈거란지리지도〉에 난하 동쪽에서 현 요하까지가 거란 영토로 되어 있어 요수가 현 요하임을 알 수 있다.《금사》〈지리지 권24 동경로 요양부〉조에도 요양 및 요양 남서쪽에 위치한 소주와 복주를 금나라 영토로 기록해 요하 남쪽은 천산산맥이 국경이었다. 또한 개봉에서 3,790리라고 했으니 이를 통해서도 고려 국경을 추정할 수 있다. 서긍은 1124년에《고려도경》을 완성하는데 그때와 비슷한 시기인 1125년에 금나라 사신으로 간 허항종이 있었다. 허항종은《선화을사봉사 금국행정록》에서 금나라 상경으로 가는 길에 함주에서 신라산을 보았고 그곳에 고려 국경이 있다고 기록했다.《금국행정록》에서 남송의 도읍인 개봉에서 금나라의 도읍인 상경까지는 4,270라고 했으므로 고려 경계인 3,790리보다 480리 더 멀다. 금나라 도읍인 상경은 하얼빈이고 480리는 약 160킬로미터이므로 당시 경계를 심양 서쪽의 요하에서 거리를 재면 길림시 북쪽 일대이다. 이 기록을 통해 당시 고려의 동북계는 길림시에 있었음을 알 수 있다. 서긍은 요수와 동쪽으로 3,790리라고 했지만 만에 하나 3,790리의 기록이 요수를 건

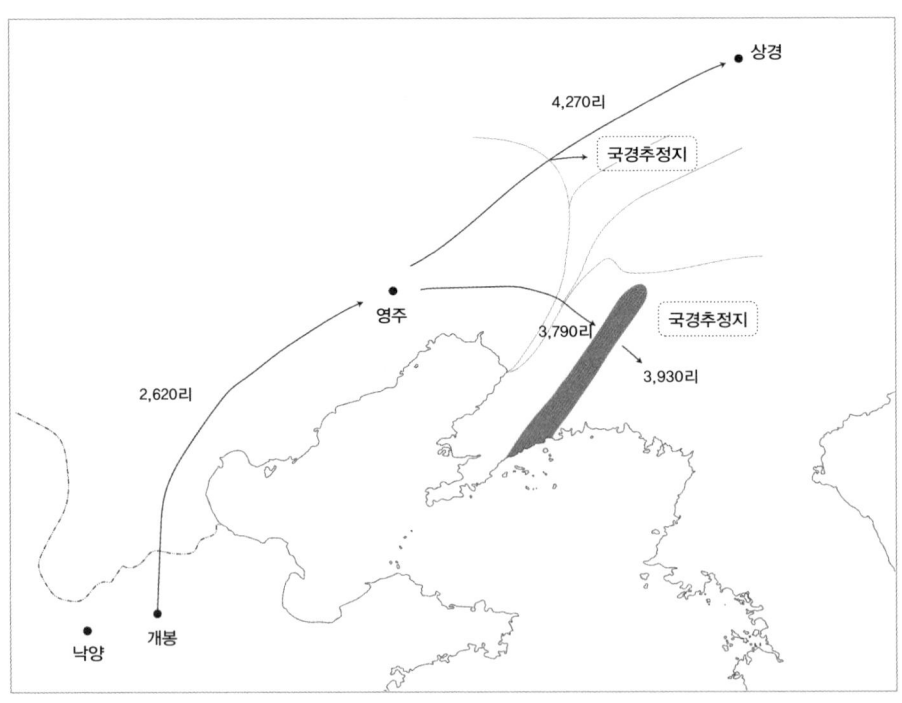

〈지도 110〉《고려도경》 거리 기록

너 남쪽으로의 거리라면 어떻게 될까? 《가탐도리기》에 낙양에서 영주까지의 거리가 2,900리라고 했다. 낙양에서 영주까지 가는 도중에 천진시가 있는데 낙양에서 천진까지의 직선거리가 약 640킬로미터, 개봉에서 천진까지의 직선거리가 약 550킬로미터로 개봉에서 영주까지의 거리가 낙양에서 영주까지의 거리에 비해 약 90킬로미터 짧다. 10리당 3.34킬로미터로 계산하면 약 280리로 개봉에서 영주까지의 거리는 약 2,620리다. 《가탐도리기》에서 영주에서 양평까지의 거리가 680리이고 이미 고찰한 바와 같이 양평에서 압록강 북안까지 약 630리이므로 이를 더하면 개봉에서 현 압록강 북안까지의 거리가 약 3,930리다. 개봉에서 고려 국경까지 3,790리라고 했으므로 이 경우 고려 국경은 압록강 북쪽의 천산산맥 일대로 볼 수 있다.

12. 허항종의 《선화을사봉사 금국행정록(宣和乙巳奉使金國行程錄)》

앞서 나온 바가 있지만 금나라에 사신으로 가는 송나라 허항종의 노정에 "함주(咸州)에서 40리를 가면 숙주(肅州)에 이르고, 50리를 가면 동주(同州)에 이른다. 동쪽으로 천산(天山)을 바라보니, 금나라 사람이 말하길, '저기는 신라산(新羅山)인데 산속이 깊고 멀어서 갈 수 있는 길이 없습니다. 저 산속에 인삼

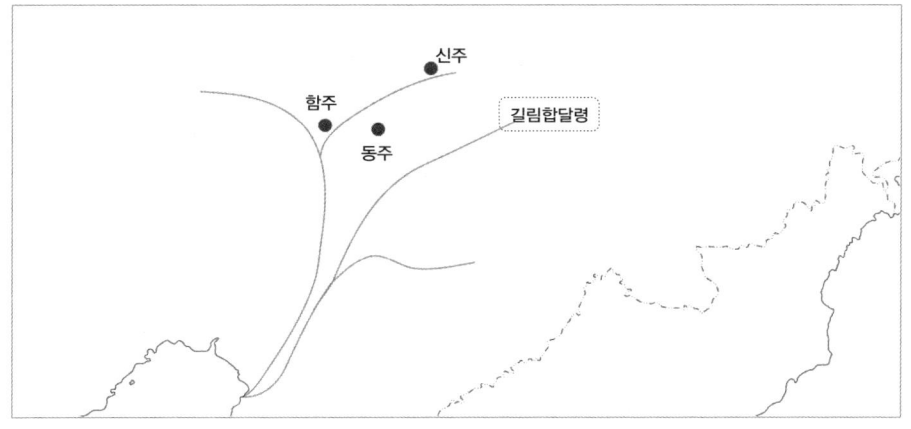

〈지도 111〉 함주, 신주와 길림합달령 위치

과 백부자가 나고 산 깊은 곳에 고려와 국경을 접하고 있습니다."라고 했다. 신라산은 옛 장백산인 길림합달령으로 금나라가 거란을 멸망시킨 후에도 고려와 금나라의 국경은 이전과 같음을 알 수 있다.

13. 《고려사》〈세가〉 인종 4년

"가을 7월 정미일에 송나라에서 합문지후 후장과 귀중부 등 60여 명을 보내왔다. 이에 왕이 답하길, 조부 숙종왕 때에 그들의 추장 영가라는 자가 자기 힘으로 모든 흉악한 무리를 통제하고 위풍으로 여러 부족들을 항복시킨 다음 무서운 눈초리로 백산(白山)을 엿보면서 빈번히 우리 국경을 침범했고 오달, 혜노가 잇달아 일어나 흉악한 세력을 더욱 확장했다.'라고 했다." 당시 고려 영토를 감안할 때 이 기록에서의 백산은 장백산이다. 이때에도 고려 영토는 장백산인 길림합달령까지 이르렀다.

14. 《요사》〈지리지 동경도〉 신주

"신주(信州) 창성군 아래 절도가 있다. 본래 월희의 옛 성으로 발해 때 회원부(懷遠部)였는데 지금은 폐지했다. 성종이 이 지역이 고려와 접하고 있어 개태(1012~1021) 초반에 주(州)를 설치하고 한(漢)나라 사람들로 채웠다."라고 했다. 거란의 신주가 고려와 접한다고 했는데 신주 위치를 추리도에 보면 황룡부가 있던 통주(通州) 북쪽인데 통주는 현 개원시이다. 그러므로 신주는 현 사평시로 추정된다. 고려와 거란 국경이 사평시 동쪽에서 형성되었음을 알 수 있다.

15. 《금사》〈외국열전〉

《금사》〈외국열전〉에 "고려 국왕은 왕해(인종)이고 영토는 압록강에서 동쪽, 갈라로 남쪽이다. 동쪽과 남쪽은 바다이다."라고 나온다. 이 기록은 고려가 동북 9성이 있던 갈라로를 여진에게 돌려준 이후의 기록이다. 이어 동일한 《금사》〈외국열전〉에 "천보 3년(1120) 11월에 고려가 갈라전 장성을 3척 더 높이 쌓았다."라고 하였으므로 여진에게 동북 9성을 돌려준 이후에도 갈라전은 여전히 고려에 속했다. 《금사》〈지리지 상경로〉조에 회령부 동남쪽 1,800리에 갈라로(曷懶路)가 있고 동남쪽으로 500리에 고려 국경이 있다고 했는데 금나라 상경은 하얼빈시 남부 아성구에 있었다. 이는 아성구에 금나라 상경 성터가 발견되었기에 명백한 사실이다. 이곳에서 동남쪽 1,800리이므로 약 600킬로미터 동남쪽이다. 그런데 600킬로미터 동남쪽이면 연해주 해중이라 동남쪽 1,800리 기록은 과장되었거나 당시 거리 척도가 달랐을 것이다. 《금사》〈지리지〉는 갈라로와 합란로를 같은 의미로 사용하고 있는데, 《만주원류고》〈강역 5 금(金) 상경 해란로〉조에서는 해란로가 길림 영고탑 경내에 있다고 했고, 금나라 해라(孩懶)가 해란과 같은 말이라고 했으니 해라가 갈라임을 추정할 수 있다. 《성경통지》〈권101 폐해란로(廢海蘭路)〉조에 "해란로는 봉천성 동남쪽에 있고 금나라가 두었다. …… 상경에서 1,800리 거리인데 고려 국경이 5백 리 동남쪽에 있다."고 나온다. 《금사》와 《성경통지》의 내용은 같지만 《금사》의 갈라로가 《성경통지》에는 해란로로 바뀌었을 뿐이다.

　《원사》〈지리지 요양등처행중서성(遼陽等處行中書省) 합란부수달달등로(合蘭部水達達等路)〉조에 "원나라 초에 군민 만호부 5를 설치했다. 무진(撫鎭)북변이다. …… 호리개(胡里改)강이 있어 혼동강(混同江)과 합친다. 또 합란하가 있어 바다로 들어간다."고 나온다. 지도를 보면 혼동강은 하얼빈 일대를 흐르는 강이고 바다로 들어가는 강은 송화강이니 합란하는 송화강임을 알 수 있다. 또한 수달달등로(水達達等路)라는 지명은 송화강 물길이 도달하는 곳이란 의미이므로 송화강 일대의 광역 지명인 것이다. 《고려사》〈지리지 동계 함주대도독부〉조에 "함주대도독부는 오랫동안 여진이 거주했다. 예종 2년(1107)에 원수 윤관 등에게 명해 군사를 지휘해 여진을 쳐서 내쫓았다. 예종 3년에 주(州)를 설치해 대도독부로 삼았고 진동군이라 불렀다. …… 예종 4년에 성을 철수하고 여진에게 돌려줬다. 뒤에 원나라에게 편입되어 합란부라고 불렀다."
라고 했다. 함주대도독부는 본래 합란에 있다가 여진에게 돌려준 후에 함경남
도로 교치되었던 것임을 알 수 있다.

《만주원류고》〈상경 해란로〉조에는 "《금사》에서 강종 4년에 고려가 해란
전에 9성을 쌓고 수만 군사로 알색을 공격했다."고 했으니 갈라, 합란, 해란은
모두 같은 말이다. 우리나라 가곡 '선구자'에 해란강 가사가 나온다. 해란강은
두만강 북쪽의 연변 조선족 자치주 일대를 흐르는 두만강의 지류라고 알려져
있는데,《만주원류고》〈강역 해란수(海蘭水)〉조에 "원일통지(元一統志)에 해란
하가 심양로에 있고 옛 건주(建州) 동남 1천 리를 지나 바다로 들어간다고 했
다." 건주는 현 무순시 동남쪽에 위치한 흥경이니 해란하는 두만강 이북에
있었다. 해란하는 조선과 청나라의 영토 분쟁 기록에서도 나온다.《청사고》
〈조선열전〉 "광서 16년(1890)에 총리아문에서 상소하길, '길림장군이 글을 올
렸는데 …… 조선은 두만강과 도문강을 잘못 알고 계속해서 내지의 해란하가
강의 분계라고 오해했으며 종래에는 송화강의 발원지인 통화 송구자에 흙이

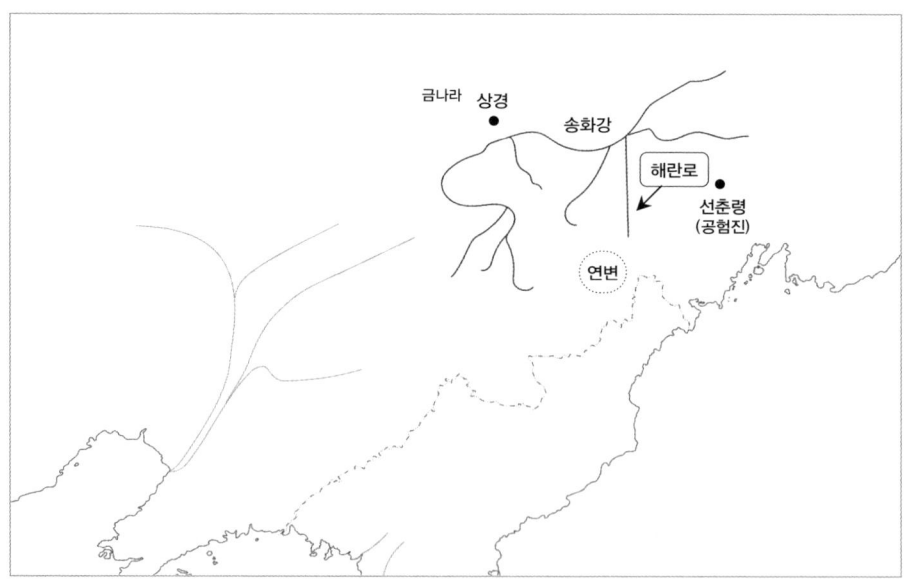

〈지도 112〉 해란로 위치

쌓여 마치 문(門)과 같다고 오해해 여기에 토문의 뜻을 무리하게 붙여 그 주장을 굽히지 않고 강변했습니다.'(라고 했다.)" 이 기록에서도 해란강이 두만강 북쪽에 있었음을 알 수 있다. 본래 해란강은 목단강이자 현 송화강 지류이며 갈라로는 영고탑이 위치한 목단강 영안시 일대의 지명인 것이다.

또한《금사》〈사묘아리 열전〉에 "고려가 갈라전에 9성을 축성하자 혼탄이 공격해 목리문전에서 적과 힘껏 싸웠다. 사묘아리가 창을 겨누어 장수를 찌르자 적이 궤멸했다. 혼탄과 석전환이 도문수(徒門水)에서 군사를 합쳤고 사묘아리가 주장(主將)이 되어 적을 쳐서 2성을 빼앗았다. 고려가 침구해 오자 우리 군사가 요충지에서 수비하니 적이 후퇴했다. 사묘아리가 갈라수까지 추격하자 적이 얼음 위를 밟고 도주했다. 길에서 적병 5만 명을 만나 공격해 쫓아냈고 또 석전환과 함께 7만 명의 적병을 만났는데 사묘아리가 먼저 떨쳐 공격해 대파했다."고 나온다. 고려가 동북 9성을 갈라전에 쌓았고, 고려군이 여진과 싸운 곳이 갈라수와 도문수였다. 갈라수와 해란강은 같은 말이고, 해란강은 두만강 이북에 있는 강이기에 여기서도 동북 9성이 두만강 이북에 있었음을 알 수 있다. 또한 도문수는《성경통지》〈권27 도문강(圖們江)〉조에서 두만강 물줄기로 묘사했는데 당시 고려와 여진은 해란강과 두만강 일대에서 싸웠던 것이다. 이래서 두만강 동북쪽 700리에 있었던 공험진 위치와도 부합하는 것이고 고려 국경은 길림에서 송화강을 따라서 동쪽으로 공험진까지 연결되었다. 천리장성 또한 길림에서 송화강을 따라 동쪽으로 형성되었던 것이다. 동북 9성의 위치에 대해서는 추후 자세히 밝히겠다.

그런데 일제강점기에 일제 관변학자들이 함경남도 북청 산지의 절벽에서 여진 문자로 각석된 바위를 발견한다. 관구검 기공비와 점제현 신사비도 마찬가지지만 일제는 우리나라 사람들이 오랜 기간 동안 발견하지 못한 유적을 여기서도 쉽게 발견한다. 관구검 기공비와 점제현 신사비도 가짜였지만 이것 또한 가짜가 분명하다. 이곳을 여진 영토로 만들어 고려 국경과 천리장성 또한 북청 남쪽에 만들기 위한 일환이었을 것이다. 일제는 탁본 일부를 공개했는데 맹안(猛安)이라는 한자가 있어 당시 여진인이 남긴 유적이라고 했다. 맹안은 금나라 태조 아골타가 창안한 군사 조직인데 일제는 이 석각 유적이 1218년에 세워진 것이라고 주장하고 있다. 1218년은 고려 고종 5년으로 고려 북계가 여전히 길림과 공험진에 있을 때이다. 공험진이 두만강 동북에 있었는데 북청에 여진 영토가 존재하면 공험진은 북쪽에 고립되고 천리장성 또한 북청 남쪽에 있어야 한다. 천리장성과 공험진은 압록강과 두만강 이북에 있었기에 일제가 발견한 북청 석각은 명백한 조작의 증거일 뿐이다.

16. 보주(保州)와 내원성(來遠城)의 위치

보주 치소인 내원성은 고려의 서북 국경을 결정짓는 중요한 지명이다. 내원성 위치에 대해 주류 사학계는 현 압록강 하류 위화도의 동쪽인 검동도로 비정하고 있다. 이는 당시 고려와 거란의 국경이 혼하에 있었다는 수많은 문헌 사료와 배치되기에 혼하에서 동남으로 약 400리 떨어진 검동도에 거란의 영토가 있을 수는 없다. 먼저 거란의 보주가 언제 설치되었는지 기록을 보면, 《요사》〈지리지 동경도〉 "정주보녕군은 고려가 설치했다. 옛 현이 하나 있는데 정동(定東)이다. 성종 통화 13년(995)에 군(軍)으로 승격해 요서의 민호들을 옮겨서 채웠다. 동경유수사에 속했다. 관할현은 하나인데 정동현이며 고려가 설치했다."고 했다. 정주보녕군은 요하와 혼하 일대에 있던 지명이다. 정주보녕군의 이름을 보면 정주, 보주, 영주의 합성어임을 알 수 있다. 그리고 《요사》〈지리지 동경도〉 보주선의군(保州宣義軍)의 기록을 보면, "①보주선의군에 절도를 두었다. 고려가 설치했다. 옛 현이 있는데 내원현이다. 성종이 고려 왕 순(현종)이 무단으로 왕위에 올라 죄를 묻자 불복했다. 개태 3년(1014)에 보주와 정주 2주를 취했다. 통화(983~1012) 말년에 고려가 항복해 그곳에 각장을 두었다. …… ②선주정원군(宣州定遠軍)을 설치해 자사를 두었다."는 기록을 보자. 통화 말년은 고려 현종 1년(1010) 때 거란의 2차 침입을 말하는 것인데 이때 수세에 몰리던 고려가 거란에게 친조를 약속해 거란이 물러난다. 거란은 이때 (1014)에 이르러 정주보녕군 대신에 ①의 보주선의군을 둔 것이다. 그리고 보주선의군의 글자에서 보듯이 보주(保州)와 선주(宣州), 의주(義州)의 합성어이며 거란이 보주, 선주, 의주를 차지했음에도 이후 고려 영토에 선주와 의주의 지명이 존재한다는 것은 고려가 선주와 의주를 거란에게 빼앗기자 그 지명을 압록강 이남으로 이동시켰음을 여기서도 알 수 있다. ①에서 거란이 1014년에 보주와 정주 및 선주를 이미 차지하고 있었는데 이후 거란은 ②의 선주정원군을 설치한다. 이는 선주, 정주, 내원의 합성어인데 이렇게 다시 고친 이유는 《고려사》〈본기〉의 "현종 6년(1015)에 거란이 선화진(宣化鎭)과 정원진(定遠鎭)을 빼앗아 성을 쌓았다."는 기록에서 알 수 있다. 거란은 1015년에 고려의 선화진과 정원진을 빼앗은 후에 보주선의군의 명칭을 선주정원군으로 바꾸었던 것이다. 《독사방여기요》〈산동 8 요동도지휘사사 정원보〉조에 "정원보가 (요양) 남쪽에 있다. 버려진 성 서쪽의 인근 보에 고려 주둔지가 있었다.(定遠堡 在衛南中固城西近有高麗屯.)"고 나온다. 거란은 그 전에 보주와 선주 및 정주까지 차지하고 있었는데 1015년에 이르러 요양 남쪽에 있던 고려의 정원진까지 빼앗은 것이다. 1015년 거란이 고려에게 뺏은 선화진 위치는 《무경총요》에 나온다. 《무경총요》〈전집 동경〉"보주는 발해의 옛 성이다. 동쪽으로 압록강 신라 국경을 쳐서 각장(무역시장)을 설치해 시장의 이익을 통하도록 했다. 동남쪽으로 40리에 선화군(宣化軍)이 있고, 남쪽으로 바다까지 50리, 북쪽으로 대릉하까지 20리이다."라고 했다. 압록강은 혼하이고 보주는 대릉하 남쪽에 있었는데 보주 동남쪽 40리에 선화군이 있다는 것은 선화군이 혼하 동쪽 연안에 접한 것으로 보인다. 이 기록은 당시 고려 서북 국경이 현 해성시 서쪽 일대에 있었음을 알게 한다. 《독사방여기요》〈산동 8 요동도지휘사사 영풍보〉조에는 "영풍보는 (해주)위 서남쪽 60리에 있다. 또 (해주)위 서쪽에 임청, 광적, 보녕(保寧), 진해 등 네 개의 보가 있다.(永豊堡 衛西南 六十里 又西有 臨淸 廣積 保寧 鎭海 等 四堡)"라고 했으니 정주 보녕군은 해주 서쪽에 있었던 것이다. 〈내원성〉조에는 "또 내원성은 역시 (요양의) 서남쪽에 있다. 《요사》〈지리지〉에 따르면 본래 여진 땅에 속했다. 통화 중에 고려를 정벌해 이곳에 성을 설치했다. 금나라는 내원군으로 올리고 다시 주로 올렸다. 원나라는 폐지했다.(又來遠城 亦在司西南 遼志 本屬女直地 統和中 伐高麗 置城於此 金升爲來遠軍 又升爲州 元廢)"라고 했다. 내원성이 요양의 서남쪽이니 고려와 거란 국경이 요하와 혼하 일대임이 명백하다. 이미 나왔지만《고려사》〈지리지 북계 안북대도호부〉조에서 보주(保州)가 의주라고 했고,《요동지》〈의주위(義州衛) 산천〉지도에 의주위가 광녕위 동쪽에 나온다. 보주가 요하 서쪽에 있었으니 본래의 의주 또한 요하 서쪽에 있다가 거란에게 빼앗긴 후에 현 압록강 이남으로 옮긴 것이다.

앞서 언급했던《거란국지(契丹國志)》〈22 주현재기(州縣載記)〉의 기록을 다시 보면, "사방의 접한 나라의 지리 원근; 거란 동남으로 신라국 서쪽에 이른다. 압록강(鴨淥江) 동쪽 8리 황토령을 경계로 삼았는데 보주(保州)에서 11리이다."라고 해 보주와 황토령이 인근에 있었고,《만주원류고》〈부족 신라〉조에 "(신라는) 서로는 해주 암연현(盖州)으로 거란과 경계를 삼고, 서북으로는 압록강 동쪽 8리에 있는 황토령으로 거란과 경계를 삼았다."고 한 기록에서 황토령 위치가 사하 동쪽 8리에 있었음을 고찰한 바가 있다. 그 서쪽에 보주가 있었으니 보주는 명백히 요하 서쪽에 있었고 보주의 치소인 내원성 또한 요하 일대에 있었던 것이다.

여기서 각 지명의 위치를 비정해 보면,《요사》〈지리지 동경도〉"개주진국군(開州鎭國軍)에 절도가 있다. 본래 예맥 지역으로 고구려 때는 ①경주였고 발해 때는 동경용원부였다. 궁전이 있으며 경주(慶州), 목주, 염주(鹽州), 하주를 관할했다. …… 돌을 쌓아 성을 만들었는데 주위가 20리다. 당나라 설인귀가 고구려를 정벌할 때 ②웅산에서 싸웠는데 석성에서 활 잘 쏘는 자를 잡은 곳이다. 태조가 발해를 평정하고 그 백성을 큰 부락으로 이주시키면서 성은 폐허가 되었다. 성종이 고려를 정벌하고 돌아올 때, 성터를 둘러보고 다시 수리했다."라고 나온다. ①의 경주는 칠중하 위치 고찰에서 나온 바가 있지만《독사방여기요》에서 발로하가 경주 서쪽 경계에 있다고 했으므로 경주는 태자하 일대에 있었다.《요사》〈지리지 동경도 개원현(開遠縣)〉조에 염주의 옛 현에 해양현(海陽縣) 등 4개 현이 속했고 개주(開州)에서 140리 떨어져 있었다.

개주에서 140리 떨어진 곳에 염주가 있었고 그곳에 해양현이 속해 있었으니 140리면 약 43킬로미터로 해양현은 현 해성시 서쪽의 요하 하구에 있었을 것이다. 목주는 동북 120리에 개주가 있다고 했으므로 염주의 동쪽에 있었을 것이고 하주는 그 위치 기록이 없다. 개주(開州)는 태자하 남쪽의 한나라 패수현에서 서남쪽으로 바닷가까지 위치한 큰 주(州)임을 알 수 있다. ②의 웅산은 백석산의 다른 말이고 고당 전쟁 때 온사문의 석성이 있었다.

이를 종합하면 개주진국군은 동쪽의 경주에서 서남쪽으로 염주까지인데, 지금 지명으로는 요양 동쪽이자 본계시 남쪽의 태자하에서 서쪽으로 석성, 그리고 그 서남쪽으로 안산시를 지나 해주 서쪽의 요하와 혼하 사이에 있었다. 《무경총요》〈전집 동경〉조에 "①개주(開州)는 발해의 고성이다. 거란 왕이 경술년(1010)에 동쪽으로 신라국을 토벌하고 그 성의 요해처에 주도를 세웠다. 이에 개원군(開遠軍)이라 칭했다. 서쪽으로 내원성(來遠城)이 120리에 있고 서남쪽으로 ②길주(吉州)가 70리이며 동남쪽으로 60리에 석성이 있다."고 했다. 내원성이 개주 서쪽 120리에 있으므로 역으로 개주는 내원성 동쪽 120리에 있어야 한다. 이미 고찰했지만 석성은 석문이 위치한 곳으로 요양 동쪽 52리이자 태자하 남쪽에 있었다. 개주가 석성 서북쪽 60리이므로 요양 서쪽

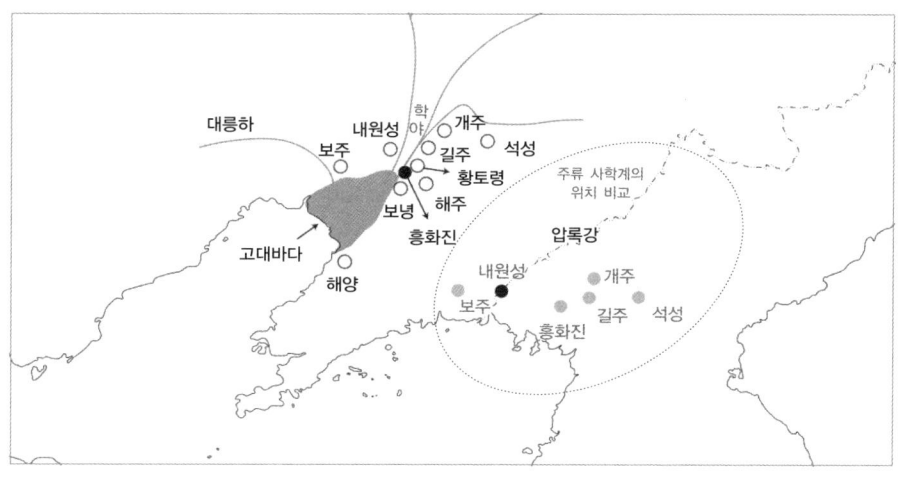

〈지도 113〉 고려 서북계 지명 위치

한나라 패수현에 해당한다. 확인을 위해 《무경총요》의 다른 기록을 보자. "내원성(來遠城)은 거란 경술년(요 성종)에 신라국을 토벌해 요해지를 얻어 성을 쌓아 지켰다. 중국 대중상부 3년(1011)이다. 동쪽으로 40리에 신라 ③흥화진이 있고 남쪽으로 30리에 바다가 있으며 서쪽으로 40리에 ④보주가 있다."고 했다. 앞서 《거란국지(契丹國志)》〈22 주현재기(州縣載記)〉에서 압록강 동쪽 8리에 황토령이 있고 보주에서 11리라고 했으므로 보주는 압록강 서쪽 3리에 있음을 알 수 있다. 여기서 압록강은 혼하 하구이고 혼하와 요하는 하류에서 만나므로 요하 하구라고 해도 같은 말이다. 압록강 서쪽 3리면 약 1킬로미터이므로 보주는 요하 서쪽에 있었다. 그런데 ③에서 흥화진이 내원성 동쪽 40리에 있으므로 내원성의 위치만 알면 흥화진의 위치가 나온다. ④에서는 보주의 치소가 내원성 서쪽 40리에 있으므로 역으로 내원성은 보주 동쪽으로 40리에 있었다.

그런데 《무경총요》에 "④보주는 발해의 옛 성이다. 동쪽으로 압록강 신라 국경을 쳐서 각장(무역시장)을 설치해 시장의 이익을 통하도록 했다. 동남쪽으로 40리에 선화군이 있고 남쪽으로 바다까지 50리, 북쪽으로 대릉하까지 20리다."라고 했다. 보주 북쪽 20리에 대릉하가 있다고 했으니 대릉하 남쪽이면 현 금주(錦州)시와 판진시 사이에 보주가 있고 그 동쪽 40리에 내원성이 있는 것이다. 내원성 위치는 현 안산시 서쪽의 하중도로 추정된다. 이전에는 바다였지만 점차 물이 빠지면서 하중도가 되었을 것이다. 내원성 위치를 하중도로 잡으면 ①에서 개주(開州) 위치가 내원성 동쪽 120리에 있으므로 개주는 요양 서쪽에 접해 있는 패수현 위치다. 이는 개주가 석성 서북쪽 60리에 있다는 기록과 일치한다. ②에서 개주 서남쪽 60리에 위치한 길주는 현 안산시 동쪽이며, 개주 동남쪽 60리에 위치한 석성은 태자하 남쪽의 요양시 궁장령구 서쪽이 된다. 여기 석성의 위치는 《명대요동변장도》에 기록한 석문 위치와 동일하다. 그리고 ③에서 내원성 동쪽 40리에 흥화진이 있으므로 흥화진은 안산시 서쪽에 있어야 한다. 《무경총요》〈전집 동경〉조에 "길주는 삼한의 옛 성이다. 거란이 병방(兵防)을 설치해 신라의 여러 나라를 두드렸다. 동쪽으로 석성. ⑤서남쪽으로 압록강, 동쪽으로 대감주까지 100리, 서쪽으로 바다에 이른다."라고 했다. 길주 동쪽에 석성이 있다고 했으므로 앞에서의 위치 기록에 부합하고, 서남쪽으로 압록강이라고 했으므로 압록강은 현 사하이다. 그리고 서쪽이 바다라고 했으므로 앞에서 고찰한 바와 같이 길주가 안산시 동쪽이라는 추정에 부합한다. 이와 같이 보주, 내원성, 황토령, 정주, 영주, 선주, 흥화진 등의 모든 지명은 요하와 혼하 하구에 몰려 있었음을 알 수 있다.

그러면 주류 사학계의 주장대로 내원성을 위화도 동남쪽에 위치한 검동도로 보면 어떻게 될까? 검동도에서 바다까지는 서남쪽으로 약 30킬로미터로 약 90리다. 내원성 남쪽 30리에 바다가 있다는 《무경총요》의 기록과 맞지 않고 다른 방향도 역시 마찬가지로 엉터리다. 내원성 위치에 대해 명나라 이후 나온 일부 중국 사서에서 지명에 대한 고찰 없이 봉황산에 비정하기도 하지만 이는 고대 압록강 위치를 북한 압록강으로 오해했기 때문이다. 《조선왕조실록》〈성종실록〉 성종 12년 10월 17일조에 양성지가 왕에게 진언하길, 개주가 단동 북쪽에 위치한 봉황산에 의지해 성(城)을 이루었다고 했고 조선 초 최부의 《표해록》에도 개주성이 봉황산에 있다고 기록했다. 그러나 본래 개주는 한나라 때의 패수현에 있었지만 앞서 나왔던 《무경총요》에 거란이 고려를 쳐서 개주를 빼앗았다고 했고 이후 고려는 거란에게서 개주를 돌려받은 적이 없다. 금나라에 의해 거란이 망할 때도 고려가 보주를 일시적으로 차지한 적이 있지만 이후 기록을 보면 보주 또한 금나라 영토가 되어 있다. 또한 요탑 설치 장소와 《추리도》 등 여타 수많은 기록에서도 거란이 봉황산까지 영토를 차지한 적이 없었기 때문에 당연히 거란의 개주가 이곳에 있을 수 없다. 선주와 정주 등과 마찬가지로 거란이 개주를 차지한 후 개원군으로 고쳤고 고려는 개주의 치소를 남쪽으로 옮겨 봉황성에 두었는데 이것이 이후까지 이어졌던 것이다. 만에 하나 본래의 개주가 봉황성이라고 해도 당시 고려와 거란 국경이 압록강이 아님을 이 기록에서도 알 수 있다.

당시 고려 서북 경계는 내원성에서 석성이 있는 태자하 남쪽을 지나 다시 동북쪽으로 올라가서 본계시 동쪽에서 북쪽으로 심양, 무순, 철령을 지나가며 형성되었을 것이다.

　이와 관련해《만주원류고》〈부족 신라〉조의 기록을 보자. "《일통지》에 의하면 봉황성은 거란 말에 고려에 다시 편입되어 이를 촉막군이라 한 것으로 개원(開遠)이 폐현되었기 때문에 개주의 치소가 되었다."라고 나온다. 이 기록에는 봉황성이 거란 말에 고려의 영토가 되었고 개주의 치소라고 했는데 이는 고려가 개주를 거란에게 빼앗긴 후에 봉황성으로 교치한 것을 알지 못해 고려가 개주를 다시 찾은 것으로 오해한 것이다. 당시 고려와 거란 국경은 고대 압록수인 혼하였고 고려 천리장성 또한 혼하와 태자하를 따라 연결되었기 때문에 거란이 봉황성을 차지할 수가 없었다. 개주는《원사(元史)》〈매노(買奴)열전〉에도 나온다. "(고종 17년, 1230) 정행만호 매노가 고려 화랑성을 함락하고 개주성(開州城)에서 고려 장수 김사밀을 생포했다. 이어 용주, 선주, 운주, 태주 등 14성을 함락했다."고 했다. 화랑성에 대한 기록이《고려사》에 전혀 나오지 않는 것으로 보아 화랑성은 요동에 있었을 것이고 이때 봉황성으로 교치했던 개주 또한 몽골에게 잃었던 것이다.《고려사》에도 이런 정황을 알 수 있는 간접적인 기록이 있다.《고려사》〈세가〉고종 19년(1232) 3월 13일의 기록을 보면 몽골이 고려 사람으로 하여금 개주관과 선성산에서 농사를 짓도록 하라고 하지만 고려가 이를 거부한다. 1232년의 기록은 1230년 이전까지 화랑성과 개주가 고려 영토임을 알려준다.《고려사》〈지리지〉와《세종실록지리지》의 기록을 보면 정주(定州)는 현 평안북도 구성시, 영주는 청천강 남쪽의 안주(安州)인데 북계의 안북대도호부가 있었으며, 의주(義州)는 현 의주이다. 선주(宣州)는《고려사》〈지리지 북계 안북대도호부〉에 "본래 안화군으로 고려 초에 통주로 개명했다."라고 되어 있다. 당시 고려와 거란은 압록강 이남과 요동에서 정주, 영주, 의주, 선주의 지명을 동시에 가지고 있었던 것이다. 이는 본래 지명이 요동에 있었지만 거란이 고려의 정주, 영주, 의주, 선주를 차지하자 고려가 평안북도로 지명을 이동시켰음을 확인할 수 있다.

17. 《금사》〈지리지 동경로 요양부〉

《금사》〈지리지 동경로 요양부〉조를 보면 요양부에 징주(澄州), 심주(審陽), 귀덕주(貴德州), 개주(蓋州), 복주(復州), 내원주(來遠州)의 6개 주가 있다. 이 기록을 요약해서 인용하면, "징주는 요양의 ①학야(學野)에 진(鎭)이 하나, 의풍(宜豊)과 석성이 있다. ②곽현(郭縣)에 의지해 이름을 동안(東安)이라 했다. 징주에 ③남해군 자사가 있다. 본래 거란의 해주이고 바다가 있으며 진(鎭)이 하나 있다. ④신창현에 석목(析木)이 있다. 신창현은 거란의 동주(銅州) 광리군으로 곽현(郭縣)에 부속시켜 석목현이라고 했다. ⑤심주는 소덕군 자사가 있다. 본래 거란의 정리부 땅이다. 통주(通州), 귀덕주, 징주 3주를 동경에 속하게 했다. 낙교, 장의, 요빈, 읍루, 쌍성(雙城)의 5현이 있다. ⑥귀덕주는 귀덕현, 봉집현 2현이 있고 혼하가 있다. ⑦개주(蓋州)는 봉국군 절도가 있다. 현(縣)이 4개, 진이 2개다. 거란의 철주 건무군 탕지현에 진(鎭)이 하나 있다. ⑧신향현(神鄕縣)에 건안(建安)이 있다. 요현(遼縣)에 진(鎭)이 하나 있다. 대령현(大寧顯)에 수암(秀巖)과 웅악(熊岳)이 있다. ⑨복주(復州)는 현(縣)이 두 개, 진(鎭)이 하나 있다. 영강(永康), 화성(化成)이 있다. 화성은 거란의 소주(蘇州) 안복군이다. 본래 고려 땅이다. 거란 흥종(1031~1055)이 설치했다. 금나라 황통 3년(1143)에 거란이 항복해 현(縣)으로 삼아 속하게 했다. 금나라 정우 4년(1216) 5월 금주(金州)로 올렸다. 흥정 2년(1218)에 올려 방어사로 했다. 진(鎭)이 하나 있는데 귀승(歸勝)이다. ⑩내원주(來遠州) 아래 내원성(來遠城)이 있는데 본래 거란의 숙여진 땅이다. 대정 22년에 군으로 올려 주로 삼았다."고 되어 있다.

①의 학야는 요양 서남쪽의 거취현이다. 의풍의 위치는 요양 서남쪽 100리에 있다. 석성은 이미 고찰한 바와 같이 요양 동쪽에 있었다. 그런데 요양 서남쪽에 이름이 나오는 것은 거란이 본래 요양 동남쪽에 있던 웅악과 석성의 위치를 이곳으로 옮겼기 때문이다. ②의 곽현(郭縣)은 본래 고려의 곽주(郭州)에서 나온 이름이 분명하다. 《고려사》〈본기〉에 "현종 7년(1016) 정월 경술일에 거란 야율세량과 소굴렬이 곽주를 공격해 우리 군사가 싸우다 죽은 자가 수만 명이었는데 군수품을 탈취해 돌아갔다."는 기록이 있다. 이때 고려의 곽

주가 거란의 차지가 되었는데 이후 몽골이 고려 곽주를 공격하기 때문에 곽주 또한 고려와 거란이 나누었던 것으로 보인다.《무경총요》와《독사방여기요》에는 내원성이 요하 하구에 있었고 고려의 흥화진이 내원성 동쪽 40리에 있었다.《금사》〈지리지 북경로 흥주〉조에서 흥화가 곽주에 의지한다고 했는데《금사》〈지리지 동경로 요양부〉의 지명 연혁이 우연이라고 보기에는 일치하는 게 너무 많다. ③의 남해군은 발해 영토사에서 언급한 바와 같이 발해 남경 남해부에서 나온 말이다. ④의 신창현은 해주 동쪽에 있었다. ⑤의 심주는 심양이다. ⑥의 귀덕주는 양평 일대다. ⑦의 개주는 해주시 남쪽이고 ⑧은 고구려 건안성이자 ⑦의 개주와 같은 위치다. ⑨의 복주는《대명일통지》〈요동도지휘사사〉에 요양 남쪽 420라고 했으니 약 140킬로미터로 개주 바로 남쪽이다. 이 기록은 요양부의 동남쪽 경계가 태자하를 경계로 해서 서남쪽으로 안산시를 거쳐, 해주, 개주, 복주임을 알 수 있다. 그리고 화성은 거란의 소주(蘇州) 안복군으로 본래 고려 땅이며 거란 흥종(1031~1055)이 설치한 것으로 기록했다. 이 기록 또한 요동이 본래 고려 영토임을 명확히 한다.《고려사》선종 5년(1088)의 기록에 거란이 현종 5년(1014)에 하천에 다리를 놓고 배를 만들어 길을 통하게 했고, 현종 6년(1015)에는 국경을 넘어 주성(州城)을 쌓아 군대를 배치했다는 기록이 나온다. 1015년이 되어 거란이 혼하를 넘어 왔고 이후 거란 흥종(1031~1055) 연간에 소주 안복군을 설치한 것이다. 그런데 ⑩에서 요양부의 내원주(來遠州) 아래 내원성(來遠城)이 있다. 내원성 위치에 대해서 이미 고찰했지만 다른 기록으로 다시 확인해 보자. 내원성이 본래 숙여진의 땅이라고 했으므로 숙여진의 위치가 어디인지《거란국지》에 나온다.《거란국지(契丹國志)》〈22 주현재기 동경 2백 리〉"동경 2백여 리에 이르는 곳은 동북으로 생여진국이고, 서남으로는 숙여진국 경계이고, 동쪽으로는 신라국에 다다른다."라고 했다. 동경은 요양성이므로 동경 서남쪽 2백여 리는 현 요하와 혼하 하구 일대이다. 내원성이 거란의 숙여진 땅에 있었다고 했으니 이 기록에서도 내원성은 요하와 혼하 하구에 있었다.

18. 《추리도》의 내원성 위치

1247년 남송의 황상이 제작한 《추리도》를 보면 위에서 언급한 지명이 어디에 있었는지 알 수 있다. 1247년은 거란이 멸망한 후이지만 《추리도》는 거란의 상황을 담고 있다. 다만 《추리도》를 볼 때는 유의할 것이 있다. 《추리도》는 동북쪽의 지명은 서쪽으로 치우쳐 있고 요서와 요동의 일부 위치가 바뀌어져 있다. 예를 들면 대릉하 위치가 요하 서쪽에 있어야 하는데 동쪽에 위치시켜 다소 혼란을 주지만 이를 잘 이해하면 큰 문제는 없다. 《추리도》를 제작한 황상은 대릉하 근처의 지명이 많아 이를 동쪽으로 옮겨 고려와 거란의 국경을 표시하려 했던 것으로 보인다. 지도에 대릉하를 기준으로 서쪽에 고려, 신라, 여진 발해의 경계 표시와 그 남쪽에 보주가 있고 대릉하 동쪽에 내원성, 동북쪽에 압록이, 남동쪽에 길주와 신라 국계의 표시가 있다. 《추리도》는 대릉하 서쪽이 고려와 거란의 경계이고 대릉하와 요하 사이에 보주가 있다고 표시했다. 《추리도》의 기록은 《무경총요》는 물론이고 고려와 거란의 경계가 요하라는 여타 문헌 사료와도 정확히 일치한다.

지금까지의 모든 기록은 내원성이 현 압록강이 아니라 안산시 서쪽 하중도에 있었음을 명백히 보여 준다. 내원성은 고려와 거란에게는 쌍방으로 전략적 요충지였다. 그래서 고려는 거란에게 빼앗긴 내원성을 되찾기 위해 노력했던 것이다. 이에 대한 기록이 고려사에 나온다. 《고려사》〈세가〉 "정종(靖宗) 원년(1035) 6월에 (고려의) 영덕진에서 거란 내원성에 회신 첩문을 보내 말했다. …… '우리 강역 내에 들어와 쌓은 선주(宣州)와 정주(定州)의 두 성을 아직 돌려받지 못했습니다.'" 이 기록은 고려 정종이 거란이 빼앗아간 선주와 정주를 요구한 기록인데 이후에 거란이 고려에게 돌려준 기록이 없다. 평안북도에 존재하는 선주와 정주는 교치된 지명임을 여기서도 알 수 있다. 《금사》〈외국열전 고려〉조에도 이를 알 수 있는데 이를 요약해서 인용하면, '금 태조 수국 원년(1115)에 금나라가 거란의 황룡부를 함락 후 보주를 공격하지만 실패한다. 이에 고려가 보주를 원하자 금나라는 고려가 직접 탈환하라고 대답한다. 이후 금나라가 보주를 다시 공격하니 이미 고려 병사가 성안에 있었다. 이는 거란이 금나라의 공격을 버티지 못하자 고려에게 임시로 맡긴다는 명분으로 고려군의 진입을 허용하지만 보주는 금나라가 차지하게 된다. 이후 고려가 금나라에게 돌려달라고 요청하지만 금나라가 이를 거부하다가 결국 고려 인종 8년(1130)에 보주의 경계를 정했다.'라고 나온다. 이때 고려와 금나라가 어디를 경계로 정했는지는 기록에 없지만 이후의 기록을 보면 보주와 내원성이 금나라에 속한 것으로 나오기 때문에 고려가 요하 서쪽의 보주를 완전히 되찾지 못했음을 알 수 있다. 《고려사》〈세가〉에 "인종 6년(1128) 12월 24일에 (금나라가 첩을 보내 이르길) 보주의 땅에 대해 처음에 황제께서 다시는 수복하지 않겠다고 조서를 보낸 것은. 귀국이 이전의 조례를 따라서 반드시 우리 조정의 명령을 좇아 받들 것이라 생각하여 말한 것입니다. …… 금년 8월 14일에 (고려의) 안북도호부에서 (금나라) 내원성에 보내온 첩문에는 '(금나라) 백성들이 강을 건너 창주와 삭주에 이르러 땅을 차지하고 농사를 짓고 있다고 하였습니다. …… 지난 번 선대 황제께서 압강을 경계로 삼도록 결정해 주셨고, 또 첨언 고백숙이 받든 선유성지에 역시 보주 한 성의 경계를 수복하지 않겠다고 했는데 지금 와서 귀국의 인민들이 농사를 짓고 있는 것은 사리에 맞지 않습니다. 바라건대 이들을 징계하고 조사하는 것을 중단해 주십시오.'"라는 기록이 있다. 이는 금나라 백성들이 고려 땅을 침범하자 고려가 금나라에게 이를 중지해달라고 보낸 첩문을 금나라가 고려에게 답신을 하면서 고려의 첩문을 다시 거론하는 내용이다. 상기 기록을 보면 금나라가 보주 땅을 고려에게 주기로 약속했지만 고려가 명령을 따르지 않았다는 구실로 주지 않았음을 알 수 있다. 또한 《고려사》〈세가〉 "명종 13년(1183) 4월, 금나라에서 내원성을 내원군(來遠軍)으로 고쳤다고 통보했다."라고 나오니 보주와 내원성은 금나라 영토에 속했던 것이다.

 이상과 같이 고려 국경에 대한 수많은 기록들과 지명의 위치는 고려 국경이 현 압록강이 아니라 서북으로는 혼하 하구에서 동북으로는 길림합달령까지 이르렀음을 보여준다.

Ⅱ. 강동 6주 위치

강동 6주(江東 六州) 위치 또한 한국 역사의 주요 쟁점 사항이다. 고려 영토사에서 강동 6주에 속한 흥화진 등의 일부 지역이 요하와 혼하 유역에 있었음을 이미 고찰했으므로 나머지도 당연히 압록강 이북에 위치했다. 여기서는 다른 방법으로 강동 6주의 구체적인 위치를 조명해 보자. 거란의 1차 침입 당시 고려와 거란은 회담을 통해 압록강으로 국경을 정한다.《고려사》〈세가〉 성종 13년의 기록에 소손녕이 고려에게 보낸 글을 다시 떠올려 보면 "성종 13년(994) 2월, 소손녕이 글을 보내 말하길, …… 황제의 명령을 받아 생각을 하니 압강(鴨江) 서쪽 마을에 5개의 성을 쌓는 것이 어떨까 하여 3월 초에 축성할 곳을 찾아 축성하고자 합니다. 대왕께서 미리 지휘하시어 안북부로부터 압강 동쪽에 이르기까지 총 280리 사이에 적당한 지역을 돌아다녀 거리의 원근을 헤아리게 하시고, 아울러 성을 쌓을 일꾼들을 보내 같이 시작할 수 있도록 명하시고 축성할 숫자가 몇 개인지 빨리 회보하여 주시옵소서."라고 했다. 소손녕은 거란이 압강 서쪽에 5개의 성을 쌓고 고려는 안북부로부터 압강 동쪽에 이르기까지 총 280리 사이에 성을 쌓자고 말했다. 다음 해인 994년에 서희가 여진을 쫓아내고 강동 6주를 포함해서 8개의 성을 쌓는다.

《고려사》〈서희 열전〉에 나오는 강동 6주의 기록에는 "성종 13년(994)에 서희가 군사를 거느리고 여진을 쫓아내 ①장흥진(長興鎭), 귀화진(歸化鎭)과 ②곽주(郭州), ③귀주(龜州)에 성을 쌓았다. 이듬해 다시 군사를 거느리고 ④안의진(安義鎭), ⑤흥화진(興化鎭)에 성을 쌓았고 이듬해 ⑥선주(宣州), ⑦맹주(孟州)에 성을 쌓았다."라고 나온다.《고려사》〈세가〉에는 강동 6주의 명칭을 조금 다르게 기록했다. "현종 3년(1012) 6월 28일, 형부시랑 전공지를 거란으로 보내 하계 안부를 묻고, 왕이 병에 걸려 친조(親朝)할 수 없음을 알렸다. 거란 왕이 노해, 흥화, 통주, 용주, 철주, 곽주, 귀주를 뺏으라는 조칙을 내렸다."고 했다. 〈서희 열전〉의 기록은 6주와 2진이고《고려사》〈세가〉에는 강동 6주의 지명이 흥화진, 곽주, 귀주, 통주, 용주(龍州), 철주(鐵州)이다. ①의 장흥진과 귀화진은 거

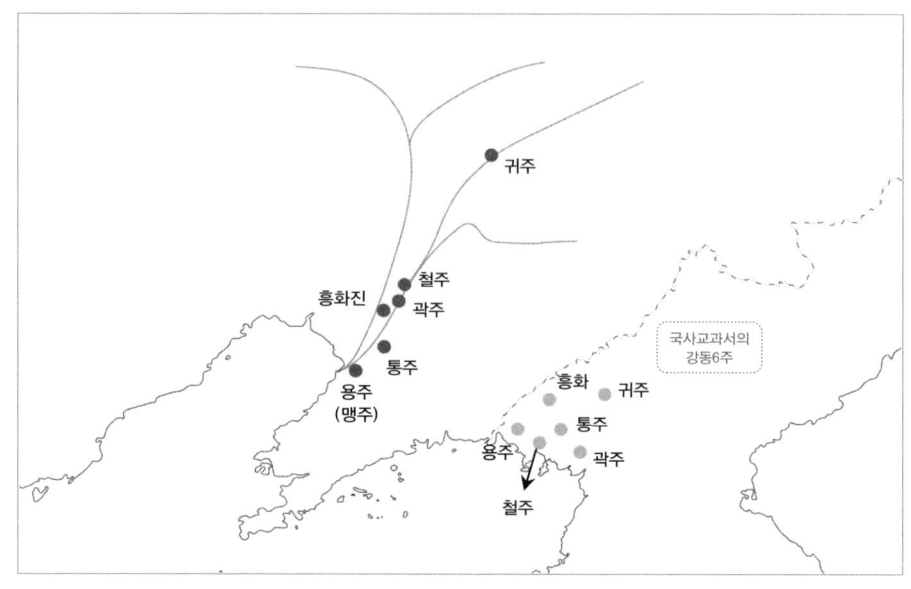

〈지도 114〉 강동 6주 위치

란이 그 이전에 빼앗았기 때문에 3차 여요 전쟁과 몽골 침략 때는 기록에 나오지 않는 것으로 보인다. 장흥진과 귀화진을 설치한 기록은 〈서희 열전〉뿐만 아니라 《고려사》〈권82, 지(志) 성보〉조에 "성종 13년(994)에 평장사 서희에게 명해 여진을 쳐서 장흥, 귀화 두 진과 곽주, 귀주에 성을 쌓게 했다."라고 나오고, 《고려사절요》 성종 13년(994)에도 "송 순화 5년, 거란 통화 12년, 평장사 서희에게 명해 군사를 거느리고 여진을 공격해 쫓아내고 장흥진, 귀화진 두 진과 곽주, 귀주 두 주에 성을 쌓았다."라고 나오니 서희가 장흥진과 귀화진을 설치한 기록은 틀림없다. 장흥진과 귀화진의 위치를 먼저 찾아보자. 《요사》〈지리지 중경대정부〉조에 "중경대정부는 우와 순 때는 영주(營州)이고, 하나라 때는 기주에 속했고 주나라 때는 유주의 일부였다. 진(秦)나라 때 천하를 나눠 요서군이 되었다. 한나라 때의 신안현평이고, 한나라 말기에 해족이 살았다. 장안현(장흥현이라고도 한다.)은 원래 한(漢)나라의 요서군 빈종현이다. 여러 부의 사람들로 살게 했다. …… 귀화현은 한나라의 유성현이다."라고 되어 있다. 담기양의 《중국역사지도집》에 중경과 대릉하 상류 아래에 장흥, 귀화가 있다. 장흥현과 귀화현이 대릉하 상류에 있었으니 장흥진과 귀화진 또한 이곳에 있어야 한다. 그러나 당시 거란은 강국이었기 때문에 고려가 거란 영토 깊숙이 들어가서 차지할 가능성은 희박하다. 또한《고려사》〈세가〉 선종 5년(1088)의 기록에 994년 고려와 거란이 국경에 축성을 할 때에 고려와 거란이 학주지성(鶴柱之城)으로부터 서쪽의 언덕까지 거두고 일자별교지수(日子鼈橋之水)로 한정하는 것으로 합의했고 실제로 축성할 때에 고려 하공진이 압록구당사가 되어 동쪽을 관할했으므로 요서 지역에는 성을 쌓은 기록이 없다. 거란이 995년에 정주보녕군을 설치해 요하 일대를 막고 있었으니 육로로는 그곳까지 갈 수도 없었다. 광종이 설치한 가주는 거란의 1차 침입 때 거란 영토가 되었고, 994년에 상호 합의 이후에 고려가 설치한 장흥진, 귀화진은 거란의 2차 침입 때 거란이 차지했을 것이다. 이후 거란이 그 지명을 요서로 이동시켜 난하 부근에서 그 이름이 나오게 되는 것이고 가주의 이름만 평안북도 남단에 나타나는 이유는 고려가 가주를 거란에게 빼앗긴 후에 교치한 지명인 것이다. 그리고 흥화, 곽주, 귀주의 이름은 동일하지만 서희 열전에는 ④의 안의진, ⑥의 선주(宣州), ⑦의 맹주(孟州)가 나오고《고려사》에는 통주, 용주, 철주로 나온다. 이는 안의진, 선주, 맹주의 3주와 통주, 용주, 철주의 3주가 동일하다는 의미다. 그런데 ⑥의 선주는《고려사》〈지리지 안북대도호부 선주(宣州)〉조에서 "선주는 본래 안화군으로 고려 초에 통주(通州)로 고쳤다. 현종 21년(1030)에 선주 방어사로 칭했다."라고 나온다.《요사》〈지리지 보주선의군〉조에서 이미 고찰했지만 선주는 통주이며 해성시 일대에 있었음을 알려주는 기록이다. 나머지는 안의진, 맹주, 용주, 철주가 남는다. 위의 기록에서 서희가 안의진과 흥화진을 동시에 쌓으므로 이 둘은 인근 지역에 있었던 것으로 추정된다. 흥화진은 안산시 서쪽이고 철주는 안시현이므로 역시 안산시에 있었다. 그래서 안의진이 철주이고 맹주는 용주일 것이다. 당초 서희는 장흥진, 귀화진, 곽주, 귀주, 안의진, 흥화진, 선주, 맹주를 쌓아 요서와 요동에 총 4주와 4진을 쌓았고 장흥진과 귀화진은 거란에게 넘어가 강동 6주만 고려에 남았던 것이다. 송사(宋史) 〈외국 열전 고려〉조에 고려 국경에 흥주(興州), 철주, 통주, 용주, 귀주, 곽주성 등 6성을 쌓았다고 했으니 당시 고려 국경을 감안하면 강동 6주는 혼하 일대에 있어야 한다.

1. 흥화진(興化鎭), 곽주(郭州)

흥화진 위치는 보주(保州)와 내원성(來遠城)의 위치를 고찰할 때 이미 나온 바가 있다.《무경총요》에 내원성 동쪽 40리라고 기록했으므로 안산시 서쪽이다. 이를 감안해서 다른 기록도 고찰해 보자. 앞에서 이미 언급했지만《금사》〈지리지 권24 북경로 흥주(興州)〉에 흥화와 곽주의 이름이 나온다.《금사》〈지리지 북경로〉에 "흥주는 ①영삭군(寧朔軍) 절도사가 있다. 본래 거란의 북안주 ②흥화군(興化軍)이다. 황통 3년(1143)에 영삭군을 항복시키고 흥화현을 두었다. 승안 5년(1200)에 흥주(興州)로 높여 절도를 두고 영삭군(寧朔軍)이라고 했다. …… 정우 2년(1214) 4월에 밀운현에 교치했다. 15,970호가 있다. 현이 두 개인데 이민현이 있었다. 승안 5년(1200)에 이민재로 올렸다가 태화 4년(1204)에 폐지해 거란의 옛 현인 흥화에 붙였다. 황통 3년(1143)에 항복한 흥화군을 설치해 대정부(북경로)에 예속하게 했다. 승안 5년(1200)에 이민현에 흥주를 세워 ③곽주(郭州)에 의지하게 했다. 옛날에는 백담진이 있었다. 의주(宜州)와 흥주(興州)는 본래 흥화현 백담진이었는데 태화 3년(1203)에 현으로 올려 내속하게 했다."라고 했다. 흥화의 지명을 밀운현으로 교치한 때는 1214년이므로 위의 기록은 교치하기 전의 원래 지명을 설명한 것이다. ①에서 영삭군은 흥화군이라고 했는데 고려 천리장성의 주요 연결로에 흥화진과 영삭진이 같이 나오므로 우연의 일치라고 볼 수가 없다. 그리고 송사(宋史)〈외국열전 고려〉조에 고려가 국경에 흥주(興州) 등 6주를 설치했다고 했고 또한《금사》〈지리지〉에는 흥주를 ③의 곽주에 의지케 했으므로 흥화진과 곽주는 인근에 있었음을 알 수 있다. 곽주 또한 서희가 강동에 설치한 새로운 주(州)이므로 흥화진, 영삭진, 곽주는 같은 지역, 즉 현 해성시와 안산시 일대에 있었다.《요사》〈지리지 동경도〉에도 흥주의 지명이 나온다. "흥주(興州)에 중흥군 절도가 있다. 본래 한나라의 해명현이다. 발해가 주를 설치했고 3현이 있다. 옛 현은 성길, 산산, 철산 등 셋이었는데 모두 폐지되었다. 호 수는 200이며 동경에서 서남쪽으로 300리 떨어져 있다."고 했다. 이는 내원성 동쪽 40리에 있는 흥화진과 가까우니 고려, 거란 및 금나라의 흥주는 흥화진과 관련이 있다.《고려사》〈지리지 안북대도호부 태주(泰州)〉조에는 공민왕 15년(1366)에 무주, 위주를 군(郡)에 속하게 하고 우왕 7년(1381)에 분할하여 무주, 위주를 설치했다고 나온다. 동 지리지에 "태주는 본래 고려의 광화현으로 영삭(寧朔) 혹은 연삭이라고 한다."고 했고, 영삭은《세종실록지리지》태천군조에는 영삭이라고도 하는데 서쪽으로 정주(定州), 동쪽으로 영변이 있다고 했다. 태천군은 현대 지도를 보면 구성시 동남쪽에 있다.《세종실록지리지》에는 평안북도 남쪽에 위치한 것으로 나온다. 영삭은《금사》〈지리지〉에는 요동에 있었고《원사》〈지리지 동녕로〉에는 "태주(泰州), 개주(价州), 삭주(朔州), 선주(宣州)가 있다. 선주는 영삭(寧朔)과 석도(席島) 2진을 관할한다."고 나온다.《세종실록지리지》에 태주는 평안북도 내륙에, 선주는 평안북도 서남 해안에 있다고 했으니 영삭진 위치가 이상하다.《원사》〈지리지〉에 나오는 선주와 태주는 요동의 서로 인접한 곳에서 영삭진을 나누고 있었던 것으로 추정된다. 이미 고찰했지만 안북도호부인 영주(寧州)가 흥화진에 있다가 청천강 남쪽의 안주로 교치되었고 삭주와 선주 또한 압록강 이남으로 교치된 것이다.

정약용은《아방강역고》〈서북로 연혁속〉에서《원사》〈고려전〉을 인용하면서 명나라 왕기의《속문헌통고(續文獻通考)》의 기록을 소개했는데 그 내용을 보면, "동녕부의 가주(嘉州)는 거란이 가평사(嘉平事)로 삼았다. 순주(順州)는 본래 요대현 땅이다. 철주는 본래 안시현이다. 태주(泰州)는 본래 거란의 목축지다."라고 나온다. 서희가 설치한 가주와 철주가 거란의 땅인 요동에서 나오고 또한 거란의 목축지인 태주에 영삭군이 있다는 기록을 본 정약용은 이를 받아들이지 못하고 왕기의 주석은 오류가 적지 않다고 했다. 정약용은 낙랑군, 현도군 등의 모든 지명을 한반도로 비정하고 내원성 또한 현 압록강에 있다고 생각하기 때문에 이 기록을 부인했던 것이다. 가주는 평안북도 남단에 그 지명이 있는데 거란은 이곳을 영토로 한 적이 없다. 그런데 거란이 가주를 가평사로 삼았다는 것이다. 순주는《고려사》〈지리지〉에 본래 고려의 정융군(靜戎郡)이며 고종 44년(1257)에 덕주에 합쳤다고 했고《세종실록지리지》에는 덕주가 함길도 안변도호부에 있다고 했으므로 요대현에 있던 순주가 안변으로 교치된 것이다.《대명일통지》〈요동도지휘사사〉에 "요대현은 해주위 서쪽 60리에 있다."고 했으니 순주는 흥화진과 인접해 있었다. 또한《세종실록지리지》에 따르면 철주는 의주 서남쪽에, 태주는 평안북도 태천에 있어야 하는데《속문헌통고》는 거란의 목축지라고 했으니 정약용이 보기에는《속문헌통고》의 기록이 오류일 수밖에 없는 것이다. 이와 같이《속문헌통고》는 가주, 순주, 철주, 태주가 거란 영토 안에 있다고 했고,《고려사》와《세종실록지리지》는 이들 지명을 모두 한반도 내에 있는 것으로 기록했다. 이들 지명은 모두 요동에 있다가 거란에게 빼앗긴 후에 한반도로 이동해 왔음을 알 수 있다. 그리고 태주에 영삭이 있고 또 영삭은 흥화진에 있었으니 태주는 본래 흥화진 근처에 있었고 이를 거란이 빼앗은 후에 목축지로 사용한 것이다.

곽주 위치에 대해《고려사》〈지리지 북계 안북대도호부〉조에 "곽주는 본래 고려의 장리현이다. 성종 13년(994)에 평장사 서희에게 명해 병사를 거느리고 여진을 쳐서 쫓아내고 곽주에 성을 쌓았다."고 나온다. 당시 서희가 압록강 이북의 여진을 쫓아내고 곽주에 성을 쌓았으므로 당연히 곽주는 압록강 이북에 있어야 한다. 그럼에도《세종실록지리지》는 곽주를 평안북도 선천에 위치시켰다. 이는 몽골 침입 당시 요동에 있던 곽주를 빼앗긴 후에 압록강 이남으로 이동한 것이 명백하다.《발해고》〈지리고 곽주(郭州)〉조에는 "당나라가 곽주를 두었다. 발해로 인해 후에 거란에 속했다. 재기(載記)에 거란이 고려에게 압록강 북쪽을 주었고 고려가 흥주, 철주, 통주, 용주, 곽주의 6성을 설치했다. 지금은 조선 경계 안에 있다."고 나온다. 압록강 북쪽에 6성을 설치했다고 했으니 이 기록은 강동 6주가 압록강 북쪽에 있었다는 확실한 증거이며 조선 영토 안에 있는 곽주는 후에 이동했음을 보여 준다.《금사》〈지리지〉에도 곽주 위치가 나온다.《금사》〈지리지 동경로 요양부〉"징주는 요양의 학야(學野)

에 진(鎭)이 하나, 의풍(宜豊)과 석성이 있다. 곽현(郭縣)에 의지해 이름을 동안(東安)이라 했다. 징주에 남해군 자사가 있다. 본래 거란의 해주이고 바다가 있으며 진(鎭)이 하나 있다." 징주는 해주라고 했는데 곽현에 의지하고, 흥화의 기록에는 흥화가 곽주에 의지한다고 기록했다. 공교롭게도 흥화는 옛 해주에 있었고 징주는 해주이니 곽현과 곽주는 동일한 지명임을 알 수 있다. 곽주는 해주 일대에 위치해 징주와 흥화를 동시에 관할하고 있었던 것이다.

《고려사》 기록을 통해 당시 상황이 어떠했는지 알아보자. 《고려사》〈세가〉 "정종(靖宗) 원년(1055) 6월에 영덕진에서 거란 내원성에 회신 첩문을 보냈는데 첩문에서 이르길, …… 우리 강역 내에 들어와 쌓은 선주(宣州)와 정주(定州) 두 성을 아직 돌려받지 못하여 간절히 바라고 있습니다. …… 침략한 땅을 돌려주시기 바랍니다."라고 했다. 이 기록은 고려가 선주와 정주를 거란에게 빼앗겨 돌려받지 못한 것을 알 수 있다. 이후 거란은 고려에게 선주와 정주를 돌려준 기록이 없으니 이곳은 계속 거란의 땅으로 남아 있었던 것이다.

앞서 나온 바 있는 《요사》〈지리지〉의 기록을 추가로 보면 "정주보녕군(定州保寧軍)은 고려가 설치했다. 옛 현이 하나인데 정동현이다. 성종 통화 13년(995)에 군(軍)으로 올렸고 요서의 백성들을 옮겨 채웠다. 동경유수사에 속했다."라고 나온다. 정주보녕군은 글자에서 보듯이 정주, 보주와 영주의 세 주를 관할하는 군사기구이며 본래 고려가 설치했는데 995년 이전에 거란이 정주, 보주, 영주를 차지한 후 995년에 이르러 정주보녕군을 설치한 것임을 알 수 있다. 거란이 요서의 백성을 동원해 채웠으니 이곳을 돌려줄 생각이 없었을 것이다. 《요사》〈지리지 동경도 보주선의군(保州宣義軍)〉조에는 "보주선의군에 절도를 두었다. 고려가 설치했다. 옛 현이 있는데 내원현이다. 성종이 고려왕 순(현종)이 무단으로 왕위에 올라 죄를 묻자 불복했다. 개태 3년(1014)에 보주와 정주 2주를 취했다. 통화(983~1012) 말에 고려가 항복해 그곳에 각장을 두었다. …… 선주정원군(宣州定遠軍)을 설치해 자사를 두었다."라고 나온다. 보주선의군(保州 宣義軍)의 선(宣)은 선주(宣州), 의(義)는 의주(義州)를 줄인 것이고 선주정원군은 선주와 정주 및 내원(來遠)을 합쳐서 부른 이름이다. 위의

제8장_고려 영토사 **499**

기록은 1014년에 거란이 보주와 정주를 빼앗은 기록인데 1014년까지 거란은 고려의 보주, 정주, 영주, 의주, 선주와 내원성을 차지하고 있었던 것이다.《고려사》〈세가〉예종 12년(1117) 3월조에 포주를 의주 방어사로 삼았다는 기록이 있다. 고려는 보주를 포주로 기록했으니 보주가 곧 의주임을 알 수 있다. 의주 또한 요하 서쪽에 있다가 평안북도로 교치된 지명인 것이다. 그리고 정종(靖宗) 원년(1055) 6월에 선주와 정주의 두 땅을 요구했는데 거란은 고려의 요구를 들어주지 않았다. 이들 지명이 만약 평안북도에 위치한 것이라면 당시 거란은 평안북도 땅을 대부분 차지하고 있어야 한다. 그러나 거란은 평안북도를 영토로 삼은 적이 없으니 거란이 설치했던 정주보녕군 및 보주선의군은 평안북도에 있을 수 없는 것이다.

《고려사》〈지리지 안북대도호부 선주(宣州)〉의 기록을 구체적으로 다시 고찰하면, "선주는 본래 안화군으로 고려 초에 통주(通州)로 고쳤다. 현종 21년(1030)에 ①선주 방어사로 칭했다. 고종 18년(1231)에 몽골군을 피해 자연도로 들어갔다. 원종 2년(1261)에 육지로 나왔다. 목미도가 있다."라는 기록이 나온다. ①에서 안화군을 고려 초에 통주로 고쳤다가 1030년에 다시 선주(宣州) 방어사로 칭했음을 알 수 있다. 그런데 《고려사》〈세가〉에 "현종 5년(1014) 10월에 거란이 ②통주의 흥화진을 침략했으나 격퇴했다."라고 나오고, 이어 "현종 6년(1015) 1월 22일, 거란이 흥화진을 포위하자 장군 고적여와 조익 등이 격퇴했다. 1월 23일 거란이 다시 통주를 공격했다."라고 했다. 이들 기록에서 흥화진과 통주는 인근에 있었음을 알 수 있다. 통주 위치는《고려사》〈강조열전〉에서도 알 수 있다. "현종 원년(1010) 11월, 거란 왕이 보병과 기병 40만을 이끌고 의군천병이라 칭하며 압록강을 건너 흥화진을 포위했다. 강조가 군사를 이끌고 통주성 남쪽으로 나와 군사를 셋으로 나눠 강을 사이에 두고 진을 쳤다. 한 부대는 통주의 서쪽에 군영을 두고 세 물의 합류지점에 웅거해 강조는 그 가운데 머물렀다."라고 나온다. 세 물은 요하, 혼하, 태자하를 말하는 것임을 알 수 있다. 압록강은 세 물이 만나는 곳이 아니니 이 기록에서도 흥화진이 요동에 있음을 알 수 있다. 통주가 요동에 있었으므로 흥화진과 곽주 또한 요동에 있었음이 명백하다. 이에 대해서는 바로 이어 나올 통주의 위치 고찰에서 구체적으로 조명할 것이다.

《고려사》〈지리지 북계 안북대도호부 영주(靈州)〉조에는 "③영주(靈州)는 현종 21년(1030), 흥화진을 승격시켜 주로 삼아 방어사를 설치했다."라는 기록이 나온다. 현종 21년(1030)에는 흥화진이 영주 방어사가 된 것이다. 그런데 앞의 ①에서 같은 해에 선주(宣州) 방어사로 고쳤다는 다른 기록이 나오니 1030년에 흥화진이 선주 방어사도 되고 ③영주 방어사가 되는 이상한 일이 발생한 것이다. 《고려사》〈권53, 오행 화재〉조에는 "현종 7년(1016) 3월, 박주(博州) 흥화진에서 불이 났다."고 기록해 이제는 박주에 흥화진이 있으니 이를 어떻게 해석해야 할까? 박주는 《고려사》〈지리지〉에서 박릉군이라고 했고, 《세종실록지리지》는 박천군이라고 했는데 이곳은 평안북도 남단으로 청천강과 접해 있고 동쪽으로는 영변군이 있다고 기록했다. 현대 지도에서도 박천군의 지명을 이곳에서 찾을 수 있다. 통주와 흥화진의 위치는 선주이고 박주는 훨씬 남쪽에 있어 박주에 흥화진이 있을 것이라고 도저히 생각할 수 없다. 만약 흥화진이 선주와 박주의 두 주에 걸쳐 있었다면 흥화진 위치는 선주와 박주 사이인 현 정주(定州)에 있어야 한다. 일제 관변학자가 그린 천리장성을 보면 의주에서 동쪽으로 가다가 묘향산 북쪽에서 꺾여 함흥 쪽으로 연결된다. 그런데 흥화진이 선천과 박주 사이에 있으니 천리장성을 제대로 연결할 수가 없다. 이런 기록에도 불구하고 일제 관변학자는 어떻게 천리장성을 제대로 그릴 수 있었을까? 《금사》〈지리지〉에 흥화, 영삭, 곽현의 지명이 나오는 것은 당시 금나라가 압록강 이남 지역을 차지한 것이 아닐까 하는 의문이 생겨날 수도 있다. 그러나 고려와 금나라는 전쟁을 벌인 적이 없었으니 금나라가 압록강 이남 지역을 내려온 적이 없다. 그러니 금나라는 흥화, 영삭, 곽주의 지명을 가질 수는 없는 것이다. 이렇게 고려와 금나라에 이들 지명이 동일하게 존재한다는 것은 모두 교치된 것임을 알 수 있다.

다시 정리하면 본래 흥화진은 물론이고 의주, 정주, 통주, 선주, 영주, 박주는 모두 요동에 있었고, 그중 통주, 선주, 박주는 평안북도가 아니라 흥화진 인근에 있었으니 홍화진과 영삭진이 통주, 선주, 박주 일대를 지켰던 것이다. 《금사》〈지리지〉 영삭군과 곽주는 당연히 이들 지명 근처에 있다가 후에 압록강 이남으로 이동했던 것이다. 그런데 고려는 거란은 물론이고 금나라에게 홍화진을 빼앗긴 적이 없는데 어떻게 해서 《금사》〈지리지〉에서 이름이 나오는지 다른 의문이 생길 것이다. 이는 당시 고려와 거란은 홍주를 접경지로 두고 동서로 나누고 있었던 것으로 보인다. 고려는 홍주의 동쪽에 진을 만들어 홍화진을 설치한 것이고 후일 거란을 멸망시킨 금나라는 홍주의 서쪽 땅을 차지해서 《금사》〈지리지〉에 그 이름을 남겼을 것이다. 이렇게 한 지명을 서로 나눈 기록은 《요사》〈지리지〉에도 나온다. 《요사》〈지리지 동경도〉 "귀덕주(貴德州)는 영원군(寧遠軍)인데 본래 한의 양평현이다. …… 타하와 대보산(大寶山)이 있으며 두 현을 관할한다."고 했다. 후술하겠지만 영원은 고려 천리장성의 주요 성곽 명칭에도 영원진(寧遠鎭)이라는 이름으로 나온다. 고려 천리장성이 이곳으로 연결되었음을 알 수 있다. 또한 요서 백제와 고구려 천리장성의 위치 고찰에서도 난하 동쪽에 영원(寧遠)의 지명이 나온 바 있었다. 난하 동쪽에 존재하는 영원은 고려와 거란 당시에는 존재하지 않았던 지명이다. 이는 《요사》〈지리지 중경도〉와 〈추리도〉에 영원 지명이 존재하지 않는 것에서 알 수 있는데 후대에 나오는 영원 지명을 보고 고려 천리장성이 난하에 있었다고 하면 엉터리가 된다. 영원은 먼 지역을 평안하게 한다는 의미이기에 영토 변화에 따라 영원의 지명 또한 여러 곳에서 나올 수밖에 없는 것이다. 귀덕주의 위치는 《성경강역고》〈권5 금(金) 상경로(上京路) 귀덕주〉조에 나온다. "귀덕주는 지금의 철령현 동남에 있다. 관할 현이 두 개다."의 기록에서 보는 바와 같이 영원군은 철령현 동남에 있었고 그 옆에 혼하가 흐르고 있다. 양국은 영원(寧遠)의 땅을 나눠 고려는 영원군의 동남에 영원진을 설치하고, 거란은 서북에 영원군을 설치해 《고려사》〈지리지〉와 《요사》〈지리지〉에 동일한 지명으로 남아 있었던 것이다. 또한 앞서 《성경통지》〈권100 홍주〉조에 홍주가 철령현 남쪽 60리에 있다고 했으니 여기 홍주는 발해 중경현덕부에 속한 홍주로 추정한 바가 있다.

2. 통주(通州)

《고려사》〈강조 열전〉에 "현종 원년(1010) 11월, 거란 왕이 보병과 기병 40만을 이끌고 의군천병이라 칭하며 압록강을 건너 흥화진을 포위했다. 강조가 군사를 이끌고 통주성 남쪽으로 나와 군사를 셋으로 나눠 강을 사이에 두고 진을 쳤다. 한 부대는 통주의 서쪽에 군영을 두고 세 물의 합류지점에 웅거해 강조는 그 가운데 머물렀다."고 나온다. 통주에 흥화진이 있었고 세 물이 만나는 곳이며, 흥화진은 내원성에서 동쪽으로 40리에 위치했으므로 통주는 해주 일대에 있었다. 그런데 《요사(遼史)》〈열전 권107 제35 이국외기 고려〉조에는 "통화 28년(1010) 11월에 대군이 압록강을 건너자 강조가 동주(銅州)에서 막아 싸웠으나 패배했다."에서 거란은 통주 대신 동주라고 기록했다. 통주의 이름이 《요사》〈지리지 동경도〉에도 나오는데 "통주 안원군에 절도가 설치되어 있다. 본래 부여국 왕성이다. 태조 때 용주로 고쳤고 성종이 고쳐 통주가 되었다." 부여성은 현 개원(開原)에서 사평시 사이에 있었다. 이곳은 통주의 이름만 같을 뿐, 강동 6주의 통주는 아니다. 왜냐하면 요나라 성종이 고려를 공격할 때 흥화진을 포위했고 이에 강조가 통주로 나오자 고려군을 깨뜨린 후에 개경으로 향한다. 이를 보면 흥화진과 통주는 근처에 있었음을 알 수 있고 또한 통주가 개원에 있었다면 거란이 고려를 공격하기 위해 남쪽에서 먼 거리의 북쪽으로 올라갔다가 다시 남쪽으로 내려가는 길을 택하지는 않았을 것이다. 또한 강동 6주가 안북부에서 280리 내에 있어야 하기에 거리 기록에도 맞지 않다. 그래서 《요사》〈지리지〉의 통주는 단순한 동일 지명일 뿐인데 이는 《요사》〈지리지 동경도〉의 기록에서 교차 검증이 된다. "동주(銅州) 광리군에 자사가 있고 발해가 설치했다. 군사와 관련한 일은 북병마사에 속했다. 관할현은 하나로 석목현이 있다. 석목현(析木縣)은 본래 한나라 망평현이고 발해 때는 화산현으로 삼았다. 처음에 동경에 속했다가 후에 동주에 속했다."라고 나온다. 《금사》〈지리지 동경로 요양 징주 신창현〉조에 석목(析木)이 있다고 했는데 석목은 해주 동남 약 40리에 있다. 본래 통주는 해주 동남 40리에 있었고 현 압록강 남쪽에서 나오는 통주는 교치된 지명임을 알 수 있다.

《요사》〈본기〉의 기록에는 "성종 통화 28년(1010) 11월 을유에 대군이 압록강을 건너자 강조가 항거해 싸웠으나 패해 보주와 동주(銅州)로 후퇴했다. 병술에 다시 출전했으나 우피실상온 야율적로가 강조와 부장 이립을 사로잡았다. 수십 리를 추격해 죽이거나 포로로 잡았고 버린 식량과 무기를 획득했다. 무자에 동주(銅州), 곽주(霍州), 귀주(貴州), 영주(寧州) 등이 모두 항복했다."고 나온다. 강조가 보주와 동주로 후퇴했으니 보주와 동주는 가까운 곳에 있었다. 보주는 내원성이 있는 요하 일대이므로 거란의 동주이자 고려의 통주 또한 이 근처에 있을 수밖에 없다. 또한 곽주, 귀주, 영주 등도 모두 항복했으므로 이들 지명 또한 요동에 있었음을 이 기록에서도 확인할 수 있다.

3. 귀주(龜州)

　귀주는 강감찬의 귀주 대첩으로 잘 알려진 곳이다. 귀주 위치에 대해 《고려사》〈지리지 북계 귀주〉조에 "귀주는 본래 고려 만년군이다. …… 후에 정주목(定州牧)으로 개칭했다." 이 기록을 보면 귀주와 정주가 같은 지명일 것이라 생각할 수 있다. 그러나 앞서 《요사》〈지리지 정주보녕군〉의 기록에서 보듯이 정주는 보주, 영주와 같은 지역에 있었으므로 해주 일대에 위치했다. 귀주 대첩 위치로 주류 사학계는 평안북도 구성시 인근으로 비정하고 있다. 그런데 《요사》의 기록은 다르다. 《요사》〈이국외기 고려〉조에 "개태 7년 조칙을 내려 동평군왕(東平郡王) 소배압을 도통으로 소허열을 부통으로, 동경유수 야율팔가를 도감으로 삼아 고려를 치게 했다. 12월 소배압이 다하(茶河), 타하(陀河) 두 강 사이에서 싸우다가 모두 죽었다."고 나온다. 《고려사》는 귀주로 기록했지만 《요사》는 다하와 타하라고 했다. 다하와 타하는 어디에 있던 지명일까? 우리 기록에는 그곳의 지명을 찾을 수가 없다. 《요사》에 다하의 위치는 알 수 없지만 타하의 위치를 알 수 있는 기록이 있다. 《요사》〈지리지 동경도〉에 "귀덕주(貴德州)는 영원군(寧遠軍)인데 본래 한의 양평현이다. …… 타하와 대보산(大寶山)이 있으며 두 현을 관할한다." 타하가 귀덕주에 있으므로 귀덕주의 위치를 찾아보자.《성경강역고》〈권5 상경로〉의 기록에, "귀덕주는 지금의 철령현 동남에 있다. 관할 현이 두 개다. 거란의 귀덕주 영원군은 금나라 초에 폐지하고 자군(刺郡)으로 낮췄다. 귀덕현에 범하(范河)가 있다. 봉집현은 승덕현 동남 45리에 있다. 거란의 집주회원군 봉집현은 발해의 현으로 혼하가 있다."고 했다.

《요사》〈지리지〉의 타하는《성경강역고》의 범하임을 알 수 있다. 범하는 현재 철령시 남쪽을 흐르고 있다. 귀주는 평안북도가 아니라 철령시 일대에 있었음을 알 수 있다. 대보산은《중국고금지명대사전》에 봉천 철령현 동남 50리에 있다고 했으니《성경강역고》귀덕주의 설명과 일치한다.

당시 거란군 도통인 소배압은 동평군왕이었는데 동평군 위치를《금사》〈지리지 권24 함평로(咸平路) 함평부(咸平府)〉조에서 확인하면, "함평부의 동산현은 개원현 남쪽 30리 지점이다. 요의 동주(銅州) 진안군은 요 태조 때에 동평채를 설치한데서 유래한다. 동평군(東平郡)은 진동(鎭東)으로 부르는데 세종 대정 29년에 동평과 중복되므로 고쳤다. 남쪽에 시하, 북쪽에 청하, 서쪽에 요하가 있다."고 했으니 거란군은 동평군으로 철군하다가 철령 인근을 흐르던 범하에서 고려군에게 대패를 당했던 것이다. 그리고 귀덕주를 영원군(寧遠軍)이라고 했는데 이미 나온 바와 같이 영원군의 이름은 고려 천리장성의 성곽 이름에도 나온다. 고려 천리장성이 이곳으로 연결되고 있었던 것이다. 또한 봉집현에 혼하가 흐른다고 했으므로 고려 천리장성은 고대 압록인 혼하를 따라서 쌓았음을 이 기록을 통해서도 검증이 된다. 귀주 위치는 평안북도가 아니라 철령 남쪽에 있었고 귀주 대첩 또한 이곳에서 벌어진 전투이다.

4. 철주(鐵州), 안의진(安義鎭), 맹주(孟州), 용주(龍州)

철주 위치에 대해《고려사》〈지리지〉는 "철주는 고려 장녕현(長寧縣)으로 동산(銅山)이라고도 한다. 현종 9년(1018)에 철주 방어사로 불렀다."라고 나오고《세종실록지리지》에도 "본래 고려 장녕현인데 현종 무오년에 철주 방어사로 고쳤다."라고 동일하게 기록했다. 현재 주류 사학계는 철주를 평안북도 철산으로 비정하고 있다. 그런데 철주의 지명은 《요사》〈지리지〉에 명확히 나온다. "철주 건무군(鐵州 建武軍)에 자사가 있다. 본래 한나라 안시현이 있다. ……동경에서 서남쪽으로 60리 떨어져 있다. 관할현은 하나로 탕지현(湯池縣)이 있다."

거란의 동경요양부 위치가 안시성과 요양에 있었는데 이는 당시 거란이 안시현을 나눠 동북쪽은 동경에, 서쪽과 남쪽은 고려의 철주에 속하게 한 것으로 보인다. 앞서 나왔지만 《원사》〈지리지 동녕로 철주〉조에 "철주는 정융(定戎) 1진을 다스린다."라고 했다. 정융은 고려 천리장성에 있는 성곽의 하나로 고려의 철주에 정융진을 쌓아 거란의 공격에 대비했을 것이다. 그리고 철주에 정융진이 존재한 기록은 《고려사》〈지리지〉의 기록과 정확히 일치한다. 《고려사》〈지리 3 북계 안북대도호부 정융진〉조에, "현종 20년(1029)에 유소를 보내 옛 석성을 수리하고 진을 설치했다. 영평성 백성들을 옮겨 채웠다. 정융진은 흥화진의 북쪽에 있다."라고 했으니 흥화진은 안산시 서쪽에 있었고 안시성은 안산시 철가산에 있었으니 정융진은 흥화진 북쪽이자 안산시 서북쪽이다. 그런데 《고려사》〈지리지〉에 "철주는 고려 장녕현으로 동산(銅山)이라 했고 《성경통지(盛京通志)》에 함주는 바로 오늘날의 함평부요, 동주는 금나라의 동산군으로 모두 오늘날의 철령과 개원 일대에 있다고 했다. 《고려사》 철주와 《성경통지》의 동산 지명이 동일하게 나와 강동 6주의 철주가 이곳에 있었을 가능성도 있다. 하지만 철주에 정융진이 있고 위치가 서로 인접하기에 강동 6주의 철주는 정융진이 있는 현 요령성 안산시에 부합한다. 또한 이 기록에서 철주는 안의진이기도 하기에 철주에 정융진과 안의진의 두 진이 있었던 것이다. 안의진은 《고려사》〈지리지 북계 안북대도호부 수주(隨州)〉의 기록에 나온다. "고종 18년(1231)에 몽골병이 창주를 함락하자 …… 곽주 소속의 안의진을 분할했다."고 했다. 곽주는 이미 고찰한 바와 같이 흥화진 일대에 있었고 흥화진은 안산시 서쪽, 정융진은 안산시 서북쪽이며, 거란 동경은 안산시 동북쪽 요양에 있었다. 이래서 철주 안의진은 안산시에 있었다. 맹주와 용주가 동일한 장소인데《고려사》〈지리지 북계 안북대도호부〉에 "맹주(孟州)는 고려의 철옹현(鐵翁縣)으로 고종 18년(1231)에 몽골병을 피해 해도로 들어갔다. 고종 44년(1257)에 은주(殷州)에 병합했다. 원종 2년(1261)에 육지로 나가 안주(安州)의 속현이 되었다."고 했다.《고려사》〈지리지 안북대도호부 은주〉조에는 고종 18년(1231)에 몽골병을 피해 해도로 들어갔고 뒤에 육지로 나와 성주(成州)의 속현이 되었다고 했다. 고려 고종 당시 안주는 평안남도 서북이자 청천강 남안에 있었고 성주는 안주 동남쪽에 있다. 맹주와 은주 또한 본래 요동에 있었지만 몽골 침입 때 해도로 들어갔다가 이후 안주와 성주에 병합되었던 것으로 보인다. 그런데《세종실록지리지》에 나오는 맹주의 위치는 다르다.《세종실록지리지》〈평안도〉"옛 장성이 있다. 세속에서 전하길, 만리장성이라 하는데 인산군(麟山郡) 서쪽 진병곶강에서 쌓기 시작해 의주 남쪽을 지나서 삭주, 창성, 운산, 영변에 연하여 뻗치고 희천 동쪽의 옛 맹주 지경에 이르며 함길도 정평 지경에 닿았다고 한다." 인산군은《세종실록지리지》〈평안도 의주목 인산군〉조에 의주 서남쪽에 있다고 기록했다. 맹주는 함길도 정평(定平)에 닿았다고 했으니 정평은 북한 함흥시 서쪽에 그 지명이 남아 있다. 지도를 보면 맹주는 평안남도 동쪽이면서 함경남도 서남쪽에 있다.《신증동국여지승람》〈함경도 영흥대도호부 산천〉조를 보면 "예전 고개(芮田峴)는 영흥대도호부 서쪽 180리의 평안도 맹산현(孟山縣) 경계에 있는데 옛날에는 맹주 고개(孟州峴)라고 했다."라고 나오고,《신증동국여지승람》〈평안도 안주목 고적〉조에도 맹주에 대한 설명이 있다. "고맹주(古孟州)는 주의 동쪽 15리인데 맹산이 맹주의 속현이었을 때 치소였다."라고 했다.《신증동국여지승람》〈평안도 맹산현〉조에는 "동쪽으로 영흥부 경계까지 31리, 남쪽으로 양덕현(양덕)현 경계까지 54리다."라고 했으니《신증동국여지승람》의 맹주는 현 맹산시로 함경남도 서남쪽과 접해 있다. 이 기록의 맹주는《세종실록지리지》의 기록과 일치하는데《고려사》〈지리지〉와《연려실 기술》은 평안남도 서북의 안주라 하니 맹주의 정확한 위치가 어디인지 알 수 없다.《원사》〈지리지 동녕로 맹주〉조에는 맹주가 삼등 한 개 현과 초도(椒島), 단도, 영덕(寧德) 3진을 다스린다고 기록했는데 이곳의 초도가 혼하 하구의 초도인지 아니면 황해도로 옮겨온 초도인지 결정을 유보하고 삼등현의 위치를 먼저 알아보자.《고려사》〈지리지〉에는 그 위치 기록이 없고《신증동국여지승람》〈평안도 삼등현〉조에 "삼등현에서 동쪽으로 성천부 경계까지 190리, 북쪽으로 성천부 경계까지 43리, 북쪽으로 강동현 경계까지 27리, 남쪽으로 황해도 수안군 경계까지 2리, 서쪽으로 평양부 경계까지 46리다."라고 했다. 현대 지도를 보면 평양의 동북쪽에 성천, 평양 동쪽에 강동현, 평양 동남쪽에 수안군이 있다. 삼등현 동쪽과 북쪽에 성천부가 있으므로 삼등현은 성천의 서쪽과 남쪽이며, 강동현이 북쪽에 있으므로 강동현의 남쪽이며 삼등현 남쪽에는 수안군과 접해 있다. 이 기록에 따르면 삼등현은 평양의 동쪽만 제외하고는 평양을 안에 두고 빙 둘러싼 모양이다. 만약 초도가 황해도 서북 해안에 있고 삼등현이 이곳이라면 맹주는 황해도 서북 해안에서 평양 동쪽에 이르는 넓은 면적을 포함하는 광역 행정구역이라고 억지로 주장할 수도 있다. 그러나 맹주에 속한 영덕(寧德) 위치를 보면 그런 주장을 할 수가 없다.《세종실록지리지》〈평안도 의주목 정녕현〉조에 조선 태조 때 정융, 영덕, 영주(靈州), 영삭의 4진을 합쳐 정녕현으로 삼았다는 기록이 나오고,《신증동국여지승람》〈평안도 의주목 고적〉에는 옛 영덕진이 의주 동남쪽 40리에 있다고 했다. 의주 동남쪽이면 영덕은 평안북도의 북부에 있고, 삼등현은 평양에, 초도는 황해도 서북 해안에 있으니 맹주가 다른 행정구역을 넘어서 3개 도에 넓게 퍼져 있으니 이는 납득할 수 없다. 맹주의 행정구역이 이렇게 형성될 수 없으니《원사》〈지리지〉의 맹주는 한반도의 맹주가 아닌 것이다. 본래 영덕은 천리장성의 일부이므로 한반도로 지명이 이동하기 전에는 요동에 있었다. 영덕의 위치를 알게 하는 기록을 보면,《고려사》〈세가〉"예종 12년(1117) 3월에 …… 판병마사 김연 등을 시켜 (거란의) 통군(統軍)에게 회유하길, 만약 두 성과 사람 및 물건을 우리에게 돌려준다면 쌀을 빌릴 필요가 없을 것이라 하며 두세 번 회유했지만 따르지 않았다. 마침내 금나라 군사가 개주(開州)를 공격해 함락하고, 내원성 및 대부영, 걸타영, 유백영의 3군영을 습격해 전함을 모두 불태우고 배를 지키는 사람을 잡아갔다. 거란의 통군 상서좌복야 개국백 야율영이 내원성 자사 검교상서우복야 상효손 등과 함께 관리와 백성을 이끌고 선박 140척에 싣고 강가에 정박했다. 영덕성에 첩문을 보내 이르길, 여진이 반란을 일으키고 동경의 발해인까지 연이어 배반해 도로가 막혔으며 통군부내의 곡식을 미처 수확하지 못해 쌀값이 올라 백성이 가난하게 되었습니다. 고려국과 가까이 있어 식량을 빌리고자 하였으나 성사하지 못했습니다."라는 기록이 나온다. 이는 금나라가 거란을 공격하자 거란의 내원성에서 영덕성에 첩을 보내 식량을 요청하는 내용이다. 이 기록은 내원성과 영덕성이 가까운 것을 보여주는데 내원성이 현 안산시 서쪽의 하중도에 위치했으므로 영덕성 또한 요하 혹은 혼하 하구 일대에 있었다. 그러면 초도는 황해도 해안의 초도가 아니라《가탐도리기》와《요사》〈지리지〉에 나오는 혼하 하구의 초도인 것이다. 그래서《신증동국여지승람》에서 맹주의 삼등현을 평양 일대로 기록한 것은 본래 요동에 있던 삼등현이 평안남도로 옮겨왔거나 후대에 지명을 억지로 꿰맞춘 가필일 것이다. 본래 맹주는 고려 천리장성이 있던 영덕진과 혼하 하구의 초도가 있었던 곳이므로 맹주는 혼하 하구의 현 해성시 남쪽이고 내원성에 있던 거란이 고려 영덕성에 물자를 빌리려 한 것은 둘이 인접해 있었기 때문에 가능했던 것이다.

앞서 나왔던《고려사》〈서희 열전〉의 기록을 다시 보면 "성종 13년(994)에 서희가 군사를 거느리고 여진을 쫓아내 장흥진(長興鎭), 귀화진(歸化鎭)과 곽주(郭州), 귀주(龜州)에 성을 쌓았다. 이듬해 다시 군사를 거느리고 안의진(安義鎭), 흥화진(興化鎭)에 성을 쌓았고 이듬해 선주(宣州), 맹주(孟州)에 성을 쌓았다."라고 했다. 강동 6주에 성을 쌓는 것은 3년에 걸쳐 이루어지는데 제일 마지막 해에 선주와 함께 맹주에 성을 쌓았다. 이는 선주와 맹주의 거리가 멀지 않다고 추정할 수 있으므로 맹주 또한 선주 인근인 혼하 하구 일대에 있었던 또 다른 증거가 된다. 그래서 맹주는 혼하 하구에 있다가 몽골 침입 때 함경남도와 가까운 평안남도 맹산으로, 영덕진은 평안북도로 각각 교치되었고 삼등현은 평양 일대에 실제로 교치되었거나 후대의 가필인 것이다. 용주에 대해《고려사》〈지리지〉에는 "용주는 본래 고려의 안흥군이다. 현종 5년

(1014)에 용주 방어사라고 했다. 후에 용만부로 고쳤다가 충선왕 2년(1310)에 다시 용주라고 했다."라고 나온다.《세종실록지리지》〈평안도 의주목 용천군〉조에도《고려사》〈지리지〉와 동일한 내용으로 기록되어 있다. 용천군은 현재 그 지명이 있는데 신의주 서남쪽 압록강 하구에 있다. 그러나 이 기록은 용천이라는 지명에 착안한 후대의 가필이다. 맹주와 용주는 동일한 곳에 있어야 하기 때문이다.《요사》〈지리지 용주 황룡부(龍州 黃龍府)〉조에는 "용주 황룡부는 발해 황룡부였다. 태조가 발해를 평정하고 돌아올 때 이곳에 이르러 죽었는데 황룡이 나타나 황룡부로 바꾸었다. 보녕 7년에 장군 연파가 반란을 일으켜 부(府)가 폐지되었다."라고 했고, 동 지리지 통주 안원군(通州 安遠郡)의 기록에도 용주의 이름이 나오는데 "통주 안원군에 절도가 설치되어 있다. 본래 부여국 왕성이다. 태조 때 용주로 고쳤고 성종이 고쳐 통주가 되었다."라고 했다.《요사》〈지리지〉에 나오는 용주는 본래 용주 황룡부였다가 후에 통주 안원군으로 고친 것인데 추리도에는 통주의 위치가 현 개원(開原)에 있다. 그러나 이곳 또한 강동 6주의 다른 진과의 거리가 너무 멀고 맹주는 용주이기에 단순히 동일 지명에 불과하다.

지금까지의 고찰을 종합하면 흥화진은 안산시 서쪽, 철주 안의진은 안산시, 곽주는 안산시 남쪽이자 해성시 북쪽 일대에, 귀주는 철령 남쪽, 통주는 해성시, 맹주와 용주는 해성시 남쪽으로 비정할 수 있을 것이다.

Ⅲ. 고려 천리장성 위치

고려 천리장성의 위치를 찾기 전에《고려사》〈지리지 서문〉을 떠올리면 "사방 경계로 서북은 당 이래로 압록을 한계로 했고, 동북은 선춘령을 경계로 했다. 서북은 고구려에 미치지 못하나 동북은 그것을 넘어섰다."고 했다. 발해 영토사에서 고찰한 바와 같이 고구려 동쪽에 위치한 책성이 발해 동경용원부였다. 동경용원부는 목단강 영안시에 있었기에 고구려 동쪽 영토는 최소한 이곳까지 있었다. 고려 동북계가 고구려를 넘어섰다고 했으므로 당연하지만 고려 동북계가 목단강 영안시보다 더 동북에 있었던 것이다. 이래서 천리장성 또한 서북으로 요동, 동북으로는 목단강 영안시 일대에 있어야 하는 것이 당연하다. 현재의 천리장성 위치는 일제 관변학자가 서쪽으로 압록강 하류, 동쪽으로 함경남도 남쪽에 비정한 이후로 한국 주류 사학계도 그대로 따라하고 있다. 《고려사》〈지(志) 병 성보〉조에 "덕종 2년(1033)에 평장사 유소에게 명해 ①북방 경계에 처음으로 관방을 설치했다. 서해 바닷가의 옛 ②국내성과 압록강이 바다로 들어가는 곳의 중간 지역에서 시작해 동으로 ③위원(威遠), ④흥화(興化), ⑤정주(靜州), ⑥영해(寧海), ⑦영덕(寧德), ⑧영삭(寧朔), ⑨운주(雲州), ⑩안수(安水), ⑪청새(淸塞), ⑫평로(平虜), ⑬영원(寧遠), ⑭정융(定戎), ⑮맹주(孟州), ⑯삭주(朔州) 등 13주를 거치고 ⑰요덕(耀德), ⑱정변(靜邊), ⑲화주(和州) 등 3성에 이르러 동으로 바다에 닿으니 길이가 1천 리, 돌로 성을 쌓았는데 높이와 두께가 각각 ⑳25척이었다."라고 나온다.

고려가 천리장성을 설치하기 전에 혼하 동쪽에는 서희가 설치한 강동 6주가 있었다. 강동 6주의 명칭을 다시 보면 곽주(郭州), 귀주(龜州), 안의진(安義鎭), 흥화진(興化鎭), 선주(宣州), 맹주(孟州)이다. 이 중에 천리장성의 이름과 중복으로 나오는 것이 맹주, 흥화진이다. 맹주, 흥화진이 요동에 있으므로 천리장성 또한 요동에 있어야 한다. 그리고 ①에서 북방 경계에 관방을 쌓았다고 했으므로 고려 국경인 압록강 이북에 있어야 한다. 이미 많은 사료를 통해 고찰했지만 당시 고려 국경은 서북으로 혼하에서 시작해 동북으로 올라가 심양과 철령을 거쳐 길림합달령에 이르렀다. ②에서 국내성과 압록강이 바다로 들어가는 중간 지점이라고 했으므로 국내성의 위치가 잘못 되었음을 알 수 있다. 국내성은 마자수 상류, 즉 옛 압록강인 혼하 상류에 있어야 하는데 《고려사》〈지리지〉에서 국내성을 압록강 하구에 위치시킨 것은 후대의 가필일 것이다. ③의 위원진은 《고려사》〈지리지〉에 "현종 20년(1029) 유소를 보내어 옛날 석성을 수리하고 위원진을 두었으며 흥화진 서북에 있다."라고 기록했다. 《신증동국여지승람》〈평안도 의주목 고적조〉에는 "옛 위원진은 의주 남쪽 25리에 있다. 고려 현종 20년에 유소를 보내 옛 석성을 수리하고 위원진을 두었는데 흥화진 서북에 있다."고 조금 다르게 기록했다.《신증동국여지승람》의 이 기록은 여타 지명과 마찬가지로 후대의 가필이다. 흥화진은 강동 6주에서 고찰한 바와 같이 의주 남쪽 25리가 아니라 내원성 동쪽 40리에 있었으므로 위원진은 현 요령성 안산시의 서북부이자 정융진 서쪽에 있었다. ④의 흥화(興化)는 내원성 동쪽 40리이므로 안산시 서부이자 해주 서북 일대이다. 조선시대《연려실기술》〈별집 진보(鎭堡)〉조에는 의주 남쪽 55리에 있다고 했으므로 평안북도 중북부 지역의 천마산 일대이다. 그런데 흥화진의 위치 고찰에서 언급한 바와 같이《고려사》〈지리지 북계 안북대도호부 영주(靈州)〉조에는 "영주(靈州)는 현종 21년(1030), 흥화진을 승격시켜 주로 삼아 방어사를 설치했다."라 하고 같은 해에 선주(宣州) 방어사로 고쳤다는 다른 기록이 나온다. 그리고《고려사》〈오행 화재〉조에는 "현종 7년(1016) 3월, 박주(博州) 흥화진에서 불이 났다."고 기록했다. 흥화진은 선주와 영주, 그리고 박주에 걸쳐 있었음을 알 수 있다. 이는 본래 흥화진 인근에 선주, 영주, 박주가 있었기에《연려실기술》에서 흥화진이 의주에서 남쪽으로 55리에 있다고 한 것은 후대의 가필인 것이다. ⑤의 정주(靜州) 위치는 고려사에 나오지 않는다.《조선왕조실록》세조 3년(1457) 8월 8일 자에 의주 통군정 서쪽 20리에 옛 정주가 있다고 했는데 이는 후대에 교치된 지명이다. 정주는 다른 진들과 마찬가지로 압록강 이북에 있어야 한다. ⑥의 영해(寧海)는 그 이름이《고려사》〈지리지 동계 함주대도독부 선화진〉조에 나온다. "예종 3년(1108) 2월에 도검할 임언의 영주기(英州記)에 이르길, …… 셋째는 영해군(寧海軍) 웅주 방어사로 병민이 1,436호이다."라고 했다. 웅주는 추후 동북 9성에서 고찰하겠지만 공험진 북쪽의 흥개호에 있었다. 고려 천리장성의 영해진은 흥개호에서 다른 진들과 연결되었던 것이다. 그리고《대청일통지》에도 영해 지명이 나오지만 여기 영해는 개주(蓋州) 남쪽 해안이다. 이미 개주 남쪽의 복주와 소주가 거란 영토가 되었기 때문에 고려가 이곳에 천리장성을 설치할 수 없다. ⑦의 영덕진(寧德鎭)은 앞에서 고찰한 바와 같이 맹주와 함께 혼하 하구에 있었다.

그런데《세종실록지리지》에는 평안도 의주목 정녕현에 속한 것으로 나온다. "정녕현(定寧縣)은 태조 5년(1396)에 정융, 영덕, 영주(靈州), 영삭 4진을 합쳐서 본현으로 삼았다. …… 천마산이 현의 북쪽에 있다. …… 서쪽으로 의주까지 15리, 남쪽으로 용천까지 25리, 북쪽으로 삭주까지 80리다."라고 했다. 서쪽으로 의주까지 15리면 약 6킬로미터에 불과하므로 정녕현은 의주의 동쪽에 붙어 있었을 것이다. 현대 지도를 보면 천마산은 의주 동남쪽의 옛 영삭면(寧朔面)에 위치해 있다. 정녕현 읍성이 위치한 곳은 천마산 남쪽이니 이 일대에 정융, 영덕, 영주, 영삭진이 몰려 있었다. 그러나 영덕진은 혼하 하구에 있었기에 정융, 영주, 영삭 또한 후대에 교치되었거나 가필이다. ⑧의 영삭은 앞서 흥화진의 위치 고찰에서 그 위치를 흥화진 근처의 선주로 비정한 바가 있다. 《원사》〈지리지 동녕로〉에 "선주는 영삭, 석도 2진을 다스린다."라고 되어 있다. 선주는 현 해성시에 있었을 것이다. 만약 선주가 주류 사학계의 주장대로 선천이라면 영삭도 선천에 있어야 한다. 천리장성이 남쪽의 선천을 통과한다면 천리장성을 연결할 수가 없다.《원사》〈지리지〉의 기록은 요동의 선주를 설명한 것임을 알 수 있다.《신증동국여지승람》에는 영삭이 의주 동쪽 120리에 있다고 했고,《세종실록지리지》〈태천군〉조에는 "태천군은 영삭이라고도 하는데 서쪽으로 정주(定州), 동쪽으로 영변이 있다."라고 기록했다. 태천은 지도에 구성시 동남쪽에 있다.《신증동국여지승람》은 영삭이 의주 동쪽의 평안북도 중북부 지역이고《세종실록지리지》는 구성의 동남쪽이니 평안북도 남동부 지역이라 거리차가 너무 난다. 동일한 지명을 두고 이렇게 차이가 나는 것은 옛 기록이 아니라 가필을 한 때문일 것이다. ⑨의 운주는《고려사》〈지리지 북계 안북대도호부〉에 "운주는 본래 고려 운중군이다. 광종 때에 위화진(威化鎭)이라 했다. 성종 14년에 운주 방어사로 칭했다."라고 나오는데 정확한 위치는 알 수 없지만 요동에 있어야 하는 것은 분명하다.《대동지지》〈평안도 청북 운산〉조에는 "고려 초에 운중군이라고 했다. 일명 옛 위화진이라고 불렀다."라고 나온다. 지도에 운산은 태천의 동쪽에 있으므로 이후에 교치된 지명이다. ⑩의 안수는《고려사》〈지리지 북계 안북대도호부 조양진〉조에 나온다. "조양진은 태조 13년(930), 마산에 성을 쌓고 안수진이라 불렀다. 현종 9년(1018)에 연주(連州, 혹은 漣州) 방어사, 고종 4년(1217)에 익주(翼州) 방어사, 뒤에 개주(价州)로 변경했다."고 했고, 《세종실록지리지》〈평안도 안주목 개천군(价川郡)〉조에는 "본래 고려 조양현인데 …… 뒤에 개주로 고쳤다."라고 나온다. 《동국지도》를 보면 개천이 청천강 동남쪽이자 안주 동쪽이고 묘향산 남쪽에 있다. 이 기록 또한 후대에 교치된 지명이거나 가필일 수밖에 없으므로 안수는 요동에 있어야 한다. ⑪《고려사》〈지리지 북계 안북대도호부 청새진(淸塞鎭)〉조에 '청새진은 위주(威州) 방어사로, 다시 희주(凞州)로 고쳐부르고 개주의 겸관으로 삼았으며 묘향산이 있다.'고 했다. 《세종실록지리지》〈평안도 강계대도호부 희천군〉조에 본래 고구려 청새진인데 뒤에 위주로 고쳤고, 묘향산이 군의 남쪽 40리에 있다고 했으므로 청새진은 묘향산 북쪽에 있는 것으로 기록했지만 역시 후대에 교치된 지명일 수밖에 없다. ⑫의 평로진은 《신증동국여지승람》〈평안도 영유현〉 연혁에 본래 고구려 정수현인데 영청으로 고쳐 용강에 붙이고 안의진을 안주에 붙였다고 하고 영유현은 서쪽으로 평양부 경계까지 35리, 평로진이 영유현의 북쪽 35리에, 옛 영원이 서북 45리에 있다고 했다. 그리고 〈영유현 고적〉조에는 유원진은 옛 평로진인데 현의 북쪽 35리라고 했고, 옛 영원진은 현의 서북 40리에 있다고 했다. 아래 〈영원진〉조에서 영원이 묘향산 동남쪽에 있으므로 영유현은 영원진의 동남쪽이고 평로진은 영원진과 영유현 사이에 위치했다. 물론 이 기록은 후대의 교치된 지명을 설명한 것이다. 그리고 위에서 안의진을 안주에 속하게 했다는 기록이 나온다. 안의진은 서희가 설치한 강동 6주 중의 하나로 《고려사》〈지리지〉에는 고종 18년(1231)에 곽주 소속의 안의진을 분할했다고 했으므로 본래 안의진은 요동에 있었다. 그런데 《신증동국여지승람》은 안주에 붙였다고 하니 기록이 엉망진창이다. 기록이 이렇게 엉망이 된 것은 지명의 교치와 후대의 가필로 인해 모순이 나올 수밖에 없는 것이다. ⑬의 영원진은 앞서 귀주의 위치를 고찰할 때 나온 바가 있다. 이를 다시 언급하면 《요사》〈지리지 동경도 귀덕주(貴德州)〉조에 "귀덕주는 영원군(寧遠軍)인데 본래 한의 양평현이다. …… 타하와 대보산(大寶山)이 있으며 두 현을 관할한다."라고 했고, 《성경강역고》〈권5 상경로〉에는 "귀덕주는 지금의 철령현 동남에 있다. 관할 현이 두 개다."라고 했다. 이를 보면 영원군은 철령현 동남쪽에 있었음을 알수 있다. 영원군의 위치를 알았으니 그 인근에 있던 안수진, 청새진, 평로진 또한 철령 인근을 지키다가 몽골 침입 때 교치되었을 것이다. 《세종실록지리지》〈평안도〉조에는 "그 근원은 희천군 옛 영원진으로부터 나와 강계 적유현의 물과 합해 희천군 동쪽 묘향산을 둘러서 영변 동쪽을 지나 주성 북쪽에이르러 청천강이 되고 안융, 노근강을 지나 바다로 들어간다."고 했고, 《신증동국여지승람》〈평안도 희천군〉조에 북쪽으로 강계부 경계까지 108리, 남쪽으로 영변부 경계까지 46리, 영원군 경계까지 94리라고 했으므로 영원진을 영변 남쪽에 위치시켰다. 영변은 지도에 운산군 동남쪽, 영원은 묘향산 동남쪽에 나오지만 본래 위치가 아니다. 《고려사》〈권82, 지(志) 성보〉조에 "정종(靖宗) 7년(1041), 최충이 영원, 평로 두 진에 성 쌓았다."라고 하니 영원, 평로진이 인접했음을 추정할 수 있다. 또한 이미 나왔지만 영원(寧遠)이 요서 금주(錦州)의 서남쪽에도 있지만 이곳은 거란 내지 영토이기에 동일 지명일 뿐이다. ⑭의 정융은 ⑦의 영덕진에서 이미 나왔듯이 《신증동국여지승람》은 의주동쪽 80리에 있다고 했다. 《고려사》 지리지 북계 안북대도호부 정융진〉조에는 "현종 20년(1029)에 유소를 보내 옛 석성을 수리하고 진을 설치했다. 영평성 백성들을 옮겨 채웠다. 정융진은 흥화진의 북쪽에 있다."고 기록했다. 이기록대로라면 정융진은 현재의 삭주에 있어야 한다. 그러나 정융의 본래 위치는 현 안산시 서북부에 있었다. 정융진은 후대에 현재의 지명으로 옮겨왔거나 가필임을 알 수 있다. ⑮의 맹주는 강동 6주의 위치에서 용주이며 혼하 일대에 있었다. 《세종실록지리지》와 《신증동국여지승람》의 기록에는 평안남도 동쪽으로 함경남도와 접해 있었다. 물론 이 또한 교치되었거나 후대의 가필이다. ⑯의 삭주는 《고려사》〈지리지의 북계 삭주〉조에 "삭주는 본래 고려 영새현(寧塞縣)이다."라 했고, 《조선왕조실록》 세종 11년 2월 5일의 기록에는 영변, 즉 청천강 북안에 있다고 했다. 《신증동국여지승람》〈삭주도호부 산천〉조에는 "천마산이 있는데 삭주도호부의 서남 80리에 있고 의주와 구성의 경계에 있다."고 했다. 그런데 현재는 의주 동쪽에 삭주의 지명이 있다. 그러나 이 둘은 본래의 위치가 아니다. 다음 기록은 이미 언급한 적이 있다.《고려사》〈세가〉에 "인종 6년(1128) 12월 24일에 (금나라가 첩을 보내 이르길) 보주의 땅에 대해 처음에 황제께서 다시는 수복하지 않겠다고 조서를 보낸 것은, 귀국이 이전의 조례를 따라서 반드시 우리 조정의 명령을 좇아 받들 것이라 생각하여 말한 것입니다. …… 금년 8월 14일에 (고려의) 안북도호부에서 (금나라) 내원성에 보내온 첩문에는 '(금나라) 백성들이 강을 건너 창주와 삭주에 이르러 땅을 차지하고 농사를 짓고 있다고 하였습니다. …… 지난번 선대 황제께서 압강을 경계로 삼도록 결정해 주셨고, 또 첨언 고백숙이 받든 선유성지에 역시 보주 한 성의 경계를 수복하지 않겠다고 했는데 지금 와서 귀국의 인민들이 농사를 짓고 있는 것은 사리에 맞지 않습니다. 바라건대 이들을 징계하고 조사하는 것을 중단해 주십시오.'"

위의 기록은 고려가 금나라에게 첩을 보내 보주를 금 황제가 고려에게 주기로 했음에도 아직 주지 않았고 오히려 금나라 백성들이 압록강을 건너 창주와 삭주에서 농사를 짓고 있으니 이를 중단해 달라는 내용이다. 이에 금나라가 고려에게 답신을 보내면서 고려의 첩문을 다시 인용하는 것이다. 금나라가 언급한 압강은 고대 압록강이자 현 혼하이다. 이는 금나라 왕적의《압강행부지(鴨江行部志)》기록에서도 알 수 있다.《선도문화 제29권(2020년, 185~193쪽)》에 수록된 김영섭의 논문 〈동녕부 자비령과 고려 서북 경계〉에 1191년, 금나라 관리인 왕적이 압강 지역을 순시한 일정이《압강행부지》에 기록되어 있는데 그 여정을 보면, "2월 10일에 망해루(요양), 14일에 징주(해성시), 19일에 석목(해성시 석목진), 20일에 탕지현(대석교시 탕지진), 22일에 진주(개주시), 25일에 웅악현(영구시 웅악진), 2월 28일에 갈소관(와방점시 영녕진), 3월 4일에 복주(와방점시 복주성진), 3월 8일에 순화영(대련시 금주구), 3월 9일에 신시(대련시 벽류하)와 용암사(벽류하와 수암현 사이), 11일에 마석산(수암현 연와령), 12일은 대녕진(수암현 일대)이다."라고 나온다. 여기서 요양, 해성, 석목, 진주, 영구시 등은 모두 현 혼하와 태자하 사이에 있는 지명이고 왕적은 2월 10일 요양에서 출발해 남쪽으로 해성시와 개주를 지나서 서쪽으로 웅악현과 갈소관에 도착한다. 그리고 3월 4일에는 남쪽으로 방향을 틀어 복주를 거쳐 마지막 날인 12일의 대녕진까지 도착하는데 이곳은 현 대련시이다. 만약 압록강과 보주 내원성의 위치가 현 압록강이었다면 왕적은 북한 압록강 일대를 순시하고 금나라 조정으로 보고했을 것이다. 왕적은 현 압록강 근처로는 오지도 않았으니 내원성은 현 압록강이 아니라 요하 하구에 있었다. 금나라 백성들이 압강, 즉 혼하를 건너 창주와 삭주에 이르러 땅을 차치해 농사를 짓는다는 말이므로 본래 창주와 삭주 위치는 고려와 거란의 접경인 현 사하 동쪽에 있었음을 알 수 있다. 그리고 앞서 《금사》〈지리지 권24 북경로〉에는 영삭군(寧朔軍)의 지명이 흥화에 있었다. 영삭은 영주와 삭주의 합성어로 본래 영주와 삭주는 흥화진 근처에 있었기 때문에 《조선왕조실록》과 《신증동국여지승람》의 삭주는 후대에 교치된 지명이다. ⑰의 요덕진은 《연려실기술》〈별집 진보(鎭堡)〉조에서 "영흥부 서쪽 120리에 있다."라고 했다. 《고려사》〈세가〉의 고종 23년 (1236) 8월에는 "동여진의 원병 100기가 요덕진과 정변진에서 출발, 영흥창으로 향했다."라고 나온다. 《세종실록지리지》〈함길도 영흥대도호부〉에 요덕진의 지명이 나오고 지도에도 함경남도에 요덕의 지명이 있다. 그러나 이들 기록은 모두 후대에 교치된 지명을 보고 기록한 것이거나 가필이다. ⑱의 정변진은 《연려실기술》〈별집 진보(鎭堡)〉조에 "정변진은 영흥부 동쪽 60리에 있다."고 했고, 《세종실록지리지》에는 요덕진과 마찬가지로 함경남도 영흥, 지금의 원산 인근에 있는 것으로 기록했다. 《고려사》〈지리지 동계 안변대도호부〉에는 "정변진은 현종 22년(1031)에 설치했다. 비류수가 있다. 봄, 가을에 향과 축문을 내려 제사를 지내게 했다."라고 했다. 비류수가 이곳에 있을 수는 없으므로 고려사 지리지의 편수관이 이렇게 기록한 이유는 정변진에 비류수가 있다는 옛 기록을 보았거나 후대의 가필이다. 이는 정변진이 본래 비류수, 즉 혼하 유역에 있다가 후일 함경남도로 교치되었지만 편수관이 옛 기록을 보고 그대로 인용했을 가능성도 있다. ⑲의 화주 위치에 대해 《고려사》〈지리지 안변도호부 등주〉조에서 "화주는 본래 고구려의 땅으로 장령진, 혹은 당문이라 불렀다. 혹은 박평군이라고도 했는데 고려 초에 화주라고 했다. 성종 14년(995)에 안변도호부로 고쳤다. 현종 9년(1018)에 화주 방어사로 강등하고 본영으로 삼았다. 고종 때에 몽골에 편입되어 쌍성총관부가 되었다. 화주가 이로 인해 등주에 병합되었지만 여전히 방어사로 불렀다. 뒤에 통주(通州)에 합병되었다가 충렬왕 때 복구되었다. 공민왕 5년(1356)에 군사를 보내 수복하고 화주목(和州牧)으로 삼았다. 공민왕 18년(1369)에 화령부로 승격시키고 토관을 두었다. 횡강이 있다."고 했다. 이 기록에서 화주가 고종 때에 몽골에 편입되어 쌍성총관부가 되자 고려가 화주를 등주에 임시로 소속시켰음을 알 수 있다. 현재 주류 사학계는 화주의 위치로 함경남도 영흥으로 보고 있다. 그런데 여기서 화주가 통주로 병합했다는 기록을 지리적으로 이해할 수가 있을까? 고려 통주의 위치는 고려 서북계에 있었기 때문에 동북의 화주와는 도저히 합칠 수 없는 곳이다. 통주는 요동에 있었고 화주는 주류 사학계의 주장대로라면 함경남도 영흥에 있는데 이게 지리적으로 가능할 리가 없다. 통주의 지명이 다른 곳에도 나온다. 《요사》〈지리지 통주 안원군〉의 기록에, "통주 안원군에 절도가 설치되어 있다. 본래 부여국 왕성이다. 태조 때 용주로 고쳤고 성종이 고쳐 통주가 되었다." 통주의 이름이 부여국 왕성에 존재했었으니 화주가 통주의 인근에 있었다면 통주와의 합병이 지리적으로 가능하다. 그러나 통주 위치는 이미 고찰한 바와 같이 현 개원시 일대이고 여기는 고려 땅이 아니었기 때문에 고려 마음대로 통주와 화주를 병합할 수는 없다. 이는 후대에 《고려사》〈지리지〉를 수정하다 일어난 오류로 보인다. 《세종실록 지리지》〈함길도 영흥 대도호부〉에 "함주목을 승격시켜 함흥부로 삼았다가 곧 화주목으로 강등했다."라고 나온다. 조선 초의 함주는 화주이며 함흥부에 속했음을 알 수 있다. 이런 이유로 주류 사학계는 화령이 함경남도 영흥의 옛 이름이며 고려의 화주와 철령을 함경남도에 비정하고 있다. 이어 《고려사》〈지리지 동계〉의 연혁을 요약해서 설명해 보자. "동계는 본래 고구려의 옛 땅으로 성종 14년(995)에 10도로 할 때 화주와 명주를 삭방도로 했다. …… 뒤에 함주(咸州)

이북은 동여진에 편입되었다. 예종 2년(1107)에 평장사 윤관이 여진을 쳐서 쫓아내고 9성을 설치했으며 공험진의 선춘령에 비석을 세워 경계로 했다. 고종 45년(1258)에 몽골이 침입하자 용진현 사람 조휘, 정주(定州) 사람 탁청이 반란을 일으켜 화주(和州) 이북의 땅을 들어 몽골에 귀부했다. 몽골은 쌍성총관부를 설치했다. 공민왕 5년(1356) 7월에 추밀원 부사 유인우를 보내 쌍성(雙城)을 공격해 깨뜨렸다. 화주(和州), 등주(登州), 정주(定州), 장주, 예주, 고주(高州), 문주, 의주(宜州), 선덕진, 원흥진, 영인진, 요덕진, 정변진 등의 여러 성을 수복했다."라고 되어 있다. 우선 화주는 고려 초에 동계 삭방도에 속해 있었는데 고려사 세가 현종 원년(1010) 5월에 상서좌서낭중 하공진과 화주방어낭종 유종이 내조하는 여진인을 함부로 죽여 유배되는 기록이 나온다. 이후 예종 때 윤관이 동북 9성을 설치할 때 화주 지명이 전혀 나오지 않고 여진에게 돌려준 기록도 나오지 않는다. 고종 4년(1217) 몽골이 금나라를 공격할 때 거란 유민들이 봉기해 고려를 침략한다. 이때 거란군이 고주와 화주를 침략하자 몽골이 거란을 토벌하기 위해 화주를 공격했다. 이후 고종 40년(1253)에 몽골이 다시 대동강을 건너 화주를 공격한 기록을 보면 화주는 고려 초부터 몽골 침략기 때까지 계속해서 동계에 있었고 위치 또한 《세종실록지리지》에서 기록한 바와 같이 함경남도에 있었다. 고종 45년(1258)에 조휘와 탁청이 화주 이북의 땅을 들어 몽골에 귀부할 때까지도 화주 위치는 변함이 없다. 천리장성은 덕종 때인 1033년에 완성되기 때문에 고려 초기부터 최소한 덕종 때까지 화주는 함경남도에 있었던 것이다. 이러면 고려 천리장성이 함경남도를 지나는 것이 확실하게 된다. 하지만 고려 북계가 요동과 길림에 있었고 동북계의 천리장성이 갈라전에 있었기에 천리장성이 화주에 도달한다는 기록은 여타 지명과 마찬가지로 후대의 가필이 명백하다. ⑳의 25척은 5미터 이상으로 엄청난 크기임을 알 수 있다. 세종 22년에 우의정 신개가 고려사를 인용하며 왕에게 아뢰는 기록이 있는데 여기서도 장성의 규모를 알 수 있다. "삼가 고려사를 상고하오니, (고려) 덕종이 평장사 유소에게 명하여 처음으로 북경의 관방을 설치하게 했는데, 서해 바닷가의 예전 국내성 지경의 압록강이 바다로

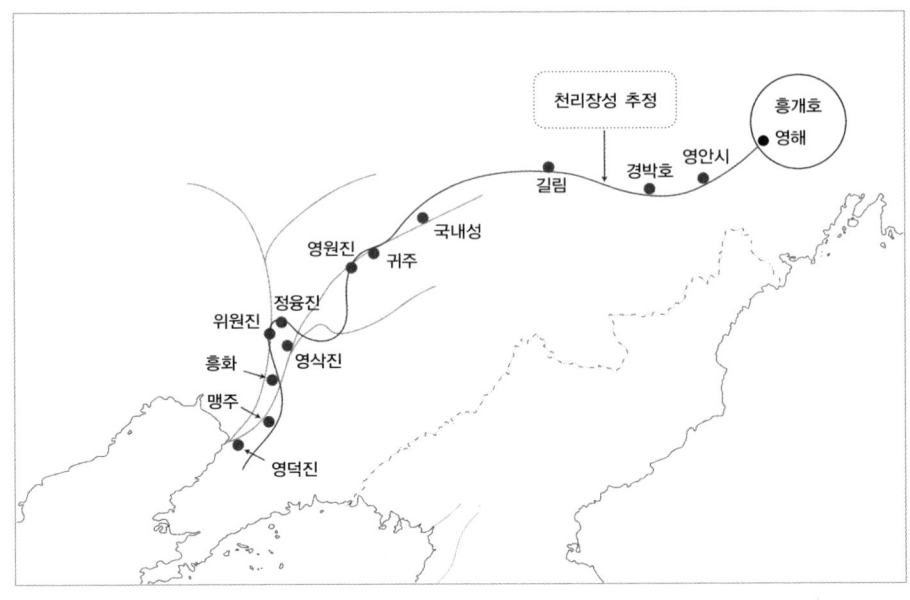

〈지도 115〉 천리장성 위치

들어가는 곳에서 시작해, 동으로 위원, 흥화, 정주, 영해, 영삭, 운주, 안수, 청새, 평노, 영원, 정융, 삭주 등 13성을 거쳐 동해에 이르는 수천 리를 뻗어 돌로 성을 쌓았는데, 높이가 25척이요, 넓이도 그와 같았으며, 무릇 끝에서 끝으로 가려면 석 달이나 걸렸습니다."라고 했다. 만약 천리장성을 한반도에 쌓았다면 어떻게 그 거대한 성곽의 흔적이 한반도에는 나타나지 않는 것일까? 또한 현재 천리장성은 수천 리라고 하기에 너무 짧고 석 달이 걸리는 거리도 아니다. 그리고 《금사》〈사묘아리 열전〉에 고려가 갈라로에 동북 9성을 설치할 당시에 갈라수에서 고려와 싸웠다고 했다. 《금사》〈외국열전〉에는 "천보 3년(1120) 11월에 고려가 갈라전 장성을 3척 더 높이 쌓았다."라고 하였으므로 여진에게 동북 9성을 돌려준 이후에도 갈라전은 여전히 고려에 속했다. 고려 장성이 갈라전에 있었고 갈라수는 해란하로 영안시에서 연변 조선족 자치주 일대이니 천리장성은 해란하를 통과하고 있었던 것이다. 이와 같이 천리장성은 혼하 하구에서 출발해 동북으로 해주와 안산까지 올라갔다가 태자하 남쪽에서 동쪽으로 가서 본계시에서 북쪽으로 혼하를 따라 무순과 철령을 지났을 것이다. 이후 길림합달령을 천연 장벽으로 삼았다가 다시 길림에서 시작해 동쪽으로 와서 갈라전이 있던 목단강 영안시 일대를 지나 흥개호에서 멈추었을 것으로 추정된다.

현재 만주에 고려 천리장성으로 보이는 장성이 존재한다. 중국 정부는 목단강과 그 서남쪽의 경박호 일대에서 장성을 발견했는데 중국은 자신들이 쌓은 장성으로 주장하고 있다. 이곳은 청나라가 망한 이후에야 중국의 영토가 되었으니 아무런 근거가 없는 엉터리다. 고려 영토와 천리장성의 기록에 부합하기 때문에 이곳에서 발견된 장성은 고려 천리장성이 분명하다.

Ⅳ. 동북 9성 위치

동북 9성은 고려 동북계를 결정하는 중요한 지명이다. 《고려사》〈세가〉숙종 9년(1104)에 동여진 추장 오야속이 고려를 공격해 정주(定州) 관문에 주둔한다. 고려 때 정주는 북계와 동계에 두 군데 있었고 여기서 정주는 동계에 있는 정주다. 《금사》〈외국열전 고려〉조에 갈라전 사람들이 금나라 목종 10년(1103)에 여진 완안부에게 귀부했다고 나온다. 갈라전은 고려 국경에 있던 여진족으로 이들은 세력이 점점 강해지자 고려를 여러 차례 침입한다. 예종 2년(1107) 10월에 윤관을 원수로 해서 여진을 정벌하게 했는데 예종 3년(1108) 2월 27일에 여진을 평정하고 6성을 축성한 후 공험진에 비를 세워 경계로 삼았다. 예종 3년(1108) 미상월에 9성을 쌓고 남계의 주민들을 옮겼으며 함주 진동군, 영주 안령군, 웅주 영해군, 복주, 길주, 의주(宜州), 공험, 동태, 평융진을 설치했다. 《고려사》〈세가〉에 당시 예종의 어가가 윤관의 여진 정벌군을 환송하기 위해 11월 19일에 개경을 출발해 11월 24일에 서경에 도착한다. 이때 고려군은 아무리 빨라도 11월 24일에 서경에서 출발했고 약 3개월 만에 여진을 평정한 것이다. 당시 상황이 《고려사》〈윤관열전〉에도 나오는데 윤관과 오연충이 동계에 도착해 장춘역(長春驛)에 주둔한 후 병마판관 최홍정과 황군상을 정주와 장주에 보내 여진족을 속여 많이 죽였다고 나온다. 여기서 정주와 장주가 장춘역과 가까운 것 알 수 있다. 하얼빈 서쪽에도 장춘 지명이 있는데 이곳은 고려 동계와 상관이 없는 단순한 지명 일치다. 만약 장춘이 하얼빈 서쪽에 있었다면 고려군이 50여 일 만에 장춘을 거쳐 동계로 이동하는 것이 불가능하고. 또한 그렇게 우회해서 갈 이유도 없다.《거란국지》〈22권 주현재기(州縣載記)〉에 거란에 속한 주요 지명에 장춘(長春)이 있고,《고려사》〈지리지 병(兵)〉조에는 장춘역이 고려의 장주에 속해 있으므로 장춘 지명이 하얼빈 서쪽에 나오는 것은 단순한 동일 지명일 뿐이다. 고려군이 여진을 속여 죽인 후의 상황이《고려사절요》에 나온다. "예종 2년(1107) 12월 14일에 윤관이 53,000명을 통솔해 정주 대화문을 나가고, 중군병마사 김한충이 36,700명을 통솔해 안륙수로 나가고 좌군병마사 문관이 33,900인을 통솔해 정주 홍화문으로 나갔다. …… (하략)"

이 기록에서 고려군은 11월말 경에 서경에서 출발해 동쪽으로 향해 진군했고 장주의 장춘역에서 대기하다가 이후 정주에 도착한 것이다. 당초 12월 14일에 정주를 나가서 2월 27일에 여진을 평정했으니 실제 작전은 50여 일 남짓 걸렸다.

먼저 공험진 위치는 논쟁거리가 되는 것이 의아할 정도로 그 기록이 명확하다. 공험진이 위치한 선춘령은 조선시대 윤두서의《동국여지지도》를 보면 두만강 동북에서 나가는 강이 하나 있는데 그 남쪽에 선춘령과 고려지경(高麗之境)이 표시되어 있다. 또한《서북 피아양계 만리일람지도》등에도 두만강 동북쪽, 즉 연해주에 선춘령을 표시하고 있다. 상기 지도 외에도 조선 후기의《요계관방도》, 청나라의《성경여지전도》에도 선춘령이 두만강 동북쪽에 위치해 있다.

문헌 기록에는 어떻게 되어 있는지 살펴보면《고려사》〈지리지 함주대독도부〉조에 "공험진은 예종 3년(1108)에 성을 쌓아 진을 설치하고 방어사로 삼았다. 예종 6년(1111)에 산성을 쌓았다. 공주(孔州) 혹은 광주라고도 한다. 선춘령 동남쪽, 백두산 동북쪽에 있다고도 한다. 혹은 소하강변에 있다고도 한다."

고 나온다. 이와 같이 《고려사》〈지리지〉에 공험진이 백두산 동북쪽에 있다고 했고, 《세종실록지리지》〈함길도 공험진〉조에는 경원군 동북 700리에 있다고 했다. 《세종실록지리지》〈함길도 길주목 경원도호부〉조의 수빈강에 대한 주석에 "수빈강은 두만강 북쪽에 있다. 그 근원은 백두산 아래에서 나오는데 북으로 흘러 소하강이 되어 공험진, 선춘령을 지나 거양성에 이르고 동으로 120리를 흘러 수빈강이 되어 아민에 이르러 바다에 들어간다."고 했다. 수빈강은 현 목단강시 동령현 물길이 유력하다. 그리고 〈경원도호부 선춘령〉조에는 거양 서쪽 60리에 윤관이 비를 세운 선춘현이 있다고 했으므로 거양성은 선춘현 동쪽 60리에 있다. 경원군은 함경북도 북단이므로 선춘령은 두만강 동북쪽 약 200킬로미터에 있었고, 현 흥개호(항카호) 남쪽에 해당한다. 이와 같이 지도와 기록은 선춘령이 두만강 동북 700리의 흥개호 남쪽에 있었음을 명백히 하고 있다. 9성 중에 함주, 복주, 의주(宜州)는 우리 사서에 위치 기록이 있고 길주는 함경북도에 지명이 존재한다. 《세종실록지리지》〈함길도 함흥부〉조에 "공민왕 5년 병신일에 옛 강토를 수복하여 지함주사(知咸州事)로 삼았다. …… 태종 16년 병신일에 함흥부로 올렸다."라고 기록해 함주가 현재의 함흥이라고 했고, 복주는 《고려사》〈지리지 동계 함주대도독부〉조에 복주에 마천령과 마운령이 있다고 주석을 달아 역시 함흥에 있다고 했다. 의주(宜州)는 《고려사》〈지리지 동계 함주대도독부〉조에 의주가 본래 신라 천정군이라 했는데 《세종실록지리지》는 〈함길도 안변도호부 의천군〉조에 의주가 있다고 하여 현재의 원산에 넣었다. 길주는 《고려사》〈지리지 동계 함주대도독부〉조에 예종 3년(1108)에 주를 설치하고 6년(1111)에 중성을 쌓았다가 얼마 후에 여진에게 돌려주었다고 했는데 공민왕 때 영토를 수복했다고 나온다. 《세종실록지리지》〈함길도 길주목〉에는 현재의 함경북도 길주에 있다고 했다. 이렇게 함주, 복주, 의주, 길주가 모두 함경도에 있으니 일제와 한국 주류 사학계는 동북 9성을 함흥 일대에 비정했고, 혹자는 길주가 함경북도에 있어 동북 9성이 길주까지 있다고 한다. 또 혹자는 공험진이 두만강 북쪽에 있었기 때문에 동북 9성에 공험진까지 넣고 있다. 이래서 동북 9성 위치가 세 가지로 갈려, 현재 국사 교과서에 나오는 것과 같이 길쭉한 막대기 모양의 기이한 형태가 된 것이다.

그러나 이는 고려 국경과 천리장성에 대한 기록을 철저히 무시한 것인데 과연 일제와 한국 주류 사학계의 주장이 맞는지 사료를 통해 확인해 보자. 첫째, 앞서 나온 바와 같이 《고려사》〈지리지 서문〉에서 고려 동북계가 선춘령이며 동북은 고구려를 넘어섰다고 했다. 이는 고려 영토가 고구려 책성이 있던 목단강 영안시보다 더 동북에 있었다는 의미인데 동북 9성이 함경도에 있을 수 없는 것이다. 둘째, 이 기록도 이미 조명했지만 《금사》〈외국열전 고려〉조에 고려가 갈라로 남쪽에 있다고 했는데 갈라는 영고탑이 있던 목단강 영안시 일대이며 갈라수 또한 해란하로 목단강 지류였다. 고려와 금나라의 경계가 갈라로와 갈라수인데 동북 9성이 이보다 훨씬 남쪽인 함경도에 있을 수 없다. 셋째, 조선 후기 학자 이종휘의 시와 산문집인 《수산집(修山集)》에는 "고려 전성기에 윤충숙(윤관) 장군이 문신으로서 3천 리 땅을 넓혔으며 선춘령에 비석을 세워 정했다."고 기록했다. 다소 과장은 있겠지만 3천 리면 약 1천 킬로미터이니, 동북 9성 북단이 북만주까지 있었던 것이다. 넷째 《고려사》〈윤관 열전〉에 '(동북 9성) 너비가 방 3백 리이고, 동쪽은 대해, 서북은 개마산, 남쪽으로 장주(長州)와 정주(定州)의 두 관문에 닿았다.'라고 나온다. 여기서 동북 9성 중 하나인 공험진 위치가 현 흥개호 남쪽에 있었다. 9성 너비가 방 3백 리라고 했으니 너비가 약 1백 킬로미터이다. 공험진이 최남단에 있었을 것이므로 여타 여진에게 돌려준 성들은 공험진 서북쪽과 북쪽에 있어야 한다. 당시 윤관의 부하 장수였던 임언이 올린 표문이 《동인지문사륙》에 실려 있는데, "윤관전, 9성 복원 칠일정(尹瓘傳, 九城輻員七日程)"이라는 기록이 나온다. 이는 9성의 둘레가 7일 거리라는 의미인데 조선 연행사의 기록을 보면 말에 방물을 싣고 하루에 60리에서 80리 사이를 걸었다고 나온다. 하루의 거리가 어떤 상황을 전제해서 기록한 것인지 알 수 없지만 60리로 잡으면 420리, 80리로 잡으면 560리로 약 150킬로미터에서 200킬로미터 사이이다. 이는 윤관 열전의 방 3백 리 기록과 대략 일치한다. 곧, 함주 진동군, 영주 안령군,

〈지도 116〉 동북 9성 위치

웅주 영해군, 복주, 길주, 의주, 공험, 동태, 평융진 9성이 너비 약 1백 킬로미터 내에 있었다. 9성 중 하나인 공험진이 흥개호 남쪽에 있었는데 동북 9성이 함경도에 있을 수 없는 것이다. 이래서 함경도에 존재하는 함주, 복주, 길주, 의주는 여진에게 넘어간 후에 함경도로 교치된 지명이 명백하다. 그리고 여진에게 성을 돌려준 2년 후인 예종 6년에도 고려가 공험진에 산성을 축성하기 때문에 공험진은 여전히 고려 영토로 남아 있었다. 이는 공험진이 동북 9성의 최남단에 위치한 때문일 것이다. 그래서 웅주는 공험진 북쪽이고 또 길주는 웅주 북쪽이며 나머지 동북 9성은 웅주와 서쪽 목단강 영안시 사이에 있었을 것이다. 그런데 동북 9성이 장주와 정주 두 관문에 닿았다고 한 기록은 의문이다. 장주와 정주는 뒤에 나오지만 함흥과 원산 사이에 있었다. 장주와 정주가 광역 행정구역이라 관문이 두만강 이북까지 있었거나 혹은 우리 기록에는 없지만 장주와 정주 또한 후대에 교치되었을 가능성도 있다.

《세종실록지리지》〈동계 함주 대도독부 선화진〉의 기록을 요약하면 '원수 윤관과 부원수 오연총이 병사 17만으로 여진을 축출하고 동쪽으로 ①화곶령, 북쪽으로 ②궁한령, 서쪽으로 몽라골령까지 영토를 삼았다. ③몽라골령에 영주(英州), ④화곶산에 웅주(雄州), 오림금촌에 복주(福州), 궁한촌에 길주(吉州)를 두

제8장 _ 고려 영토사 525

었고, 예종 3년 2월에는 함주 및 공험진에 성을 쌓았으며, 3월에 의주(宜州), 동태, 평융의 세 진을 쌓았다. 예종 4년에 길주로부터 9성의 장비를 철수해 숭령, 동태, 진양의 세 진(鎭) 및 영주, 복주, 함주, 웅주, 선화진을 철거해 여진에게 돌려줬다. 함주, 영주, 웅주, 복주, 길주, 의주의 6주 및 공험진, 동태진, 평융진의 9성(城)이다. 예종 3년 윤관의 부하였던 임언의 《영주기(英州記)》에 지금 새로이 6성을 설치하니 진동군 함주대도독부, 안정군 영주 방어사, 영해군 ⑤웅주 방어사, ⑥길주 방어사, ⑦복주 방어사, ⑧공험진 방어사이다. 의주(宜州)의 땅은 ⑨정주(定州)의 남쪽에 있어 여진을 쫓아낼 필요가 없어 뒤에 설치했다.'고 했는데, 이는 의주(宜州)가 교치된 사실을 몰랐던 편수관의 오해이다. 왜냐하면 의주가 현재의 원산이 아니라 동북 9성이 위치한 동모산 일대에 있었기 때문이다. 만약 의주가 원산에 있었다면 동북 9성 또한 이곳에 있어야 하기에 공험진 위치와 맞지 않다. ①의 화곶령에서 곶은 해안에 튀어나온 땅을 말한다. 만약 바닷가에 튀어나온 곶이라면 그 경계를 화곶령이 아니라 바다가 경계라고 했을 것이다. 이는 바다에 있는 곶이 아니라 호수에 있어서 그럴 것이고 또한 공험진 위치를 고려하면 연해주는 너무 멀고 웅주 또한 화곶령에 있었기에 연해주에 웅주가 있을 경우 여타 지명을 비정할 수 없다. 지도를 보면 공험진 북쪽에 흥개호가 있다. 이 호수에 튀어나온 지명이 있으니 화곶령은 이곳을 말할 것이다. 《고려사》〈오연총 열전〉에서도 여진이 길주를 수개월 동안 포위했는데 오연총이 왕으로부터 부월을 받고 길주를 구원하기 위해 진군하다 행렬이 공험진에 이르러 여진의 기습을 받아 대패하자 군사들이 여러 성에 도주해 들어갔다고 했고 이후 오연총이 윤관과 함께 길주로 향했다는 기록이 나온다. 이와 같이 동북 9성이 서로 멀지 않은 곳에 있었던 것이다. 그래서 대해는 공험진과 멀지 않은 흥개호일 테고 개마산은 요동의 개모성이 있던 곳인데 만주에도 개마산이라 불리던 산이 있었던 것으로 보인다. 동북 9성은 동쪽으로 흥개호, 북쪽은 흥개호 북단, 서쪽에 목단강 영안시, 남쪽은 연해주가 된다. ②궁한령(弓漢嶺)은 북쪽이라고 했으므로 흥개호 북단에 있었다. ③서쪽의 몽라골령에 영주가 있다고 했으니 흥개호에서 영안시

사이로 추정된다. 그리고 화곶산에 웅주가 있고 영해군이라고 했으니 웅주는 흥개호에 있다. ⑤의 웅주 방어사 역시 마찬가지다. ⑥의 길주 위치는 앞에서 나온 바와 같이 오연총이 길주를 구원하기 위해 공험진에 이르렀으니 길주는 공험진의 북쪽에 있었다. 《고려사》〈지리지 동계 길주〉조에 길주를 궁한촌(弓漢村)이라 불렀는데 원나라의 차지가 된 후에 삼해양(三海陽)으로 불렀고 공민왕 때 수복했으며 공양왕 2년(1390)에 웅길주등처 관군민 만호부(雄吉州等處管軍民萬戶府)를 설치한 것으로 나온다. 그리고 그 위치로는 길주가 북쪽이고 웅주가 남쪽이라고 했다. 길주가 궁한촌에 있다고 했는데 ②에서 궁한령은 화곶령 북쪽에 있다고 했다. 화곶령이 흥개호이고 해양(海陽)은 바다 북쪽을 의미하므로 길주는 흥개호 북안이다. 그리고 공양왕 2년에 웅주와 길주를 합쳐 만호부를 설치했다. 현재 함경북도 길주는 공험진과 웅주의 북쪽에 있어야 하는데 오히려 남쪽에 있으니 현재의 길주는 본래의 길주가 아니라 교치되었음을 알 수 있다. 그리고 예종 4년(1109) 7월에 고려가 9성의 장비와 군량을 거두어들이는데 길주부터 시작했다는 기록이 있다. 장비와 군량을 철수하면 전방부터 이루어져야지 후방에서 시작할 수는 없다. 길주는 여러 기록에서 동북 9성 중에서 최북단에 있었음을 보여준다. 뒤에 다시 나오지만 공민왕 19년(1370)에 이성계의 1만 5천 요동 정벌군이 황초령을 지나 압록강을 넘어 우라산성과 아둔촌을 점령했다. 이에 대해 《고려사》는 "(공민왕 19년 정월) 동쪽으로 황성, 북쪽으로 동녕부, 서쪽으로 바다, 남쪽으로 압록강에 이르는 광범위한 지역의 적이 일소되었다."라고 기록했다. 《조선왕조실록》〈태조실록〉의 공민왕 19년(1370)조에 황성은 옛날 여진 황제의 성이라고 했다. 금나라 황성은 현 하얼빈시이므로 공민왕 때 고려가 하얼빈까지 올라갔으며, 또한 고려는 신주와 길림까지 다다랐는데 흥개호까지 못 갈 이유가 없는 것이다. ⑦의 복주는 후술하겠다. ⑧의 공험진은 두만강 동북 700리에 있었으므로 경원군과 흥개호 사이에 있었다. ⑨의 정주는 《고려사》〈지리지 동계 안변도호부〉조에 정종 7년(1041)에 관문을 두고 별호는 중산이며 비백산이 있다고 했다. 《세종실록지리지》〈함길도〉조에 비백산이 정평부 서북 백 리에 있다고 나온다. 이전에 정주목이었다가 태종 13년에 정평부로 고쳤다. 고려 현종 9년에 장주 방어사로 불렀고 뒤에 장주현으로 고쳤다. 명산은 비백산이고 부의 북쪽에 있다고 했다. 이 기록에서 비백산 위치를 고려하면 장주가 정주 서쪽에 있었음을 알 수 있다. 정평부 위치는 평안도 희천의 검산 대령까지 65리, 남쪽 영흥부 방원까지 34리, 북쪽으로 함흥부 평천원까지 25리라고 나온다. 영흥 위치는 《세종실록지리지》〈함길도 영흥대도호부〉조에 고려 성종 14년에 화주 안변도호부로 고쳤다가 현종 9년에 화주 방어사로 강등했고 고종 때 등주에 합쳤다고 했다. 영흥 대도호부는 현재 원산이고 함흥부는 함흥이므로 정평부는 서쪽으로 평안도 경계까지, 동쪽으로 바다이며, 남쪽에는 원산, 북쪽에 함흥이 있었다. 이는 현재 북한 문천시에 해당한다. 그런데 동북 9성이 남쪽으로 장주(長州)와 정주(定州)의 두 관문에 닿았다고 했으니 본래 정주와 장주의 두 관문은 두만강 이북에 있었던 것이다.

그러면 당시 윤관이 여진을 정벌한 후에 설치한 9성의 구체적인 지명을 알아보자. 《고려사》〈지리지 함주대도독부〉의 기록에는 ①함주, ②영주(英州), ③웅주, ④복주, ⑤길주, ⑥의주(宜州)의 6주 및 ⑦공험진, ⑧동태진, ⑨평융진의 9성(城)이라고 했다. 예종 4년에 여진에게 돌려줄 때는 길주로부터 9성의 장비를 철수했는데 ⑩숭령, 동태, ⑪진양의 세 진(鎭) 및 영주, 복주, 함주, 웅주, ⑫선화진을 철거해 여진에게 돌려줬다고 했다. 설치할 때 있었던 의주, 공험진, 평융진의 이름은 빠지고 대신 숭령, 진양, 선화진의 이름이 들어갔다. 이를 보면 동북에 9성이 아니라 총 12개가 있었던 것이다. 공험진은 이후에도 고려 영토로 나오기 때문에 이때 돌려주지 않았고, 의주, 평융진의 이름이 빠진 것은 남쪽에 위치한 이유가 아니라 그전에 잃었기 때문이다. 이미 나온 바 있지만 《금사》〈사묘아리 열전〉에 "고려가 갈라전에 9성을 축성하자 혼탄이 공격해 목리문전에서 적과 힘껏 싸웠다. 사묘아리가 창을 겨누어 장수를 찌르자 적이 궤멸했다. 혼탄과 석전환이 도문수(徒門水)에서 군사를 합쳤고 사묘아리가 주장(主將)이 되어 적을 쳐서 2성을 빼앗았다."고 했다. 9성 중에 의주와 평융진은 이때 상실한 것이다. 동북 9성이 사방 3백 리 안에 몰려 있었는데 현재의 원산에 의주 지명이 나올 수가 없기 때문이기도 하다. ①의 함주는 예종 2년(1107)에 수복했다가 여진에게 다시 돌려준다. 만약 함주가 현재의 함흥이라면 선춘령에서 내지로 이어지는 교통로가 완전히 차단되는 것이므로 고려가 그곳을 여진에게 돌려줄 수 없다. 실제로 이후에도 고려는 함흥과 그 동북의 홍원군은 물론이고 두만강 동북의 선춘령까지 차지하고 있었다. 이는《고려사》〈세가〉고종 45년(1258)의 기록에 용진현 사람 조휘와 정주 사람 탁청이 화주 이북 지방을 몽골에 넘겨주었다는 기록에서 알 수 있다. 그리고《고려사절요》"공민왕 5년(1356) 7월에 …… 유인우 등이 진군해 쌍성총관부를 파괴했다. 조소생과 탁도경은 부인과 자식을 버리고 도주해 이판령 북쪽 입석 땅으로 들어갔다. 지도를 보면 화주, 등주, 정주, 장주, 예주, 고주, 문주, 의주, 선덕진, 원흥진, 영인진, 요덕진, 정변진 등의 여러 성을 수복했다. 대체로 함주 이북 합란, 홍헌, 삼살은 본래 우리 강역이었는데 고종 무오(1258)에 원나라에 함몰되어 모두 99년이 되었고 이제야 모두 수복했다."라고 나온다. 이 기록은 고종 45년(1258)에 몽골이 침입할 때 조휘와 탁청이 반란을 일으켜 화주 이북 땅을 원나라에게 바친 이후 99년 만에 공민왕 때에 화주 이북의 땅을 수복한 내용이다. 이는 99년 이전에는 화주 이북이 고려 땅이었다는 말이므로 고려가 여진에게 돌려준 함주가 함경남도의 함주가 될 수 없는 것이다. 또한 여기서 함주 이북에 합란이 별도로 있었다. 함주는 여진에게 돌려준 후 함경남도로 교치된 지명이고 합란은 두만강 이북의 갈라로인 것이다. 원(元)나라가 함주를 합란부(哈蘭府)로 칭했다는 기록에서 이미 고찰했지만 합란은 갈라, 해란과 같은 말이었다. 본래 함주가 갈라와 해란 땅인 현 영안시와 홍개호 일대에 있었던 것이다. 이럴 경우 공험진과 내지와의 연결이 아무런 문제가 없게 된다. ②의 영주(英州)와 ③의 웅주(雄州)는 예종 3년(1108)에 주(州)를 설치했고 예종 4년에 철수해 여진에게 돌려주고 ⑤의 길주(吉州)에 병합했다. ④의 복주(福州)는 영주와 마찬가지로 예종 3년(1108)에 주(州)를 설치했고 예종 4년에 철수해 여진에게 돌려주고 공민왕 때 수복했다.《신증동국여지승람》에 복주는 함경남도 동북단의 단천이라고 한다. 마운령과 마천령 사이에 단천이 위치하고 있다. 그러나 지금의 복주 또한 후대에 교치된 지명이다. 복주를 여진에게 반환했는데 공험진이 그 북쪽에 있었으므로 고려가 공험진을 유지할 수 없기 때문이다. 또한《금사》〈외국열전 고려〉조에 고려가 동북 9성을 반환하고 10여 년이 지난 1120년 11월에 고려가 갈라전에 장성을 3척 더 높이 쌓았다고 했으니 이때도 고려 영토는 두만강 이북에 있었다. 그러니 복주는 두만강 이북에 있다가 여진에게 돌려준 후에 현재의 지명으로 옮겼던 것이다. 또한 이는 고려 천리장성이 여진에게 넘겨줬던 숭령, 동태, 진양진, 영주, 복주, 함주, 웅주, 선화진보다는 남쪽에 있었음을 알 수 있다. ⑥의 의주(宜州)는《고려사》〈지리지〉에 정천군이라고 했고 이전에 고찰한 바와 같이 정천군은 동모산 남쪽에 있었다. 의주(宜州)는 본래 이곳에 있다가 현재의 원산으로 교치되었다. ⑦의 공험진은 예종 3년에 성을 쌓았고 공주(孔州) 혹은 광주(匡州)라고도 한다. 이후에도 공험진은 여진에게 반환하지 않고 계속해서 고려의 영토였음을 알게 하는 기록이 존재한다.《고려사》〈지리지 동계 함주대도독부〉조에 예종 6년(1111)에 공험진에 산성을 쌓았다는 기록으로 보아 예종 4년(1109)에 여진에게 반환했던 동북 9성에 포함되지 않았음을 다시 확인할 수 있다. 이는 예종 4년에 고려가 여진에게 반환한 동북 9성 중에 함주, 복주 및 길주가 함경도가 아닌 다른 곳에 있었음을 확인해 준다. 만약 함주, 복주 및 길주가 현재의 지명에 있었다면 복주의 경우와 마찬가지로 그 북쪽의 공험진을 유지할 수가 없기 때문이다. 이들 지명에 대한《고려사》〈지리지〉와《세종실록지리지》의 기록은 후대에 교치된 이후의 기록이 명백하다. ⑧의 동태진은 예종 3년에 성을 쌓아 진을 두었고 여진에게 돌려줬다. ⑨의 평융진은 예종 3년에 성을 쌓았다. ⑩의 숭령진, ⑪의 진양진은 예종 4년에 철수해 여진에게 돌려줬다. 정확한 위치는 알 수 없지만 이들은 갈라전 북쪽에 있었다.《고려사》〈세가〉에 "예종 4년(1109) 3월 신해에 행영병마사록 장문위 등이 여진과 숭령진에서 싸워 38명을 참수했다."고 나온다. 이는 여진이 동북 9성을 공격했던 기록인데 여타 성과의 위치를 고려하면 숭령진 또한 갈라전 일대에 있었다. ⑫선화진(宣化鎭)은 예종 4년에 성을 철수하고 후일 수복해 길주에 병합했다. 선화진은 함주, 웅주와 함께 성을 철거하므로 갈라전 북쪽에 있었다.

　　2017년, 인하대 고조선연구소 초청 토론회에서 러시아 고고학자들은 연해주에서 고려와 조선 유물을 대거 발굴했다고 발표했는데 그 위치는 대체로 선춘령 남쪽이다. 기록뿐만 아니라 유물도 이곳이 고려와 조선의 옛 땅임을 보여준다.

V. 서경과 동녕부 및 쌍성총관부 위치

1. 서경과 동녕부

　　현재 주류 사학계는 서경이 북한 평양이고 일부 재야 사학계는 서경이 요양에 있었다고 주장한다. 앞에서 나온 바가 있지만 다시 언급하면《고려사》〈지리지 백관〉"서경 유수관(西京留守官)은 태조 원년(918)에 평양도호부를 설치하고 중신 2명을 보내 이곳을 지키게 했으며 참좌 4~5인을 두었다. 성종 14년(995)에 지서경유수사 1인을 두었다."고 되어 있다. 서경은 태조 원년에 처음 설치했는데 이곳에 평양도호부를 두었으니 평양도호부내에 서경 유수관을 두었음을 알 수 있다.《고려사》〈세가〉의 기록에는 "태조 18년(935) 9월에 왕이 서경에 행차해 황주와 해주를 순시했다."고 했다. 황주는 황해도 서북단에 있고 해주는 황해도 해주다. 만약 서경이 요양이라면 서경에 행차해 황주와 해주를 순시할 수가 없다. 태조 왕건 때의 서경은 북한 평양이다.《고려사》〈서희 열전〉에는 "성종 12년(993)에 거란이 침략하자 …… 어떤 사람은 서경 이북의 땅을 분할해 주고 황주(黃州)에서 절령(岊嶺)까지를 국경으로 구획하자고 했다. 성종이 땅을 분할하여 주자는 의견에 따라 서경 창고의 창고를 개방해 백성들이 마음대로 가져가게 했지만 여전히 곡식이 남자 왕이 적의 군량미로 사용될 것을 우려해 대동강에 던져버리라고 명령했다." 황주는 황해도를 말하고 절령은《고려사》〈지리지〉동주(洞州)조에 절령이 곧 자비령이라고 했다. 그리고《고려사》〈지리지 병〉조에 "절령도는 11개 역을 관장한다. 절령역, 봉주 동선역과 단림역, 황주 도공역, 봉주 금동역, 안주 사암역, 수안의 회교, 생양, 고원, 신지, 운봉역, 서경역이다."라고 되어 있다. 상기 지명에 봉주, 황주, 수안은 모두 황해도에 있는 지명이다.《세종실록지리지》〈황해도 황주목〉의 기록에 서흥 자비령에 이르기까지 40리, 서쪽으로 바다에 이르기까지 30리라고 했다. 황주는 황해도 서북의 대동강 남쪽이고 서흥군은 현 사리원시 동쪽에 있으므로 자비령은 황해도의 북쪽을 동서로 가르고 있음을 알 수 있다. 그리고 서경 창고의 쌀이 백성들에게 나눠주고도 남아 대동강에 던져버리라고 했으니 이는 서경이 북한 평양이라는 결정적인 근거이다.

　서경에 대한 관련 기록을 더 보자.《고려사》〈세가〉"문종 7년(1053) 10월 20일에 왕이 서경을 출발해 대동강에 이르렀다. …… 10월 21일에 서경유수사 호부상서 왕이보 등이 생양역에 이르러 이별을 고하자 각각 공복 한 벌씩을 하사했다. 10월 26일에 왕이 서경으로부터 돌아왔다." 문종 7년의 기록 또한 서경이 대동강에 있었음을 보여준다. 그리고 10월 21일에 서경을 출발해 5일 만인 10월 26일에 개경으로 돌아온다. 만약 서경이 요양에 있었다면 5일 만에 개경으로 돌아온다는 것은 불가능하다. 이 기록에서도 서경은 확실히 현 북한 평양에 있었다. 이외의 많은 다른 기록들도 서경이 북한 평양에 있었다는 기록들뿐이다. 예종 2년(1107) 윤관의 여진 정벌군을 환송하기 위해 11월 19일에 왕이 서경으로 행차한다. 11월 22일에 어가가 자비령에 도착하자 술자리를 열었고 11월 24일에 서경에 도착한다. 개경에서 자비령을 거쳐 서경에 도착하는데 이때도 5일이 걸렸다. 인종 13년(1135)에 묘청이 서경에서 반란을 일으켰는데 이때는 서경이 어디인지 보자.《고려사》〈김부식 열전〉에 "(상장군) 이녹천이 철도(鐵島)에 이르러 지름길로 서경에 빨리 가려고 했는데 마침 날이 저물고 썰물이 되었다. 정습명이 물길이 좁고 얕으니 조수가 찰 때 출발해야 한다고 말했으나 이녹천이 듣지 않고 가다가 반 정도에 이르러 물이 얕은 곳에서 좌초했다." 이 기록은 관군이 묘청의 난을 진압하기 위해 뱃길을 통해 서경으로 향하다가 배가 좌초되어 서경의 반란군에게 크게 패배한 내용이다. 대동강은 조수간만의 차이가 크기로 알려져 있으니 서경이 대동강 유역에 있었음을 알게 한다. 그리고 만약 서경이 요양이라면 선박으로 서경을 갈 방법이 없다. 뱃길로는 혼하 하구를 통해 태자하로 가는 방법인데 금나라가 태자하 유역의 요양을 차지하고 있었는데 불가능하다. 여기서도 서경은 북한 평양에 있었음을 말해 준다. 《금사》〈지리지 동경로 요양부〉를 보면 요양부에 징주(澄州), 심주(瀋州), 귀덕주(貴德州), 개주(蓋州), 복주(復州), 내원주(來遠州)의 6개 주가 있었다. 징주는 해주, 심주는 심양, 귀덕주는 철령, 개주는 해성시 남쪽인 개주, 복주는 개주 남쪽, 내원주는 요하 하구에 위치해 물길을 통해서는 요동 평양으로 갈 수 있는 길이 없음을 알게 한다. 이후 무신정변이 일어나자 명종 4년(1174) 9월 25일, 서경유수 조위총이 고려의 서북계에서 군사를 일으킨다. 윤인첨이 토벌군의 장수가 되어 서경을 포위하자 조위총이 금나라의 파속로 총관에게 지원을 요청한다. 그러나 금나라는 오히려 조위총이 보낸 사신을 동경로 총관부로 압송한 뒤 고려 영덕성에 첩을 보내 이 사실을 알린다. 1216년 몽골이 금나라를 공격하자 금나라에게 복속했던 거란이 반란을 일으켜 금나라의 요동을 공격한다. 이때 거란이 고려에게 협박의 글을 보낸다. "대요가 개국한 지 200여 년이고 또 여진의 침범을 받은 것이 또 100년이다. 여진에게 함락당한 여러 고을들을 모두 수복했지만 파속로 1개 성만 항복하지 않아 누차 공격해 항복을 받았다. …… 만약 항복하지 않으면 대군을 보내 살육할 것이다."라고 했다. 앞서 나왔지만 《해동역사》〈속집 제6권 지리고 6 고구려〉조에 갈소관은 요하와 혼하 하구에 있었다. 유득공 또한 《고운당 필기》〈제6권 갈소관 위치〉에서 "《동국여지지》를 편찬할 때 갈소관이라는 지역이 어디인지 자세히 알 수 없었다. 근래에 중국어로 찾아보니 당나라 때는 박작구라 하고 금나라 때는 파속로라 하고, 원나라 때는 파사부라고 했다. 발음은 서로 비슷하지만 글자가 시대마다 바뀌었고 바로 압록강 나루가 있는 여러 지역이다."라고 했다. 여기서 유득공은 압록강의 위치를 현 압록강으로, 박작구를 현 압록강 하구에 위치한 것으로 오해했기 때문에 파속로를 현 압록강으로 비정했다. 그러나 박작구는 고대 압록인 혼하에 있었고 파속로 또한 혼하 일대에 있었다.《위키백과》〈요양부〉에 학야진에 갈소관이 있고 요양 서남쪽이라고 나와 있다. 파속로, 파사부, 갈소관, 박작구는 모두 혼하 일대에 있었던 것이다. 이와 같이 금나라의 파속로가 이곳에 있었으니 고려가 물길을 통해 요동 평양으로 가는 것은 불가능하다. 금나라 때도 고려의 서경은 현 북한 평양이다.

다음은 원나라가 고려에 설치한 동녕로 위치에 대해 고찰해 보자.《고려사》〈세가〉"원종 11년(1270) 2월 7일, 최탄이 몽골 군사 3천을 요청해 서경에 주둔시키자, 몽골 황제가 최탄, 이연령에게 금패를 현효철, 한신에게 은패를 차등 있게 하사했다. 조서를 내려 서경을 직접 몽골에 속하게 하고 동녕부라고 이름을 고쳐 자비령을 국경으로 삼았다." 상기 기록은 최탄과 이연령이 고려에 반기를 들고 서경유수 및 용주, 영주, 철주, 선주, 자주 등의 5개 주의 수령을 죽인 후에 몽골에 투항한 내용이다. 영주, 선주 등은 이미 고찰한 바와 같이 강조의 정변 때 정주와 선주 등을 거란에게 빼앗긴 후 압록강 이남으로 교치한 지명이다. 이때 최탄, 이연령 등이 이들 지역을 차지한 후에 몽골에게 투항했으며 자비령 이북을 몽골이 직접 통치한 것이다. 이때의 서경과 동녕부는 어디에 있었는지 기록을 보자. 당시 고려는 압록강 이북 지역을 몽골에게 상실한 상태였는데 이미 나왔던《원사(元史)》〈매노(買奴)열전〉에서 "(고종 17년, 1230) 정행만호 매노가 고려 화랑성을 함락하고 개주성(開州城)에서 고려 장수 김사밀을 생포했다. 이어 용주, 선주, 운주, 태주 등 14성을 함락했다."고 했다. 최탄과 이연령 등이 반란을 일으키기 30년 전에 봉황성으로 교치한 개주성이 함락되었고 이후 몽골이 고려 백성들이 농사를 짓도록 허락하지만 고려가 이를 거부한 기록이 있다. 이때 태자하 남쪽이 몽골 영토였는데 고려가 요동의 평양에 영토를 가질 수 없는 상황이었다.《원사》〈지리지 동녕로(東寧路)〉에 "원(元)나라 지원(至元) 6년(1269)에 이연령, 최탄, 현원열 등 부주현진(府州縣鎭)의 60성을 가지고 귀부했다."고 나온다. 이때 원나라가 동녕부를 설치해 평양 이북을 차지했지만 일부 지역은 여전히 고려에게 남아 있었다.《고려사》〈세가〉에 "충렬왕 4년(1278) 4월 기묘에 왕이 의주에 머물렀다. 그때 서북

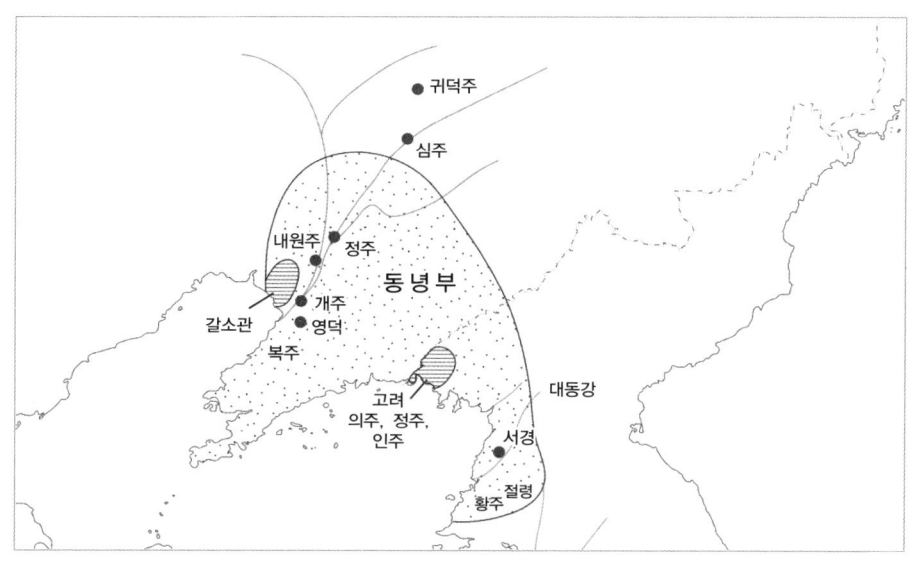

〈지도 117〉 서경과 동녕부 위치

지방의 모든 고을들이 동녕부에 붙었지만 오직 의주, 정주, 인주 3주는 귀속하지 않았다. 관리와 백성들이 서로 이끌고 나와 왕을 영접했는데 음식을 준비하고 접대하는 것이 다른 고을에 비해 나았다." 이 기록은 충렬왕이 원의 공주와 함께 원나라로 갈 때이다. 왕이 서경을 지나 의주, 정주, 인주로 들어갔는데 이곳들은 압록강 하구에 있었다. 왕이 서경을 거쳐서 이 지역을 들렀으므로 서경은 현 북한 평양임을 말해 준다. 그리고 동녕부가 원나라에 속한 지 21년 후에 고려는 이곳을 돌려받는다. 《고려사》〈세가〉에 "충렬왕 16년(1290) 3월 24일, 원 황제가 조서를 내려 동녕부를 폐지하고 우리나라 여러 성들을 다시 돌려줬다. 왕이 동녕부 총관인 한신과 계문비를 대장군으로 현원렬을 대복운으로 나공언과 이한을 장군으로 임명했다."고 나온다. 동녕부를 폐지했기 때문에 서경이 요동에 있었을 것이라 생각할 수 있다. 만약 서경이 요동에 있었으면 원나라가 동녕부를 반납한 이후부터 요양 지역은 고려의 영토가 되었을 것이다. 그러나 이후에도 이 지역이 고려의 영토였다는 기록은 전혀 나오지 않는다. 원명 교체기인 공민왕 때에 이르러서야 고려가 압록강 이북의 영토를 공격한다. 《고려사》〈세가〉에 "공민왕 5년(1356) 5월 18일 평리 인당과 동지밀

제8장 _ 고려 영토사 535

직사사 강중경을 서북면 병마사로 …… 압록강 서쪽의 8참을 공격하게 했다. 또 밀직부사 유인우를 동북면 병마사로 …… 쌍성 등지를 수복하게 했다. …… 6월에 인당이 군사를 이끌고 압록강을 건너서 파사부 등 3개의 참을 공격해 격파했다."라고 했다. 여기서의 압록강은 현 압록강이다. 왜냐하면 8참의 위치가 현 압록강 서북과 요양 동남쪽 사이에 있기 때문이다. 고려가 이때에 와서야 압록강 8참을 공격했는데 고려 서경이 요동에 있을 수가 없다. 이는 고려 서경이 요동의 평양이 아니라 북한 평양이며 고려는 충렬왕 16년(1290)이 되어서야 원나라로부터 압록강 이남을 회복할 수 있었던 것이다. 이후 명나라가 원나라를 쫓아내기 시작하는 공민왕 5년(1356)에야 요동 수복 전쟁을 벌여 고려 영토가 파사부까지 올라간다.

2. 쌍성총관부

쌍성총관부는 철령 서북에 있는 함경남도 요덕이 통설이다. 그런데 쌍성의 지명이 현 요령성 철령시 서북쪽에도 있어 쌍성총관부는 이곳이 아니라 요령성의 쌍성이라는 주장도 있다. 천리장성 위치를 고찰할 때 이미 나온 바가 있지만 《세종실록지리지》의 화주에 대한 기록을 다시 보자. 《세종실록지리지》〈함길도 영흥 대도호부〉에 "함주목을 승격시켜 함흥부로 삼았다가 곧 화주목으로 강등했다." 함주는 화주이며 함흥부에 속했음을 알 수 있다. 《고려사》〈지리지 동계〉에 고종 45년(1258)에 몽골이 침입하자 용진현 사람 조휘, 정주(定州) 사람 탁청이 반란을 일으켜 화주(和州) 이북의 땅을 들어 몽골에 귀부하자 몽골은 쌍성총관부를 설치했다고 기록했는데 이렇게 《세종실록지리지》와 《고려사 지리지》는 화주가 함경남도에 있었음을 명확히 했다. 앞에서 이미 고찰했지만 화주는 고려 초부터 몽골 침략기 때까지 계속해서 북계인 함경남도에 있었다. 그러니 화주가 만주에서 교치된 지명일 가능성이 없고 《세종실록지리지》에서 함주가 화주라고한 것은 함주가 만주에서 남쪽으로 교치되면서 일어난 결과이지 화주가 본래 함주 땅인 만주에 있었다는 의미가 아니다. 그럼에도 쌍성총관부의 위치가 함경남도가 아니라 요동에 있었다고 주장하는 이유는 쌍성의 지명이 요동에 나오기 때문이고 공교롭게도 함주와 쌍성의 지명이 거의 인접해 있어 이런 주장을 펼칠 충분한 이유가 있는 것이다.

《고려사》〈세가〉에는 "고종 45년(1258) 12월 14일, 용진현 사람 조휘와 정주 사람 탁청이 화주 이북 지방을 몽골에 넘겨줬다. 몽골이 화주에 쌍성총관부를 설치하고 조휘를 총관으로 탁청을 천호로 임명했다."고 했다. 《고려사》〈세가〉의 다른 기록에는 "공민왕 5년(1356) 7월 9일, 동북면 병마사 유인우가 쌍성을 함락시키자 총관 조소생, 천호 탁도경이 도망쳐 화주(和州), 등주(登州), 정주(定州), 장주(長州), 예주(預州), 고주(高州), 문주(文州), 의주(宜州) 및 선덕진, 원흥진, 영인진, 요덕진, 정변진 등을 되찾았다. 함주 이북은 고종 무오년부터 원이 차지했는데 이때에 모두 수복했다."고 했다. 여기서 함주는 여진에게 반환하고 함경남도로 교치된 지명이다. 공민왕 때 쌍성을 함락한 후의 지명을 보면 이 지명들이 요동의 함주에 있는 지명이 아니라는 것을 알 수 있다. 또한 화주는 《고려사》 기록에 초기부터 말기까지 함경남도에 있었고 이동한 기록이 전혀 없다. 이런 이유로 공민왕 때 수복한 쌍성을 요동의 쌍성으로 볼 수 없는 것이다.

이후 고려와 명나라의 관계가 악화되자 명나라는 철령위를 설치하겠다는 통보를 한다. 《고려사》〈세가〉에 "우왕 14년(1388) 2월, 설장수가 명나라에서 돌아왔는데 (명나라 태조가) 이르길, …… '철령 이북은 본래 원나라에 속했던 것이니 요동에 귀속시키겠다. 그 나머지 개원, 심양, 신주 등지의 군민은 원래의 생업에 복귀시켜라.'고 했다." 명나라가 언급한 철령은 강원도의 철령을 말하는 것이다. 고려는 명나라의 조치에 대해 요동 정벌을 계획하면서 한편으로는 명나라에게 이를 중지할 것을 요구한다. 이때 고려는 강하게 반발하며 명나라에 표문을 보냈는데, 《고려사》〈세가〉에 "우왕 14년(1388) 2월에 명나라에서 철령위를 세우려고 해 우왕이 밀직제학 박의중을 보내 표문으로 청했다. …… 철령 이북을 살펴보면 역대로 문주, 고주, 화주, 정주, 함주 등의 여러 주를 거쳐 공험진에 이르니 원래부터 본국의 땅이었습니다. …… 본국의 함주 근처 화주에 옛날에 쌓은 작은 성 2개를 모호하게 주청해 ①화주를 쌍성이라고 모방해서 칭하고 조휘를 쌍성총관으로, 탁청을 천호로 삼아 백성들을 관할했습니다. 지정 16년(1356)에 원나라 조정에 아뢰어, 총관과 천호의 직을 혁파하고, 화주 이북을 다시 본국에 속하게 했는데 지금까지 주현의 관원을 제수하여 백성을 관할했습니다. 반적으로 인해 침탈당했다가 명나라에 이르러 복귀시켰습니다. 지금 성지를 받들어보니 철령의 이북, 이동, 이서는 원나라의 개원로에 속했으니 관할하는 군민들을 요동으로 속하게 하라고 했습니다. ②철령의 산은 왕경으로부터 불과 300리이며, 공험진을 변방으로 삼은 것은 한두 해가 아닙니다. 다행히 밝은 시대를 맞아 제후의 법도에 맞게 직을 수행해 그 땅이 이미 본국의 땅이 되었습니다."라고 나온다. ①의 쌍성을 모방해서 칭했다는 것은 함경남도의 화주를 요동의 쌍성처럼 모방했다는 말이니 본래의 쌍성은 요동에 있었는데 조휘와 탁청이 이를 모방해서 함경남도 화주에 설치했음을 의미한다. ②의 철령이 왕경으로부터 300리라고 했는데 개성에서 북한의 철령까지 약 140킬로미터이므로 이를 두고 한 표현임을 알 수 있다. 강원도 철령은 개성과 너무 가까우므로 이곳에 철령위를 설치할 수 없음을 말한 것이다.

이들 기록에서 철령은 두 군데임을 알 수 있다. 중국 요령성에도 있었고 강원도 북부에도 있었다. 그리고 여기서 원나라가 설치한 쌍성총관부는 함경남도의 화주임을 알 수 있다. 고려 천리장성 위치에서 고찰한 바와 같이 본래 함주는 만주에 있었다. 이를 윤관이 정벌해 함주 등에 동북 9성을 설치했지만 이후 이를 여진족에게 돌려줬다. 그러니 만주의 함주는 더 이상 고려 땅이 아니었다. 용진현 사람 조휘와 정주 사람 탁청이 여진족 땅에 속한 화주 이북을 원나라에게 바칠 수가 없으므로 이곳의 화주는 함경남도의 화주일 수밖에 없는 것이다. 또한 공민왕 5년(1356) 5월에 밀직부사 유인우가 동북면 병마사로 쌍성 등지를 이미 수복했으므로 쌍성이 요동의 쌍성이라면 요동의 철령 또한 고려 영토 안에 있어야 한다. 그런데 그런 기록이 전혀 없고 오히려 그곳은 명나라의 영토가 되어 있었다. 고려 땅에 설치한 쌍성총관부는 요동이

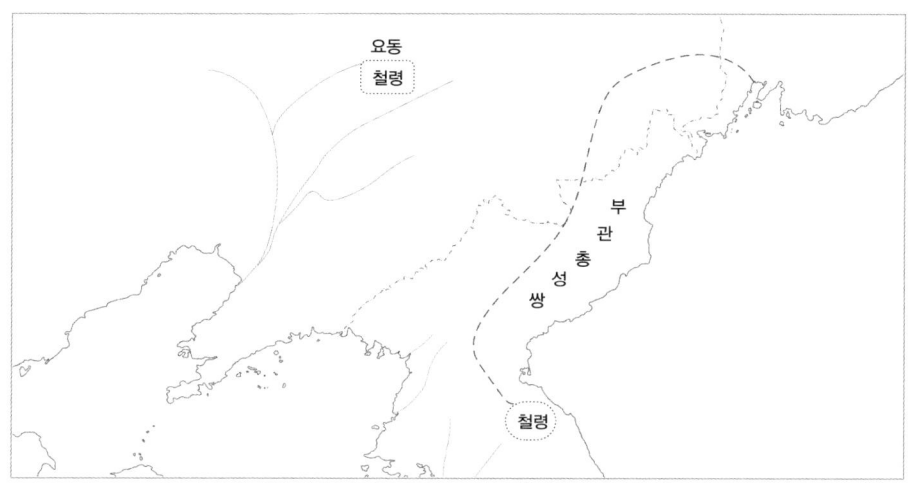

〈지도 118〉 쌍성총관부와 철령 위치

아니라 함경남도의 화주인 것이다. 이런 고려의 반발에도 불구하고 명나라는 철령위를 설치하기 위해 고려 국경까지 들어온다. 《고려사》〈세가〉에 "우왕 14년(1388) 3월, 서북면도안무사 최원지가 보고하길, '요동도사가 지휘 2인을 보내 군사 1천 명을 거느리고 강계에 이르러 철령위를 설치하려고 합니다. …… 요동에서 철령까지 70참을 두고 1참마다 백호(百戶)를 둔다고 합니다.'"라고 나온다. 명나라 군사가 강계까지 왔고 요동에서 철령까지 70참을 둔다고 하니 명나라는 철령위를 압록강 북쪽에 두고 압록강 이북을 차지하려 했던 것이다. 일부 학자는 고려가 철령위 설치를 막기 위해 요동 정벌을 하려는 것은 쌍성이 요동에 있기 때문이라는 주장을 한다. 그러나 철령은 이미 고려의 영토이기 때문에 공격할 대상이 없어 요동으로 간 것이지 이 기록이 쌍성총관부가 요동에 있었다는 근거가 되지 못한다. 이때 고려는 요동의 철령도 본래 고려의 땅이기 때문에 그곳까지 고려의 영토로 해줄 것을 요청한다. 《명실록》〈태조고황제〉조에 홍무 21년(1388) 4월에 고려 왕 우왕이 표를 올려 철령이 본래 고려 땅이라고 말하면서 철령까지 지키게 해달라고 하자, 명나라는 고려의 요청을 받아들이지 않으면서 강계에 철령위를 설치하는 대신에 요동의 철령에 철령위를 설치한다.

이에 고려는 요동의 철령을 차지하기 위해 1388년 5월, 이성계로 하여금 요동을 공격케 하지만 이성계의 위화도 회군으로 중지되면서 양국의 영토 분쟁은 마무리된다. 이후 조선과 명나라 간에 외교 협상이 이루어져 공험진 이남까지 조선 영토로 확정된다.《조선왕조실록》〈태종실록〉에 "태종 4년(1404) 5월 19일에 표문을 받고 (명나라) 조정에 호소해 공험진 이북을 요동에 환속하고 공험진 이남에서 철령까지는 본국에 환속되길 빌었습니다. …… (명)조정에서 전과 같이 관리를 두어 관할하게 했습니다."라고 나온다. 이 기록에서도 당시 고려와 조선이 생각했던 철령은 요동의 철령이 아니었던 것이다.

당시 명나라가 설치한 철령위의 구체적인 위치는 다음과 같다.《대명일통지》〈요동도지휘사사〉조에 "철령위, 요동성 북쪽 240리에 옛날 철령성이 있다. 동남 5백 리를 다스리는데 고려와 접한다."고 했고,《성경강역고》〈상경로〉에는 "귀덕주는 지금의 철령현 동남에 있다. 관할 현이 두 개다. 거란의 귀덕주 영원군은 금나라 초에 폐지하고 자군(刺郡)으로 낮췄다. 귀덕현에 범하(范河)가 있다. 봉집현은 승덕현 동남 45리에 있다. 거란의 집주회원군 봉집현은 발해의 현으로 혼하가 있다."고 했다. 철령 위치는 현대 지도에도 그 위치가 나온다.《대명일통지》에 명나라는 철령위 동남 5백 리까지를 영토로 편입했는데 그곳에서 5백 리는 대략 현 압록강에 조금 못 미치는 거리다. 그러나 그 서쪽인 천산산맥 동쪽을 고려가 차지했음을 알려주는 기록이 있다.《조선왕조실록》"예종 1년 6월 29일(1469), 공조판서 양성지가 글을 올렸는데 그 내용은 다음과 같다. …… '요동 동쪽 180리는 연산(連山)을 경계로 해 파절(把截)을 삼았으니 …… 지금 중국에서 동팔참의 길에 담장을 쌓아서 벽동의 경계까지 이르게 한다고 하니, 이는 실로 국가의 안위에 관련된 일이니 깊이 생각하지 않을 수 없습니다. …… 연산파절은 고황제(명나라 태조)가 정한 바이므로 양국의 봉강은 서로 어지럽힐 수가 없습니다.'"라고 했다. 명나라 태조 주원장은 고려와 경계를 요동 동쪽 180리의 연산으로 삼았음을 알 수 있다. 연산은 청나라로 가는 연행사의 기록에도 자주 등장하는데 요양 동남쪽의 천산산맥에 있었다. 그런데 이후 명나라는 현 단동시 북쪽의 봉황산에 개주관을 설치

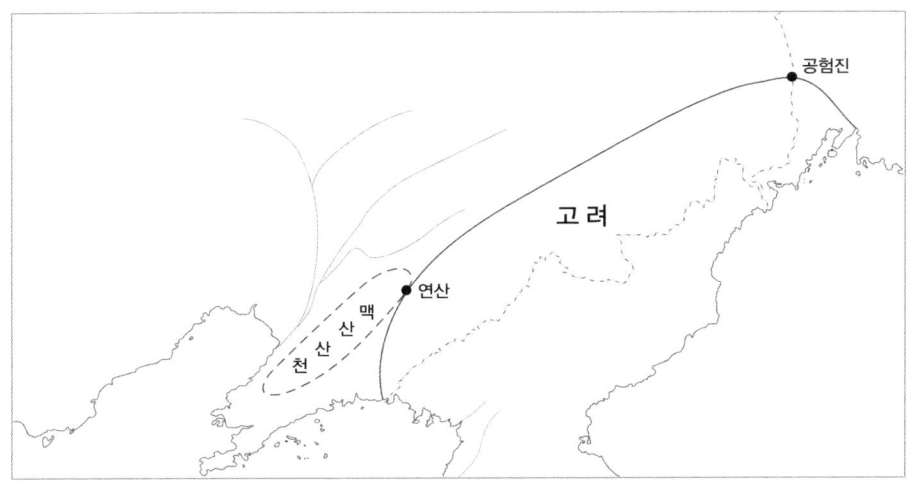

〈지도 119〉 연산과 공험진 위치

하면서 동남쪽으로 영토를 넓히는데 이에 대해 양성지는 성종에게 축성 등의 대책을 올리지만 여러 가지 문제로 인해 무위로 그치고 만다. 조선이 들어선 후 명나라가 조선의 요동 영토를 침탈하지만 국력이 약했던 조선으로는 그 대책을 수립하지 못했다.

이후 두만강 북쪽의 공험진은 조선 영토가 되었는지 기록을 통해 보자. 《조선왕조실록》〈태조실록〉 "태조 2년(1393) 8월 12일에 동북면도안무사 이지란에게 갑주(甲州)와 공주(孔州)에 성을 쌓게 했다." 갑주는 함경남도 북동부의 갑산이고 공주는 이미 나왔지만 공험진이다. 조선 건국 초기부터 공험진은 조선 영토였던 것이다. 《조선왕조실록》〈태종실록〉에는 "태종 5년(1400) 5월 16일, 예문관 대제학 이행을 북경으로 보내 상주하게 했다. …… '맹가첩목아 등은 처음에 올적합의 침략으로 자리를 피해 본국 동북면의 경원과 경성 땅에 이르러 거주했는데 왜적을 방어한 공이 있어 경성등처만호(鏡城等處萬戶)의 직을 제수해 지금 몇 해가 지났습니다. …… (하략)'" 이후의 이어진 기록을 보면 명나라 홍무 21년(1388)에 고려가 공험진 이남 지역을 고려로 붙여달라고 요청한 것을 명나라가 허락해 고려가 감격했다는 내용이 나온다. 이때는 우왕 14년으로 고려가 명나라의 철령위 설치에 반발해 요동 정벌을 하려다 위화도에서 회군했던 시기이다. 당시 고려의 동북 영토는 공험진까지로 1388년에 이르러서야 명나라가 공식적으로 인정한 것이다.

Ⅵ. 시기별 영토 변화

1. 고려 태조 원년(918) ~ 고려 광종(미상)

《고려사》〈세가〉숙종 2년(1097) 12월의 기록에 고려 영토가 북쪽으로 용천(龍泉)에 다다르고 서쪽으로 압록에 접해 있다고 했다. 고려와 거란은 이 지역을 두고 전쟁을 한 적이 없었는데 고려 숙종 때에 용천까지 다다랐다는 것은

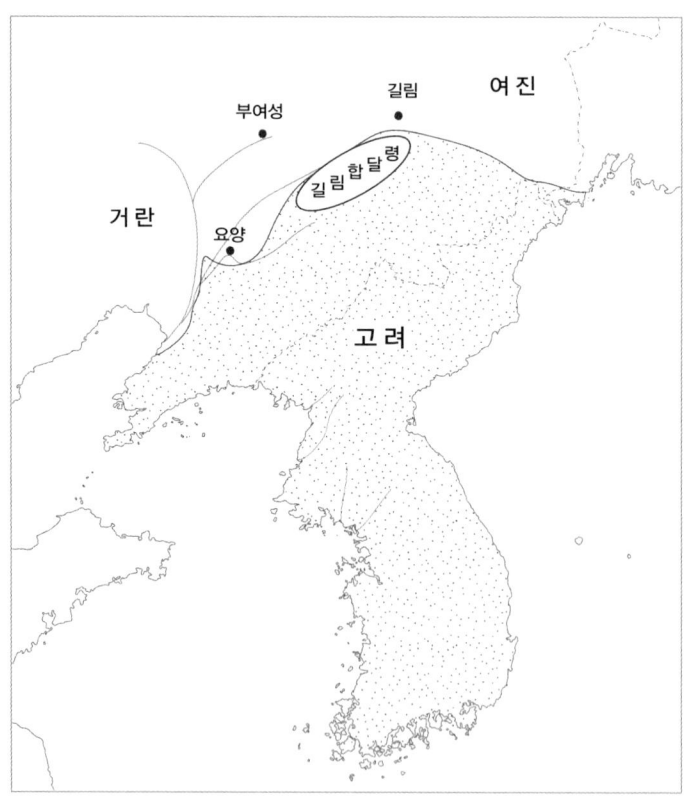

〈지도 120〉 고려 태조부터 광종까지의 영토

542

거란이 발해를 멸망시키기 전에 고려는 발해의 상경용천부 근처까지 영토를 가진 상태임을 알 수 있다. 거란과의 서북 경계는 요하와 혼하 유역에서 시작해서 요동성까지 올라간 후에 동남쪽으로 요양 남부를 거쳐서 본계시와 철령을 지난다. 계속해서 동북쪽으로 올라가 거란의 신주에서 동쪽으로 꺾여서 발해 상천용천부 인근의 길림까지 다다랐다. 이어 길림에서 동남쪽으로 완만하게 내려와 두만강 북쪽에서 여진과 국경을 형성했을 것이다.

2. 광종(미상) ~ 성종 13년(994)

《고려사》〈서희 열전〉에 광종이 요서의 대릉하 근처에 가주를 설치했다고 나온다. 이때 고려 서북계는 대릉하까지, 동북계는 발해 상경용천부의 길림까지였다.

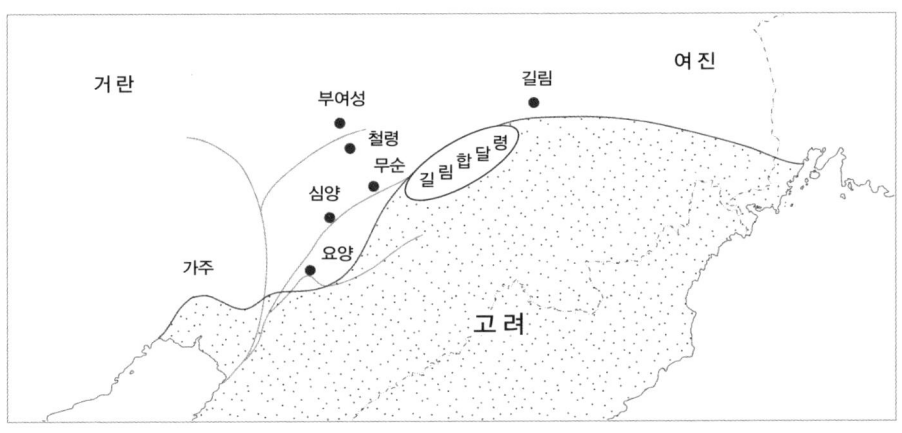

〈지도 121〉 고려 광종부터 고려 성종 13년(994)까지의 영토

3. 성종 13년(994) ~ 현종 1년(1010)

《요사》〈지리지 동경도〉정주보녕군조에 거란이 995년에 정주보녕군을 설치했다고 나온다. 거란의 1차 침입이 성종 12년(993)에 있었고 고려는 994년

에 강동 6주를 설치한다. 거란이 995년에 정주보녕군을 설치한 것은 1차 전쟁 후에 고려와의 합의에 따른 것이다. 또한 이때 고려와 거란이 학주지성(鶴柱之城)으로부터 서쪽의 언덕까지 거두고 고대 압록강인 일자별교지수(日子鼈橋之水)로 한정하는 것으로 합의했고 실제로 축성할 때에 고려 하공진이 압록구당사가 되어 동쪽을 관할했으므로 혼하 하구에서 출발해 북쪽으로 학주지성이 있는 요동성까지 올라갔고 이어 남쪽으로 내려와 태자하 남쪽을 지나서 본계시에서 북쪽으로 다시 올라가 길림까지 이르렀다.

4. 현종 1년(1010) ~ 현종 6년(1015)

거란은 현종 원년에 발생한 강조의 정변을 틈타 고려를 다시 공격한다. 학계는 이를 2차 여요 전쟁으로 부르고 있다. 이때 고려가 수세에 몰리고 현종이 거란에게 친조를 약속하자 거란이 물러난다. 이때 고려 영토가 많이 상실된 기록이 나온다.《요사》〈지리지 동경도〉 보주선의군 조에 거란이 개태 3년(1014)에 고려가 설치한 보주와 정주를 취해 보주선의군(保州宣義軍)을 두었다고 했다. 거란은 995년에 정주보녕군을 두었는데 1014년에 다시 보주선의군을 둔 것은 1010년에 고려를 공격해 고려의 선주와 의주를 추가로 차지한 것임을 알 수 있다. 그리고 이때 거란은 선주와 의주만 빼앗은 것이 아니다.《무경총요》에서 "개주(開州)는 발해의 고성이다. 거란 왕이 경술년(1010)에 동쪽으로 신라국을 토벌하고 그 성의 요해처에 주도를 세웠다. 이에 개원군(開遠軍)이라 칭했다. 서쪽으로 내원성(來遠城)이 120리에 있고, 서남쪽으로 길주(吉州)가 70리이며, 동남쪽으로 60리에 석성이 있다."고 했으니 거란은 이때 요양 남쪽의 한나라 패수현 및 석성과 그 서남쪽의 길주와 내원성을 추가로 차지했던 것이다.

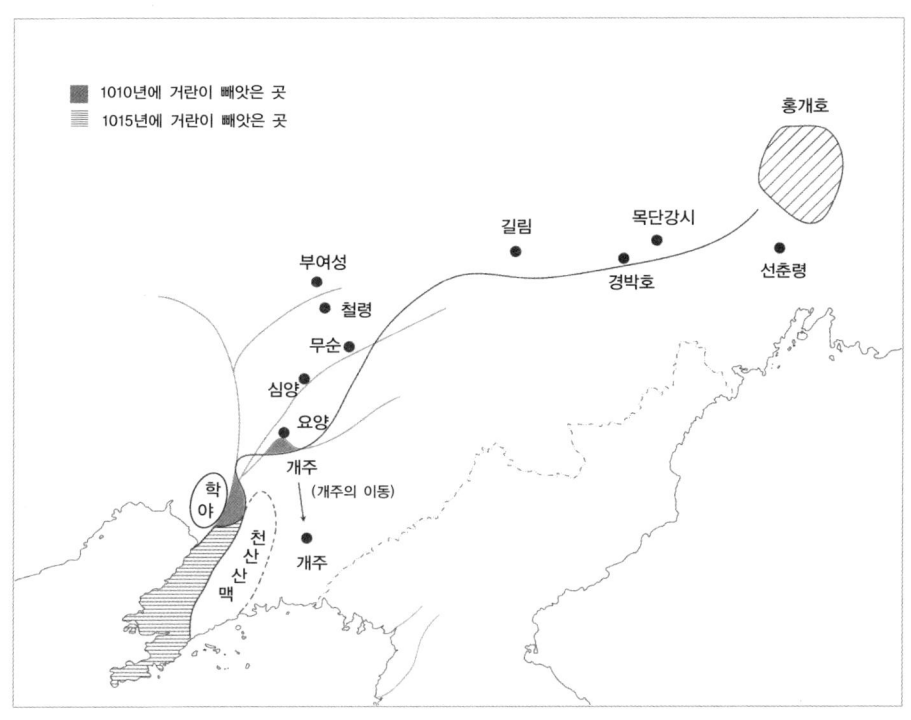

〈지도 122〉 고려 성종 13년(994)부터 고려 예종 2년(1107)까지의 영토

5. 현종 6년(1015) ~ 예종 2년(1107)

거란은 고려 현종이 친조를 하지 않자 강동 6주의 반환을 요구하며 여러 차례 침입한다. 고려는 몇 차례 거란의 공격을 막아내지만《고려사》〈본기〉의 "현종 6년(1015)에 거란이 선화진(宣化鎭)과 정원진(定遠鎭)을 빼앗아 성을 쌓았다."는 기록이 나온다. 선화진은 선주와 흥화진의 합성이고 정원진은 정주와 내원성의 합성어일 것이다. 그러나 흥화진은 거란의 3차 침입 때 고려 영토였으므로 고려와 거란은 흥화진을 나눠 차지하고 있었음을 알 수 있다. 거란은 995년에 이미 정주보녕군을 설치해 정주, 보주, 영주를 차지했고 1014년에는 보주선의군을 설치해서 보주, 선주, 의주까지 차지했었다. 그리고 앞서《무경총요》의 기록에서 1010년에 개원군을 설치한 것으로 보아 내원성 또한 이미 거란의 영토였다. 또한 고려 선종 5년(1088)의 기록에서 거란이 현

제8장_고려 영토사 **545**

종 5년(1014)에 하천에 다리를 놓고 배를 만들어 길을 통하게 했고, 현종 6년(1015)에는 국경을 넘어 주성(州城)을 쌓아 군대를 배치했다는 기록이 나온다. 1015년이 되어서야 거란이 국경을 넘었다는 의미는 이때 거란이 혼하를 넘어 왔음을 알 수 있다. 《요사》〈지리지〉와 《추리도》를 보면 거란은 개주(蓋州) 남쪽의 소주와 복주도 차지하고 있었다. 요동반도 남단의 대련에도 요탑이 있었던 것을 고려하면 거란의 영토가 요동반도 남단까지 있었던 것은 명백하다. 《금사》〈지리지 동경로 요양부〉조에 "복주(復州)는 현(縣)이 두 개, 진(鎭)이 하나 있다. 영강(永康), 화성(化成)이 있다. 화성은 거란의 소주(蘇州) 안복군이다. 본래 고려 땅이다. 거란 흥종(1031~1055)이 설치했다. 금나라 황통 3년(1143)에 거란이 항복해 현(縣)으로 삼아 속하게 했다."라고 나온다. 거란이 이 지역을 차지했을 것으로 추정되는 시기는 현종 6년(1015)에 거란이 주성(州城)을 쌓았던 때로 보인다. 3차 여요 전쟁이 현종 9년(1018)에 있었지만 이때는 고려의 승리로 끝났으므로 거란이 이곳을 차지할 기회는 없었다. 거란은 1015년을 즈음해서 고려 국경을 넘어 요동반도 남단의 대련까지 차지했을 것이다.

고려 숙종 때에는 여진족이 정주(定州) 관문까지 들어와 고려를 침입하는 등 여진과의 관계가 악화된다. 고려 숙종 때 고려의 동북계는 길림에서 동남쪽으로 내려와 백두산 동쪽을 지나 갈라전 북쪽에 있었을 것으로 추정된다.

6. 예종 2년(1107) ~ 예종 3년(1109)

여진이 고려 동북계를 공격하자 예종 2년(1017)에 17만 고려군이 여진을 공격한다. 이후 고려는 두만강 북쪽에 동북 9성을 설치해 영토를 크게 넓힌다. 《고려사》〈지리지 서문〉에 "사방 경계는 서북은 당 이래로 압록을 한계로 했고, 동북은 선춘령을 경계로 했다. 서북은 고구려에 미치지 못하나 동북은 그것을 넘어섰다."고 했다. 여기서 압록은 혼하이고, 동북의 영토가 고구려를 넘어섰다는 것은 고려 예종 때에 여진을 쫓아내고 동북의 영토를 넓힌 상황을 반영했을 것이다. 이때 고려 영토는 서북으로 요동에서 동북으로는 개원까지 올라간 다음 사평시 남쪽에서 동쪽으로 꺾여 갈라전과 흥개호까지 차지했던 것이다.

7. 예종 3년(1108) ~ 고종 17년(1230)

예종 3년(1108)에 동북 9성 중 일부를 여진에게 돌려줘 고려의 동북 영토가 크게 줄어든다. 그러나 약 100년 후인 1125년 허항종의 기록에서 보듯이 이 때도 여전히 고려의 북쪽 영토는 길림에 있었고 동북으로는 갈라전에서 공험진까지였다. 이후 금나라 때에 들어서도 고려 영토는 변함없었다.

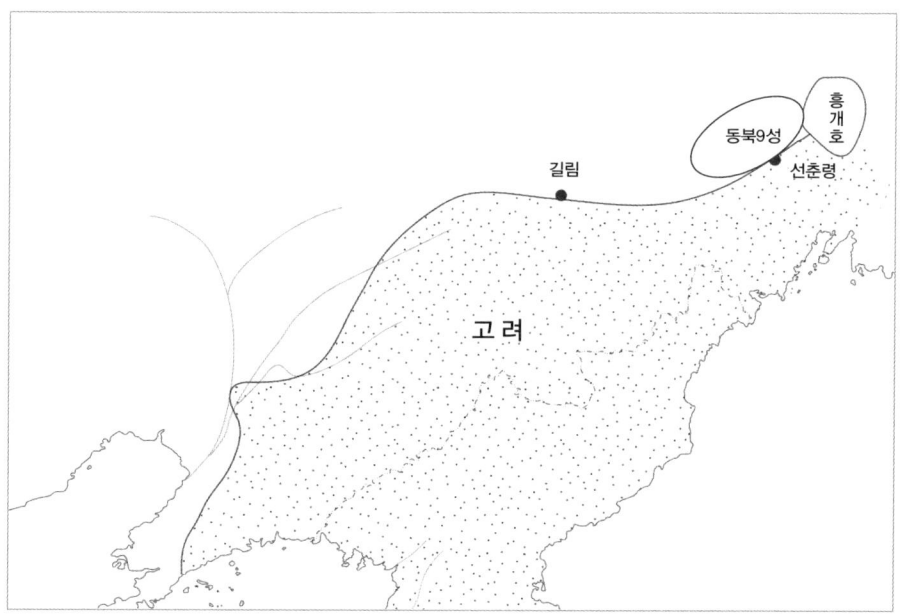

〈지도 123〉 예종 2년(1107)~고종 17년(1230)까지의 영토

8. 고종 17년(1230) ~ 고종 45년(1258)

《원사(元史)》〈매노(買奴)열전〉에 "(고종 17년, 1230) 정행만호 매노가 고려 화랑성을 함락하고 개주성(開州城)에서 고려장수 김사밀을 생포했다. 이어 용주, 선주, 운주, 태주 등 14성을 함락했다."고 했다. 고종 17년(1230)에 원나라가 고려의 개주를 공격해 함락시킨다. 여기 개주는 거란에게 본래의 개주를 빼앗긴 후에 봉황성으로 교치된 곳이다. 이로 인해 고려의 요동 영토가 축소되었고 이후에도 원나라의 계속된 침입으로 요동에 있던 고려 백성들이 섬으로 들어가 이때 압록강 이북은 실질적으로 원(元)의 차지가 되었다.

〈지도 124〉 고종 17년(1230)~고종 45년(1258)까지의 영토

9. 고종 45년(1258) ~ 충렬왕 16년(1290)

고종 45년(1258)에 용진현 사람 조휘와 정주 사람 탁청이 화주 이북을 원나라에 넘겨줬다. 원나라가 화주에 쌍성총관부를 설치하고 조휘를 총관으로 탁청을 천호로 임명해 함경남도 영흥 이북의 땅이 원나라의 땅이 되었고, 원종 11년(1270)에는 최탄과 이연령이 서경 이북을 원나라에 바치자 원나라가 동녕부에 속하게 하고 자비령을 국경으로 삼았다. 이때 의주를 포함한 평안도 서북 일부는 이에 포함되지 않았다.

〈지도 125〉 고종 45년(1258)~충렬왕 16년(1290)까지의 영토

제8장_고려 영토사   549

10. 충렬왕 16년(1290) ~ 공민왕 5년(1356)

충렬왕 16년(1290)에 원나라가 동녕부를 폐지하고 고려의 여러 성들을 다시 돌려줬다. 이때 고려는 압록강까지 영토를 수복한다.

〈지도 126〉 충렬왕 16년(1290)~조선 건국(1392)까지의 영토

11. 공민왕 5년(1356) ~ 조선 건국(1392)

　공민왕 5년(1356)에 쌍성 등지를 수복하면서 고려 서북 영토가 압록강 북쪽까지 동북으로는 두만강 북안까지 다다른다. 옛 공험진 땅은 고려 땅이긴 하지만 빈 땅으로 남아 있다. 그 다음 해인 공민왕 6년(1357)에는 장수 인당이 요동의 파사부를 공격해 점령한다. 파사부는 요양 일대에 있었다. 공민왕 19년(1370)에 이성계의 1만 5천 요동 정벌군이 황초령을 지나 압록강을 넘어 우라산성과 아둔촌을 점령했다. 당시 상황을 기록한《고려사》는 "(공민왕 19년 정월) 동쪽으로 황성, 북쪽으로 동녕부, 서쪽으로 바다, 남쪽으로 압록강에 이르는 광범위한 지역의 적이 일소되었다."라고 했다.《조선왕조실록》〈태조실록〉의 공민왕 19년(1370)조에 황성은 옛날 여진 황제의 성이라고 기록했다. 금나라 상경은 현 하얼빈시 근처이므로 당시 고려의 영역을 짐작케 한다. 같은 해 10월, 이성계의 고려군이 11월 4일에 요성을 함락하지만 요동성의 군량이 불타 어쩔 수 없이 철군한다. 다음해인 1371년에 명나라가 요동성을 점령하면서 요양, 해주 등이 명나라 영토가 된다. 당시 고려 영토에 관련된 내용은 이미 언급한 바 와 같이 '요동 동쪽 180리는 연산(連山)을 경계로 해 파절(把截)을 삼았으니 이는 명나라 태조가 정했다고 했다. 연산은 요양 동남쪽이므로 당시 고려 국경은 천산산맥에서 동쪽으로 오녀산성, 백두산, 두만강 북쪽으로 이어졌다.

제9장
조선 영토사

조선 영토는 세종 때에 들어서 4군 6진을 수복하면서 현재의 국경인 압록강과 두만강으로 국경을 형성했다는 것이 통설이다. 그러나 이 또한 다른 시대와 마찬가지로 엄연한 역사 기록을 무시한 오류다. 이미 양성지의 기록을 언급한 바 있지만 고려 말에 명나라와의 협상을 통해 고려의 서북은 연산(連山)을 경계로 했고, 동북 경계는 선춘령까지였다. 고려를 이어받은 조선 초기의 영토는 압록강과 두만강 이북에도 영토가 있었음이 기록에 분명히 나온다.

I. 4군 위치

조선 초 명나라의 압박으로 거주지를 잃은 여진족이 파저강을 근거지로 조선 국경을 자주 침입하자 세종 15년(1433) 5월 7일에 최윤덕이 1만 5천 군사로 파저강의 여진족을 토벌했고 이어 세종 19년(1437) 이천 장군이 다시 여진족을 토벌한 후 4군을 설치한다. 파저강은 현 동가강으로 압록강 북쪽의 환인현에서 서남쪽으로 내려와 집안 서쪽의 초산에서 압록강과 만난다. 당시 최윤덕과 이천은 압록강 북쪽으로 깊숙이 북상해서 여진족을 토벌한 후 4군을 설치한 것이니 4군의 위치를 압록강 남쪽으로 비정하는 것은 기록과 전혀 부합하지 않는다. 당시 설치한 4군의 이름은 무창, 여연, 우예, 자성군으로 일제 관변학자들은 이곳을 압록강 이남으로 비정했고 이것이 현재까지 이어

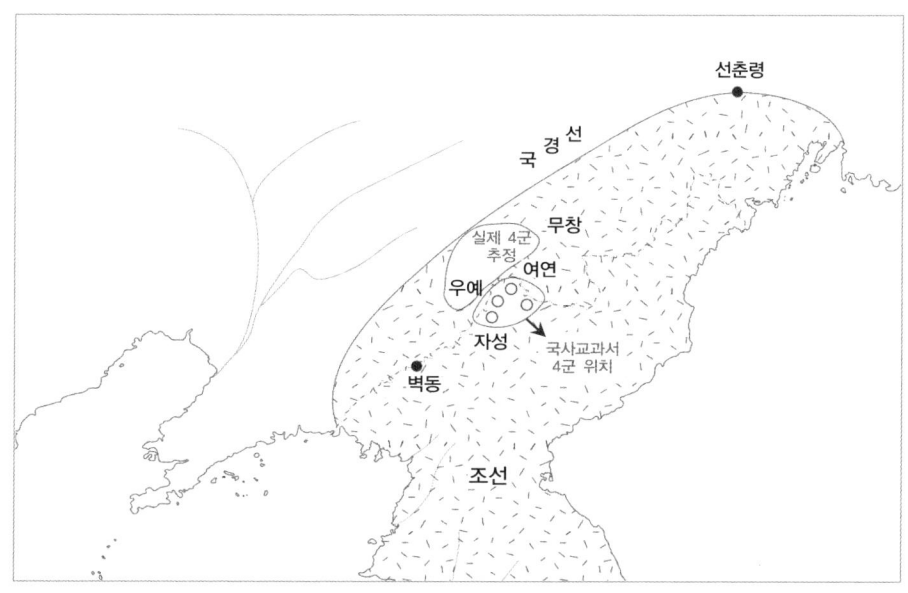

〈지도 127〉 4군 위치

지고 있다. 과연 그런지 기록을 통해 보자.《조선왕조실록》〈문종실록〉에 "문종 원년(1450) 8월 26일에 여러 사람들이 아뢰길, 평안도 연변에는 긴요하지 않는 구자(口子)가 많습니다. 우예로부터 무창에 이르기까지 각 고을과 구자가 강변으로 옮겨갔기 때문에 토지가 좁고 척박해 백성들이 힘들게 일해도 살 수가 없으며, 남도 각 고을의 군사도 이 일로 인해 피폐해져 진실로 이익은 없고 폐해만 크니 마땅히 모두 없애고 자성으로 경계를 삼아야 하오니, 지금 깊이 들어가서 관방을 설치하는 것은 미래의 좋은 계책이 아닙니다. …… 우예의 위쪽은 비록 지금 없앤다 해도 압록의 큰 강으로 한정할 수 있습니다."라고 했다. 이는 세종이 4군을 설치한 이후 즉위한 문종 때의 기록이다. 남도의 백성들이 힘들어 해 압록강으로 경계를 하자는 신하들의 의견이니 조선 영토가 압록강 북쪽에도 있었음을 알 수 있다.《조선왕조실록》〈단종실록〉에는 "단종 1년(1453) 11월 2일에 검토관 양성지가 경연에서 아뢰길, 지금 평안도의 장성을 쌓는 일은 비록 파했으나 여연, 무창, 우예 등의 고을이 강변에서 떨어져 있으므로, 남도의 군사들이 대령(大嶺)을 넘어 지키기 때문에 사람과 말이 피곤하고 땅과 가산을 모두 팔아 이로 인해 도산하니 요동과 심양으로 유입하는 자가 많습니다. 비록 여연, 무창, 우예 등 3읍을 버린다 해도 큰 강이 경계를 만들어 띠처럼 둘러 있으므로 우리의 영토는 예전과 같습니다. …… 곧 3읍을 폐지했다." 이 기록은 세종 때에 4군을 설치한 이후에 지키기 힘들어 양성지 등이 3읍을 폐지하는 것이 좋다고 왕에게 아뢴 것이다. 여연, 무창, 우예 등의 고을이 강변에서 떨어져 있어 남도의 백성들이 대령을 넘어 지키기 때문에 힘들다는 뜻은 무엇일까? 강은 압록강을 말하는 것이고 만약 압록강 남쪽으로 떨어져 있으면 남도와 가까우므로 사람과 말이 피곤할 일이 없다. 세 개의 고을이 남도와 멀리 떨어져 있다는 것은 이들이 압록강 북쪽으로 멀리 떨어져 있다는 뜻이다. 또한 지도를 보면 압록강 북쪽에 산맥이 동서로 길게 늘어져 있어 양성지가 말한 대령은 이곳일 것이다. 4군 중에 여연, 무창, 우예 등 3읍을 버려도 압록강으로 국경으로 할 수 있다고 한 것은 4군에 속한 여연, 무창, 우예의 3읍이 압록강 이북의 대령을 넘어 있었음을 알 수 있다. 《세종실록지리지》〈평안도 삭주도호부 벽동군〉조에 "목책 관방은 구자가 여섯 곳이니, 군내 구자(북쪽 13리), 대파아 구자(북쪽 20리), 소파아 구자(북쪽 40리), 광평 구자(북쪽 45리) 아이 구자(북쪽 70리), 벽단(서쪽 40리다. 또 요해 구자가 네 개가 있는데 ①여시산, ②채가동, ③사창포, ④호조리이다.)이 있다."고 했는데, ①의 여시산, ②의 채가동, ③의 사창포, ④의 호조리가 어디에 있었는지 다른 기록을 통해 알아보자. 《신증동국여지승람》〈평안도 벽동군 산천〉조에 "동건강은 (벽동)군의 북쪽 145리에 있고 이산군에 있다. 압록강은 (벽동)군의 서쪽 5리에 있다. 다음 지명들은 압록강 바깥 땅에 있다. ①여시산, ②채가동, 김이동, ③사창포, 동산, 사양점, 매창동, ④호조리동, 동자동, 도을한동, 을자산, 고음한리(야인이 살던 곳으로 군과의 거리가 70일 정도 걸린다."고 했다. 《세종실록지리지》〈벽동군〉조에 나오는 ①여시산, ②채가동, ③사창포, ④호조리의 지명에 대해 《신증동국여지승람》은 모두 압록강 북쪽에 있다고 기록했다. 이어 《신증동국여지승람》은 이 네 개의 지명 외에도 압록강 북쪽에 있는 동산, 사양점, 매창동, 동자동, 도을한동, 을자산, 고음한리 등의 지명도 벽동군의 산천이라고 했다. 특히 고음한리는 벽동군과의 거리가 70일 정도라고 했으니 벽동군의 면적이 얼마나 넓은지 알 수 있다. 그런데 이 벽동군은 4군에 포함되어 있지 않은 군이다. 조선시대에 압록강 유역에서 개척한 영토는 4군 이외에는 없다. 압록강 이북에 있는 벽동군은 최윤덕과 이천이 4군을 설치하기 전부터 고려로부터 이어받은 조선 영토였던 것이다.

4군의 위치는 어디에 있었는지 보자.《세종실록지리지》〈평안도 강계도호부 여연군〉조에, "(여연군에) 소보리 구자 목책이 있다. 요해처가 일곱 곳이다. 나리, 내동, 감음동, 누둔동, 주사동, 조명간동, 소보리동, 어용괴동이다. 모두 야인이 왕래하는 곳이다."라고 했는데 상기 지명 중에 일부는 그 위치를 알게 하는 다른 사료가 있다.《한국학자료포털》의 김정호가 제작한《동여도(東輿圖)》에 ①조명간, ②고도동, ③파탕동, ④이순 접전동의 지명이 나오는데 이들은 모두 압록강 북쪽에 위치해 있다. 앞에서 ①의 조명간이 여연군에 속했는데 조명간이 압록강 북쪽에 존재하니 여연군의 관할이 압록강 북쪽에도 있었음을 알 수 있다.

김정호의 다른 지리서인《대동지지》〈평안도 청북〉의 산천에도 압록강 바깥의 파수 지명이 수십 개 이상 나온다. "대암동, 소암동, 판내동, 전상록접전동, 나사립접전동, 하가응이금 접전동, ④이순 접전동, 거시항동, 개지지동, …… 옛 여연의 압록강 바깥 지역은 …… ②고도동, ③파탕동 ……." 등이다.《동여도》와《대동지지》의 기록은 조명간, 고도동, 파탕동, 이순접전동의 지명이 압록강 북쪽에 있었음을 증명하고 있다. 그리고 평안도 청북의 산천에 수십 개 이상의 조선 지명이 나오는 것은 4군의 위치가 압록강 북쪽에서 광범위하게 걸쳐 있었음을 알 수 있는 것이다. 그리고 조선 세조 9년(1463)에 정척과 양성지가 만든《동국지도(東國地圖)》에도 압록강 북쪽에 고도동과 파탕동 등 수십 개의 조선 마을을 그려놓았고 동북으로는 두만강 동북쪽에 선춘령과 공험진까지 표시했다. 이렇게 조선 영토는 압록강과 두만강 너머까지 있었으며 고려 말의 영토를 그대로 이어받았던 것이다. 세종 때 설치한 4군의 위치를 압록강 남쪽이라고 하는 일제와 주류 사학계의 주장은 명백히 거짓이다.《조

〈지도 128〉 당빌 지도에 따른 조선 영토

선왕조실록》〈현종실록〉 현종 3년(1662) 5월 17일의 기록에는 "왕이 '앞으로 파수를 어떻게 정해야 하는가?'라고 묻자 정태화가 왕에게 아뢰길, '당연히 압록강을 경계로 해야 됩니다. 이 또한 청나라와 의논한 뒤에 정할 수 있습니다.'라고 대답하니 상이 이르길, '압록강을 경계로 하면 우리나라 땅이 저들에게 돌아가니 어찌 아깝지 않겠는가?'라고 했다." 이 기록은 압록강 북쪽을 지키기 힘들어 조선이 스스로 영토를 축소하는 내용이다. 당시 조선은 최소한 1662년까지는 압록강 북쪽에 영토를 가지고 있었다. 숙종 36년(1710)에 문인 화가 윤두서의 《동국여지지도(東國輿地之圖)》에도 압록강 북안이 조선 영토로 되어있다. 그리고 청나라 강희제의 지시로 1737년에 제작한 당빌의 《조선왕국전도》를 보면 압록강과 두만강 북쪽의 약 100킬로미터 북쪽이 조선 영토로

556

나와 있다. 당빌은 프랑스 지리학자로 프랑스 선교사 레지가 측량한 것을 수정해서 국경으로 표시했는데 일명 레지선이라고도 한다. 당시 만든 지도가 잘못되었으면 청나라가 이를 수용하지도 않았을 것이지만 그런 기록은 전혀 없으니 청나라 또한 조선 국경이 그곳까지 있었음을 알았던 것이다. 조선이 압록강 이남으로 물러가고 그 땅이 공지가 되기는 했지만 당시 영토 주권은 여전히 조선이 가지고 있었음을 알 수 있다.

조선 영조 때(1724~1776) 정상기가 제작한 《동국대지도(東國大地圖)》에는 압록강 이북과 두만강 동북에는 조선 영토 표시가 전혀 없다. 이렇게 된 이유는 18세기 중엽부터 조선 조정이 국경을 압록강 이남으로 철수한 이후에 국경을 압록강으로 한정했고 조선 사대부들의 의식 또한 변해 지도에도 이를 반영했던 것이다. 압록강과 두만강 이북은 명목상으로는 조선의 영토였지만 실질적으로는 공지로 남았고, 청나라는 이곳을 조선 영토로 생각해서 당빌 지도에 반영했지만 조선은 오히려 압록강 이남만 영토로 인식하는 상황이 차츰 굳어졌던 것으로 보인다.

II. 6진 위치

조선 세종 초에 김종서가 여진을 몰아내고 그 땅에 6진을 개척했는데 주류 사학계는 6진의 위치로 두만강 남쪽의 함경북도 경성, 경흥, 온성, 종성, 회령, 부령이라고 말해 왔다. 그러나 기록을 보면 김종서가 그곳의 여진을 몰아낸 기록이 전혀 나타나지 않는데 당시 이곳은 여진 땅이 아니라 본래 우리 땅에 진을 설치한 것이며, 또한 6진은 함경도가 아니라 두만강 동북에서 선춘령에 이르는 곳이었다. 이미 나왔지만 《조선왕조실록》〈태조실록〉 "태조 2년(1393) 8월 12일에 동북면도안무사 이지란에게 갑주(甲州)와 공주(孔州)에 성을 쌓게 했다."고 했으니 조선 초부터 공험진은 조선 영토였다. 〈태종실록〉에는 "태종 4년 5월 19일 (명나라에게) 올린 주본(奏本)이 다음과 같았다. '조사해 보니 본국 동북 지방 공험진에서 공주, 길주, 단주, 영주, 웅주, 함주 등이 모두 본국 땅에 속해 있습니다.'" 이는 조선 조정이 명나라에게 공험진이 조선 땅에 속해 있음을 알린 내용이다. 〈세종실록〉에 "세종 6년(1424) 곡산군 연사종이 말하길, …… '여러 야인 병영 천 호들이 군마를 점검해 거병할 것처럼 보여 공주(孔州) 등지의 인심이 동요하고 있습니다.'"라고 나온다. 이와 같이 세종 때에도 공험진이 조선 관할이며 백성까지도 살고 있었다. 김종서는 6진을 새로 개척한 것이 아니라 그곳에 성을 설치해 방비를 강화한 것뿐이었다.

《조선왕조실록》〈세종실록〉에 나오는 6진 관련 기록을 요약해서 보자. '세종 16년(1433) 12월 19일, 김종서가 함길도 관찰사로 부임하고 그 얼마 후인 세종 16년(1434) 1월 6일에 조정에 조사 보고서를 올린다. 2월 14일에는 도체찰사 하경복, 병마절제사 성달성, 영북진 절제사 이징옥 등과 함께 성을 쌓을 곳을 살펴본 후 그 내용을 세종에게 보고한다. 이어 ①영북진을 백안수소로 옮겨 종성이라하고 알목하에 화령진을, ②회질가에 경원진을 설치한다. 회질가는 도호부의 옛 치소인 ③공주(孔州) 근처라고 기록했다. 두만강 남안에 ④회령진을 설치해 회령부로 승격하고, 세종 17년(1435) 3월 27일에는 김종서가 함길도 병마도절제사로 옮겼으나 모친상으로 사직한다. 영북진을 종성군으로 고치고, 공주를 경원부에서 분리해 공성현을 설치하고 ⑤경흥군으로 개칭한다. 모친상을 마친 김종서가 복귀하고. 세종 18년(1436) 4월 19일에 부거성을 용성으로 옮겨 도호부로 승격시킨다. 세종 22년 ⑥종성군의 치소가 두만강에서 멀어 치소를 백안수소에서 ⑦수주(愁州)로 옮기고 경원군과 종성군 사이의 ⑧다온평에 온성부를 새로 설치했다. 이어 회령부터 경흥까지 ⑨장성을 완성한다. 세종 31년 옛 경원도호부의 터에 부령도호부를 설치해 부령, 회령, 종성, 온성, 경원, 경흥의 6진을 완성했다.'는 내용이다. 이들 위치가 어디인지 보면 ①에서 영북진은 백안수소이자 종성군의 치소이다. ⑥에서 종성군의 치소가 두만강에서 멀어 치소를 백안수소에서 ⑦의 수주로 옮겼다고 했으므로 본래 종성의 위치는 현 함경북도의 종성이 아니라 두만강 바깥 멀리 떨어진 곳에 있었음을 알 수 있다. 즉, 영북진, 백안수소, 종성은 두만강과 멀리 떨어져 있었던 것이다. ②의 회질가에 경원진이 있는데 ③의 공주 근처라고 했다. 공주는 공험진으로 두만강 동북 700리에 위치해 있었다. 《고려사》〈지리지〉의 기록을 다시 인용해 보자. 《고려사》〈지리지 동계 함주대도독부〉조에 "공험진은 예종 3년(1108)에 성을 쌓아 진을 설치하고 방어사로 삼았다. 예종 6년(1111)에 산성을 쌓았다.(공주 혹은 광주라고도 한다.) 혹은 선춘령 동남쪽, 백두산 동북에 있다고도 한다. 혹은 소하강변에 있다고도 한다." 이 기록은 현 함경북도에 있는 경원이 본래 공험진에 있었음을 명백하게 보여준다. ④의 회령진은 두만강 남쪽이라고 했으므로 현재의 위치와 동일하다. ⑤는 공주를 경흥군으로 개칭한 것이니 경흥군은 현재의 함경북도가 아니라 공험진에 있었고, ⑥에서는 종성군의 치소가 두만강인 수주로 옮겨왔음을 알 수 있다. ⑧의 다온평은 온성군인데 경원군과 종성군 사이라고 했다. 경원군은 ③에서 공험진이라고 했고 종성군은 ⑥에서 두만강 근처로 옮겼으므로 ⑧의 온성군은 현 함경북도가 아니라 공험진과 두만강 사이에 있었다. ⑨에서 회령부터 경흥까지 쌓은 장성은 두만강에서 공험진까지 연결한 장성이다. 현재 두만강 북쪽 연변에서 공험진까지 쌓은 옛 장성이 존재한다. 중국은 이곳을 연변 장성으로 칭하고 고구려 때 축성한 장성으로 보고 있다. 이는 고려와 조선의 동북계가 두만강 동북에 있었다는 사실을 받아들이지 않기 때문이다. 이미 고찰했지만 연변 북쪽의 목단강 영안시에 고구려 책성이 있었으므로 고구려가 장성을 이곳에 쌓을 이유가 전혀 없다. 연변 장성은 그 위치를 고려하면 조선 세종 때 축성한 장성으로 추정된다.

이상의 기록에서 회령과 부령의 위치는 정확히 알 수 없지만 김종서가 설치한 종성, 경원, 경흥, 온성의 4진은 모두 두만강 바깥에 있었으며 현재 함경북도에 위치한 이들 지명은 두만강 동북의 땅을 빼앗긴 후에 옮겨온 것임을 알 수 있다. 조선 동북계에 대한 기록은 상기 기록 외에도 많이 있지만 그중 몇 가지만 더 인용하면, 《조선왕조실록》〈세조실록〉"세조 7년(1461) 9월 5일, 신이 (여진에게) 말하길, '우리나라 경계는 선춘령 이남부터 모두 우리 옛 땅인데 나라에서 너희들이 돌아갈 곳이 없어 이를 가엾이 여겨 우리 백성들과 같이 그 땅에 살게 하였더니 너희가 스스로 마음을 고치지 아니하고 스스로 불안하게 만드니 어찌 능히 우리 토지에서 의지해 살겠는가.'(라고 했습니다.)" 이 기록에도 김종서가 설치한 6진이 선춘령에 있었음을 말하고 있다. 이렇게 많은 기록에서 김종서가 설치한 6진이 함경북도가 아니라 두만강 바깥의 선춘령에 있음을 말하고 있다. 이미 말했지만 6진은 조선이 본래의 영토에 성을 설치한 것이지 새로 개척한 땅이 아니다. 4군과 마찬가지로 6진은 우리 영토에 들어가서 성을 쌓았다는 것이 올바른 표현이다. 그리고 고려 영토사에서 이미 밝힌 바 있지만 이곳에서 고려와 조선 유물이 대거 발굴되었기에 이곳이 조선의 옛 땅임이 명백하다.

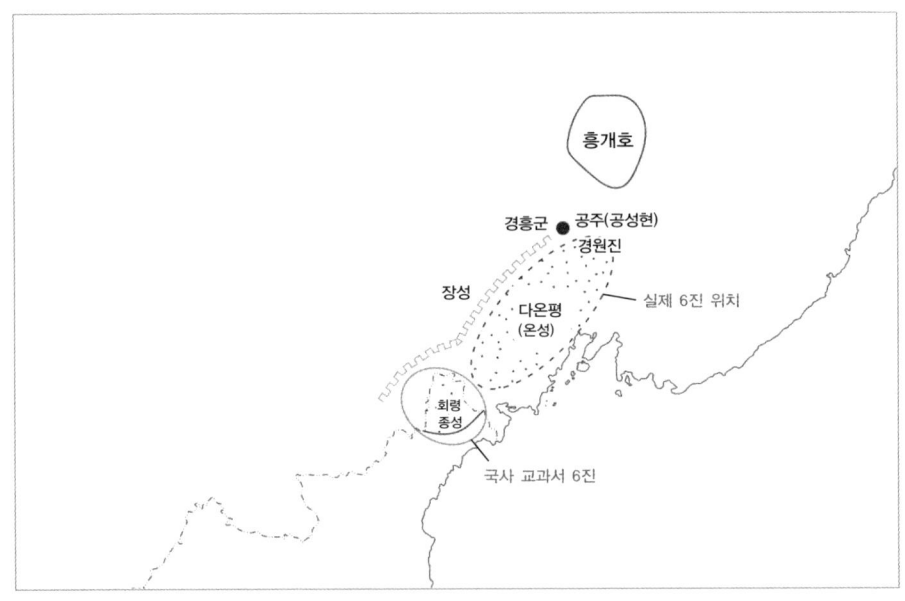

〈지도 129〉 6진 위치

이렇게 조선이 두만강 북쪽에 6진을 설치해 영토를 지키려 했음에도 지금에 이르러서는 그 영토가 사라지고 말았다. 어떻게 해서 이렇게 되었는지 그 과정을 구체적으로 살펴보자. 조선 숙종 37년(1711)에 청나라 강희제가 조선과 청나라 양국의 국경을 정하도록 지시하자 이에 청나라 관리들이 경계를 답사하면서 국경 획정이 시작된다. 《청사고》〈조선열전〉에 "강희 50년(1711)에 황제가 대학사에게 말하길, '장백산의 서쪽은 중국과 조선이 이미 압록강을 경계로 하고 있고, 토문강은 장백산 동쪽 변경에서부터 동남쪽으로 흘러 바다로 들어가니 토문강의 서남쪽은 조선에 속하고, 동북쪽은 중국에 속해 역시 강으로 경계를 삼았다. 다만 압록과 토문 두 강 사이의 지방은 명확하게 알지 못한다.'라고 했다. 이에 목극등을 보내 조사케 했다." 먼저 1737년에 제작한 당빌의 《조선왕국전도》에는 조선 국경이 압록강 이북 대령까지 올라가 있었다. 그런데 그전인 1711년에 강희제가 압록강이 국경이라고 말한다. 조선과 청나라가 압록강을 국경으로 정했지만 실제로는 조선이 차지하고 있었던 것인지, 아니면 강희제가 압록강을 국경으로 정하려고 하는 의지를 신하들에게 내비친 것인지 알 수 없다. 이에 따라 청나라의 목극등이 백두산 등지를 방문하고 조선도 이 사실을 알고 도제조 이이명이 숙종에게 국경선 문제를 아뢴다. 《조선왕조실록》〈숙종실록〉에 "숙종 38년(1712) 3월 8일, 이이명이 아뢰길, '(청나라) 조사관의 행차는 경계를 정하는 것이라고 말하옵니다. 백두산은 갑산으로부터의 거리가 6, 7일의 여정이며 인적이 통하지 않습니다. 옛날에 우리나라의 진(鎭)이 있고 파수를 두고 있지만 모두 산의 남쪽으로 5, 6일 여정입니다. 《대명일통지》에 백두산은 여진에 속한다고 했는데 저들이 혹시 우리나라의 강역을 파수가 있는 곳으로 삼게 되면 일이 심히 어렵게 됩니다. 우리나라의 경계는 토문강과 압록강 두 강을 경계로 하고 있습니다. 곧 물의 남쪽은 모두 당연히 우리의 땅이니 마땅히 접반사로 하여금 변론해 다투어야 할 것입니다.'라고 하자 왕이 허락했다." 이와 같이 조선은 청나라가 토문강과 압록강 이남의 파수가 있는 곳에 경계를 정하지 않을까 우려하면서 이에 대한 대책을 수립하는데 조선은 스스로 토문강과 압록강을 경계로 정하는 것을 최선으로 보고 있었다. 이어 5월에 접반사 박권이 청나라 관리와 경계를 정한 후에 왕에게 보고한다. "숙종 38년 5월 23일에 접반사 박권이 왕에게 아뢰었는데, '(청나라) 총관이 백산에 올라 살펴보았습니다. 곧 압록강의 근원은 산허리의 남변에서 나오니 이런 연유로 경계로 이미 정했고 토문강의 근원은 곧 백산 동변의 제일 낮은 곳에서 나와 하나의 물길이 동쪽으로 흐르는 것이 있었습니다. 총관은 이를 두만강의 근원이라고 말하며 이 물은 동쪽에 하나, 서쪽에 하나 있어 두 강을 나누니 분수령이라고 이름 짓는 것이 옳다고 했습니다. 또한 영(嶺)의 위에 비를 세워 정계비로 삼는 것은 황제의 뜻이니 우리 신하들 또한 마땅히 비에 이름을 새기자고 했으나 신(臣) 등은 살펴서 심의하지 못했으므로 비석에 이름을 새기는 것은 성실한 것이 아니라고 대답했습니다.'라고 했다." 이때 청나라는 압록강과 토문강으로 국경을 정해 비석을 세우고자 했으나 박권은 직접 확인하지 못해 이름을 새기는 것에는 반대한다. 그 이후에 조선과 청나라는 경계에 푯말을 세우고 강변에 돌을 쌓아 경계를 표시한다. 이어 "숙종 38년 12월 7일에 함경감사 이선부가 백두산에 푯말을 세우는 역사를 거의 다 끝냈다는 계문을 보냈다."고 했는데 이 기록은 숙종 38년인 1712년에 조선과 청나라가 국경을 획정했음을 보여준다.

그러면 양국이 경계를 정한 토문강은 어디일까? 여러 고지도에 토문강은 송화강의 지류로 백두산의 동북에서 북쪽으로 올라가는 물줄기로 표시되어 있다. 이에 대해서는《중앙일보》2005년 8월 26일 자에〈토문강과 두만강은 별개〉라는 기사에 중국 문건인《중조변계의정서》에 토문강이 송화강의 지류임이 나온다. 또한 KBS〈역사저널 그날〉에서 방송한 내용을 요약 인용하면 "용비어천가에 토문은 지명이며 두만강의 북쪽에 있다. 명나라 지리서인《요동지》에 토문강의 근원은 장백산 북쪽 송산에서 시작해 동쪽으로 흘러서 송화강으로 들어간다. 당시 국경을 표시한 돌무덤 흔적도 송화강을 따라 흐르는 토문강에서 발견되었다."라고 했다.

그러나 당시 청나라 사람들은 토문강을 두만강으로 인식했다는 기록이 있다.《비변사등록》에 "숙종 38년(1712) 2월 30일에 이조참의 이광자가 아뢰길, …… '저들의 자문에는 토문강은 곧 중국음의 두만강입니다.'(라고 했습니다.)"라고 했다. 이 기록은 조선이 토문강을 두만강 북쪽의 송화강 지류로 인식했고 청나라는 토문강을 두만강으로 인식했다는 이광자의 언급인데 이후 이로 인해 조선과 청나라 간의 영토 분쟁이 발생한다.《청사고》〈조선열전〉"광서

16년(1890)에 총리아문에서 상소하길, '길림장군이 글을 올렸는데 …… 조선은 두만강과 도문강을 잘못 알고 계속해서 내지의 해란하가 강의 분계라고 오해했으며 종래에는 송화강의 발원지인 통화 송구자에 흙이 쌓여 마치 문(門)과 같다고 오해해 여기에 토문의 뜻을 무리하게 붙여 그 주장을 굽히지 않고 강변했습니다.'(라고 했다.)" 이 기록은 청나라의 길림 장군과 조선에서 파견한 감계사(勘界使) 이중하가 국경을 놓고 회담을 했지만 결론을 내지 못하자 총리아문에서 황제에게 이를 보고하는 내용이다. 여기 해란강은 두만강 북쪽의 연변 조선족 자치주 일대를 흐르는 두만강의 지류이다. 당시 이중하는 청나라 관리에게 자신의 목숨을 내놓더라도 영토를 양보할 수 없다고 강하게 버티면서 국경 문제를 결론내지 못한다. 이후 일제가 대한제국의 외교권을 박탈하면서 상황이 바뀐다. 일제는 청나라로부터 만주의 철도부설권을 얻기 위해 당사자인 대한제국을 배제하고 1909년에 간도협약을 체결했다. 이로써 두만강 이북의 땅이 중국으로 넘어간다.

이상과 같이 조선 중기까지의 영토는 《동국여지지도(東國輿地之圖)》, 당빌의 《조선왕국전도》 등의 수많은 지도에서 보는 바와 같이 압록강 이북과 두만강 동북의 선춘령에 이르렀다. 조선 중기 이후 조선은 압록강 이북을 지키기 힘들어 공지로 두었고 두만강 동북의 땅은 송화강 지류인 토문강까지 차지하고 있었다. 그러나 1909년 간도협약에 의해 두만강 북쪽 땅도 완전히 빼앗기고 말았던 것이다. 당시 이중하는 목숨을 걸고 영토를 지키려고 했다는 점에서 많은 것을 느낄 수 있다. 영토는 나라와 국민의 터전으로 나라를 지탱하는 근본이다. 《열하일기》의 저자 박지원은 당시 사람들이 역사를 엉터리로 기록해 싸움도 없이 영토를 헌납했다고 한탄했다. 박지원의 이 말은 오늘날 우리에게는 해당되지 않는 것일까?

Ⅲ. 시기별 영토 변화

1. 조선 초기(조선 건국~성종, 15세기 말)

조선 초기 영토는 고려 말의 영토를 이어받아 서북으로 천산산맥의 연산에서 북쪽은 압록강 북쪽의 대령 너머이며 동북으로는 선춘령까지였다.

2. 성종(15세기 말) ~ 숙종(18세기 초)

조선 성종 때 명나라가 단동 북쪽 봉황산에 관문을 설치함에도 국력이 약했던 조선은 이를 막지 못했다. 이로 인해 조선 서북계가 연산에서 남쪽 봉황성으로 내려온다.

〈지도 130〉 조선 초기~숙종(18세기 초) 시기의 영토

3. 숙종(18세기 초) ~ 간도 협약(1909)

숙종 38년(1712)에 조선과 청나라가 압록강과 토문강으로 국경을 정한다.

이런 사실에도 불구하고 1737년에 제작된 당빌의 《조선왕국전도》에는 압록강 이북이 조선 영토로 나온다. 문서상으로는 압록강이 국경이었지만 실제로는 압록강 이북에 조선인이 거주하고 있었기 때문에 이를 반영한 것으로 보인다.

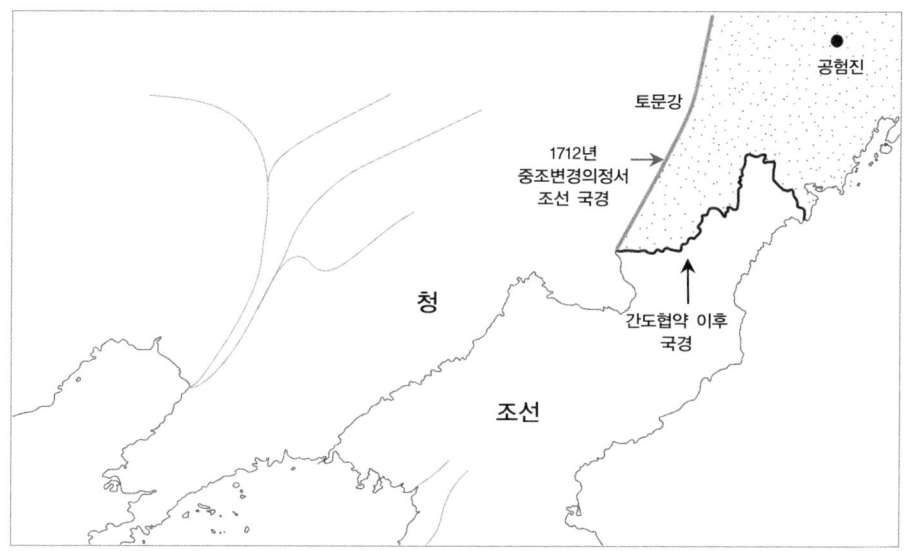

〈지도 131〉 숙종(18세기 초)~간도 협약(1909) 시기의 영토

4. 간도협약 이후

대한제국의 외교권을 박탈한 일제가 청나라로부터 철도부설권을 얻기 위해 대한제국 의지와는 상관없이 청나라와 간도협약을 체결한다. 이로써 조선과 청나라 국경이 압록강과 두만강으로 정해졌다.

제10장
일제강점기
(1910년 8월 29일~1945년 8월 15일)

　1897년 10월 12일, 국명을 조선에서 대한제국으로 변경하고 입헌군주제를 채택한다. 1905년 을사늑약으로 국권을 상실하고, 1910년 8월 29일 일제의 강제 합병으로 대한제국은 일제의 식민지가 된다. 대한제국 영토는 간도협약 이후의 영토와 동일하다.

제11장
남북 분단 시기
(1945년 8월 15일~현재)

　1945년 8월 15일, 한국이 해방되었으나 미군과 소련군이 남과 북을 각각 차지하면서 북위 38도선을 경계로 남북이 나뉜다. 1950년 6월 25일에 북한이 남한을 공격하면서 전쟁이 발발하고 1953년 7월 27일에 남북이 휴전하면서 남북 분단 상황이 지금까지 이어지고 있다.

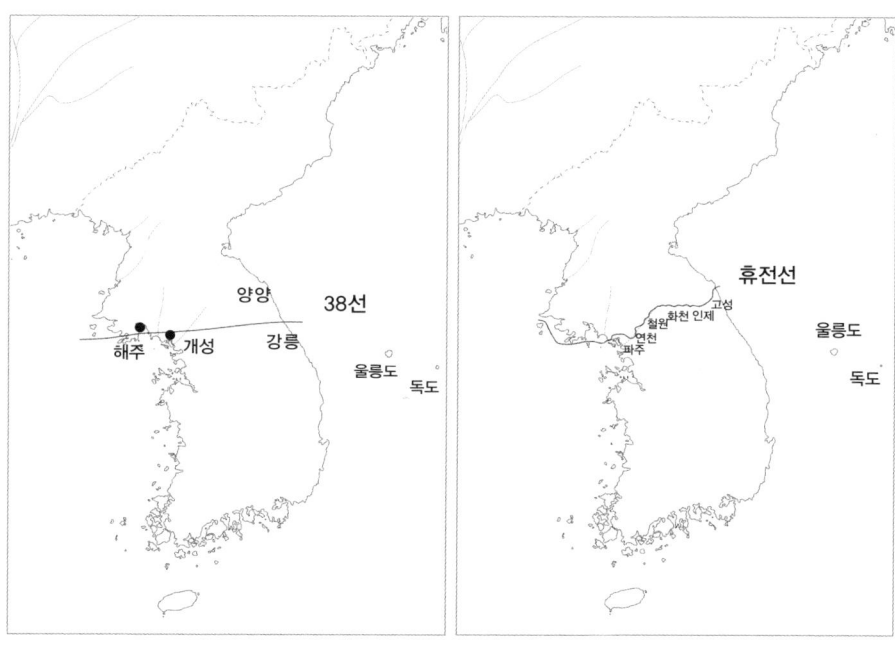

〈지도 132〉 1945~1950년의 남북한　　〈지도 133〉 1953~현재

독도

독도는 언제부터 우리의 땅이었을까? 신라 지증왕 때 우산국을 차지했지만 그때 독도에 대한 기록은 나오지 않는다. 《신증동국여지승람》〈강원도 울진현〉조에 울릉도 외에 또 다른 삼봉도가 있어 성종 2년에 박종원을 보내 찾아보게 했는데 풍랑이 심해 배를 대지 못해 돌아왔다는 기록이 있다. 이 기록에서의 삼봉도는 독도를 말하는 것임을 알 수 있다. 조선시대에 그려진 지도를 보면 정확한 제작 연대를 알 수 없지만 《팔도총도(八道總圖)》에 우산도와 울릉도 두 개의 섬이 동해에 그려져 있어 울릉도와 독도임을 짐작케 한다. 우리 기록에는 최소한 조선 초부터 독도의 존재를 인식하고 있었던 것이다. 이외에도 18세기의 《동국대지도(東國大地圖)》와 《아국총도(我國總圖)》, 19세기의 《해좌전도(海左全圖)》 등에서도 울릉도 옆에 독도로 보이는 다른 섬이 표시되어 있다. 조선은 중기에 접어들면서 독도를 영토로 인식하고 있었던 것이다. 이에 반해 일본은 울릉도와 독도를 조선의 영토로 알고 있었다. 1779년에 제작한 《개정일본여지노정전도(改正日本輿地路程全圖)》에 울릉도와 독도가 조선 영토로 표시되어 있다. 1785년에 제작한 《삼국접양지도》에도 울릉도와 독도는 조선 영토로 되어 있다. 1877년 일본군부에서 제작한 《대일본전도》에는 일본 영토에 울릉도와 독도는 제외되어 있다. 이때까지 일본은 독도를 자신들의 영토로 전혀 생각하고 있지 않았다. 서양이 그린 지도를 보면 당빌의 《조선왕국전도》에 울릉도와 독도로 추정되는 두 개의 섬이 포함되어 있고, 1857년 러시아 해군이 제작한 《조선동해안도》에도 울릉도와 독도가 포함되어 있다. 1896년 독일에서 제작한 《지리부도》에도 울릉도와 독도가 조선 영토로 표시되어 있는 등 독도가 한국의 영토였다는 증거는 무수히 많다. 이러한 고지도 정보는 교육부 공식 블로그, 독도박물관, 동북아역사넷 등에 자세히 소개되어 있다.

그리고 일본은 1905년 2월 22일, 시마네현 고시를 통해, '다케시마를 시마네현에 소속된 오키섬의 소관으로 한다.'고 발표했다. 일본은 이를 근거로 독도를 일본 영토에 정식으로 편입한 것이라 주장한다. 그러나 대한제국은 이보다 앞서 독도를 영토로 편입한다는 칙령을 발표했다. 1900년, 대한제국 칙령 41호에 울릉도를 울도로 개칭하고 도감을 군수로 개정했는데 그 구역은 울릉 전도와 죽도(竹島), 석도(石島)를 관할한다는 내용이다. 독도에는 대나무가 없고 돌로 된 섬이니 돌섬이 독도로 그 발음이 바뀌었음을 알 수 있다. 또한 1877년 일본 태정관이 작성한 일본 공문서에는 다케시마 외 1도(島)에 대해서 일본과 관련이 없다는 것을 명심하라고 한 기록도 있으니 일본은 독도를 전혀 자국의 영토로 생각지 않다가 뒤늦게 독도의 중요성을 알고 이곳을 다케시마(竹島)라 하고 그들의 영토로 편입시키려 했던 것이다. 죽도라는 이름은 이곳에 대나무가 있어서 이름을 지었을 텐데 독도에는 대나무가 전혀 없고 돌섬이라 자랄 공간도 없다. 일본이 대나무가 없는 독도를 죽도라고 이름 붙인 것에서도 독도는 다케시마가 아닌 것을 알 수 있다. 역사적 사실은 독도가 한국의 땅이며 일본과는 관계없음을 명확히 하고 있다.

맺음말

　상고시대 동북아시아의 주인공은 동이족이었다. 이들은 황하 유역과 그 동북지역에 수많은 문명의 흔적을 남겼고 많은 나라를 세웠다. 남아 있는 기록에는 삼황오제 때부터 역사가 시작되지만 삼황오제 이전의 기록이 없을 뿐 그 이전부터 동이족이 세운 많은 나라들이 있었다. 기록에는 황화 유역을 동이족인 은나라가 차지하고 있을 때에 다른 동이족인 고조선은 은나라의 북쪽과 동쪽에 존재했다. 은나라를 멸하고 건국한 주나라 또한 동이족이었고 춘추전국시대를 끝내고 통일한 진(秦)나라도 동이족으로 일컬어지고 있다. 흉노, 전연, 후연, 북연, 북위, 수, 당, 거란 또한 고조선의 후예인 선비족의 나라였고, 여진은 숙신으로 고조선의 다른 이름이며 몽골 또한 흉노의 후예이니 고조선의 일족임이 분명하다. 그러나 시대가 변하면서 민족이 분화되고 문화와 언어도 다르게 형성되어 이제는 이들을 우리와 동일한 한민족으로 볼 수는 없다. 민족이라는 것은 혈연도 중요하지만 동일한 문화와 언어를 공통으로 가지는 것이 더 중요한 요소가 되고 있기 때문이다. 우리 역사의 범주를 어디까지 볼 것인가에 대해서는 다양한 의견이 있을 수 있겠지만 대체로 삼한의 일족들을 우리 역사의 범주로 봐야 할 것이다. 삼한이 세운 나라를 보면, 부여, 고구려, 백제, 신라, 가야, 발해, 금, 청이며 이 중에 금나라와 청나라는 그 대부분의 구성원들이 중국의 일원이 되었고 그 역사 또한 중국에 속한 역사가 대부분이기 때문에 이들은 초기에는 우리 역사이지만 후대에는 중국의 역사가 되어버렸다. 역사를 보면 현재 차지한 영토도 중요하지만 역사 영토도 그에 못지않게 중요하다. 서희가 거란에게서 강동 6주를 얻은 것이나, 고려 말에 서북으로 요동의 연산파절에서 시작해 동북으로 공험진까지의 영토를 명나라로부터 얻을 수 있었던 것은 기록에 우리 영토로 되어 있었기에 주장할 수 있었던 것이다.

남북분단 이후 우리나라는 한동안 영토의 변화가 없었다. 그러나 이런 상황이 계속 이어질 것이라고 생각한다면 우리 역사를 제대로 보지 못한 것이다. 우리 역사나 세계사를 보면 평화가 장기간 계속 이어지지 못했다. 삼국시대는 전쟁이 한시도 끊어지지 않았고 고려 또한 거란 및 여진과 수차례 전쟁을 하고 몽골로부터는 일곱 번이나 큰 침략을 받은 데 이어 왜구로부터는 조선시대까지 숱한 침략을 겪었다. 조선시대 또한 임진왜란과 병자호란 등의 큰 전쟁을 수차례 겪었으니 미래에 어떤 격동의 세상이 올지 알 수 없는 것이다. 물론 역사 영토는 불확실한 미래를 대비하기 위해서 알아야 하는 것은 아니다. 역사를 올바르게 아는 것은 그 자체로도 중요하고 나라를 유지하는 근간이 되기 때문이다. 이런 점에서 한국 역사학계가 엉터리 역사를 고치지 않고 계속 유지하는 것은 역사학자의 책임을 저버리는 것이기도 하지만 종국에는 매국 행위가 될 수도 있다.

필자의 책 대한민국 영토사는 능력의 한계와 기록의 부재로 인해 부족한 점이 너무 많을 것이다. 이 책의 부족함은 다른 연구자들이 채워주기를 바란다.

끝으로 이 책의 발간을 위해서 많은 이들의 도움이 있었다. 원고 내용을 면밀히 검토해 잘 다듬어준 출판사 관계자들의 값진 노고에 깊은 감사를 드린다. 덧붙여 원고를 집필할 동안 묵묵히 성원해준 가족들에게도 고마움을 전한다.

참고문헌

1. 사서(史書)

《가탐도리기》,《거란고전(契丹古傳)》,《거란국지(契丹國志)》,《고려사》,《고려사절요》,《관자(管子)》,《구당서》,《구오대사(舊五代史)》,《금사(金史)》,《남사(南史)》,《남제서》,《노사(路史)》,《대명일통지》,《대원일통지(大元一統志)》,《대청일통지》,《독사방여기요》,《동국통감》,《동사강목》,《만주원류고》,《맹자》,《명실록》,《무경총요》,《박물지(博物志)》,《발해고》,《북사(北史)》,《비변사등록》,《사기》,《산해경》,《삼국사기》,《삼국유사》,《삼국지》,《상서대전(尙書大傳)》,《설문해자(說文解字)》,《설원(設苑)》,《성경강역고》,《성경통지(盛京通志)》,《세종실록지리지》,《속문헌통고》,《송사(宋史)》,《송서(宋書)》,《수경주(水經注)》,《수서(隨書)》,《시경》,《신당서》,《신오대사》,《신증동국여지승람》,《아방강역고》,《양서(梁書)》,《여씨춘추》,《연려실기술》,《염철론》,《요동지》,《요사(遼史)》,《우공추지(禹貢錐志)》,《원사(元史)》,《위서(魏書)》,《일본서기》,《일주서(逸周書)》,《자치통감》,《잠부론(潛夫論)》,《조선상고사》,《조선왕조실록》,《주서(周書)》,《죽서기년(竹書紀年)》,《진서(晉書)》,《청사고》,《춘추좌전》,《통전》,《한서(漢書)》,《한원(翰苑)》,《해동역사》,《회남자》,《후한서(後漢書)》

2. 문집

《계산기정》,《고운당필기》,《도곡집》,《동국이상국집》,《동문선》,《동인지문사륙》,《문봉집》,《선화봉사 고려도경》,《선화을사봉사 금국행정록(宣和乙巳奉使金國行程錄)》,《수산집(修山集)》,《약천집》,《연도기행》,《연행록》,《연행일기》,《열하일기》,《임하필기》,《입당구법순례행기》,《전당시(全唐詩)》,《표해록》,《필원잡기》,《해사록(海槎錄)》

3. 지도

《개정일본여지노정전도(改正日本輿地路程全圖)》,《당십도도(唐十道圖)》,《대동지지(大東之志)》,《대일본전도》,《대청광여도》,《동국대지도(東國大地圖)》,《동국여지지도(東國輿地之圖)》,《동국여지지도》,《동국지도(東國地圖)》,《동여도(東與圖)》,《명대요동변장도》,《삼국접양지도》,《서북피아양계 만리일람지도》,《성경여지전도》,《수씨유국도(隋氏有國圖)》,《아국총도(我國總圖)》,《양직공도(梁職貢圖)》,《요계관방도》,《조선동해안도》,《조선왕국전도》,《주해도편》,《중국역사지도집》,《추리도》,《태조황제 조조지도(太祖皇帝肇造之圖)》,《팔도총도(八道總圖)》,《해좌전도(海左全圖)》,《화이도(華夷圖)》

4. 비문

《광개토호태왕 비문》,《단양 적성비》,《모두루 묘지명》,《부여융 묘지명》,《천남산 묘지명》, 《천남생 묘지명》

5. 연구서

문성재,《한사군은 중국에 있었다》, 우리역사연구재단, 2016.
북한 역사학자 공동저서,《고조선 력사개관》, 사회과학출판사, 2001.
윤내현,《고조선 연구》상하, 만권당, 2016.
정영호외 3인,《중국 요탑》, 학연문화사, 2019.
하광악,《동이원류사》, 강서교육출판사, 1990.

6. 연구논문

김영섭,〈동녕부 자비령과 고려 서북 경계〉,《선도문화》29, 국제뇌교육종합대학원대학교 국학연구원, 2020.
김종서,〈낙랑군 호구부 진위 고찰〉,《고조선단군학》35, 고조선단군학회, 2016.
박선미,〈기원전 3~2 세기 고조선의 문화와 명도전 유적〉, 서울시립대학교 석사학위논문, 2000.
복기대,〈임둔 태수장 봉니를 통해 본 한사군의 위치〉,《백산학보》61, 백산학회, 2002.

7. 기타

《경향신문》〈이기환의 흔적의 역사〉 및 〈이기환의 히스토리〉,《나무위키》,《문화일보》〈신용하의 인류 5대 고조선 문명〉, 블로그《역사의 숨겨진 이야기》, 블로그《역사잡동사니》, 블로그《윤순봉의 서재》, 블로그《지구인의 고대사 공부방》, 소호자의《일식 최적 관측지의 이론과 허구》,《손자병법》,《삼국지연의》,《우리 역사 바로 알기》〈오순제 교수의 발해사 강좌〉,《위키백과》, 윤담헌 교수의《역사천문학 산책》,《중국고금지명대사전》,《중앙일보》 2005년 8월 26일 자 〈토문강과 두만강은 별개〉,《컨슈머와이드》〈이정민의 칼럼〉,《한국민족문화 대백과사전》,《한국사 데이터베이스》, KBS〈역사스페셜〉및〈역사저널 그날〉, SBS 2011년 삼일절 특집 방송〈역사전쟁, 금지된 장난, 일제 낙랑군 유물조작〉

조현관

연세대학교 사학과 졸업 후 공기업에서 근무했다. 오래전《삼국사기》를 읽던 중 압록강의 위치 및 우리 영토사가 왜곡되었음을 알았다. 우리 영토사를 제대로 밝히기 위해 연구를 계속했고 원고 작성에만 3년 이상이 걸렸다. 저서로는 장편 역사소설《현자 곽재우》가 있다.

논란의 종식
대한민국 영토사

2025년 4월 15일 초판 1쇄 펴냄

지은이 조현관
펴낸이 김흥국
펴낸곳 보고사

책임편집 이소희
표지디자인 김규범

등록 1990년 12월 13일 제6-0429호
주소 경기도 파주시 회동길 337-15 보고사
전화 031-955-9797
팩스 02-922-6990
메일 bogosabooks@naver.com
http://www.bogosabooks.co.kr

ISBN 979-11-6587-832-0 93910
ⓒ 조현관, 2025

정가 30,000원
사전 동의 없는 무단 전재 및 복제를 금합니다.
잘못 만들어진 책은 바꾸어 드립니다.